이러닝(e-Learning)은 더 이상 보조적인 교육 방식이 아닌, 교육과 훈련의 핵심 인프라로 자리 잡았습니다. 디지털 기술의 발전과 학습 환경의 변화에 따라 이러닝은 교육 콘텐츠의 전달을 넘어, 학습자 경험 관리, 학업성취도 분석, 운영 품질 관리까지 포괄하는 종합적인 교육 운영 체계로 확장되고 있습니다. 이러한 흐름 속에서 이러닝 운영관리사는 이러닝 과정의 기획·운영·평가 전반을 체계적으로 관리할 수 있는 전문 인력으로서 그 중요성이 점점 커지고 있습니다.

이 교재는 이러닝 운영관리사 시험 대비를 위한 이론서로서, 시험 출제 기준과 실제 운영 현장에서 요구되는 실무 관점을 균형 있게 반영하는 것을 목표로 집필되었습니다. 단순한 개념 나열이나 암기 위주의 설명을 지양하고, 이러닝 운영 전 과정에서 반드시 이해해야 할 핵심 개념과 절차를 중심으로 내용을 구성하였습니다. 특히 교육과정 관리, 학습활동 지원, 평가 및 결과 관리 등 각 영역을 유기적으로 연결하여, 수험자가 전체 흐름을 구조적으로 이해할 수 있도록 설계하였습니다.

본 교재는 다음과 같은 방향성을 바탕으로 집필되었습니다.

첫째, 출제 기준 충실 반영입니다. 국가자격 시험의 특성상 출제 범위와 용어의 정확성이 무엇보다 중요하므로, 공식 가이드라인과 기출 경향을 토대로 내용을 정리하였습니다.

둘째, 현장 중심의 이해입니다. 이러닝 운영은 실제 업무 흐름과 밀접하게 연관되어 있으므로, 운영계획 수립, LMS 활용, 학습자·교·강사 관리, 평가 결과 환류 등 실무 맥락을 함께 제시하였습니다.

셋째, 수험 친화적 구성입니다. 복잡한 이론은 핵심 위주로 정리하고, 개념 간 비교가 필요한 부분은 명확한 구분이 가능하도록 서술하여 효율적인 학습이 가능하도록 하였습니다.

이 교재는 이러닝 운영관리사 자격 취득을 목표로 하는 수험자뿐만 아니라, 이러닝 과정 운영 담당자, 교육기획자, 기업·공공기관의 교육 실무자에게도 실질적인 도움이 될 수 있도록 구성되었습니다. 본서를 통해 이러닝 운영 전반에 대한 체계적인 이해를 바탕으로 시험에 자신 있게 대비하고, 나아가 현장에서도 활용 가능한 전문성을 갖추시기를 바랍니다.

끝으로, 이 교재가 수험자 여러분의 학습 여정에 든든한 길잡이가 되기를 바라며, 이러닝 운영관리사로서의 전문 역량을 한 단계 더 성장시키는 데 기여할 수 있기를 기대합니다.

감사합니다.

저자 문혜영 드림

https://cafe.naver.com/comilmoon

시험 정보

1. 이러닝운영관리사 개요

이러닝운영관리사는 온라인·원격교육 환경에서 교육과정을 기획·운영·관리하는 전문 인력을 국가가 인증하는 국가기술자격이다. 본 자격은 한국산업인력공단이 시행·관리하고 있다.

이러닝운영관리사 자격을 취득한 사람은 이러닝 환경에서

- 교육과정 운영계획을 수립하고,
- 학습자 및 교·강사의 활동을 체계적으로 지원·촉진하며,
- 학습콘텐츠와 학습관리시스템(LMS)의 운영을 관리·지원하는 역할을 수행한다.

즉, 이러닝운영관리사는 단순히 콘텐츠를 소비하는 입장이 아니라, 과정 기획 → 운영 → 학습자 지원 → 성과 분석에 이르는 전 과정을 종합적으로 관리하는 운영 전문가를 양성하기 위한 자격이라 할 수 있다.

2. 시험실시 관련

이러닝운영관리사 시험은 국가기술자격으로, 한국산업인력공단에서 주관하여 정기적으로 실시한다. 정확한 연간 시행 회차와 일정은 매년 공고되며, 큐넷(Q-Net) 홈페이지에서 확인할 수 있다.

시험은 필기시험과 실기시험으로 구성된 2단계 전형으로 운영되며, 필기시험에 합격한 경우에 한해 실기시험에 응시할 수 있다. 필기시험은 객관식 4지 택일형 문제로 출제되며, CBT(Computer Based Test) 방식으로 실시된다.

3. 시험 절차

이러닝운영관리사 자격 취득까지의 전형적인 절차는 다음과 같다.

① 큐넷 회원가입 및 시험 공고 확인

큐넷(Q-Net)에서 이러닝운영관리사 종목 페이지를 확인하고, 시험 일정·과목·응시료 등을 확인한다.

② 필기시험 원서접수

정해진 접수 기간에 인터넷으로 원서를 접수하고 응시료를 납부한다.

시험장, 시험 일자, 시험시간을 선택한다.

▶ 유튜버 라레의 무료강의 제공 되는

이러닝
운영관리사

필기 이론서 · **기출예상문제집**

문혜영 편저

③ 필기시험 응시 및 합격자 발표

지정된 시험장에서 필기시험에 응시한다.

합격 기준을 충족하면 필기 합격으로 처리된다.

④ 실기시험 원서접수

필기 합격 후, 다음 회차의 실기시험 접수 기간에 원서를 접수하고 응시료를 납부한다.

⑤ 실기시험 응시 및 최종 합격자 발표

실기시험에 응시한다.

실기 합격 기준을 충족하면 최종 합격자로 결정된다.

⑥ 자격증 발급 신청

큐넷을 통해 자격증 발급을 신청하고, 수수료 납부 후 자격증을 발급받는다.

4. 시험과목 및 방법

(1) 필기시험

① 과목 구성

- 이러닝 운영계획 수립 (30문항)
- 이러닝 활동 지원 (30문항)
- 이러닝 운영 관리 (20문항)

② 검정방법

객관식 4지 택일형

총 80문항, 시험시간 2시간

③ 합격 기준

과목당 100점 만점 기준 각 과목 40점 이상

전 과목 평균 60점 이상일 때 필기시험 합격

(2) 실기시험

　① 과목명

　　이러닝 운영 실무

　② 검정방법

　　필답형, 시험시간 약 2시간

　③ 합격 기준

　　100점 만점 기준 60점 이상일 때 실기시험 합격

5. 응시자격

이러닝운영관리사는 응시자격에 별도의 제한이 없는 국가기술자격이다. 즉, 학력, 전공, 연령, 경력에 관계없이 누구나 필기·실기시험에 응시할 수 있다.

다만 실무 능력을 평가하는 시험의 특성상,
- 교육학·교육공학·HRD·컴퓨터·IT 관련 전공자
- 기업·공공기관의 교육 담당자
- 에듀테크·이러닝 업계 종사자나 예비 종사자에게 특히 유용하다.

실제 합격자 후기에서도, 교육과정 운영, LMS 활용, 온라인 학습자 관리 등에 대한 기본 이해가 있을수록 준비가 수월하다는 점이 공통적으로 언급된다.

이러닝운영관리사 한눈에 보기

☑ 자격의 핵심 정체성

이러닝운영관리사는 온라인·원격교육 환경에서 교육과정의 기획·운영·지원·평가 전 과정을 총괄하는 운영 전문가를 양성하기 위한 국가기술자격이다.

콘텐츠 제작자나 단순 강의자가 아닌, 이러닝 '운영'의 책임자 관점에서 시험이 출제된다.

☑ 시험의 핵심 포인트

이론 암기보다 운영 절차·역할·구분 기준을 정확히 이해하는 것이 중요

용어 정의 + "어떤 단계 / 누구의 역할 / 어떤 활동인가"를 구분하는 문제가 다수 출제

실무 상황을 가정한 판단형 문제 비중이 높음

시험 출제 경향 한눈 정리

1. 과목별 출제 성격

1과목 : 이러닝 운영계획 수립

출제 키워드	출제 특징
• 이러닝 개념·유형 • ADDIE 모형 • 학습 목표 수립(Mager) • 교육수요 예측(STP) • 교육과정 개설·학사일정	• 정의형 문제 + 절차 순서 배열 문제 다수 • "옳지 않은 것은?" 유형 빈출 • 계획 단계 vs 운영 단계 구분이 핵심

2과목 : 이러닝 활동 지원

출제 키워드	출제 특징
• 학습안내 / 학습활동 촉진 • 학습자 질문 대응 • 진도 독려 • 운영지원 도구 • 상호작용 유형	• 학습자·교수자·운영자 역할 구분문제 다수 • "~에 해당하지 않는 것은?" 형태 빈출 • 학습자 중심 원칙을 기준으로 판단

3과목 : 이러닝 운영 관리

출제 키워드	출제 특징
• 학업성취도 관리 • 평가 유형(진단·형성·총괄·사후) • 문항 난이도/양호도 • 과정만족도 조사 • 결과 분석 및 환류	• 평가 개념의 정확한 구분요구 • 만족도 vs 성취도 혼동 유도 문제 주의 • 관리-결과-환류 논리 흐름 이해가 핵심

2. 자주 출제되는 혼동 포인트

혼동 대상	출제 의도
학습안내 vs 학습활동 촉진	"안내"는 절차 설명, "촉진"은 참여 유도
만족도 평가 vs 성취도 평가	경험 평가 vs 학습 결과 평가
교수자 역할 vs 운영자 역할	교수는 학습 지원, 운영자는 관리·조정
LMS 점검 vs 콘텐츠 점검	시스템 안정성 vs 내용 적합성
사전·직후·사후평가	시점 구분 문제

필가·실기 대비 전략

- 이러닝 운영관리사 시험은 필기에서 이론 구조와 개념 간 구분 능력을 평가하고, 실기에서 실제 운영 상황을 이해하고 적용하는 능력을 평가하는 구조이다.
- 단순 암기보다는 단계별 흐름(계획 → 운영 → 관리 → 평가·환류)을 중심으로 학습하고, 필기에서는 정의·절차·구분 기준을, 실기에서는 운영 사례 기반의 서술 능력을 강화하는 전략이 필요하다.
- 필기와 실기 모두에서 반복 출제되는 핵심 개념(ADDIE, 학습자 지원, 학업성취도 관리, 만족도 조사 등)은 필기 – 실기 연계 학습을 통해 준비하는 것이 효과적이다.

구분	필기시험 대비 전략	실기시험 대비 전략
시험 성격	이론 중심, 객관식(CBT)	실무 이해 중심, 필답형
학습 목표	개념·용어의 정확한 이해와 구분	운영 상황에 맞는 설명 및 적용
핵심 전략	• 정의·개념 정확히 암기 • 단계별 절차 순서 정리 • "~에 해당하지 않는 것은" 유형 대비	• 운영 흐름을 문장으로 설명 연습 • 실무 용어를 사용한 서술 훈련 • 결과·개선 방향까지 기술
중점 학습 영역	• ADDIE 모형 • 학습 목표(Mager) • 운영 단계별 활동 구분 • 평가 유형(진단·형성·총괄·사류)	• 교육과정 개설·운영 사례 • 학습자·교수자·운영자 역할 • 학업성취도·만족도 관리 • 결과 분석 및 환류
출제 포인트	• 개념 간 비교·구분 문제 빈출 • 계획 단계 vs 운영 단계 혼동 유의	• "~을 어떻게 운영해야 하는가?" 형태 출제 • 이유·근거 제시 요구
학습 방법	• 표·도식 중심 정리 • 키워드 묶음 암기 • 기출·유사문제 반복 풀이	• 필기 핵심 키워드를 문장으로 재작성 • 운영 절차를 단계별 서술 연습
주의 사항	• 용어 정의를 추측으로 판단하지 말 것 • 만족도 vs 성취도 혼동 주의	• 단답형 나열 금지 • 운영 목적·효과 중심으로 서술
연계 전략	필기 핵심 이론을 실기 답안의 기본 문장으로 활용	실기 대비 과정에서 필기 개념 재정리

수험자 TIP

필기는 '구분'의 시험, 실기는 '설명'의 시험이다. 같은 개념이라도 필기는 선택지로, 실기는 문장으로 준비하라.

이러닝운영관리사 필기 출제기준

직무분야	교육·자연 과학·사회과학	중직무분야	교육·자연 과학·사회과학	자격종목	이러닝 운영관리사	적용기간	2026. 01. 01 ~ 2028. 12. 31

• 직무내용 : 이러닝환경에서 효과적인 교수학습을 위하여 교육과정에 대한 운영계획을 수립하고, 학습자와 교·강사의 활동을 촉진하며, 학습콘텐츠 및 시스템의 운영을 지원하는 직무이다.

검정방법	객관식	문제수	80	시험시간	2시간

과목명	주요항목	세부항목	세세항목
이러닝 운영 계획수립 (30문항)	1. 이러닝 산업파악	1. 이러닝 산업 동향 이해	1. 산업 동향 2. 산업 분류 체계 3. 산업 용어 4. 이해관계자 특성 5. 서비스 특성 6. 콘텐츠 특성 7. 시스템 특성 8. 인프라 특성
		2. 이러닝 기술 동향 이해	1. 기술 구성요소 (콘텐츠, 플랫폼, 네트워크, 디바이스, 서비스) 2. 최신 기술 동향 및 특성 3. 기술 용어
		3. 이러닝 법제도 이해	1. 법과 제도 2. 관련 법령 3. 법과 제도의 주요 이슈
	2. 이러닝 콘텐츠의 파악	1. 이러닝 콘텐츠 개발 절차 이해	1. 분석 2. 설계 3. 개발 4. 운영 5. 평가
		2. 이러닝 콘텐츠 개발요소 이해	1. 개발 인력 및 자원 2. 개발 시설 및 장비 3. 개발 산출물

과목명	주요항목	세부항목	세세항목
이러닝 운영 계획수립 (30문항)	2. 이러닝 콘텐츠의 파악	3. 이러닝 콘텐츠 유형별 개발 방법 이해	1. 콘텐츠 유형 2. 콘텐츠 유형별 개발 특성 3. 서비스 환경
	3. 학습시스템 파악	1. 학습시스템 이해	1. 학습시스템 유형 및 특성 2. 학습시스템 구조 3. 학습시스템 기반 기술 4. 이러닝 표준의 이해
		2. 학습시스템 개발과정 이해	1. 정보시스템 구축 운영지침 2. 학습시스템 기능요소 3. 학습시스템 요구분석 4. 학습시스템 개발 프로세스
		3. 학습시스템 운영과정 이해	1. 학습시스템 기본 기능 2. 학습시스템 운영 프로세스 3. 학습시스템 리스크 관리
	4. 학습시스템 이해관계자 분석	1. 학습시스템 이해관계자 분석	1. 학습자 특성 분석 2. 교수자 특성 분석 3. 참여자 역할 정의
		2. 학습자 기능분석	1. 교수학습 활동 분석 2. 교수학습 기능분석
	5. 이러닝 운영준비	1. 운영환경 점검	1. 운영서비스 점검 2. 학습 도구 점검 3. 콘텐츠 점검
		2. 교육과정 등록	1. 교육과정 특성분석 2. 과정 등록 3. 차시 등록 4. 학습(보조)자원 등록 5. 평가 문항 등록
		3. 학사일정 수립	1. 학사일정 수립 및 공지 2. 운영절차 준수

과목명	주요항목	세부항목	세세항목
이러닝 운영 계획수립 (30문항)	5. 이러닝 운영준비	4. 수강 신청 관리	1. 수강 승인 관리 2. 입과 안내 3. 사용자 정보 등록 4. 수강 변경 사후 관리
이러닝 활동지원 (30문항)	1. 이러닝 운영지원 도구 관리	1. 운영지원 도구 분석	1. 운영지원 도구의 종류와 특성 2. 운영지원 도구 활용 방법
		2. 운영지원 도구 선정	1. 과정 특성별 적용 방법 2. 적용 방법 매뉴얼
		3. 운영지원 도구 관리	1. 사용현황에 따른 문제점 2. 운영지원 도구별 개선점 3. 운영지원 도구 활용보고서
	2. 이러닝 운영 학습활동 지원	1. 학습환경 지원	1. 학습환경(PC, 모바일 등) 확인 2. 학습환경 문제 상황과 대처
		2. 학습활동 안내	1. 학습절차 2. 과제수행 3. 평가 기준 4. 상호작용 5. 자료등록
		3. 학습활동 촉진	1. 학습 진도 및 참여 관리 2. 학습소통 관리 3. 학습자 질문 유형 및 대응 4. 학습 동기 부여 5. 학습 촉진 전략
		4. 수강오류 관리	1. 수강오류 유형 2. 수강오류 대응방법
	3. 이러닝 운영 활동 관리	1. 운영 활동계획	1. 운영 전 활동계획 2. 운영 중 활동계획 3. 운영 후 활동계획 4. 단계별 목표와 평가 준거

과목명	주요항목	세부항목	세세항목
이러닝 활동지원 (30문항)	3. 이러닝 운영 활동 관리	2. 운영 활동 진행	1. 학사관리 2. 교·강사 관리 3. 학습활동 모니터링 4. 학습만족도 향상을 위한 운영 활동 5. 학습분석 및 맞춤형 학습관리
	4. 학습평가설계	1. 학업성취도 평가 설계	1. 평가 모형 2. 평가의 유형 3. 평가 시행 및 관리
		2. 평가 문항 작성	1. 평가도구의 문항 형식 2. 평가 문항 작성지침 3. 평가 문항 양호도
이러닝 운영관리 (20문항)	1. 이러닝 운영 교육과정 관리	1. 교육과정 관리계획	1. 교육수요 예측 및 과정 선정 2. 과정 목표 및 체계 수립 3. 과정별 상세 정보 4. 학습 목표 수립
		2. 교육과정 관리 진행	1. 과정 관리 항목 2. 유관부서 협업 3. 과정 관리 매뉴얼 4. 과정의 질 관리
		3. 교육과정 관리 결과보고	1. 운영결과 분석 2. 운영 결과보고 및 환류
	2. 이러닝 운영 평가관리	1. 과정만족도 조사	1. 조사 대상 (교수자, 학습자, 운영자, 콘텐츠, 시스템 등) 2. 조사 항목 구성 3. 조사 도구 선정 4. 조사 수행 5. 조사 결과 분석 및 환류
		2. 학업성취도 관리	1. 학업성취도 통계(집중경향, 변산도 등) 2. 학업성취도 점수 부여 3. 학업성취도 분석 및 환류

과목명	주요항목	세부항목	세세항목
이러닝 운영관리 (20문항)	2. 이러닝 운영 평가관리	3. 평가결과 보고	1. 과정만족도 보고 2. 학업성취도 보고
	3. 이러닝 운영 결과관리	1. 콘텐츠 운영 결과관리	1. 콘텐츠 내용과 운영 목표 비교 2. 콘텐츠 개발 결과 3. 콘텐츠 운영결과
		2. 교·강사 운영 결과관리	1. 교·강사 활동 관리 2. 교·강사 활동평가 및 환류
		3. 시스템 운영 결과관리	1. 운영결과 취합 2. 개선사항 도출 및 제안
		4. 운영 결과관리 보고서 작성	1. 운영준비 활동 2. 학사관리 지원 3. 교·강사 지원 4. 학습활동 지원 5. 과정 평가관리 6. 운영 성과관리

이러닝운영관리사 실기 출제기준

과목명	주요항목	세부항목	세세항목
이러닝 운영실무	1. 이러닝 산업파악	1. 이러닝 산업 동향 이해하기	1. 이러닝 산업의 구성요소를 파악할 수 있다. 2. 이러닝 산업 중 서비스 분야의 특성을 파악할 수 있다. 3. 이러닝 산업 중 콘텐츠 분야의 특성을 파악할 수 있다. 4. 이러닝 산업 중 시스템 분야의 특성을 파악할 수 있다. 5. 이러닝 산업 중 인프라 분야의 특성을 파악할 수 있다. 6. 이러닝 산업의 영역별 발전과정과 향후 동향을 분석할 수 있다. 7. 이러닝 산업의 주요 이해관계자(콘텐츠/시스템 공급자, 서비스제공자, 수요자, 공공기관 등)를 파악할 수 있다.
		2. 이러닝 기술 동향 이해하기	1. 이러닝 기술의 구성요소(서비스, 콘텐츠, 시스템)를 구분하여 설명할 수 있다. 2. 이러닝 기술 관련 용어를 분야별로 설명할 수 있다. 3. 이러닝 관련(서비스, 콘텐츠, 시스템) 기술의 발전과정과 향후 동향을 분석할 수 있다.
		3. 이러닝 법제도 이해하기	1. 이러닝 운영에 필요한 법제도의 유형과 세부 내용을 확인할 수 있다. 2. 이러닝 법제도의 변경사항과 세부 내용이 있는지 확인할 수 있다. 3. 이러닝 법제도의 변경사항을 운영계획에 적용할 수 있다. 4. 이러닝 법제도의 변경사항을 학습관리시스템(LMS)에 적용할 수 있다. 5. 이러닝 법제도의 변경사항에 따른 대응방안을 내부에 공유할 수 있다.
	2. 이러닝 콘텐츠의 파악	1. 이러닝 콘텐츠 개발요소 이해하기	1. 이러닝 콘텐츠 개발에 필요한 자원을 알고 규명할 수 있다. 2. 이러닝 콘텐츠 개발에 필요한 장비를 알고, 특장점을 설명할 수 있다. 3. 이러닝 콘텐츠 개발 최종산출물을 알고 개발범위를 설명할 수 있다.

과목명	주요항목	세부항목	세세항목
이러닝 운영실무	2. 이러닝 콘텐츠의 파악	2. 이러닝 콘텐츠 유형별 개발방법 이해하기	1. 이러닝 콘텐츠의 유형별 차이점을 알고 개발상의 유의점을 제시할 수 있다. 2. 학습목적 및 대상에 따른 이러닝 콘텐츠 유형을 분류하고 개발에 따른 특성을 제시할 수 있다. 3. 이러닝 콘텐츠 유형별 서비스 환경이나 대상을 파악하고 차이점을 규명할 수 있다.
		3. 이러닝 콘텐츠 개발환경 파악하기	1. 이러닝 콘텐츠 개발 절차를 알고 필요한 자원을 규명할 수 있다. 2. 이러닝 콘텐츠 개발에 필요인력을 알고 역할을 규명할 수 있다. 3. 이러닝 콘텐츠 유형별 필요자원을 알고 투입자원을 규명할 수 있다.
	3. 학습시스템 특성분석	1. 학습시스템 이해하기	1. 학습시스템에 대한 필요성을 작성할 수 있다. 2. 학습시스템의 구조를 작성할 수 있다. 3. 학습시스템의 요소 기술을 작성할 수 있다.
		2. 학습시스템 표준 이해하기	1. 학습시스템 표준을 설명할 수 있다. 2. 학습시스템 서비스 표준을 설명할 수 있다. 3. 학습시스템 데이터 표준을 설명할 수 있다. 4. 학습시스템 콘텐츠 표준을 설명할 수 있다.
		3. 학습시스템 개발과정 이해하기	1. 개발하고자 하는 학습시스템 기술적 구조와 현황을 파악할 수 있다. 2. 개발에 필요한 HW, SW, 네트워크, 보안 등의 사용자 요구사항을 문서화 할 수 있다 3. 개발 프로세스에 대한 명세를 문서화 할 수 있다 4. 이러닝 업무 워크플로우에 따라 특성을 반영하여 시스템 개발방안을 결정할 수 있다 5. 시스템 개발안을 토대로 개발환경을 설정할 수 있다
		4. 학습시스템 운영과정 이해하기	1. 학습시스템 운영에 대해 정의할 수 있다. 2. 학습시스템 운영 프로세스에 대해 설명할 수 있다. 3. 학습시스템 운영 시 필요한 기술에 대해 나열할 수 있다. 4. 학습시스템 운영 시 발생하는 리스크와 해결 방법에 대해 설명할 수 있다.

과목명	주요항목	세부항목	세세항목
이러닝 운영실무	4. 이러닝 운영준비	1. 운영환경 분석하기	1. 이러닝 서비스를 제공하는 학습시스템을 점검하여 문제점을 해결할 수 있다. 2. 이러닝 운영을 위한 학습관리시스템(LMS)을 점검하여 문제점을 해결할 수 있다. 3. 이러닝 학습지원 도구의 기능을 점검하여 문제점을 해결할 수 있다. 4. 이러닝 운영에 필요한 다양한 멀티미디어 기기에서의 콘텐츠 구동 여부를 확인할 수 있다. 5. 교육과정별로 콘텐츠의 오류 여부를 점검하여 수정을 요청할 수 있다.
		2. 교육과정 개설하기	1. 학습자에게 제공 예정인 교육과정의 특성을 분석할 수 있다. 2. 학습관리시스템(LMS)에 교육과정과 세부 차시를 등록할 수 있다. 3. 학습관리시스템(LMS)에 공지사항, 강의계획서, 학습관련자료, 설문, 과제, 퀴즈 등을 포함한 사전 자료를 등록할 수 있다. 4. 학습관리시스템(LMS)에 교육과정별 평가 문항을 등록할 수 있다.
		3. 학사일정 수립하기	1. 연간 학사일정을 기준으로 개별 학사일정을 수립할 수 있다. 2. 원활한 학사 진행을 위해 수립된 학사일정을 협업부서에 공지할 수 있다. 3. 교·강사의 사전 운영준비를 위해 수립된 학사일정을 교·강사에게 공지할 수 있다. 4. 학습자의 사전 학습준비를 위해 수립된 학사일정을 학습자에게 공지할 수 있다 5. 운영예정인 교육과정에 대해 서식과 일정을 준수하여 관계기관에 절차에 따라 신고할 수 있다.
		4. 수강 신청 관리하기	1. 개설된 교육과정별로 수강 신청 명단을 확인하고 수강 승인 처리를 할 수 있다. 2. 교육과정별로 수강 승인된 학습자를 대상으로 교육과정 입과를 안내할 수 있다. 3. 운영예정 과정에 대한 운영자 정보를 등록할 수 있다. 4. 운영을 위해 개설된 교육과정에 교·강사를 지정할 수 있다. 5. 학습과목별로 수강변경사항에 대한 사후처리를 할 수 있다.

과목명	주요항목	세부항목	세세항목
이러닝 운영실무	5. 이러닝 운영지원 도구 관리	1. 운영지원 도구 분석 하기	1. 과정 운영에 필요한 운영지원 도구의 종류와 특성을 파악할 수 있다. 2. 학습자의 원활한 학습을 지원하기 위해 필요한 도구에는 어떤 것이 있는지 분석할 수 있다. 3. 운영지원 도구별 사용상 특성을 파악하여 적용 방법을 도출할 수 있다.
		2. 운영지원 도구 선정 하기	1. 이러닝 운영과정의 특성에 적합한 운영지원 도구를 선정할 수 있다. 2. 선정된 운영지원 도구의 사용방법을 매뉴얼로 정리할 수 있다. 3. 선정된 운영지원 도구의 특성을 파악한 후 이를 학습자에게 적용하기 위한 방안을 도출할 수 있다.
		3. 운영지원 도구 관리 하기	1. 운영지원 도구 사용현황에 따른 문제점과 개선점을 정리할 수 있다. 2. 운영지원 도구별 개선점을 반영할 수 있는 방안을 도출할 수 있다. 3. 도출된 개선방안을 운영지원 업무에 반영할 수 있다.
	6. 이러닝 운영 학습 활동 지원	1. 학습환경 지원하기	1. 수강이 가능한 PC, 모바일 학습환경을 확인할 수 있다. 2. 학습자의 학습환경을 분석하여 학습자의 질문 및 요청사항에 대처할 수 있다. 3. 학습자의 PC, 모바일 학습환경을 원격지원할 수 있다. 4. 원격지원 상에서 발생하는 문제 상황을 분석하여 대응방안을 수립할 수 있다.
		2. 학습활동 안내하기	1. 학습을 시작할 때 학습자에게 학습절차를 안내할 수 있다. 2. 학습에 필요한 과제수행 방법을 학습자에게 안내할 수 있다. 3. 학습에 필요한 평가 기준을 학습자에게 안내할 수 있다. 4. 학습에 필요한 상호작용 방법을 학습자에게 안내할 수 있다. 5. 학습에 필요한 자료등록 방법을 학습자에게 안내할 수 있다.
		3. 학습활동 촉진하기	1. 운영계획서 일정에 따라 학습 진도를 관리할 수 있다. 2. 운영계획서 일정에 따라 과제와 평가에 참여할 수 있도록 학습자를 독려할 수 있다. 3. 학습에 필요한 상호작용을 활성화할 수 있도록 학습자를 독려할 수 있다. 4. 학습에 필요한 온라인 커뮤니티 활동을 지원할 수 있다. 5. 학습 과정 중에 발생하는 학습자의 질문에 신속히 대응할 수 있다.

과목명	주요항목	세부항목	세세항목
이러닝 운영실무	6. 이러닝 운영 학습 활동 지원	3. 학습활동 촉진하기	6. 학습활동에 적극적으로 참여하도록 학습 동기를 부여할 수 있다. 7. 학습자에게 학습 의욕을 고취 시킬 수 있다. 8. 학습자의 학습활동 참여의 어려움을 파악하고 해결할 수 있다.
		4. 수강오류 관리하기	1. 학습 진도 오류 등 학습활동에서 발생한 각종 오류를 파악하고 이를 해결할 수 있다. 2. 과제나 성적 처리상의 오류를 파악하고 이를 해결할 수 있다. 3. 수강오류 발생 시 내용과 처리방법을 공지사항을 통해 공지할 수 있다.
	7. 이러닝 운영 활동 관리	1. 운영 활동 계획하기	1. 운영 활동을 수행하는 데에 필요한 항목을 파악할 수 있다. 2. 운영 활동이 진행되는 절차를 운영 전, 운영 중, 운영 후로 구분하여 정리할 수 있다. 3. 운영 활동 진행 절차별 목표와 평가 준거를 기술할 수 있다. 4. 운영활동 진행 절차별 운영활동 분석을 위한 양식을 기획하여 이를 제작할 수 있다.
		2. 운영 활동 진행하기	1. 학습자 관점에서 효과적인 학습이 이루어질 수 있도록 운영 활동을 수행할 수 있다. 2. 운영자 관점에서 효율적인 관리가 이루어질 수 있도록 운영 활동을 수행할 수 있다. 3. 시스템의 관점에서 효율적인 관리가 될 수 있도록 운영 활동을 수행할 수 있다. 4. 학습자 만족이 이루어질 수 있도록 운영 활동을 수행할 수 있다.
		3. 운영 활동 결과 보고 하기	1. 운영 활동 결과를 보고 양식에 맞게 작성할 수 있다. 2. 운영 활동 결과보고에 따른 후속 조치를 수행하여 부족한 부분을 개선할 수 있다. 3. 운영 활동 결과에 따른 피드백을 다음 운영 활동에 반영할 수 있다.
	8. 이러닝 운영 교육 과정 관리	1. 교육과정 관리 계획 하기	1. 운영전략의 목표와 교육과정 체계를 분석할 수 있다. 2. 운영할 교육과정별 상세 정보와 학습 목표를 확인할 수 있다. 3. 학습자 요구를 반영한 이러닝 운영 교육과정을 선정하고 관리계획을 수립할 수 있다.

과목명	주요항목	세부항목	세세항목
이러닝 운영실무	8. 이러닝 운영 교육 과정 관리	2. 교육과정 관리 진행 하기	1. 과정 관리에 필요한 항목별 특징을 분석할 수 있다. 2. 과정 관리에 필요한 유관부서와의 협업 방법을 정리할 수 있다. 3. 과정 관리 시 필요한 항목들의 사전 준비 여부를 파악할 수 있다. 4. 과정 운영에 필요한 관리 매뉴얼을 통해 업무 진행 내용을 파악할 수 있다. 5. 진행되는 교육과정을 운영 목표에 맞춰 관리하여 운영 성과를 도출할 수 있다. 6. 과정 품질에 대한 기준을 마련하고 과정을 이에 맞게 분류할 수 있다.
		3. 교육과정 관리 결과 보고하기	1. 교육과정별 운영 결과를 정리하기 위한 보고 양식을 제작할 수 있다. 2. 교육과정 결과보고 양식에 따라 운영 내용을 정리할 수 있다. 3. 교육과정 운영 결과가 의미하는 시사점을 도출하고 반영할 수 있다. 4. 교육과정 운영 결과에 대한 피드백을 향후 운영계획에 반영하여 적용할 수 있다.
	9. 이러닝 운영 결과 관리	1. 콘텐츠 운영 결과 관리하기	1. 콘텐츠의 학습 내용이 과정 운영 목표에 맞게 구성되어 있는지 확인할 수 있다. 2. 콘텐츠가 과정 운영의 목표에 맞게 개발되었는지 확인할 수 있다. 3. 콘텐츠가 과정 운영의 목표에 맞게 운영되었는지 확인할 수 있다.
		2. 교·강사 운영결과 관리하기	1. 교·강사 활동의 평가 기준을 수립할 수 있다. 2. 교·강사가 평가 기준에 적합하게 활동하였는지 확인할 수 있다. 3. 교·강사의 질의응답, 첨삭지도, 채점 독려, 보조자료 등록, 학습 상호작용, 학습 참여, 모사 답안 여부 확인을 포함한 활동의 결과를 분석할 수 있다. 4. 교·강사의 활동에 대한 분석결과를 피드백할 수 있다. 5. 교·강사 활동 평가결과에 따라 등급을 구분하여 다음 과정 운영에 반영할 수 있다.
		3. 시스템 운영결과 관리하기	1. 시스템운영결과를 취합하여 운영 성과를 분석할 수 있다. 2. 과정 운영에 필요한 시스템의 하드웨어 요구사항을 분석할 수 있다. 3. 과정 운영에 필요한 시스템 기능을 분석하여 개선 요구사항을 제안할 수 있다. 4. 제안된 내용의 시스템 반영 여부를 확인할 수 있다.

과목명	주요항목	세부항목	세세항목
이러닝 운영실무	9. 이러닝 운영 결과 관리	4. 운영결과 관리보고 서 작성하 기	1. 학습 시작 전 운영준비 활동이 운영계획서에 맞게 수행되었는지 확인할 수 있다. 2. 학습 진행 중 학사관리가 운영계획서에 맞게 수행되었는지 확인할 수 있다. 3. 학습 진행 중 교·강사 지원이 운영계획서에 맞게 수행되었는지 확인할 수 있다. 4. 학습 진행 중 학습활동 지원이 운영계획서에 맞게 수행되었는지 확인할 수 있다. 5. 학습 진행 중 과정 평가관리가 운영계획서에 맞게 수행되었는지 확인할 수 있다. 6. 학습 종료 후 운영성과관리가 운영계획서에 맞게 수행되었는지 확인할 수 있다.

CONTENTS

Chapter 03 학습시스템 파악

Chapter 04 학습시스템 이해관계자 분석

Chapter 05 이러닝 운영 준비

CONTENTS

Chapter 03 이러닝 운영 활동 관리

01. 운영 활동 계획

02. 운영 활동 진행

Chapter 04 학습평가 설계

01. 학업성취도 평가 설계

02. 평가 문항 작성

CONTENTS

Chapter 03 이러닝 운영 결과관리

PART.4 | 모의고사

PART 1

이러닝 운영 계획 수립

E-LEARNING

CHAPTER 01 이러닝 산업 파악

01. 이러닝 산업 동향 이해

주요 학습 목표

1. 이러닝 산업의 구성요소를 파악할 수 있다.

2. 이러닝 산업 중 서비스 분야의 특성을 파악할 수 있다.

3. 이러닝 산업 중 콘텐츠 분야의 특성을 파악할 수 있다.

4. 이러닝 산업 중 시스템 분야의 특성을 파악할 수 있다.

5. 이러닝 산업의 영역별 발전과정과 향후 동향을 분석할 수 있다.

6. 이러닝 산업의 주요 이해관계자(콘텐츠/시스템 공급자, 서비스 제공자, 수요자, 공공기관 등)를 파악할 수 있다.

1. 산업 동향

- 이러닝 산업은 기술의 발전과 함께 성장하며, 특히 스마트폰과 높은 인터넷 접근성의 확산으로 인해 더욱 활성화되었다.
- 기업 교육, 학교 교육, 자기계발 등 다양한 분야에서 이러닝 콘텐츠와 서비스의 수요가 늘어나고 있다. 이러닝 산업은 크게 공급자와 수요자로 구성되어 있다.

1) 이러닝 정의

- **'이러닝'**이란 전자적 수단, 정보통신 및 전파·방송 기술을 활용하여 이루어지는 학습을 의미한다(「이러닝산업법」제2조).
- **'이러닝 콘텐츠'**라 함은 전자적 방식으로 처리된 부호·문자·도형·색채·음성·음향·이미지·영상 등의 이러닝과 관련된 정보나 자료를 말한다.
- **'이러닝 산업'**은 전자적 학습콘텐츠와 관련된 서비스, 기술, 솔루션을 제공하는 산업을 가리킨다.

> 🔑 **수험 TIP**
> 이러닝, 이러닝 콘텐츠, 이러닝 산업에 대한 정의 필기/실기 모두 출제된다.

2) 이러닝의 개요

- 이러닝은 인터넷, 컴퓨터, 모바일 장치 등 전자 기술을 활용하여 교육과 학습활동을 지원한다. 전통적인 교실 학습 환경을 대체하거나 보완하기 위해 다양한 기술과 방법론이 활용된다.
- 정보통신의 발달은 우리 사회 전반에 큰 변화를 가져오며, 교육 분야에서도 많은 변화가 나타나게 되었다.
- 과거에는 다수의 학습자가 물리적인 공간에서 집단으로 학습하는 전통적인 교육 방법이 주를 이루었지만, 이제는 언제 어디서나 누구에게나 교육이 가능하도록 하는 '이러닝(e - learning)'의 학습 방식이 혁신되었다.

3) 이러닝의 특징

- 이러닝은 적은 예산으로 많은 인력을 교육할 수 있다.
- 여러 가지 교육 도구를 통해서 교수자와 학습자의 상호작용을 쉽게 한다(상호작용 패턴의 변화).
- 학습자가 교육의 중심이 되면서 개인의 특성에 맞게 제작된 교육이 가능하다(학습자 중심의 맞춤학습).
- 기존의 교육 방식을 벗어나서 언제 어디서든지 학습자가 수준에 맞게 최신의 학습 정보를 통해 교육을 받을 수 있다(시간과 공간의 제약 탈피).
- 학습자에게는 자신이 필요할 때 반복수강이 가능하다.

> 🔑 수험 TIP : '이러닝의 장점/특징' 자주 출제된다.

[표] 전통적 교육과 이러닝의 특성 비교

분류	전통적인 교육	이러닝
형태	집합/off - line	on - line
방식	교수자 중심	학습자 자율
장소	지정된 장소(교실, 강의실)	구애받지 않음
시간	정해진 시간	구애받지 않음
내용	학습자 공통, 획일성, 일방성	학습자에 따라 다름, 다양성, 쌍방향성
학습자의 흥미/요구	무시	고려
교수자의 역할	지식 전달자	조언자, 코치

4) 이러닝 산업의 공급자

- **이러닝 산업의 공급자**는 이러닝 관련 제품·서비스·기술·솔루션을 제공하는 기업이나 조직을 의미한다. 이들 공급자는 온라인 교육 콘텐츠를 개발·제공하고, 다양한 형태의 디지털 콘텐츠 및 학습 환경을 구축하여 학습자가 쉽게 접근·활용할 수 있도록 지원한다.

[표] 이러닝 산업의 공급자

분류	내용		
콘텐츠 사업체	이러닝에 필요한 정보와 자료를 멀티미디어 형태로 개발, 제작, 가공, 유통하는 기업 혹은 조직을 가리킨다.		
솔루션 사업체	이러닝을 위해 교육 관련 정보시스템의 전체 또는 일부를 개발, 제작, 가공, 유통하는 기업 또는 조직을 의미한다.		
서비스 사업체	온라인 교육·훈련·학습 등을 정보통신 네트워크를 통해 개인·기업·기관에 양방향으로 직접 제공하며, 이러닝 교육 및 인프라 구축과 관련된 컨설팅을 수행하는 기업을 말한다.		
	정규 교육 기관	고등학교, 대학교 등과 협력하여 학위를 부여하는 기업 또는 기관	
	사설 학원 기업	사설 학원 운영과 함께 일부 또는 전체 과정을 이러닝을 통해 제공하는 기업	
	일반 기업	자체 소유 또는 임차한 정보통신 네트워크를 통해 교육, 훈련 및 학습 서비스를 제공하는 기업	

※ 출처 : 산업통상자원부, 이러닝산업실태조사보고서 2021

5) 이러닝 산업의 수요자

- **이러닝 산업의 수요자**는 이러닝 콘텐츠, 플랫폼, 도구, 서비스 등의 제품 및 서비스를 필요로 하는 개인, 기관, 조직들이다.

[표] 이러닝 산업의 수요자

대분류	중분류	내용
단체	사업체	종사자 수 1인 이상 전 업종
	정규 교육기관	초·중·고·대학 전체 교육기관
	정부/공공기관	중앙정부, 교육청, 광역지방자치단체, 정부출자/출연 기관, 지방공사/공단 등
개인	개인	전국의 모든 인터넷 이용자

6) 이러닝 사업체 현황

- 2022년 이러닝 사업체 수는 총 2,393개로 추정된다. 사업 분야별로 서비스 사업체 1,518개, 콘텐츠 사업체 519개, 솔루션 사업체 356개이다. 이것은 2021년 대비 280개 사업체가 증가(13.3% 증가)하였다.
- 2022년 이러닝 사업체의 겸업 비율은 42.1%(1,006개)로 나타났고, 타 사업 부분에 대한 아웃소싱과 전문화된 기술과 서비스의 통합이 이루어지면서 겸업이 활발히 진행되는 것으로 조사되었다.

7) 이러닝 공급시장 규모

- 2022년 이러닝 매출액은 5조 3,508억원으로 나타났다. 이것은 2021년 이러닝 매출액 5조 218억원 대비 6.6% 증가한 수치이다.

- 전년 대비 솔루션 부문 7.6%, 서비스부문 7.0%, 콘텐츠 부문 4.2% 증가하였다.

8) 이러닝 인력 현황

- 2022년 이러닝 산업에 종사하고 있는 인력은 35,346명으로 추정된다. 이것은 2021년 대비 5.0%(1,695명) 증가한 수치이다.

- 이러닝 콘텐츠개발자가 이러닝 산업에 종사하는 인력 중 24.6%의 비중을 차지하며 이러닝 과정운영자 22.7%, 이러닝 컨설턴트 19.3%, 이러닝 시스템개발자 18.7% 등의 순으로 나타난다.

9) 국내 이러닝 수요시장 규모

- 2022년 국내 이러닝 수요시장 규모는 5조 3,960억 원으로 나타났다. 국내 이러닝 수요시장 규모별로 살펴보면, 개인이 2조 7,683억원(51.3%)으로 가장 많은 지출액 비중을 차지하는 것으로 조사되었으며, 다음으로 사업체 1조 9,695억원, 정부/공공기관 3,298억 원, 정규 교육기관 3,282억 원 순으로 나타났다.

- 2022년 국내 이러닝 수요시장 규모는 2021년 대비 7.1% 증가하였고 개인 6.2%, 사업체 9.0%, 정규 교육기관 6.1%, 정부/공공기관 4.3% 증가하였다.

> 🔑 **수험 TIP**
> - 이러닝 사업체는 '서비스 > 콘텐츠 > 솔루션' 순서로 많다.
> - 수요시장은 '개인 > 사업체 > 정부/공공 > 정규 교육기관' 순으로 크다.

2. 산업 분류 체계

1) 2015년 이러닝 산업 특수분류 제정 배경

- 2015년 이전까지 이러닝 산업은 한국표준산업분류(KSIC)상 소프트웨어 개발·공급업(582), 컴퓨터 프로그래밍·시스템 통합 및 관리업(620), 정보서비스업(631), 일반교습학원(855) 등 여러 업종에 분산되어 있었다. 그 결과 전자학습(이러닝) 산업의 기업 현황, 고용, 매출 등 주요 통계를 정확하게 파악하기 어려운 한계가 있었다.

2) 산업분류체계 정립 필요성

- 이러닝 업계는 환경 변화에 대응하기 위해 이러닝 산업의 영역을 세분화·구체화하고, 이를 단일 업종으로 통합하여 체계적으로 관리할 수 있는 산업분류체계의 필요성을 지속적으로 제기하였다.

3) 이러닝 산업 특수분류의 구성

- 이러닝 산업 특수분류는 이러닝 사업자의 생산활동을 기준으로 이러닝 콘텐츠, 이러닝 솔루션, 이러닝 서비스, 이러닝 하드웨어의 4개 대분류로 구분하고, 이를 다시 12개 중분류, 33개 소분류로 세분화하여 산업 범위를 구체화하였다.

[표] 이러닝산업 특수분류

세부 범위	정의
이러닝 콘텐츠	이러닝을 위한 학습내용물을 개발, 제작 또는 유통하는 사업
이러닝 솔루션	이러닝을 위한 개발도구 응용소프트웨어 등의 패키지 소프트웨어 개발과 이에 대한 유지·보수업 및 관련 인프라 임대업
이러닝 서비스	전자적 수단, 정보통신 및 전파·방송기술을 활용한 학습·훈련을 제공하는 사업
이러닝 하드웨어	이러닝 서비스 제공 및 이용을 위해 필요한 기기, 설비를 제조, 유통하는 사업

※ 출처 : 산업통상자부 보도자료 2015

[표] 이러닝 산업 특수분류 대·중·소분류

대분류	중분류	소분류
이러닝 콘텐츠	이러닝 콘텐츠 자체 개발, 제작업	코스웨어(Courseware) 자체 개발, 제작업
		전자책(e-book) 자체 개발, 제작업
		체감형 학습콘텐츠 자체 개발, 제작업
		기타 이러닝 콘텐츠 자체 개발, 제작업
	이러닝 콘텐츠 외주 개발, 제작업	코스웨어 외주 개발, 제작업
		전자책(e-book) 외주 개발, 제작업
		체감형 학습콘텐츠 외주 개발, 제작업
		기타 이러닝 콘텐츠 외주 개발, 제작업
	이러닝 콘텐츠 유통업	이러닝 콘텐츠 유통업
이러닝 솔루션	이러닝 소프트웨어 개발업	LMS 및 LCMS 개발업
		학습콘텐츠 저작도구 개발업
		가상교실 소프트웨어 개발업
		가상훈련시스템 소프트웨어 개발업
		기타 이러닝 소프트웨어 개발업
	이러닝 시스템 구축 및 유지 보수업	이러닝 시스템 구축 및 관련 컨설팅 서비스업
		이러닝 시스템 유지보수 서비스업

대분류	중분류	소분류
이러닝 솔루션	이러닝 소프트웨어 유통 및 자원 제공 서비스업	이러닝 소프트웨어 유통업
		이러닝 컴퓨팅 자원 임대 서비스업
		이러닝 관련 기타 자원 임대 서비스업
이러닝 서비스	교과교육 서비스업	유아교육 서비스업
		초등교육 서비스업
		중등교육 서비스업
		고등교육 서비스업
		기타 교과교육 서비스업
	직무훈련 서비스업	기업 직무훈련 서비스업
		직업훈련 서비스업
		교수자 연수 서비스업
	기타 교육 훈련 서비스업	기타 교육 훈련 서비스업
이러닝 하드웨어	교육 제작 및 훈련시스템용 설비 및 장비 제조업	디지털 강의장 설비 및 부속 기기 제조업
		가상훈련시스템 장비 및 부속 기기 제조업
		기타 교육 제작 및 훈련시스템용 설비, 장비 및 부속기기 제조업
	학습용 기기 제조업	휴대형 학습 기기 제조업
	이러닝 설비, 장비 및 기기 유통업	이러닝 설비, 장비 및 기기 유통업

※ 이러닝 산업 특수분류 정의서 참고

🔑 수험 TIP : 이러닝 산업 특수분류에서 대분류와 중분류 모두 기억해 두세요.

3. 산업 용어

2006년 이러닝 분야의 국제 표준에 대한 기술적 개념을 보다 명확하고 쉽게 이해하기 위하여, 이러닝 분야 용어 중 55종에 대한 KS 국가표준을 제정하였으며, 2010년 개정되었다.

[표] 이러닝 산업 용어 제정 배경

구분	내용
제정 이전 문제 1: 용어 혼용	이러닝을 e-learning, 러닝, e-Learning, 사이버교육, 원격교육 등 다양한 명칭으로 혼용하여 사용함
제정 이전 문제 2: 정보 접근 어려움	용어가 통일되지 않아 일반인뿐 아니라 전문가도 정보 검색·이해에 어려움이 발생함
제정 필요성 1: 표준화	혼용되는 명칭을 표준용어로 정리·통일할 필요가 지속적으로 제기됨
제정 필요성 2: 사전 등재 이슈	e-러닝처럼 국적이 불분명한 용어는 국어사전 등재가 어렵다는 문제점이 존재함

[표] 학습·교육·이러닝 관련 주요 용어

용어	정의
학습(learning)	지식, 기술, 태도의 습득
교육(education)	과정·구조화된 활동 또는 교수 단위에서 특정 교과 과정과 연관되어 정형적으로 설계된 활동들을 통해 용이하게 학습하는 데 목적을 둔 절차들
훈련(training)	훈련 특정 응용에 초점을 맞추어 절차적으로 정의된 활동을 통한 기술 개발 및 이해를 향상하는 절차
교수(instruction)	가르치는 활동
강의(lecture)	학습활동을 제시하고 이끌어가는 행동
평가 (evaluation or assessment)	학습 목표의 달성 정도를 측정하는 행위
이러닝 (e-learning or ICT- supported learning)	정보통신기술에 의해 이루어지는 학습 ※ 전기선을 연결하여 사용하는 학습 매체를 통해 인터넷과 같은 네트워크를 매개체로 이루어지는 학습
엠러닝(m-learning)	모바일 매체(위치 또는 이동에 제약받지 않는 장치)에 의해 이루어지는 이러닝
티러닝(t-learning)	TV 매체를 통해 이루어지는 이러닝 **※ TV 매체**: 아날로그 TV, 모바일 TV, IPTV, DMB TV 등
유러닝(u-learning)	유비쿼터스(Ubiquitous) 환경을 통해 이루어지는 이러닝
웹 기반 학습 (web-based learning)	웹 기술을 사용하는 온라인 학습 ※ 인터넷을 수단으로 하여 교수와 학습자 간의 배움이 이루어지는 학습활동
온라인 학습 (on-line learning)	컴퓨터 네트워크를 통해 이루어지는 학습 ※ 전자적 수단, 정보통신, 전파, 방송, 인공지능, 가상현실 및 증강현실 관련 기술을 활용하여 이루어지는 학습
오프라인 학습 (off-line learning)	컴퓨터 네트워크와 독립적으로 이루어지는 학습 ※ 강의장에서 교수자와 학습자가 만나 이뤄지는 모든 교육 방식
혼합형 학습 (blended learning)	이러닝과 면대면 또는 오프라인 학습이 결합된 형태로 이루어지는 학습
컴퓨터 지원 협력 학습 (Computer-Supported Collaborative Learning(CSCL))	컴퓨터를 포함한 정보통신기술의 지원을 받아 협력적으로 각종 정보와 자원을 교류하고, 주어진 과제를 수행해 나가는 학습
컴퓨터 기반 학습 (computer-based learning)	컴퓨터를 학습 도구로 활용하는 학습
컴퓨터 관리학습 (computer managed learning)	컴퓨터에 의하여 학습 절차(등록, 스케줄링, 통제, 안내, 분석, 보고 등)를 지원하는 학습

📖 **참고**
- 유비쿼터스(Ubiquitous) 환경 : 언제, 어디서나 센서 네트워크가 가능한 유비쿼터스 장치를 사용할 수 있는 학습 환경
- 모바일 매체 : 모바일 폰, PDA, PMP 등 이동에 제약을 받지 않는 모든 매체

🔑 수험 TIP : 영문 표기 정리

- 이러닝 : e-learning
- 엠러닝 : m-learning
- 유러닝 : u-learning

[표] 사용자 · 조직 · 역할 표준용어

용어	정의
학습자(Learner)	- 배우는 사람 이러닝 강좌를 수강하는 주체로서, 이러닝 콘텐츠를 학습하고 지식과 기술을 습득하는 학습자
교사(teacher)	- 가르치는 사람 해당 강좌를 진행하는 교·강사로, 학습 내용을 선정하고 조직하며, 강의를 진행하고 학습을 안내하는 주체
트레이너(Trainer)	훈련을 지원·촉진·전달하는 사람
튜터(Tutor)	학습활동을 지원하는 사람
내용 전문가 [Subject Material Expert(SME)]	학습콘텐츠 내용에 대한 전문적인 지식이 있는 사람
교수설계자 (Instructional Designer)	체계적인 교수학습 이론 및 방법론을 이용하여 학습콘텐츠를 개발할 수 있도록 설계할 수 있는 전문가

[표] 시스템·도구 표준용어

용어	정의
학습관리시스템(LMS) Learning Management System	- 학습자의 학습을 지원하고 관리하는 소프트웨어 시스템 - 이러닝과 관련된 관리적·기술적 지원 절차를 수행하기 위한 소프트웨어 시스템
학습콘텐츠관리시스템 (LCMS) Learning Content Management System	- 학습자료를 체계적으로 관리하는 시스템 - 이러닝 콘텐츠의 개발, 보관, 조합, 전달 등에 사용되는 시스템
학습기술시스템(LTS) Learning Technology System	학습콘텐츠의 전달 및 관리에 활용되는 모든 정보기술 시스템
분산학습시스템(DLTS) Distributed Learning Technology System	서브 시스템과 다른 시스템 간에 통신하는 주요 방법으로서 인터넷·광역 통신망을 사용하는 학습기술시스템
학습 환경 (learning environment)	학습에 영향을 미치는 물리적 또는 가상적 환경
저작도구 (authoring tool)	학습콘텐츠를 제작하는 데 사용되는 소프트웨어
학습 도구 (learning tool)	학습에 사용되는 소프트웨어

[표] 지원 절차 표준용어

용어	정의
세션 (Session)	컴퓨터 사용자가 시스템과 상호작용하여 통신하는 기간
교수 설계(ID) Instructional Design	학습 요구를 분석하고 체계적으로 지식을 가르치기 위한 최적의 교수 방법과 기법을 결정하는 과정
학습 설계 (Learning Design)	기술을 활용하여 지식, 기술, 태도의 습득과 개발을 지원하는 의도적이고 체계적인 학습 경험을 만드는 프로세스
지식 재산권 관리(IPRM) Intellectual Property Rights Management	- 지적 재산권 자산을 식별하고 보호하고 관리하는 것을 의미함 - 온라인 코스, 교육자료, 비디오, 소프트웨어 애플리케이션 등과 같이 교육 목적으로 사용되는 모든 형태의 디지털 콘텐츠가 이에 포함됨
권리표현용어(Rights Expressions Languages)	저작권, 계약 및 라이선스 합의 내용, 접근 및 사용 권한 등을 나타내기 위한 언어
상호작용(Interaction)	학습자와 시스템, 학습자와 교수자, 학습자와 학습자 사이에서 발생하는 상호적인 정보 교환 활동

[표] 자원·콘텐츠 표준용어

용어	정의
학습콘텐츠 (Learning Contents)	- 학습 경험을 위해 의도적으로 제공되는 콘텐츠 - 학습 경험을 위해 멀티미디어 형태로 의도적으로 제공되는 정보
학습객체 (Learning Object)	이러닝에서 지식과 기술을 효과적으로 습득하기 위해 활용되는 디지털 자원
학습객체 메타데이터 (Learning Object Metadata)	- 학습객체를 설명하는 정보 - 학습객체에 대한 메타데이터 ※ 메타데이터 : 정보를 쉽고 빠르게 검색할 수 있도록 기술된 데이터
학습 자원 (Learning Resource)	온라인 또는 디지털 환경에서 학습을 촉진하는 모든 자료, 도구 또는 기술
학습 자원 메타데이터 (Learning Resource Metadata)	이러닝 학습 자원, 예를 들어 온라인 과정, 비디오, 대화형 모듈 등을 설명하는 정보
공유 가능 콘텐츠 객체 (Sharable Content Object)	재사용 가능한 학습객체의 표준화된 형태
학습 목표 (Learning Objective)	지식, 기술, 학습자의 기대 등을 고려하여 훈련 및 학습 목표를 기술한 것
학습활동 (Learning Activity)	지식이나 기술을 습득하기 위한 지적 과정 중의 임의의 구체적인 행위

[표] 수업·학습 표준용어

용어	정의
역량(competency)	학습자가 온라인 교육 활동을 통해 얻는 지식, 기술 및 능력
교수 방법 (Instructional Method)	목표를 달성하기 위한 구체적인 수단을 정의하는 교수전략의 구성요소
자기 주도학습 (Self Directed Learning)	학습자가 학습 목표와 방법을 스스로 계획하고 학습하는 행위
맞춤학습(Adaptive)	학습자의 개인적 특성 및 학습 그룹의 특성에 따라 학습 방법과 내용을 제공하는 것
학습전략 (Learning Strategy)	학습자의 학습활동을 지원하기 위해 일반적으로 사용되는 기술과 방법

[표] 참여자 정보 표준용어

용어	정의
학습자 정보 (learner information)	학습기술시스템에서 사용되는 학습자와 관련된 정보
학습자 이력 (learner history)	학습자의 과거 수행능력 도는 학습 경험에 대한 정보
선호 정보(preference information)	학습자의 이상적인 인터페이스 특징, 기술적 특징, 학습콘텐츠 등을 표현하는 방법에 관한 데이터
전자 포드폴리오 (e-portfolio or digital portfolio)	학습자의 진행 상황, 성취도 및 학습 결과를 보여주는 디지털 아키텍트(인공 산물, 인위적인 생성물) 모음

🔑 수험 TIP

이러닝 관련 표준용어의 정의와 범위를 정확히 암기하는 것이 고득점의 핵심

(특히, 다음의 관련된 용어는 반드시 기억해 두세요.)

- 학습·교육·이러닝 관련 주요 용어
- 사용자·조직·역할 표준용어
- 시스템·도구 표준용어

4. 이해관계자 특성

- **이러닝의 이해관계자**는 이러닝 프로젝트나 환경에서 관련된 다양한 역할을 하는 개인, 그룹 또는 조직을 포함하며, 이러닝 환경의 계획, 개발, 실행 및 평가와 관련된 이해관계를 가지고 있다.

- 이러닝 컨설턴트, 이러닝 교수설계사, 이러닝 콘텐츠개발자, 이러닝 시스템개발자, 이러닝 과정운영자를 포함한다. 다른 업무를 수행하면서 이러닝 업무를 병행하는 경우에도 이러닝 종사자로 볼 수 있다.

1) 이러닝 직종별 정의

이러닝 산업에는 다양한 전문 인력이 참여하며, 각 직종은 이러닝 교육의 기획·개발·운영 과정에서 서로 다른 역할과 기능을 수행한다.

[표] 이러닝 직종별 정의

직종	정의
이러닝 컨설턴트	이러닝 교육을 기획하고, 자문을 수행하며, 이러닝 프로젝트의 운영·관리 전반을 총괄하는 역할을 수행하는 전문가
이러닝 교수설계사	콘텐츠에 대한 기획 능력을 가지고 학습목적을 고려하여 학습 내용과 자원을 분석하고, 학습 목표와 교수 방법을 설정하여 학습 내용이 학습 목표를 달성하는데 도움이 되도록 콘텐츠 개발 전반을 진행하고 관리하는 역할을 수행하는 전문가
이러닝 콘텐츠개발자	이러닝 콘텐츠를 기획하고 교수 설계 내용을 이해하여 멀티미디어 요소를 활용하여 콘텐츠를 개발하는 역할을 수행하는 전문가
이러닝 영상제작자	이러닝 콘텐츠를 구현하기 위해 필요한 교육용 영상을 기획하고, 촬영 및 편집 등 전반적인 영상 제작 업무를 수행하는 전문가
이러닝 시스템개발자	온라인 학습과 관련된 다양한 시스템에 대한 기획과 프로젝트 관리를 포함하여, 학습의 운영과 관리에 필요한 소프트웨어를 설계하고 개발하는 전문가
이러닝 과정운영자	학습자의 학습 성과를 극대화하기 위해 교육과정에 대한 운영계획을 수립하고, 학습자와 교·강사 활동을 지원하며, 학습과 관련한 불편 사항을 개선하여 학습 목표 달성을 지원하는 업무를 수행하는 전문가

2) 온라인 교육의 주체

온라인 교육은 교수자, 학습지원 인력, 운영 및 시스템 관리 인력이 협력하여 이루어진다. 각 주체는 온라인 학습 환경에서 학습자의 학습 목표달성을 지원하기 위해 서로 다른 역할과 책임을 수행한다.

[표] 온라인 교육의 주체별 역할

주체	역할 및 업무
교·강사	이러닝에서 과정에 대한 일반 지식과 전반적인 내용을 기반으로 학습자가 학습 목표를 달성할 수 있도록 역할을 수행하는 전문가
튜터	주로 과제 채점과 질의응답을 통해 학습을 지원하며, 이러닝 운영에서는 학습 촉진자·학습 지원자 역할을 수행하는 전문가로 별도 선발되기도 함
운영자	수업과 관련된 다양한 문제를 해결하고, 강좌 전반의 운영을 총괄·관리하는 역할을 담당
시스템 지원 담당자	학습관리시스템(LMS), 학습콘텐츠관리시스템(LCMS), 학사관리시스템 등을 통해 학습자의 학습활동 정보와 성과를 관리·지원하는 역할을 담당

3) 이러닝 공급 사업체

이러닝 공급 사업체는 이러닝 교육이 원활하게 이루어질 수 있도록 콘텐츠, 시스템, 서비스 등 다양한 요소를 제공하는 주체이다. 이들은 이러닝 산업의 핵심 구성원으로서, 교육 콘텐츠 개발부터 시스템 구축 및 운영지원까지 각기 다른 역할을 수행한다.

[표] 이러닝 공급 사업체 유형별 정의

명칭	정의
콘텐츠 사업체	이러닝에 필요한 정보와 자료를 멀티미디어 형태로 개발·제작·가공·유통하는 사업체
솔루션 사업체	이러닝에 필요한 교육 관련 정보시스템의 전부 혹은 일부를 개발·제작·가공·유통하는 사업체
서비스 사업체	정보통신 네트워크를 통해 온라인 교육·훈련·학습을 양방향으로 제공하며, 이러닝 교육 구축 및 운영 전반에 대한 컨설팅을 수행하는 사업체

🔑 수험 TIP : 이러닝 공급 사업체 유형별 정의를 할 수 있어야 합니다.

5. 서비스 특성

1) 미래형 교수학습지원 통합 플랫폼 구축

- 사용자에게 다양한 교수·학습 서비스와 맞춤형 학습 환경을 제공하기 위해, 미래형 교수학습지원 통합 플랫폼을 구축한다.
- 민간 및 교육부 내 23개 시스템(예 e-학습터, 기초학력진단정보시스템 등)을 통합·연계하여 하나의 통합 서비스를 제공하며, 2024년부터 본격적으로 운영된다.
- 이를 통해 맞춤형 수업 지원 서비스, 콘텐츠 및 에듀테크 유통, AI·빅데이터 기반 학습분석 기능을 일괄적으로 지원한다.
- 또한, AI 학습 튜터링 시스템, AI 기반 학습 모니터링 시스템, 통합 유통 관리 시스템, 에듀테크 지원센터 등을 단계적으로 구축할 예정이다(2024년).

2) '온 국민 평생 배움터' 기반 맞춤형 평생교육 플랫폼 구축

- 학습자가 평생교육 콘텐츠를 개인 맞춤형으로 제공받고, 학습 이력을 통합적으로 관리할 수 있도록 '온 국민 평생 배움터'를 구축한다.
- 비대면 사회 환경 변화에 대응하여 온라인 기반 교육서비스의 접근성을 강화하고, 전 국민을 대상으로 한 맞춤형 평생교육 서비스 제공을 목표로 한다.

- 본 사업은 2021년 8월까지 정보화전략계획(ISP) 수립을 완료하였으며, 이후 플랫폼 구축을 거쳐 2024년부터 대국민 서비스를 운영할 예정이다.

3) 공공 스마트 직업훈련 플랫폼(STEP) 고도화

- 양질의 온라인 직업능력개발 서비스를 제공하기 위해 공공 스마트 직업훈련 플랫폼(STEP)을 고도화한다.
- STEP은 2019년 10월부터 제공되고 있는 플랫폼으로, 직업훈련의 접근성을 향상시키고 온·오프라인 융합형 신훈련 방식을 지원하는 종합 플랫폼이다.
- 이를 위해 콘텐츠 마켓과 학습관리시스템(LMS) 등을 제공하여, 학습자 중심의 효율적인 직업훈련 환경을 조성한다.

6. 콘텐츠 특성

1) 이러닝 콘텐츠 제작 활성화를 위한 개발·투자 다각화

- 이러닝 콘텐츠 제작 활성화를 위해 개발 및 투자 방식을 다각화한다.
- 취약계층, 고령층, 교육 사각지대에 속한 학습자의 학습 기회 확대를 목적으로 콘텐츠 개발을 지원하고, 다양한 콘텐츠 제작을 위해 제작 펀드 활용을 확대한다.
- 아울러 콘텐츠 제작 자금 조달을 지원하기 위해 보증 사업을 확대하여 제작자의 참여를 촉진한다.

2) 공공 주도의 직업훈련 콘텐츠 공급 확대

- 제작 비용이 상대적으로 높은 기술·공학 분야를 중심으로 공공 주도의 직업훈련 콘텐츠 공급을 확대한다.
- 민간 부문에서 비용 문제 등으로 공급이 부족한 기계·전기·전자 분야와 신기술 관련 이러닝 가상훈련(VR) 콘텐츠의 개발 및 보급을 추진한다.
- 또한, 취업 전·후에 공통적으로 요구되는 기초 직무능력 향상을 위한 콘텐츠 제작을 촉진한다.

3) 이러닝 콘텐츠 유통 활성화를 위한 콘텐츠 마켓 운영 확대

- 공공·민간 훈련기관 및 개인 등이 개발한 콘텐츠를 유·무료로 판매·거래할 수 있도록 콘텐츠 마켓 운영을 확대한다.

- 다양한 훈련 제공 주체의 콘텐츠를 한 곳에서 검색·활용할 수 있도록 STEP 콘텐츠 오픈마켓을 개방·운영한다.

4) 해외 MOOC 플랫폼 연계를 통한 글로벌 우수강좌 제공 확대

- 해외 MOOC 플랫폼과의 협력을 통해 글로벌 우수 강좌를 제공하고, 강좌 활용을 제고하기 위한 학습 지원 서비스를 강화한다.
- 세계적인 MOOC 플랫폼과 연계하여 다양한 분야의 해외 석학 강좌를 제공·운영하며(2021년 12월부터), 해외 MOOC 강좌의 상호 교차 탑재 및 공동 개발을 통해 국제 교류를 활성화하고, 다국어 자막 번역을 확대한다.

5) DICE 분야 중심의 실감형 가상훈련 콘텐츠 개발 추진

- 위험·어려움·부작용·고비용(DICE) 분야를 중심으로 산업 현장의 특성에 맞는 실감형 가상훈련 기술 및 콘텐츠 개발을 추진한다.
- 산업 현장의 직무 체험, 운영, 유지·정비, 제조 현장 안전관리 등을 가상으로 구현하는 메타버스 기반 실감형 훈련 기술을 개발한다.

7. 시스템 특성

1) 지능형 에듀테크 기반 교사·학습자 맞춤형 학습지원

- 지능형 에듀테크 기술을 활용하여 교사와 학습자에게 개인 맞춤형 학습 기회를 제공한다.
- AI 기술 등을 기반으로 개인별 학습 성향과 역량을 분석하여 적합한 정보와 학습 가이드를 제공하며, 챗봇 기반 지능형 튜터링 서비스를 지속적으로 고도화한다.

2) 양방향·실감형·지능형 학습 서비스 고도화

- 학습 효과 제고를 위해 양방향·실감형·지능형 학습 서비스를 고도화한다.
- 전문 분야의 교육 효과를 향상시키기 위해 학생↔교사, 학습자↔학습자 간 상호작용이 가능한 양방향 학습시스템을 강화한다.
- 또한, 메타버스 기반의 유·아동 체험형 학습과 현장성 있는 외국어 학습 서비스를 개발하고 있다.
- 아울러 사물인터넷(IoT)과 AI 기반 센서 데이터를 활용하여 학습자의 감성과 행동을 진단·분석할 수 있는 교수·학습 지원 기술을 개발하고 있다.

8. 인프라 특성

- 이러닝에서의 인프라는 학습 환경을 지원하는 기반 체계를 의미하며, 인프라의 특성은 이러닝 환경의 효과성·접근성·확장성을 결정하는 중요한 요소이다.

1) 관계 부처 협업을 통한 유망 이러닝 스타트업 발굴 및 창업·사업화 지원

- 중소벤처기업부·교육부·산업통상자원부 간 협업을 통해 글로벌 시장 진출 역량을 갖춘 유망 이러닝 기업을 발굴하고, 창업 및 사업화를 지원하여 해외 시장 진출과 연계한다.
- 또한, '비대면 스타트업 육성사업'을 통해 이러닝 분야 예비 창업자와 초기 창업 기업을 대상으로 사업화 지원과 후속 성장 프로그램을 제공한다.

2) 이러닝 국가 자격 신설을 통한 산업 인력 유입 활성화

- 국가직무능력표준(NCS)을 활용하여 이러닝 산업에 적합한 국가 자격인 '이러닝운영관리사'를 신설하였다(2021년 신설, 2023년 시행).
- 아울러 국가기술자격 취득 시 직무능력 은행제를 통해 직무능력 정보를 통합관리하고, 이를 취업 및 경력 관리 등에 활용할 수 있도록 지원한다.

3) 이러닝 특화 전문 인력 양성을 통한 산업 인력 적시 공급

- 교육, AI, VR, AR 등 신기술을 결합한 이러닝 특화 전문 인력과 운영 인력을 체계적으로 양성하여 산업 현장에서의 활용을 지원한다.
- 이를 위해 교육공학과·교육학과 등 관련 학과를 중심으로 취업 연계 에듀테크 과정을 신설하고, 일반 대학과의 협력을 통해 전문 인력 공급을 확대한다.

02. 이러닝 기술 동향 이해

주요 학습 목표

1. 이러닝 기술의 구성 요소(콘텐츠, 플랫폼, 네트워크 등)를 구분하여 설명할 수 있다.

2. 이러닝 기술 관련 용어를 분야별로 설명할 수 있다.

3. 이러닝 관련(서비스, 콘텐츠, 시스템) 기술의 발전과정과 향후 동향을 분석할 수 있다.

1. 기술 구성 요소

성공적인 이러닝을 위해서는 학습 목표를 고려한 교수 설계를 반영한 고품질 학습콘텐츠 개발, LMS, LCMS, 저작도구 등의 시스템 구축, 교수자 및 운영 인력과 작업환경을 포함한 인프라 구축, 운영정책 및 전략 수립 등 다양한 요소 간의 상호 보완이 필요하다.

[표] LMS vs LCMS

구분	의미	핵심 목적	주요 대상	핵심 기능
LMS	학습관리시스템 (Learning Management System)	학습 운영·관리	학습자, 운영자, 교·강사	학습 진행 관리, 출결·진도·성취도 추적, 과제·퀴즈 운영
LCMS	학습콘텐츠관리시스템 (Learning Content Management System)	콘텐츠 제작·관리	콘텐츠 제작자(저작자), 관리자	콘텐츠 생성·편집·저장, 콘텐츠 버전·구성 관리, 재사용(모듈화)

🔑 **수험 TIP**

LMS : "학습을 운영하는 시스템"

LCMS : "콘텐츠를 만드는/관리하는 시스템"

1) 이러닝 기술의 구성요소

이러닝 기술은 <u>콘텐츠, 플랫폼, 네트워크, 디바이스, 서비스로 구성</u>되며, 각 요소는 서로 다른 기능을 수행하면서 상호 연계되어 이러닝이 원활하게 운영되도록 한다.

(1) 콘텐츠

- <u>전자적 방식으로 처리된 부호·문자·도형·색채·음성·음향·이미지·영상 등으로 제작된 교육용 콘텐츠</u>를 말함(이러닝(전자학습) 이용약관 제2조 제5호).

- **이러닝 콘텐츠**란 학습에 필요한 교재, 강의 자료, 문제집 등을 지칭한다.
- **이러닝 콘텐츠**는 주로 온라인상에서 제공되며 다양한 형식으로 제작되며 텍스트, 이미지, 오디오, 비디오, 시뮬레이션, 게임 등이 포함될 수 있다.

[표] 이러닝 콘텐츠 관련 기술 유형

구분	핵심 개념	특징/활용
증강현실(AR) 기반 실감형 학습기술	컴퓨터로 생성한 2D/3D 정보(콘텐츠)를 카메라 등 센서를 통해 현실 화면에 합성하여 실시간으로 제공	• 학습자가 현실 공간에서 학습가능 • 몰입감·상황 인지 향상(교육 요소를 자연스럽게 제공) • 스마트러닝 분야에서 활용 확대
가상현실(VR) 기반 체험형 학습기술	학습 대상자에게 교육용 가상 환경을 제공하여 몰입형 체험 학습을 가능하게 함	• 짧은 시간에 집중 체험 학습 가능 • 일반 교과, 전문 직무훈련, 안전·안보 교육 등 다양한 분야 활용 • (국내) 영유아 대상 콘텐츠에 적용 사례 존재
인터넷 기반 e-book 기술	종이책 대신 디지털 파일 형태의 전자책. HTML, XML 등 인터넷 표준 언어로 제작 가능	• PC, 전용 단말기, Pad 등에서 뷰어로 열람 • 디지털 형태로 제작·배포가 용이

> 🔑 수험 TIP : 증강현실(AR)과 가상현실(VR)를 구분할 수 있어야 합니다.

(2) 플랫폼

- 이러닝 콘텐츠를 제공하고 학습자와 강사 간의 상호작용을 가능하게 해주는 핵심 기반 시스템이다.
- 일반적으로 LMS(학습관리시스템)가 플랫폼의 대표적인 예이다.
- **이러닝 플랫폼**은 학습콘텐츠의 제공, 학습자의 관리, 진도 추적, 상호작용 및 평가 등 이러닝 환경 전반을 기술적으로 지원하는 운영의 기반 시스템이다.
- 플랫폼이 안정적이고 기능이 잘 갖추어져 있을수록, 학습 효과와 사용자 경험이 높아진다.

[표] 이러닝 플랫폼의 주요 기능

기능	주요 내용
콘텐츠관리 기능	• 강의 자료(텍스트, 동영상, 퀴즈 등)를 업로드하고 관리한다. • 과정별 커리큘럼 구성 및 수업 일정 관리를 지원한다. • SCORM, xAPI 등 표준 콘텐츠 형식을 지원하는 경우가 많다
사용자 관리 기능	• 학습자, 강사, 관리자 등 사용자 계정을 생성하고 권한을 관리한다. • 학습자 그룹화 및 수강 등록, 수료 관리 등이 가능하다.
학습 진행 관리	• 학습자의 진도율, 시험 결과, 과제 제출 여부 등을 추적한다. • 자동 채점, 성적 부여, 피드백 제공 등의 기능을 포함할 수 있다.

기능	주요 내용
상호작용 기능	• 토론 게시판, 실시간 채팅, 메시지 등 커뮤니케이션 도구를 제공한다. • 일부 플랫폼은 화상회의 연동 기능도 포함한다 (예 Zoom, Webex 등).
분석 및 보고	• 학습활동 데이터 수집 및 분석을 통해 학습 성과를 평가할 수 있다. • 대시보드, 리포트 기능 등을 통해 관리자에게 인사이트 제공한다..
기술적 연동 기능	• 다른 시스템과의 연동을 위한 API, SSO, ERP/HR 시스템 등과의 연계를 지원한다.

> 📖 참고
>
> SCORM, xAPI → 이러닝 콘텐츠의 호환성과 학습 이력 추적을 위한 국제 표준 규격
>
> Zoom, Webex → 온라인 수업과 회의를 위한 실시간 화상회의 도구
>
> API, SSO(싱글 사인온), ERP/HR → 이러닝 시스템을 외부 시스템과 연동·통합하기 위한 기술 요소로, 데이터 연계(API), 통합 인증(SSO), 업무·인사 시스템(ERP/HR) 연계 등에 활용된다.

[표] 대표적인 이러닝 플랫폼

Moodle	오픈 소스 LMS로 전 세계적으로 많이 사용됨
Canvas	사용자 친화적인 인터페이스로 교육기관에서 인기가 높음
Blackboard	주로 대학 및 교육기관에서 활용
Google Classroom	간편한 통합 및 협업 기능 제공

> 🔑 수험 TIP
>
> • 플랫폼(Platform) : 콘텐츠·사용자·서비스를 연결해 주는 '운영 기반/무대' 라는 표현이 자주 출제 포인트가 된다.
>
> • LMS(학습관리시스템) : 학습자·과정·진도·평가·성적 등을 관리하는 대표적인 이러닝 플랫폼이다.
>
> • 플랫폼 문제는 주로 "콘텐츠인가? 플랫폼인가? 서비스인가?"를 구분하는 형태로 출제되므로, 플랫폼은 "운영·관리 기능을 제공하는 기반 시스템" 이라는 점을 기억하자.

(3) 네트워크

- **네트워크(Network)**는 학습자와 이러닝 시스템(플랫폼, 콘텐츠 등) 사이에서 정보를 주고받을 수 있도록 하는 통신 인프라이다.
- 이러닝은 디지털 환경에서 운영되므로, 네트워크는 콘텐츠 전달, 사용자 접속, 실시간 소통, 보안 등 이러닝의 전반적인 기능을 가능하게 하는 핵심 기반이 된다.
- 특히 네트워크가 빠르고 안정적일수록 학습 서비스의 품질이 향상되며, 다양한 학습자에게 동등한 학습 기회를 제공하는 데 기여한다.

① 네트워크의 기본 역할

- **데이터 전달**: 콘텐츠(동영상, 문서, 시험 등)를 학습자에게 전달.
- **양방향 소통 지원**: 학습자 ↔ 강사 간 실시간/비실시간 커뮤니케이션 가능.
- **접속과 인증**: 학습자가 이러닝 플랫폼에 접속하고 로그인할 수 있도록 지원.

- **분산 학습 지원**: 여러 지역에 있는 학습자들이 동시에 학습할 수 있도록 함.

② 네트워크의 주요 구성요소

구성요소	설명
인터넷/인트라넷	인터넷 기반으로 외부 학습자를 연결하거나, 내부 조직 내에서 인트라넷 기반으로 운영 가능.
서버 인프라	이러닝 콘텐츠와 플랫폼을 호스팅하며, 학습자 요청에 응답하는 백엔드 역할 수행.
클라우드 인프라	AWS, Azure 같은 클라우드 환경을 통해 확장성 있고 안정적인 서비스 제공 가능.
네트워크 프로토콜	HTTP/HTTPS, TCP/IP 등을 통해 안정적인 데이터 전송 보장.
보안 시스템	VPN, 방화벽, 암호화 기술 등을 통해 학습자 데이터 및 콘텐츠 보호.

③ 네트워크 성능이 이러닝에 미치는 영향

요소	영향
속도(대역폭)	느린 네트워크는 동영상 재생 지연, 콘텐츠 로딩 문제 발생.
지연시간(Latency)	실시간 강의나 화상회의 시 음성/영상 싱크에 문제 생김.
안정성(신뢰성)	잦은 접속 끊김은 학습 몰입도를 저해함.
접근성	네트워크 인프라가 열악한 지역에서는 이러닝 접근이 어려움.

④ 최근 동향

- 5G 및 고속 무선 통신 도입으로 모바일 이러닝이 활발해짐.
- 클라우드 기반 이러닝이 증가하면서 네트워크 트래픽 최적화 중요성 증대.
- **보안 강화 요구 증가**: 온라인 시험, 개인정보 보호 등.

(4) 디바이스(Device)

- **디바이스**는 학습자가 이러닝 플랫폼과 콘텐츠에 접근하고 상호작용하며 학습을 수행할 수 있게 해주는 물리적 하드웨어 장치이다.
- 디바이스는 학습자와 시스템 사이의 입·출력 통로이자 '창구' 역할을 하며, 이러닝 환경에서 접근성·편의성·효율성·몰입도에 직접적인 영향을 미친다.
- 따라서 어떤 디바이스를 사용하는지에 따라 학습 경험이 크게 달라지므로, 교육 대상자와 목적에 적합한 디바이스를 선택하는 것이 중요하다.

디바이스(Device) = 학습자가 이러닝 콘텐츠에 접근하고 상호작용하는 물리적 장치이자 학습자와 시스템 사이의 입·출력 통로라는 표현이 자주 출제 포인트가 된다.

- PC, 노트북, 태블릿, 스마트폰, VR/AR 기기 등 어떤 디바이스를 사용하는지에 따라 학습의 접근성·편의성·몰입도·효율성이 달라진다는 점을 기억하자.

① 주요 디바이스 종류

디바이스 종류	설명
데스크탑/노트북 컴퓨터	전통적인 이러닝 환경에서 가장 많이 사용됨. 큰 화면과 입력 장치(키보드, 마우스)를 통해 복잡한 작업이 가능.
태블릿	휴대성과 터치스크린을 활용한 직관적인 학습에 적합. e-book, 영상 학습, 필기 등에 강점.
스마트폰	모바일 학습(M-Learning)의 핵심 디바이스. 시간과 장소에 구애받지 않는 학습 가능.
스마트 TV/스마트 보드	가정이나 교실에서 대화면으로 이러닝 콘텐츠를 활용할 때 사용됨.
VR/AR 기기	몰입형 학습 환경 제공. 가상 실험실, 3D 시뮬레이션 등에 활용.
웨어러블 기기	스마트워치 등을 통해 간단한 알림, 학습 리마인더 등 활용 가능.

② 디바이스의 주요 역할

역할	설명
콘텐츠 소비	동영상 강의 시청, 자료 열람, e-book 읽기 등.
상호작용 및 입력	퀴즈 응답, 과제 제출, 토론 참여, 채팅 등.
커뮤니케이션	화상 강의, 메시지 전송, 음성 채팅 등 실시간 소통.
개인화 학습지원	모바일 앱, AI 튜터 등을 통해 맞춤형 학습 제공.

③ 디바이스 선택 시 고려 요소

- **화면 크기 및 해상도** : 콘텐츠 이해에 영향을 줌 (예 그래픽이 많은 콘텐츠는 큰 화면이 유리).

- **운영체제(OS)** : 플랫폼 호환성 확인 필요 (예 Android, iOS, Windows 등).

- **입력 방식** : 키보드/마우스, 터치, 스타일러스 등 학습 스타일에 맞는 입력 방식 고려.

- **휴대성** : 이동 중 학습 여부에 따라 노트북, 태블릿, 스마트폰 중 선택.

- **성능 및 저장 공간** : 고용량 콘텐츠나 앱을 원활히 구동할 수 있는 성능 필요.

- **인터넷 연결성** : 와이파이, LTE/5G 등 원활한 네트워크 사용 가능 여부.

④ 최근 동향

- 모바일 중심(Mobile-first) 학습 확대 → 스마트폰과 태블릿 활용 증가.

- BYOD(Bring Your Own Device) 정책 확대 → 다양한 개인 디바이스 사용 허용.

- 멀티디바이스 학습 → 하나의 계정으로 여러 기기에서 연속 학습 가능.

- AI 및 음성 인식 기능을 탑재한 스마트 디바이스와 연계한 학습시스템 확산.

(5) 서비스(Service)

- 이러닝 콘텐츠 및 이에 부수하여 제공되는 각종 학습자료, 수험정보 등 교육서비스 일체를 말한다 (이러닝(전자학습) 이용약관 제2조 제6호).
- **이러닝 서비스**란 학습자와 교사 또는 관리자가 온라인상에서 교육과 관련된 다양한 기능을 제공하는 웹 서비스를 의미한다.
- 이러닝 서비스에는 학습자 관리, 강의 관리, 시간표 작성, 출결 관리, 성적 관리 등이 있으며, 학습자와 교사가 원활하게 교류할 수 있도록 도와준다.

[표] 이러닝 관련 신기술 개념

구분	핵심 개념 및 설명
메타버스 (Metaverse)	아바타(Avatar)를 통해 현실과 유사한 사회·경제·교육·문화·과학 활동을 수행할 수 있는 3차원 가상공간 플랫폼으로, 다양한 활동이 이루어지는 디지털 유니버스를 의미함. VR 기술을 중심으로 교육·직업훈련 분야에서 활용 사례가 증가하고 있으며, 향후 기술 활용 범위가 더욱 확대될 것으로 전망됨.
머신러닝 (Machine Learning)	딥러닝, 자연어 처리 등과 함께 인공지능(AI)의 한 분야로, 대량의 학습 데이터를 기반으로 컴퓨터가 스스로 학습하고 성능을 향상시키는 기술임. 교육·훈련 시스템에 적용될 경우 개인 맞춤형 학습 제공이 가능하며, 학습자 수준에 맞는 콘텐츠 추천과 학습 분석을 지원함.

> 🔑 **수험 TIP**
> - 서비스(Service)는 콘텐츠와 플랫폼을 활용하여 학습자에게 실제로 제공되는 교육·지원 활동을 의미한다.
> - 이러닝에서 서비스에는 튜터링, 학습지원, 기술지원, 컨설팅, 고객센터 운영 등이 포함된다.
> - 메타버스·머신러닝은 '학습 제공 방식'을 변화시키는 서비스 요소로 분류된다.

2) 이러닝 콘텐츠 개발의 구성 요소

① **교육 설계** : 학습 목표를 정의하고, 콘텐츠를 디자인하며, 평가를 개발하여 코스를 체계적으로 구성하는 프로세스

② **콘텐츠 생성** : 해당 코스에 적합한 텍스트, 이미지, 오디오, 비디오 등의 콘텐츠를 생성하는 작업

③ **멀티미디어 통합** : 다양한 멀티미디어 요소인 비디오, 오디오, 인포그래픽, 대화형 슬라이드, 게임 및 시뮬레이션 등을 코스에 통합하는 작업

④ **LMS(학습관리시스템)** : 코스 콘텐츠를 전달하고 학습자의 진행 상황 및 평가를 모니터링하는 소프트웨어 애플리케이션

⑤ **접근성 및 사용성** : 이러닝 콘텐츠를 개발할 때 고려해야 하는 요소로, 이를 고려하여 콘텐츠를 개발하면 신체적, 인지적 또는 기타 장애에 관계없이 모든 학습자가 이를 사용할 수 있음

⑥ **품질 보증**: 코스 콘텐츠를 검토하여 오류, 부정확성, 철자 오류 또는 학습자의 주의를 분산시킬 수 있는 다른 문제가 없는지 확인하는 작업을 포함함

2. 최신기술 동향 및 특성

이러닝 기술은 학습자 중심의 맞춤형 학습을 지원하며, 다양한 콘텐츠와 학습 방법, 실시간 피드백과 평가, 유연성과 접근성 등 교육서비스의 품질을 높이는 특성을 가진다. 또한, AI, 학습 분석, VR/AR 등 기술이 빠르게 발전함에 따라 이러닝의 제공 방식과 학습 경험도 지속적으로 고도화되고 있다.

1) 학습자 중심의 개인 맞춤형 학습

- **이러닝 기술**은 학습자의 수준, 흥미, 성향 등을 분석하여 개인에게 적합한 학습을 제공함으로써 학습 효과를 높인다.
- 학습자의 진도와 성취 수준에 따라 학습 내용과 난이도가 자동으로 조정될 수 있으며, 이를 통해 학습 과정의 효율성과 몰입도를 극대화할 수 있다.
- 개인 맞춤형 학습을 구현하기 위해서는 학습 분석 기술, 인공지능(AI) 기술, 학습 경로(러닝 패스) 추천 기술 등이 활용된다.

2) 다양한 콘텐츠와 학습 방법

- **이러닝 콘텐츠**는 텍스트, 이미지, 오디오, 비디오뿐 아니라 시뮬레이션, 게임 등 다양한 형태로 제공될 수 있다. 또한, 학습 방법 측면에서도 블렌디드 러닝, 모바일 러닝, 마이크로 러닝 등으로 확장되면서 학습 경험이 다양화되고 있다.
- 콘텐츠의 형태와 학습 방법을 다양화하기 위한 기술 요소로는 멀티미디어 기술, VR/AR 기술, 모바일 디바이스 및 앱 기술 등을 들 수 있다.

3) 실시간 피드백과 평가

- **이러닝 기술**은 학습자의 학습활동을 기반으로 학습 결과를 즉시 분석하고, 이에 대한 피드백과 평가를 제공할 수 있다.
- 학습자의 진도와 성취도를 실시간으로 확인함으로써 학습 동기를 높이고 학습 목표달성을 지원한다. 이를 위해 실시간 평가 기술과 학습 동기 유발을 위한 보상(피드백) 기술 등이 활용된다.

4) 유연성과 접근성

- **이러닝 기술**은 시간·장소의 제약을 줄여 학습자가 다양한 환경에서 학습할 수 있도록 하는 유연성과 학습자가 콘텐츠에 쉽게 접근하고 이해할 수 있도록 하는 접근성을 제공한다. 학습자는 인터넷에 연결된 기기를 통해 언제 어디서나 학습 서비스에 접속할 수 있으며, 자신의 학습 진도와 상황에 맞추어 학습을 진행할 수 있다.
- 유연성과 접근성을 지원하기 위한 기술로는 모바일 기술, 클라우드 기술, 인터넷(네트워크) 기술, 영상 제작 기술, 가상현실(VR) 기술 등이 있다.

5) 급속한 기술의 변화

인공지능(AI), 가상현실(VR), 증강현실(AR) 등 신기술은 이러닝 분야에서 빠르게 확산되며 교육서비스의 혁신을 이끌고 있다. 이러한 기술은 학습자의 학습 경험을 풍부하게 하고, 개인 맞춤형 학습과 몰입형 학습을 가능하게 하여 학습 효과를 향상시키는 데 기여한다.

(1) 인공지능(AI) 기술

- **인공지능 기술**은 학습자의 학습 데이터를 분석하여 개인 맞춤형 학습을 지원한다.
- 학습 경로 분석을 통해 학습 계획을 제안한다.
- 학습 상황에 따라 적절한 학습콘텐츠를 추천한다.
- 학습 결과를 분석하여 적시에 피드백을 제공한다.
- 학습 행동(학습활동)을 인식·분석하여 학습 효과를 진단하고 개선 방향을 제시한다.
- 결과적으로 학습자는 최적의 학습 경로를 제공받고 학습 성과를 극대화할 수 있다.

(2) 가상현실(Virtual Reality, VR) 기술

- **가상현실 기술**은 학습자가 실제로 경험하기 어려운 상황을 가상의 환경에서 체험형 학습으로 제공한다.
- 실제와 유사한 환경에서 몰입형 학습이 가능하다.
- 이해도와 숙련도를 높여 학습 효과 향상에 기여한다.

(3) 증강현실(Augmented Reality, AR) 기술

- **증강현실 기술**은 현실 공간 위에 학습 정보를 겹쳐 보여줌으로써 학습자가 학습콘텐츠를 현실에 적용하며 체험할 수 있도록 지원한다.
- 콘텐츠를 더 생생하게 경험하여 몰입도를 높인다.
- 실무 적용력 향상에 도움을 준다.

3. 기술 용어

[표] 이러닝 관련 주요 용어

용어	의미
가상현실(VR)	가상 세계에서 실제와 유사한 경험을 제공하는 몰입형 기술
웨어러블(Wearable)	정보통신(IT) 기기를 사용자의 손목·팔·머리 등에 착용하여 휴대하고 활용할 수 있는 기술
서비스형 솔루션(SaaS)	개인·기업이 필요한 만큼 컴퓨터 소프트웨어를 인터넷을 통해 제공받는 서비스 모델
플랫폼(platform)	특정 목적을 위해 기술이나 서비스를 제공하는 기반 구조
솔루션(solution)	어떤 문제를 해결하거나 목표를 달성하기 위한 방법, 전략, 제품 또는 서비스를 말한다.
시스템(system)	일반적으로 하드웨어를 의미하지만 상황에 따라 솔루션이나 소프트웨어를 가리키기도 한다.
소프트웨어(software)	문제 해결이나 특정 목적을 위해 사용되며, 주로 PC나 서버에서 실행되는 프로그램
CMS (Content Management System)	웹사이트나 애플리케이션의 콘텐츠를 생성·관리하는 시스템으로, 이러닝 분야에서는 학습 콘텐츠 관리에 활용
SCORM (Sharable Content Object Reference Model)	학습 콘텐츠를 다양한 LMS·LCMS에서 활용하기 위한 국제 표준 규격(콘텐츠 호환성 표준)
xAPI (eXperience API)	웹 기반 학습 및 교육 환경에서 학습 활동과 경험을 추적하고 기록하는 데 사용되는 표준화된 데이터 교환 규격이다.
Gamification	게임 요소를 콘텐츠에 적용하여 학습자의 참여와 동기를 유도하는 전략적 접근
MOOC (Massive Open Online Course)	대규모 온라인 공개강좌로, 전 세계 학습자에게 무료 또는 저비용으로 제공되는 온라인 교육 과정
마이크로러닝 (Microlearning)	5분 이내의 짧은 학습 시간과 1~2개의 주제로 구성된 소규모 콘텐츠를 활용한 학습 방법.

🔑 수험 TIP

기술 용어 시험에 자주 출제된다.

- SCORM → "콘텐츠 호환성", xAPI → "학습 경험 추적"
- LMS vs LCMS : LMS = 학습관리, LCMS = 콘텐츠관리
- MOOC → 대규모 공개강좌, Microlearning → 5분 내외 짧은 학습 단위

1. 법과 제도

1) 인터넷 원격훈련, 우편 원격훈련, 스마트훈련, 혼합훈련 관련법

고용노동부에서는 직업능력개발훈련의 한 형태로 이러닝을 활용한 인터넷 원격훈련과 우편 원격훈련, 스마트훈련, 혼합훈련을 시행하고 있다.

이러닝을 활용하는 기업교육 기관은 고용노동부의 "국민평생직업능력개발법의 규정에 따른 사업주"에 해당되어 직업능력개발훈련을 실시하며 "직업능력개발훈련시설의 인력, 시설·장비 요건 등에 관한 규정"을 적용하고 있다.

(1) 원격훈련의 법제도 근거

① 사업주 직업능력개발훈련 지원 규정(2015. 12. 31. 전부개정)

(ㄱ) "고용보험법" 및 동법 시행령", "국민평생직업능력개발법" 및 동법 시행령에 따라, 사업주가 실시하는 직업능력개발훈련과정의 인정 및 비용지원 등에 필요한 사항을 규정한 것이다.

(ㄴ) **주요 내용** : 훈련과정의 인정요건(제6조), 훈련실시신고(제8조), 지원금 지급 기준(제11조), 원격훈련 등에 대한 훈련비 지원금(제13조), 혼합훈련에 대한 훈련비 지원금(제15조) 등이 해당된다.

② 지정직업훈련시설의 인력, 시설·장비 요건에 관한 규정(고용노동부고시 제2022-18호)

(ㄱ) "국민평생직업능력개발법" 제28조, 같은 법 시행령 제 24조 및 같은 법 시행규칙 제 12조에 따른 직업능력개발훈련시설의 설립요건 및 운영에 필요한 사항 등을 규정함을 목적으로 제정한 것이다.

(ㄴ) **주요 내용** : 직업능력개발훈련 시설의 장소, 강의실 및 실습실 등 규모(제4조), 집체훈련 및 원격훈련의 장비 기준(제5조), 원격훈련을 실시하고자 하는 자의 인력 기준(제6조) 등이 해당된다.

③ 직업능력개발훈련 모니터링에 관한 규정(고용노동부훈령 제402호)

(ㄱ) 직업능력개발훈련 사업의 모니터링에 필요한 사항을 규정함을 목적으로 한다.

(ㄴ) **주요 내용** : 모니터링의 개념(제2조), 규정의 적용 범위(제3조), 훈련 모니터링 산업인력공단 위탁(제4조), 모니터링 대상 사업 결정(제5조), 모니터링 수행방법(제7조) 등이 해당된다.

🔑 **수험 TIP**

- 사업주 직업능력개발훈련 지원규정 : 훈련과정 인정 + 비용(지원금) 지급 기준 규정
- 지정직업훈련시설의 인력·시설·장비 요건에 관한 규정 : 훈련시설 설립·운영 기준 규정
- 직업능력개발훈련 모니터링에 관한 규정 : 훈련 모니터링(품질관리) 방법 규정

(2) 원격훈련의 세부 내용

① 인터넷 원격훈련 및 스마트훈련의 개념과 훈련과정 인정요건(사업주 직업능력개발훈련 지원규정, 제 2조, 제6조)

- **인터넷 원격훈련** : 정보통신매체를 활용하여 훈련이 실시되고 훈련생 관리 등이 웹상으로 이루어지는 원격훈련
- **스마트훈련** : 위치기반서비스, 가상현실 등 스마트 기기의 기술적 요소를 활용하거나 특성화된 교수 방법을 적용하여 원격 등의 방법으로 훈련이 실시되고 훈련생 관리 등이 웹상으로 이루어지는 훈련
- **인터넷 원격훈련 또는 스마트훈련을 실시하려는 경우(제6조 제3호)**
  가. 한국기술교육대학교의 사전 심사를 거쳐 적합 판정을 받은 훈련과정일 것
  나. 훈련과정 분량이 4시간 이상일 것. 다만, 스마트훈련은 집체훈련을 포함할 경우 원격훈련 분량은 전체 훈련 시간(분량)의 100분의 20 이상(소수점 아래 첫째 자리에서 올림 한다)이어야 한다.
  다. 학습 목표, 학습 계획, 적합한 교수·학습활동, 학습 평가 및 진도관리 등이 웹(훈련생 학습관리 시스템)에 제시될 것
  라. 훈련의 성과에 대하여 평가를 실시할 것. 다만, 제25조에 따라 우수훈련기관으로 선정된 훈련기관에서 실시하는 제7조 제4호에 해당하는 훈련과정 중 전문지식 및 기술습득을 목적으로 하는 훈련과정의 경우에는 평가를 생략할 수 있다.
  마. 공단이 운영하는 원격훈련 자동모니터링시스템을 갖출 것
  바. 별표 1의 원격훈련 인정요건을 갖출 것

② 우편 원격훈련의 개념과 훈련과정 인정요건(사업주 직업능력개발훈련 지원규정, 제6조)

- **우편 원격훈련** : 인쇄 매체로 된 훈련교재를 이용하여 훈련이 실시되고 훈련생 관리 등이 웹상으로 이루어지는 원격훈련을 말한다.
- **우편 원격훈련을 실시하려는 경우(제6조 제4호)**
  가. 한국기술교육대학교의 사전 심사를 거쳐 적합 판정을 받은 훈련과정일 것
  나. 교재를 중심으로 훈련과정을 운영하면서 훈련생에 대한 학습지도, 학습 평가 및 진도관리가 웹(훈련생학습 관리시스템)으로 이루어질 것
  다. 나목에 따른 교재에는 학습 목표 및 학습 계획 등이 제시되고, 학습 목표 및 내용에 적합한 교수 및 학습활동에 관한 사항이 포함될 것. 다만, 교재 이외의 보조교재 및 인터넷 콘텐츠를 활용할 수 있다.
  라. 훈련 기간이 2개월(32시간) 이상일 것
  마. 월 1회 이상 훈련의 성과에 대하여 평가를 실시하고, 주 1회 이상 학습과제 등 진행단계 평가를 실시할 것. 다만, 제25조에 따라 우수훈련기관으로 선정된 훈련기관에서 실시하는 제7조 제4호에 해당하는 훈련과정 중 전문 지식 및 기술습득을 목적으로 하는 훈련과정의 경우에는 평가를 생략할 수 있다.
  바. 원격훈련 자동모니터링시스템을 갖출 것
  사. 별표 1의 원격훈련 인정요건을 갖출 것

③ 혼합훈련의 개념과 훈련과정 인정요건(사업주 직업능력개발훈련 지원규정 제2조 제6조)

- **혼합훈련** : 집체훈련, 현장훈련 및 원격훈련 중에서 두 종류 이상의 훈련을 병행하여 실시하는 직업능력개발 훈련을 말한다.

- **혼합훈련을 실시하려는 경우(제6조 제5호)**

  가. 제1호부터 제4호에 따른 <u>훈련방법(집체훈련, 현장훈련, 원격훈련)별로 해당 요건을 갖출 것</u>

  나. 가목에도 불구하고 현장훈련이 포함되어 있는 경우에는 제2호에 따른 현장훈련과정의 요건 중 나목 및 라목을 제외한 요건을 갖출 것. 다만, 훈련시간은 병행하여 실시되는 집체훈련 과정 또는 원격훈련과정 훈련시간의 100분의 400 미만(최대 600시간 이하)이어야 한다.

  다. <u>원격훈련이 포함되어 있는 경우에는 원격훈련 분량은 전체 훈련시간(분량)의 100분의 20 이상(소수점 아래 첫째 자리에서 올림한다)일 것</u>. 다만, 우편 원격훈련이 포함되어 있는 경우 훈련 분량은 2개월(32시간) 이상이어야 한다.

  라. 훈련목표, 훈련내용, 훈련평가 등이 <u>서로 연계되어 실시될 것</u>

  마. 훈련과정별 훈련실시 기간은 서로 <u>중복되어 운영되지 않을 것</u>

🔑 **수험 TIP**

원격훈련 유형별 핵심 요약

유형	핵심 키워드
인터넷 원격훈련	4시간, LMS, 자동모니터링
스마트훈련	원격비율 20%, 스마트기술(VR/AR 등)
우편 원격훈련	2개월(32h), 월1·주1 평가, 교재 중심
혼합훈련	각 방식 요건 충족, 원격20% ↑, 중복운영 불가

(3) 원격교육에 대한 학점인정 기준

- 평생교육진흥원 학점은행 관련된 부서에서 인증한 학점은행제를 가진 원격교육 기관은 이러닝을 활용한 원격교육을 진행하여 학점이 부여될 수 있으며, 학점인정 대상인 평가인정 학습과목을 개설할 수 있다.

① 평가인정 학습과목

- 평가인정 학습과목은 교육기관(대학 부설 평생교육원, 직업전문학교, 학원, 각종 평생교육시설 등)에서 개설한 학습 과정에 대해 대학에 상응하는 질적 수준을 갖추었는가를 평가하여 학점으로 인정하는 과목이다.

- 과목을 원격교육으로 진행하고 학점으로 인정하기 위해서는 "원격교육에 대한 학점인정 기준(평생 교육진흥원 고시 제2009-5호)"을 적용하여야 한다.

🔑 **수험 TIP**

원격교육 학점인정 기준 => 수업일수, 수업시간, 수업방법, 이수학점에 관하여 시험에 자주 출제되니 기억해 두세요.

학점 상한 : 연 42학점, 학기당 24학점 초과 불가

② 학점은행제도

학점은행제는 "학점인정 등에 관한 법률"에 근거하여 학교뿐만 아니라 학교 밖에서 이루어지는 다양한 형태의 학습과 자격을 학점으로 인정하고, 이렇게 누적된 학점이 일정 기준을 충족하면 취득할 수 있도록 한 제도이다. 궁극적으로 열린 교육 사회, 평생학습 사회를 구현하는 것을 목표로 한다.

(ㄱ) 1995년 5월, 대통령 직속 교육개혁 위원회가 열린 평생학습사회의 발전을 촉진하는 새로운 교육체제에 대한 비전을 제시하면서 학점은행제를 제안하였고, "학점인정 등에 관한 법률" 등 관련 법령을 제정하고, 1998년 3월부터 시행하게 되었다.

(ㄴ) **학점은행제 이용대상** : 고등학교 졸업자나 동등 이상의 학력을 가진 모든 사람들은 학점은행제를 활용할 수 있다.

③ 학점은행제 학점인정 대상

(ㄱ) 학점은행제를 통해 학점을 인정받는 방법 중 하나로, "표준교육과정"은 학점은행제 원격교육 인증기관에서 이러닝을 활용하여 개설되며 학점인정 기준을 적용하여 운영된다.

(ㄴ) 평가인정 학습과목의 운영 제반 사항(이수시간, 수강 비용 등)은 각 교육기관의 자체 방침에 따라 결정되며, 이를 위해 인터넷 원격훈련을 활용한다.

④ 원격교육에 대한 학점인정 기준의 세부 내용

(ㄱ) 평생교육진흥원은 평생교육진흥원 고시 제2009-5호 "원격교육에 대한 학점인정 기준"을 2009년 3월 10일에 개정하였다.

(ㄴ) 개정된 규정에는 목적, 용어의 정의, 적용 범위, 수업일수 및 수업시간, 시설 및 설비, 수업방법, 이수학점, 현장조사, 학점인정 거부 등의 세부 내용이 명시되어 있으며, 특히 수업방법 부분에 원격교육에 대한 비율이 구체적으로 포함되어 있다.

「원격교육에 대한 학점인정 기준」

제1조 (목적) 이 기준은 「학점인정 등에 관한 법률 시행령」 별표 제1호 바목에서 '학점인정심의위원회'에 위임한 원격교육에 대한 학점인정 기준을 규정함을 목적으로 한다.

제2조 (정의) 이 기준에서 정하는 용어의 뜻은 다음과 같다.
 1. **"원격교육"**이란 원격(방송·통신·인터넷 등)으로 교육과정·학습 과정을 운영하는 것을 말한다.
 2. **"원격 교육기관"**이란 법령에 원격(방송·통신·인터넷 등)으로 교육을 할 수 있도록 허가·인가·신고된 교육기관을 말한다. 단, 고등교육법 제2조의 규정에 의한 대학·산업대학·교육대학·전문대학·기술대학·각종 학교를 제외한다.

제3조 (적용 범위) 「학점인정 등에 관한 법률」 제7조 제1항 및 동조 제2항 제3호의 규정에 따른 학습 과정 이수자 및 시간제로 등록하여 원격교육을 통해 수업을 받은 자에 대한 학점인정 시에 적용한다.

제4조 (수업일수 및 수업시간 등)

1. 수업일수는 출석 수업을 포함하여 15주 이상 지속되어야 한다. 단, 고등교육법 시행령 제53조 제6항에 의한 시간제등록제의 경우에는 8주 이상 지속되어야 한다.
2. 원격 콘텐츠의 순수 진행시간은 25분 또는 20프레임 이상을 단위시간으로 하여 제작되어야 한다.
3. 대리출석 차단, 출결처리가 자동화된 학사운영플랫폼 또는 학습관리시스템을 보유해야 한다.
4. 학업성취도 평가는 학사운영플랫폼 또는 학습관리시스템 내에서 엄정하게 처리하여야 하며, 평가 시작시간, 종료시간, IP주소 등의 평가근거는 시스템에 저장하여 4년까지 보관하여야 한다.

제5조 (시설 및 설비)

1. 학점인정 등에 관한 법률 제3조 제1항에 의한 원격교육기관의 시설 및 설비 기준은 동법 시행령 제5조 제1항 제2호의 시설·설비기준을 따라야 한다.
2. 시간제 등록제 수업을 원격교육으로 실시하는 대학은 학습자가 서버에 접속하여 학습할 때 원활히 학습할 수 있도록 하는 시설·설비를 구비하여야 한다.

제6조 (수업방법)

1. 원격교육의 수업은 법령 및 학칙(또는 원칙)등 에서 수업방법을 원격으로 할 수 있도록 규정한 학습 과정·교육과정에 한하여 인정한다.
2. **원격교육의 비율**은 다음 각 호의 범위에서 운영하여야 한다.
   가. **원격 교육기관** : 수업일수의 60% 이상 (실습 과목은 예외)
   나. **원격 교육기관 외의 교육기관** : 수업일수의 40% 이내
   다. 고등교육법 시행령 제53조 제3항에 의한 **시간제 등록생만을 대상으로 하는 수업** : 수업 일수의 60% 이내

제7조 (이수학점)

1. 연간 최대 이수학점은 42학점으로 하되, 학기(매년 3월 1일부터 8월 31 일까지 또는 9월 1일부터 다음 해 2월말일 까지를 말한다)마다 24학점을 초과하여 이수할 수 없다.

제8조 (현장조사 등) 평생교육진흥원장은 수업일수, 시설·설비, 수업방법, 학습관리시스템 등의 확인을 위하여 자료 요구 및 현장조사 등을 실시할 수 있다.

제9조 (학점 인정 거부) 이 기준을 위반하여 학습 과정 또는 교육과정을 운영한 경우와 자료 제출 및 현장조사 등을 거부하는 경우 평생교육진흥원장은 학점의 인정을 거부할 수 있다.

🔑 **수험 TIP**

<원격교육 수업일수/시간>

- 수업일수 : 일반 15주 이상, 시간제등록제 8주 이상
- 콘텐츠 단위시간 : 25분 또는 20프레임 = 1시간 인정
- 시스템 요건 : 자동 출결 + 대리출석 차단
- 평가기록 보관 : 4년(시작·종료시간·IP 포함)

<원격 운영 비율>

- 원격 교육기관 : 60% 이상
- 비원격 교육기관 : 40% 이내
- 시간제등록 강좌 : 60% 이내

(4) 이러닝(전자학습) 산업발전 및 이러닝 활용 촉진에 관한 법률

- '이러닝(전자학습) 산업발전 및 이러닝 활용 촉진에 관한 법률'은 줄여서 「이러닝산업법」'이라고도 한다.
- 이 법은 이러닝 산업의 발전과 이러닝의 적극적인 활용을 촉진하기 위한 목적으로 제정되었으며, 국민의 삶의 질 향상과 국민경제의 건전한 성장에 기여하기 위한 목적으로 산업통상자원부에 의해 2015년 1월 28일에 일부 개정되었으며, 2015년 7월 28일부터 시행 중이다.

① 「이러닝산업법」(약칭)의 개정 이유

  (ㄱ) 이러닝 제품 및 서비스의 품질 향상을 위해 품질인증 제도가 시행되고 있지만, 이러닝 콘텐츠 개발에 서 자유로움과 창의성을 저해하는 인증 제도의 경직성, 시간 소요, 및 비용 등에 대한 비판이 제기되고 있다.

  (ㄴ) 이러닝 품질인증 제도의 경직성과 시간·비용 부담에 대한 비판을 반영하여, 품질인증 제도의 폐지 및 제도 개선을 통해 이러닝 콘텐츠 개발을 더욱 활성화하고자 하는 방향으로 개정되었다.

② 「이러닝산업법」(약칭)의 주요 내용

  이러닝 산업발전법의 주요 내용은 다음과 같습니다.

  (ㄱ) 이러닝과 이러닝 산업 등에 대한 정의를 마련(제2조)

---

1. "**이러닝**"이란 전자적 수단, 정보통신, 전파, 방송, 인공지능, 가상현실 및 증강현실 관련 기술을 활용하여 이루어지는 학습을 말한다.
2. "**이러닝콘텐츠**"란 전자적 방식으로 처리된 부호·문자·도형·색채·음성·음향·이미지·영상 등 이러닝과 관련된 정보나 자료를 말한다.
3. "**이러닝산업**"이란 다음 각 목의 업(業)을 말한다.
   가. 이러닝콘텐츠 및 이러닝콘텐츠 운용소프트웨어를 연구·개발·제작·수정·보관·전시 또는 유통하는 업
   나. 이러닝의 수행·평가·컨설팅과 관련된 서비스업
   다. 그 밖에 이러닝을 수행하는 데에 필요하다고 대통령령으로 정하는 업

🔑 **수험 Tip** : 이러닝 관련 주요 정의(제2조)는 반드시 기억해 두세요.
- 이러닝: 전자적 수단·정보통신·전파·방송·AI·가상현실·증강현실을 활용한 학습
- 이러닝콘텐츠: 전자적으로 처리된 문자·이미지·영상 등 학습자료
- 이러닝산업 : 이러닝콘텐츠·운용 SW의 연구·개발·제작·유통 등, 이러닝 수행·평가·컨설팅 서비스업, 그 밖에 대통령령으로 정하는 업

(ㄴ) 이러닝 기본계획의 수립(이러닝(전자학습) 산업발전 및 이러닝 활용 촉진에 관한 법률 제6조)

기본계획의 수립(제6조)

① 정부는 이러닝산업 발전 및 이러닝 활용 촉진에 관한 기본계획(이하 "기본계획"이라 한다)을 수립하여야 한다.

② 기본계획은 제8조의 이러닝 진흥위원회의 심의를 거쳐 확정된다.

③ 기본계획에는 다음 각호의 사항이 포함되어야 한다.

    1. 이러닝산업 발전 및 이러닝 활용 촉진을 위한 **시책의 기본방향**

    2. 이러닝산업 발전 및 이러닝 활용 촉진을 위한 **기반조성**에 관한 사항

    3. 이러닝산업 발전 및 이러닝 활용 촉진을 위한 **제도 개선**에 관한 사항

    4. 개인·기업·지역·교육기관 및 공공기관의 이러닝 **도입 촉진 및 확산**에 관한 사항

    5. 이러닝 관련 **기술개발 연구 및 연구·조사와 표준화**에 관한 사항

    6. 이러닝 분야의 **전문 인력 양성**에 관한 사항

    7. 이러닝 분야 **기술·인력 등의 국외 진출 및 국제화**에 관한 사항

    8. 이러닝 관련 **기술 및 산업 간 융합 촉진**에 관한 사항

    9. 이러닝 관련 **소비자 보호**에 관한 사항

    10. 그 밖에 이러닝 산업발전 및 이러닝 활용 촉진에 필요한 것으로서 대통령으로 정하는 사항

(ㄷ) 이러닝 진흥위원회의 구성(이러닝(전자학습) 산업발전 및 이러닝 활용 촉진에 관한 법률 제8조)

이러닝진흥위원회(제8조)

① 다음 각호의 사항을 심의·의결하기 위하여 산업통상자원부에 이러닝진흥위원회(이하 이 조에서 "위원회"라 한다)를 둔다.

    1. 기본계획의 수립 및 시행계획의 수립·추진에 관한 사항

    2. 이러닝산업 발전 및 이러닝 활용 촉진 정책의 총괄·조정에 관한 사항

    3. 이러닝산업 발전 및 이러닝 활용 촉진 정책의 개발·자문에 관한 사항

    4. 그 밖에 위원장이 이러닝산업 발전 및 이러닝 활용 촉진에 필요하다고 인정하는 사항

② **위원회**는 위원장 1명과 부위원장 1명을 포함하여 20명 이내의 위원으로 구성하되, 위원장은 산업통상자원부차관 중에서 산업통상자원부장관이 지정하는 사람이 되고, 부위원장은 교육부의 고위공무원단에 속하는 일반직 공무원 또는 3급 공무원 중에서 교육부장관이 지명하는 사람이 되며, 그 밖에 위원은 다음 각호의 사람이 된다.

    1. 기획재정부, 과학기술정보통신부, 문화체육관광부, 산업통상자원부, 고용노동부, 중소벤처기업부 및 인사혁신처의 고위공무원단에 속하는 일반직공무원 또는 3급 공무원 중에서 해당 소속 기관의 장이 지명하는 사람 각 1명

    2. 「소비자기본법」에 따른 한국소비자원이 추천하는 소비자단체 소속 전문가 2명

    3. 이러닝산업에 관한 전문지식과 경험이 풍부한 사람 중에서 위원장이 위촉하는 사람

③ 위원회에 간사위원 1명을 두며, 간사위원은 산업통상자원부 소속 위원이 된다.

④ 제1항부터 제3항까지에서 규정한 사항 외에 위원회의 구성 및 운영에 필요한 사항은 대통령령으로 정한다.

(ㄹ) 이러닝진흥위원회의 운영(이러닝(전자학습) 산업발전 및 이러닝 활용 촉진에 관한 법률 시행령 제6조)

위원회의 운영 등(제6조)

① **위원회의 회의**는 위원회 위원장(이하 "위원장"이라 한다)이 필요하다고 인정하거나 **재적위원 3분의 1 이상이 요청**하는 경우에 위원장이 소집한다.

---

② 위원장이 부득이한 사유로 직무를 수행할 수 없을 때에는 부위원장이 그 직무를 대행하고, 위원장과 부위원장이 모두 직무를 수행할 수 없을 때에는 법 제8조 제2항 제1호에 따른 위원의 순으로 그 직무를 대행한다.

③ 위원장은 회의를 소집하려는 경우 **회의 개최 7일 전까지 회의의 일시·장소 및 안건을 각 위원에게 통보**하여야 한다. 다만, 긴급히 개최해야 하거나 부득이한 사유가 있는 경우에는 회의의 개최 전날까지 통보할 수 있다.

④ 위원회의 회의는 **재적위원 과반수의 출석으로 개의(開議)**하고 **출석위원 과반수의 찬성으로 의결**한다.

⑤ 법 제8조 제2항 제2호 및 제3호에 따른 **위원의 임기는 2년**으로 하며, **한 차례만 연임**할 수 있다.

🔑 수험 Tip

이러닝진흥위원회(제8조)
- 설치: 산업통상자원부
- 역할: 기본계획·정책 심의·조정·자문
- 구성: 20명 이내,
    - 위원장: 산업통상자원부 차관
    - 부위원장: 교육부 고위공무원
    - 관계부처 공무원 + 소비자단체 추천 전문가 + 민간 전문가

(ㅁ) 전문 인력 양성기관의 지정대상(이러닝(전자학습) 산업발전 및 이러닝 활용 촉진에 관한 법률 시행령 제11조)

전문 인력 양성기관의 지정대상 등(제11조)

법 제9조 제2항에서 "대통령으로 정하는 이러닝 관련 연구소·기관 단체"란 다음 각호의 연구소·기관 또는 단체를 말함

1. 이러닝과 관련되는 교육과정을 개설·운영하고 있는 연구소·기관 또는 단체
2. 「정부출연연구기관 등의 설립·운영 및 육성에 관한 법률」에 따른 정부출연연구기관 중 이러닝과 관련되는 연구를 수행하고 있는 기관
3. 「민법」 제32조나 「공익법인의 설립·운영에 관한 법률」에 따른 법인으로서 이러닝 산업 육성과 관련되는 업무를 수행하는 법인

(ㅂ) 사회적 취약계층의 범위(이러닝(전자학습) 산업발전 및 이러닝 활용 촉진에 관한 법률 시행령 제13조의2)

사회적 취약계층의 범위(제13조의2)

법 제17조의2 제2항에서 **"대통령으로 정하는 사회적 취약계층"**이란 다음 각호의 사람을 말한다.

1. 가구 월평균 소득이 **전국 가구 월평균 소득의 100분의 60 이하**인 사람
2. 「고용상 연령차별금지 및 고령자고용촉진에 관한 법률」 제2조 제1호에 따른 **고령자**
3. 「장애인고용촉진 및 직업재활법」 제2조 제1호에 따른 **장애인**
4. 「청년고용촉진 특별법」 제2조 제1호에 따른 청년 또는 「여성의 경제활동 촉진과 경력단절 예방법」에 따른 **경력단절 여성 중** 「고용보험법 시행령」 제26조 제1항에 따른 **고용촉진 지원금의 지급대상**이 되는 사람
5. 「북한이탈주민의 보호 및 정착지원에 관한 법률」 제2조 제1호에 따른 **북한이탈주민**
6. 그 밖에 교육부 장관이 정하여 고시하는 사람

(ㅅ) 전문 인력의 양성(이러닝(전자학습) 산업발전 및 이러닝 활용 촉진에 관한 법률 제9조)

전문 인력의 양성(제9조)
① 정부는 이러닝 산업발전 및 이러닝 활용 촉진을 위하여 필요한 전문 인력을 양성하는 데에 노력하여야 함
② 정부는 이러닝 산업발전 및 이러닝 활용 촉진을 위한 전문 인력을 양성하기 위하여 「고등교육법」 제2조에 따른 학교, 「평생교육법」 제33조 제3항에 따라 설립된 원격대학형태의 평생교육시설 및 대통령으로 정하는 이러닝 관련 연구소·기관 또는 단체를 전문 인력 양성기관으로 지정하여 교육 및 훈련을 실시할 수 있으며 이에 필요한 비용을 지원할 수 있음

🔑 **수험 Tip**
사회적 취약계층(시행령 제13조의2)
- 소득 : 전국 가구 월평균 소득의 60% 이하
- 고령자
- 장애인
- 청년·경력단절여성 중 고용촉진 지원금 대상
- 북한이탈주민
- 교육부장관이 정하여 고시하는 사람

2. 관련 법령

※ 관련 법령

사업주 직업능력개발훈련 지원규정
[시행 2023. 6. 13.] [고용노동부고시 제2023-24호, 2023. 6. 13., 일부개정]

제1장 총칙

제1조(목적) 이 고시는 「고용보험법」 제27조 및 제28조와 같은 법 시행령 제41조 및 제42조, 「국민 평생 직업능력 개발법」 제20조, 제24조, 제53조 및 제54조와 같은 법 시행령 제19조, 제22조, 제48조 및 제49조와 같은 법 시행규칙 제8조 및 제21조에 따라 사업주가 실시하는 직업능력개발훈련과정의 인정 및 비용지원, 「고용보험법」 제31조와 같은 법 시행령 제52조에 따른 직업능력개발의 촉진 등에 필요한 사항을 규정함을 목적으로 한다.

제2조(정의) 이 고시에서 사용하는 용어의 뜻은 다음과 같다.
1. **"사업주"**란 「고용보험법」 제3장의 직업능력개발사업을 적용받는 사업주를 말한다.
2. **"재직근로자"**란 「고용보험법」 제3장에 따른 직업능력개발사업이 적용되는 사업에 재직하고 있는 고용보험 피보험자와 피보험자가 아닌 사람으로서 해당 사업주에게 고용된 사람을 말한다.
3. **"채용예정자"**란 「고용보험법」 제3장에 따른 직업능력개발사업이 적용되는 사업이나 그 사업과 관련되는 사업에서 고용하려는 사람을 말한다.
4. **"구직자"**란 「직업안정법」 제2조의 2 제1호에 따른 직업안정기관에 구직등록한 사람을 말한다.
5. **"자체훈련"**이란 사업주가 훈련비용을 부담하여 훈련계획 수립, 훈련실시, 훈련생관리 등을 수행하는 직업능력개발훈련을 말한다.

6. **"위탁훈련"**이란 사업주가 훈련비용을 부담하여 재직근로자, 채용예정자를 다른 훈련기관에 위탁하고 해당 훈련기관(이하 "수탁훈련기관"이라 한다)이 훈련실시, 훈련생관리 등을 직접 수행하는 직업능력개발훈련을 말한다.

7. **"집체훈련"**이란 직업능력개발훈련을 실시하기 위하여 설치한 훈련전용시설, 그 밖에 훈련을 실시하기에 적합한 시설(산업체의 생산시설 및 근무 장소는 제외한다)에서 실시하는 직업능력개발훈련을 말한다.

8. **"현장훈련"**이란 산업체의 생산시설 또는 근무장소에서 실시하는 직업능력개발훈련을 말한다.

9. **"원격훈련"**이란 먼 곳에 있는 사람에게 정보통신매체 등을 이용하여 실시하는 직업능력개발훈련을 말한다.

10. **"인터넷 원격훈련"**이란 정보통신매체를 활용하여 훈련이 실시되고 훈련생관리 등이 웹상으로 이루어지는 원격훈련을 말한다.

11. **"우편 원격훈련"**이란 인쇄 매체로 된 훈련교재를 이용하여 훈련이 실시되고 훈련생 관리 등이 웹상으로 이루어지는 원격훈련을 말한다.

12. **"스마트훈련"**이란 위치기반서비스, 가상현실 등 스마트 기기의 기술적 요소를 활용하거나 특성화된 교수 방법을 적용하여 원격 등의 방법으로 훈련이 실시되고 훈련생관리 등이 웹상으로 이루어지는 훈련을 말한다.

13. **"혼합훈련"**이란 집체훈련, 현장훈련 및 원격훈련 중에서 두 종류 이상의 훈련을 병행하여 실시하는 직업능력개발훈련을 말한다.

14. **"우선지원 대상기업"**이란 「고용보험법 시행령」 제12조에 따른 우선지원 대상기업을 말한다.

15. **"원격훈련 자동모니터링시스템"**이란 인터넷원격훈련기관이나 우편원격훈련기관에서 운영하는 훈련과정의 훈련생 관리 정보를 자동 수집하여 모니터링 할 수 있는 시스템을 말한다.

16. **"대체인력"**이란 「고용보험법 시행령」 제41조 제1항 제5호 나목에 따라 사업주가 소속 근로자에게 30일 이상의 유급휴가를 주어 120시간 이상의 훈련을 실시하는 동안에 해당 근로자가 담당하였던 업무를 직접 수행하거나, 해당 업무 수행을 위해 직무재배치를 실시하고 이에 따라 발생되는 업무 공백을 채우기 위하여 새로 채용한 근로자를 말한다.

17. **"기업대학"**이란 사업주가 재직근로자 및 채용예정자를 대상으로 고숙련 수준의 훈련과정을 운영하기 위하여 설치한 시설을 말한다. 다만, 「고등교육법」 또는 「평생교육법」 등에 따라 학위가 인정되는 시설은 제외한다.

18. 삭제

19. **"외국어 과정"**이란 어학능력개발 및 향상을 위해 실시하는 훈련과정을 말한다.

20. "모니터링"이란 직업능력개발훈련기간 중 또는 훈련이 종료된 이후에 훈련현장 방문, 관계인 면담, 전화, 설문 조사 및 「국민 평생 직업능력 개발법」 제6조에 따른 직업능력개발정보망(이하 "HRD - Net"이라 한다) 또는 원격훈련 자동모니터링 시스템을 통하여 얻은 훈련 관련 자료의 조사·분석으로 훈련실태 및 직업능력개발훈련 사업의 제도 개선 또는 부정·부실 훈련 방지를 목적으로 하는 일련의 활동을 말한다.

🔑 **수험 Tip**

훈련유형에 관해서 반드시 기억해 두세요. (특히, 인터넷 원격훈련, 우편 원격훈련, 스마트훈련, 혼합훈련에 대해서는 반드시 암기하세요.)

- 자체훈련 : 사업주가 직접 운영
- 위탁훈련 : 수탁훈련기관이 실시
- 집체훈련 : 산업체 생산시설은 제외
- 현장훈련 : 실제근무장소
- 원격훈련 : 인터넷/우편/스마트훈련 포함
- 혼합훈련 : 집체+원격

제2장 훈련과정의 인정 등

제3조(훈련과정의 인정신청 등)

① 「국민 평생 직업능력 개발법 시행규칙」(이하 "규칙"이라 한다) 제8조 제2항에 따라 직업능력개발훈련과정(이하 "훈련과정"이라 한다)을 인정 받으려는 자는 한국산업인력공단(이하 "공단" 이라 한다) 분사무소에 별지 제1호서식의 훈련실시계획서를 제출하여야 한다.

② 원격훈련과정과 원격훈련이 포함된 혼합훈련과정의 인정을 받으려는 자는 제4조 제2항에 따른 훈련과정 적합 여부 심사를 거쳐 인정신청을 하여야 한다. 다만, 사업주가 사전에 적합 판정을 받은 원격훈련을 포함한 혼합훈련을 자체적으로 실시하는 경우에는 예외로 한다.

③ 제1항 및 제2항의 규정에도 불구하고 「고용보험법 시행령」 제41조 제1항 제4호에 따른 직업능력개발훈련(이하 "구직자 훈련" 이라 한다)의 경우 직업능력개발사업을 주된 사업으로 하는 사업주의 신청을 제한할 수 있다.

④ 공단은 규칙 제8조 제4항에 따라 훈련과정 인정신청 결과를 신청인에게 통지하여야 한다.

제3조의2(훈련과정 인정요건의 사전신청 등)

① 제3조 제1항에 따라 집체 또는 현장훈련 과정 인정신청을 하려는 자는 훈련과정 인정에 필요한 훈련실시 장소, 훈련시설, 훈련교사 등 요건에 대해 제4조에 따른 적합심사 전에 공단 분사무소에 인정신청을 할 수 있다.

② 공단은 제1항에 따른 인정신청에서 적합하다고 인정한 경우에는 제4조의 적합심사 시 훈련실시장소, 훈련시설, 훈련교사 등의 요건에 대한 심사를 생략할 수 있다.

③ 훈련과정 인정신청을 하려는 자가 제1항에 따른 사전 인정을 받은 경우에는 훈련실시계획서를 훈련개시 일 전날까지 제출할 수 있다.

제4조(훈련과정의 적합심사 등)

① 공단은 제3조 제1항에 따른 인정신청에 대하여 훈련과정 적합 여부를 심사하여야 한다.

② 제1항에도 불구하고 다음 각호의 훈련과정은 적합 여부에 대한 심사를 「국민 평생 직업능력 개발법」(이하 "법"이라 한다) 제52조의2에 따라 설립된 한국기술교육대학교(이하 "한국기술교육대학교"라 한다)에서 실시할 수 있다. 이 경우 고용노동부 장관은 심사절차, 심사기준 등에 관한 사항을 별도로 공고하여야 한다.

  1. 위탁훈련과정(직업능력개발사업을 주된 사업으로 하는 자가 자체훈련과 위탁훈련을 혼합하여 운영하는 훈련과정을 포함한다)

  2. 원격훈련과정 및 원격훈련이 포함된 과정

③ 제2항에도 불구하고 위탁훈련 중 다음 각호의 훈련과정에 대한 적합 여부 심사는 제1항에 따른다.

1. 사업주(생산물의 완성·판매 등에 있어 협력관계에 있는 사업주를 포함한다)가 훈련 기본계획(훈련의 목적·내용·일정 등을 말한다)을 수립하여 위탁하는 맞춤형 훈련과정

2. 제1호에 따른 사업주가 감정근로자의 스트레스 관리를 위한 훈련 기본계획(훈련의 목적·내용·일정 등을 말한다)을 수립하여 위탁하는 맞춤형 훈련과정

3. 채용예정자 훈련과정 및 「외국인근로자의 고용 등에 관한 법률」 제11조에 따른 외국인 취업교육 훈련과정

④ 제1항부터 제3항까지의 훈련과정 적합 여부 심사는 근로자 직무수행능력 향상과의 직접적 관련성, 훈련 분량의 적정성, 교·강사 적정성, 훈련내용·방법의 적정성, 훈련평가 방법·내용의 적정성 등을 고려하여 심사하여야 한다.

⑤ 제2항에 따른 심사에서 적합 판정을 받은 훈련과정 중 원격훈련 및 원격훈련이 포함된 과정에 대해서는 훈련시장에서의 공급 실태, 훈련내용·방법의 적정성 수준 등에 따라 등급을 부여할 수 있다.

⑥ 제2항에 따른 심사에서 적합 판정을 받은 훈련과정 중 원격훈련과정은 심사발표일로부터 2년간 효력을 갖는다. 다만, 유효기간 자동연장 기준을 갖춘 훈련과정에 대해서는 1년 범위에서 효력 기간을 연장할 수 있다.

⑦ 제5항의 등급 부여 및 제6항의 효력 기간 연장에 관한 세부 기준은 고용노동부 장관의 승인을 얻어 한국기술교육대학교에서 별도로 정하여 공고한다.

제5조(훈련과정 인정 제외 대상)
규칙 제8조 제1항 제2호에 따라 다음 각호의 어느 하나에 해당하는 과정은 훈련과정으로 인정받을 수 없다.

1. 시사, 일반상식 등 교양 증진을 주된 목적으로 하는 과정

2. 직무에 필요한 지식 및 기술 · 기능과 관련이 없는 취미활동, 오락, 스포츠, 부동산·주식 투자 등을 주된 목적으로 하는 과정. 다만, 직무전환 및 전직 지원 등을 목적으로 하는 훈련의 경우에는 그러하지 아니한다.

3. 「고등교육법」 제2조 제4호에 따른 전문대학 이상의 교육기관이 학위를 부여할 목적으로 개설한 정규 교육과정. 다만, 다음 각 목의 교육과정은 그러하지 아니하다.

　가. 사업주가 근로자의 직무수행능력 향상을 위하여 직접 개설·운영하는 「평생교육법」 제32조에 따른 사내대학의 교육과정

　나. 「고등교육법」 제2조 제6호에 따른 기술대학이 근로자의 직무능력 향상을 위하여 개설·운영하는 교육과정

　다. 상시근로자 1,000인 미만 기업이 「산업교육진흥 및 산학협력촉진에 관한 법률」 제8조 제1항에 따라 근로자의 직무능력 향상을 위하여 같은 법 제2조 제2호 다목에 따른 대학과 계약을 통해 설치·운영하는 교육과정으로서 「대학설립·운영규정」 별표 1에 따른 계열별 구분 중·소계열 상 이학·공학에 해당하는 전문학사·산업학사· 학사과정

4. 외국어 능력 평가 시험 등을 주된 목적으로 하는 과정

5. 근로자의 직무와 관계없이 다른 법령에서 정한 바에 따라 사업주가 자신이 사용하는 모든 근로자를 대상으로 실시하여야 하는 교육과정

6. 사업장에 필요한 물품을 제공할 목적으로 물품을 제작하거나 실습물을 제공하는 등 부정행위가 발생할 우려가 있는 훈련과정

7. 다른 법령에 따라 중앙행정기관 등 공공기관에서 지원을 받는 과정

8. 그 밖에 훈련과정으로 부적합하다고 고용노동부 장관이 인정하는 과정

🔑 **수험 TIP**

제출은 공단 분사무소, 원격은 KOREATECH 심사 + 2년 유효, 일부 위탁훈련은 다시 공단 심사, 사전 인정 시 일부 요건 심사 생략.

제6조(훈련과정의 인정요건 등) 규칙 제8조 제1항 제3호에 따른 훈련과정의 인정요건은 다음 각호와 같다. 다만, 외국어 과정은 집체훈련 또는 인터넷 원격훈련으로만 가능하다.

1. 집체훈련을 실시하려는 경우

가. 학급당 정원은 60명 이내일 것. 다만, 「국민 평생 직업능력 개발법 시행령」(이하 "영"이라 한다) 제22조 제1항 제1호 단서에 따라 실시되는 훈련과정이거나 훈련과정 운영의 효율성을 높이기 위하여 불가피한 사유가 있는 경우 정원을 초과할 수 있다. 또한, 제4조에 따라 공단이 적합 여부를 심사하는 훈련과정은 당해 훈련기관이 인정받은 실시 과정 수의 100분의 5 이내에서 인정 인원의 100분의 5 범위에서 필요한 경우 정원을 초과할 수 있다.

나. 1일 훈련시간은 8시간을 초과하지 않을 것. 다만, 공단 분사무소의 인정을 받은 경우에는 그러하지 아니한다.

다. 구직자 훈련을 실시하려는 사업주는 당해 사업장의 주된 업(業)을 위한 독립된 훈련전용시설을 갖출 것

라. 그 밖에 해당 훈련과정의 운영에 필요한 시설·장비, 인력 등을 갖출 것

2. 현장훈련을 실시하려는 경우

가. 사업주가 직접 실시할 것. 다만, 우선지원 대상기업의 경우에는 다른 사업주와 공동으로 실시할 수 있다.

나. 집체훈련과정 또는 원격훈련과정을 수료한 훈련생을 대상으로 한 훈련과정으로 해당 집체훈련과정 또는 원격훈련과정의 훈련목적, 훈련내용 등과 관련성이 있을 것. 다만, 우선지원 대상기업이 채용예정자 및 재직기간이 1년 이내인 근로자를 대상으로 600시간 이내의 현장훈련을 실시하는 경우 또는 신규 생산 설비의 도입·업무 전환·장기 현장 훈련이 필요한 직무 특성 등의 사유로 공단 분사무소의 인정을 받은 경우에는 그러하지 아니한다.

다. 훈련내용 중 이론편성비율이 100분의 10 이상일 것. 다만, 우선지원 대상기업이 채용예정자 및 재직기 간이 1년 이내인 근로자를 대상으로 600시간 이내의 현장훈련을 실시하는 경우 또는 신규 생산 설비의 도입·업무 전환·장기 현장훈련이 필요한 직무 특성 등의 사유로 공단 분사무소의 인정을 받은 경우에는 그러하지 아니한다.

라. 훈련시간은 현장훈련 이전에 실시한 집체훈련과정 또는 원격훈련과정 훈련시간의 100분의 400 미만 (최대 600시간 이하)일 것. 다만, 우선지원 대상기업이 채용예정자 및 재직기간이 1년 이내인 근로자를 대상으로 600시간 이내의 현장훈련을 실시하는 경우 또는 신규 생산 설비의 도입·업무 전환·장기 현장훈련이 필요한 직무 특성 등의 사유로 공단 분사무소의 인정을 받은 경우에는 그러하지 아니한다.

마. 해당 근무현장에서 영 제28조에 따른 직업능력개발훈련교사 또는 영 제27조에 해당하는 사람이 가르칠 것

3. 인터넷 원격훈련 또는 스마트훈련을 실시하려는 경우

가. 한국기술교육대학교의 사전 심사를 거쳐 적합 판정을 받은 훈련과정일 것

나. 훈련과정 분량이 4시간 이상일 것. 다만, 스마트훈련은 집체훈련을 포함할 경우 원격훈련 분량은 전체 훈련시간(분량)의 100분의 20이상(소수점 아래 첫째 자리에서 올림 한다)이어야 한다.

다. 학습목표, 학습계획, 적합한 교수·학습활동, 학습평가 및 진도관리 등이 웹(훈련생 학습관리 시스템)에 제시될 것

라. 훈련의 성과에 대하여 평가를 실시할 것. 다만, 제25조에 따라 우수훈련기관으로 선정된 훈련기관에서 실시하는 제7조 제4호에 해당하는 훈련과정 중 전문지식 및 기술습득을 목적으로 하는 훈련과정의 경우에는 평가를 생략할 수 있다.

마. 공단이 운영하는 원격훈련 자동모니터링시스템을 갖출 것

바. 별표 1의 원격훈련 인정요건을 갖출 것

4. 우편 원격훈련을 실시하려는 경우

가. 한국기술교육대학교의 사전 심사를 거쳐 적합 판정을 받은 훈련과정일 것

나. 교재를 중심으로 훈련과정을 운영하면서 훈련생에 대한 학습지도, 학습 평가 및 진도관리가 웹(훈련생학습관리시스템)으로 이루어질 것

다. 나목에 따른 교재에는 학습 목표 및 학습 계획 등이 제시되고, 학습 목표 및 내용에 적합한 교수 및 학습활동에 관한 사항이 포함될 것. 다만, 교재 이외의 보조교재 및 인터넷 콘텐츠를 활용할 수 있다.

라. 훈련 기간이 2개월(32시간) 이상일 것

마. 월 1회 이상 훈련의 성과에 대하여 평가를 실시하고, 주 1회 이상 학습과제 등 진행단계 평가를 실시할 것. 다만, 제25조에 따라 우수훈련기관으로 선정된 훈련기관에서 실시하는 제7조 제4호에 해당하는 훈련과정 중 전문지식 및 기술습득을 목적으로 하는 훈련과정의 경우에는 평가를 생략할 수 있다.

바. 원격훈련 자동모니터링시스템을 갖출 것

사. 별표 1의 원격훈련 인정요건을 갖출 것

5. 혼합훈련을 실시하려는 경우

가. 제1호부터 제4호에 따른 훈련방법(집체훈련, 현장훈련, 원격훈련)별로 해당 요건을 갖출 것

나. 가목에도 불구하고 현장훈련이 포함되어 있는 경우에는 제2호에 따른 현장훈련과정의 요건 중 나목 및 라목을 제외한 요건을 갖출 것. 다만, 훈련시간은 병행하여 실시되는 집체훈련과정 또는 원격훈련과정 훈련시간의 100분의 400 미만(최대 600시간 이하)이어야 한다.

다. 원격훈련이 포함되어 있는 경우에는 원격훈련분량은 전체 훈련시간(분량)의 100분의 20이상(소수점 아래 첫째자리에서 올림한다)일 것. 다만, 우편원격훈련이 포함되어 있는 경우 훈련 분량은 2개월(32시간) 이상이어야 한다.

라. 훈련목표, 훈련내용, 훈련평가 등이 서로 연계되어 실시될 것

마. 훈련과정별 훈련 실시 기간은 서로 중복되어 운영되지 않을 것

제7조(훈련과정 인정 등의 특례)

고용노동부 장관은 제3조부터 제6조까지의 규정에도 불구하고 다음 각호의 어느 하나에 해당하는 훈련과정의 경우에는 인정요건 및 절차 등을 달리 정할 수 있다.

1. 기업대학이 운영하는 훈련과정

2. 새로운 제도 도입 등을 위한 시범 훈련과정

3. 우선지원 대상기업 근로자, 비정규직 등 취약계층을 위한 맞춤형 훈련과정

4. 고숙련·신기술의 훈련과정

5. 삭제

6. 국가직무능력표준(NCS)를 적용한 훈련과정

7. 직무전환 및 전직지원 훈련과정

8. 제5조 제3호 다목에 따른 훈련과정

9. 그 밖에 고용노동부장관이 한시적으로 고용 지원이 필요하다고 판단하여 별도로 정하는 업종과 관련된 훈련과정

제8조(훈련실시신고 등)

① 법 제24조에 따라 훈련과정의 인정을 받은 자가 훈련을 실시하고자 하는 경우 훈련개시 전까지 별지 2호 훈련실시신고서 서식에 따라 직업능력개발정보망(이하 "HRD-Net"이라 한다)에 실시신고를 하여야 한다. 다만, 기업대학이 운영하는 훈련과정은 훈련 개시 후 30일 이내에 훈련실시신고를 할 수 있다.

② 제1항에도 불구하고 훈련일수가 2일 이하인 훈련과정의 훈련개시일이 토요일 또는 「관공서의 공휴일에 관한 규정」에 따른 공휴일 및 대체공휴일인 경우에는 그 훈련개시일 직전의 공휴일이 아닌 날(다만, 해당일이 토요일인 경우에는 그 직전의 공휴일이 아닌 날로 한다)의 오후 6시까지 훈련실시신고를 하여야 한다.

③ 제1항에 따른 훈련실시신고 사항 중 훈련생 명단이 변경된 경우에는 제18조에 따른 훈련 종료 보고 전까지 변경신고를 하여야 한다.

④ 훈련과정을 인정받은 자가 제1항에 따른 신고를 할 때에는 훈련생의 휴대전화번호 또는 이메일 주소를 포함하여 제출하여야 하며, 동일 훈련생이 동일 훈련과정을 반복 수강하는 경우에는 별지 제4호서식의 「재수강 사유서」를 첨부하여 제출하여야 한다.

⑤ 훈련과정의 인정을 받은 자는 훈련과정의 분기별 개설 일정에 관한 정보를 HRD-Net에 등록하여야 한다.

⑥ 제1항부터 제5항까지의 규정에 따른 신고 등은 「전자정부법」 제2조 제7호의 전자문서로 할 수 있다.

⑦ 공단은 제2조 제6호에 해당하는 훈련에 대해서는 당해연도 훈련비 예산 규모, 훈련실시 시급성, 훈련실시 현황 등을 고려하여 훈련실시 인원 등을 조정할 수 있다.

🔑 **수험 TIP**

"훈련실시신고는 개시 전, 기업대학만 개시 후 30일.

2일 이하 + 휴일 개시 시 전 평일 18시까지.

분기 일정 등록 + 재수강 사유서 필요."

제9조(훈련과정의 변경인정 등)

① 법 제24조에 따라 훈련과정의 인정을 받은 자(다만, 제4조 제2항 제1호에 따라 훈련과정을 인정받은 자는 사업주 직업능력개발훈련으로 심사 신청한 경우에 한정한다)가 인정 내용 중 다음 각호의 어느 하나를 변경하려는 경우에는 규칙 제8조 제3항에 따라 신청하여야 한다.

  1. 시설 또는 기관의 명칭·소재지와 인정받은 사람의 성명(법인인 경우에는 법인의 명칭·소재지와 대표자의 성명)

  2. 훈련과정의 명칭, 훈련교재, 훈련장소(소재지 관할 공단 분사무소가 변경되는 경우에 한정한다), 훈련시설·장비, 교·강사(다만, 원격훈련의 경우 사전심사에서 적합 받은 교·강사 풀로 한정한다)

② 공단은 제1항에 따른 변경인정신청이 있는 경우 변경 적합 여부를 심사하여 변경예정일 전날까지 그 결과를 통지하여야 한다.

③ 제1항에도 불구하고 변경내용이 다음 각호의 어느 하나에 해당하는 경우에는 변경예정일의 전날까지 변경신고를 하여야 한다. 다만, 제3조의2에 따라 사전 인정을 받은 경우에는 제18조에 따른 훈련 종료 보고 전까지 변경신고를 할 수 있다.

  1. 훈련교사에 관한 사항

  2. 훈련실시 장소에 관한 사항(최초 인정받은 시설면적 이상의 장소로 변경하는 경우에 한정한다) 다만, 제4조에 따라 공단이 적합여부를 심사하는 훈련과정은 최초 인정받은 시설면적 미만으로 강의실을 변경할 수 있으나, 훈련실시 장소와 동일한 건물 내에서 변경하는 경우에 한정한다. 이 경우 면적은 훈련생 1인당 이상을 충족하여야 한다.

  3. 훈련장비에 관한 사항(최초 인정받은 장비사양 이상의 것으로 변경하는 경우에 한정한다)

  4. 훈련내용의 변경이 없는 훈련교재, 원격훈련 콘텐츠 변경에 관한 사항

  5. 훈련기간, 훈련시간의 변경이 없는 훈련시간표 변경에 관한 사항

④ 제8조 제5항에 따른 분기별 개설 일정을 변경하려는 경우에는 훈련개시일 3일 전까지 해당 사항을 변경하여 등록하여야 한다.

⑤ 제1항 및 제3항에도 불구하고 제7조 제1호에 따라 기업대학 훈련과정을 인정을 받은 자가 인정받은 내용을 변경한 경우에는 해당 훈련과정 종료일부터 30일 이내에 실시신고를 한 공단 분사무소에 변경사항을 신고하여야 한다. 이 경우 해당 신고 등의 방법 및 절차 등은 고용노동부 장관이 따로 정한다.

⑥ 제1항부터 제5항까지의 규정에 따른 신고 등은 「전자정부법」 제2조 제7호의 전자문서로 할 수 있다.

🔑 **수험 TIP**

'어떤 변경은 신청해야 하고, 어떤 변경은 신고만 하면 되는가'를 구분하는 것이 핵심.

• 기관의 신상·중요 요소 변경 = 반드시 '신청'

• "질적 수준 ↑ or 동일 수준 변경 = 신고

• 명칭·장소·인원 등 큰 틀 변경 = 신청"

제10조(훈련과정의 출결 관리)

① 집체훈련 및 현장훈련과정의 인정을 받은 자가 훈련을 실시하는 경우에는 지문인식 출결관리시스템 또는 그 밖에 고용노동부장관이 별도로 인정하는 출결관리시스템을 통해 훈련생에 대한 출결관리를 하여야 한다. 이 경우 훈련생에 대한 출결관리기준은 다음 각 호와 같다.

1. 지각, 조퇴 또는 외출 3회는 1일 결석한 것으로 처리할 것. 다만, 지각, 조퇴 또는 외출로 실 훈련시간이 1일 목표 훈련시간의 100분의 50 미만인 경우에는 그 날 훈련은 결석한 것으로 본다. (훈련일수가 10일 이상이고 훈련시간이 40시간 이상인 훈련과정에 한정한다.)

2. 소정훈련일수가 10일 이상인 훈련과정의 훈련생이 예비군훈련, 민방위훈련, 선거 등으로 부득이하게 훈련을 받지 못한 경우에는 「국민내일배움카드 운영규정」 제34조의 출석인정일수를 준용하여 훈련을 받은 것으로 본다.

② 제1항에 따른 지문인식 출결관리시스템 또는 고용노동부 장관이 별도로 인정하는 출결관리시스템(이하 "출결관리시스템" 이라 한다)을 사용하는 사업주 또는 해당 출결관리시스템을 사용하는 훈련기관과 위탁 계약을 체결하려는 사업주는 위탁 대상 근로자에게 별지 제5호 서식의 개인정보의 수집·이용에 관한 동의서를 받아 첨부하여야 한다. 다만, 근로자가 동의를 거부하는 경우에는 그 사유서를 받아 첨부하여야 한다.

③ 지문인식 출결관리시스템 또는 고용노동부 장관이 별도로 인정하는 시스템을 사용하는 사업주 또는 훈련기관은 다음 각호의 사유가 발생하여 출석체크를 할 수 없는 경우 해당 사유가 발생한 다음 날까지 HRD - Net을 통하여 출석 입력을 요청할 수 있다. 이 경우 별지 제6호서식의 출석입력요청대장에 출결 상황을 기재하여야 한다.

1. 정전, 단말기 고장 등 불가피한 사유가 발생한 경우

2. 지문인식 장애 등 공단 분사무소의 장이 인정하는 사유가 발생한 경우

④ 훈련을 실시하는 자는 제3항에 따라 출석 입력을 요청하는 경우에 별지 제6호서식의 출석입력요청대장을 작성하고 갖추어 두어야 한다.

제3장 사업주 등에 의한 직업능력개발훈련 지원

제11조(지원금 지급 기준 등)

① 이 규정에 따른 **지원금 지급을 위한 훈련생의 수료기준**은 다음 각호와 같다. 다만, 기업대학 훈련과정은 제7조에 따라 정해진 수료기준에 따른다.

1. 집체 훈련과정 및 현장훈련과정

가. 해당 훈련과정의 인정받은 훈련일수의 100분의 80 이상(훈련일수가 10일 미만이거나 훈련시간이 40시간 미만인 경우에는 인정받은 훈련시간의 100분의 80 이상)을 출석할 것.

나. 해당 훈련과정을 이수하였을 것.

2. 인터넷 원격훈련과정 및 스마트훈련과정

가. 제6조 제3호 라목의 본문에 따른 평가성적이 훈련실시자가 수립한 기준 이상일 것. 단, 평가는 공단 분사무소로부터 인정을 받은 경우를 제외하고는 훈련기간 중에 실시하여야 한다.

나. 학습진도율이 100분의 80 이상일 것. 다만, 1일 학습시간은 8시간을 초과할 수 없다.

다. 가목 및 나목 이외에 훈련실시자가 수립한 수료기준에 도달할 것

3. 우편 원격훈련과정

가. 제6조 제4호 마목의 본문에 따른 평가성적이 60점(100점 만점 기준) 이상일 것. 단, 평가는 공단 분사무소로부터 인정을 받은 경우를 제외하고는 훈련기간 중에 실시하여야 한다.

나. 가목에 따른 평가 이외에 훈련생학습관리시스템을 이용하여 주 1회 이상 학습과제 작성 등 훈련실시기관에서 부여한 학습활동 참여율이 100분의 80 이상 일 것. 이 경우 참여율은 학습활동에 참여한 주의 수를 전체 훈련 주수로 나눈 값(소수점 둘째 자리에서 반올림한다)을, 전체 훈련 주수는 훈련개시일부터 훈련종료일까지의 전체 일수를 1주일 단위로 나눈 값(소수점 이하는 버린다)을 말한다.

다. 가목 및 나목 이외에 훈련실시자가 수립한 수료기준에 도달할 것

4. 혼합훈련과정은 제1호부터 제3호까지의 해당 훈련방법에 따른 수료기준에 각각 도달하여야 한다.

② 「고용보험법 시행령」 제41조 제1항 제5호 나목에 따른 대체인력의 채용에 대한 지원금 지급을 위한 요건은 다음 각호와 같다.

1. 대체인력의 채용일은 해당 근로자의 훈련 시작일 이전 14일부터 시작일 이후 7일까지 일 것

2. 대체인력은 고용보험 피보험자일 것

③ 자체훈련과 위탁훈련을 혼합하여 실시하는 경우에는 자체훈련 수료 인원이 전체 훈련실시 인원의 100분의 10 이상인 경우에 한해 훈련지원금을 지급할 수 있다.

🔑 **수험 TIP**
- 80% 규칙(출석·진도·참여), 우편은 60점·참여율 80%, 원격은 1일 8시간 제한, 혼합은 모든 기준 충족.
- 대체인력은 시작일 −14일 ~ +구일 사이 채용 + 피보험자.
- 자체 + 위탁 혼합 시 자체 수료 10% 이상이어야 지원금 지급.

제12조(집체훈련에 대한 훈련비 지원금)

① 사업주가 재직근로자, 채용예정자 및 구직자 등(이하 "재직근로자 등" 이라 한다)을 대상으로 집체훈련을 자체훈련 또는 자체훈련과 위탁훈련을 혼합하여(이하 "자체훈련 등"이라 한다) 실시하는 경우에는 제27조 제2항에 따른 직종별 훈련비용 기준단가에 훈련시간 및 훈련수료인원을 곱하여 얻은 금액(이하 "자체훈련 지원금 기준금액"이라 한다)에 별표 3의 사업주 규모별 지원율을 곱한 금액을 지원한다.

② 사업주가 재직근로자 등을 대상으로 집체훈련을 위탁훈련으로 실시하는 경우에는 제27조 제2항에 따른 직종별 훈련비용 기준단가 또는 제4조 제2항에 따라 고용노동부 장관이 별도로 공고한 심사를 거쳐 책정된 정부지원승인단가에 훈련시간 및 훈련수료인원을 곱하여 얻은 금액(이하 "위탁훈련 지원금 기준금액" 이라 한다)에 별표 3에 따른 사업주 규모별 지원율을 곱한 금액을 지원한다.

③ 제1항에서 제2항까지의 규정에도 불구하고 우선지원 대상기업이 아닌 사업주가 「고용보험법」 제27조 제2항 제1호부터 제4호에 따른 기간제근로자, 단시간근로자, 파견근로자, 일용근로자 또는 퇴직예정자를 대상으로 하는 전직훈련은 제27조 제2항에 따른 자체훈련 지원금 기준단가 또는 위탁훈련 지원금 기준단가에 다음 각호의 비율에 해당하는 금액을 지원할 수 있다.

1. 상시 근로자 1,000인 미만 기업(우선지원 대상기업 제외) : 100분의 70

2. 상시 근로자 1,000인 이상 기업 : 100분의 70

④ 제1항부터 제3항까지의 규정에도 불구하고 사업주가 재직근로자 등을 대상으로 「고용보험법 시행령」 제52조 제1항 제6호에 의한 훈련을 실시하는 경우에는 자체훈련 지원금 기준단가의 100분의 100에 해당하는 금액을 지원한다.

⑤ 제1항에서 제4항까지의 규정에도 불구하고 제7조 제2호 및 제4호에 해당하는 훈련과정에 대한 훈련비 지원금은 제27조 제2항에 따른 직종별 훈련비용 기준단가의 100분의 300 범위 내에서 지급할 수 있다.

⑥ 제1항에서 제5항까지의 규정에도 불구하고 출석률이 100분의 50 이상 100분의 80 미만인 훈련인원에 대해서는 해당 출석률에 제27조 제2항에 따른 직종별 훈련비용 기준단가와 훈련시간 및 훈련인원을 곱한 금액에 기업규모별지원율을 곱한 금액의 100분의 80 금액을 지원한다.

⑦ 제5항에 따른 고숙련·신기술 훈련과정의 수준 및 지원금액 등은 공단 이사장이 심사하여 결정한다. 이 경우 공단 이사장은 심사절차, 심사기준 등에 관한 사항을 마련하고 고용노동부장관에게 보고한 후 공고하여야 한다.

⑧ 제7항에도 불구하고 제4조 제2항 제1호에 해당하는 훈련과정 중 고숙련·신기술 훈련과정의 수준 및 지원금액 등은 한국기술교육대학교에서 심사하여 결정한다. 이 경우 고용노동부장관은 심사절차, 심사기준 등에 관한 사항을 공고하여야 한다.

제13조(원격훈련 등에 대한 훈련비 지원금)

① 사업주가 재직근로자 등을 대상으로 원격훈련을 실시한 경우(위탁하여 실시한 경우를 포함한다)에는 제5항에 따른 금액을 합산하여 얻은 금액(이하 "원격훈련 지원금 기준금액"이라 한다)에 별표 6의 원격 훈련과정 공급 수준에 따른 조정계수 및 다음 각호의 비율을 곱하여 얻은 금액을 지원한다.

  1. 우선지원 대상기업 : 100분의 100. 단, 위탁훈련의 경우 100분의 90(스마트훈련은 100분의 95)

  2. 상시 근로자 1,000인 미만 기업 : 100분의 80(스마트훈련은 100분의 90)

  3. 상시 근로자 1,000인 이상 기업 : 100분의 40(스마트훈련은 100분의 60)

② 제1항의 규정에도 불구하고 원격훈련 과정당 사업주(위탁훈련의 경우 수탁훈련기관)에게 지원되는 금액에 해당하는 훈련 인원이 다음 각호의 인원을 초과하는 경우 초과 인원에 대해서는 제1항에 따른 지원금의 100분의 15에 해당하는 금액을 지원한다.

  1. 3,000명. 다만, 제25조에 따라 우수훈련기관으로 선정된 훈련기관은 5,000명

  2. 제4조 제2항 제1호에도 불구하고 제16조 제1항의 교육에 해당하지 않는 훈련과정으로서 제4조 제2항의 적합심사 시 사업주 또는 훈련기관이 직접 개발한 훈련과정으로 확인된 경우에는 5,000명. 다만, 제25조에 따라 우수훈련기관으로 선정된 훈련기관은 10,000명

  3. 제1호 및 제2호의 규정에도 불구하고 제16조 제1항의 교육에 해당하는 훈련과정은 3,000명으로 한다.

③ 스마트훈련에 해당하는 훈련과정과 제4조 제3항 제1호에 해당하는 훈련과정, 제7조 제2호에 해당하는 훈련과정, 제7조 제4호 중 신기술에 해당하는 훈련과정, 별표 4의 인터넷원격훈련 중 A등급 훈련과정의 훈련비 지원금은 제1항에서의 조정계수와 제2항을 적용하지 아니하고 원격훈련 지원금 기준금액에 제1항의 각 호의 비율을 곱하여 얻은 금액을 지원한다.

④ 제4조 제2항에 따른 훈련과정 적합 심사에서 타 법령 등에 의해 중앙행정기관에서 훈련 품질을 엄격히 관리하는 것이 인정되는 경우에는 제2항의 규정에도 불구하고 다음 각 호의 인원을 초과하는 인원에 대해 제1항에 따른 지원금의 100분의 15에 해당하는 금액을 지원한다.

 1. 5,000명

 2. 10,000명(제4조 제2항의 적합 심사 시 훈련기관이 직접 개발한 훈련과정으로 확인된 경우)

⑤ 원격훈련 지원금 기준금액은 다음 각 호에 따른 금액을 합산하여 얻은 금액으로 한다.

 1. 제11조 제1항 제2호 및 제3호에 따른 훈련 수료의 경우 : 별표 4의 원격훈련 지원금×훈련시간×훈련수료인원

 2. 제11조 제1항 제2호에 해당하는 훈련에서 학습진도율이 100분의 50 이상 100분의 80 미만인 경우 또는 평가성적이 훈련실시자가 수립한 기준 미만인 경우 : 학습진도율×별표 4의 원격훈련 지원금×훈련시간×훈련인원×80%

🔑 **수험 TIP**

원격훈련 지원금 = 기준금액 × 조정계수 × 기업규모비율.

스마트는 비율 우대(95/90/60).

상한 초과분은 15%만 지급.

스마트·시범·신기술·A등급 훈련은 조정계수/초과규정 미적용.

진도율 50~80%는 진도율 × 80% 감액.

제14조(현장훈련에 대한 훈련비 지원금) 사업주의 현장훈련에 대한 지원금은 제12조 제1항, 제3항 및 제4항을 준용한다.

제15조(혼합훈련에 대한 훈련비 지원금) 사업주가 재직근로자 등을 대상으로 제6조 제5호의 혼합훈련을 실시한 경우에는 제12조에서 제14조까지의 지원금을 기준으로 훈련방법별 분량에 따라 산정된 금액을 지원한다.

제16조(훈련비 지원금의 예외)

① 제12조에서 제15조까지의 규정에도 불구하고 다른 법령에서 정한 교육으로서 교육 대상의 직무가 해당 법령에 특정된 교육이거나 개별 사업주에 대한 평가 또는 인증 등의 필요에 따라 실시하는 교육에 대한 훈련비는 집체훈련의 경우에는 자체훈련 지원금 기준금액 또는 위탁훈련 지원금 기준금액에 다음 각 호의 비율을 곱하여 얻은 금액을 지원하고, 원격훈련(위탁하여 실시한 경우를 포함한다.)의 경우에는 원격훈련 지원금 기준금액에 다음 각호의 비율을 곱하여 얻은 금액을 지원한다.

 1. 우선지원 대상기업 : 100분의 50

 2. 상시 근로자 1,000인 미만 기업 : 100분의 30. 단, 원격훈련에 대해서는 100분의 40

 3. 상시 근로자 1,000인 이상 기업 : 100분의 20

② 고용노동부장관은 제12조부터 제15조까지의 규정에도 불구하고 제7조에 따라 인정받은 훈련과정에 대한 지원금을 달리 정할 수 있다.

③ 제12조 및 제13조의 규정에도 불구하고 외국어 과정에 대한 지원금은 해당 규정에 따라 산정한 지원금의 100분의 50을 지원한다.

④ 제5조 제3호 다목의 과정에 대한 지원금은 제12조에 따라 지급한다. 다만, 제12조에 따른 지급액이 해당 과정 등록금의 100분의 10(우선지원 대상기업은 100분의 20)에 미달하는 경우에는 해당 과정 등록금의 100분의 10(우선지원 대상기업은 100분의 20)을 지급한다.

⑤ 사업주가 재직근로자 등을 대상으로 위탁훈련을 실시한 경우 위탁훈련 지원금 기준금액 또는 원격훈련 지원금 기준금액에서 「고용보험법 시행령」 제41조 제2항에 따라 훈련기관이 지급을 신청하여 지급받은 금액을 제외한 금액은 사업주가 수탁훈련기관에 지급한 금액을 초과할 수 없다.

⑥ 제12조에서 제15조의 규정에도 불구하고 「고용정책기본법」 제32조, 같은 법 시행령 제29조 및 제30조에 따라 고용조정 지원 등이 필요한 업종 또는 지역에 속하는 기업이 실시하는 훈련비는 지원의 수준을 달리 정할 수 있다.

⑦ 제12조 제2항의 규정에도 불구하고 「기업 활력 제고를 위한 특별법」 제31조 및 같은 법 시행령 제20조에 따라 사업 재편 계획을 승인받은 기업이 근로자의 재취업 교육과 새로 진출한 업종에 대한 근로자 교육 등을 위해 집체훈련을 실시(자체훈련, 위탁훈련, 자체훈련과 위탁훈련을 혼합하여 실시한 경우를 말한다) 한 경우 각각의 지원금 지급금액의 100분의 80(우선지원 대상기업 100분의 100, 1,000인 이상 기업은 100분의 60)에 해당하는 금액을 지원할 수 있다.

⑧ 제12조, 제14조 및 제15조까지에도 불구하고 사업주가 「고용보험법 시행령」 제41조 제1항 제3호에 해당하는 훈련을 실시한 경우에는 제27조 제2항에 따른 직종별 훈련비용 기준단가에 다음 각 호에 해당하는 값을 곱하여 얻은 금액을 지원한다.

1. 훈련시간

2. 제18조 제2항 단서의 서류에 따라 채용이 확인된 훈련생 수

3. 제2호의 채용이 확인된 훈련생 수를 훈련 수료 인원으로 나누어 얻은 비율(이하 "약정 기업 취업률")에 따라 정한 별표 5의 사업주 규모별 지원율

⑨ 제12조에서 제15조까지에도 불구하고 채용예정자를 대상으로 훈련을 실시한 자에 대해서는 다음 각호에서 정하는 기준을 초과하지 않는 훈련 인원의 범위 내에서 지원한다.

1. 우선지원 대상기업 : 고용보험 가입 피보험자 수의 100분의 100으로 하되, 피보험자 수가 3인 미만인 경우에는 3인

2. 상시 근로자 1,000인 미만 기업 : 고용보험 가입 피보험자 수의 100분의 50

3. 상시 근로자 1,000인 이상 기업 : 고용보험 가입 피보험자 수의 100분의 30

⑩ 제12조에서 제15조까지의 규정에도 불구하고 장애인고용촉진 및 직업재활법 제22조 제3항에 따른 장애인 표준사업장에 대해서는 우선지원대상기업 지원율에 해당하는 금액을 지원한다.

- 현장훈련 = 집체 규정 준용
- 혼합훈련 = 방법별로 분리계산
- '의무교육'은 50/30/20 규칙, 외국어는 50%

제17조(훈련수당 등의 지원)

① 사업주가 「고용보험법」 제27조 제2항 제1호부터 제4호까지에 해당하는 근로자를 대상으로 직업능력개발훈련을 실시한 경우에는 제12조 및 제15조에 따른 훈련비 외에 인정받은 훈련시간에 「최저임금법」 제10조 제1항에 따라 고용노동부장관이 고시하는 시간급 최저임금액(우선지원 대상기업은 100분의 120)을 곱하여 얻은 금액을 지원한다. 다만, 사업주가 해당 근로자에게 지급한 임금 중 해당 훈련에 참여하는 시간에 해당되는 금액을 초과할 수 없다.

② 사업주가 채용예정자 또는 구직자를 대상으로 월 평균 120시간 이상의 양성훈련을 1개월 이상 실시하고 훈련생에게 훈련수당을 지급한 경우에는 월 20만원까지 지원한다. 단, 사업주가 훈련생에게 지급한 금액을 초과할 수 없다.

③ 사업주가 재직근로자 등을 대상으로 훈련시간이 1일 평균 5시간 이상인 훈련(위탁훈련을 포함한다)을 실시하고 훈련생에게 숙식을 제공하거나 숙식비를 지급한 경우에는 제12조의 제1항부터 제5항까지의 규정에 따른 훈련비 외에 식비는 1일 3,300원까지, 숙식비는 1일 14,000원(1개월 이상의 훈련과정으로 주 5일 이상 연속하여 훈련을 실시하고 휴일에도 기숙사를 운영하는 경우에는 1개월 330,000원 한도)까지 비용을 지원한다.

④ 사업주가 재직근로자 등을 대상으로 1개월(120시간) 이상의 훈련을 실시하고 다음 각 호에 해당하는 경우에는 제11조에 따른 수료 기준에 미달하더라도 훈련에 참여한 기간의 지원금을 일할계산(日割計算)하여 지원한다.

1. 채용예정자 및 구직자가 월 평균 120시간 이상의 훈련과정을 수강하는 경우 : 제2항에 따른 훈련수당

2. 재직근로자 등이 120시간 이상의 훈련과정을 수강하는 경우 : 제12조 및 제14조 규정에 따른 훈련비, 제3항에 따른 식비 및 숙식비

⑤ 사업주가 「고용보험법 시행령」 제41조 제1항 제5호에 따라 해당 사업에 고용된 피보험자에게 유급휴가를 주어 실시하는 직업능력개발훈련은 다음 각호에 해당하는 임금 등을 추가로 지원할 수 있다.

1. 소정훈련시간에 「최저임금법」 제10조 제1항에 따라 고용노동부 장관이 고시하는 시간급 최저임금액(우선지원 대상기업은 100분의 150)을 곱하여 얻은 금액. 다만, 사업주가 해당 근로자에게 지급한 임금 중 해당 훈련에 참여하는 시간에 해당되는 금액을 초과할 수 없다.

2. 「고용보험법 시행령」 제41조 제1항 제5호 나목에 따른 대체인력의 채용일부터 훈련종료일까지의 소정근로시간에 「최저임금법」 제10조 제1항에 따라 고용노동부 장관이 고시하는 시간급 최저임금액을 곱하여 얻은 금액. 다만, 사업주가 채용일부터 훈련종료일까지 대체 인력에게 지급한 임금에 해당하는 금액을 초과할 수 없다.

⑥ 제1항부터 제4항까지의 규정에도 불구하고 해당 지원금은 집체훈련 및 현장훈련에 한정하여 지원한다.

⑦ 고용노동부 장관은 제1항부터 제6항까지의 규정에도 불구하고 제7조에 따라 인정받은 훈련과정에 대한 훈련수당 등의 지원 수준을 달리 정할 수 있다.

⑧ 삭제

제18조(훈련 종료 보고 및 지원금 등의 신청)

① 훈련을 실시한 자는 훈련 종료일부터 14일 이내에 별지 제3호 훈련수료자보고서 서식에 따라 HRD-Net을 통해 훈련실시신고를 한 공단 분사무소에 수료자보고를 하여야 한다. 다만, 원격훈련 및 기업대학이 운영하는 훈련과정은 30일 이내에 제출할 수 있다.

② 이 규정에 따른 지원금을 받으려는 자는 「고용보험법 시행규칙」 별지 제58호서식의 사업주 직업능력개발훈련 비용지원신청서를 그 사업장의 소재지를 관할하는 공단 분사무소에 제출하여야 한다. 다만, 채용예정자를 대상으로 훈련을 실시한 경우에는 훈련종료 후 90일이 경과한 시점에 훈련생 채용을 확인할 수 있는 서류를 제출하여야 한다.

③ 제17조에 따른 지원금을 받으려는 자는 다음 각호의 서류를 「고용보험법 시행규칙」 별지 제58호서식의 사업주 직업능력개발훈련 비용지원신청서에 붙여 제출하여야 한다.

1. 대체인력의 소정근로시간을 확인할 수 있는 서류 1부

2. 사업주가 지급한 임금액을 확인할 수 있는 서류

④ 제2항 및 제3항에 따라 지원금의 신청을 받은 공단은 이를 검토하여 지원 여부를 결정하고 신청일로부터 10일 이내에 지원금 지급 여부를 알려주어야 한다. 다만, 부정훈련으로 의심되는 경우 법 제58조에 따른 조사가 종료될 때까지 지원금의 지급을 연기할 수 있다.

⑤ 공단은 제4항에 따른 지원 여부를 결정할 때에 해당 훈련과정이 제1항에 따라 보고된 수료자의 직무와 직접적으로 관련성이 없는 경우에는 지원하지 않을 수 있으며, 공단 분사무소는 제8조에 따라 훈련실시를 신고받은 때에 신고자에게 이를 안내하도록 노력하여야 한다.

⑥ 공단은 제8조 제4항에 따라 제출받은 「재수강 사유서」를 심사하여 동일·유사한 과정을 반복하여 수강하는 정당한 사유가 있는 경우에 한하여 훈련비를 지원한다. 이 경우, 반복수강에 대한 지원은 동일 회계연도 내 1회에 한하여 제한한다.

제19조(기술·기능장려를 위한 특례)

「고용보험법 시행령」 제41조 제1항 제5호 바목에서 "기능·기술 장려를 위하여 근로자 중 생산직 또는 관련직에 종사하는 근로자로서 고용노동부 장관이 고시하는 자"란 다음 각호의 어느 하나에 해당하는 사람을 말한다.

1. 「숙련기술장려법」 제10조 제1항에 따른 우수 숙련기술자

2. 「숙련기술장려법」 제16조 제2항에 따라 선정된 숙련기술 장려 모범사업체에서 숙련기술 장려 모범사업체로 선정된 연도의 다음 연도 1월 1일부터 3년까지 생산 및 그 관련직에 종사하는 근로자

제20조(교대 근로를 통한 고용 창출 지원 특례)

① 「고용보험법 시행령」 제41조 제2항 후단에서 "사업주가 근로자를 조(組)별로 나누어 교대로 근로하게 하는 교대제를 새로 실시하거나 늘려 교대제를 실시(4조 이하로 실시하는 경우로 한정한다)한 이후 교대제의 적용을 받는 근로자로서 고용노동부 장관이 고시하는 자"란 휴무조에 속하는 근로자를 말한다.

② 제1항에 해당하는 근로자를 대상으로 직업능력개발훈련을 실시한 우선지원 대상기업 외의 사업주에게는 자체훈련 지원금 기준금액 또는 위탁훈련 지원금 기준금액의 100분의 80에 해당하는 금액을 지급한다. 다만, 제16조 제1항의 교육에 해당하는 훈련과정에 대해서는 자체훈련 기준금액 또는 위탁훈련 지원금 기준금액의 100분의 40에 해당하는 금액을 지급한다.

③ 제1항에 해당하는 근로자를 대상으로 직업능력개발훈련을 실시하고 비용을 지원받으려는 사업주는 「고용보험법 시행규칙」 별지 제58호서식의 사업주 직업능력개발훈련 비용지원신청서에 다음 각호의 서류를 붙여 제출하여야 한다.

1. 사업주가 근로자를 조(組)별로 나누어 교대로 근로하게 하는 교대제를 새로 실시하거나 근로자를 늘려 교대제를 실시(4조 이하로 실시하는 경우로 한정한다)하였음을 증명할 수 있는 서류 1부

2. 휴무조에 속하는 근로자 여부를 확인할 수 있는 서류 1부

🔑 **수험 TIP**

- 수료보고 : 14일(원격 · 기업대학 30일)
- 채용예정자 : 종료 90일 후 채용확인 제출
- 대체인력 : 근로시간 · 임금 증빙 제출 필수
- 재수강 지원 : 정당 사유 + 연 1회 한정
- 기능 · 기술 장려 : 우수숙련기술자 및 모범사업체 생산직
- 교대근로 특례 : 휴무조 대상, 일반기업 80%, 의무교육 40%

제21조(건설근로자의 직업능력개발훈련 지원)

건설업의 사업주 또는 사업주단체가 고용보험에 가입된 건설회사 사업주로부터 건설근로자 확인을 받은 근로자 등 건설근로자를 대상으로 직접 직업능력개발훈련을 실시하는 경우에는 제12조 제1항부터 제3항, 제17조 제2항부터 제4항에 따라 지원금을 지급한다.

제22조(최저지원한도액)

「고용보험법 시행령」 제42조 제3항에 따른 비용지원한도 최소금액은 500만원으로 하되, 공단 이사장이 제27조 제1항에 따라 실시하는 훈련비용 실태조사 등을 참고하여 매년 고용노동부 고시로 달리 정할수 있다. 다만, 「고용보험법」 제35조에 따라 지원 · 융자제한의 행정처분을 받은 사업주에 대해서는 그 처분의 효력이 끝나는 보험연도부터 3년간 비용지원한도 최소금액은 개산보험료 240%로 한다.

제23조(중소기업 직업능력개발훈련 참여 촉진)

① **고용노동부 장관**은 우선지원 대상기업의 직업능력개발훈련 참여 촉진을 위해 중소기업 훈련지원센터를 지정할 수 있다.

② **한국산업인력공단 이사장**은 제1항에 따른 중소기업 훈련지원센터 지정 절차, 담당 업무, 지원대상 우선지원 대상기업의 범위, 비용 지급 등의 사항을 고용노동부 장관에게 보고하여야 한다.

제23조의2(유급휴가 훈련 지원 및 보고)

① 「고용보험법 시행령」 제42조 제4항 제3호나목에 따라 인정을 받을 수 있는 훈련과정은 다음 각호의 요건을 모두 갖추어야 한다.

    1. 사업주가 근로자에게 20일 이상의 유급휴가(근로기준법 제60조의 연차 유급휴가가 아닌 경우로서 휴가 기간 중 같은 법 시행령 제6조에 따른 통상임금에 해당하는 금액 이상의 임금을 지급하는 경우)를 줄 것

    2. 훈련 기간이 4주 이상일 것

② 제1항에도 불구하고 제7조 제9호의 훈련과정의 경우 지원요건을 달리 정할 수 있다.

③ 공단 이사장은 제1항 및 제2항에 따른 훈련과정에 대한 인정기준, 지원대상, 비용 지급 등의 사항을 고용노동부 장관의 승인을 얻어 공고한다.

🔑 **수험 TIP**

건설근로자 = 집체 + 훈련수당 규정 그대로 적용

최저지원한도액 500만 원(제재받은 사업주는 3년간 240%)

우선지원기업 훈련 촉진을 위해 중소기업훈련지원센터 지정 가능

유급휴가 훈련 = 20일 이상 유급 + 4주 이상 훈련 요건 충족해야 인정

제4장 훈련기관 평가에 따른 환류

제24조(차등 지원)

영 제49조 제1항의 평가결과에 따른 차등 지원의 수준은 다음 각호의 금액을 한도로 한다.

1. 법 제53조에 따른 평가결과 최하위 평가등급을 받은 훈련기관에서 실시한 집체훈련과정은 제12조 제1항부터 제4항까지의 규정에 따른 지원금액의 100분의 50에 해당하는 금액

2. 법 제53조에 따른 평가결과 최하위 평가등급을 받은 훈련기관에서 실시한 원격훈련과정은 제13조에 따른 지원금액의 100분의 50에 해당하는 금액

3. 법 제53조에 따른 평과결과 중 훈련이수자평가 결과가 우수한 훈련과정은 제12조 제1항부터 제4항까지의 규정에 따른 지원금액의 100분의 50에 해당하는 금액

제25조(우수훈련기관 선정 및 지원 등)

① **고용노동부** 장관은 재직근로자 등을 대상으로 직업능력개발훈련을 실시하는 사업주 또는 훈련기관 가운데 인증평가 등급, 훈련실적 및 성과 등을 고려하여 우수훈련기관을 선정할 수 있다.

② **고용노동부** 장관은 제1항에 따른 우수훈련기관을 매년 1회 이상 선정하여 공고하여야 한다.

③ 고용노동부 장관은 우수훈련기관에 대하여 동 규정에 따른 훈련과정 인정과 지원금 수준 등을 달리 정할 수 있다.

제26조(훈련과정 인정제한)

공단은 법 제53조에 따라 최하위 등급을 받은 훈련기관에 대해 법 제24조 및 영 제22조에 따른 훈련과정 인정을 제한할 수 있다.

제5장 훈련직종별 기준단가 조정

제27조(기준단가 조정 및 공고)

① **공단 이사장**은 3년마다 훈련비용 실태조사를 하고 직종별 훈련비용 기준단가 조정을 위한 방안을 만들어 고용노동부 장관에게 보고하여야 한다.

② **고용노동부 장관**은 제1항에 따라 공단 이사장이 보고한 직종별 훈련비용 기준단가 조정을 위한 방안을 반영하여 매년 직종별 훈련비용 기준단가를 조정·공고하여야 한다. 다만, 훈련비용 실태조사를 실시하지 않는 보험연도에는 물가상승률 등을 반영하여 조정·공고할 수 있다.

제6장 자료 보존 및 현장 모니터링 실시

제28조(자료 보존)

훈련기관은 규칙 제7조의2에 따른 비용의 지원·융자에 관련된 서류를 보존하여야 하며, 원격훈련의 경우에는 웹을 통한 학습활동을 증명할 수 있는 전산상의 자료를 보존하여야 한다.

제29조(모니터링 실시)

① 공단과 한국기술교육대학교는 이 규정에 따라 훈련을 실시하는 훈련기관에 대하여 제2조 제20호에 따른 모니터링을 실시할 수 있다. 이 경우 해당 훈련기관은 출석부, 훈련비용에 관한 서류를 제공하는 등 모니터링에 성실히 응하여야 한다.

② 공단과 한국기술교육대학교는 제1항에 따른 모니터링 실시 결과 훈련기관이 훈련생 모집을 위하여 금품을 제공하거나 그 밖의 부당한 방법으로 훈련을 실시한 사실이 있는 경우에는 관할 고용센터에 해당 사실을 통보하여야 한다.

③ 한국기술교육대학교는 제1항에 따른 모니터링 실시 결과 훈련기관이 제4조 제5항에서 부여받은 등급 결과와 다르게 훈련을 실시한 사실이 있는 경우에는 훈련과정 등급을 조정하거나 제4조 제2항의 적합심사에 반영할 수 있다.

제7장 보칙

제30조(재검토기한)

고용노동부장관은 「훈령·예규 등의 발령 및 관리에 관한 규정」에 따라 이 고시에 대하여 2023년 7월 1일 기준으로 매 3년이 되는 시점(매 3년째의 6월 30일까지를 말한다)마다 그 타당성을 검토하여 개선 등의 조치를 하여야 한다.

부칙 <제2022-102호, 2022. 12. 28.>

이 고시는 2023년 1월 1일부터 시행한다.

3. 법과 제도의 주요 이슈

1) 원격훈련시설의 장비 요건

① 하드웨어

훈련유형	장비 요건	
자체훈련	• 안전성과 확장성을 가진 Web 서버, DB 서버, 동영상 서버를 갖출 것 • 대용량의 콘텐츠를 안정적으로 백업할 수 있는 백업 서버를 갖출 것	
위탁훈련	• 안전성과 확장성을 가진 독립적인 Web 서버, DB 서버, 동영상 서버, Disk Array(storage)를 갖출 것(단, 우편 원격훈련일 경우 동영상 서버, Disk Array(storage) 제외 가능) • Web 서버와 동영상 서버는 분산 병렬 구성, DB 서버는 Active-Standby 방식이나 Active-Active Cluster 방식 등을 이용하여 병렬 구성 - 임차 및 클라우드 서버를 임차한 경우 아래의 시스템 요건을 충족하고 계약서를 첨부해야 함 - 서버는 독립적으로 구성(타 훈련기관과 공동으로 사용하여서는 아니 됨)하고, 훈련별 데이터는 독립적으로 수집이 가능하여야 함	
	Web 서버	• CPU : 1.4GHz X 4Core 이상 • Memory : 4GB 이상 • HDD : 100GB 이상 • RAID 시스템을 사용할 것(단, Raid0 단일구성은 제외) • SCSI 또는 동일 규격의 SAS 하드 드라이브 (단, SSD인 경우 SATA나 PCI 방식 허용)
	DB 서버	• CPU : 1.4GHz X 4Core 이상 • Memory : 4GB 이상 • HDD : 100GB 이상 • RAID 시스템을 사용할 것(단, Raid0 단일구성은 제외) • SCSI 또는 동일 규격의 SAS 하드 드라이브 (단, SSD인 경우 SATA나 PCI 방식 허용)
	동영상 서버	• CPU : 1.4GHz X 4Core 이상 • Memory : 4GB 이상 • HDD : 100GB 이상 • RAID 시스템을 사용할 것(단, Raid0 단일구성은 제외) • SCSI 또는 동일 규격의 SAS 하드 드라이브 • SCSI인 경우 SATA나 PCI 방식도 허용(단, CDN 서비스 계약 시 전용 장비가 1대 이상 위치하도록 명시되어 있을 경우, 동영상 서버를 확보한 것으로 간주함)
	Disk Array (storage)	• HDD : 2TB 이상 • RAID 시스템을 사용할 것(단, Raid0 단일구성은 제외) • Cache : 2GB 이상 • 부품 이중화를 통한 안정성을 확보하고 로컬미러링을 이용한 백업 및 복구 솔루션 제공

훈련유형	장비 요건
위탁훈련	• 콘텐츠를 안정적으로 백업할 수 있는 백업 정책(서비스)이나 시스템을 갖출 것 – 백업방식 및 성능은 1일 단위(백업), 최소 5일치 보관, 3시간(복원) 기준을 충족하도록 구성할 것 • 각종 해킹 등으로부터 데이터를 충분히 보호할 수 있는 보안서버를 갖추고 있을 것 • **보안서버**: 100M 이상의 네트워크 처리 능력을 갖출 것 – DB 암호화나 3중보안(침입방지시스템(IPS)·Web방화벽 구축) 중 한 가지 이상을 갖춘 경우 정보 보안 요건을 충족한 것으로 간주함 • 30KVA이고 30분 이상 유지할 수 있는 무정전전원장치(UPS)를 갖출 것(IDS에 입주한 경우도 동일 기준 적용) (단, 우편원격훈련의 경우 10KVA이고, 30분 이상 유지할 수 있는 무정전전원장치(UPS)를 갖출 것)

※ **자체훈련**: 자사의 교육생들을 대상으로 훈련 운영을 하는 것

※ **위탁훈련**: 학습관리시스템을 갖춘 컨설팅사가 여러 기업의 교육생들을 대상으로 서비스를 하는 것

> 🔑 수험 TIP
>
> 위탁훈련의 경우 장비 요건에 관하여 기억해 주세요(실기기출문제).

② 소프트웨어

훈련유형	장비 요건
자체훈련	• 사이트의 안정적인 서비스를 위하여 성능·보안·확장성 등이 적정한 웹서버를 사용할 것 • DBMS는 과부하 시에도 충분한 안정성이 확보된 것이어야 하고, 각종 장애 발생 시 데이터의 큰 유실이 없이 복구 가능할 것 • 정보 보안을 위해 방화벽과 보안 소프트웨어를 설치하고, 기술적·관리적 보호조치를 마련할 것
위탁훈련	• 사이트의 안정적인 서비스를 위하여 성능·보안·확장성 등이 적정한 웹서버를 사용할 것 • DBMS는 과부하 시에도 충분한 안정성이 확보된 것이어야 하고, 각종 장애 발생 시 데이터의 큰 유실이 없이 복구 가능할 것 • 정보 보안을 위해 방화벽과 보안 소프트웨어를 설치하고, 기술적·관리적 보호조치를 마련할 것 • DBMS에 대한 동시접속 권한을 20개 이상 확보할 것(우편 원격훈련의 경우 DBMS에 대한 동시접속 권한을 5개 이상 확보할 것)

③ 네트워크

훈련유형	장비 요건
자체훈련	ISP 업체를 통한 서비스 제공 등 안정성 있는 서비스 방법을 확보하여야 하며, 인터넷 전용선 100M 이상을 갖출 것
위탁훈련	• ISP 업체를 통한 서비스 제공 등 안정성 있는 서비스 방법을 확보하여야 하며, 인터넷 전용선 100M 이상을 갖출 것(단, 스트리밍 서비스를 하는 경우 최소 50인 이상의 동시 사용자를 지원할 수 있을 것) • 자체 운 등록 및 환경을 구축하고 있을 것 • 여러 종류의 교육 훈련용 콘텐츠 제고을 위한 프로토콜의 지원 가능할 것

④ 기타
- HelpDesk 및 사이트 모니터를 갖출 것
- 원격훈련 전용 홈페이지를 갖추어야 하며 플랫폼은 훈련생 모듈, 훈련교사 모듈, 관리자 모듈 등 각
  각의 전용 모듈을 갖출 것

2) 원격훈련 모니터링

정의	원격훈련기관의 훈련실시 데이터 수집 및 분석을 통해 부정·부실훈련을 예방하고 훈련품질을 제고하여 원격훈련시장의 건전성 확보를 추구하는 제반 활동
대상 사업	고용노동부에서 예산을 지원받아 실시하는 원격 직업능력개발훈련사업(사업주직업능력개발훈련지원금, 국가인적자원개발컨소시엄, 실업자 등 직업능력개발훈련 등)
대상	원격훈련 운영기관·과정, 원격훈련 참여자
내용	훈련과정의 진도율, 시험 및 과제 득점 현황, 제출 기간 내 응시 여부 등
기대효과	부정·부실훈련을 예방하고, 원격훈련의 발전성장을 도모하며 훈련시장의 건전성 확보 및 국가 재정 누수 방지

이러닝 콘텐츠의 파악

01. 이러닝 콘텐츠 개발 절차 이해

주요 학습 목표

1. 이러닝 콘텐츠 개발을 위한 산출물과 개발 절차를 설명할 수 있다.

2. 이러닝 콘텐츠 개발 절차에 대해 설명할 수 있다.

3. 이러닝 콘텐츠 개발 범위에 대해 설명할 수 있다.

4. 이러닝 콘텐츠 개발 공간에 대해 설명할 수 있다.

- 교수체제설계(ISD, Instructional Systems Development)는 교육 및 훈련 프로그램을 개발하는 과정에서 사용되는 체계적인 접근법이다. 이 접근법은 교육의 효과성을 극대화하려는 노력의 일환으로, 특정 학습 목표를 달성하기 위한 지침이나 절차를 개발하는 데 사용된다.

- 교수체제설계의 핵심 원리 중 하나는 교육 및 훈련 프로그램이 목표와 일치하도록 하는 것이다. 그러기 위해, 교수체제설계는 주로 다음과 같은 단계로 구성되는데, 이것은 ADDIE 모델로 잘 알려져 있다.

\<ADDIE 모델\>

- 교육 및 훈련 프로그램을 개발하는 데 사용되는 체계적이고 반복적인 설계 프레임워크이다.

- 이러닝 콘텐츠 개발은 ISD(교수체제설계, Instructional Systems Development) 기반 ADDIE (Analysis(분석), Design(설계), Development(개발), Implementation(실행), Evaluation(평가)) 과정으로 수행된다.

- ADDIE 모델은 그 자체로 유연성을 가지고 있기 때문에 다양한 교육 및 훈련 환경에 적용할 수 있다. 또한, 각 단계는 반복적으로 수정 및 개선이 가능하여 교육 프로그램의 효과성을 극대화하는 데 도움을 준다.

※참고

Implementation은 '실행'단계이며, 실무에서는 '운영'의 의미로도 사용된다.

[표] ADDIE 모델

ADDIE의 단계	역할(기능)	세부단계(활동)	산출물
분석	학습 내용(WHAT)을 정의하는 과정	요구분석, 학습자 분석, 학습환경 분석, 학습 내용 분석, 프로젝트 목표 설정	요구분석서
설계	교수 방법(HOW)을 구체화하는 과정	학습구조 설계, 교안 작성, 스토리보드 작성, 콘텐츠 인터페이스 설계 명세	교육과정 설계서, 스토리보드/개발물, 내용 원고
개발	학습할 자료를 만들어내는 과정	교수 자료 개발, 프로토타입 개발, 개발 일정 계획 검토, 사용성 검사	최종 교안, 콘텐츠 제작물
실행	프로그램을 실제의 상황에 설치하는 과정	콘텐츠 사용, 시스템의 설치·유지·관리	실행 결과에 대한 테스트 보고서
평가	프로그램의 적절성을 결정하는 과정	콘텐츠 및 시스템에 대한 총괄평가	최종 평가 보고서, 운영 보고서

🔑 수험 TIP

이러닝 개발은 ISD 기반 ADDIE(분석 – 설계 – 개발 – 실행 – 평가) 절차로 수행된다.

1. 분석(Analysis)

- 훈련 또는 교육의 필요성을 평가하고 목표를 설정하는 과정이다.
- 학습자의 요구 사항, 배울 내용, 목표 및 평가 기준을 결정하고, 기존 교육자료 및 자원을 검토한다.
- 학습 대상자와 학습과 관련된 요인들을 분석한다.

1) 분석(Analysis) 과정에서 활동

① 학습자의 현재 지식 및 능력을 파악한다.

② 교육이 필요한 부분과 그 원인을 파악한다.

③ 학습 목표를 설정한다.

④ 학습자의 수준 및 대상과 특성을 파악한 후 학습자의 요구를 분석한다.

⑤ 학습 대상자와 학습과 관련된 요인들을 분석한다.

⑥ 학습자를 중심으로 사회·조직의 요구를 체계적으로 조사한다.

⑦ 학습자, 학습 내용, 학습 환경 등을 분석하고 개발프로젝트의 목적·목표를 수립하는 활동을 수행하는 단계이다.

[표] 분석 단계의 주요 활동 내용

활동명	활동 내용
요구 사항 분석	• 이러닝이 필요한 이유와 그 목적 파악 • 현재의 교육/훈련 상황과 원하는 결과 간의 격차 분석 • 다른 교육 방법과 비교했을 때 이러닝의 장점과 단점 조사 • 인터뷰나 설문 조사를 통해 필요한 내용 파악
학습자 분석	• 학습자의 기술 역량과 디지털 리터러시 수준 조사 • 학습자의 선행 지식 및 이러닝에 대한 경험 및 선호도 파악 • 기기 접근성, 인터넷 연결 상태 등의 기술적 환경 파악
학습 환경 분석	• 사용될 이러닝 플랫폼과 도구의 선택 및 기능 파악 • 모바일 학습, 동기/비동기 학습 등의 방식 결정 • 플랫폼의 사용성, 호환성 및 접근성 고려
학습 내용 분석	• 이러닝 콘텐츠의 주요 주제 및 개념 파악 • 다양한 미디어(텍스트, 이미지, 비디오, 오디오 등)를 통한 내용 전달 방법 결정 • 모듈이나 단위별 학습 경로 및 순서 설정
프로젝트 목표설정	• 교육적 목표와 학습 목표설정 • 이러닝 콘텐츠의 성공 기준 및 학습 완료 기준 명시 • 추적 및 평가를 위한 데이터 수집 방법 결정 • (예 LMS 내 학습자 행동 추적, 퀴즈 점수 기록 등)

이러닝 콘텐츠의 분석 단계에서는 기술적 요소와 학습자의 디지털 환경을 특별히 고려해야 한다. 이러한 분석은 이러닝 콘텐츠가 효과적으로 설계되고 개발되도록 하는 핵심 기초 작업이다.

> 🔑 수험 TIP
> 분석단계는 학습자·내용·환경·요구를 파악해 교육 목표를 설정하는 단계이다.

2) 분석 과정에서 산출물

(1) 요구분석서

① 고객에 대한 이해 및 고객 요구 사항을 반영/분석하고 평가하는 항목이다.

② 고객 요구를 요구 사항 분석서에 명확하게 명시하는지 확인한다.

③ 요구 분석서를 별도로 작성할 수도 있으나, 일반적으로 교육과정 설계서에 요구분석 내용을 포함한다.

[표] 요구분석서 양식

단계	분석대상	분석 내용
개발 목적	개발 목적	
학습자 환경	콘텐츠 수용 범위	
개발범위	학습 내용	
	교육과정	
콘텐츠 유형	콘텐츠 형태	
	교수·학습 형태	
사용대상	반(Class)	
	연령	
요구기능	학습자 시스템 환경	
	인터넷 도구	
	교수·학습 도구	
기대효과	학습의 효율성	
	경제성	
	효용성	

🔑 수험 TIP
요구분석서는 학습자 특성·개발범위·환경·기대효과를 정리한 문서다.

(2) 학습자 분석

① 콘텐츠 개발 계획서의 학습자 분석사항

학습자의 연령, 성별, 학력, 소속 등 일반적인 특성 및 학습 내용과 연계되어 콘텐츠에서 특별히 고려·요구되는 특성 등을 조사·파악한 내용이 제시된다.

– 학습 대상자와 학습과 관련된 요인들을 분석한다.

② 학습자 분석을 통해 얻은 결과

학습자의 특성에 적합한 콘텐츠의 개발 및 학습효과의 기대에 반드시 필요한 사항이며, 특정 직업·집단의 경우 선호하거나 거리는 요건이 있으므로 해당 내용이 요구 분석서에서 확인해야 한다.

🔑 수험 TIP
학습자 분석은 콘텐츠 난이도·구조·전략을 결정하는 핵심 근거가 된다.

[표] 이러닝 콘텐츠 개발에 영향을 미치는 학습자의 성향과 특징

구분	내용
연령	• 학습자 연령은 학습자의 인지적 발달 정도를 파악하는 기본자료로 사용 • 유아·초등·중고등 학생은 나이·학년을 기준으로 학습 정도가 유사하여 학습 내용을 계획하고 콘텐츠 유형을 정함 • 성인 학습자는 학습능력의 차이가 클 수 있으므로 조직, 그룹, 배경, 학습목적 등으로 학습 내용을 결정.
학습능력	• 학습자의 학습능력은 학습 성취도의 차이로 볼 수 있음 • 학습대상이 속한 조직, 학습목적 및 목표에 따른 학습능력의 수준 차이를 확인한 후에 학습 내용의 분야, 수준, 난이도, 콘텐츠 개발 유형 등을 결정해야 함
선수학습 정도	• 학습의 성공을 예측하는 중요한 조건임 • 학습 준비의 정도를 판단하는 중요한 준거가 될 수 있으므로, 새로운 내용을 제시하기 전에 필요한 선수학습 정도가 얼마나 되는지 확인해야 함. • 선수학습 능력을 판단하고 이를 고려하여 진행할 수 있도록 테스트 등을 학습 전에 제시하기도 함
이러닝 학습경험	• 학습자가 이러닝 학습 경험이 있는 경우 다음 이러닝 학습 시의 결과에 영향을 미침 • 학습 진행속도, 학습 할애 시간, 학습 경로 등과 선호하는 학습 형태, 이전 학습에서의 좋은 경험 등이 다음 학습에 긍정적인 영향을 미침

> 🔑 수험 TIP
>
> 분석 단계는 요구·학습자·환경·내용을 파악하여 목표를 설정하는 과정이다.

2. 설계(Design)

• 분석 단계에서 얻은 정보를 기반으로 교육 또는 이러닝 콘텐츠의 설계를 진행한다.

• 설계과정에는 교육 계획, 콘텐츠 구조, 교육자료 및 활동 개발, 평가 방법 등을 포함한다.

• 분석 결과와 개발 목표를 기반으로 교육 계획을 최적화하고 구체화한다.

1) 설계(Design) 과정에서 활동

① 학습 목표에 맞는 교육 내용, 구조, 전략을 결정한다.

② 학습활동, 자료, 교재, 평가 도구 등을 설계한다.

③ 분석 단계에서 파악한 정보를 바탕으로 교육 프로그램의 전반적인 구조와 내용을 결정한다.

[표] 설계 단계의 주요 활동 내용

활동명	활동 내용
교육과정 설계서 작성	• 학습 목표 및 목적 정의 • 대상 학습자의 특성과 필요성 정의 • 학습 주제 및 내용의 범위 및 깊이 결정 • 학습자료와 활동의 종류 및 순서 명시 • 평가 및 피드백 방법 결정
내용설계	• 주요 학습 주제와 하위 주제의 구조화 • 각 주제별 핵심 내용 및 학습활동 결정 • 자료 및 참고자료의 목록화 • 내용의 순서와 흐름 설정
교수학습전략 설계	• 학습자의 참여와 흥미를 유도할 전략 결정 (예 시뮬레이션, 게임화, 사례 연구 등) • 교육 내용의 전달 방식 결정 (예 동영상 강의, 텍스트, 애니메이션 등) • 학습자와의 상호작용을 증진할 전략 설정 (예 퀴즈, 토론, 그룹 작업 등)
학습흐름도 작성	• 학습 모듈과 활동의 순서 및 관계를 도식화 • 학습 경로, 분기점, 조건부 활동 등을 명시 • 학습자의 진행 방향 및 선택에 따른 흐름도 작성
원고작성 가이드 설계	• 원고의 포맷, 스타일, 톤 등을 정의 • 학습 내용의 전달 방법 및 언어적 표현 가이드 제공 • 디지털 환경에 적합한 원고작성 방법 안내
스토리보드 설계	• 각 화면별 내용, 미디어, 인터랙션을 상세하게 표현 • 시각적 및 청각적 요소의 배치와 순서를 도식화 • 전환 효과, 애니메이션, 인터랙티브 요소의 설명 추가 • 피드백 및 사용자의 반응에 따른 화면 변화를 표기

🔑 수험 TIP

설계 = 학습 목표·내용구조·교수전략·흐름도·스토리보드 설계 단계이다.

2) 설계(Design) 과정에서 산출물

(1) 교육과정 설계서

① 과정명, 학습 목표, 학습대상 등에 대한 간략한 정보를 정리한다.

② 학습 내용 순서

유형	콘텐츠 특징
주제	학습 내용을 주제별로 분류 후 순서를 제시
시간적 순서	특정한 시간적 순서로 개념·역사적 사실을 제시
프로세스 순서	실제로 수행하는 프로세스 순서에 따라 제시

유형	콘텐츠 특징
잘 알려진 사실	잘 알려진 사실, 정보 → 잘 알려지지 않은 것 제시
단순 또는 쉬운 것	단순·쉬운 것 → 복잡·어려운 것 순 제시
일반적 내용	일반적인 내용 → 특수한 내용 제시
전체적 내용	전체적인 개요·개별적 내용 제시
개별적 내용	개별적 내용 → 전체적인 개요 제시

③ 이러닝 콘텐츠 학습자의 특성, 학습목적, 선호하는 학습 방법 등을 파악하여 정리한다.

④ 교수학습 유형, 학습 흐름을 정리한다.

⑤ **학습의 전개 순서** : 도입 → 학습 → 마무리 (이외에 적용, 활동, 성찰 등이 추가될 수 있다)

⑥ 학습 흐름별 개별방법을 예상할 수 있도록 이미지를 활용하여 정리한다.

> 🔑 수험 TIP
>
> 설계서는 목표·대상·내용·학습 흐름을 정리하며, 내용은 주제·시간·프로세스 등 다양한 구조로 조직된다.

(2) 스토리보드

① **스토리보드** : 개발 전 단계에서 개발 후 완성된 콘텐츠의 최종결과를 예상할 수 있는 기초 문서

② 스토리보드에 대한 이해와 해석은 기획한 의도에 맞는 콘텐츠의 개발·서비스에 중요한 요소

③ 교수설계자들이 작성한 스토리보드는 학습 내용이 개발물에 어떻게 표현되고 전개되는지 의사소통의 도구로 사용

④ 스토리보드를 토대로 화면설계부터 시작하여 콘텐츠의 설계구현까지 진행할 수 있음

⑤ 개발자가 스토리보드의 구성요소를 이해하면 개발이 순조롭게 진행됨

3. 개발(Development)

- 설계 단계에서 정의된 내용에 따라 실제 콘텐츠 및 학습자료를 개발한다.
- 텍스트, 그래픽, 비디오, 음성 등 다양한 미디어 요소를 활용하여 학습자료를 생성하고 구축하는 작업이 포함된다.

1) 개발(Development) 과정에서 활동

① 실제 산출물인 e-러닝 콘텐츠를 생성하는 단계이다.

② 설계된 내용을 바탕으로 교육자료, 활동, 평가 도구 등을 실제로 만들어낸다.

③ 시각자료, 멀티미디어 콘텐츠 등 다양한 교육 도구를 개발할 수 있다.

④ 개발자들이 집중적으로 참여하며, 그 결과물이 최종 이러닝 학습콘텐츠로 이루어진다.

⑤ 설계명세서 또는 스토리보드 등 이러닝에 필요한 교수 자료를 실제로 개발하고 제작한다.

[표] 개발 단계의 주요 활동 내용

활동명	활동 내용
교육과정 설계서 검토	• 설계서의 모든 섹션 및 내용 검토하여 누락 또는 불명확한 부분 파악 • 주요 이해당사자(스테이크홀더)와의 피드백 반영 • 설계서의 일관성 및 완전성 검토 • 설계과정에서 산출된 교육과정 설계서, 학습흐름도, 스토리보드 등을 다시 검토하여 개발을 위해 필요한 사항을 기록함
프로토타입 개발	• 실제 개발될 학습콘텐츠의 1차시 분량의 프로토타입을 개발함 • 핵심 기능과 인터페이스를 포함한 초기 버전의 콘텐츠 생성 • 교육과정 설계서, 원고, 스토리보드, 개발 결과물, 개발 프로세스·품질 등에 대한 제반 평가를 수행할 수 있음 • 향후 본격적으로 개발될 개발 결과물과 개발과정에 대한 보완사항을 사전에 규명하여 반영할 수 있음
개발 일정 계획 검토	• 개발한 콘텐츠의 유형별로 개발 일정을 다시 구체화함 • 전체 개발 프로세스에 대한 타임라인 및 마일스톤 설정 • 위험 관리 및 예비 계획 수립
개발 수행	• 필요한 콘텐츠를 개발 • 스토리보드 및 설계 문서를 기반으로 실제 콘텐츠 제작 • 그래픽, 비디오, 오디오 및 텍스트 컨텐츠 생성 및 통합 • 개발 일지를 작성하여 개발된 결과를 정리해야 함
파일럿 테스트 형성평가)	• 진행하는 프로젝트의 종류에 따라 진행 과정 및 결과물에 대한 평가 수행 • 교육이 정식으로 시작되기 전 발견된 문제점들을 수정 보완함 • 대상 학습자 그룹을 대상으로 콘텐츠의 초기 버전 테스트 • 학습 경험, 내용의 명확성, 인터페이스의 사용성 등에 대한 피드백 수집 • 테스트 결과를 바탕으로 콘텐츠 개선

2) 개발(Development) 과정에서 산출물

(1) 콘텐츠 제작물

스토리보드를 바탕으로 실제로 제작된 내용물로 텍스트, 이미지, 오디오, 비디오 등 다양한 형태로 제작된다.

> 🔑 수험 TIP
>
> 개발 = 설계서 검토 → 프로토타입 → 본 개발 → 파일럿 테스트 흐름으로 실제 콘텐츠를 제작하는 단계이다.

4. 실행(Implementation, 운영)

- 개발한 교육 또는 이러닝 콘텐츠를 학습자에게 제공하고, 학습 환경을 설정하고 관리하는 단계이다.

- 콘텐츠 배포, 학습자 지원 및 기술 인프라를 구축하여 학습이 진행될 수 있도록 한다.

- 개발된 e러닝 콘텐츠를 실제 학습자들이 사용할 수 있도록 구현한다.

1) 실행(Implementation, 운영) 과정에서 활동

① 교육 프로그램을 실행한다.

② 학습자들에게 교육 내용을 전달하고, 교육 환경을 제공한다.

③ 교육자, 학습자, 교육자료 및 환경 간의 상호작용이 중요한 단계이다.

④ 개발된 콘텐츠를 실제 학습자들이 사용할 수 있도록 구현하는 단계이다.

[표] 실행 단계의 주요 활동 내용

활동명	활동 내용
검수	• **내용 검수**: 학습 내용의 정확성, 완전성 및 명확성 확인 • **기술 검수**: 플랫폼 및 기기 간 호환성, 버그 및 오류 확인 • **사용성 검수**: 사용자 경험 및 인터페이스의 직관성 및 접근성 검토 • **피드백 반영**: 검수 과정에서 발견된 문제점이나 개선 사항을 수정 및 반영 • **표준 및 규정 준수 검토**: 이러닝 표준 (예 SCORM, xAPI) 및 기타 규제 요건 준수 확인
포팅 (Porting)	• **플랫폼 선택**: 콘텐츠가 사용될 이러닝 플랫폼 또는 학습관리시스템(LMS) 선택 • **파일 포맷 변환**: 필요한 경우 콘텐츠의 파일 포맷을 대상 플랫폼에 적합한 형태로 변환 • **업로드 및 배포**: 변환된 콘텐츠를 대상 플랫폼 또는 LMS에 업로드 및 배포 • **기능 테스트**: 업로드 후 실제 환경에서의 기능 및 표시 확인 (예 퀴즈 작동, 비디오 재생, 진도 추적 등) • **학습자 액세스 권한 설정**: 필요한 경우 콘텐츠에 대한 접근 권한 및 사용자 역할 설정

> 🔑 수험 TIP
>
> 실행 = 검수(내용·기술·사용성) 후 포팅(LMS 업로드)하여 학습자에게 제공하는 단계이다.

5. 평가(Evaluation)

• 이러닝 콘텐츠의 효과성을 평가하고 개선하는 단계이다.

• 학습자의 성과를 평가하고 피드백을 수집하여 콘텐츠와 교육 디자인을 개선한다.

• 이러한 평가를 통해 교육 또는 훈련 프로세스를 지속적으로 향상시킬 수 있다.

• 학습콘텐츠의 효과를 분석하기 위해 예비 실행한다.

1) 평가(Evaluation) 과정에서 활동

① 교육 프로그램의 효과성을 평가한다.

② 평가는 프로그램 중간 (형성평가) 및 종료 후 (총괄평가) 진행될 수 있다.

③ 평가결과를 바탕으로 교육 프로그램을 개선하거나 수정한다.

④ 학습자의 성취도, 프로그램의 장점 및 단점 등을 파악하여 개선 방안을 도출한다.

⑤ 개발과정에서 도출된 학습콘텐츠의 효과를 분석하기 위한 예비 실행·평가의 단계

[표] 평가 단계의 주요 활동 내용

활동명	활동 내용
평가 계획지 작성	• 평가 목적, 범위, 방법을 명시 • 평가 대상 및 대상자 선정 기준 정의 • 사용할 평가 도구 및 방법론 선정 • 평가 일정 및 주요 마일스톤 설정 • 평가에 필요한 자원 및 예산 명시
평가 도구의 제작	• 평가 방법에 따른 도구(설문지, 테스트, 체크리스트 등)선정 • 도구의 신뢰성 및 타당성 검증 작업 진행 • 평가 도구의 샘플 또는 피롯 테스팅 진행 ※ **피롯 테스팅(pilot testing)** : 새로운 평가 도구, 프로그램, 연구 방법론 등을 실제 환경에 서 작은 규모로 시험해 보는 과정
사용성 테스트	• 실제 사용자 그룹 대상으로 콘텐츠 사용 테스트 진행 • 사용자 인터페이스의 직관성, 네비게이션의 편의성 등 평가 • 사용자들의 피드백 수집 및 기록
평가결과 처리	• 수집된 평가 데이터를 시스템화하여 정리 • 필요에 따라 통계 분석 및 결과의 시각화 진행 (그래프, 차트 등) • 주요 트렌드, 문제점, 강점 등의 파악
평가의 분석 활용	• 평가결과를 바탕으로 콘텐츠의 장단점 및 개선 사항 도출 • 결과 분석을 통한 콘텐츠 수정 및 개선 방안 제시 • 평가결과와 분석 내용을 스테이크홀더나 개발팀과 공유 • 다음 프로젝트나 콘텐츠 업데이트를 위한 기반 자료로 활용

2) 평가(Evaluation) 과정에서 산출물

① **평가·개선 보고서** : 학습자들의 학습 성과를 평가하고 이러닝 콘텐츠의 문제점을 파악·개선하기 위한 보고서

② 이러닝 콘텐츠 개발과정의 지속적인 개선에 중요한 역할을 한다.

③ 학업성취도 평가, 교육 프로그램의 평가, 비용의 효과평가가 중요하다.

④ 학습자의 학습 결과 및 피드백을 수집한 보고서, 평가결과 분석 보고서 등이 있다.

🔑 수험 TIP

평가 = 형성·총괄 평가를 통해 효과를 측정하고 개선점을 도출하여 다음 개발에 반영하는 단계이다.

02. 이러닝콘텐츠 개발요소 이해

주요 학습 목표

1. 개발 인력과 그 역할에 대해 설명할 수 있다.

2. 이러닝 콘텐츠 개발을 위한 자원을 열거할 수 있다.

3. 이러닝 콘텐츠 개발을 위한 장비에 대해 설명할 수 있다.

1. 개발 인력 및 자원

1) 이러닝 콘텐츠 개발 인력

이러닝 콘텐츠 개발은 다양한 전문가들의 협업을 필요로 한다. 개발 인력의 구성과 각 역할을 파악하는 것은 프로젝트의 성공에 있어 중요한 요소이다. 이러한 인력들은 콘텐츠의 효과성, 품질 및 전 달력을 높이기 위해 긴밀하게 협력하며, 각자의 전문성을 바탕으로 프로젝트의 목표를 달성하기 위해 노력한다.

(1) 교수 설계자(Instructional Designer)

- 학습 내용과 구조를 설계하며, 교육적 접근 방식과 전략을 결정한다.
- 학습 목표설정, 교육 내용 정의, 학습활동 및 자료 선택 등의 업무를 수행한다.
- 내용(주제) 전문가의 내용을 교육적인 의도를 가지고 개발물을 설계하는 사람이다.
- 학습자의 요구와 현황을 파악하여야 하며, 이에 따른 전력서와 가이드라인을 만들어 낸다.
- 이러닝 콘텐츠의 학습 방법, 콘셉트, 매체 설계, 학습 창 구성도 설계 등을 담당하는 사람이다.
- 내용과 기술의 중간적 위치에 있는데, 내용과 기술에 대한 이해가 충분할 경우 보통 프로젝트 매니저(PM)의 역할을 같이하는 경우가 있다.

(2) 프로젝트 매니저(PM, Project Manager)

- 전체 콘텐츠 개발 프로젝트의 진행 상황을 관리하고, 일정 및 자원을 조정한다.
- 팀원 간의 협업을 지원하며, 프로젝트 목표와 일정을 준수하도록 지도한다.
- 이러닝 콘텐츠 개발 프로젝트의 핵심 인물로, 프로젝트의 성공을 위해 다양한 업무와 책임을 지게 된다.
- 실무를 총괄하는 책임자로, 프로젝트를 종합적으로 관리하는 역할을 한다.
- 일정, 비용, 요구 사항 수렴, 인력 배정 등 프로젝트 성공을 위한 다양한 업무 수행한다.

(3) 내용(주제) 전문가(SME ; Subject Matter Expert)

- 이러닝 콘텐츠의 학습 내용을 생산하는 역할을 수행하는 사람이다.
- 특정 업무 분야에 대한 깊은 전문 지식을 가지면서, 이를 다른 사람들에게 효과적으로 전달할 수 있는 능력을 가진 사람이다.
- 과정 기획자, PM, 교수설계자와의 지속적인 커뮤니케이션을 통해 콘텐츠로 개발되는 학습 내용을 집필한다.

(4) 그래픽 디자이너(Graphic Designer)

- 학습콘텐츠의 시각적 요소(이미지, 그래픽, 애니메이션 등)를 디자인한다.
- 교육적 목표와 콘텐츠를 지원하는 시각적 자료를 제작한다.
- 2D와 3D 디자이너로 구분되며, 상당한 창의력과 디자인 감각을 가지고 있어야 한다.
- 콘텐츠의 내용에 부합하고 학습 대상자에 적합한 그래픽을 작업해야 한다.
- 자기의 주관이 확실하고 작업의 목적이 뚜렷한 결과물을 만들어내는 것이 중요하다.

(5) 프로그래머(Programmer)

- 멀티미디어 아티스트가 제작한 미디어 자료를 기반으로 교수설계자의 스토리보드에 따라 프로그래밍 작업을 수행하는 사람
- 포팅(Porting)을 담당하는 역할을 하거나 LMS 수정 콘텐츠와 데이터베이스의 연동 등과 같은 업무를 담당하는 사람
- 만들고자 하는 결과물에 따라 적절한 프로그래머(웹 프로그래머, C/S 프로그래머, DB 작업자, 단순 코더(Coder) 등)를 선택할 수 있다.

(6) 콘텐츠 개발자(Content Developer)

- 지시된 교육적 전략 및 구조에 따라 콘텐츠를 작성한다.

(7) 멀티미디어 전문가(Multimedia Specialist)

- 오디오, 비디오, 애니메이션 등의 멀티미디어 요소를 제작하고 편집한다.
- 교육적 목표를 지원하는 동영상 및 오디오 클립을 제작한다.

(8) 프로젝트 리더

콘텐츠의 설계, 제작 책임을 맡은 중간 관리자 역할을 하는 사람

(9) 저작자(Writer)

콘텐츠의 외국어화 프로젝트를 진행할 경우 현지 문화와 환경에 맞는 문제로 변환하는 전문적인 작업을 수행하며, 콘텐츠의 문구나 내용이 학습자에게 쉽고 명확하게 전달되도록 책임을 다한다.

(10) 스토리보더

교수설계자가 수립한 거시설계와 미시설계 전략에 따라 실제 이러닝 콘텐츠 개발을 위한 스토리보드를 작성하는 사람

(11) 웹디자이너

콘텐츠 제작에 필요한 각종 개발 요소들을 제작하고 이를 조합하여 실제 콘텐츠를 개발하는 사람

> 🔑 **수험 TIP**
> - 교수설계자와 내용 전문가에 대해서 구분하여 기억해 주세요.
> - 이러닝 개발은 교수설계자 - PM - 디자이너 - 개발자 - 멀티미디어 전문가 협업으로 이루어진다.

2) 이러닝 콘텐츠 개발 자원

이러닝 콘텐츠를 개발하기 위해서는 다양한 자원들이 필요하다. 이 자원들은 이러닝 콘텐츠를 제작하는데 필요한 모든 것들을 포함하고 있다. 학습 흐름을 바탕으로 각 단계별 제시전략 및 멀티미디어 자료와 개발 전략을 확인하면 투입해야 하는 자원을 결정할 수 있으며, 투입 기간과 비용을 고려하여 인적 자원과 물적 자원을 결정할 수 있다. 대표적인 자원으로는 전문가의 지식, 교수설계자 및 디자이너, 문서화 도구, 그래픽 디자인 도구, 멀티미디어 도구, 콘텐츠 관리시스템 등의 자원이 필요하다.

분류	인적 자원		물적 자원
내용 요소 개발	• 내용 전문가 • 교수설계자 • 작가	하드웨어	문서 편집요 PC
		소프트웨어	문서 편집용 소프트웨어 (워드프로세서, 파워포인트, 엑셀 등)
동영상 요소 개발	• 매체 제작자 • 강사 • 성우	하드웨어	동영상 편집용 PC, 카메라, 마이크, 조명 등
		소프트웨어	• 동영상 편집용 소프트웨어 • 음성 녹음 및 편집용 소프트웨어 • 화면 캡처용 소프트웨어 • 저작권이 확보된 이미지와 동영상
그래픽 요소 개발	웹 디자이너	하드웨어	그래픽 PC
		소프트웨어	• 그래픽 편집용 소프트웨어 • 자작권이 확보된 이미지
애니메이션 요소 개발	애니메이터	하드웨어	애니메이션 제작용 PC, 타블렛
		소프트웨어	애니메이션 제작 소프트웨어
프로그래밍 통합 개발	웹 프로그래머	하드웨어	프로그래밍용 PC
		소프트웨어	프로그래밍용 에디터

(1) 에드거 데일(Edgar Dale)의 경험의 원추

- 1946년 에드거 데일(Edgar Dale)이 제시한 개념으로 사실주의에 근거한다.
- 사실주의에 근거한 개념으로 시청각 교재를 구체성과 추상성에 따라 분류한다.
- 학습 경험을 11단계로 분류하고, 3가지 학습 형태(행위에 의한 학습, 영상을 통한 학습, 추상적·상징적 개념에 의한 학습)로 구분한다.
- 행동적 단계(직접적 경험) → 영상적 단계(시청각 자료 및 관찰) → 상징적·추상적 단계(언어와 시각 기호를 통해 이해를 도모) 순으로 진전되면서 개념 형성이 이루어진다는 것을 제시한다.
- 원추의 위로 올라갈수록 짧은 시간 내에 더 많은 정보와 학습 내용이 전달될 수 있지만, 추상성이 높아진다.
- 제롬 브루너(Jerome Bruner)가 분류한 행동적 표상, 영상적 표상, 상징적 표상과 일치한다.

3가지 학습 형태	학습 경험 11단계
상징적(추상적) 경험	언어적 상징
	시각적 상징
감각적(영상적) 경험	녹음, 라디오, 사진, 전화
	영화
	텔레비전
	전시
	견학
	연시(시범)
행동적 경험	극화 경험
	고안된(모의적) 경험
	직접 경험

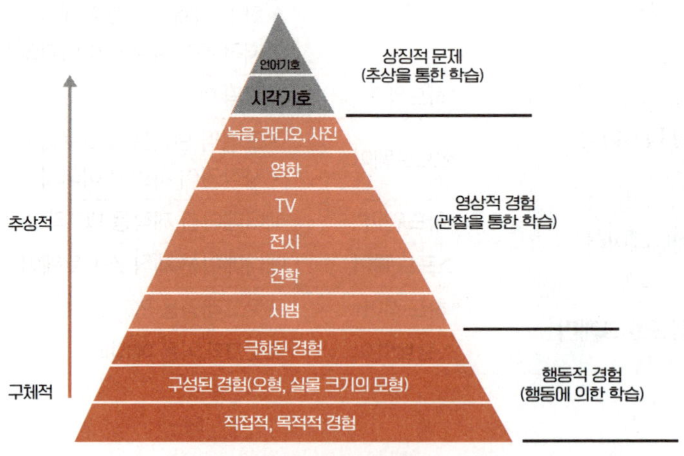

에드거 데일(Edgar Dale)의 경험의 원추

(2) 크리에이티브 커먼스 라이선스(Creative Commons, CC License)

CC는 저작물이 어떤 조건에서 사용될 수 있는지 저작자가 미리 정해 공개해두는 표준 이용허락 규약이다.

① 이용허락 조건

아이콘 약어	영문 명칭	뜻(한국어)	핵심 내용 요약
BY	Attribution	저작자표시	- 저작자의 이름·출처를 반드시 표시해야 함 - 재사용·게시·변경 등 모든 경우에 저작자와 출처 표시 필수
NC	Non-Commercial	비영리	- 영리 목적 사용 불가 - 영리 활용 시 별도의 계약/허락 필요 - 저작물을 자유롭게 사용할 수 있지만, 비영리 목적에 한정
ND	No Derivatives	변경금지	- 2차 저작물 제작 금지(변경/편집 불가 - 원본을 그대로 사용해야 하며 가공·수정·편집 불가
SA	Share Alike	동일조건 변경허락	- 2차 저작물 제작 시 원저작물과 동일한 조건(CC 라이선스 조건)을 유지해야 함 - 동일 조건으로만 공유 가능(예 SA → SA로 공유)

② 이용허락 조건과 CC 라이선스

라이선스 이름	구성 조건	한 줄 설명
CC BY	BY	출처만 표시하면 자유롭게 이용·변경·배포 가능
CC BY-NC	BY + NC	출처 표시 + 비영리 목적만 가능
CC BY-ND	BY + ND	출처 표시 + 변경 불가(원본 그대로 사용)
CC BY-SA	BY + SA	출처 표시 + 2차 저작물은 동일 조건으로 공유
CC BY-NC-SA	BY + NC + SA	비영리 + 동일조건 공유
CC BY-NC-ND	BY + NC + ND	비영리 + 변경 불가(가장 제한적인 유형)

> 🔑 **수험 TIP** : CC 라이선스는 BY·NC·ND·SA 4조건 조합이다.
> - 이용허락 조건 4종류 : BY(출처), NC(비영리), ND(변경금지), SA(동일조건)
> - CC 라이선스 6종류 : BY / BY-NC / BY-ND / BY-SA / BY-NC-SA / BY-NC-ND
> - 가장 자유로운 라이선스 : CC BY
> - 가장 제한적인 라이선스 : CC BY-NC-ND

(3) 켈러(Keller)의 ARCS 동기 이론

학습자의 동기를 높이기 위해 '주의-관련성-자신감-만족감' 4요소를 체계적으로 설계하는 전략 모델이다.

① 4가지 요소

주의집중(Attention)	학습자의 흥미를 사로잡거나 학습에 대한 호기심을 유발하는 것
관련성(Relevance)	학습자의 필요와 목적에 수업을 맞추는 것
자신감(Confidence)	학습자가 자신의 통제하에 스스로 성공할 수 있다고 느끼고 믿도록 도와주는 것
만족감(Satisfaction)	내재적, 외재적 보상을 통해 성취를 강화해 주는 것

② ARCS 모형의 요소에 다른 동기 유발·유지 전략

동기 요소		동기 유발·유지를 위한 전략
주의집중 (Attention)	지각적 주의 환기	- 시청각 자료 활용 - 예상 밖의 사례·비일상적 자극 제시 - 주의 분산 요인 최소화
	인식적 주의 환기	- 문제 해결 활동 제공 - 능동적 반응 유도 - 신비감·호기심 자극 요소 제시
	다양성	- 다양한 교수 방법 활용 - 일방적·상호작용적 교수의 혼합 - 자료와 활동의 변화 유지 - 목표-내용-방법의 기능적 통합
관련성 (Relevance)	친밀성	- 친숙한 인물·사례·배경 활용 - 구체적인 그림·예문 제시
	목적 지향성	- 실용성을 강조한 목표 제시 - 목적 중심 학습 활동 구성 - 학습목적 선택 가능
	필요나 동기 부합성	- 다양한 수준의 목표 제시 - 성취 여부 기록 체제 활용 - 경쟁 최소화·협동 학습 제공
자신감 (Confidence)	학습 필요조건 제시	- 수업 목표·구조·평가 기준 안내 - 선수학습 요소 확인
	성공의 기회 제시	- 쉬운 것 → 어려운 것으로 단계 제시 - 적절한 난이도 유지 - 다양한 수준의 과제 제공
	개인적 통제감	- 학습속도 조절 기능 - 학습 순서·과제 선택 권한 제공 - 성공을 능력·노력에 귀인 하도록 안내
만족감 (Satisfaction)	자연적 결과 강조	- 연습문제·후속 활동·모의 상황 제공
	외적 보상 강조	- 의미 있는 보상·강화 제공 - 보상체제의 신중한 운영
	공정성 강조	- 목표 – 내용 – 평가의 일관성 유지 - 연습과 평가의 내용 일치

🔑 수험 TIP : 기출문제

• 주의집중은 흥미 유지

• 관련성은 학습 필요성 인식

• 자신감은 할 수 있다는 기대감 형성

• 만족감은 학습 지속 동기 강화를 목적

(4) 비고츠키(Vygotsky)의 근접발달영역(ZPD)과 인지발달 이론

① ZPD(Zone of Proximal Development, 근접발달영역)는 비고츠키(Vygotsky)가 제시한 핵심 개념으로, 아동·학습자가 스스로는 아직 해결할 수 없지만, 유능한 타인의 도움을 받으면 해결할 수 있는 영역을 말한다.

② 근접발달영역(ZPD)에서 학습이 일어나는 과정을 4단계로 설명할 수 있다.

[표] 비고츠키 근접발달영역(ZPD) 4단계

1단계	- 타인의 도움을 받거나 모방하는 단계 - 과제에 대한 책임감을 갖고 상호작용을 통해 이해·수행하는 단계
2단계	- 학습자 스스로 과제를 수행하기 시작하는 단계 - 학습자 수준 내에서 자기주도성을 시도하는 과도기적 단계
3단계	- 지식을 내면화하고 자동화하는 단계 - 타인의 도움 없이 무의식적으로 자기주도 학습이 가능한 단계
4단계	- 탈자동화 단계 - 새로운 능력의 발달을 위해 근접발달영역이 다시 확장·순환되는 과정

③ 비계설정(scaffolding)이란 근접발달영역 내에서 학습자가 과제를 성공적으로 수행할 수 있도록 교사나 유능한 또래가 단계적으로 제공하는 도움을 말한다.

> 🔑 **수험 TIP : 기출문제**
>
> 비고츠키: 근접발달영역(ZPD) 안에서 ①타인 도움 → ②부분적 자기 수행 → ③내면화·자동화 → ④새로운 ZPD로 확장되며, 이때 제공되는 단계적 도움이 비계설정(scaffolding)이다.

(5) 가네(Gagne)의 9가지 수업사태(Events of instruction)

① 개념

가네는 효과적인 학습이 일어나기 위해서는 학습 과정에서 교사가 제공해야 하는 9가지 외적 조건이 있다고 보았다.

이 9단계는 학습자의 주의집중 → 이해 → 기억 → 적용까지 이어지는 학습 과정을 체계적으로 지원하기 위한 수업 설계 모형이다.

② 수업 설계 모형

학습자의 내적 과정	수업사태	행동사례
주의집중	1. 주의집중 획득	학습자의 관심을 끌어 수업에 집중하도록 만드는 단계 (예 질문 제기, 영상 제시, 문제 상황 제시)
기대	2. 학습자에게 목표 제시	학습자가 무엇을 배우는지, 수업 목표를 명확히 제시 (예 "오늘은 ○○을 할 수 있게 되는 것이 목표입니다.")
장기기억 재생	3. 선수학습 회상시키기	기존에 알고 있던 지식을 떠올리게 하여 새로운 내용과 연결시키는 단계 (예 이전 학습 내용 질문, 간단 복습)
선택적 지각	4. 자극 제시 (새 학습 내용 제시)	새로운 학습 내용을 제시하는 단계 (예 강의, 설명, 자료 제시)
부호화	5. 학습안내 제공	이해를 도울 수 있는 예시, 비유, 힌트, 설명 전략 제공 (예 예제, 시각자료, 단계별 설명)
재생·반응	6. 수행 유도 (연습시키기)	학습자가 실제로 수행해보도록 하는 단계 (예 문제 풀이, 실습, 연습 활동)
강화	7. 피드백 제공	학습자의 수행에 대해 정확한 피드백 제공 (예 정답·오답 설명, 보완 지시)
인출·강화	8. 수행평가	학습 목표 달성 여부를 평가 (예 시험, 퀴즈, 구두 질문)
일반화	9. 피지와 전이 촉진	배운 내용을 장기기억으로 유지하고 실제 상황에 적용할 수 있도록 지원 (예 요약, 추가 연습, 적용 사례, 과제)

> 🔑 **수험 TIP** : 기출문제
>
> 가네의 9가지 수업사태 = 주의집중 → 목표 → 선수학습 → 자극 제시 → 안내 → 수행 → 피드백 → 평가 → 전이 촉진

(6) Glaser의 수업 과정 모형

① 개념

Glaser의 수업 과정 모형은 수업 목표, 출발점 행동, 수업 절차, 성취도 평가의 네 요소로 구성된 체계적 수업 설계 모형으로, 학습자의 현재 수준을 진단하고 목표에 도달하도록 교수–학습절차를 조정·개선하는 데 중점을 둔 모형이다.

② 각 단계별 내용

수업 목표	– 관찰·측정·판별 가능한 행동 용어로 목표를 구체화 – 학생이 수업 후 도달해야 할 도착점 행동으로 목표 진술
출발점 행동	– 수업 목표와 관련된 현재 학습 수준(준비도)를 진단
수업 절차	– 학습지도 방법을 적용하고 형성평가를 실시 – 평가결과에 따라 피드백-교정학습-재학습 제공
성취도 평가	– 학습자가 수업 목표(도착점 행동)에 도달했는지 평가

2. 개발 시설 및 장비

1) 이러닝 콘텐츠 시설

(1) 이러닝 콘텐츠 개발 및 운영을 위한 물리적 시설

이러닝 콘텐츠 시설이란, 콘텐츠의 제작 · 편집 · 저작 · 테스트 · 운영을 수행하기 위해 필요한 스튜디오, 장비, 서버, 네트워크 인프라 등 물리적 환경을 의미한다.

콘텐츠 제작 시설	• 영상 촬영 스튜디오(크로마키, 조명, 카메라) • 오디오 녹음실(마이크, 인터페이스, 믹서) • 편집실(영상 · 음향 편집 소프트웨어)
콘텐츠 저작 및 개발실	• 저작도구(Storyline, Captivate, Gomo 등) • UI/UX 디자인(Figma, XD) • 개발도구(HTML5, JS) • 그래픽 디자인(Photoshop, Illustrator)
콘텐츠 테스트 환경	• 브라우저 · OS · 기기 테스트 • LMS 호환성 테스트(SCORM, xAPI)
서버 및 네트워크 시설	• 콘텐츠 저장용 서버(CMS 포함) • 고속 네트워크, 보안 시스템(방화벽 등)
강의/세미나 시설 (운영 중심)	• 실시간 온라인 강의 스튜디오 • 웨비나(Webinar) 시스템 • 스트리밍 장비(OBS, Zoom 등)

(2) 이러닝 콘텐츠 제공을 위한 운영 인프라 및 시스템

① **개념** : 이러닝 콘텐츠를 학습자에게 안정적으로 제공하고, 학습활동에서 발생하는 데이터를 관리 · 분석하기 위한 디지털 기반 시설과 시스템을 의미한다.

LMS (Learning Management System)	- 학습콘텐츠 업로드 및 배포 - 학습자 관리 (등록, 수강 이력, 점수 등) - 시험/과제/평가 기능 - 보고서 및 분석 기능 - SCORM, xAPI 등 표준 콘텐츠 호환
LCMS (Learning Content Management System)	- 콘텐츠 모듈화 및 재사용성 중심 - 콘텐츠 작성, 저장, 재구성 기능 - 버전 관리 및 협업 기능
AI 기반 학습 분석 도구	- 학습 패턴 분석 - 추천 학습콘텐츠 제공 - 성취도 예측 및 리포팅
클라우드 기반 인프라	- 콘텐츠의 글로벌 제공을 위한 CDN (Content Delivery Network) - 학습자 폭증 대응을 위한 Auto Scaling - 보안 및 백업 시스템

② 이러닝 콘텐츠 시설 구축 시 고려사항

항목	고려 내용
예산	장비 구입, 시스템 구축 및 유지관리 비용
기술지원	IT 인프라 구축, 운영 기술 인력 확보
보안	개인정보 보호, 콘텐츠 저작권 보호, 접근 보안
접근성	다양한 디바이스(PC·모바일) 및 브라우저 지원
표준 준수	SCORM, xAPI 등 국제 표준을 충족하는 콘텐츠 제작

> 📖 참고
>
> SCORM (Sharable Content Object Reference Model) : 가장 널리 사용되는 이러닝 콘텐츠 표준으로, 콘텐츠가 학습관리시스템(LMS)에서 정상적으로 재생·저장·보고되도록 하는 규칙이다.
>
> xAPI (Experience API, Tin Can API) : SCORM을 확장·대체할 차세대 표준으로, 학습 활동을 어디서든 기록할 수 있는 범용 학습 추적 기술이다.

2) 이러닝 콘텐츠 개발 장비

이러닝 개발 장비에는 촬영 장비 및 녹음 장비가 있는데 대표적으로 컴퓨터, 그래픽 태블릿, 디지털카메라, 마이크, 이어폰, 스크린 레코더, 테스트 장비 등이 있다.

(1) 컴퓨터

- 컴퓨터는 콘텐츠 작성, 편집, 디자인, 테스트를 할 수 있는 중요한 도구이다.
- 컴퓨터의 특징은 멀티미디어 콘텐츠 제작에 활용, 편리한 콘텐츠 관리, 상호작용 개발, 원격 협업, 테스트 및 디버깅, 학습 시뮬레이션 구축 가능 등이 있다.

(2) 디지털 카메라

- 이러닝 콘텐츠에 사용될 이미지, 사진, 동영상 등을 만들기 위해 디지털카메라가 사용된다.
- 디지털카메라의 특징은 고화질 이미지 및 비디오 촬영, 다양한 촬영 모드 제공, 다양한 렌즈 선택 가능, 다양한 포맷 지원, 쉬운 편집, 편리한 촬영과 즉시 리뷰를 통한 효율적 제작 등이 있다.

(3) 그래픽 태블릿

- 그래픽 태블릿은 그래픽 디자인을 위해 사용되며, 디자이너는 이러닝 콘텐츠에 사용될 그래픽 요소를 만들어내기 위해 그래픽 태블릿을 사용한다.
- 그래픽 태블릿의 특징은 디지털 드로잉 및 디자인, 손글씨 및 주석, 상호작용성 향상, 일러스트레이션 및 애니메이션, 다양한 포맷 지원, 이동성과 자유로운 표현, 정교하고 빠른 제작 속도 등이 있다.

(4) 마이크

- 음성 콘텐츠를 만들기 위해 필요하며, 음성 녹음을 할 수 있도록 도와준다.
- 마이크의 특징은 음성 콘텐츠 제작, 자연스러운 음질 제공, 노이즈 제거 기능 등이 있다.

(5) 이어폰

- 이어폰의 특징은 개인 학습 환경 제공, 녹음 시 모니터링 기능, 외부 소음 차단(노이즈 캔슬링 가능) 등이 있다.

(6) 스크린 레코더

- 이러닝 콘텐츠의 화면을 녹화하기 위해서는 스크린 레코더가 필요하며, 스크린 레코더를 사용하여 콘텐츠를 녹화하면 학습자가 수강할 때 동영상을 보여줄 수 있다.
- 스크린 레코더의 특징은 화면 녹화, 음성 녹음, 마우스 포인터 및 키 입력 녹화, 다양한 포맷 지원, 편리한 조작, 쉬운 연결, 고해상도 녹화 지원 등이 있다.

(7) 테스트 장비

- 이러닝 콘텐츠를 테스트하기 위해서는 테스트 장비가 필요하다.
- 다양한 운영체제, 브라우저, 해상도 등을 갖춘 다양한 기기들을 이용하여 콘텐츠를 테스트할 수 있다.
- 테스트 장비의 특징은 다양한 종류의 테스트 장비, 다양한 운영체제 지원, 호환성 및 오류 검출을 위한 안정적 테스트 환경 제공 등이 있다.

(8) 스크린캐스트(Screencast)

- 컴퓨터 화면 출력의 디지털 녹화를 의미하며, 비디오 스크린 캡쳐라고도 한다.
- 스크린 샷 : 컴퓨터의 한 화면의 모습을 그대로 저장한 이미지
- 스크린캐스터 : 시간의 경과에 다른 화면에 나타나는 모습을 그대로 저장하여 영상과 소리를 녹취한다.

• 이러닝 콘텐츠 제작에서 프로그램 사용법, 시뮬레이션 안내, 시스템 교육 등에 자주 활용된다.

🔑 수험Tip
이러닝 콘텐츠 개발 장비는 촬영·녹음·편집·그래픽 제작·화면 녹화·테스트 등 콘텐츠 제작 전 과정을 지원하는 장비로 구성되며, 컴퓨터·카메라·그래픽 태블릿·마이크·스크린레코더 등이 핵심이다.

3. 개발 산출물

이러닝 콘텐츠 개발 산출물은 ADDIE 모델의 각 단계(분석-설계-개발-운영-평가)에서 생성되는 문서, 콘텐츠, 보고서, 가이드 등의 결과물을 의미한다.

• ADDIE = 개발 과정(프로세스)

• ADDIE 산출물 = 개발과정에서 단계별로 생성되는 결과물

1) Analysis (분석)

• **목적**: 학습자 요구, 학습 환경, 직무·과업 등을 분석해 콘텐츠 개발의 방향을 설정한다.

• **주요 산출물**:

  학습자 분석 보고서(Learner Analysis)

  요구분석 보고서(Needs Assessment)

  직무/과업 분석서(Task Analysis)

  환경 분석 보고서(Context/Environment Analysis)

  초기 목표 진술서(Initial Learning Objectives)

  교육 요구 사항 정의서(Requirements Specification)

2) Design (설계)

• **목적**: 분석 결과를 바탕으로 콘텐츠 구조와 교수전략을 설계한다.

• **주요 산출물**:

  세부 학습 목표 명세서(Detailed Learning Objectives)

  평가 계획서(Assessment Plan)

  교수·학습 전략 설계안(Instructional Strategies)

  스토리보드(Storyboard)

  콘텐츠 구조도 및 흐름도(Outline & Flowchart)

  UI/UX 설계 시안(Wireframe, Prototype Draft)

스크립트 초안(Draft Script)

인터랙션 설계안(Interaction Design, 선택)

3) Development (개발)

- **목적**: 설계 문서를 기반으로 실제 이러닝 콘텐츠를 제작한다.
- **주요 산출물**:

  최종 스크립트(Final Script)

  멀티미디어 자료(영상, 이미지, 오디오, 애니메이션 등)

  이러닝 모듈(e-Learning Modules) : SCORM / xAPI 패키지 포함

  저작도구 출력물(Storyline·Captivate 등)

  콘텐츠 시제품(Prototype)

  품질검증(QC) 보고서 및 수정 이력

4) Implementation (실행, 운영)

- **목적**: 완성된 콘텐츠를 LMS에 등록하고 실제 교육 운영환경에서 적용한다.
- **주요 산출물**:

  학습자 가이드(Learner Guide)

  강사/운영자 매뉴얼(Facilitator Guide)

  LMS 등록 문서 및 운영 기록(Log)

  교육 일정표 및 운영 계획서

  기술지원 계획(Troubleshooting Guide)

  파일럿 테스트 결과 보고서(Pilot Test Report)

5) Evaluation (평가)

- **목적**: 콘텐츠의 학습 효과와 품질을 평가하고 개선점을 도출한다.
- **주요 산출물**:

  평가 도구(퀴즈, 시험, 체크리스트, 설문지 등)

  학습자 반응 평가 보고서(Reaction Evaluation)

  학습 성취도 평가보고서(Learning Evaluation)

  행동 변화 평가보고서(Behavior Evaluation, 선택)

성과/ROI 보고서(Results Evaluation)

콘텐츠 개선 보고서(Revision Plan)

[표] 단계별 주요 산출물

ADDIE 단계	산출물 핵심
A 분석	요구·학습자·환경 분석 보고서, 과업 분석, 초기 목표
D 설계	목표 명세서, 평가 계획, 스토리보드, UI/UX, 스크립트 초안
D 개발	멀티미디어 제작물, SCORM 모듈, 최종 스크립트, 프로토타입
I 실행	가이드, 매뉴얼, LMS 문서, 운영계획, 파일럿 테스트
E 평가	평가 도구, 반응·학습·행동·성과 평가, 개선 보고서

🔑 수험Tip

ADDIE 산출물 핵심

A – 분석 보고서 / D – 스토리보드 / D – SCORM 제작 / I – 가이드·운영문서 / E – 평가보고서

주요 학습 목표

1. 이러닝 콘텐츠를 다양한 관점에 따라 구분할 수 있다.

2. 이러닝 콘텐츠 유형별 특성을 설명할 수 있다.

3. 이러닝 콘텐츠 유형에 따른 서비스 환경에 관해 설명할 수 있다.

1. 콘텐츠 유형

1) 학습 내용에 따른 설계전략

- 학습 내용에 따른 설계 전략은 학습자가 설정된 학습 목표를 달성하고 필요한 지식과 기능을 효과적으로 습득하도록 돕기 위한 것이다.

- 각 전략은 학습자의 수준, 학습 환경, 요구에 따라 단독 또는 조합하여 활용될 수 있으며, 효과적인 학습 경험을 제공하기 위해 교육자나 설계자는 적절한 전략을 선택·구성해야 한다.

- 일반적으로 학습 내용은 이론(원리 이해), 실습(기능 습득·응용 실습), 과제·사례(과제수행·문제 해결) 등으로 분류하여, 이에 맞는 설계 전략과 콘텐츠 개발 유형을 적용한다.

[표] 학습 내용에 따른 설계 전략

구분	내용
원리 이해 (Understanding Principles	• "개념의 원리와 이론을 이해" → 인지적 영역의 지식·이해 수준 설명으로 적절 • **전달 방법**: 개념 설명, 비교·대조, 시각화, 예시·응용 사례 → 전형적인 이론 설명 전략
기능 습득 (Acquiring Skills)	• "기술·기능·역량 습득" → 절차·기능 학습을 잘 표현 • 실습, 시뮬레이션, 모델링, 실제 문제 해결 및 연습 → 기능 훈련에 적합한 방법
응용 실습 (Application Practice)	• "실제 상황에서 적용하고 연습" → 전이·적용 단계 설명으로 정확 • 시나리오, 프로젝트, 업무 시뮬레이션, 현실 세계 응용 →
과제수행 (Assignment Completion)과 문제 해결 (Problem Solving)	• **과제수행**: 결과물 생성 → 수행평가·프로젝트와 연결 • **문제 해결**: 현실 문제 해결·의사결정 → 고차적 사고·문제해결 학습

🔑 수험Tip

이론은 '설명·사례', 기능은 '실습·시뮬레이션', 응용은 '시나리오·프로젝트', 문제 해결은 '과제·의사결정' 중심 설계 전략을 사용한다.

2) 수업방식에 따른 콘텐츠 유형

개인교수형	• 전통적인 교수 형태의 하나로, 교수자가 주도하여 학습을 진행하는 방식이다. • 컴퓨터가 개별 학습자와 상호작용하면서 학습자의 반응을 판단하고 적절한 피드백을 제공하는 튜터형 형태를 포함한다.
반복연습용	• 학습 내용의 숙달을 위해 동일 또는 유사한 과제를 반복해서 수행하게 하는 형태이다. • 반복 학습을 통해 정확성·속도 향상을 목표로 한다.
동영상 강의용	• 특정 주제에 대해 교수자의 설명을 촬영한 동영상 중심으로 학습이 이루어지는 유형이다. • 미리 제작된 강의 영상을 제공하고, 학습자는 시청을 통해 지식과 개념을 이해한다.
정보제공형	• 특정 과제를 수행하기보다는, 학습에 참고할 수 있는 최신 정보나 자료를 수시로 제공하는 유형이다. • 학습자는 이를 활용해 자기 주도적으로 탐색·학습 활동을 수행한다.
교육용 게임형	• 게임 요소를 활용하여 흥미와 몰입을 유도하는 형태이다. • 단순한 오락이 아니라, 게임 진행 과정에서 학습 목표달성을 지원하도록 설계되어야 한다.
사례기반형	• 실제 또는 가상의 사례를 제시하여 학습자가 개념과 절차를 쉽게 이해하도록 돕는 유형이다. • 현장 사례나 시나리오를 활용해 실제 문제 해결에 응용할 수 있도록 설계된다.
스토리텔링형	• 이야기(스토리)를 활용하여 학습 내용을 전달하고 학습자의 흥미와 몰입을 높이는 유형이다. • 시나리오를 따라가며 이야기를 듣고, 관련 활동·과제를 수행하면서 학습이 진행된다.
문제중심학습형	• 학습자에게 제시된 문제를 개인 또는 협동으로 해결하는 과정에서 학습이 이루어지는 형태이다. • 실제 상황과 유사한 문제를 제공하여 비판적 사고·문제 해결능력·의사결정을 기르는 것이 목표이다.
시뮬레이션형	• 실제와 유사한 가상 환경이나 모델을 컴퓨터로 구현하여 학습자가 직접 조작·체험하도록 하는 유형이다. • 위험하거나 비용이 큰 실제 상황을 시뮬레이션을 통해 안전하게 연습·훈련할 수 있도록 한다

🔑 수험Tip

수업방식에 따른 콘텐츠 유형에 대해서 기억해 두세요(자주 출제됨).
개인교수 = 튜터식 / 반복연습 = 숙달 / 동영상 = 설명 / 정보제공 = 자료탐색 / 게임형 = 몰입 / 사례기반 = 적용 / 스토리텔링 = 이야기 / PBL = 문제 해결 / 시뮬레이션 = 가상체험

※ 5초 암기 버전

개 - 반 - 동 - 정 - 게 - 사 - 스 - 문 - 시
(개인교수 - 반복연습 - 동영상 - 정보제공 - 게임 - 사례 - 스토리 - 문제 - 시뮬)

3) 개발 형태에 따른 콘텐츠 유형

개발 형태	세부 유형	내용
구조 중심	VOD형	• 교수자 + 교안을 활용한 동영상 기반 강의 형태 • PC·모바일 등 다양한 기기에서 시청 가능 • 강의 촬영 또는 화면 녹화·음성 결합형 녹강(녹화 강의) 형태로 제작됨
	WBI형 (Web Based Instruction)	• 웹 기반 학습에서 많이 사용되는 형태 • 하이퍼텍스트, 링크, 노드 기반 탐색으로 비선형적 학습구조 제공(다차원적)
	텍스트형	• PDF, 전자책, 워드 등 텍스트 중심 콘텐츠 • 인쇄·수정·변환이 용이하여 다양한 형태로 활용 가능 • 텍스트 중심 설계가 필요한 과정에 적합
	혼합형	• (동영상+텍스트) 또는 (동영상+하이퍼텍스트)를 혼합한 콘텐츠 • 즉 '동영상 + 다른 정보 요소'가 결합된 형태 • 동영상을 중심으로 하되, 텍스트/링크 자료를 함께 제공하여 이해를 돕는 가장 일반적인 이러닝 콘텐츠 형태이다.
	애니메이션형	• 애니메이션 기반 학습 콘텐츠(예: 모션 그래픽, 플래시) • 제작 기간·비용이 높지만 학습자의 이해도·집중도 향상 효과 큼 • 다양한 이벤트·시각효과를 적용하여 진행
대화 중심 (상호작용)	게시판형	• 토론·Q&A 등 커뮤니티 기반 비실시간 상호작용 • 교수자 또는 학습자 간 의견 교환 중심 • 카페·포털형 커뮤니티 사용 가능
	대화형	• 다수 간 또는 일대일 채팅으로 상호 의사소통을 할 수 있으며 게시판형에 비해 실시간으로 이루어지는 장점이 있음 • 즉각적 피드백과 실시간 공동활동에 강점
	메일·쪽지형	• 메일이나 쪽지로 의사소통과 상호작용을 하는 형태 • 개인 저장 공간에 내용이 저장되어 프라이버시가 보장되는 장점이 있음 • 부재 시에도 의사소통을 할 수 있는 비실시간 상호작용이 가능함
혼합형		• 구조 중심의 형태와 대화 중심의 형태를 적절하게 혼합한 형태 • 최신 이러닝 과정에서 가장 많이 사용되는 형태 • 구조 중심과 대화 중심 중 비중이 많은 유형을 고려하여 설계되기도 함

🔑 수험Tip

VOD = 촬영 강의 / WBI = 웹·하이퍼텍스트 / 텍스트 = PDF형 / 혼합형 = 영상 + 텍스트 / 애니메이션 = 모션콘텐츠 / 게시판 = 비실시간 / 대화 = 실시간 / 메일 = 개인 메시지 / 혼합형 = 구조 + 대화 통합

2. 콘텐츠 유형별 개발 특성

1) 동영상 강의형(VOD : Video on Demand)

- 교수자가 일방향으로 지식·개념을 전달하는 형태.
- 시각자료를 활용해 내용을 쉽게 이해할 수 있게 함.
- 강의 구성력·설명력에 따라 학습 효과가 좌우됨.
- 강의 시간 조절이 중요.
- 대학 강의, 기술·업무 교육 등에서 많이 활용되며, 시간·장소 제약 없이 학습하려는 학습자에게 적합.

2) 멀티미디어 튜토리얼형(WBI)

- 교수자가 정보를 제공하되, 학습자가 콘텐츠와 상호작용하며 자기 주도학습을 수행함.
- 자율학습과 단계적 안내(튜토리얼)가 결합된 형태.
- 다양한 활동과 선택형 학습 경로를 제공해 몰입도·흥미가 높음.
- 교수자-학습자, 학습자-학습자 간 상호작용이 풍부함.

3) 스토리텔링형

- 이야기(사건, 일화) 구조를 활용해 자연스럽게 개념을 습득하도록 설계된 형태.
- 학습 내용에 감성적 요소를 결합해 몰입감을 높임.
- 문화·역사·인문학 분야 등에서 효과적이며, 학습자가 스토리에 몰입하며 지식을 이해할 수 있는 장점이 있음.

4) 문제 해결형(PBL 기반)

- 실제 또는 유사 문제를 해결하는 과정에서 지식·기술을 습득하도록 하는 형태.
- 문제 분석, 대안 검토, 적용 과정 등을 통해 문제 해결 능력을 향상시킴.
- 교수자는 강의자가 아니라 촉진자 역할을 수행.
- 다양한 콘텐츠 형태와 결합해 개발 가능.

5) 개인교수형

- 학습자의 수준·관심·속도에 맞춘 개인화 학습 경험 제공.
- 피드백 반영과 상호작용이 핵심.

- 시간·장소 제약 없이 <u>유연한 학습 가능.</u>
- 고급 교육, 직무역량 개발 등에서 활용됨.

6) 시뮬레이션형

- <u>실제 상황과 유사한 모형 환경을 제공해 실습·체험 중심 학습을 가능하게 함.</u>
- 실험, 절차 연습, 기계 조작, 소프트웨어 사용 등 기능적 학습에 효과적.
- 안전·효율을 고려해야 하는 실무적 학습에 적합.

7) 게임기반학습형

- 게임의 흥미 요소를 활용해 동기·몰입을 높이는 학습 방식.
- 게임의 목적과 학습의 목적이 자연스럽게 연결되어야 함.
- 역할 수행, 시나리오 기반 학습 등 실무 적용도 가능.

8) 정보제공형

- <u>학습자가 필요한 정보를 빠르게 습득하도록 구성된 형태.</u>
- 그림·표·차트 등을 활용해 정보를 명확하게 전달.
- 참고자료·링크를 제공해 스스로 학습할 수 있도록 함.
- 취미, 여행, 건강 등 대중적 정보 제공에 적합.

> 🔑 수험Tip : 콘텐츠 유형별 개발 특성에 대해 특징을 기억해 두세요.
> - VOD형 : 강사가 설명 중심
> - 튜토리얼형 : 상호작용 + 자기주도
> - 스토리텔링형 : 이야기로 이해
> - 문제해결형 : 실제 문제 해결 과정 중심
> - 개인교수형 : 맞춤형 학습
> - 시뮬레이션형 : 실습·체험 중심
> - 게임기반형 : 게임 요소로 동기 유발
> - 정보제공형 : 필요한 정보 명확 전달

참고

마이크로 러닝(Microlearning)

1) 개념
- 짧고 구체적인 학습 모듈 또는 활동을 통해 하나의 학습 목표에 집중하는 교육 방법을 의미한다.
- 급변하는 업무 환경, 짧아진 집중 시간, 디지털 기술의 발전과 맞물려 현대 학습자의 특성과 요구에 부합하는 방식으로, 기업 교육, 자기 주도학습, 직무·전문성 향상을 위한 지속적 훈련에 특히 적합하다.

2) 주요 특징
- (1) 짧은 학습 시간
  - 각 모듈은 일반적으로 수 분 이내에 완료할 수 있도록 설계된다.
  - 학습자는 짧은 시간에도 효율적으로 학습 내용을 습득할 수 있다.
- (2) 구체적인 학습 목표
  - 한 모듈은 보통 한 가지 주제나 기술에만 초점을 맞춘다.
  - 불필요한 내용 없이 핵심 주제에 집중할 수 있어 학습효과를 높인다.
- (3) 높은 유연성과 접근성
  - 학습자는 필요한 시점에, 원하는 장소에서 학습할 수 있다.
  - 짧은 분량 덕분에 이동 시간, 대기 시간 등 자투리 시간 활용에 유리하다.
- (4) 디지털·모바일 친화성
  - 주로 스마트폰, 태블릿 등 모바일 기기에 최적화된 형태로 제공된다.
  - 동영상, 퀴즈, 짧은 인터랙티브 콘텐츠 등과 결합하기 쉽다.
- (5) 즉시적인 학습 효과
  - 짧은 시간 안에 하나의 주제 학습을 완료함으로써 바로 업무나 실제 상황에 적용할 수 있는 결과를 얻기 쉽다.
- (6) 재사용 가능한 모듈 구조
  - 각 마이크로 러닝 모듈은 상대적으로 독립적으로 설계된다.
  - 필요에 따라 다른 교육과정과 조합·재구성해 활용하기 용이하다.

수험Tip

마이크로 러닝(Microlearning) 핵심 5단어
- 짧다 / 하나만 / 유연 / 모바일 / 즉시적
- 짧은 학습 시간
- 한 가지 목표 집중
- 원하는 시간·장소에서 학습
- 모바일 친화적
- 바로 적용 가능

3. 서비스 환경

1) 하드웨어 환경

(1) 하드웨어 환경 분석

이러닝 시스템을 개발·운영하기 위해서는 이러닝 서비스 환경이 어떤 요구 사항을 가지는지 분석하는 것과, 이를 뒷받침할 현재 보유 하드웨어 자원을 분석하는 것이라는 두 가지 측면을 함께 고려해야 한다. 두 분석 결과를 바탕으로 하드웨어 환경을 어떻게 구축·보완할지 결정하게 된다.

[표] 이러닝 서비스 환경 분석과 현재 보유한 하드웨어 자원 분석

이러닝 서비스 환경 분석	대상 설정	• 이러닝 서비스를 누구에게 제공할지 명확히 규정해야 함. • 대상은 나이, 학력 수준, 관심 분야, 학습 목표 등을 고려해 결정. 예 초등학생 대상 수학 콘텐츠 vs 직장인 대상 프로젝트 관리 교육 등 → 대상에 따라 콘텐츠 성격이 달라짐.
	학습 환경 설정	• 어떤 학습 환경(웹/앱/VR 등)에서 서비스를 지원할지 결정. • 학습자가 접근하기 쉽고 편리한 환경인지 고려해야 함. • 다양한 플랫폼·디바이스에서 제공될 수 있도록 설계.
	하드웨어 사양 및 제한 사항	• 시스템 운영환경에 따라 필요한 하드웨어 사양을 명확히 정해야 함. 예 고해상도 동영상 제공 시 → 학습자의 기기 성능·네트워크 환경을 지원할 수 있어야 함.
현재 보유한 하드웨어 자원 분석	하드웨어 사양 조사	• 기존에 사용 중인 서버, 네트워크 장비, 컴퓨터 등 하드웨어 사양을 정확히 조사해야 함. • 이를 기반으로 새로운 이러닝 시스템을 구축 시 어떤 하드웨어가 필요한지를 결정하는 데 활용함.
	환경 설정 고려	• 새 시스템을 구축한 후에도 기존 자원을 계속 사용할 경우 새로운 시스템과 기존 자원 간의 호환성을 고려해야 함. • 기존 자원을 최대한 효율적으로 활용하고 새 시스템과 통합 연동할 수 있는 설정 방법을 검토해야 함.
	자원 확장 가능성	• 이러닝 시스템이 향후 성장·확장될 가능성을 고려하여, 현재 자원이 이를 지속적으로 지원할 수 있는지 확인해야 함. • 필요한 경우 자원 확장(증설) 또는 업그레이드 계획을 수립해야 함.

(2) 하드웨어 환경 준수

이러닝 시스템이 안정적으로 운영되기 위해서는, 서버·네트워크 등 하드웨어를 적절히 구성하고 관련 기준을 준수하는 것이 중요하다. 아래는 하드웨어 환경을 설계·구축할 때 고려해야 할 주요 사항이다.

기본 설비	• 원격교육 서비스를 제공하기 위해서는 권장되는 서버 및 네트워크 설비기준을 철저히 준수해야 함 • 이러닝 시스템은 일반적으로 웹 서버, WAS 서버, 미디어 서버(동영상 서버), 데이터베이스 서버 등으로 구성됨
시스템 분석	• 새로운 시스템을 구축할 때, 해당 시스템이 어떤 서버 구조와 네트워크 환경에 연결되어야 하는지에 대한 정보를 사전에 철저히 분석해야 함 • 각 서버의 역할과 업무 분담, 네트워크 구성 등을 고려하여 전체 시스템을 설계·구축해야 함
장애 예방과 대응	• 장애 발생 시 서비스 중단을 최소화할 수 있도록 서버 구성과 네트워크 구조를 안정성 중심으로 설계해야 함. • 장애가 발생했을 때 신속하게 대응할 수 있는 대책과 백업 시스템을 마련하여 서비스가 원활하게 운영되도록 보장해야 함

2) 콘텐츠 운영 서버

이러닝 콘텐츠를 개발하고 안정적으로 서비스하기 위해서는 콘텐츠 종류와 특성에 맞는 서버 구성이 필요하다. 서버는 일반적으로 소프트웨어 플랫폼과 하드웨어 플랫폼으로 구성되며, 콘텐츠의 특성·운영 환경에 따라 적절히 조정된다. 적절한 서버 구성은 학습자에게 원활하고 안정적인 학습 환경을 제공하는 데 필수적이다.

[표] 콘텐츠 운영을 위한 서버 구성요소

웹 서버 (Web Server)	• **역할**: HTTP 프로토콜을 통해 웹 브라우저가 요청하는 HTML, 이미지, 오브젝트 등 콘텐츠 파일을 전달. • **중요성**: 콘텐츠를 웹으로 제공하는 경우 가장 핵심적인 역할을 수행. 콘텐츠 접근성과 서비스 안정성 확보에 필수적임
미디어 서버 (Media Server)	• **역할**: 동영상·오디오 스트리밍 제공, 미디어 파일의 압축 및 전송 관리. • **중요성**: 스트리밍 콘텐츠를 제공하는 환경에서 반드시 필요. 학습자가 고화질 영상 및 다양한 미디어 콘텐츠를 끊김 없이 이용할 수 있도록 지원.
소프트웨어 서버	• **역할**: 웹 서버, 애플리케이션 서버(WAS), 미디어 서버 등을 포함하며 서버 운영에 필요한 소프트웨어가 탑재됨. • **중요성**: 각 서버가 수행해야 하는 기능을 지원하는 핵심 소프트웨어 플랫폼을 제공. 콘텐츠 개발 및 서비스 운영에 필요한 기능을 종합적으로 제공함.

(1) 웹 서버(Web Server)

- **웹 서버**는 인터넷상의 웹 브라우저(클라이언트)로부터 HTTP 요청을 받아 HTML 문서 등 웹 페이지를 제공하는 운영 소프트웨어이다.
- 이러한 웹 서버 소프트웨어는 하드웨어 서버에 설치되어 운영된다.
- 웹 기반 서비스를 제공하는 데 핵심적인 역할을 하며, 사용자는 이를 통해 인터넷에서 웹 페이지를 열람하고 상호작용할 수 있다.

- 대표적인 웹 서버 소프트웨어로는 아파치(Apache), IIS(Internet Information Server), 엔진엑스(nginx), 구글 웹 서버(GWS), 아이플래닛(iPlanet) 등이 있다.

[표] 웹 서버 선정 시 고려사항

호환성	운영체제, 지원 언어, 기본 제공 제작 도구와의 연계성, 다른 서버와의 호환성 등을 고려하여 전체 시스템과 잘 어울려 동작하는지 확인해야 한다.
유지보수	공개 소프트웨어의 경우 보안 및 유지보수 측면에서 불리할 수 있으나, 많은 사용자와 활성화된 커뮤니티를 통해 문제 발생 시 해결방안을 찾거나 기술지원을 받을 수 있다는 장점이 있다.
지원기능	검색 엔진, 스트리밍 오디오, 비디오 스트리밍 등 필요한 기능이 있다면, 해당 기능을 웹 서버가 지원하는지 여부를 반드시 확인해야 한다.

[표] 웹 서버(Web Server) 소프트웨어의 주요 기능

HTTP 요청 처리	• 클라이언트(웹 브라우저)로부터 HTTP 요청을 받아들이고, 요청에 따라 서버에 저장된 웹 페이지나 파일을 찾아 클라이언트에 전달함.
웹 페이지 제공	• 클라이언트에 요청된 웹 페이지를 HTML 문서 형식으로 제공함. • 이미지, 스타일시트, 자바스크립트 파일 등을 함께 제공하여 웹 페이지의 완성도를 높임.
요청 응답	• 클라이언트의 HTTP 요청에 대한 응답을 생성하고 이를 클라이언트에게 전송함. • 웹 페이지의 동적 생성이 필요한 경우, 웹 서버는 애플리케이션 서버와 협력하여 동적 콘텐츠를 생성하고 전달할 수도 있음.
보안 및 인증	• SSL/TLS와 같은 보안 프로토콜을 지원하여 데이터 통신의 암호화와 보안 통신을 제공함. • 사용자 인증 기능을 통해 접근 권한을 관리하고 보안을 강화할 수 있음.
로깅과 모니터링	• 클라이언트 요청과 응답에 대한 로그를 기록하고, 서버의 상태 및 성능을 모니터링하여 운영자에게 정보를 제공함.

(2) 미디어 서버(Media Server)

- **미디어 서버**는 동영상 파일과 같은 대용량 미디어 콘텐츠를 효율적으로 제공하는 데 특화된 서버이다.
- 웹 서버가 주로 소용량의 HTML 페이지나 이미지 파일을 전송하는 데 활용되는 반면, 동영상처럼 큰 용량의 미디어 콘텐츠를 안정적으로 스트리밍하기에는 한계가 있다.
- 따라서, 학습자에게 끊김 없는 동영상 서비스를 제공하기 위해서는 전문적인 미디어 서버의 구축이 필요하다.
- **미디어 서버**는 동영상·오디오 등 미디어 콘텐츠를 효율적으로 관리하고 사용자에게 안정적으로 전달함으로써, 이러닝 환경에서 원활한 동영상 학습 서비스를 제공하는 데 필수적인 역할을 한다.

(3) 웹 애플리케이션 서버(WAS ; Web Application Server)

- **웹 애플리케이션 서버(WAS)**는 인터넷에서 HTTP 프로토콜을 통해 사용자의 컴퓨터·모바일 장치와 통신하며, 웹 애플리케이션을 실행·관리하는 중간 소프트웨어이다.
- 주로 Servlet, ASP, JSP, PHP 등 웹 언어로 작성된 애플리케이션을 서버 측에서 실행한 뒤, 그 결과를 사용자의 웹 브라우저로 전달하여 사용자가 웹 애플리케이션과 상호작용할 수 있도록 한다.
- 다양한 제품으로 구현되며, 대표적인 WAS로는 WebLogic, Resin, Tomcat, WebSphere, Jeus, Jetty, JRun 등이 있다.
- WAS는 웹 애플리케이션의 개발과 운영을 효율적으로 관리하기 위한 중요한 구성요소로, 웹 기반 비즈니스와 서비스를 구현·제공하는 데 핵심적인 역할을 한다.

[표] 웹 애플리케이션 서버의 세 가지 주요 기능

프로그램 실행환경 및 데이터베이스 접속 기능	• WAS는 웹 애플리케이션을 실행하기 위한 환경을 제공하며, 이를 통해 웹 애플리케이션이 정상적으로 동작할 수 있도록 지원한다. • 또한, 데이터베이스와의 연결을 관리하여, 애플리케이션이 데이터베이스에 안정적으로 접근할 수 있도록 한다.
다수의 트랜잭션 관리	• 여러 사용자가 동시에 웹 애플리케이션을 이용할 때, WAS는 각 요청과 응답을 관리하며 트랜잭션을 처리한다. • 다수의 사용자 요청이 동시에 발생하더라도, WAS는 안정적인 서비스 제공이 가능하도록 트랜잭션을 효율적으로 관리한다.
비즈니스 로직 수행	• WAS는 웹 애플리케이션에 포함된 비즈니스 로직을 처리하는 핵심 역할을 수행한다. • 업무 처리·데이터 처리와 같은 주요 기능을 실행하며, 클라이언트가 웹 애플리케이션과 원활하게 상호작용할 수 있도록 한다.

서버	특징
IIS (Internet Information Server)	• 마이크로소프트에서 개발한 서버로, HTTP 기반 적응형 스트리밍(Adaptive Streaming)을 지원함. • 윈도우에서 미디어를 온라인으로 전달하는 방식은 크게 스트리밍 방식과 다운로드 방식으로 나뉨. • 스트리밍 방식은 실시간 방송 서비스 제공(WMS)을 의미하며, 다운로드 방식은 웹 서버가 파일을 직접 전송하여 재생하는 방식임. • 별도의 전용 스트리밍 서버 없이도 기본 웹 서버와 HTTP 프로토콜을 이용하여 미디어 서비스 제공 가능함.
WMS (Windows Media Server)	• 마이크로소프트에서 개발한 서버로 디지털 인터넷 통신망을 통해 동영상·오디오 데이터를 클라이언트에 전송하는 전용 미디어 서버. • 클라이언트는 윈도우 미디어 플레이어 등을 사용하여 해당 스트림을 재생함. • 윈도우 환경에서 동영상 스트리밍 환경을 구축할 때 널리 사용됨.
와우자 미디어 스트리밍 서버 (WOWZA Media Streaming Server)	• 다양한 플랫폼 환경에서 멀티포맷 동영상 스트리밍을 제공하는 서버. • 다양한 미디어 포맷과 프로토콜을 지원하여 유연한 미디어 서비스 제공 가능. • 실시간 스트리밍, 동영상 채팅, IPTV, 스마트 TV 등 다양한 환경에서 활용됨. • Java 기반으로 개발되어 리눅스, macOS, 윈도우 등 다양한 운영체제에서 동작함.
다윈 서버 (Darwin Server)	• Apple의 QuickTime 스트리밍 프로토콜을 지원하는 오픈 소스 서버. • 다양한 플랫폼에서 사용 가능하며, 영상·음성의 실시간 전송(RTSP 기반) 기능을 제공함. • 라이브 스트리밍 이벤트 등에서 활용됨.
레드5 (Red5)	• 자바(Java) 기반으로 개발된 오픈 소스 미디어 서버. • 라이브 스트리밍 및 영상 서비스 구현이 가능하며, 다양한 애플리케이션에서 활용됨.
헬릭스 서버 (Helix Server)	• RealNetworks에서 개발한 서버로, RealAudio·RealVideo 등 RealMedia 형식의 미디어 스트리밍을 지원함. • 고전적인 미디어 포맷을 사용하는 환경에서 주로 활용됨.

🔑 수험Tip

IIS = 마이크로소프트 + HTTP 기반 스트리밍

WMS = 윈도우 환경 스트리밍 전용 서버

WOWZA = 범용성 최고! 다양한 플랫폼 + 포맷 지원

Darwin = Apple + QuickTime 스트리밍

Red5 = 자바 기반 오픈소스 미디어 서버

Helix = RealMedia 스트리밍

[표] 원격교육 콘텐츠 개발·품질관리를 위한 하드웨어 권장 사양

하드웨어 설비	규격
웹 서버	• **CPU** : 2.4GHz × 4(core) 이상 • **Memory** : 4GB 이상 • **HDD** : SATA 200GB 이상(2대 이상의 서버로 클러스터링 구성이 권장됨)
동영상(VOD) 서버	• **CPU** : 2.4GHz × 4(core) 이상 • **Memory** : 4GB 이상 • **HDD** : SATA 300GB 이상(2대 이상의 서버로 미러링 구성 권장)
데이터베이스(DB) 서버	• **CPU** : 2.4GHz × 8(core) 이상 • **Memory** : 8GB 이상 • **HDD** : SATA 300GB 이상(2대 이상의 서버로 클러스터링 구성 권장)
학사행정 서버	웹 서버와 동일한 사양(클러스터링 불필요)
백업용 데이터베이스 서버	웹 서버와 동일한 사양(클러스터링 불필요)
보안 서버	• **방화벽 1대** : CC 인증제품 • **IPS(침입방지시스템) 1대** : CC 인증제품 • **IDS(침입탐지시스템) 1대** : CC 인증제품
메일 서버·커뮤니티 서버	타 서버와 통합하여 사용 가능
스토리지(Storage) 디스크어레이(Disk Array)	500GB 이상(최대 7TB 확장 가능)
보조기억장치	마그네틱테이프 등(외장하드, 백업 서버 등과 함께 사용 가능)

🔑 수험Tip

원격교육 콘텐츠 개발·품질관리를 위한 하드웨어 권장 사양 기억해 두세요. (실기)

✱스토리지(Storage) : 데이터를 저장·관리하는 장치를 포괄적으로 부르는 일반 용어이다.

✱디스크 어레이(Disk Array) : 스토리지의 한 종류로, 여러 개의 하드디스크(HDD/SSD)를 묶어 하나의 저장 시스템처럼 구성한 장치를 말한다.

🔑 수험 Tip

보안 서버 = 3총사 + CC 인증

방화벽 1대 + IPS 1대 + IDS 1대 → 전부 CC 인증 제품

① 웹 표준(Web Standards)

- 웹에서 사용되는 표준 기술과 규칙을 의미하며, 브라우저 종류에 상관없이 웹사이트가 동일하게 표시·동작하도록 한다.
- 웹 표준을 준수하면 호환성·접근성·유지 보수성이 향상되며, 주요 표준은 W3C(World Wide Web Consortium) 등에서 제정한다.

② 웹 접근성(Web Accessibility)

- 장애 유무와 관계없이 모든 사용자가 웹 콘텐츠와 기능에 동등하게 접근·이용할 수 있도록 하는 설계·개발 방식이다.
- 화면 낭독기사용 시각장애인, 청각장애인 등 다양한 이용자가 웹을 이해하고 사용할 수 있도록 보장하는 것을 목표로 한다.

③ 웹 브라우저(Web Browser)

- 인터넷상의 웹 페이지를 요청·수신·표시하는 애플리케이션 소프트웨어이다.
- 사용자가 URL을 입력하면 해당 서버에 접속해 웹 문서를 받아와 화면에 렌더링하며, 대표 브라우저로 Chrome, Firefox, Safari, Edge 등이 있다.

④ 웹 크롤링(Web Crawling)

- 크롤러(스파이더) 프로그램이 자동으로 웹 페이지를 방문하여 내용·링크·이미지 등 정보를 수집·저장하는 과정이다.
- 수집된 데이터는 검색 엔진 인덱스 구축, 데이터 분석, 연구 등 다양한 목적으로 활용된다.

🔑 수험Tip

웹 표준 = 브라우저 간 동일한 표현·동작을 위한 규칙

웹 접근성 = 장애 유무와 상관없이 모두가 접근 가능하도록 설계

웹 브라우저 = 웹 페이지 요청·수신·표시하는 애플리케이션

웹 크롤링 = 자동화된 웹 페이지 수집 과정

CHAPTER 03

학습시스템 파악

01. 학습시스템 이해

주요 학습 목표

1. 학습시스템의 필요성을 설명할 수 있다.

2. 학습시스템의 요소 기술을 설명할 수 있다.

3. 이러닝 표준을 설명할 수 있다.

4. 이러닝 서비스 표준을 설명할 수 있다.

5. 이러닝 데이터 표준을 설명할 수 있다.

6. 이러닝 콘텐츠 표준을 설명할 수 있다.

1. 학습시스템 유형 및 특성

1) 분야별 이러닝 시스템

- 이러닝 시스템은 적용되는 분야와 조직의 특성에 따라 용도와 기능이 달라진다.
- 교육서비스의 목적·목표 시스템 특성에 따라 이러닝 시스템은 서로 다른 구조와 기능을 가지며, 이에 맞는 개발 기술의 선택과 적용이 중요하다.
- 대표적인 개발 언어로는 PHP, JSP, XML, ASP 등이 있으며, 필요에 따라 여러 언어를 혼합하여 시스템을 개발할 수 있다.

[표] 분야별 이러닝 시스템 유형과 주요 특징

공공기관 이러닝 시스템	① **특징**: 공공기관의 직원 교육 및 훈련, 시민 대상 교육 프로그램 제공에 활용. 대한민국 정부에서 주도하는 전자정부 표준프레임워크 기반의 개발이 주로 이루어지는 학습시스템임 ② **용도**: 직무능력 향상, 새로운 정책 또는 규정 교육, 시민을 위한 공익 교육 제공 등 ③ **기능**: 콘텐츠관리, 학습 진행 상황 분석, 테스트/퀴즈, 보고서 생성, 공지사항 게시 등

기업 교육 이러닝 시스템	① **특징**: 기업의 직원 교육 및 훈련을 위해 설계된 시스템임 ② **용도**: 신입사원 교육, 리더십 훈련, 제품 교육, 규정 및 정책 교육, 성과관리 등 ③ **기능**: 콘텐츠 업로드, 사용자 관리, 성과 평가, 인증, 팀 협업 기능, 게임화 등
학점기관 이러닝 시스템	① **특징**: 대학이나 학교에서 학점을 인정받기 위한 온라인 교육을 제공하는 시스템 ② **용도**: 강의 제공, 퀴즈/시험 관리, 학생 상호작용 및 토론, 과제 제출 등 ③ **기능**: 콘텐츠 스트리밍, 토론 게시판, 퀴즈/테스트, 학생 평가, 출석 관리 등
학원교육 이러닝 시스템	① **특징**: 학원이나 교육기관에서 학생들을 대상으로 온라인 교육을 제공하는 시스템임 ② **용도**: 학원 수업, 튜터링, 모의고사, 성적 관리 등 ③ **기능**: 동영상 강의, 콘텐츠관리, 학생 진행 상황 추적, 토론 게시판, 퀴즈 및 시험 관리 등
MOOC 이러닝 시스템	① **특징**: Massive Open Online Courses(MOOC)는 전 세계 누구나 접근 가능한 대규모 온라인 코스를 제공하는 시스템임 ② **용도**: 대학 강의, 전문가에 의한 특별 강좌, 자기 주도학습 등 ③ **기능**: 동영상 강의, 피어 평가, 게시판, 증명서 발급, 게임화, 소셜 네트워킹 기능 등

> 🔑 **수험Tip**
>
> - "대규모 공개 온라인 강좌" → MOOC
> - "정책·규정 교육 중심" → 공공기관 시스템
> - "직원 역량 강화·리더십·제품 교육" → 기업용 시스템
> - "학점인정 / 평가·출석 관리" → 학점은행제
> - "튜터링·모의고사·학원 수업" → 학원 이러닝 시스템

2) 학습시스템의 유형

(1) 동기식과 비동기식

이러닝에서 학습이 이루어지는 방식은 크게 동기식과 비동기식으로 구분되며, 각 방식은 학습자의 참여 형태와 시간 활용에 차이가 있다. 두 방식은 각각의 장단점이 존재하므로, 교육의 목적, 학습자의 특성, 제공 환경 등을 고려하여 적합한 형태를 선택하는 것이 중요하다.

[표] 동기식과 비동기식 이러닝

동기식 이러닝 (Synchronous E-Learning)	정의	• 학습자, 교사 그리고 동료 학습자들이 동시에 온라인상에서 학습활동에 참여하는 방식을 의미
	특징	• **실시간 피드백**: 학습자는 직접 교사나 동료 학습자들에게 질문하고, 바로 피드백을 받을 수 있다. • **시간과 장소의 제약**: 동기식 학습은 사전에 정해진 시간과 일정에 따라 진행되므로, 참여자들은 그 시간에 온라인으로 접속해야 함 • **상호작용**: 실시간 토론이나 그룹 활동이 가능하여, 상호작용이 높다.
	예시	• 웹 세미나, 실시간 온라인 강의, 채팅을 통한 토론 세션 등

비동기식 이러닝 (Asynchronous E-Learning)	정의	• 학습자가 자신의 편한 시간에 학습콘텐츠에 접근하고 활동에 참여할 수 있는 방식을 의미
	특징	• **유연성**: 학습자는 언제 어디서든 학습을 시작하고 중단할 수 있으며 일정한 시간에 제약받지 않는다. • **자기 주도학습**: 학습자가 자신의 속도와 방식으로 학습을 진행할 수 있다. • **지연된 피드백**: 질문과 답변, 토론 등의 활동은 바로바로 이루어지지 않고, 일정 시간의 지연이 있을 수 있다.
	예시	• 온라인 게시판을 통한 토론, 이메일을 통한 질문 및 답변, 사전 녹화된 비디오 강의, 온라인 퀴즈 및 과제 제출 등

> 🔑 수험Tip
> 동기식 = 실시간·상호작용·즉시성
> 비동기식 = 시간 자유·자기 주도·반복 학습

(2) LMS(학습관리시스템)와 LCMS(학습콘텐츠관리시스템)

- **LMS**는 학습자에게 콘텐츠를 제공하고, 학습 과정·진행 상황·성적 등 학습 경험 전반을 관리하는 데 초점을 둔 시스템이다.
- **LCMS**는 학습콘텐츠의 제작, 수정, 저장, 재사용, 버전 관리 등 콘텐츠 자체의 관리에 중점을 두며, 콘텐츠의 재사용성과 제작자 간 협업을 강조한다.
- 정리하면, LMS는 학습자·학습 과정 관리, LCMS는 콘텐츠 생성·관리 역할에 초점을 두지만, 최근 이러닝 플랫폼에서는 LMS와 LCMS 기능을 통합하여 제공하는 경우가 많다.

[표] LMS와 LCMS의 특성

학습관리 시스템 (LMS, Learning Management System)	정의	• 이러닝 콘텐츠를 학습자에게 제공하고, 학습 진행 과정을 추적하며, 전반적인 학습활동을 관리하기 위한 소프트웨어 플랫폼이다.
	기능 및 특징	• **콘텐츠 전달**: 강의, 퀴즈, 시험 등의 온라인 학습자료를 학습자에게 제공 • **학습자 추적 및 보고**: 진도율, 점수, 출석, 참여도 등 학습자의 활동을 모니터링하고 보고함 • **등록 및 권한 관리**: 학습자 등록, 로그인, 접근 권한 설정 등 사용자 관리기능 • **토론 및 커뮤니케이션**: 포럼, 채팅, 메시지 기능을 통해 학습자-교사 간 의사소통 지원 • **통합 및 확장성**: 플러그인, API 등을 활용한 외부 시스템 연동·기능 확장 가능
학습콘텐츠관리 시스템 (LCMS, Learning Content Management System)	정의	• 이러닝 콘텐츠를 생성, 저장, 수정 및 관리하는 데 중점을 둔 플랫폼으로 콘텐츠의 제작, 재사용, 전달, 관리를 가능하게 하는 시스템이다.
	기능 및 특징	• **콘텐츠 생성**: 영상, 텍스트, 이미지, 퀴즈 등 다양한 형태의 이러닝 콘텐츠를 직접 제작 • **저장·재사용**: 제작된 콘텐츠는 모듈 단위로 저장되며, 다양한 강의나 코스에 반복적으로 활용 가능

<table>
<tr><td rowspan="3">학습콘텐츠관리
시스템
(LCMS, Learning
Content
Management
System)</td><td rowspan="3">기능
및 특징</td><td>• 콘텐츠 버전 관리 : 수정 이력을 추적하고 이전 버전으로 롤백할 수 있는 관리기능 제공</td></tr>
<tr><td>• 협업 기능 : 여러 교수자나 디자이너가 함께 콘텐츠를 작성·수정할 수 있도록 지원</td></tr>
<tr><td>• 템플릿 및 디자인 도구 : 콘텐츠 제작에 활용할 수 있는 템플릿·저작도구 제공</td></tr>
</table>

📖 참조

- API(Application Programming Interface) : 어떤 소프트웨어나 시스템이 다른 소프트웨어와 상호작용할 수 있도록 정해놓은 규칙이다. 프로그램끼리 데이터를 주고받거나 기능을 호출할 수 있게 해주는 통로이며, 개발자는 API를 통해 내부 구조를 몰라도 외부 기능을 사용할 수 있다. (예 지도 띄우기 기능 → Google Maps API)
- 롤백(Rollback) : 시스템이나 데이터베이스에서 오류가 발생했을 때, 이전의 정상 상태로 되돌리는 기능 또는 작업이다.

[표] LMS와 LCMS 비교

구분	LMS	LCMS
목적	• 학습자가 콘텐츠를 학습하는 과정 전체를 관리하고, 학습활동을 추적하는 데 중점을 둔다.	• 이러닝 콘텐츠의 제작·저장·수정·재사용을 효율적으로 관리하는 데 중점을 둔다.
기능	• 학습콘텐츠 전달 • 사용자 등록 및 권한 관리 • 학습 진행도 추적 및 보고 • 평가·시험·퀴즈 등 학습 성과를 측정하는 기능 제공 • 토론 및 커뮤니케이션 도구 제공	• 콘텐츠 생성 및 편집 도구 제공 • 콘텐츠 재사용 기능 • 템플릿 및 디자인 도구 제공 • 콘텐츠 버전 관리 • 제작자 협업 도구
특징	• 학습자의 학습 진행을 추적하고 관리하는 데 초점을 두며, 다양한 학습콘텐츠에 언제 어디서든 접근할 수 있도록 지원한다.	• 콘텐츠의 제작·수정·관리 및 재사용에 초점을 두며, 콘텐츠를 작은 학습 단위로 분할하여 효율적으로 관리할 수 있도록 한다.
주 사용자	• 튜터/강사, 교육 담당자	• 콘텐츠개발자, 교수설계자, 프로젝트 관리자
관리대상	• 학습자	• 학습콘텐츠
수업(학습관리)	○	×
학습자 지원	○	○
학습자 데이터 보존	○	×
학습자 데이터 ERP 시스템과 공유	○	×
일정 관리	○	○
기술격차분석을 통한 역량 맵핑 제공	○	○(일부 가능)

구분	LMS	LCMS
콘텐츠 제작 가능성	×	○
콘텐츠 재활용	×	○
시험문제 제작 및 관리	○	○
콘텐츠 개발 프로세스를 관리하는 작업 도구	×	○
학습자 인터페이스 제공 및 콘텐츠 전송	×	○

📖 참조

< 학습자 데이터 ERP 시스템과 공유 >

- LMS에서 수집된 학습자의 성적, 출석, 이수현황, 진도율 등의 정보를 학교나 기관의 ERP(학사·행정 통합 관리 시스템)와 연동하여 자동으로 전달하고 관리하는 것을 의미한다.

< 기술격차분석을 통한 역량 맵핑 제공 >

- 학습자의 현재 역량과 목표 역량을 비교하여 부족한 기술을 파악하고 그에 맞는 학습 콘텐츠나 교육 경로를 연결해 주는 기능을 말한다.
- LCMS는 콘텐츠 자체에 '어떤 역량을 강화하는 콘텐츠인지'를 태깅하는 수준의 지원만 가능하므로, 학습자 분석 중심의 역량 맵핑 기능은 LMS에 비해 일부만 제공된다.

🔑 수험Tip

LMS와 LCMS를 비교하면서 기억해 두세요. (기출문제)

- LMS는 학습자를 관리하고, LCMS는 콘텐츠를 만든다.
- LMS는 운영·진도·평가, LCMS는 제작·저장·재사용.

2. 학습시스템 구조

1) LMS의 사용자 그룹

- **LMS**는 교육 활동을 디지털로 관리하기 위해 설계된 시스템으로, 사용자 유형에 따라 서로 다른 기능과 권한을 제공한다.
- **주요 사용자 그룹**은 관리자, 학습자, 교·강사로 구분되며, 각 그룹은 자신의 역할과 필요에 맞는 기능을 사용한다.
- 이러한 사용자 구분은 LMS의 기능을 효율적으로 운영하고, 역할 기반의 맞춤형 학습 환경을 제공하기 위한 것이다.

[표] LMS 사용자 그룹별 목적과 주요 기능

사용자 그룹	목적	주요 기능
관리자	LMS의 전반적인 설정, 구성 및 관리를 담당한다.	• 사용자 계정 및 권한 관리 • 코스 및 콘텐츠관리 • 시스템 설정 및 구성 (예 사용자 인터페이스, 통합 설정 등) • 보고서 및 분석 도구 제공 • 알림 및 통신 도구 관리
학습자	코스와 학습자료에 접근하여 학습활동을 수행한다.	• 자신의 학습 진행 상황 및 성과 추적 • 강의 자료, 과제, 코스에 접근 • 테스트 및 퀴즈 응시 • 피드백 및 평가결과 확인 • 토론 게시판 및 커뮤니티 기능 사용
교·강사	학습자를 지도하고 학습콘텐츠를 제공·수정한다.	• 코스 및 학습자료 생성·편집·배포 • 학습자의 진도 및 성과 모니터링 • 학습자에게 피드백 제공 • 토론·메시지 등 커뮤니케이션 도구로 학습자와 소통 • 성적 및 평가결과 관리

🔑 수험Tip

관리자 = 시스템 운영 / 학습자 = 학습 수행 / 교·강사 = 수업 제공·평가

2) 학습 시스템의 구조

- 학습시스템의 구조는 <u>교육과 학습의 효율성을 높이기 위해 여러 관리 요소로 구성</u>되며, 각 요소는 시스템의 안정적 운영과 학습지원을 위해 중요한 역할을 수행한다.
- 이러한 구성요소들은 교육기관이나 기업에서 효과적인 이러닝 환경을 제공하기 위한 핵심 기능들이다.
- 학습시스템의 구조는 <u>사용자 관리, 콘텐츠관리, 학습관리, 보고서 생성 관리</u>와 같은 여러 구성요소로 이루어져 있으며, 각 요소는 LMS가 교육기관과 기업에서 효과적으로 운영될 수 있도록 핵심 역할을 수행한다.

[표] 학습시스템 구성요소별 목적 및 주요 기능

구성요소	목적	주요 기능
사용자 관리 (User Management)	사용자의 접근 권한, 프로필 정보, 그룹·팀 구성을 관리하는 기능	• 사용자 등록·수정·삭제 • 사용자 롤 및 권한 설정 (예 학습자, 교수, 관리자 등) • 사용자 로그인 및 인증 • 그룹·팀 생성 및 관리

구성요소	목적	주요 기능
콘텐츠 관리 (Content Management)	교육 콘텐츠를 중앙에서 관리하고 분배하는 기능	• 콘텐츠 업로드·수정·삭제·공유 • 콘텐츠 버전 관리 • 다양한 형식의 콘텐츠 지원(텍스트, 비디오, 오디오, 퀴즈 등) • 콘텐츠 태그 및 카테고리 분류
학습관리 (Learning Management)	학습 경로와 진행도를 추적하고 학습활동을 조정하는 기능	• 학습 경로 및 순서 설정 • 학습 진행도 및 성과 추적 • 평가 및 테스트 관리 • 토론·채팅 등 커뮤니케이션 도구 제공
보고서 생성 관리 (Reporting Management)	학습 활동 및 결과에 대한 통계와 보고서를 생성하는 기능	• 사용자·그룹별 학습 진행 및 성과 보고서 생성 • 평가 및 테스트 결과 요약 • 시스템 사용 통계 및 활동 로그 분석 • 사용자 활동 및 참여도 분석

🔑 수험Tip

사용자 관리 = 사람 관리

콘텐츠관리 = 콘텐츠 파일 관리

학습관리 = 학습 과정 관리

보고서 생성 관리 = 결과·통계 관리

3. 학습시스템 기반 기술

LMS를 효과적으로 운영하기 위해서는 다양한 기술적 요소가 필요하며, 이러한 기술들은 시스템의 안정적 운영과 학습 경험의 최적화를 위해 필수적이다.

1) 전자정부 표준 프레임워크

- 전자정부 표준 프레임워크는 공공사업에 적용되는 개발 프레임워크의 표준을 정립하여 오픈SW 확산, 품질 향상, 재사용성 증대를 목표로 한다.
- 개발 프레임워크는 정보시스템 개발에 필요한 기능과 아키텍처를 미리 만들어 제공함으로써 효율적인 애플리케이션 구축을 지원한다.
- 표준 프레임워크는 Java 기반의 정보시스템 구축에 활용할 수 있는 개발·운영 표준환경을 제공하기 위한 것이다.

2) 웹 기술

- LMS는 웹 기반으로 운영되기 때문에 웹 기술은 필수 요소이며, HTML·CSS·JavaScript 등 웹 기술을 이용해 UI를 개발하고, 웹 서버와 데이터베이스를 설정·관리하여 시스템을 운영한다.

[표] LMS 운영을 위한 주요 웹 기술 요소와 기능

HTML	• 웹 페이지를 구성하는 마크업 언어 • LMS에서는 HTML을 이용해 화면의 구조와 UI 요소의 기본 틀을 정의한다.
CSS	• HTML로 작성된 웹 페이지의 스타일링을 담당하는 스타일 시트 언어 • LMS에서는 CSS로 UI의 스타일을 설정하고, 레이아웃·색상·폰트 등을 지정하여 시각적 완성도를 높인다.
JavaScript	• 웹 페이지의 동적인 기능을 구현하는 프로그래밍 언어 • LMS에서는 JavaScript를 통해 사용자 입력 처리, 화면 업데이트, 비동기 통신(AJAX) 등 동적 기능을 구현한다
웹 서버	• LMS 시스템이 동작하는 서버 • 웹 서버는 클라이언트 요청에 따라 HTML·CSS·이미지 등의 정적 파일을 제공하거나, 서버 측 스크립트를 활용해 동적 페이지를 생성하여 반환한다.

📖 **참조**

- HTML (HyperText Markup Language) : 웹 페이지의 구조와 콘텐츠를 정의하는 마크업 언어이다.
- CSS (Cascading Style Sheets) : 웹 페이지의 레이아웃, 색상, 글꼴 등 스타일을 지정하는 스타일 시트 언어이다.
- UI (User Interface) : 사용자가 시스템과 상호작용하기 위해 사용하는 화면 구성 요소와 디자인 요소를 말한다.
- JavaScript : 웹 페이지에 동적 기능을 구현하고 사용자 입력·이벤트를 처리하는 프로그래밍 언어이다.
- AJAX (Asynchronous JavaScript and XML) : 웹 페이지 전체를 새로 고침하지 않고 서버와 비동기적으로 데이터를 주고받는 기술이다.

3) 증강현실 학습기술

- **증강현실(AR)**은 현실 세계의 배경 위에 가상의 정보나 이미지를 겹쳐 보여주는 기술이다.

- **증강현실**은 현실 공간 위에 가상의 객체, 소리, 동영상 등 멀티미디어 요소를 중첩시켜 학습자와 상호작용하도록 하는 기술이다. 이러한 상호작용은 학습자에게 추가 정보, 실재감, 몰입감을 제공하여 학습효과를 높인다.

- 교육 분야에서는 증강현실을 통해 몰입형 학습 환경을 조성하고, 상호작용형 학습자료 제공, 실시간 피드백 및 평가를 지원할 수 있다.

- **증강현실 기반 교육**은 학습 동기 향상, 개인 맞춤형 학습지원, 협업 학습 촉진 등의 장점을 가진다.

- 특히 가상현실(VR)에 비해 현실 세계를 기반으로 하기 때문에 실재감과 몰입감이 높아 학습효과가 뛰어난 기술로 주목받고 있다.

- **AR 학습 환경을 구성하는 핵심 기술**은 현실 세계를 인식하는 기술, 정확한 공간 배치를 위한 자세 추정 기술, 학습콘텐츠를 생성·편집하기 위한 저작 기술로 구분한다.

[표] 증강현실(AR) 학습을 위한 주요 기술 요소

주요 기술	특징
인식 기술	• 학습콘텐츠를 적절한 위치와 대상에 정확히 매칭하여 불러들이기 위한 기술이다. • 인위적인 마커(표식)를 사용하는 마커 기반 인식보다, 자연 영상을 그대로 이용하는 마커리스(markerless) 인식 방식의 선호도가 높다.
자세 추정 기술	• 증강할 객체가 배치될 공간에서 카메라의 상대적 위치와 자세(포즈)를 추정하여, 현실감과 실재감 있는 증강현실 학습을 가능하게 한다. • 카메라 떨림, 조명 변화, 다른 물체에 의한 가림 등 환경 변화 속에서도 정밀한 자세 추적과 실시간 처리가 요구된다.
증강현실 콘텐츠 저작 기술	• 실제 수업에 활용할 증강현실 학습콘텐츠를 제작·편집하여 학습에 활용할 수 있도록 하는 기술이다. • 비전문가도 다양한 효과와 시나리오를 쉽고 빠르게 작성·편집할 수 있도록 지원하는 저작도구 기술을 포함한다.

> 🔑 수험Tip
>
> 인식 기술 = 무엇을 기준으로 삼을지 찾는 단계
>
> 자세 추정 기술 = 그 기준 위에 어떻게 배치할지 계산하는 단계
>
> 저작 기술 = 실제 학습자료를 만드는 단계

4) 가상체험(VX) 학습기술

가상체험(VX, Virtual eXperience)은 증강가상(AV)과 혼합현실(MR) 기술이 융합된 교육기술로, 학습자를 특정 상황과 가상공간 속에 몰입시켜 현실감 있는 체험형 학습을 제공하는 기술이다. 높은 몰입이 요구되는 외국어 교육, 안전교육, 기업 기술·직무 교육 분야에서 특히 주목받고 있다.

[표] 가상체험(VX) 기반 학습기술의 주요 요소

주요 기술	특징
학습자 영상 추출 기술	• 학습자의 실제 영상을 가상공간에 투영하기 위해 배경과 전경(인물)을 분리하는 기술이다. • 다양한 카메라 환경과 영상 입력을 처리할 수 있어야 하며, 실시간 성능 확보가 중요하다.
인체 추적 및 제스처 인식 기술	• 학습자의 손·발·머리 등 신체 부위 위치와 움직임, 그리고 사용자가 의도한 제스처를 인식하는 기술이다. • 이를 기반으로 학습콘텐츠 조작에 필요한 사용자 인터페이스(UI) 기능을 제공한다.
영상 합성 기술	• 가상공간의 영상과 학습자의 실공간 영상을 자연스럽게 합성하여 가상공간 속에서 학습자가 실제로 존재하는 듯한 느낌을 주기 위한 기술이다. • 학습자의 발 위치·모션·방향 등을 기준으로 가상공간 내에서의 위치를 결정하고, 최종 화면을 실시간으로 렌더링한다.
콘텐츠관리 기술	• 학습자가 체험하는 AR·VR 콘텐츠를 제작하고, 저작·유통·재생·버전관리·패키징 등을 수행하는 기술이다. • 콘텐츠 생명주기 전체를 관리하는 기능을 포함한다.
이벤트 처리 기술	가상체험(VX)과 관련된 사용자 행동(학습자·교사 등)에서 발생하는 다양한 이벤트를 수집·처리하여, 콘텐츠가 매끄럽게 동작하도록 지원하는 기술이다.

5) 보안 기술

- **보안 기술**은 학습자들의 개인정보와 학습 데이터를 보호하고, 불법적인 접근이나 공격으로부터 학습 시스템을 안전하게 지키기 위한 기술이다.

- SSL(Secure Sockets Layer)과 같은 보안 프로토콜과 암호화 기술을 사용하여 인터넷을 통해 전송되는 데이터를 인증·암호화·복호화하고, 각종 보안 취약점과 사고에 대비한 대응체계를 마련해야 한다.

[표] 학습시스템 보안을 위한 주요 기술

주요 기술	특징
암호화 기술	• 학습자의 개인정보와 학습 데이터를 안전하게 보호하기 위해 사용하는 기술이다. • 암호화 알고리즘을 이용해 데이터를 암호화하고, 복호화하여 원래 정보로 되돌릴 수 있게 한다.
인증 및 접근 제어 기술	• 학습자들이 학습시스템에 안전하게 로그인하고 접근할 수 있도록 하는 기술이다. • 아이디·비밀번호, OTP, 생체인증 등 다양한 인증 방식과 사용자 권한에 따른 접근 제어 기능을 포함한다.
네트워크 보안 기술	• 학습자가 학습시스템에 접속할 때 네트워크를 통해 전송되는 데이터를 안전하게 보호하기 위한 기술이다. • 방화벽, 침입 탐지/차단 시스템(IDS/IPS), 가상 사설망(VPN) 등 네트워크 보안 장비와 기술을 활용한다.
무결성 검증 기술	• 학습자에게 제공되는 정보와 학습 데이터가 전송·저장 과정에서 변조되지 않았는지 확인하기 위한 기술이다. • 해시 알고리즘, 전자서명 등을 사용해 데이터의 무결성을 검증한다.
보안 관리 기술	• 학습시스템에서 발생하는 각종 보안 문제를 관리·대응하기 위한 기술이다. • 보안 이벤트 모니터링, 보안 취약점 관리, 보안 정책 수립·운영 등의 기능을 포함한다.

📖 참조

• OTP(One-Time Password) : 한 번만 사용할 수 있는 일회성 비밀번호로, 로그인 보안을 강화하는 인증 방식이다.

• IDS(Intrusion Detection System, 침입 탐지 시스템) : 네트워크나 시스템에서 비정상적인 접근이나 공격을 탐지하는 보안 시스템이다.

• IPS(Intrusion Prevention System, 침입 방지 시스템) : 탐지한 공격을 자동으로 '차단·방어'하는 보안 시스템이다.

• VPN(Virtual Private Network) : 공용 네트워크를 이용해 암호화된 안전한 통신 경로를 만드는 기술이다.

• 해시알고리즘(Hash Algorithm) : 데이터를 고정 길이의 암호화된 값(해시값)으로 변환해 무결성 확인에 사용하는 알고리즘이다.

• 전자서명(Digital Signature) : 메시지·문서의 위조 여부와 송신자 인증을 위해 전자적으로 생성된 서명 기술이다.

6) 인공지능 기술

최근 LMS에서는 인공지능 기술을 적용하여 학습자의 학습 행동과 성취 데이터를 분석하고, 이를 기반으로 개인 맞춤형 학습을 지원하는 추천 시스템을 개발·운영하고 있다. 이러한 AI 기반 기능은 학습 수준 진단, 맞춤형 콘텐츠 제공, 예측 분석 등을 가능하게 하여 학습효과를 높이는 데 기여한다.

[표] 머신러닝 기술의 주요 요소

주요 기술	특징
강화 학습	• 에이전트가 보상을 최대화하기 위해 시행착오를 겪으며 학습하는 기술. • 보상 설계, 에이전트 모델링, 상태·행동 공간 모델링 등이 핵심 요소.
분산 학습	• 학습 데이터를 여러 컴퓨터(노드)에서 병렬로 분산처리하는 기술. • 대규모 데이터 처리를 위해 분산 시스템 및 분산 머신러닝 알고리즘을 활용.
전이 학습	• 기존에 학습된 모델을 새로운 문제에 적용하여 학습효율을 높이는 기술. • 사전 학습된 모델(pretrained model)과 전이 학습 알고리즘을 사용.

[표] 딥러닝 기술의 주요 요소

주요 기술	특징
인공 신경망	• 학습자의 데이터를 분석하여 맞춤형 학습콘텐츠 추천 등에 활용되는 딥러닝 기본 기술. • 다층 퍼셉트론, 컨볼루션 신경망(CNN), 순환 신경망(RNN) 등 다양한 구조 사용.
딥러닝 알고리즘	• 학습 데이터를 반복적으로 분석하며 패턴을 학습하는 알고리즘. • 역전파 알고리즘, 경사 하강법 등 최적화 알고리즘을 사용하여 모델을 학습.
자동 추출 기술	• 데이터에서 핵심 특징(feature)을 자동으로 추출하여 학습에 활용하는 기술. • 딥러닝 기반 콘텐츠 추천 시스템 등에 활용됨.
분산 학습 기술	• 대규모 데이터 처리를 위해 딥러닝 모델을 여러 컴퓨터에서 분산 훈련하는 기술. • 분산 신경망, 분산 최적화 기법 등 사용.
자기 학습 기술	• 정답 레이블 없이 스스로 학습 규칙을 학습하는 기술. • 강화 학습, 자기 지도 학습 등과 연계되어 활용됨.

📖 참조

- 에이전트 모델링(Agent Modeling) : 환경과 상호작용하며 보상을 극대화하도록 행동을 학습하는 주체(에이전트)의 구조와 전략을 설계하는 과정이다.

  예 로봇청소기

    환경 : 방의 구조, 장애물, 먼지 위치

    에이전트 : 로봇청소기

    행동 : 전진, 회전, 후진 등

    환경의 반응 : 벽에 부딪힘(보상 ↓), 먼지를 빨아들임(보상 ↑)

- 다층 퍼셉트론 : 여러 층을 거치며 입력 정보를 점점 더 잘 구분하도록 학습하는 가장 기본적인 신경망 모델이다.
- CNN (Convolutional Neural Network) : 이미지·영상 처리를 위해 특징을 자동 추출하는 합성곱 기반 인공 신경망이다.

- RNN (Recurrent Neural Network) : 문장·시계열처럼 순서가 있는 데이터를 처리하기 위해 이전 정보를 기억하며 학습하는 신경망이다.
- 역전파 알고리즘 (Backpropagation) : 신경망이 오차를 출력층에서 입력층 방향으로 보내면서, 각 연결 값(가중치)을 조금씩 조정해 나가는 신경망 학습 알고리즘이다.
- 경사 하강법 (Gradient Descent) : 오차가 줄어드는 방향으로 가중치를 조금씩 움직여, 점점 더 정답에 가깝게 맞추어 나가는 최적화 방법이다.

7) 시뮬레이션 학습기술

- **시뮬레이션**은 현실 세계의 물체, 현상, 상황을 컴퓨터 기술을 이용해 가상으로 재현하고, 실제로 수행하기 어렵거나 위험한 활동을 모의 실험하여 그 결과와 특성을 분석·예측해 보는 것이다. (적용 사례 : 관리, 실험, 훈련, 교육이 필요한 해양, 자동차, 군사, 로봇, 역학 분야 등)
- 이러닝에서 시뮬레이션 학습의 목적은, 현실 세계에서 직접 경험하기 어렵거나 불가능한 내용을 가상 환경에서 안전하게 체험하게 함으로써 학습자의 이해력과 학습 동기를 높이고, 학습효과를 향상시키는 데 있다.
- 학습자에게 현실에서 제공하기 어려운 학습 도구와 상황을 가상 환경에서 제시하고, 직접 관찰하기 힘든 과정이나 결과를 시뮬레이션을 통해 간접 체험할 수 있도록 함으로써 다양한 학습활동을 제공한다.
- 이와 같은 시뮬레이션 기반 학습은 학습자가 지속적인 관심을 가지고 능동적으로 참여하도록 유도한다는 점에서, 이러닝에서 중요한 학습기술로 자리 잡고 있다.

4. 이러닝 표준의 이해

1) 표준 분야

① 이러닝 표준화의 필요성
- 이러닝 표준 분야는 교육 콘텐츠와 시스템 간의 상호 운용성, 재사용 가능성, 접근성, 항구성 등을 중점으로 한다.
- 이러한 표준들은 학습콘텐츠와 학습시스템 간의 상호 운용성을 확보하고, 학습 데이터의 정확한 추적과 관리를 지원하기 위해 개발되었다.

- 이러닝은 기본적으로 학습자 개인별로 주문형(on-demand)과 실시간(real-time) 학습 환경을 제공하며, 학습시스템과 학습자 사이에 다양한 상호작용을 지원하고 학습자의 수준에 맞는 맞춤형 학습이 가능한 새로운 교육 패러다임이다.
- 이 새로운 교육 패러다임이 효과적으로 구현되기 위해서는, 표준화를 기반으로 질적으로 우수한 콘텐츠와 이를 안정적으로 운용·서비스할 수 있는 학습시스템이 함께 갖추어져야 한다.
- 특히 재사용 가능성, 접근성, 상호 운용성, 항구성은 이러닝 표준화에서 가장 중요한 품질 요소로, 이 네 가지 특성을 얼마나 충족하느냐가 이러닝 시스템의 완성도를 좌우한다. 아래 표는 이러한 핵심 요소들의 의미를 정리한 것이다.

[표] 이러닝 표준화의 필요성

재사용 가능성 (Reusability)	• 기존 학습객체나 콘텐츠를 다양한 방식으로 다시 활용하여 새로운 학습콘텐츠를 구성할 수 있는 특성.
접근성 (Accessibility)	• 학습자가 언제 어디서나 쉽게 콘텐츠에 접근하고 검색·배포할 수 있도록 하는 특성. • 장애가 있는 학습자도 동등한 학습 경험을 얻을 수 있도록 접근성을 높이는 것 역시 중요한 요소이다.
상호 운용성 (Interoperability)	• 서로 다른 시스템, 소프트웨어, 플랫폼 간에 콘텐츠와 데이터를 교환하고 사용할 수 있도록 하는 특성. • 한 시스템에서 만든 콘텐츠가 다른 시스템에서도 문제없이 작동하도록 하는 것이 목표이다.
항구성 (Durability)	• 기술이 변화하더라도 콘텐츠나 시스템이 계속 안정적으로 작동할 수 있는 특성. • 시스템이 시간 흐름에 따른 기술 변화의 영향을 최소로 받도록 설계되는 것을 의미한다.

🔑 수험Tip

"다른 시스템에서도 문제없이 작동되는가?" → 상호 운용성

"장애 학습자를 포함한 접근 편의성" → 접근성

"콘텐츠를 다양한 학습자료로 재구성" → 재사용성

"기술 변화에 영향을 받지 않음" → 항구성

② 이러닝 표준 분야

- 이러닝 학습시스템은 학습콘텐츠, 학습관리시스템(LMS), 학습자 데이터 등 다양한 데이터와 서비스를 포함하는 통합 환경이다.
- 이러한 데이터와 서비스가 서로 연동되고 안정적으로 운영되기 위해서는 각각에 대해 공통으로 적용할 수 있는 표준이 필요하다.
- 따라서 이러닝 학습시스템은 서비스 표준, 데이터 표준, 콘텐츠 표준을 준수함으로써 전체 시스템의 상호 운용성과 일관성을 확보해야 한다.

[표] 이러닝 표준 분야별 역할

서비스 표준	이러닝 학습시스템은 학습자, 교사, 관리자 등 다양한 이해관계자에게 여러 온라인 서비스를 제공한다. • 이러한 서비스들이 서로 연동되고 상호작용할 수 있도록 서비스들 간의 인터페이스와 상호 　운용성을 정의한 규칙이 서비스 표준이다. • **대표적인 서비스 표준**: 웹 서비스 표준인 SOAP, REST 등
데이터 표준	이러닝에서는 학습자 정보, 교육과정 정보, 학습 기록 등 다양한 데이터를 관리한다. • 이 데이터가 다른 시스템과도 공유·교환될 수 있도록 데이터의 구조와 형식을 표준화한 것이 　데이터 표준이다. • **대표적인 데이터 표준**: 학습자 정보를 위한 IMS Learner Information Package, 학습 기록을 위한 　IMS Caliper Analytics 등
콘텐츠 표준	이러닝 학습시스템은 다양한 형식의 학습콘텐츠를 제공해야 한다. • 서로 다른 플랫폼·LMS에서도 동일한 콘텐츠를 사용할 수 있도록 학습콘텐츠의 구조와 파일 　형식을 표준화한 것이 콘텐츠 표준이다. • **대표적인 콘텐츠 표준**: SCORM, AICC, xAPI 등

📖 참조

- **SOAP(Simple Object Access Protocol)** : 네트워크 환경에서 서로 다른 시스템이 규칙에 따라 데이터를 주고받도록 설계된 표준화된 웹 서비스 통신 프로토콜
- **REST(Representational State Transfer)** : 서버의 자원에 간단한 방식으로 접근하고 처리할 수 있도록 설계된 웹 서비스 구조로, 주로 HTTP를 사용하여 통신하는 경량 아키텍처
- **IMS Learner Information Package** : 학습자의 기본 정보와 학습 이력(어떤 과정을 듣고, 어떤 성적을 받았는지)을 한 가지 일정한 형식으로 정리해서, 다른 시스템에서도 그대로 읽고 쓸 수 있게 해주는 약속이다.
- **IMS Caliper Analytics** : 학습자가 어디를 클릭하고, 어떤 동영상을 보고, 얼마나 참여했는지를 같은 형식으로 기록해서, 나중에 쉽게 분석할 수 있게 해주는 학습 데이터 규칙이다.
- **SCORM(Sharable Content Object Reference Model)** : 한 번 만든 이러닝 콘텐츠를 여러 LMS에서 공통된 방식으로 불러와서 사용할 수 있게 해주는 가장 대표적인 표준이다.
- **AICC(Aviation Industry CBT (Computer-Based Training) Committee)** : 원래는 항공 분야에서 쓰기 시작한 초창기 이러닝 규격으로, LMS와 학습콘텐츠가 서로 "학습 시작했어 / 끝났어 / 점수는 얼마야" 같은 정보를 주고받을 수 있게 해주는 약속이다.
- **xAPI(Experience API)** : 온라인 강의뿐 아니라, 모바일 학습·현장 실습·오프라인 활동까지 "누가, 무엇을, 어떻게 했다"라는 학습 경험을 폭넓게 기록할 수 있게 해주는 최신 학습 데이터 규격이다.

🔑 수험Tip

서비스 표준 → "서비스들이 서로 통신하고 연동되도록 하는 규칙"

데이터 표준 → "학습 데이터를 공유할 수 있게 구조·형식을 정한 규칙"

콘텐츠 표준 → "콘텐츠를 어디서나 호환되게 만드는 규칙"

(1) 이러닝 국제 표준

- ISO/IEC(국제표준화기구/국제전기기술위원회)와 JTC1/SC36(공동 기술위원회 산하 분과위원회)는 정보기술 분야에서 학습·교육·훈련에 관한 국제 표준을 개발·관리하는 핵심 국제 표준화 기구이다. 이들은 전 세계 이러닝 기술의 표준을 담당하며, 교육 및 훈련 분야의 기술적·과학적·경제적 발전을 지원한다.

- ISO/IEC JTC1/SC36은 여러 국제기구와 협력하여 교육·훈련 분야의 정보기술 표준을 개발하고, 글로벌 차원의 표준화 활동을 추진한다.

- 이러한 표준화 활동은

  ① 교육·훈련 서비스의 품질 향상

  ② 교육 자원의 공유 및 재사용 촉진

  ③ 이러닝 산업의 발전

  ④ 상호 운용성 기반 솔루션 개발

  등에 기여하며, 교육기관·정부·기업·산업체·연구기관이 공동으로 사용할 수 있는 통합 환경을 마련한다.

- IMS/GLC와 ADL – 국제 표준 개발 기구

  IMS(Instructional Management Systems)와 GLC(Global Learning Consortium)는 ISO/IEC JTC1/SC36과 협력하여 교육기술 표준을 개발하는 주요 국제기구이다. IMS의 목표는 교육 도구와 시스템 간의 상호 운용성을 강화하여 학습효과를 극대화하는 것이다.

- IMS는 다양한 표준을 제안하는 단체로, 대표적으로 LTI(Learning Tools Interoperability)는 다양한 학습시스템·도구 간 통합을 용이하게 하는 표준이며, QTI(Question and Test Interoperability)는 시험·퀴즈·평가 데이터를 표준 형식으로 교환하기 위한 규격이다.

- IMS GLC는 표준을 개발할 뿐 아니라, 개발된 교육기술 제품 및 서비스에 대해 상호 운용성 검증 및 인증 프로그램도 운영한다.

- ADL(Advanced Distributed Learning)은 SC36과 협력하며, 대표적으로 다음과 같은 표준을 제안한다.

  - SCORM → 가장 널리 사용되는 이러닝 콘텐츠 표준

  - xAPI → 모든 학습 경험(온라인+오프라인)을 기록할 수 있는 차세대 학습 표준

🔑 수험Tip

IMS 계열 규격 → LTI, QTI

ADL 계열 규격 → SCORM, xAPI

"학습·교육·훈련 분야 IT 표준을 맡는 위원회" → SC36

"전 세계 이러닝 기술의 국제 표준을 총괄" → SC36

[표] 이러닝 국제 표준 분야 주요 용어 및 기관

구분	정리된 내용
교육 및 학습에 관한 정보기술 표준화	• 이러닝 콘텐츠, 학습 정보 모델, 메타데이터, 학습자 정보 등과 관련된 기술 표준을 포함한다.
상호 운용성	• 서로 다른 이러닝 시스템과 플랫폼 간에 정보를 교환하고 함께 작동할 수 있도록 하기 위한 표준을 개발한다.
권한 및 보안	• 사용자 인증, 접근 제어, 개인정보 보호 등 보안과 관련된 기술 표준을 포함한다.
ISO (국제표준화기구)	• 전 세계 국가 표준 기구의 협력을 통해 국제 표준을 제정하는 기관으로, 다양한 분야의 표준을 담당한다. • 각 분야별로 전문 하위 위원회를 둘 수 있다.
IEC (국제전기기술위원회)	• 전기·전자 분야의 국제 표준화를 담당하는 기관이며, 제품·시스템의 안전성·효율성·상호 운용성 향상을 위한 표준을 개발한다.
ISO/IEC JTC1 (Joint Technical Committee 1)	• 정보기술(IT)과 관련된 국제 표준을 개발하는 ISO와 IEC의 공동 기술위원회이다.
ISO/IEC JTC1/SC36	• JTC1 산하에서 학습·교육·훈련 분야의 IT 표준화를 담당하는 전문 분과위원회이다. • 학습 정보 모델, 메타데이터, 학습콘텐츠 구조, 학습지원 시스템 등 다양한 표준 개발을 수행한다.

[표] 국제 표준화 기구

기구	역할
ISO (International Organization for Standardization)	여러 산업·기술 분야의 국제 표준을 제정하는 기구. 전 세계적으로 통용되는 기준을 만든다.
IEC (International Electrotechnical Commission)	전기·전자 기술 분야의 국제 표준을 개발하는 기구. 제품·시스템의 안전성과 상호 운용성을 높인다.
ISO/IEC JTC1 (Joint Technical Committee 1)	ISO와 IEC가 공동으로 운영하는 정보기술(IT) 표준전담 기술위원회.
ISO/IEC JTC1/SC36 (Subcommittee 36)	JTC1 산하의 분과로, 학습·교육·훈련(Learning, Education, Training) 분야 IT 표준을 담당한다.
CEN (European Committee for Standardization)	유럽 표준화 위원회. 유럽 각국의 표준화 기관을 대표하는 비영리 조직으로, 유럽 지역 표준을 만든다.

[표] 이러닝 표준화 기구와 대표 규격

기구와 대표 규격	역할
IMS/GLC (IMS Global Learning Consortium)	이러닝 표준을 중점으로 활동하는 글로벌 비영리 컨소시엄. LTI, QTI 등 여러 교육기술 표준을 제안·관리한다.
LTI (Learning Tools Interoperability)	IMS 표준 중 하나로, 여러 학습 플랫폼과 외부 도구(툴)를 쉽게 연동할 수 있게 해주는 규격.
QTI (Question and Test Interoperability)	IMS 표준으로, 시험·퀴즈·문항 등의 평가 콘텐츠를 표준 형식으로 교환하기 위한 규격.
ADL (Advanced Distributed Learning)	미국국방부 산하 연구 조직으로, e-learning 표준(특히 SCORM, xAPI)을 개발·관리한다.
SCORM (Sharable Content Object Reference Model)	ADL이 개발한 대표적인 이러닝 콘텐츠 표준. 콘텐츠와 LMS 간 상호 운용성을 보장하고, 재사용 가능한 콘텐츠 패키징 방식을 정의한다.
xAPI (Experience API (Tin Can API))	ADL이 개발한 차세대 표준으로, 온라인·오프라인·모바일·현장 활동 등 모든 학습 경험을 기록·추적할 수 있게 하는 규격.

🔑 수험Tip

ADL = 조직, SCORM = 규격

"SCORM을 개발한 기관?" → ADL

[표] 메타데이터 및 웹 리소스 표준

기구	역할
DCMI (Dublin Core Metadata Initiative)	웹 자원(문서·이미지·영상·이러닝 콘텐츠 등)에 대한 메타데이터 표준 집합(Dublin Core)을 제공하는 국제 조직. 15개의 기본 요소(제목, 작성자, 날짜, 발행정보 등)로 디지털 자료를 기술하고 검색을 돕는다.

(2) 국내 이러닝 표준화

국내에서 이러닝 표준화 연구는 교육부, 산업통상자원부, 고용노동부 등 여러 부처에서 추진되며, 각 부처 산하 기관들은 자신들의 목적과 적용 범위에 맞는 표준화 활동을 수행하고 있다. 주요 기관과 역할은 다음과 같다.

[표] 국내 이러닝 표준화 기관 및 역할

한국교육학술정보원 (KERIS)	• 초·중등 교육 영역에서의 이러닝 표준화를 주도하고 있다. • 학교 교육에서의 이러닝 활성화와 효율적인 학습콘텐츠 제작 및 배포를 위한 다양한 연구와 표준화 활동을 수행하고 있다.
국가기술표준원	• 산업통상자원부 소속으로, 이러닝 산업 및 기술 표준화를 주도하고 있다. • 이러닝 산업의 활성화와 글로벌 경쟁력 강화를 위해 필요한 표준을 연구하고 제정하는 역할을 한다.
한국직업능력개발원	• 고용노동부 소속의 기관으로, 직업훈련과 관련된 이러닝 표준화를 담당하고 있다. • 직업 교육 및 훈련 영역에서의 이러닝 활용을 위한 표준을 연구하고 제안한다.

(3) 초중등 이러닝 표준

- **초중등 이러닝 표준의 핵심 목적**은 전국 학생들에게 균일하고 효율적인 사이버 교육 콘텐츠를 제공하기 위함이다. 특히 2005년부터 사이버 가정학습 서비스가 전국적으로 확대되면서, 콘텐츠의 품질 유지와 내용의 일관성 확보를 위한 표준 도입이 필수적으로 요구되었다.

- **KEM(Korea Educational Metadata)**는 초중등 교육 콘텐츠의 구조와 정보를 체계적으로 표현하기 위한 국내 교육용 메타데이터 표준이다. KEM을 활용함으로써 서로 다른 학습관리시스템(LMS)에서도 동일한 방식으로 콘텐츠를 제공·관리할 수 있게 되었고, 콘텐츠의 표준화·재사용성이 크게 향상되었다.

- 이러한 **표준화**는 지역에 관계없이 전국의 모든 학생들이 동일한 수준의 교육 콘텐츠를 제공받을 수 있는 기반을 마련하는 데 중요한 역할을 하였다.

(4) 산업교육 이러닝 표준

- **산업교육**은 기업 및 산업 현장에서 요구되는 직무능력과 실무 역량을 향상시키기 위해 설계된 교육을 의미한다. 직무 특성, 기술 발전, 시장 변화가 빠르게 일어나기 때문에 교육 내용도 지속적인 갱신과 구조화된 설계가 반드시 필요하다.

- **산업교육**은 학습(Learning), 교육(Education), 훈련(Training)의 세 가지 요소를 모두 포함하는데, 이를 통칭한 개념이 LET이다. 즉, **산업교육**은 단순 지식 전달을 넘어, 학습자에게 업무 수행에 필요한 행동·기술·지식을 통합적으로 강화하는 교육을 지향한다.

- 이러한 교육을 효과적으로 제공하기 위해서는 콘텐츠가 일정 수준의 품질을 유지해야 한다. 이를 위해 도입되는 것이 콘텐츠 품질인증 제도이며, 이는 콘텐츠의 내용 구성, 학습 목표 적합성, 디자인, 학습 효과성 등 다양한 요소를 기준으로 평가하여 교육 품질을 보증하는 역할을 한다.

2) 서비스 표준

- **서비스 표준(Service Standards)**은 학습자, 교사, 교육 제공자 등 이러닝 환경에 참여하는 다양한 사용자가 제공되는 서비스를 효율적으로 활용하고, 서로 다른 시스템 간에 원활한 상호 운용성을 확보하도록 하기 위한 기준이다.
- 최근 이러닝 환경은 콘텐츠 제공 방식, 학습 경험(UX), 외부 서비스 연동 등 다양한 요소가 복합적으로 작동하고 있다. 이러한 서비스의 복잡성과 다양성이 증가함에 따라, 이를 체계적으로 관리하고 최적화하기 위한 서비스 표준의 필요성이 더욱 커지고 있다.
- **서비스 표준의 핵심 목적**은 효율적인 이러닝 서비스 제공, 사용자 경험(UX) 향상, 여러 시스템 간 상호 운용성 보장이며, 결과적으로 교육·학습 환경을 더 연결되고 통합된 구조로 발전시키는 데 기여한다.
- 서비스 표준 중 대표적인 사례가 바로 IMS에서 제안한 LTI(Learning Tools Interoperability)이다. **LTI**는 다양한 학습 도구와 외부 서비스를 LMS와 손쉽게 연동할 수 있도록 설계된 대표적인 서비스 연동 표준이다.

(1) IMS LTI(Learning Tools Interoperability)

- IMS Global에서 개발한 국제 표준으로, 외부 학습 도구와 콘텐츠가 LMS(학습관리시스템) 안에 손쉽게 통합되도록 지원한다.
- LTI를 사용하면 이러닝 시스템은 서드파티 소프트웨어, 외부 학습 도구, 다른 이러닝 플랫폼을 학습 보조자료나 기능 도구로 연동하여 활용할 수 있다.
- 현재 Blackboard, Desire2Learn, Moodle, Canvas 등 주요 글로벌 LMS에서 LTI를 공식 표준으로 채택하여, 서로 다른 시스템 간에도 사용자 중심의 통합 환경에서 정보 교환이 가능하다.

(2) 서비스 표준의 주요 영역

사용자 인터페이스 (UI) 표준	사용자가 시스템과 상호작용하는 화면·구성 요소에 대한 표준으로, 사용자가 학습콘텐츠와 기능을 직관적이고 편리하게 이용할 수 있도록 한다.
학습콘텐츠 접근 및 전달 표준	학습콘텐츠를 효율적으로 저장·검색·전달하기 위한 표준. 대표 사례로 SCORM, xAPI 등이 있으며, 다양한 시스템에서도 동일하게 콘텐츠를 활용할 수 있게 한다.
학습자 데이터 관리 표준	학습자의 진도·성과·피드백 등 학습 데이터를 효율적으로 관리하고 분석하도록 지원하는 표준. 학습 과정 추적과 학습 분석(Learning Analytics)의 기반이 된다.
통합 및 연동 표준	여러 시스템과 플랫폼 간 연동과 통합을 가능하게 하는 표준. 대표 예로 LTI(Learning Tools Interoperability)가 있으며, 외부 학습 도구·서비스와 LMS의 연결을 지원한다.
보안 및 데이터 보호 표준	학습자의 개인정보와 학습 데이터를 안전하게 저장·전송·관리하기 위한 보안 관련 표준을 의미한다.

(3) 이러닝 서비스 표준의 중요성

호환성	다양한 기기(PC, 태블릿, 모바일)와 브라우저에서도 동일한 학습 경험을 제공하기 위해 필요한 요소이다.
재사용성	한 시스템에서 개발된 콘텐츠나 학습 도구를 다른 시스템에서도 그대로 활용할 수 있도록 지원한다.
확장성	시스템의 기능을 손쉽게 확장하거나 새로운 기능을 추가할 수 있게 해주는 특성이다.
효율성	학습콘텐츠와 학습 데이터를 효율적으로 저장·전송·관리할 수 있도록 지원하는 요소이다.

(4) 모바일 학습 환경

- **모바일 학습 환경**은 이러닝의 한 분야로, 스마트폰·태블릿 등 휴대용 디바이스를 활용하여 언제 어디서나 학습콘텐츠에 접근할 수 있는 환경을 의미한다.
- 모바일 학습 환경에서의 서비스 표준은 다양한 디바이스, 플랫폼, 서비스 간의 호환성과 상호 운용성을 보장하기 위한 규칙과 지침을 제공한다.
- 주요 서비스 표준 요소로는 디바이스 호환성, 오프라인 학습지원, 모바일 학습 데이터 통합, 보안, 콘텐츠 배포 및 관리, 사용자 인터페이스(UI)와 사용자 경험(UX) 표준 등이 포함된다.

(5) 하드웨어 환경

- 이러닝 학습시스템에서 **하드웨어 학습 환경**은 학습콘텐츠를 학습자에게 전달하는 데 사용되는 물리적 장비와 시스템을 의미하며, PC, 모바일 기기, 서버, 네트워크 장비 등 다양한 디바이스와 기술이 포함된다.
- 하드웨어 환경을 고려한 서비스 표준은 서로 다른 장비와 기술 환경에서도 일관된 학습 경험과 충분한 접근성을 제공하기 위한 규칙과 지침을 제시한다. 이를 통해 학습자는 기술적 장애 없이 원활하게 학습을 진행할 수 있다.
- 하드웨어 학습 환경에서의 주요 서비스 표준 요소로는 디바이스 호환성, 네트워크 및 연결성, 오디오·비디오 장비, 입력 장치, 보안, 확장성 및 통합성 등이 있다.

(6) 소프트웨어 환경

- 이러닝 학습시스템에서 **소프트웨어 학습 환경**은 학습콘텐츠와 서비스를 제공하기 위해 사용되는 운영체제, LMS, 애플리케이션, 학습 도구 등 소프트웨어 전반을 의미한다. 이러한 소프트웨어 환경은 학습의 효율성·접근성·사용자 경험을 향상시키는 데 핵심적인 역할을 한다.
- 소프트웨어 학습 환경에서의 서비스 표준은 다양한 소프트웨어와 플랫폼이 호환성과 상호 운용성을 유지하면서 안정적으로 동작하도록 하는 기준을 제공한다.
- 주요 서비스 표준 요소로는 플랫폼 독립성, 인터페이스 및 사용자 경험(UI/UX), 콘텐츠 통합 및 상호 운용성, 확장성, 보안, 데이터 백업 및 복구, 사용자 관리, 사회화·협업 기능 지원 등이 있다.

3) 데이터 표준

- 이러닝 학습시스템에서의 **데이터 표준**은 학습콘텐츠, 학습자 정보, 학습 진행 상황, 성취도(성과 메트릭스) 등 다양한 데이터를 일정한 형식과 구조로 정의하는 방법을 말한다.

- 데이터 표준화는 시스템 전반의 효율성·안정성·유용성을 높이고, 서로 다른 시스템과 서비스에서 생성된 데이터를 일관된 방식으로 교환·통합할 수 있게 한다. 이를 통해 교육기관과 조직은 보다 정확한 학습분석과 개인화된 학습 경험을 제공할 수 있다.

- 이러닝 환경에서 축적되는 학습 데이터는 단순한 점수·진도 정보를 넘어, 학습자의 활동 패턴과 참여 행동까지 매우 복잡한 형태로 존재한다. 이러한 데이터를 효과적으로 분석하고 시스템 간에 공통된 방식으로 주고받기 위해서는 학습 분석(Learning Analytics)에 적합한 데이터 모델과 전송 규격이 필요하다.

- 이러한 요구를 반영하여 IMS Global에서는 학습 분석을 위한 표준 데이터 구조로 Edu Graph를 제안하고 있으며, ADL은 온라인·오프라인을 포함한 학습 경험을 Actor - Verb - Object 구조로 기록하여 학습 기록저장소(LRS)에 저장·교환할 수 있도록 하는 학습 경험 데이터 표준인 xAPI(Experience API)를 제시하고 있다.

(1) Edu Graph

- IMS Global은 학습 분석 기술의 최신 동향을 파악하고, 관련 시스템 간 상호 운용성 표준을 개발하기 위해 별도의 특별 그룹을 구성하여 운영하고 있으며, 이 그룹을 통해 학습 분석에 필요한 데이터 모델인 Edu Graph를 제안하고 있다.

- **Edu Graph**는 학습 분석에 필요한 다양한 학습 활동·성과 데이터를 그래프 구조로 표현하기 위한 모델이다. 여러 시스템에서 수집된 학습 데이터를 공통된 방식으로 다루고 분석할 수 있도록 지원한다.

- 교육 환경 데이터를 활용해 실질적인 학습지원 서비스를 개발하기 위해서는, 5가지 데이터 유형에 대한 폭넓고 체계적인 분석이 필요하다.

- IMS Global은 이러한 데이터를 표준 방식으로 수집·활용할 수 있도록, 표준 API와 절차를 규정한 데이터 수집 표준인 Caliper Analytics를 개발하고 있다.

- Edu Graph는 이러한 학습 분석 환경을 지원하기 위해, 학습 데이터를 다섯 가지 주요 유형으로 구분하여 구조화하고 있으며, 다음은 Edu Graph에서 정의하는 핵심 데이터 유형이다.

[표] Edu Graph의 주요 데이터 유형

Learning Content Data	디지털 학습콘텐츠 자체에서 발생하는 데이터 (콘텐츠 이용 기록, 조회 수 등).
Learning Activity Data	학습 플랫폼(LMS 등)을 통해 발생하는 학습활동 데이터 (접속, 과제 제출, 토론 참여 등).
Operation Data	교육기관이 교육 프로그램을 운영하는 과정에서 발생하는 데이터 (수강 신청, 개설 강좌, 운영 일정 등).
Career Data	학습자의 경력, 진로, 인맥 등에 관한 데이터 (이력, 직무 경험, 자격증 등).
Profile Data	학습자 또는 교수자의 기본 정보와 프로파일링 과정에서 수집되는 데이터 (나이, 소속, 관심 분야 등).

🔑 수험Tip

Edu Graph = IMS가 제안한 학습분석용 데이터 모델로, 학습 데이터를 5가지 유형으로 구조화해 공통 방식으로 분석·교환하도록 만든 표준 모델이다.

(2) xAPI(Experience API)

- xAPI는 온라인·오프라인을 포함한 다양한 학습 경험 데이터를 수집·교환하기 위한 이러닝 표준으로, 학습자의 행동을 정해진 형식으로 표현하여 학습기록저장소(LRS, Learning Record Store)에 저장하고, 서로 다른 학습시스템 간에 데이터를 주고받을 수 있도록 한다.

- ADL이 SCORM 이후 차세대 표준으로 개발한 규격으로, SCORM의 제한적인 환경(브라우저·LMS 내부)에서 벗어나기 위해 제약을 줄이고, 최소한의 공통 어휘만 정의하여 더 간단하고 유연하게 데이터를 생성·전송할 수 있게 설계되었다.

- xAPI를 사용하면 표준을 지원하지 않는 기존 LMS나 다양한 학습 도구와도 데이터를 주고받을 수 있으며, 단순 점수뿐 아니라 학습 시간, 접속 위치, 기기, 실습 활동 등 폭넓은 학습활동 데이터를 추적·관리할 수 있다.

- xAPI에서 정의하는 표준 범위는 기초적인 학습 경험 데이터의 구조와 데이터 전송 방식에 관한 규격으로 한정되며, 이를 통해 어떤 시스템이든 동일한 형식으로 학습 데이터를 송·수신할 수 있도록 한다.

- xAPI의 핵심 구조는 행위자(actor)-행위(verb)-대상(object) 의 세 요소를 중심으로, 필요에 따라 시간, 결과, 컨텍스트(환경 정보) 등 분석에 도움이 되는 부가 정보를 함께 기록하도록 구성된다.
  - 예 "홍길동(Actor)이 강의를 시청했다(Verb-Object)."

🔑 수험Tip

"xAPI = 모든 학습 경험 기록 → LRS 저장."

4) 콘텐츠 표준

(1) 콘텐츠 표준화의 주요 특징

- **이러닝 콘텐츠 표준화**는 교육 및 훈련 콘텐츠의 제작, 배포, 사용, 재사용, 저장, 추적과 관련된 규칙과 지침을 설정하는 과정을 의미한다.
- 표준화를 통해 다양한 학습관리시스템(LMS)과 플랫폼 간에 콘텐츠의 상호 운용성과 재사용성이 향상되며, 그 결과 교육자와 학습자에게 일관되고 안정된 학습 경험을 제공할 수 있다.

[표] 이러닝 콘텐츠 표준의 핵심 특성

상호 운용성 (Interoperability)	• 다양한 LMS, 기기, 플랫폼에서도 콘텐츠가 정상적으로 작동하도록 하는 능력. • 여러 환경에서 일관된 콘텐츠 사용을 보장함.
재사용성 (Reusability)	• 콘텐츠 전체 또는 일부를 다양한 교육·훈련 시나리오에서 다시 활용할 수 있는 능력.
접근성 (Accessibility)	• 다양한 기기 및 환경에서 콘텐츠에 접근하고 사용할 수 있는 능력. • 특히 장애를 가진 학습자의 학습 접근성을 높이는 데 중요함.
지속성 (Durability)	• 기술 변화와 시간이 지나도 콘텐츠가 계속 사용될 수 있도록 유지되는 능력.
추적 및 보고 (Tracking and Reporting)	• 학습자의 진행 상태, 성과, 활동 등을 기록·보고할 수 있는 기능.

🔑 수험Tip

"표준화 → 상호 운용성 + 재사용성"이 가장 핵심이다.

(2) 콘텐츠 표준화의 기대효과

이러닝 콘텐츠 표준화는 교육적 측면과 기술적 측면에서 모두 다양한 긍정적 효과를 가져온다. 이를 통해 교육 콘텐츠의 품질과 학습효율을 높이고, 안정적이고 일관된 이러닝 환경을 구축할 수 있다.

[표] 교육적 관점에서의 기대효과

통합된 학습 경험	표준화를 통해 제작된 콘텐츠는 다양한 LMS나 플랫폼에서도 동일하게 작동하므로, 학습자는 일관된 경험을 얻을 수 있다.
높은 재사용성	교육자는 기존의 표준화된 콘텐츠를 새로운 교육 프로그램이나 과정에 쉽게 재사용할 수 있다.
개인화된 학습	표준화된 추적 및 보고 기능을 통해 학습자의 성과와 진행 상태를 파악하고, 그 결과에 따라 개인화된 학습 경험을 제공할 수 있다.
향상된 접근성	장애를 가진 학습자들도 표준화된 콘텐츠에 보다 쉽게 접근하고 이를 활용할 수 있어, 학습 기회의 형평성을 높일 수 있다.

[표] 기술적 관점에서의 기대효과

상호 운용성	콘텐츠가 다양한 LMS, 장치, 플랫폼에서 올바르게 작동하므로, 기관과 교육자는 서로 다른 기술 환경에서도 동일한 콘텐츠를 활용할 수 있다.
유지관리의 용이성	표준화된 콘텐츠는 기술적 변화나 업데이트에 대응하기 쉬워 장기적인 유지·관리와 지속성이 보장된다.
효과적인 데이터 관리	표준화된 추적 및 보고 기능을 통해 학습 데이터의 수집·관리·분석을 보다 체계적이고 효율적으로 수행할 수 있다.
경제적 효율성	한 번 표준화된 콘텐츠는 다양한 환경에서 재사용될 수 있으므로, 콘텐츠 제작 및 유지·관리 비용을 절감할 수 있다.
향상된 보안	일부 표준은 콘텐츠와 학습 데이터의 보안을 강화하기 위한 규정을 포함하고 있어, 무단 접근 및 유출을 예방하는 데 기여한다.

> 🔑 수험Tip : 콘텐츠 표준에 대해 잘 기억해 두세요.
> 교육적 관점과 기술적 관점을 구분해서 묻는 문제가 자주 등장한다.
> 장애 학습자 접근성은 교육적 관점으로 분류된다는 것을 기억한다.

(3) SCORM(Sharable Content Object Reference Model)

- **SCORM**은 이러닝 콘텐츠와 학습관리시스템(LMS) 간의 상호 운용성을 보장하기 위한 표준 모델로, 미국 ADL(Advanced Distributed Learning)이 주도하여 개발하였다. 웹 기반 학습콘텐츠가 서로 다른 LMS에서도 동일하게 동작하도록 설계된 규격이다.

- SCORM에서는 학습콘텐츠를 SCO(Sharable Content Object) 라는 작은 독립 학습 단위로 분할한다. SCO는 SCORM 규격을 준수하는 어느 LMS에서든 재사용이 가능한 모듈형 콘텐츠이다.

- SCORM의 핵심 철학은 재사용성(Reusability) 에 있다. 한 번 개발한 튜토리얼, 퀴즈, 시뮬레이션 등의 콘텐츠를 여러 강의나 교육과정에서 반복 활용할 수 있어, 콘텐츠 개발 시간과 비용을 절감하고, 다양한 LMS에서 일관된 학습 경험을 제공할 수 있게 한다.

- SCORM의 한계: SCORM은 브라우저 기반 온라인 학습에 초점이 맞추어져 있어, 모바일 학습·오프라인 학습·실제 현장 중심 학습과 같은 새로운 학습 패러다임을 충분히 지원하지 못한다는 한계가 있다. 이 한계를 보완하기 위해 xAPI(Experience API) 와 같은 차세대 학습 데이터 표준이 등장하였다.

[표] SCORM의 주요 구성요소

구성요소	내용
개요 (Overview)	ADL과 SCORM의 개념, 역사, 목적, 현재와 미래 방향 등 SCORM 전반에 대한 소개를 포함한다.
콘텐츠 통합 모델 (CAM, Content Aggregation Model)	학습콘텐츠를 구성하는 요소와 이를 패키징하는 방법, 시스템 간 교환을 위한 구성요소 기술 방식, 검색을 위한 메타데이터 기술 방식, 구성요소의 시간·배열 규칙 등을 정의한다.
실행환경 (RTE, Run-Time Environment)	SCO와 LMS가 상호작용하는 실행 모듈, 데이터 교환 방식, API 사용 규칙 등 실행 시 필요한 LMS 요구 사항을 규정한다.
시퀀싱·내비게이션 (Sequencing & Navigation)	학습자 시작, 시스템 시작, navigation 이벤트 처리 등 학습 흐름을 제어하기 위한 시퀀싱 규칙을 정의하며, SCORM 준수 콘텐츠의 시간적 배치 및 이동 방식을 설명한다.

> 🔑 수험Tip
>
> SCORM은 '외통 실시'로 기억하자.
>
> 외 : 개요(Overview) - SCORM 전반 소개
>
> 통 : 콘텐츠 통합 모델(CAM) - 콘텐츠를 어떻게 묶을지
>
> 실 : 실행환경(RTE) - 어떻게 돌릴지(실행·데이터 교환)
>
> 시 : 시퀀싱·내비게이션 - 학습을 어떻게 진행 시킬지(흐름 제어)
>
> → SCORM 구성요소 4가지 (개요 - CAM - RTE - 시퀀싱)를 확실히 구분하자.

(4) SCORM의 CMI (Computer Managed Instruction)

- SCORM은 다양한 LMS에서도 동일하게 작동하는 학습콘텐츠 표준으로, 콘텐츠의 재사용성과 상호 운용성을 높이기 위해 설계되었다.
- SCORM 안에는 LMS와 콘텐츠 간의 통신을 담당하는 CMI 데이터 모델이 포함되어 있으며, 이를 통해 학습자의 상태·점수·상호작용 등 학습활동 정보를 표준화된 방식으로 주고받을 수 있다.
- SCORM CMI는 학습관리시스템(LMS)과 이러닝 콘텐츠 간의 상호작용과 통신을 관리하기 위한 표준화된 데이터 모델이다.
- CMI는 학습자의 진행 상황, 성적, 상호작용 기록 등 학습 관련 데이터를 추적·저장·조회하고, 이러한 정보를 LMS와 콘텐츠 간에 주고받는 방식을 규정한다.
- 이를 통해 이러닝 콘텐츠와 LMS 간의 일관된 통신이 보장되며, 결과적으로 학습 경험의 표준화와 학습콘텐츠의 재사용성을 높이는 데 기여한다.

[표] SCORM CMI의 주요 기능

진행 상황 추적	학습자가 어디까지 학습했는지, 어떤 활동을 수행했는지 등 학습 진행 상황을 기록·관리한다.
성적 추적	퀴즈·테스트 등 평가결과를 저장하고 이를 LMS로 전달한다.
학습자 상호작용	학습자의 응답, 선택, 피드백 등 학습활동 중 발생하는 상세 상호작용 정보를 저장한다.
세션 관리	학습자의 학습 세션을 시작, 일시 중지, 재개, 종료하는 방법을 규정한다.
오류 처리	오류 발생 시 적절한 응답과 처리 절차를 제공한다.

🔑 수험Tip

문제에서 "SCORM이 학습자의 상태·점수·상호작용을 LMS와 주고받는 기능"을 묻는다면 CMI를 떠올리면 된다.

(5) 웹 접근성 콘텐츠 표준

- 웹 접근성(Web Accessibility)이란 장애인과 고령자를 포함한 모든 사용자가 웹에서 제공되는 정보와 서비스를 동등하게 인지·이해·조작·참여할 수 있도록 보장하는 것을 의미한다.
- 웹 접근성을 고려한 콘텐츠 제작은 모든 사용자에게 평등한 접근 기회를 제공하는 것이 목적이며, 이는 단순한 기술적 요구를 넘어 법적 준수사항이자 사회적 책임으로서 중요한 의의를 가진다.

[표] 웹 접근성 구현을 위한 주요 요소

주요 요소	내용
명료한 텍스트	복잡한 용어나 표현을 피하고 간결·명확한 설명을 제공한다. 필요한 경우 추가 가이드를 포함한다.
대체텍스트	모든 이미지는 스크린 리더가 읽을 수 있도록 대체 텍스트(alt-텍스트) 를 제공하며, 시각장애인이 이미지 내용을 이해할 수 있게 한다.
키보드 접근성	모든 기능은 키보드만으로 접근·조작이 가능해야 한다.
명료한 폰트와 색상	배경색과 글자색은 충분한 대비를 갖추어야 하며, 읽기 쉬운 폰트를 사용해야 한다.
동영상과 오디오에 자막 제공	시각·청각장애인을 위해 동영상에는 자막을, 오디오 콘텐츠에는 대본을 제공한다.
포커스 표시	사용자가 현재 어느 요소를 조작하고 있는지 포커스가 명확히 표시되어야 한다.
적절한 제목과 레이블	모든 페이지와 콘텐츠 영역에는 명확한 제목·레이블을 제공해야 한다.
ARIA (Accessible Rich Internet Applications) 사용	웹 콘텐츠와 웹 애플리케이션을 장애 사용자에게 더 접근 가능하게 만드는 ARIA 속성을 적절히 사용한다.
웹 폼 접근성	모든 입력 폼 요소에는 명확한 레이블을 제공하고, 오류 발생 시 사용자에게 인지 가능하도록 안내한다.
테스트 및 검토	스크린 리더, 키보드 전용 탐색 등 도구를 활용하여 실제 접근성을 테스트하고 필요하면 수정한다.

(6) 웹 기술 스택(Web Technology Stack)

- 이러닝 시스템은 대부분 웹 기반으로 동작하므로, 학습콘텐츠를 표현하고 전송하며 화면을 구성하기 위해 여러 웹 기술을 조합한 기술 스택을 사용한다.
- 특히 데이터 표현(XML), 비동기 통신(AJAX), 화면 스타일(CSS), 콘텐츠 배포(RSS) 등은 이러닝 플랫폼과 콘텐츠 개발에서 자주 활용되는 핵심 기술이다.

📖 참고
스택 = 어떤 서비스를 만들 때 함께 사용하는 기술들의 묶음(세트)
웹 기술 스택 = 웹 기반 서비스를 구현하기 위해 필요한 기술들의 조합

[표] 웹 기술 스택의 주요 구성요소

핵심 기술	내용
XML (eXtensible Markup Language)	데이터를 구조화하여 저장·전달하기 위한 마크업 언어로, 태그를 사용해 데이터의 구조와 의미를 명확하게 표현한다.
AJAX (Asynchronous JavaScript and XML)	웹 페이지를 전체 새로 고침하지 않고 필요한 부분만 비동기적으로 갱신하는 기술로, JavaScript가 서버와 통신하여 데이터를 주고받는다.
CSS (Cascading Style Sheets)	웹 문서의 디자인·레이아웃을 정의하는 스타일 시트로, HTML의 구조와 표현을 분리하여 웹페이지를 일관성 있게 꾸밀 수 있게 한다.
RSS (Really Simple Syndication)	웹사이트의 최신 콘텐츠를 자동으로 받아볼 수 있는 구독 기술로, 뉴스·블로그 등의 업데이트 정보를 XML 형식으로 제공한다.

[표] 원격훈련시설의 장비 요건 - 하드웨어

구분	세부항목	주요 요건
자체 훈련	기본 환경	• 안전성과 확장성을 가진 Web 서버, DB 서버, 동영상 서버를 갖출 것 • 대용량의 콘텐츠를 안정적으로 백업할 수 있는 백업 서버를 갖추고 있을 것
위탁 훈련	기본 환경	• 안정성과 확장성을 가진 독립적인 Web 서버, DB 서버, 동영상 서버, Disk Array(storage)를 갖출 것 (단, 우편 원격훈련일 경우 동영상 서버, Disk Array(storage) 제외 가능)

구분	세부항목	주요 요건
위탁 훈련	기본 환경	• Web 서버와 동영상 서버는 분산 병렬 구성, DB 서버는 Active-Standby 방식이나 Active-Active Cluster 방식 등을 이용하여 병렬 구성 • 임차 및 클라우드 서버를 임차한 경우 아래의 시스템 요건을 충족하고 계약서를 첨부해야 함 • 서버는 독립적으로 구성(타 훈련기관과 공동으로 사용하여서는 안됨)하고, 훈련별 데이터는 독립적으로 수집이 가능하여야 함
	Web 서버	• CPU : 1.4 GHz X 4 Core 이상/ Memory : 4GB 이상/ HDD :100GB 이상 • RAID 시스템을 사용할 것 (단, Raid0 단일구성은 제외) • SCSI 또는 동일 규격의 SAS 하드 드라이브 (단, SSD인 경우 SATA나 PCI 방식 허용)
	DB 서버	• CPU : 1.4 GHz X 4 Core 이상 • Memory : 4GB 이상/ HDD :100GB 이상 • RAID 시스템을 사용할 것 (단, Raid0 단일구성은 제외) • SCSI 또는 동일 규격의 SAS 하드 드라이브 (단, SSD인 경우 SATA나 PCI 방식 허용)
	동영상 서버	• CPU : 1.4 GHz X 4 Core 이상 / Memory : 4GB 이상 • HDD : 100GB 이상 • RAID 시스템을 사용할 것 (단, Raid0 단일구성은 제외) • SCSI 또는 동일 규격의 SAS 하드 드라이브 • SSD인 경우 SATA나 PCI 방식도 허용 (단, CDN 서비스 계약 시 전용 장비가 1대 이상 위치하도록 명시되어 있을 경우, 동영상 서버를 확보한 것으로 간주함)
	Disk Array (Storage)	• HDD : 2TB 이상 / RAID 시스템을 사용할 것 (단, Raid0 단일구성은 제외) • Cache : 2GB 이상 • 부품 이중화를 통한 안정성을 확보하고 로컬미러링을 이용한 백업 및 복구 솔루션 제공
	백업 정책	• 콘텐츠를 안정적으로 백업할 수 있는 백업 정책(서비스) 또는 시스템을 갖출 것 • 백업방식 및 성능은 1일 단위(백업), 최소 5일치 보관, 3시간(복원) 기준을 충족하도록 구성할 것
	보안 서버	• 각종 해킹 등으로부터 데이터를 충분히 보호할 수 있는 보안서버를 갖추고 있을 것 • 보안서버 :100M 이상의 네트워크 처리 능력을 갖출 것 • DB 암호화나 3중 보안(침입방지시스템(IPS)·Web 방화벽 구축) 중 한 가지 이상을 갖춘 경우, 정보 보안 요건을 충족한 것으로 간주함
	UPS 장비	• 30KVA이고 30분 이상 유지할 수 있는 무정전전원장치(UPS)를 갖출 것(IDC에 입주한 경우도 동일 기준 적용) (단, 우편 원격훈련의 경우 10KVA이고, 30분 이상 유지할 수 있는 무정전전원장치(UPS)를 갖출 것)

🔑 **수험Tip**

위탁훈련에서 주요 요건을 기억해 두세요. (실기기출문제)

<h2 align="center">[표] 원격훈련시설의 장비 요건 - 소프트웨어</h2>

구분	장비 요건
자체 훈련	• 사이트의 안정적인 서비스를 위하여 성능·보안·확장성 등이 적정한 웹서버를 사용할 것 • DBMS는 과부하 시에도 충분한 안정성이 확보된 것이어야 하고 각종 장애 발생 시 데이터의 큰 유실이 없이 복구 가능할 것 • 정보 보안을 위해 방화벽과 보안 소프트웨어를 설치하고, 기술적·관리적 보호조치를 마련할 것
위탁 훈련	• 사이트의 안정적인 서비스를 위하여 성능·보안·확장성 등이 적정한 웹서버를 사용할 것 • DBMS는 과부하 시에도 충분한 안정성이 확보된 것이어야 하고 각종 장애 발생 시 데이터의 큰 유실이 없이 복구 가능할 것 • 정보 보안을 위해 방화벽과 보안 소프트웨어를 설치하고, 기술적·관리적 보호조치를 마련할 것 • DBMS에 대한 동시접속 권한을 20개 이상 확보할 것 (단, 우편 원격훈련의 경우 DBMS에 대한 동시접속 권한을 5개 이상 확보할 것)

<h2 align="center">[표] 원격훈련시설의 장비 요건 - 네트워크</h2>

구분	장비 요건
자체 훈련	• ISP 업체를 통한 서비스 제공 등 안정성 있는 서비스 방법을 확보하여야 하며, 인터넷 전용선 100M 이상을 갖출 것
위탁 훈련	• ISP 업체를 통한 서비스 제공 등 안정성 있는 서비스 방법을 확보하여야 하며, 인터넷 전용선 100M 이상을 갖출 것 (단, 스트리밍 서비스를 하는 경우 최소 50인 이상의 동시 사용자를 지원할 수 있을 것) • 자체 DNS 등록 및 환경을 구축하고 있을 것 • 여러 종류의 교육 훈련용 콘텐츠 제공을 위한 프로토콜의 지원 가능할 것

<h2 align="center">[표] 원격훈련시설의 장비 요건 - 기타</h2>

구분	장비 요건
기타	• HelpDesk 및 사이트 모니터를 갖출 것 • 원격훈련 전용 홈페이지를 갖추어야 하며 플랫폼은 훈련생 모듈, 훈련교사 모듈, 관리자 모듈 각각의 전용 모듈을 갖출 것

> 📖 **참고**
>
> 원격교육 설비기준 고시
>
> 시행 2019.12.26. [교육부고시 제2019 - 213호, 2019.12.26., 개정]
>
> 사이버대학에서 원격교육 및 학사관리를 위해 갖추어야 할 최소한의 설비기준

[표] 원격 교육설비 서버

구분		기본 설비용량(1,000명 미만)			추가 설비 용량(1,000명당)		
		CPU	메모리[MB]	디스크[GB]	CPU	메모리[MB]	디스크[GB]
OLTP 서버[tpmC]	학사행정DB	52,000	6,144	3,300	52,000	3,072	3,100
	강의수강DB						
	백업용 DB						
WEB/WAS 서버[OPS]	WEB 서버	8,700	12,288	1,650	8,700	4,096	1,125
	메일서버						
	동영상서버						
	학사행정서버						

[표] 소프트웨어 설비기준

구 분		내용 및 기준
SW	웹서버 (웹엔진)	1. WEB/WAS용 시스템SW
	동영상 서버용	1. 300Kbps 이상의 대역폭을 지원하는 스트리밍 서비스로 다양한 멀티미디어 스트림 전송기능을 보유할 것
	DBMS	1. 데이터 파티션 처리능력 및 확장성 지원 2. 데이터 무결성 규칙 지원 및 신뢰성 보장 3. 멀티미디어 처리 지원(동영상, 이미지 등)
	원격교육운영 S/W	1. 학습관리시스템(LMS) 2. 학습콘텐츠관리시스템(LCMS) 3. 콘텐츠개발관리시스템(CDMS)

[권고 및 이행기준]

1. 원격교육운영 S/W는 학생과 교·강사가 모바일 환경에서 교·강사와 학습자 간의 상호작용, 강의수강 등이 가능하도록 모바일러닝 환경 지원을 권고한다.
2. 클라우드 SaaS 서비스를 이용할 경우, 「행정·공공기관 민간 클라우드 이용 가이드라인」(행정안전부)을 준용한다.

[표] 네트워크 설비기준

구 분	기본 설비용량(1,000명 미만)	추가 설비용량(1,000명당)
인터넷 대역폭	74Mbps	74Mbps

1. 네트워크 설비는 IDC co-location 서비스, 클라우드 서비스 등 전문업체를 이용하여 외주관리 할 수 있다.
2. 인터넷 대역폭은 인터넷서비스사업자(ISP)와의 계약내용과 관계없이 트래픽이 제한받지 않고 통신 가능한 최대 대역폭을 의미한다.
3. 대학이 CDN(Content Delievery Network) 서비스를 트래픽량의 제한 없이 이용하는 경우에도 설비 기준 상 인터넷 대역폭의 최소 30% 이상을 추가로 확보하여야 한다.
4. 클라우드 IaaS 서비스를 이용하는 경우 기본 설비용량을 적용하지 않는다.

[표] 원격교육용 정보보호시스템 설비 기준

1. 원격교육용 정보통신시스템은 다음 보안체계를 구비하여야 한다.
   가. 정보시스템의 설치 구역에 대한 물리적 보호시설
   나. 정보시스템에 대한 접근통제 시스템 및 정책
   다. 정보시스템에 대한 24시간 모니터링 체계
   라. 보안사고 발생에 대비한 예비 장비 등과 비상복구체계
   마. 모든 서버의 Firewall에 의한 보호체계
   바. 스위치, 라우터 등 주요 통신설비 이중화 구성
   사. 모든 서버는 IDS, 또는 IPS의 관제 하에 존치

[권고 및 이행기준]
1. 「정보통신망 이용촉진 및 정보보호 등에 관한 법률」 제47조에 의한 정보보호 관리체계 인증 취득을 권고한다.
   단, 클라우드 서비스 이용시 「클라우드컴퓨팅서비스 정보보호에 관한 기준」(과학기술정보통신부 고시) 제6조에 따른 공공기관용 추가보호조치 기준 고시를 포함한 클라우드 서비스 보안 인증을 받은 서비스 이용을 권고한다.

[표] 신분인식 및 인증 설비 기준

1. 사이버대학은 학생 자신에 대한 인증과 강의 수강에 대한 출결 및 시험관리 등을 위하여 서버에서 학생의 신분을 인식하여 대리출석과 부정시험을 방지할 수 있는 시스템을 갖추어야 한다. (예 생체인식, OTP, PIN, SMS인증, PKI 인증시스템 등)

[표] 기타 설비 기준

시설·설비명	내용 및 규격
디지털도서관	1. 사이버대학은 학생들의 강의 수강을 위한 준비와 학습, 교수들의 연구에 필요한 디지털도서관을 설치, 운영하여야 한다. 다만, 타 대학의 도서관을 공동으로 사용하는 경우에는 디지털도서관에 대한 접근과 자료이용 권한 등에 차별이 없는 경우에 한하여 인정한다.
무정전전원장치	1. 사이버대학의 원격교육설비에는 정전 등의 전원사고에 대비한 무정전 전원이 공급되어야 하며 정전 시 최소 1시간이상의 백업시간을 제공할 수 있어야 한다.

[권고 및 이행기준]
1. 디지털 도서관은 설치 학과의 종류에 따라 필요한 e-Book과 웹DB, 적절한 검색엔진을 갖추어야 한다.
2. 디지털 도서관은 개설하려는 학과의 성격에 따른 국내·외 웹DB의 검색과 이용이 가능해야 하며 웹DB에 수록된 논문의 초록과 원문의 열람에 있어 비용부담 등의 제한 없이 가능하여야 한다.

[표] 콘텐츠 운영·품질관리에 필요한 하드웨어 및 소프트웨어 구성

구분	시설·설비명	규격	비고
하드웨어	영상촬영장비	1. 방송용 디지털 캠코더(3CCD HD급 이상)	2대 이상
	영상편집장비	1. HD급 이상 동영상 편집용 선형(Linear) 또는 비선형(Nonlinear) 편집 시스템	
	영상변환장비	1. 인코딩 장비(웹에서 다운로딩 또는 스트리밍 가능하도록 출력물을 변환할 수 있는 장비)	

구분	시설·설비명	규격	비 고
하드웨어	음향제작장비	1. 음향조정기, 스피커, 마이크 등	
	그래픽편집장비	1. 그래픽 편집용 컴퓨터	공동활용
		2. 스캐너, 디지털 카메라 등	
	영상저장·백업장비	1. HD급 이상의 동영상을 저장 및 백업 할 수 있는 장비나 시스템	
	보조기억장치	1. 디스크어레이, DVD 등	
소프트웨어	동영상 제작	1. HD급 이상 동영상 제작용 소프트웨어	
	그래픽 제작	1. 2·3차원 그래픽 제작용 소프트웨어	
	음향 편집	1. 음향 편집용 소프트웨어	
	강의 제작	1. 제작에 필요한 소프트웨어	

※스튜디오별 인력 배치

구 분	제 1 스튜디오	제 2 스튜디오	합 계	비 고
PD/촬영	1	1	2	

[표] 콘텐츠 운영 및 품질관리를 위한 조직 구성

구 분	콘텐츠 품질관리				
	교수설계	디자인	매체개발	프로그래밍	콘텐츠 관리
역 할	교수설계	그래픽/디자인	콘텐츠 영상	프로그래밍	콘텐츠 관리
인 원	3명	3명	2명	1명	1명
	인원배치는 6명 내에서 자율적으로 배치가능		-	중복업무 가능	
	중급기술자* 1명 이상 필수				

📖 참고
「엔지니어링산업진흥법시행령」 제4조에 따른 별표2의 '엔지니어링기술자(제4조 관련)'에 따라 소프트웨어 기술자의 등급을 분류한다.

※ 인력 구성 산정 기준

구분	업무 분야	인원수	업무 내용 및 분야 전문성
콘텐츠 제작 및 품질 관리	교수설계	3명	1. 교육콘텐츠 제작계획 수립, 기획, 분석, 설계 등 　가. 교육학(공학) 전공자 및 관련 분야 경력자
	디자인	3명	1. 그래픽 디자인 / 웹 기획 및 개발 (강의 콘텐츠 디자인 및 제작) 　가. 웹디자인 전공자 및 관련 분야 경력자

구분	업무 분야	인원수	업무 내용 및 분야 전문성
콘텐츠 제작 및 품질 관리	매체개발	2명	1. PD 및 촬영 담당 　가. 콘텐츠 영상 기획 및 제작 　나. 영상관련 전공자 및 관련 분야 경력자 2. CG 담당자(별도 인력배치 권장) 　가. 그래픽디자인 전공자 및 관련 분야 경력자
	프로그래밍	1명	1. 콘텐츠 개발에 관한 프로그래밍 　가. 프로그램 관련 전공자 및 관련 분야 경력자
	콘텐츠관리	1명	1. 콘텐츠 산출물 관리, 테스트, 시스템 포팅, 운영 담당 　가. 프로그램 및 시스템 운영 관련 담당자

[표] 원격교육 운영 소프트웨어

영역	주요 기능 내역
학습자 지원	1. 학습 기능(강의수강, 강의계획서, 공지사항, 출석관리, 학습관리, 성적확인) 2. 시험평가 기능(시험응시, 퀴즈응시, 오답노트, 부정행위 방지 등) 3. 과제평가 기능(과제 제출, 확인, 첨삭지도) 4. 상담 기능(1 : 1 상담) 5. 커뮤니티 및 네트워크 지원 기능(학습 자료실, 토론방, 프로젝트방, 설문, 이메일, 쪽지, 채팅, 커뮤니티, 블로그 등) 6. 기타 기능(홈페이지 조회, 개인정보 관리, 학사 지원 기능 등)
교수자 지원	1. 과목관리 기능(강의계획서, 공지사항, 강의 목록) 2. 학습관리 및 평가 기능(학생관리, 출석관리, 진도관리, 학습참여 관리, 과제관리, 시험관리, 1 : 1 상담) 3. 성적관리 기능(학업성취도 종합 평가 및 성적 산출 기능) 4. 커뮤니티 및 네트워크 관리 기능(학습 자료실, 토론방, 프로젝트방, 설문, 이메일, 쪽지, 채팅, 커뮤니티, 블로그 등) 5. 콘텐츠 검색 및 관리 기능 6. 콘텐츠개발관리시스템(CDMS) 기능 7. 기타 기능(강의평가 결과 조회, 조교관리, 개인정보 관리 등)
운영자 지원	1. 교수자 지원, 학습자지원 영역 전체 관리 기능 2. 강의실 관리 기능 3. 교육과정 관리 기능(과정 정보 관리, 콘텐츠 및 교재 등록) 4. 학습운영 및 수강관리 기능(학습정보관리, 수강진행관리, 권한관리 등) 5. 운영자 지원 기능(사용자 관리, 콘텐츠 관리, 커뮤니티 관리, 상담 관리, 학사관리, 각종 통계 관리, 모니터링 기능)
특기 사항	1. 부정행위 방지를 위한 관련 기능 및 정책 확보 2. 콘텐츠 표준화를 고려한 LCMS 및 해당 기능 마련 (예 콘텐츠 패키징 툴, 메타데이터 편집 툴 등) 3. 학사관리시스템이 있을 경우 기본적인 학사 관리 기능은 학사관리시스템에서 구현 가능(단, 학습자 접근의 용이성을 고려하여 LMS에 구현)

주요 학습 목표

1. 정보시스템 구축·운영지침의 세부 내용을 설명할 수 있다.

2. 개발하고자 하는 학습시스템의 기술적 구조와 현황을 파악할 수 있다.

3. 개발에 필요한 HW, SW, 네트워크, 보안 등의 사용자 요구 사항을 문서화 할 수 있다.

4. 개발 프로세스에 대한 명세를 문서화 할 수 있다.

5. 요구 사항 수집 방법에 대해 설명할 수 있다.

6. 요구 사항 분석 방법에 대해 설명할 수 있다.

7. 요구 사항 명세서를 작성하고 검증할 수 있다.

1. 정보 시스템 구축 운영 지침

[행정기관 및 공공기관 정보시스템 구축 운영 지침(행정안전부고시 제2022-31호, 2022.4.21. 시행)]

제1장 총 칙

제1조(목적) 이 지침은 「전자정부법」(이하 "법"이라 한다) 제45조제3항에 따라 행정기관등의 장이 정보시스템을 구축·운영함에 있어서 준수해야 할 기준, 표준 및 절차와 법 제49조제1항에 따른 상호운용성 기술평가에 관한 사항을 정함을 목적으로 한다.

제2조(정의)

① 이 지침에서 사용하는 용어의 정의는 다음과 같다.

1. "사업계획서"란 정보시스템 사업을 추진하기 위해 사업개요, 대상업무 현황, 사업추진계획, 사업내용, 소요예산 등을 구체화한 문서를 말한다.
2. "정보시스템 사업"이란 법 제2조제13호의 규정에 따른 정보시스템을 기획·구축·운영·유지관리하기 위한 사업을 말한다.
3. "정보시스템 감리사업"이란 법 제2조제14호의 규정에 따른 정보시스템 감리를 하기 위한 사업을 말한다.
4. "전자정부사업관리 위탁사업"이란 법 제64조의2의 규정에 따른 전자정부사업관리를 위탁하기 위한 사업을 말한다.
5. "기술참조모형"은 정보시스템에서 업무를 지원하는 응용기능을 구현하기 위하여 필요한 정보기술 및 표준을 분류하고 정의한 체계를 말한다.
6. "제안요청서"란 행정기관등의 장이 입찰에 참가하고자 하는 자에게 제안서의 제출을 요청하기 위하여 교부하는 서류를 말한다.
7. "제안서"란 입찰에 참가하고자 하는 자가 제안요청서 또는 입찰공고에 따라 작성하여 행정기관등의 장에게 제출하는 서류를 말한다.
8. "하도급"이란 도급받은 정보시스템 사업을 도급하기 위하여 수급인이 제3자와 체결하는 계약을 말하며, 하도급 받은 사업을 재하도급하는 경우를 포함한다.

9. "사전협의"란 법 제67조, 「전자정부법 시행령」(이하 "영"이라 한다) 제82조 및 제83조, 「소프트웨어 진흥법」 제47조에 따라 행정기관등의 장이 추진하고자 하는 정보시스템 사업에 대해 중복성, 상호연계, 공동이용 등과 관련하여 사업발주 이전에 검토·협의하는 업무를 말한다.

10. "유지관리"란 정보시스템 개발·구축 완료 후 기능변경, 추가, 보완, 폐기, 사용방법의 개선, 문서 보완 등의 정보시스템 개선에 필요한 제반활동을 의미한다. 단, 하자보수기간 경과 후에 발견된 정보시스템의 결함에 대한 보수도 포함한다.

11. "운영"이란 개발 완료 후, 인도된 정보시스템에 대해 유지관리를 제외한 운영기획 및 관리, 모니터링, 테스트, 사용자 지원을 포함한 정보시스템의 정상적 운영에 필요한 제반활동을 의미한다.

12. "소프트웨어 보안약점"이란 소프트웨어 결함, 오류 등으로 해킹 등 사이버공격을 유발할 가능성이 있는 잠재적인 보안취약점을 말한다.

13. "소프트웨어 보안약점 진단도구(이하 "진단도구"라 한다)"란 개발과정에서 소스코드상의 소프트웨어 보안약점을 찾기 위하여 사용하는 도구를 말한다.

14. "소프트웨어 보안약점 진단원(이하 "진단원"이라 한다)"이란 소프트웨어 보안약점이 남아있는지 진단하여 조치방안을 수립하고 조치결과 확인 등의 활동을 수행하는 자를 말한다.

② 이 지침에서 사용하는 용어의 정의는 제1항에서 정한 것을 제외하고는 다른 법령 및 고시 등이 정하는 바에 따른다.

제3조(적용범위) 법 제2조에서 정하는 행정기관, 공공기관(이하 "행정기관등"이라 한다)이 정보시스템 사업을 추진하고자 하는 경우에 이 지침을 적용한다.

제4조(기본원칙) 행정기관등의 장은 정보시스템 사업을 추진함에 있어 다음 각 호의 사항을 준수하여야 한다.

1. 행정기관등의 장은 기관의 정보기술아키텍처 또는 범정부 정보기술아키텍처를 기반으로 정보시스템을 구축·운영하여야 한다. 단, 영 제54조제3호에 따라 법 제2조제3호라목의 기관은 행정기관등의 장의 판단에 의해 적용할 수 있다.

2. 정보시스템에 적용되는 기술은 표준화된 개방형 기술을 사용하는 것을 원칙으로 한다. 단, 비표준의 폐쇄형 기술을 사용하는 경우에는 그 사유를 명시하여야 한다.

3. 데이터의 무결성, 일치성, 기밀성, 가용성 등을 고려하여 구축하여야 한다.

4. 행정기관등의 장은 정보시스템을 고도화하거나 신규로 구축하는 경우 「공공데이터의 제공 및 이용 활성화에 관한 법률」(이하 "공공데이터법"이라 한다)에 따른 국민의 공공데이터 이용권을 보장할 수 있도록 「공공데이터 관리지침」을 준수하여야 한다.

5. 법 제51조제1항에 따라 지정된 공유서비스를 우선적으로 사용하여야 한다.

6. 행정기관의 장은 「소프트웨어사업 계약 및 관리감독에 관한 지침」 제4조에 따라 사업이 제때에 발주될 수 있도록 하여 적정 사업기간을 보장하여야 한다.

7. 행정기관의 장은 「지능정보화 기본법」 제8조에 의한 지능정보화책임관으로 하여금 기관 내 발주자에게 정보시스템 사업, 정보시스템 감리사업, 전자정부사업관리 위탁사업(이하 "정보시스템 사업등"이라 한다)에 관한 제도를 자문하고, 준수현황을 관리하도록 하여야 한다.

8. 공공기관의 장은 「지능정보화기본법」 제8조를 준용 전담인력을 지정하여 기관 내 발주자에게 정보시스템 사업 등에 관한 제도를 자문하고, 준수현황을 관리하도록 하여야 한다.

제4조의2(정보시스템 사업의 고충해소 지원 등)

① 행정안전부장관은 정보시스템 사업 계약 당사자 간 고충해소 지원 및 제도개선 등을 위하여 고충지원센터를 설립할 수 있다.

② 제1항에 따른 고충지원센터는 다음 각 호의 업무를 수행한다.

　1. 정보시스템 사업 추진과정에 발생하는 불공정 관행 신고 접수 및 해결 지원

　2. 정보시스템 사업의 수·발주 제도의 조사·연구 및 개선사항 발굴

　3. 정보시스템 사업의 수·발주 관련 교육

　4. 그 밖에 고충해소 지원 및 정보시스템 사업 관련 제도개선 지원을 위해 필요한 사항

③ 고충지원센터는 제2항 각호에 따른 업무를 수행하기 위하여 고충해소 지원에 필요한 범위 내에서 관련 당사자에게 필요한 자료를 요청할 수 있다.

④ 행정안전부장관은 고충지원센터의 설립·운영에 대한 전문성과 객관성을 확보하기 위하여 한국지능정보사회진흥원에 위탁할 수 있다.

제4조의3(수발주 상생협의체 구성·운영) 행정안전부장관은 정보시스템 사업의 현장 의견 및 애로사항을 청취하고 제도개선에 반영하기 위하여 기업, 관계 공무원 및 전문가 등으로 구성된 전자정부사업 협의체를 구성·운영할 수 있다.

제5조(다른 법령과의 관계) 사업계획 수립, 정보시스템 사업 발주, 사업자선정 및 계약, 사업수행 등 정보시스템 구축·운영에 관하여 다른 법령에 특별한 규정이 있는 경우를 제외하고는 이 지침에서 정하는 바에 따른다.

제2장 사업계획 수립

제5조의2(성과목표 설정) 행정기관등의 장은 정보시스템 사업계획 수립 시 사업을 통해 달성하고자하는 성과목표와 목표치를 설정하고 목표달성 여부를 객관적으로 측정할 수 있는 성과지표를 제시하여야 한다.

제6조(하드웨어 및 소프트웨어 도입기준)

① 행정기관등의 장은 정보시스템 사업에서 하드웨어 및 소프트웨어 등 정보자원을 교체 또는 신규 도입이 필요한 경우 「클라우드컴퓨팅 발전 및 이용자 보호에 관한 법률」(이하 "클라우드컴퓨팅법"이라 한다) 제12조 및 제20조에 따라 클라우드 컴퓨팅 활용을 우선 검토한다.

② 행정기관등의 장은 정보시스템 사업에서 하드웨어를 도입하는 경우 한국정보통신기술협회에서 정한 "정보시스템 하드웨어 규모산정 지침"을 기본으로 하되 정보시스템 용도를 고려하여 조정할 수 있다.

③ 행정기관 등의 장은 정보시스템 사업에서 소프트웨어를 개발하고자 하는 경우 전자정부표준개발프레임워크의 적용을 우선적으로 고려하여야 한다.

④ 하드웨어 및 상용SW를 구매하려는 경우에는 다음 각 호의 제품을 우선 구매하여야 한다.

　1. 「소프트웨어 진흥법」 제20조에 따른 품질인증(GS인증) 1등급 제품

　2. 산업기술혁신촉진법 제16조에 따른 신제품인증(NEP) 제품

　3. 산업기술혁신촉진법 제15조의2에 따른 신기술인증(NET) 제품

⑤ 행정기관등의 장은 제4항 각 호의 제품 도입 시 중소기업자가 개발한 제품을 우선적으로 구매할 수 있도록 제안서 기술평가 기준에 평가항목으로 반영하여야 한다.

제7조(기술적용계획 수립 및 상호운용성 등 기술평가)

① 행정기관 등의 장은 사업계획서 및 제안요청서 작성 시 별지 제1호 서식의 기술적용계획표를 작성하여야 한다. 다만, 기관의 기술참조모형 또는 사업의 특성에 따라 기술적용계획표 항목을 조정하여 사용할 수 있다.

② 행정기관 등의 장은 영 제57조, 제71조에 해당하는 정보시스템 사업을 추진하는 경우 사업계획서 확정 이전에 별지 제2호 서식으로 상호운용성 등 기술평가를 수행하여야 한다.

③ 행정기관 등의 장은 제2항 및 제6조제1항부터 제4항까지의 검토결과를 반영하여 사업계획서 및 제안요청서를 작성하여야 한다.

④ 행정기관등의 장은 사업자에게 제1항의 기술적용계획표가 포함된 제안서 및 사업수행계획서를 제출하게 하여야 한다. 다만, 사업자와 상호 협의하여 사업수행계획서내의 기술적용계획표는 수정할 수 있다.

제7조의2(소프트웨어 설치없는 웹사이트)

행정기관 등의 장은 전자적 대민서비스를 구축할 때, 사용자가 별도의 소프트웨어 설치 없이 웹 브라우저만으로 서비스를 이용할 수 있도록 웹 표준기술을 사용하여 구축하여야 한다.

제7조의3(서비스 안정화)

행정기관등의 장은 전자적 대민서비스의 안정적인 제공을 위해 정보기술 분야 전문가 및 사용자 테스트, 데이터베이스 최적화 점검, 모의해킹, 부하테스트 등을검토하여 필요한 사항을 사업계획서 및 제안요청서에 반영하여야 한다.

제8조(보안성 검토 및 보안관리)

① 행정기관 등의 장은 정보시스템을 신·증설하는 경우 「국가 정보보안 기본지침」 제14조부터 제19조까지에서 규정한 보안성 검토를 이행하여야 한다.

② 행정기관 등의 장은 「국가 정보보안 기본지침」 제11조부터 제39조까지 및 제51조, 제52조에 따라 정보시스템 사업등의 발주, 관리, 운영 등에 필요한 보안대책을 강구하여야 하며, "국가·공공기관 용역업체 보안관리 가이드라인"을 준용하여 용역사업 수행업체에 대한 보안관리를 수행하여야 한다.

③ 행정기관 등의 장은 개인정보를 수집·처리·활용하여 시스템의 구축 또는 운영, 유지관리 등의 사업을 추진할 경우에는 개인정보가 분실·도난·누출·변조 또는 훼손되지 않도록 안전성 확보에 필요한 조치를 강구하여야 한다.

④ 행정기관 등의 장은 전자적으로 처리할 수 있는 개인정보파일 및 개인정보처리시스템을 신규 구축·운용 또는 변경하려고 하는 경우, 「개인정보 영향평가에 관한 고시」 제9조의2에 따라 개인정보 영향평가를 정보시스템 설계완료 전에 수행하여야 한다.

제9조(예산 및 사업대가 산정)

① 행정기관 등의 장은 예산수립, 사업발주, 계약 등에 필요한 정보시스템 사업의 원가 산정 시 「소프트웨어 진흥법」과 같은 법 시행령에 따른 소프트웨어사업 관련 대가산정 기준을 적용하여 산출하여야 한다.

② 하드웨어 및 소프트웨어 구입비는 다음 각 호의 기준에 따라 산정한다.

  1. 조달품목인 경우 조달단가

  2. 조달품목이 아닌 경우 최근 도입가격, 또는 유사한 거래 실례가격

  3. 제1호, 제2호 외의 경우 3개 이상의 공급업체로부터 직접 받은 견적가격을 기준으로 한 적정가격

③ 제2항에 따라 구입한 소프트웨어의 유지관리비를 산정하는 경우 「소프트웨어 진흥법」과 같은 법 시행령에 따른 소프트웨어사업 관련 대가산정 기준을 적용하고 그 요율을 명시하여야 한다.

④ 행정기관등의 장은 예산수립 시 제12조에 따른 제안서보상에 관한 비용, 제30조, 제32조부터 제33조에 따른 제안서평가 관련 비용, 제41조에 따른 작업장소에 관한 비용을 포함하여 계상하여야 한다.

제9조의2(총사업비관리대상사업 예산관리)

① 총사업비관리대상 사업 중 정보화사업의 총사업비는 「총사업비 관리지침」에 따라 예비타당성조사, ISMP, 구축단계(분석, 설계, 개발) 중 분석, 설계 단계가 완료될 때마다 기획재정부와 변경여부를 협의하여야 한다.

② 다음 연도에 구축완료되는 사업에 사업규모, 총사업비, 사업기간 등의 변경이 필요한 경우, 기획재정부에 당해 연도 5월31일까지 총사업비 조정을 요구하여야 한다.

③ 그밖에 사업규모, 총사업비, 사업기간 등의 변경 등의 세부사항은 「총사업비관리지침」의 규정을 따른다.

제10조(대기업인 소프트웨어사업자가 참여할 수 있는 사업금액의 하한)

① 행정기관 등의 장은 중소소프트웨어사업자를 육성하고 참여를 확대하기 위하여 과학기술정보통신부장관이 고시한 「중소 소프트웨어사업자의 사업 참여 지원에 관한 지침」을 준수하여야 한다.

② 행정기관 등의 장은 대기업인 소프트웨어사업자의 참여가 제한되는 사업인 경우 제안요청서, 제안안내서, 입찰공고문 등에 "대기업참여제한사업"임을 명시하여야 한다.

제11조(상용 소프트웨어 구매)

① 행정기관 등의 장은 「소프트웨어 진흥법」 제54조에 따라서 상용 소프트웨어를 구매하는 경우에는 과학기술정보통신부장관이 고시한 「소프트웨어사업 계약 및 관리감독에 관한 지침」에서 정하는 바에 따른다.

② 「소프트웨어 진흥법」 제55조에 따라 상용 소프트웨어에 대한 품질성능 평가시험을 실시하는 경우에는 과학기술정보통신부장관이 고시한 「소프트웨어 품질성능 평가시험 운영에 관한 지침」에서 정하는 바에 따른다.

제12조(제안서 보상)

① 행정기관 등의 장은 제안서평가에서 우수한 평가를 받은 자에 대해서는 예산의 범위안에서 제안서 작성비의 일부를 보상할 수 있다.

② 제1항에 따른 제안서 보상 기준 및 절차 등에 관한 사항은 과학기술정보통신부장관이 고시한 「소프트웨어사업 계약 및 관리감독에 관한 지침」에서 정한 바에 따른다.

제13조(감리)

① 행정기관 등의 장은 정보시스템의 특성 및 사업 규모 등이 영 제71조제1항에 정한 감리대상 사업에 해당하는 경우에는 법 제58조제1항에 따라 등록한 감리법인으로 하여금 정보시스템 감리를 하게 하여야 한다. 다만, 영 제71조제2항의 경우에는 그러하지 아니하다.

② 행정기관 등의 장은 제1항에 따라 감리를 하는 경우에는 법 제57조제5항에 따라서 행정안전부장관이 고시한 「정보시스템 감리기준」을 준수하여야 한다.

제13조의2(전자정부사업관리의 위탁)

① 행정기관 등의 장은 전자정부사업을 효율적으로 수행하기 위하여 영 제78조의2제1항에 따른 전자정부사업의 관리·감독 업무를 영 제78조의3에 따른 전자정부사업관리자에게 위탁할 수 있다.

② 행정기관 등의 장은 제1항에 따라 전자정부사업관리를 위탁하는 경우에는 행정안전부 예규 「전자정부사업관리 위탁용역계약 특수조건」 및 행정안전부장관이 고시한 「전자정부사업관리 위탁에 관한 규정」을 준수하여야 한다.

③ 행정기관 등의 장은 제1항에 따라 다음 년도에 전자정부사업관리를 위탁하고자 하는 경우에는 기획재정부의 "예산안 편성 및 기금운용계획안 작성 세부지침"에 따라 전자정부사업관리 위탁 예산을 포함하여 요구한다. 이 경우 위탁용역 대가산정은 행정안전부장관이 고시한 「전자정부사업관리 위탁에 관한 규정」을 적용하여 적정규모를 산정한다.

제14조(사전협의) 행정기관등의 장은 영 제82조에 따른 사전협의 대상사업에 해당하는 경우 사업계획을 수립한 후 지체 없이 영 제83조의 방법 및 절차에 따라 행정안전부장관에게 사전협의를 요청하여야 하며 세부사항은 행정안전부 고시 「전자정부 성과관리 지침」에 따른다.

제14조의2(웹사이트 관리)

① 행정기관 등의 장은 웹사이트 구축·운영시 개발 및 품질관리에 관한 사항에 대하여 「전자정부 웹사이트 품질관리 지침」을 준수하여야 한다.

② 행정기관 등의 장은 신규 웹사이트 구축 시 불필요한 웹사이트의 통·폐합 계획을 수립하여 운영 중인 웹사이트의 총량이 증가되지 않도록 하여야 한다.

③ 제2항에도 불구하고, 다음 각호의 웹사이트는 기존 웹사이트 통·폐합 없이 신설할 수 있다.

1. 법령상 구축이 필요한 웹사이트
2. 월10만명 이상 사용이 예상되는 웹사이트
3. 행정기관 등의 내부업무용 웹사이트
4. 기관 대표 웹사이트
5. 외국인 대상 웹사이트 등

④ 행정기관 등의 장은 기존 운영 중인 웹사이트 중에서 이용빈도가 낮은 웹사이트를 유사 웹사이트에 통합하는 등 웹사이트 총량의 지속적인 감축을 위해 노력하여야 한다.

⑤ 행정안전부 장관은 매년 각 기관별로 운영 중인 웹사이트 총량을 조사할 수 있다.

제14조의3(사용자 확인)

① 행정안전부장관은 영 제12조에 따른 민원인 등의 본인 확인을 위하여 생체인증 등 다양한 인증수단을 제공하는 통합인증 공통기반을 구축·운영할 수 있다.

② 행정기관 등의 장은 법 제10조에 따라 전자정부서비스 이용자를 확인하는 경우 특별한 사유가 없는 한 다음 각호의 방법이 포함되도록 하여야 한다.

1. 영 제12조제4항에 따른 방법으로 민원인등의 신원을 확인하는 데 공통적으로 적용되는 운영기반을 활용하는 방법
2. 아이디를 이용하는 경우 제1항에 따른 통합인증 공통기반을 활용하는 방법

제14조의4(분할발주) 행정기관등의 장은 「소프트웨어 진흥법」 제44조에 따라 상세한 요구사항을 작성하기 위하여 외부전문기관 등을 활용하거나 별도로 분석 또는 설계사업을 분할하여 발주할 수 있다.

제3장 정보시스템 사업 발주

제15조(요구사항 정의 명확화) 행정기관등의 장이 제16조에 따라 제안요청서를 작성할 경우에는 「소프트웨어 진흥법」 제44조와 과학기술정보통신부장관이 고시한 「소프트웨어사업 계약 및 관리감독에 관한 지침」 제11조에 따라 요구사항을 상세하게 작성하여야 한다.

제16조(제안요청서 작성)

① 행정기관 등의 장은 협상에 의한 계약 또는 경쟁적 대화에 의한 계약체결 방식으로 사업자를 선정하기 위하여 제안요청서를 작성하여야 한다.

② 제안요청서에는 다음 각 호의 사항을 명시하여야 한다.

1. 과업내용, 요구사항
2. 계약조건
3. 평가요소, 평가방법

4. 제안서의 규격·제출방법·제본형태

5. 제안서 보상에 관한 사항

6. 사업자가 준수해야 하는 다음 각 목에 관한 사항

　가. 제19조에 따른 하도급 대금지급 등

　나. 과학기술정보통신부장관이 고시한「소프트웨어사업 계약 및 관리감독에 관한 지침」제19조에 따른 소프트웨어사업 하도급 계획서 제출 요청 및 하도급계약의 적정성 판단 세부기준

　다. 제7조제1항에 따른 기술적용계획표

　라. 제50조 내지 제53조에 따른 "소프트웨어 개발보안" 적용

　마. 제20조에 따른 사업관리자의 제안서 발표 의무화

　바. 제44조에 따른 표준산출물 작성 및 제출

　사. 사업수행 관련 협력사(하드웨어 또는 상용SW 납품업체 등)에 대한 대금의 지급 시기 등

7. 과학기술정보통신부장관이 고시한「소프트웨어사업 계약 및 관리감독에 관한 지침」제10조에 따른 적정 사업기간 산정에 관한 사항

8. 「소프트웨어 진흥법 시행령」제47조제6항에 따라 사업자가 과업심의위원회 개최를 요청할 수 있다는 사실 등 과업변경 절차에 관한 사항

9. 「소프트웨어 진흥법」제49조제3항에 따라 소프트웨어 유지·관리를 제외한 소프트웨어사업을 발주할 때 소프트웨어사업자가 사업수행 장소를 제안 가능함을 명시(정보 보안에 관한 사항 등 사업수행 장소에 대한 요건 제시 가능)

10. 그 밖에 필요한 사항

제17조(제안요청서 보안사항 등) 제안요청서를 통해 공개될 경우 보안침해 사고 등이 우려되는 다음 각 호에 관한 사항은 제안요청서에서 제외될 수 있도록 검토하여야 한다. 단, 입찰에 참가하고자 하는 사업자의 요청이 있는 경우 제안서 작성에 필요하다고 판단되면 보안서약서를 받고 담당자 입회하에 가능한 범위에서 열람하게 할 수 있다.

1. 정보시스템의 내·외부 IP 주소 현황

2. 정보시스템의 제조사, 제품버전 등 도입현황 및 구성도

3. 정보시스템의 환경파일 등 구성 정보

4. 사용자 계정 및 패스워드 등 시스템 접근권한 정보

5. 정보시스템 취약점분석 결과물

6. 방화벽·침입방지시스템(IPS) 등 정보보호제품, 라우터·스위치 등 네트워크장비 도입현황 및 설정 정보

7. 「공공기관의 정보공개에 관한 법률」제9조제1항 단서에서 정한 비공개 대상

8. 「개인정보 보호법」제2조제1호에 따른 개인정보

9. 「보안업무규정」제4조의 비밀, 동 시행규칙 제16조제3항의 대외비

10. 그 밖에 행정기관 등의 장이 공개가 불가하다고 판단한 자료

제18조(평가배점)

① 행정기관 등의 장은 기술력이 우수한 사업자를 선정하여 정보시스템 사업등의 품질을 확보하기 위해「국가계약법 시행령」제43조의2, 「지방계약법 시행령」제44조에 따라서 협상에 의한 계약체결 방법을 우선적으로 적용할 수 있고, 기술능력평가 배점한도를 90점으로 한다. 다만, 기술능력평가 배점한도 90점을 초과하고자 하는 경우에는 기획재정부 장관과 협의하여야 한다.

② 행정기관 등의 장은 제1항에도 불구하고 다음 각 호의 어느 하나에 해당하는 정보시스템 사업등은 기술능력평가의 배점한도를 80점으로 할 수 있다.

1. 추정가격 중 하드웨어의 비중이 50% 이상인 사업

2. 추정가격이 1억 미만인 개발사업

3. 그 밖에 행정기관등의 장이 판단하여 필요한 경우

③ 행정기관 등의 장은 제1항에도 불구하고 「국가계약법 시행령」 제43조의3제1항, 「지방계약법 시행령」 제44조의2제1항 각 호의 어느 하나에 해당하는 정보시스템 사업에 대해서는 경쟁적 대화에 의한 계약을 체결할 수 있다. 이 경우 계약 체결에 관한 사항은 기획재정부 계약예규 「경쟁적 대화에 의한 계약체결 기준」을 따른다.

제19조(하도급 대금지급 등)

① < 삭제 >

② < 삭제 >

③ 행정기관 등의 장은 하도급자가 하도급 대금의 직접 지급을 원하는 경우 이해관계자(발주자, 원도급자, 하도급자 등) 간 합의서를 작성하고 하도급자에게 대금을 직접 지급하여야 한다. 다만, 원도급자가 특별한 사유로 인해 하도급 대금의 직접 지급에 합의하지 않는 경우 원도급자는 발주자로부터 선급금을 받은 날부터 15일 이내에 하도급자에게 선금을 현금으로 지급하고, 증빙서류를 발주자에게 제출하여야 한다.

④ 행정기관 등의 장은 하드웨어 또는 상용소프트웨어를 직접 제조하는 자가 아닌 하도급자를 통해 구매하는 경우 그 하도급자와 제조사 간 기술 또는 판매와 관련된 관계임을 입증할 수 있는 증명을 제안서에 포함하여 제출하도록 제안요청서에 명시하여야 한다.

제20조(제안서 발표) 행정기관등의 장은 사업의 특성상 제안서 발표를 실시하는 경우 사업관리자(PM)의 전문성, 사업 이해도 등을 종합적으로 평가하기 위해 사업관리자가 직접 제안서를 발표하도록 제안요청서에 명시하여야 한다.

제21조(제안서 기술평가 기준)

① 제안서 기술평가를 위한 평가항목 및 배점한도, 평가방법 등은 과학기술정보통신부장관이 고시한 「소프트웨어 기술성 평가기준 지침」에서 정하는 바에 따른다.

② < 삭 제 >

③ 행정기관 등의 장은 공동수급체 구성을 통한 입찰에 대하여는 제1항의 기준 중 "상생협력" 평가항목은 별표 1에 따라 평가하여야 한다.

④ 행정기관 등의 장은 기술평가 변별력이 확보되도록 사업의 특성을 고려하여 최소 6개 이상의 평가항목을 상대평가 항목으로 지정하여야 한다.

제22조(예정가격 비치)

① 행정기관 등의 장은 「국가계약법」 제8조의2, 「지방계약법」 제11조에 따라서 제안서 제출 전까지 예정가격을 결정하고 이를 밀봉하여 미리 개찰장소 또는 가격협상장소 등에 두어야 하며 예정가격이 누설되지 아니하도록 하여야 한다.

② 행정기관 등의 장은 「국가계약법 시행령」 제7조의2제2항, 「지방계약법 시행령」 제8조제2항에 해당하는 경우 예정가격을 작성하지 아니할 수 있다.

제23조(예정가격의 결정기준 등) 예정가격 결정기준, 결정방법에 관한 사항은 「국가계약법 시행령」 제8조 및 제9조, 「지방계약법 시행령」 제9조 및 제10조에서 정한 바에 따른다.

제24조(제안요청서 사전공개)

① 행정기관 등의 장은 입찰참여의 균등한 기회 제공을 통한 공정한 경쟁을 위하여 입찰공고 전에 제안요청서를 사전 공개·열람토록 하여 의견을 제시할 수 있도록 하여야 한다. 다만, 다음의 경우에는 사전공개 절차를 생략할 수 있다.

  1. 경쟁에 부칠 여유가 없거나, 수의계약 대상인 경우

  2. 지방계약법 적용기관으로서 「지방계약법 시행령」 제32조의2제2항에 해당하는 경우

② 사전공개 기간은 공개일로부터 5일간으로 하되, 조달청 "나라장터(www.g2b.go.kr)" 및 행정기관 등의 홈페이지, 사회관계망서비스(SNS) 등 가용한 정보통신망을 최대한 활용하여 다음 각 호의 사항을 공개하여야 한다. 다만, 긴급을 요하는 경우에는 3일간 공개할 수 있다.

  1. 사업명

  2. 발주(공고)기관

  3. 실수요기관

  4. 배정예산액

  5. 접수일시(의견등록마감일시)

  6. 담당자(전화번호)

  7. 납품기한

  8. 제안요청서

  9. 그 밖에 사전공개에 필요한 사항

제25조(사전공개 의견검토 등)

① 행정기관 등의 장은 사전공개 결과 사업자 등으로부터 의견이 있을 때에는 적극 검토하여 그 결과를 의견제공자에게 통보하고, 수용한 의견은 제안요청서에 반영하여야 하며, 객관적이고 공정한 검토를 위하여 제안요청심의위원회를 구성하여야 한다. 다만, 다음 각 호의 경우에는 제안요청심의위원회 구성을 생략할 수 있다.

  1. 사업자 등의 의견을 수용하여 제안요청서에 반영하는 경우

  2. 행정기관등의 장이 자체 판단하여 의견검토가 가능한 경우

② 제1항의 제안요청심의위원회는 다음 각 호의 기준에 따라 구성한다.

  1. 제안요청심의위원회는 학계, 연구계, 산업계 등 10인 이내로 구성하여야 하며, 관련분야별 전문가는 아래 각 목의 기관에 요청하여 구성할 수 있다.

    가. 네트워크장비는 과학기술정보통신부 정보통신산업과

    나. 가목 이외 분야는 한국지능정보사회진흥원 또는 정보통신산업진흥원

  2. <삭 제>제4항으로 이동

  3. 그 밖에 제안요청심의위원회 구성 및 운영에 관하여 필요한 세부사항은 행정기관등의 장이 정한다.

③ 입찰참가업체 등이 행정기관등의 장에게 직접 사전 공개에 대한 의견을 제시하기 곤란한 경우에는 정보통신산업진흥원 SW수발주제도상담센터에 의견을 제시할 수 있다.

④ 제안요청심의위원회는 사업계획서에 특정업체의 규격이 명시되었는지 여부를 심의하여야 한다.

제26조(제안요청서의 교부 또는 열람 등) 제안요청서의 교부, 열람 등에 관한 사항은 기획재정부 계약예규 「협상에 의한 계약체결기준」 제5조, 행정안전부 예규 「지방자치단체 입찰시 낙찰자 결정기준」 제5장에서 정한 바에 따른다.

제27조(입찰공고 기간)

① 입찰공고는 「국가계약법 시행령」 제35조, 「지방계약법 시행령」 제35조에서 정한 바에 따른다.

② 제1항에도 불구하고 국가를 당사자로 하는 계약이 「국가계약법」 제4조에 따라 기획재정부장관이 정하여 고시하는 금액 이상으로 국제입찰에 따른 정부조달계약의 범위에 해당하는 경우에는 「특정조달을 위한 국가계약법 시행령 특례규정」 제11조 제4항에 따라 입찰공고 기간을 단축할 수 있다.

③ 「국가계약법 시행령」 제35조제5항, 「지방계약법 시행령」 제35조제6항에 따라 다음 각 호의 어느 하나에 해당하는 경우에는 제안서 제출 마감일의 전날부터 기산하여 10일 전까지 공고할 수 있다.

 1. 「국가계약법 시행령」 제20조제2항 및 「지방계약법 시행령」 제19조제2항에 따른 재공고입찰의 경우

 2. 지방자치단체를 당사자로 하는 계약에 관하여 국가 또는 지방자치단체의 재정정책상 예산의 조기집행을 위하여 필요한 경우

 3. 국가를 당사자로 하는 계약에 관하여 다른 국가사업과 연계되어 일정조정을 위하여 불가피한 경우

 4. 지방자치단체를 당사자로 하는 계약에 관하여 국가사업 또는 지방자치단체의 다른 사업과 연계되어 사업의 일정조정을 위하여 불가피한 경우

 5. 긴급한 행사 또는 긴급한 재해예방·복구 등을 위하여 필요한 경우

 6. 추정가격이 「국가계약법」 제4조제1항에 의거하여 기획재정부장관이 고시한 금액 미만인 경우

 7. 그 밖에 제2호부터 제4호까지의 어느 하나에 준하는 경우 또는 국가를 당사자로 하는 계약에 관하여 제5호에 준하는 경우로서 입찰을 긴급히 입찰공고 할 필요가 있는 경우

제28조(제안요청 설명회 개최)

① 행정기관 등의 장은 사업의 성질·규모 등을 고려하여 입찰참가자의 적정한 제안을 위한 설명을 실시할 수 있다. 다만, 추정가격이 20억원 이상인 사업에 대해서는 제안요청 설명회를 실시하여야 한다. (감염병 예방 등으로 필요한 경우 영상회의 등 온라인 설명회 가능) 그럼에도 불구하고 최초 공고와 사업범위 및 내용이 동일한 재공고 입찰의 경우에는 그러하지 아니할 수 있다. (「지방계약법 시행령」 제43조제7항에 따라 설명회 참석업체만이 입찰에 참가할 수 있을 경우 제외)

② 제1항에 의한 설명을 실시하는 경우 입찰참가자가 알 수 있도록 제안요청 설명회 일시, 장소 등을 제안요청서에 명시하여 하여야 한다.

제29조(제안서 등의 제출)

① 입찰에 참가하고자 하는 자는 제안요청서에 정한 바 또는 입찰공고에 따라 제안서 및 가격 입찰서를 별도로 작성하여 행정기관등의 장에게 제출하여야 한다.

② 행정기관등의 장은 입찰참가자의 가격입찰서 모두를 함께 밀봉하여 제35조에 따른 입찰가격 개봉 및 평가 시까지 보관하여야 한다.

제4장 사업자 선정 및 계약

제30조(평가위원회 구성)

① 행정기관 등의 장은 사업자를 선정하기 위해 제안서 기술평가가 필요한 경우 제안서평가위원회를 구성하여야 한다.

② 행정기관 등의 장은 기술제안서의 내용 및 기타 평가사항의 심사를 위하여 공무원, 산업계·학계·연구계 등의 해당분야 전문가로 구성된 평가위원회를 별표 2의 사업규모에 따른 인원으로 구성·운영할 수 있다. 제안서평가위원회의 구성 및 운영에 관하여 필요한 세부사항은 행정기관등의 장이 정한다.

③ 행정기관 등의 장은 제2항의 제안서평가위원회를 구성하기 위하여 전체 평가위원 중 과반수를 외부전문가로 위촉하여야 하며, 나머지는 발주담당직원을 제외한 소속직원을 평가위원으로 위촉할 수 있다. 단, 지방자치단체는 당해 자치단체 공무원을 평가위원으로 위촉할 수 없다.

④ (삭제)

제31조(제안서 사전배포)

① 행정기관 등의 장은 제안서의 내용에 대하여 평가위원의 상세한 검토가 필요하다고 판단되는 경우에는 제안서평가위원에게 제안서를 사전에 배포할 수 있다.

② 제1항에 의하여 제안서를 사전 배포하는 경우에는 제안서의 내용 등이 외부에 유출되지 않도록 보안서약서 징구 등 필요한 보안대책을 강구하여야 한다.

제32조(제안서 평가)

① 행정기관 등의 장은 제안서의 평가에 있어서 필요한 서류가 첨부되어 있지 않거나 제출된 서류가 불명확하여 인지할 수 없는 경우에는 제안서 내용의 변경이 없는 경미한 사항에 한하여 기한을 정하여 보완을 요구하여야 한다.

② 제1항에 의하여 기한까지 보완 요구한 서류가 제출되지 아니한 경우에는 당초 제출된 서류만으로 평가하고, 당초 제출된 서류가 불명확하여 심사가 불가능한 경우에는 평가에서 제외한다.

③ 평가위원회의 요청이 있는 경우에는 제안서를 제출한 자에게 보완자료 등 평가에 필요한 자료를 제출하게 할 수 있다.

④ 평가위원회의 장은 제20조에서 정한 이행여부를 확인하기 위해 제안발표자의 신분증을 확인한 후 사업관리자와 다를 경우 제안발표를 제외하고 제안서 등 서류만으로 평가하게 하여야 한다.

⑤ 행정기관 등의 장은 재공고입찰을 하였으나 「국가계약법 시행령」 제27조제1항 또는 「지방계약법 시행령」 제26조제1항에 따라 수의계약을 체결하는 경우에는 기술능력평가 분야 배점한도의 85% 이상일 때 수의계약 대상자로 정할 수 있다.

제36조(기술 및 가격협상 절차 등)

① 협상적격자 및 협상순위의 선정, 협상적격자에 대한 통지, 협상절차, 협상내용과 범위, 협상기간, 가격의 협상, 협상결과 통보 등은 다음 각 호에서 정한 바에 따른다.

1. 「국가계약법 시행령」 제43조에 따라서 계약을 체결하는 경우 기획재정부 계약예규 「협상에 의한 계약체결 기준」 제8조 부터 제15조

2. 「지방계약법 시행령」 제43조에 따라서 계약을 체결하는 경우 행정안전부 예규 「지방자치단체 입찰시 낙찰자 결정기준」 제5장

② 사업자는 기술협상 시 과업내용의 변경으로 인해 하도급 대금 지급비율 변경이 필요한 경우 그 사유를 명시하여 행정기관등의 장에게 승인을 요청하여야 한다.

③ 행정기관 등의 장은 제2항의 요청을 받은 경우 하도급 대금 지급비율 변경의 적정성을 검토하고 그 결과를 기술협상 내용의 일부로 포함하여야 한다.

④ 행정기관등의 장은 기술협상 시 제19조제4항에 따라 사업자가 제출한 하도급자와 제조사의 기술 또는 판매와 관련된 증명의 적정성을 검토하여야 한다.

제36조의2(장기계속계약)

① 행정기관등의 장은 사업 이행에 수년을 요하는 다음 각 호의 사업 계약에 있어서는 「국가계약법」 제21조제2항 및 같은 법 시행령 제69조제1항과 제3항부터 제4항까지, 「지방계약법」 제24조제1항 및 같은 법 시행

령 제78조제1항과 제3항부터 제4항까지의 규정에 의하여 장기계속계약을 체결할 수 있다. 이 경우 각 회계연도 예산의 범위에서 해당 계약을 이행하게 하여야 한다.

1. 사업수행기간 및 업무연속성 확보가 중요한 사업으로 다음 각 목의 요건을 모두 충족하는 정보시스템 구축사업

　가. 정보화전략계획(ISP)을 통하여 연차별 사업내용을 수립한 경우

　나. 연도별 계약결과물의 완성여부를 판단(검사)할 수 있는 경우

2. 장기계속계약을 체결하는 제1호의 사업에 대한 전자정부사업관리 위탁사업 또는 정보시스템 감리사업

3. 정보시스템 운영 및 유지관리 사업

② 제1항제3호에 따라 장기계속계약을 체결하고자 하는 경우에는 각 소속중앙관서(「행정권한의 위임 및 위탁에 관한 규정」 제3조에 따라 각 소속 중앙관서의장으로부터 해당 권한을 위임·위탁 받은 경우에는 위임·위탁 받은 행정기관등을 말한다)의 장의 승인을 얻어 단가에 대한 계약으로 체결할 수 있다. 그밖에 제1항의 계약 체결에 관한 세부적인 사항은 「국가계약법 시행령」 제69조 및 「지방계약법 시행령」 제78조 등 관련 규정에 따른다.

③ 행정기관 등의 장은 제1항에 따라 장기계속계약을 체결하는 경우에는 계약의 이행이 지연되지 아니하도록 노력하여야 한다. 특히 제1항제3호의 경우에는 지속적인 유지관리 서비스의 품질확보를 위한 대책을 마련하고 시행하여야 한다.

제36조의3(정보시스템 사업등의 계약정보 공개) 행정기관등의 장은 정보시스템 사업등에 대해 기획재정부 계약예규 「용역계약 일반조건」 제61조, 「지방계약법 시행령」 제124조에 따라 다음 각 호의 사항을 공개하여야 한다.

1. 발주계획(사업명, 발주물량 또는 그 규모, 예산액을 포함한다)

2. 입찰공고(「국가계약법 시행령」 제30조제2항 및 「지방계약법 시행령」 제30조제2항에 따라 2인 이상으로부터 견적서를 제출받은 수의계약의 공고를 포함한다)

3. 개찰의 결과

4. 계약체결의 현황(하도급 현황을 포함한다)

5. 과업내용 등 계약내용의 변경(입찰공고와 다른 조건으로 계약이 체결된 경우를 포함한다)에 관한 사항

6. 감리·감독·검사의 현황

7. 대가의 지급현황

제37조(하도급 승인 신청)

① 「소프트웨어 진흥법」 제51조제5항에 따른 하도급 및 재하도급에 대한 승인 절차, 제출서류 등은 「소프트웨어 진흥법 시행규칙」 제14조에서 정한 바에 따르며, 하도급 계약의 승인을 신청하는 사업자는 다음 각 호의 서류를 행정기관등의 장에게 제출하여야 한다.

1. 「소프트웨어 진흥법 시행규칙」 별지 제21호 서식에 따른 "소프트웨어사업 하도급·재하도급 계약승인신청서"

2. 「하도급거래 공정화에 관한 법률」 제3조의2 규정에 의한 "소프트웨어사업 표준하도급계약서(안)"와 하도급되는 부문의 세부 산출내역서

3. 하도급 사업수행계획서(세부 사업추진일정표 포함)

4. 하도급 계약 적정성 판단 자기평가표

② 사업자는 하도급 승인이 거절된 경우 과학기술정보통신부장관이 고시한「소프트웨어사업 계약 및 관리감독에 관한 지침」제21조제5항에 따라 7일 이내에 하도급 계약의 적정성 판단을 다시 요청할 수 있다.

③ <삭제>

제38조(하도급 승인)

① 행정기관등의 장은 제16조제2항제6호나목에 따라 제안요청서에서 제시한 하도급계약의 적정성 판단 세부기준에 따라 하도급 승인여부를 판단하여야 한다.

② 제37조제1항에 따른 신청을 받은 행정기관등의 장은 과학기술정보통신부장관이 고시한「소프트웨어사업 계약 및 관리감독에 관한 지침」에 따라 하도급 또는 재하도급 계약의 적정성 여부를 검토하여 10일 이내에 그 승인 여부를 사업자에게 서면(전자문서를 포함한다.)으로 알려야 한다.

③ 제2항에도 불구하고 하도급 계약의 적정성 판단에 상당한 시일이 요구되는 등 불가피한 사유가 있는 경우에는 통지기간을 한 차례만 연장할 수 있으며, 통지기간을 연장한 경우에는 통지예정 기한을 정하여 지체없이 사업자에게 알려야 한다.

④ 행정기관등의 장이 사업자에게 제2항의 하도급 승인여부를 기간내에 통지하지 아니하거나 제3항에 따라 통지기간연장을 통지하지 아니한 경우에는 제37조제1항 내지 제2항의 하도급을 승인한 것으로 본다.

제39조(착수 및 보고)

① 사업자는 계약체결 후 10일 이내에 별지 제5호 서식의 정보시스템 사업 착수계를 작성하여 행정기관등의 장에게 제출하여야 한다. 단, 하도급 승인이 필요한 경우 하도급 승인을 받은 날로부터 3일 이내에 제출하여야 한다.

② 제1항의 정보시스템 사업 착수계는 제안요청서와 제안서, 기술협상 등을 근거로 작성하되 사업자의 의견이 있는 경우 행정기관등의 장과 사전협의를 통하여 반영할 수 있다.

③ 행정기관등의 장은 제1항의 착수계를 검토하고, 제안요청서 및 계약서의 내용에 부합하지 않을 경우 보완을 요구할 수 있으며, 사업자는 보완을 요구받은 날로부터 7일 이내에 보완하여 제출하여야 한다.

④ 행정기관등의 장은 사업자가 제안한 사업내용, 이행방법, 이행일정 등에 대하여 착수보고회 개최를 요청할 수 있다.

제40조(하도급 관리)

① 행정기관 등의 장은 계약상대자가 입찰 및 계약체결 시 제출한 소프트웨어 하도급 및 재하도급 계획서 등을 확인하여 다음 각 호의 제한 범위를 준수하도록 관리하여야 한다.

1.「소프트웨어 진흥법」제51조제1항에 따라 전체 사업금액을 기준으로 100분의 50을 초과하여 하도급을 할 수 없다. 다만,「소프트웨어 진흥법」제51조제2항에 각 호에 해당하는 물품의 설치 및 유지관리와 신기술 또는 전문기술이 필요한 경우에는 그러하지 아니하다.

2.「소프트웨어 진흥법 시행령」제48조제2항에 따라 하도급받은 사업금액의 100분의 50을 초과하여 재하도급을 할 수 없다.

② 행정기관 등의 장은「소프트웨어 진흥법 시행규칙」제14조제3항에 따라서 하도급 또는 재하도급 계약의 준수여부를 확인하기 위하여 필요한 경우 하도급 또는 재하도급을 승인받은 자로 하여금「소프트웨어 진흥법 시행규칙」별지 제22호 서식의 소프트웨어사업 하도급계약 준수실태 보고서를 제출하도록 요청할 수 있다.

③ 행정기관 등의 장은 제1항의 준수여부 보고 시 하도급 대금의 지급방식(현금/어음 등), 지급시기, 지급율(선금/중도금/잔금)을 확인할 수 있는 증빙을 요구할 수 있다.

④ 행정기관 등의 장은 제38조에서 승인한 대로 하도급 또는 재하도급 계약이 이행되지 않은 경우에는 지체 없이 「하도급거래 공정화에 관한 법률」 제25조에 따른 조치를 취하여 줄 것을 공정거래위원회에 요청하여야 한다.

⑤ 행정기관 등의 장은 승인 없이 하도급을 하거나, 하도급조건을 하도급자에게 불리하게 변경한 경우 등은 「국가계약법 시행규칙」 제76조, 「지방계약법 시행규칙」 제76조제1항에서 정한 세부기준에 따라 입찰참가 자격을 제한하는 등 필요한 조치를 취하여야 한다.

제41조(작업장소 등)

① 행정기관 등의 장과 사업자는 소프트웨어사업수행을 위하여 필요한 장소 및 설비, 기타 작업환경(이하 "작업장소 등"이라고 한다)을 상호 협의하여 정한다. 다만, 핵심 개발인력이 아닌 지원인력의 근무장소는 보안 등 특별한 사유가 있는 경우를 제외하고는 계약상대방이 달리 정할 수 있다.

② 행정기관 등의 장이 작업장소 등에 관한 비용을 사업예산 또는 예정가격에 계상하지 아니한 경우에는 행정기관등의 장이 작업장소 등을 제공한다.

③ 제2항의 사업예산 또는 예정가격 작성 시 다음 각 호의 근거에 따라 작업장소 등에 관한 비용을 계상한다.

1. 기획재정부 계약예규 「예정가격 작성기준」 제11조제3항제9호에 해당하는 경비(지급임차료)

2. 한국소프트웨어산업협회장이 공표한 "SW사업 대가산정 가이드"에서 정의된 직접경비(현장운영비)

④ 사업자는 당해 계약의 효율적 이행을 위해 필요한 경우 그 사유 및 기간 등을 정하여 행정기관등의 장에게 승인을 받은 후 당해 사업에 투입되는 인력을 제1항의 작업장소 이외에서도 근무하게 할 수 있다.

⑤ 한국지능정보사회진흥원장은 제1항 및 제4항에서 정하는 작업장소 이외에서 근무하는 경우 준수해야 하는 가이드를 정할 수 있다.

⑥ 행정기관 등의 장은 제1항에 따른 작업장소 협의시 사업자가 제안한 작업장소를 우선 검토하여야 하며, 우선 검토 시 과학기술정보통신부장관이 고시한 「소프트웨어사업 계약 및 관리감독에 관한 지침」 제14조제2항에 따른 사항을 우대 할 수 있다.

제42조(인력관리 금지)

행정기관 등의 장은 제안요청서에 투입인력의 수와 기간에 의한 방식에 관한 요구사항을 명시할 수 없고, 사업을 추진함에 있어 투입인력별 투입기간을 관리할 수 없다. 단, 다음사항의 사업은 예외로 한다.

1. 정보화전략계획수립, 업무재설계, 정보시스템 구축계획 수립, 정보보안컨설팅 등 컨설팅 성격의 사업

2. 정보시스템 감리사업, 전자정부사업관리 위탁사업

3. 데이터베이스 구축 사업, 디지털콘텐츠 개발 사업

4. 관제, 고정비(투입공수방식 운영비) 방식의 유지관리 및 운영 사업 등 인력관리 성격의 사업

제43조(기술적용 계획 준수)

① 사업자는 제7조제1항 또는 제7조제4항에 따른 기술적용계획표를 준수하여 사업을 추진하여야 한다.

② 사업자는 사업 검사 및 최종감리 수행 시 별지 제1호 서식의 기술적용결과표를 작성하여 제출하여야 한다.

제44조(표준산출물)

① 행정기관 등의 장은 운영, 유지관리 등에 필요한 표준산출물을 지정하여 사업자에게 제출을 요구할 수 있다.

② 행정기관 등의 장은 제1항에 따른 산출물을 기관의 정보시스템을 이용하여 체계적으로 관리하고 운영·유지관리 또는 고도화 사업 등에 활용될 수 있도록 관리하여야 한다.

③ 한국지능정보사회진흥원장은 제1항에 따른 표준산출물에 대한 가이드를 정할 수 있다.

제45조(과업내용의 변경)

① 행정기관 등의 장은 기획재정부 계약예규 「용역계약 일반조건」 제16조, 행정안전부 예규 「지방자치단체 입찰 및 계약 집행기준」 제14장제6절에 따라 과업내용을 추가, 변경, 삭제할 수 있다.

② 사업자는 제1항에 의하여 하도급 비율 변경이 발생하는 경우 행정기관등의 장에게 검토를 요청하고 승인을 받아야 한다.

제46조(과업내용의 변경절차)

행정기관등의 장은 과업내용을 변경하는 경우 「소프트웨어 진흥법」 제50조, 기획재정부 계약예규 「용역계약 일반조건」 제53조의 절차를 준수하여야 한다.

제47조(과업변경 대가지급)

① 제46조에 따라 과업내용을 변경한 경우 계약금액조정은 「국가계약법 시행령」 제65조제1항부터 제6항, 「지방계약법 시행령」 제74조제1항부터 제7항을 준용한다.

② SW사업 과업의 증가에 따른 추가 소요 사업비는 별도의 예산이 확보되어 있지 않은 경우 예산담당기관과 사전협의 후 낙찰차액을 우선적으로 사용하여야 하며, 이 경우 「소프트웨어 진흥법」 제50조에 따라 과업심의위원회의 과업변경심의를 받은 사업에 한한다.

제48조(정보자원 통합관리)

① 행정기관등의 장은 기관에서 보유한 정보자원을 법 제47조제3항에 따른 범정부 EA포털(www.geap.go.kr)에 등록하여야 한다.

② 행정기관등의 장은 법 제54조에서 규정한 정보자원의 현황 및 통계자료를 관리하기 위해 제1항의 시스템을 활용할 수 있다.

제48조의2(정보시스템 등급제)

① 행정기관 등의 장은 소관 정보시스템에 대하여 중요도, 가용성 등에 따라 등급을 분류하고 등급별로 장애관리, 행정정보 관리, 보안관리 등을 수행하여야 한다.

② 행정안전부장관은 제1항의 등급 분류 및 관리를 위한 기준을 정하여 제공할 수 있다. 다만, 보안관리에 관한 사항은 국가정보원장과 사전에 협의하여야 한다.

③ 행정안전부장관은 행정기관등에 제1항에 따른 소관 정보시스템의 등급 분류 및 관리에 대한 자료제출을 요구할 수 있다.

제49조(감리시행)

① 행정기관등의 장과 사업자는 단계별 감리수행결과보고서에 따라 시정조치를 수행하여야 한다.

② 감리법인은 제7조제1항 또는 제7조제4항에서 작성된 기술적용계획표와 제43조제2항의 기술적용결과표의 준수여부를 확인하여 그 결과를 감리수행결과보고서에 기술하여야 한다.

제6장 소프트웨어 개발보안

제50조(소프트웨어 개발보안 원칙)

① 행정기관 등이 영 제71조제1항에 해당하는 정보시스템 사업을 추진할 때에는 별표 3의 소프트웨어 보안약점이 없도록 소프트웨어를 개발 또는 변경(이하 '소프트웨어 개발보안'이라 한다)하여야 한다. 다만, 영 제71조제1항에 해당하지 않는 정보시스템 사업도 소프트웨어 개발보안을 적용할 수 있다.

② 제1항에 따라 행정기관등의 장이 정보시스템 사업 추진 시 적용해야 할 소프트웨어 개발보안의 범위는 다음 각 호와 같다.

  1. 신규개발의 경우 : 설계단계 산출물 및 소스코드 전체

  2. 유지관리의 경우 : 유지관리로 인해 변경된 설계단계 산출물 및 소스코드 전체

③ 제2항에 따라 소프트웨어 개발보안 적용시 상용 소프트웨어는 제외한다.

제50조의2(소프트웨어 개발보안 업무의 위탁) 행정안전부장관은 보안약점 진단, 이행점검, 진단원 양성 등 소프트웨어 개발보안 관련 업무의 일부를 한국인터넷진흥원 또는 한국전자통신연구원 부설 국가보안기술연구소(이하 "국가보안기술연구소"라 한다)에 위탁할 수 있다.

제51조(소프트웨어 개발보안 활동)

① 행정기관 등의 장은 제안서 평가시 소프트웨어 개발보안을 위한 소프트웨어 보안약점 진단도구 사용 여부, 개발절차와 방법의 적절성, 제3항에 의한 교육계획의 적정성 등을 확인하고 평가에 반영할 수 있다.

② 사업자는 제50조에 따라 소프트웨어 개발보안을 적용하는 경우 행정안전부장관이 국가정보원장과 협의하여 공지하는 "소프트웨어 개발 보안가이드"를 참고할 수 있다.

③ 사업자는 정보시스템 사업 착수단계에서 "소프트웨어 개발 보안가이드" 등 소프트웨어 개발보안 관련 교육을 실시하고 이후 투입되는 인력은 개발에 투입하기 전 소프트웨어 개발보안 관련 교육을 실시하여야 한다.

제52조(보안약점 진단기준) 행정기관등의 장은 소프트웨어 보안약점을 진단할 때 별표 3의 소프트웨어 보안약점을 필수 진단항목으로 포함하여야 한다.

제53조(보안약점 진단절차)

① 행정기관등의 장은 정보시스템 사업에 대한 감리를 수행하는 경우, 감리법인으로 하여금 사업자가 별표 3의 소프트웨어 보안약점을 제거하였는지 진단하도록 하여야 한다.

② 감리법인은 제1항에 따라 소프트웨어 보안약점을 진단할 경우 행정안전부장관이 고시한 「정보시스템 감리기준」 제10조제1항의 세부 검사항목에 소프트웨어 보안약점 제거 여부를 포함하여야 한다.

③ 감리법인은 소프트웨어 보안약점을 진단할 경우 행정안전부장관이 고시한 「정보시스템 감리기준」 제5조제3항에 따라 제54조의 진단원을 우선적으로 배치할 수 있다.

④ 감리법인이 소프트웨어 보안약점 진단과정에서 소프트웨어 보안약점 진단도구를 사용할 경우에는 다음 각 호 중에서 어느 하나에 해당하는 보안약점 진단도구를 사용하여야 하며, 이 경우, 감리법인은 보안약점 진단도구가 지원하는 진단항목이 별표 3의 소프트웨어 보안약점을 진단하는지 여부를 확인하여야 한다.

  1. 과학기술정보통신부장관이 고시한 「정보보호시스템 평가·인증 지침」에 따라 국가보안기술연구소장이 인증한 보안약점 진단도구

  2. 과학기술정보통신부장관이 고시한 「정보보호제품 성능평가 운영지침」에 따라 한국인터넷진흥원장이 확인한 보안약점 진단도구

  3. 국가정보원장이 고시한 「국가정보보안기본지침」에 따라 '보안기능 확인서'가 발급된 보안약점 진단도구

⑤ 행정기관 등의 장은 영 제71조제1항에 해당하지 않는 정보시스템 사업에 소프트웨어 개발보안을 적용할 경우에는 사업자로 하여금 보안약점을 진단·제거토록 하고 그 결과를 확인할 수 있다.

제53조의2(개발보안 자료요청 등) 행정안전부장관은 개발보안 제도개선 및 적용 현황을 확인하기 위하여 행정기관등의 장에게 자료요청 및 현장방문을 실시할 수 있다. 이 경우 행정기관등의 장은 특별한 사유가 없는 한 이에 응해야 한다.

제54조(진단원)

① 행정안전부장관은 별표 4 제1호 진단원의 자격기준을 만족하고 별표 4 제2호의 교육을 이수한 자에게 진단원 자격을 부여한다. 다만, 기본요건에 대한 사실 확인이 필요하다고 판단되는 경우 제50조의2의 위탁기관으로 하여금 4대보험 가입증명서 등 추가자료를 제출받아 확인하도록 할 수 있다.

② 행정안전부장관은 제1항과 관련하여 진단원 및 행정기관등의 요청이 있을 경우 진단원 자격 유무를 확인해 줄 수 있다.

제7장 검사 및 운영

제55조(지체상금) 사업자는 계약서에 정한 용역수행기한내에 용역을 완성하지 아니한 경우 지체상금 산출 및 공제, 지체일수 산정 등은 기획재정부 계약예규 「용역계약 일반조건」 제18조, 행정안전부 예규 「지방자치단체 입찰 및 계약 집행기준」 제14장제7절에서 정한 바에 따른다.

제56조(검사)

① 검사의 통지, 기한, 시정조치, 재검사 등에 관한 사항은 기획재정부 계약예규 「용역계약 일반조건」 제20조, 행정안전부 예규 「지방자치단체 입찰 및 계약 집행기준」 제14장제8절에서 정한 바에 따른다.

② 행정기관 등의 장은 검사 시 다음 각 호를 확인하여야 한다.

1. 제43조제1항에 따른 기술적용계획표와 제43조제2항에 따른 기술적용결과표의 준수여부
2. 제49조제1항에 따른 감리수행결과보고서의 부적합 조치 여부

제57조(인수) 행정기관 등의 장은 당해용역의 특성상 계약목적물의 인수를 요하는 경우에는 기획재정부 계약예규 「용역계약 일반조건」 제21조, 행정안전부 예규 「지방자치단체 입찰 및 계약 집행기준」 제14장 제8절에서 정한 바에 따른다.

제58조(정보자원의 민간활용) 행정기관등의 장은 법 제51조에 따라 지정된 정보자원 중 민간에서 활용할 수 있는 표준화된 정보자원을 민간에 제공하도록 노력하여야 한다. 이 경우, 「공공데이터법」 제2조제2호에 따른 공공데이터는 같은 법 제21조제1항에 따른 "공공데이터 포털(www.data.go.kr)"을 통하여 제공하여야 한다.

제58조의2(도로명주소의 활용) 행정기관등의 장은 정보시스템 구축·운영 시 주소정보나 위치정보로서 도로명주소를 적극 활용하여야 하며 이때 도로명주소 데이터베이스 활용과 도로명주소 검색기능 등은 도로명주소 안내시스템(www.juso.go.kr)에서 제공하는 가이드를 적용하여야 한다.

제59조(운영 및 유지관리)

① 행정기관 등의 장은 정보시스템의 운영, 유지관리 등으로 인해 변경이 발생하는 경우 표준산출물과 일관성이 유지되도록 관리하여야 한다.

② 행정기관 등의 장은 구축이 완료되어 서비스가 운영되는 정보시스템에 대하여 행정안전부장관이 고시한 「전자정부 성과관리 지침」에 따라 운영 성과를 측정해야 한다.

③ 사업자는 운영 및 유지관리를 수행하면서 반복적으로 수행하는 사항을 매뉴얼로 작성·관리하고, 행정기관등의 장이 요구하는 경우 제공하여야 한다.

제59조의2(정보시스템에 저장되어 있는 행정정보의 보존)

① 행정기관등의 장은 운영중인 정보시스템에 저장되어 있는 행정정보를 데이터 분석 등에 활용할 수 있도록 주기를 정하여 저장하는 등 보존 노력을 하여야 한다.

② (삭제)

③ 행정안전부장관은 행정기관 등이 제1항에 따른 행정정보를 보존할 수 있도록 필요한 지원을 할 수 있다.

제60조(계약목적물의 지식재산권 귀속 및 기술자료 임치)

① 계약목적물의 지식재산권 귀속 등에 관한 사항은 기획재정부 계약예규 「용역계약 일반조건」 제56조에서 정한 바에 따른다.

② 사업자는 계약목적물의 사용을 보장하고 지식재산권을 보호하기 위해 사업자의 사업수행에 따른 계약목적물의 기술자료를 제3의 기관에 임치하여야 하며, "기술자료"란 아래의 각호의 것을 의미한다.

  1. 소스코드 및 오브젝트 코드의 복제물

  2. 기술정보(매뉴얼, 설계서, 사양서, 플로우차트, 유지관리자료 등)

③ 기술자료 임치에 관한 세부사항은 기획재정부 계약예규 「용역계약 일반조건」 제57조에서 정한 바에 따른다.

제61조(세부사항) 행정안전부장관은 한국지능정보사회진흥원장에게 제30조, 제41조, 제44조의 시행 및 적용에 대한 세부사항을 정하여 공지하게 할 수 있다.

제62조(재검토 기한) 행정안전부장관은 「훈령·예규 등의 발령 및 관리에 관한 규정」에 따라 이 고시에 대하여 2022년 7월 1일 기준으로 매3년이 되는 시점(매 3년째의 6월 30일까지를 말한다)마다 그 타당성을 검토하여 개선 등의 조치를 하여야 한다.

부칙

제1조(시행일) 이 지침은 고시한 날부터 시행한다.

2. 학습 시스템 기능 요소

- 학습관리시스템(LMS, Learning Management System)은 교육 운영을 효율적으로 지원하기 위해 기능을 다음 세 가지 영역으로 구분한다.
- **학습자 기능**: 학습자가 강의를 수강하고 학습활동을 수행할 수 있도록 지원하는 기능
- **교수자 기능**: 학습자를 관리하고 학습콘텐츠를 운영·평가하기 위한 기능
- **관리자 기능**: LMS 전체 설정, 운영, 사용자 관리 등 시스템을 총괄 관리하는 기능

1) 학습자 기능

(1) 개념

- 학습관리시스템(LMS)의 **학습자 기능**은 학습자의 학습 경험을 지원·향상시키기 위한 각종 도구와 서비스로 구성된다.
- 학습자는 LMS에 로그인하여 학습 과정을 선택·수강하고, 자신의 학습 진행 상태를 확인할 수 있다.

[표] LMS 학습자 기능과 특징

주요 기능	특징
강의 자료 및 동영상 강좌 열람	강의 노트, 슬라이드, 동영상, 오디오, 그래픽 등 다양한 학습자료를 LMS를 통해 열람하고 이용할 수 있다.
진도 및 성적 확인	학습자는 자신의 학습 진도, 시험 및 과제 성적, 참여도 등을 확인하고, 자신의 학습 성취도를 파악할 수 있다.
퀴즈 및 시험응시	LMS는 온라인 퀴즈·시험 기능을 제공하여 학습자가 즉시 평가 활동에 참여할 수 있도록 지원한다.
토론 및 Q&A 참여	토론 포럼, 채팅방, 댓글 등을 통해 학습자 간 의견 교환이 가능하며, 교수자에게 질문(Q&A)하여 답변을 받을 수 있다.
피드백 및 평가받기	교수자나 동료로부터 피드백을 제공받고, 이를 통해 학습 중 발생한 문제점과 개선점을 확인할 수 있다.
학습 경로 및 추천 콘텐츠	LMS는 학습자의 학습 기록을 분석하여 개인화된 학습 경로 또는 추천 콘텐츠를 제시한다.
캘린더 및 알림 기능	강의 일정, 마감일, 시험 일정을 캘린더에서 확인할 수 있으며, 알림 기능을 통해 중요한 일정을 놓치지 않도록 관리한다.
학습 자원 및 외부 링크	추가 학습자료, 외부 웹사이트 링크 등을 제공해 심화 학습을 지속할 수 있도록 지원한다.

2) 교수자 기능

LMS의 **교수자 기능**은 강좌 운영, 학습자 관리, 평가 및 피드백 제공을 통해 학습을 지도·지원하는 기능들로 구성된다.

[표] LMS 교수자 기능과 특징

주요 기능	특징
강의 관리	강의실 메뉴 구성, 강의 자료 추가·삭제, 출석 및 성적 산출 등을 수행하며 수강생별 학습 현황을 실시간으로 확인할 수 있다.
학습자 관리	학습자의 등록, 진도관리, 성적 관리 등 학습자 관련 활동을 모니터링하고 관리할 수 있다.
퀴즈 및 시험 관리	온라인 퀴즈·시험을 만들고 배포할 수 있으며, 응시 결과를 확인하고 평가할 수 있다.
강의콘텐츠 관리	콘텐츠를 검색, 등록, 수정, 삭제할 수 있도록 관리기능을 제공한다.
커뮤니케이션 기능	공지사항, 메시지, 토론, 설문 등 학습자와 소통할 수 있는 다양한 도구를 제공한다.
토론 및 Q&A 관리	토론 게시판과 Q&A 게시판을 관리하며, 필요 시 학습자의 질문에 답변을 제공하고 토론을 유도할 수 있다.
피드백 제공	학습자의 과제, 퀴즈, 시험 결과에 대한 피드백을 제공할 수 있다.
알림 및 공지	LMS를 통해 학습자에게 중요한 공지사항과 마감일 등 주요 알림을 전달할 수 있다.

3) 관리자 기능

LMS의 **관리자 기능**은 시스템 설정, 사용자 관리, 콘텐츠·강좌 관리, 운영 모니터링 등을 통해 LMS 전체를 안정적으로 운영·관리하기 위한 기능을 말한다. 관리자는 LMS의 전반적인 작동과 구성을 책임지며, 시스템의 최적화와 효율적 운영을 지원한다.

[표] LMS 관리자 기능

주요 기능	특징
학습자 관리	학습자의 기본 정보, 수강 이력, 진도·성적 등 학습 관련 정보를 통합적으로 관리한다.
이러닝 콘텐츠관리	학습 주제별 콘텐츠를 등록·수정·삭제하고, 관련 메타데이터를 관리하여 검색과 재사용을 용이하게 한다.
설문·평가 관리	과정 운영에 필요한 설문과 평가 문항을 등록·관리하여 학습자 의견수렴과 평가 운영을 지원한다.
수강 신청	교육과정에 대한 수강 신청 접수, 승인·취소 등 학습자의 신청 절차를 관리한다.
진도율 현황	교육과정별·콘텐츠별 학습자의 진도율을 확인하고 학습현황을 모니터링한다.
과정별 게시판	과정 또는 차별 학습 운영에 필요한 게시판을 개설·관리하여 학습자 소통을 지원한다.
수료 처리	수료 기준에 따라 학습자의 수료 여부를 확인하고 최종 수료 처리를 수행한다.
설문·평가 결과 확인	과정에서 진행된 설문 및 평가결과를 조회·분석하여 교육 운영에 활용한다.

3. 학습시스템 요구분석

- **학습시스템 요구분석**은 시스템이 제공해야 할 서비스와 기능을 식별·정의하는 과정이다.

- 학습시스템은 교육·훈련을 목적으로 사용되므로, 사용자(학습자·교수자·관리자)의 요구와 교육 목표를 정확히 파악하는 것이 핵심이다.

- 체계적인 요구분석을 통해 프로젝트 범위를 명확히 하고, 시스템 구축에 필요한 리소스(인력·예산·기술)와 일정을 보다 현실적으로 예측할 수 있다.

[표] 학습시스템 요구분석 주요 요소

목적 및 목표 파악	학습시스템이 달성해야 할 주요 목적과 목표를 명확히 정의한다. 예 직무 교육용 시스템인지, 일반 학습지원 시스템인지 확인.
사용자 파악	주요 사용자 그룹(학습자, 교수자, 관리자 등)을 구분하고, 각 그룹의 특성과 요구 사항을 분석한다.
기능적 요구 사항	시스템이 반드시 제공해야 할 주요 기능을 정의한다. 예 강의 콘텐츠 업로드, 진도관리, 시험·평가 관리, 토론 게시판, 자료 출력 등.
비기능적 요구 사항	성능, 보안, 사용성, 확장성 등 시스템의 품질 특성을 정의한다.
데이터 요구 사항	시스템에서 처리·저장될 데이터의 종류, 구조, 관계 등을 분석하여 필요한 데이터베이스 요구 사항을 도출한다.
통합 및 연동 요구 사항	기존의 다른 시스템과 연동 또는 통합해야 하는 경우, 해당 요구 사항을 명확히 정의한다.
환경 요구 사항	시스템 구축 및 운영에 필요한 하드웨어·소프트웨어 환경을 규정한다. 예 서버 사양, 미들웨어, 운영체제, 네트워크 환경, 브라우저 지원 범위 등.

1) 요구 사항 수집

- 이러닝 콘텐츠를 위한 학습시스템 **요구 사항 수집**은 프로젝트 시작 전에, 콘텐츠 개발·구현에 필요한 정보와 가이드라인을 정의하고 문서화하는 과정이다.
- 이 단계에서는 고객의 요구를 체계적으로 수집하고, 그 요구를 충족하기 위해 개발될 시스템의 필수 기능과 제약사항을 식별·이해한다.

(1) 학습자와 교육자의 요구 사항 수집

학습시스템 요구 사항 수집 단계에서는 학습자·교육자 특성 파악, 기존 시스템 문제 분석, 기술적·비즈니스 요구 파악을 중심으로 정보를 체계적으로 수집한다.

① 학습자의 요구 사항

- **필요 콘텐츠 및 선호 학습 방식 파악**: 어떤 주제, 형식, 환경의 학습을 원하는지 분석한다.
- **학습 목표·관심사 반영**: 학습자의 목표와 관심사를 파악하여 콘텐츠를 기획한다.
- **학습 스타일 고려**: 시각·청각·실습형 등 선호 방식에 따라 맞춤형 학습 경험 제공.
- **평가·피드백 요구**: 학습 진행·성취에 대한 확인 및 즉각적 피드백 제공 기능 필요.
- **접근성 요구**: 장애 유형·기기 종류 등 다양한 사용자 특성에 대응하는 접근성 확보.

② 기존 학습시스템의 문제점 분석

- **제한 사항 파악**: 사용성 부족, 기능 미흡, UI 불편 등 기존 시스템의 제약과 문제점 확인.
- **사용자 피드백/불만 수집**: 학습자들이 경험한 문제점을 개선하고 피드백과 불만 사항을 수집하여 요구 사항으로 반영한다.
- **기술적 문제 해결**: 속도, 호환성, 오류 등 기술적 제약을 식별하여 개선 방향을 수립한다.

③ 교육자의 요구 사항

- **콘텐츠 제작·관리 기능 요구**: 강의 자료 업로드, 편집, 관리기능 필요.
- **학습자 모니터링**: 학습 진도·참여도·성취도를 실시간으로 확인할 수 있어야 함.
- **평가·성과 추적 도구**: 시험, 과제, 성적 관리 및 분석 리포트 기능 요구.

④ 기술적 요구 사항

- **기술 스택 및 구현 필요 기술 식별**: 콘텐츠 및 기능 제공을 위한 기술적 기반 분석.
- **플랫폼 및 호스팅 요구**: 서버·스토리지 등 운영 환경 기준 정의.
- **보안 및 개인정보 보호**: 데이터 암호화, 접근 권한 관리, 개인정보 보호 기준 수립.
- **외부 시스템 통합**: LMS, 인증 시스템, 학사 시스템 등과의 연동 요구 사항 파악.

⑤ 비즈니스적 요구 사항

- **예산·인력·일정 등 자원 요구**: 프로젝트 운영을 위한 필수 자원 분석.
- **수익 모델 고려**: 콘텐츠 유료화, 구독 모델 등 비즈니스 전략 반영.
- **시장 분석 기반 요구 정립**: 경쟁 서비스와 비교하여 차별화 요소 도출.

> 🔑 수험Tip
>
> 학습자 요구, 기존 시스템 문제, 교육자 요구, 기술 요구, 비즈니스 요구의 5가지 축으로 요구 사항을 수집하여 시스템 설계의 방향을 명확히 한다.

(2) 요구 사항 수집방법

요구 사항을 정확하게 수집하고 문서화하는 것은 프로젝트 성패에 직접적인 영향을 미친다. 이를 위해 다음과 같은 대표적 방법을 활용한다.

[표] 요구 사항 수집방법의 유형

유형	설명
인터뷰 (Interviews)	• 학습자·교육자·이해관계자와의 대면 또는 온라인 인터뷰를 통해 요구 사항을 수집한다. • 질문 목록을 미리 준비하고 학습 목표, 선호도, 문제점, 기대치 등을 다양하게 도출한다.
설문 조사 (Surveys)	• 대규모 학습자 그룹의 의견을 신속하게 수집하기 위한 방법이다. • 온라인 설문 도구를 활용해 질문지를 배포하고 응답 데이터를 분석한다. • 학습 스타일, 목표, 피드백 요구, 선호도 등을 파악하는 데 유용하다.
의견수렴 (Feedback and Input Gathering)	• 학습자 및 교육자의 의견을 이메일, 온라인 피드백 양식, 포럼, 댓글 등으로 수집한다. • 서비스 개선을 위한 실제 사용자 의견을 확보한다.
관찰 (Observation)	• 학습자가 실제로 시스템과 콘텐츠를 어떻게 사용하는지 직접 관찰하여 문제점과 요구 사항을 파악한다. • 학습 과정에서의 상호작용을 분석해 개선 포인트를 찾는다.
워크샵 (Workshops)	• 학습자·교육자·프로젝트 팀원과의 워크샵을 개최하여 요구 사항을 공동으로 도출하고 문서화한다. • 다양한 참여자의 의견을 통합하고 합의를 이룰 수 있는 환경을 조성한다.

2) 요구 사항 분석

- **요구 사항 분석**은 수집된 요구 사항을 토대로 이러닝 콘텐츠 개발·구현 방향을 확립하고, 학습자와 교육자의 요구에 맞게 학습 경험을 최적화하기 위한 단계이다.
- **추상적 요구를 구체화** : 고객·이해관계자의 요구를 분석 기법을 활용해 추상적인 요청을 구체적이고 이해하기 쉬운 문제·기능 목록으로 도출한다. 이후 작성될 요구 사항 명세서(분석 기술서)를 위해 내용을 완전·일관·정합되게 정리한다.
- **학습자 특성분석** : 특히 학습자의 컴퓨터 활용능력, 현재 수준, 학습환경을 분석하여 콘텐츠 난이도·UI 설계·지원 기능 등을 결정하는 중요한 기준으로 삼는다.
- **이러닝 운영 관점에서의 방향 설정** : 인터넷 기반 자기 주도학습 환경에서 현재 시스템이 제공하는 기능과 한계를 파악하고, 향후 필요한 기능·서비스·운영 특성을 도출하여 개선 방향을 제시한다.

(1) 요구 사항의 종류

- 요구 사항은 크게 기능적 요구 사항(What)과 비기능적 요구 사항(How)으로 구분된다.
- **기능적 요구 사항(Functional Requirements)** : 시스템이 무엇을 해야 하는지 정의
- **비기능적 요구 사항(Non-Functional Requirements)** : 시스템이 어떻게 동작해야 하는지 정의

① 기능적 요구 사항(Functional Requirements)

- **기능적 요구 사항**은 시스템 또는 소프트웨어가 반드시 수행해야 하는 핵심 기능과 작업을 기술한다.
- 사용자(학습자·교수자)가 시스템을 활용할 수 있어야 하는 기능을 명확히 표현한다.

[표] 기능적 요구 사항 핵심 기능

기능 항목	설명
사용자 로그인	학습자는 아이디·비밀번호를 입력하여 시스템에 로그인할 수 있어야 한다.
콘텐츠 검색기능	학습자는 특정 주제 또는 키워드로 학습콘텐츠를 검색할 수 있어야 한다.
강의콘텐츠 재생	학습자는 비디오·오디오 학습자료를 재생하거나 다운로드하여 활용할 수 있어야 한다.
진도 추적	시스템은 학습자의 진도를 자동 추적하고, 완료 여부 및 진행 상태를 표시해야 한다.

② 비기능적 요구 사항(Non - Functional Requirements)

- **비기능적 요구 사항**은 시스템의 성능, 보안, 사용자 경험, 안정성, 확장성 등 품질 요소를 규정한다.
- 시스템이 어떻게 동작해야 하는지를 명확히 하여 안정적 서비스 제공을 보장하는 데 중요하다.

[표] 비기능적 요구 사항의 주요 품질 요소

비기능 항목	설명
응답 시간	로딩·응답 시간을 최소화하여 학습자의 대기 시간을 줄여야 한다.
보안	학습자 개인정보와 학습 데이터는 안전하게 보호되어야 한다.
확장성	사용자 증가 및 데이터 증가에도 시스템이 안정적으로 운영될 수 있어야 한다.
성능	처리 속도, 데이터 처리량 등이 요구 기준을 충족해야 한다.
신뢰도	소프트웨어의 정확성, 일관성, 오류 복구 능력 등을 확보해야 한다.

🔑 수험Tip
- 기능적 요구 사항은 로그인·검색·재생·진도관리처럼 '기능 동작'을 묻는다.
- 비기능적 요구 사항은 성능·보안·확장성·신뢰도처럼 '품질 기준'을 묻는다.

(2) 요구 사항 분석의 주요 내용

① 학습자 분석 (Learner Analysis)

- **학습자 분석**은 이러닝 시스템 설계에서 "누가, 어떤 상태에서, 무엇을 어떻게 배우려 하는지"를 파악하는 단계이다.
- 주요 분석 항목은 인구 특성분석, 학습 스타일 및 선호도 분석, 학습 목표 및 동기 분석, 이전 학습 경험 및 수준 분석, 학습 장애 및 특수 요구 사항 분석으로 정리할 수 있다.

[표] 학습자 분석 항목

분류	내용	조사항목
인구 특성 분석	성별, 국적, 언어 능력, 학력 수준, 직업 등 기본 프로필을 파악하여 목표 학습자 그룹을 정의한다.	• 성별 / 국적·문화권 • 사용 언어 및 언어 능력 수준 • 최종 학력 및 전공 • 직업·직무(학생/직장인/구직자 등)
학습 스타일 및 선호도 분석	시각·청각·신체활동(키네스틱) 등 선호하는 학습 스타일을 조사한다. 온라인·오프라인·블렌디드(혼합) 등 선호 학습 방식과 학습환경을 파악한다.	• 선호 학습 스타일(시각·청각·신체 활동형 등) • 선호 학습 방식(온라인, 오프라인, 혼합/블렌디드) • 개별/협동 학습 선호 여부

분류	내용	조사항목
학습 목표 및 동기 분석	개인적·조직적 학습 목표(자기계발, 자격 취득, 직무역량 향상 등)를 확인한다. 학습 동기, 관심 분야를 분석하여 콘텐츠 주제와 난이도를 조정한다.	• 개인적 학습 목표(자기계발, 자격증 취득 등) • 조직·직무 관련 학습 목표(성과 향상, 승진 대비 등) • 학습 동기 수준 및 주요 관심 분야
이전 학습 경험 및 수준 분석	이전 교육 수준과 관련 경력·경험을 조사한다. 현재 지식수준과 선행 학습 정도를 평가하여 난이도 조절·학습 경로 설계에 반영한다.	• 이전 교육 수준(이수 과정, 전공 등) • 관련 경력 또는 실무 경험 여부 • 현재 학습 수준 및 선행 지식수준 (초급·중급·고급)
학습 장애 및 특수 요구 사항 분석	시각·청각 등 장애 여부와 필요한 보조 기기·서비스 요구를 파악한다. 특수 교육 지원이 필요한 경우 이를 반영해 접근 가능한 콘텐츠를 설계한다.	• 장애 여부(시각·청각·지체 등) 및 유형 • 필요 보조 기기·지원 서비스(스크린리더, 자막 등) • 특수 교육·학습 지원 요구 사항(속도 조절, 추가 설명 자료 등)

인구 특성분석 = 성별·연령·학력·언어·직업 등

학습 스타일 분석 = 시각·청각·신체, 온라인/오프라인 선호

학습 목표·동기 = 개인 목표 vs 조직 목표 구분

학습 경험·수준 = 선행 지식, 이전 교육 이수 여부

학습 장애·특수 요구 = 접근성(자막, 대체텍스트, 보조기기 필요 여부)

② 교육과정 요구분석 (Curriculum Requirements Analysis)

교육과정 요구분석은 교육 목표·내용·평가·운영 방식이 학습자와 조직의 목적에 부합하는지 점검하는 과정이다. 주요 내용은 다음과 같다.

[표] 교육과정 요구분석 주요 요소

구분	내용
교육 목표 설정	• 교육과정이 달성해야 할 목표를 명확히 정의 • 목표달성을 위한 핵심 개념·역량을 정리
교육 콘텐츠 구성 분석	• 교재, 강의, 퀴즈, 과제 등 콘텐츠 구성 방식 계획 • 콘텐츠의 유형·분량·난이도·멀티미디어 활용·상호작용 방식을 분석하여 교육 목표와의 연계성 검토
평가 방법 분석	• 시험, 과제, 프로젝트, 참여도 등 평가 방식 설계·분석 • 평가결과가 교육 목표 달성 여부를 적절히 반영하는지 확인
학습자·조직 관점 의견 반영	• 학습자(특히 모니터링 참여자) 및 교육과정 관리자 의견수렴 • 피드백을 기반으로 콘텐츠 보완, 난이도 조정, 상호작용 강화 등을 위한 개선점 도출

[표] 교육과정 요구분석 예시

분류	조사항목
조직 관점 (Organization Perspective)	• 교육 목표 및 전략은 무엇인가? • 교육 운영에 필요한 자원·예산은 어떻게 산정되는가? • 교육과정이 준수해야 할 법적·규정상의 요구 사항은 무엇인가?
관리자 관점 (Administrator Perspective	• 교육과정의 커리큘럼 구성은 어떻게 설계되는가? • 학습활동 및 평가 방식은 어떻게 운영되는가? • 필요한 학습 환경 및 기술 요구 사항은 무엇인가? • 학습자 관리 및 학습 추적을 위한 도구는 어떻게 선택·운영되는가? • 교육과정의 품질 평가 및 개선 절차는 어떻게 이루어지는가?

🔑 수험Tip

조직은 목표·예산·규정, 관리자는 커리·평가·추적

③ LMS 학습 환경 요구분석 (LMS Learning Environment Requirements Analysis)

LMS 학습 환경 요구분석은 어떤 기술·환경에서 LMS가 사용되는지, 그 안에서 어떤 기능과 품질을 제공해야 하는지를 정의하는 단계이다.

[표] LMS 환경 요구분석 3대 영역

분석 영역	분석 영역	연결된 세부 항목(예시)
시스템 기능 요구 사항 분석	LMS가 기본적으로 제공해야 할 기능 (What)을 정의	• 학습자·강좌 관리기능 • 진도 추적 및 성적 관리기능 • 토론·Q&A·쪽지 등 커뮤니케이션 기능 • 각종 통계 및 보고서 생성 기능
사용자 경험(UX) 요구 사항 분석	LMS의 화면 구조·메뉴 구성·사용성 등 인터페이스(UI)와 전반적인 학습 경험 품질을 정의	• 화면 구성, 내비게이션 구조, 사용 편의성 • 접근성(장애·고령자, 다국어 지원 등) • 응답 속도, 로딩 시간 • PC·모바일 등 다양한 기기에서의 이용 편의성 • 사용자 계정/권한 설정 방식, 역할별 UI 차별화
보안 및 데이터 관리 요구 사항 분석	학습자의 개인정보·학습 데이터를 안 전하게 보호하고, 무결성·기밀성·가 용성을 확보하기 위한 기준 정의	• 로그인·인증 방식, 권한 관리 정책 • 데이터 암호화, 백업 및 복구 정책 • 로그 관리, 침입 탐지·차단 시스템(IDS/IPS 등) • 개인정보 보호법 등 관련 법·지침 준수 기준

[표] LMS 학습 환경 요구분석 주요항목

분류	조사항목
학습자 환경	• 어떤 학습자가 LMS를 사용하는가? • 학습자의 기술 수준·사용 기기 특성은 어떤가?
운영체제 및 브라우저 요구 사항	• 지원해야 할 운영체제(Windows, macOS, iOS, Android 등)는 무엇인가? • 지원할 브라우저(Chrome, Firefox, Safari, Edge 등)는 무엇인가?
네트워크 및 인터넷 연결	• LMS 사용 시 필요한 네트워크 환경은? • 학습이 가능한 최소 인터넷 속도 기준은?
보안 및 데이터 프라이버시	• 사용자 데이터 보안 및 개인정보 보호는 어떻게 보장할 것인가? • 데이터 백업·복구 정책은 어떻게 구성할 것인가?
사용자 인증 및 권한 관리	• 어떤 방식으로 인증할 것인가? (ID/PW, SSO 등) • 역할 기반 접근 제어(RBAC)는 어떻게 설정할 것인가?
다국어 및 다문화 지원	• 다양한 언어 지원 필요 여부는? • 로컬라이제이션 및 국제화 정책은 어떻게 구현할 것인가?
접근성 (Accessibility)	• 장애인·고령자를 위한 접근성 기준을 어떻게 충족할 것인가? • 웹 접근성 가이드라인(WCAG 등) 준수 여부는?
기술지원 및 도움말	• 학습자·교수자 기술지원은 어떤 방식으로 제공하는가? • 문의 대응 및 문제 해결 정책은?
시스템 확장성 및 성능	• 향후 확장(사용자 증가 등)에 대응 가능 여부는? • 동시접속 처리, 서버 성능 요구는?
보고 및 분석 기능	• LMS에서 어떤 보고서 및 통계 기능을 제공해야 하는가? • 학습 진도·성취 분석은 어떻게 지원할 것인가?

(3) 요구 사항 분석 기법

- 요구 사항 분석 과정에서는 시스템의 성격과 복잡도에 따라 적절한 분석 기법을 선택하는 것이 중요하다.
- 이러닝 시스템과 같은 정보시스템의 요구 사항 분석 기법은 일반적으로 구조적 분석과 객체지향 분석으로 구분된다.
- 구조적 분석은 데이터와 프로세스 중심으로 비교적 단순한 시스템에 적합한 반면, 객체지향 분석은 객체와 객체 간 상호작용 중심으로 복잡하고 확장성이 요구되는 시스템에 적합하다.

① 구조적 분석 (Structured Analysis)

시스템을 데이터와 프로세스로 분해하여 요구 사항을 분석하는 기법이다.

[표] 구조적 분석의 특징

구분	설명
데이터 중심 접근	• 시스템이 다루는 데이터와 데이터 간 관계에 초점을 둔다. • DFD(데이터 흐름도) 등을 사용하여 데이터의 이동·변환 과정을 시각화한다.
프로세스 분석	• 시스템 기능·처리 절차를 세분화하여 요구 사항을 도출한다. • 각 프로세스를 프로세스 명세서(프로세스 스펙)로 상세하게 정의·문서화한다.
계층적 구조	• 상위 수준 → 하위 수준으로 단계적으로 기능을 분해한다. • 계층별로 기능과 데이터 흐름을 구조화하여 복잡성을 관리한다.

② 객체지향 분석(Object Oriented Analysis)

- 객체지향 분석(Object-Oriented Analysis)은 시스템을 객체와 객체 간 상호작용으로 모델링하여 요구 사항을 도출·정의하는 기법이다. 주요 특징은 다음과 같다.
- **객체 중심 접근**: 시스템을 객체의 집합으로 보고, 각 객체는 데이터(속성)와 기능(메서드)을 함께 가진다.
- **상속·다형성 활용**: 클래스와 상속으로 공통 특성을 재사용하고, 다형성을 통해 유연하고 확장 가능한 구조를 설계한다.
- **유스케이스·시나리오 기반**: 사용자 시나리오와 유스케이스 다이어그램으로 사용자 관점의 요구 사항을 도출·문서화한다.

[표] 객체지향 분석의 특징

구분	설명
객체 중심 접근	시스템을 객체의 집합으로 모델링하며, 객체는 데이터(속성)와 이를 처리하는 메서드(행위)를 함께 포함한다.
상속(Inheritance)	상위 클래스의 공통 속성과 기능을 하위 클래스가 물려받아 재사용성과 일관성을 높인다.
다형성(Polymorphism)	동일한 메시지(명령)에 대해 객체가 각기 다른 방식으로 동작할 수 있게 하여 유연한 시스템 구조를 만든다.
캡슐화(Encapsulation)	데이터와 메서드를 하나의 객체 내부에 묶고, 외부에는 필요한 부분만 공개하여 보안성과 유지 보수성을 높인다.
유스케이스 기반 요구 도출	사용자 관점의 Use Case를 활용해 시스템이 수행해야 할 기능과 상호작용을 명확히 파악한다.
객체 간 상호작용 모델링	시퀀스 다이어그램, 커뮤니케이션 다이어그램 등을 사용해 객체들이 메시지를 주고받는 방식을 분석한다.

(4) 요구 사항 분석

요구 사항 분석은 수집된 요구 사항을 명확·구체화하고, 개발 우선순위와 영향 관계를 정리하여 프로젝트의 성공과 품질을 높이는 과정이다.

① 요구 사항 검토 (Requirements Review)

- 요구 사항 문서를 이해관계자와 개발팀이 함께 검토하고, 피드백을 반영하여 모호·중복·충돌되는 요구 사항을 식별하고 명확하고 일관되게 정제하는 단계이다.
- 예 학습자가 "콘텐츠를 검색할 수 있어야 한다"라는 요구 사항을 제시한 경우, 이는 검색 방식(제목·내용·태그·필터 등)이 불명확하여 모호하다. 따라서 이를 "키워드 검색기능을 제공해야 한다"와 같이 구현 가능한 기능 요구 사항으로 구체화한다.

② 우선순위 설정 (Prioritization)

우선순위 설정은 요구 사항을 중요도·긴급도·효과 등의 기준으로 분류하여, 무엇을 먼저 개발할지 결정하는 단계이다. 이를 통해 개발범위와 일정에 맞춰 핵심 요구 사항을 선(先)반영하고, 구현 순서를 효율적으로 조정할 수 있다.

예 "실시간 채팅 지원"이 "진도 추적"보다 더 높은 우선순위로 결정될 수 있다.

③ 요구 사항 분해 (Decomposition)

- 요구 사항 분해는 큰 범위의 요구 사항을 기능 단위의 작은 요구 사항으로 세분화하여, 요구 내용을 더 명확히 하고 구현·일정 산정·추적 관리가 가능하도록 만드는 단계이다.
- 예 "학습자 성적 보고서" 요구 사항을 "성적 계산, 보고서 형식(출력 형태), 필터링/조회 조건" 등의 세부 기능으로 분해할 수 있다.

④ 의존성 분석 (Dependency Analysis)

- 요구 사항 간 의존 관계를 분석하여, 어떤 요구 사항이 다른 요구 사항에 의존하는지 파악한다.
- 이를 통해 특정 요구 사항이 변경될 경우 연관된 다른 요구 사항에 미치는 영향을 예측할 수 있다.
- 예 성적 계산 방식이 변경되면, 이를 기반으로 하는 성적 보고서의 산출 결과와 표시 방식도 함께 수정이 필요할 수 있다.

⑤ 추가 정보 수집 (Additional Information Gathering)

- 추가 정보 수집은 요구 사항 분석 과정에서 부족하거나 불명확한 부분을 보완하기 위해 필요한 세부 정보를 추가로 확보하는 단계이다.
- 이를 위해 이해관계자와의 추가 인터뷰, 설문, 자료 조사 등을 수행하며, 수집된 정보를 바탕으로 요구 사항을 더 정확하고 완전하게 정제한다.
- **목적**: 누락·불확실한 정보를 보완하여 요구 사항의 정확성과 완성도를 높인다.
- 예 사용자 인터페이스(UI) 디자인 기준, 접근성 요구, 보안 수준(인증·권한·암호화) 등을 보다 구체적으로 파악할 수 있다.

3) 요구 사항 명세서

(1) 요구 사항 명세서(SRS ; Software Requirement Specification)

- 요구 사항 명세서는 수집·분석된 요구 사항을 체계적으로 문서화한 공식 문서로, 개발팀과 이해관계자 간의 공통 이해와 합의를 도모하고 설계·개발의 기준으로 활용된다.
- 이 문서에는 소프트웨어가 수행해야 할 기능, 적용되는 제약사항, 성능 요구 사항 등 시스템 구현에 필요한 모든 요구 사항이 명확하고 상세하게 기록된다.

(2) 요구 사항 명세서의 주요 내용

- 요구 사항 명세서는 수집된 요구 사항을 구체적·명확하게 문서화하여 모호성을 제거하고, 개발·테스트·변경 관리의 기준으로 활용된다. 주요 내용은 다음과 같다.

① 요구 사항의 세부화

- 고수준 요구 사항을 구현 가능한 세부 요구 사항으로 분해한다.
- 예 "로그인 가능" → "사용자 이름과 비밀번호로 로그인 제공"

> 📖 **참고**
> 세부화 : 내용을 더 자세하고 구체적으로 만든다는 의미이다.

② 우선순위 설정

- 요구 사항의 중요도·긴급도를 명시하여 개발 순서를 결정한다.
- 프로젝트 범위·일정 관리에 활용된다.

③ 의존성 분석

- 요구 사항 간 의존 관계와 영향 범위를 정의한다.
- 변경 시 파급효과를 예측하고 리스크를 관리한다.

④ 테스트 지침 제공

- 각 요구 사항을 검증 가능한 기준으로 명시하여 테스트 케이스·시나리오 작성에 활용한다.
- 요구 사항 충족 여부를 객관적으로 확인할 수 있다.

⑤ 변경 관리

- 요구 사항 변경 시 변경 이력 기록, 승인 절차를 통해 통제한다.
- 범위 확장(Scope Creep)을 방지한다.

> 📖 **참고**
>
> 범위 확장(Scope Creep) : 승인되지 않은 요구 사항이 지속적으로 추가되어 프로젝트 범위가 통제되지 않는 현상이다.

⑥ 인터페이스 및 디자인 지원

- UI 설계, 데이터베이스 구조, 기능 구현 등 설계 의사결정의 기준을 제공한다.

(3) 요구 사항 명세서 작성

요구 사항 명세서는 프로젝트의 목표와 범위를 명확히 정의하고, 개발팀과 이해관계자 간의 공통 이해를 확보하기 위한 핵심 문서이다. 이 문서는 시스템 개발·테스트·운영의 기준으로 활용된다.

① 서론 (Introduction)

- **목적**: 본 시스템은 학습관리를 지원하기 위한 소프트웨어로 개발된다.
- **범위**: 본 문서는 학습관리시스템(LMS)의 요구 사항을 정의하며, 이해관계자와 개발팀 간의 공통 이해를 제공한다.
- **버전 및 수정 이력**: Version 1.0 (작성일 : 2026년 9월 1일)

② 대상 및 범위 (Purpose and Scope)

- **프로젝트 목표**: 학습자와 교육자가 학습관리를 효과적으로 수행할 수 있는 LMS를 구축한다.
- **대상 시스템**: 학습관리시스템(LMS)
- **주요 이해관계자**: 학습자, 교육자, 시스템 관리자

③ 용어 및 정의 (Terminology and Definitions)

본 문서에서 사용되는 주요 용어와 정의를 설명한다.

(**예** 학습관리시스템, 과정, 강의, 학습자, 교육자 등)

④ 요구 사항(Requirements)

[표] 요구 사항 유형 및 상세 내용

요구 사항 유형	요구 사항 ID	요구 사항 내용
기능적 요구 사항	요구 사항1	학습자는 계정을 생성할 수 있어야 한다.
	요구 사항2	교육자는 강의를 등록하고 관리할 수 있어야 한다.
비기능적 요구 사항	요구 사항3	시스템 응답 시간은 2초 이내여야 한다.
	요구 사항4	학습 데이터는 암호화되어 저장되어야 한다.
사용자 스토리 및 유스케이스	사용자 스토리	학습자로서, 로그인 후 강의 목록을 조회할 수 있어야 한다.
	유스케이스	교육자가 새로운 강의를 등록하는 과정을 정의한다.
시스템 인터페이스 요구 사항	요구 사항5	LMS는 외부 인증 서비스와 연동되어야 한다.
데이터 요구 사항	요구 사항6	학습 데이터는 일 단위로 백업되어야 한다.
성능 요구 사항	요구 사항7	시스템은 동시 접속자 100명 이상을 지원해야 한다.
보안 요구 사항	요구 사항8	학습자의 개인정보는 관련 법규에 따라 안전하게 보호되어야 한다.
사용자 경험 요구 사항	요구 사항9	사용자 인터페이스는 직관적이어야 하며 접근성이 보장되어야 한다.
제약사항	요구 사항10	프로젝트 예산은 10만 달러로 제한된다.
품질 특성	요구 사항11	시스템은 높은 가용성을 유지해야 한다.
테스트 요구 사항	요구 사항12	테스트 케이스와 시나리오는 요구 사항 1~6을 모두 검증해야 한다.
변경 관리	요구 사항13	요구 사항 변경 시 변경 이력 기록 및 승인 절차를 따른다.

(4) 요구 사항 명세서 작성 시 고려할 사항

요구 사항 명세서(SRS)는 개발·테스트·운영의 기준 문서이므로, 작성 시 요구 사항의 정확성·완전성·추적성을 확보하고 이해관계자 간 합의가 이루어지도록 구성해야 한다. 주요 고려사항은 다음과 같다.

① 이해관계자 요구 사항 파악

프로젝트에 관련된 고객, 사용자, 관리자, 운영자 등 모든 이해관계자의 요구 사항을 식별·수집하고 문서화한다.

② 목표와 범위의 명확화

프로젝트가 달성해야 할 목표와 포함·제외 범위를 명확히 정의하여 범위 혼선을 방지한다.

③ 우선순위 부여

요구 사항에 중요도·긴급도 기준의 우선순위를 지정하여 개발 순서와 일정 수립에 활용한다.

④ 완전성 확인

필수 기능, 성능 조건 등 핵심 요구 사항이 누락되지 않았는지 점검하고, 요구 사항 간 충돌 여부도 함께 확인한다.

⑤ 추적성 확보(식별자 부여)

각 요구 사항에 고유 ID를 부여하여 설계·개발·테스트·변경 이력을 추적할 수 있도록 한다.

⑥ 인터페이스 및 데이터 요구 사항 명세

외부 시스템 연동(인증, 결제 등)과 데이터 통합·교환 방식, 데이터 구조/저장/백업 조건을 구체적으로 기술한다.

⑦ 비기능적 요구 사항 명확화

성능, 보안, 접근성, 사용성(UX), 가용성 등 품질 요구 사항을 정량·정성 기준으로 명시한다.

⑧ 변경 관리 절차 수립

변경 요청, 영향 분석, 승인 절차, 이력 관리 방식 등을 정의하여 범위 확장(Scope Creep)을 통제한다.

⑨ 테스트·품질 보증 연계

요구 사항을 검증 가능한 형태로 작성하고, 이를 기반으로 테스트 케이스/시나리오 및 품질 검토 기준을 마련한다.

⑩ 검증·검토 수행(Review/Validation)

요구 사항 검토 회의 등을 통해 오류·모호성·누락을 식별하고, 이해관계자 합의를 거쳐 최종 확정한다.

(5) 요구 사항 명세서 속성 (IEEE Std 830)

요구 사항 명세서(SRS)는 IEEE에서 제시한 IEEE Std 830의 품질 특성을 참고하여 작성하며, 문서가 갖춰야 할 핵심 요건은 다음과 같다.

① 정확성(Correctness)

모든 요구 사항이 사실에 근거하고 오류 없이, 시스템이 어떻게 동작해야 하는지를 정확히 기술해야 한다.

② 비모호성(Unambiguous)

표현이 하나의 의미로만 해석되도록 명확해야 하며, 여러 해석의 여지를 남기지 않아야 한다.

③ 완전성(Complete)

시스템에 필요한 모든 핵심 요구 사항(기능·성능·제약 등)이 빠짐없이 포함되어야 한다.

④ 일관성(Consistent)

요구 사항 간 모순·충돌이 없어야 하며, 동일 개념은 동일 용어/기준으로 유지되어야 한다.

⑤ 중요도/안정성(Importance/Stability)

요구 사항의 우선순위(중요도)와 변경 가능성(안정성)을 표시하여, 구현 순서·변경 리스크를 관리할 수 있어야 한다.

⑥ 검증 가능성(Verifiable)

테스트/검토를 통해 "충족 여부"를 판단할 수 있도록 측정 가능하거나 확인 가능한 형태로 작성되어야 한다.

⑦ 수정 가능성(Modifiable)

변경이 발생해도 문서 전체에 혼란이 없도록 구조적으로 작성되어야 하며(번호/구성/중복 최소화), 쉽게 갱신 가능해야 한다.

⑧ 추적 가능성(Traceable)

각 요구 사항에 고유 식별자(ID)를 부여하고, 설계·구현·테스트·변경 이력과의 연결(추적)을 가능하게 해야 한다.

> 📖 참고
> IEEE (Institute of Electrical and Electronics Engineers) : 국제전기전자기술자협회
> IEEE Std 830 : 소프트웨어 요구 사항 명세서 작성을 위한 국제표준

(6) 요구 사항 명세서가 피해야 할 것 (IEEE Std 830)

① 모호성을 피하라

- 요구 사항 명세서에서는 모호한 표현을 피하고, 요구 사항이 하나의 의미로 해석되도록 명확하고 측정 가능한 기준으로 작성해야 한다. 모호성은 이해관계자 간 해석 차이를 만들어 오해와 오류를 초래할 수 있다.
- **잘못된 예** : "사용자가 빠르게 데이터를 볼 수 있어야 합니다."
- **개선** : "사용자는 웹 페이지 로딩 후, 데이터를 3초 이내에 조회할 수 있어야 한다."

② 다중 요구 사항을 한 문장에 담지 말라

- 각 요구 사항 문장은 단일 요구 사항(single requirement)만 기술해야 한다.
- 여러 기능이나 조건을 한 문장에 묶으면 해석이 달라질 수 있고, 혼동과 누락을 유발한다. 따라서 복수의 요구 사항이 포함된 문장은 단일 요구 사항 단위로 분리하여 작성한다.
- **잘못된 예** : "로그인한 후 프로필을 편집하고 로그아웃할 수 있어야 합니다."
- **개선** :

  요구 사항 1 : 사용자는 로그인할 수 있어야 한다.

  요구 사항 2 : 사용자는 프로필을 편집할 수 있어야 한다.

  요구 사항 3 : 사용자는 로그아웃할 수 있어야 한다.

③ 회피용 문구를 사용하지 말라

회피적·임의적인 표현은 요구 사항을 흐리고 책임을 불명확하게 한다.

잘못된 예: "필요한 경우 추가 기능을 구현할 수 있어야 합니다."

개선: "추가 기능이 필요한 경우, 해당 기능에 대한 요구 사항을 별도로 정의해야 한다."

④ 지나치게 긴 문장을 작성하지 말라

- 과도하게 긴 문장은 이해를 어렵게 만들고 의미를 비명확하게 한다.

- 요구 사항은 간단·명료한 구조를 유지해야 한다.

- **잘못된 예**: "사용자가 특정 페이지에 접속하여 로그인한 다음, 홈 화면으로 이동하면 화면이 3초 이내에 로드되어야 합니다."

- **개선**: "사용자가 로그인 후 홈 화면 로딩 시간은 3초 이내여야 한다."

⑤ 요구 사항 명세서에 설계 요소를 포함하지 말라

- SRS는 "무엇을 해야 하는지"를 정의하는 문서이며, 어떻게 구현하는지(설계·아키텍처·처리 방식)는 포함해서는 안 된다.

- **잘못된 예**: "사용자가 로그인 페이지에서 ID와 비밀번호를 입력하고, 서버에서 데이터를 처리한 다음 로그인 성공 여부를 확인합니다."

- **개선**: "사용자는 로그인 페이지에서 필수 정보를 입력한 후 로그인을 시도한다."

⑥ 요구 사항과 설계를 혼동하지 말라

- 요구 사항 명세서는 "무엇(What)"을 정의하는 문서로, 시스템이 제공해야 할 기능·서비스·성능·제약을 명확히 적는다. 반면 UI 동작, 구현 기술, 알고리즘 등 "어떻게(How)"는 설계에 해당하므로 요구 사항에 넣지 않고 설계서에서 다룬다.

- 즉, 요구 사항 명세서에는 시스템이 제공해야 하는 서비스와 기능에 대한 정보만 포함해야 한다.

- **잘못된 예시**: "사용자가 주문한 상품 목록을 보기 위해 화면을 스크롤하고, 스크롤이 끝날 때 추가 상품을 자동으로 로드한다."

- **개선**:
  요구 사항 1: 사용자는 상품 목록을 스크롤하여 볼 수 있어야 한다.
  요구 사항 2: 시스템은 사용자의 추가 탐색 요청 시(예: 목록 끝 도달 등) 추가 상품 목록을 제공해야 한다.

⑦ 요구 사항과 프로젝트 계획을 뒤섞지 말라

- 요구 사항 명세서(SRS)의 목적은 시스템 요구 사항을 정의하는 것이며, 일정·인력·리스크 등 프로젝트 관리 요소는 프로젝트 계획서에 포함되어야 한다.

- **잘못된 예** : "이 프로젝트는 3개월 동안 진행되며, 1달째 UI 디자인, 2달째 DB 설계, 3달째 테스트를 진행한다."
- **개선** : 일정 및 자원 할당과 같은 프로젝트 관리 요소는 프로젝트 계획서에 기술한다. 요구 사항 명세서는 시스템 요구 사항만 기술한다.

⑧ 추측적 표현을 포함하지 말라

- 요구 사항 명세서에는 미래를 가정하거나 추측하는 표현을 포함하지 않는다. 요구 사항은 예상이나 전망이 아니라 현재 시점에서 반드시 충족해야 할 조건을 명확하고 검증 가능하게 정의해야 한다. 추측적 표현은 요구 범위를 모호하게 하고 검증 기준을 불분명하게 만든다.
- **잘못된 예** : "향후 사용자는 모바일 애플리케이션을 더 많이 사용할 것으로 예상되므로, 앱의 성능을 최적화해야 한다."
- **문제점** : 미래 사용 행태를 가정하고 있으며, 요구되는 성능 수준과 기준이 불명확하다.
- **개선** : "앱은 주요 사용 시나리오에서 응답 시간이 2초 이내가 되도록 성능 요구 사항을 정의해야 한다."

⑨ 분명하지 않은 요구 사항을 그대로 두지 말라

- 모호하거나 정확하지 않은 요구 사항은 그대로 두지 말고, 측정·검증 가능한 기준으로 구체화해야 한다. 불명확한 요구 사항은 개발범위와 품질 기준을 흔들어 오해·재작업을 유발한다.
- **잘못된 예** : 사용자가 웹 페이지를 사용하기 쉽도록 만들어야 한다.
- **문제점** : 사용하기 쉽도록"은 기준이 없어 해석이 달라질 수 있다.
- **개선** :

사용성 향상을 위해 다음 요구 사항을 만족해야 한다.

요구 사항 1 : 사용자는 회원가입을 3단계 이내로 완료할 수 있어야 한다.

요구 사항 2 : 주요 기능(검색/장바구니/결제)은 메인 화면에서 2회 이내 클릭으로 접근 가능해야 한다.

요구 사항 3 : 핵심 화면의 평균 로딩 시간은 3초 이내여야 한다.

4. 학습시스템 개발 프로세스

- 이러닝 콘텐츠 학습 개발 프로세스는 전통적인 교육과정 개발 방식과 유사하지만, 디지털 매체와 플랫폼의 특성을 반영하여 학습 경험의 효과성을 높이는 데 중점을 둔다.
- 일반적으로 ADDIE 모델을 기반으로 하며, 각 단계는 선형적이기보다는 순환적으로 연결된다. 즉, 평가 단계에서 도출된 피드백을 바탕으로 다시 분석 단계로 돌아가 지속적인 수정과 개선이 이루어진다.

> 📖 참고
>
> ADDIE 모델 : (Analysis – Design – Development – Implementation – Evaluation)

[표] 학습시스템 개발 프로세스

단계	세부단계	내용
분석 (Analysis)	학습자 분석	타깃 학습자의 특성, 선호, 필요성 등을 분석한다.
	학습 목표설정	학습콘텐츠의 주요 목표와 학습 결과를 설정한다.
	콘텐츠 분석	주제, 학습 내용, 필요한 자료 및 정보 등을 분석한다.
설계 (Design)	학습전략 결정	강의, 퀴즈, 시뮬레이션, 게임 등 어떤 학습전략을 사용할지 결정한다.
	콘텐츠 구조화	모듈, 레슨, 주제 등 학습콘텐츠의 구조와 흐름을 설계한다
	스토리보드 생성	각 화면별 디자인, 내용, 상호작용 등을 상세하게 기술한다.
개발 (Development)	콘텐츠 제작	스토리보드를 기반으로 실제 학습 콘텐츠(텍스트, 이미지, 오디오, 비디오 등)를 제작한다
	인터액티브 요소 개발	퀴즈, 시뮬레이션, 애니메이션 등의 인터랙티브 요소를 개발한다.
	프로토타입 테스트	초기 버전을 테스트하여 문제점 및 개선사항을 파악한다.
구현 (Implementation)	학습관리시스템(LMS)에 업로드	완성된 콘텐츠를 LMS에 업로드하고 설정을 완료한다.
	학습자 가이드 제공	학습자들이 콘텐츠를 효과적으로 학습할 수 있도록 가이드나 튜토리얼을 제공한다.
평가 (Evaluation)	형성평가 (Formative Evaluation)	개발과정 중에 이루어지는 평가로, 수정과 개선을 위한 피드백을 제공한다.
	총괄평가 (Summative Evaluation）	콘텐츠가 최종적으로 학습자에게 제공된 후의 평가로, 학습 효과와 만족도 등을 평가한다.

03. 학습시스템 운영과정 이해

주요 학습 목표

1. 학습시스템 운영에 대해 정의할 수 있다.

2. 학습시스템 운영 프로세스에 대해 설명할 수 있다.

3. 학습시스템 운영 시 발생하는 리스크와 해결 방법에 대해 설명할 수 있다.

1. 학습시스템 기본 기능

1) 개념

이러닝 학습시스템은 교육 및 훈련 활동을 체계적으로 준비, 실행, 운영 및 관리하기 위한 핵심 플랫폼이다. 이는 이러닝 학습활동의 기반 환경을 제공하며, 그 안정성과 성능은 학습활동의 품질과 성공에 직접적인 영향을 미친다.

2) 주요 구성 요소

이러닝 환경에서 학습활동이 효과적으로 이루어지기 위해서는 학습 과정을 운영·관리하고, 학습콘텐츠를 제작·제공하며, 다양한 학습활동을 지원하는 기술적 기반이 필수적이다. 아래에서는 이러한 이러닝 체계를 구성하는 핵심 요소로서 학습관리시스템(LMS), 학습콘텐츠관리시스템(LCMS), 학습지원 도구의 개념과 주요 기능을 정리한다.

[표] 학습시스템의 구성요소와 기능

구분	개념	주요 기능
LMS	온라인 학습 환경에서 교수-학습 프로세스를 준비, 실행, 관리할 수 있도록 지원하는 시스템이다. 조직 내 학습활동을 체계적으로 운영하며 학습 프로세스 관리의 중심적 역할을 수행한다.	• 코스 등록, 출석 관리, 학습자 분석, 학습 진도 추적, 학사관리 등 학습 운영을 위한 제반 기능 제공 • 학습자 지원기능, 교수자 지원기능, 운영관리 기능 등 목적에 따른 기능 구분 가능 • 효율적인 교수-학습 관계 구축을 위한 다양한 학습 환경과 도구 제공
LCMS	맞춤형 이러닝 콘텐츠의 제작, 저장, 조합, 배포를 담당하는 시스템으로, 콘텐츠개발자와 학습자에게 콘텐츠관리 및 공유 기능을 제공한다.	• 제작된 학습콘텐츠를 다양한 형태로 변환하여 저장 및 조합 • 학습에 적합한 콘텐츠를 전달하는 역할 수행 • 콘텐츠의 재사용성, 표준화, 효율적 업데이트 지원

구분	개념	주요 기능
학습지원 도구	이러닝 효과를 향상시키기 위한 다양한 도구로, 정보통신기술 발전에 따라 종류와 기능이 확대되고 있다.	• 커뮤니케이션 지원 도구 • 저작도구 • 평가 시스템 • 학습 분석 시스템 등

참조

커뮤니케이션 지원도구

커뮤니케이션 지원 도구는 온라인 학습 환경에서 학습자-교수자-학습자 간 상호작용, 협업, 피드백 제공을 촉진하는 기능을 제공한다.

- **토론 게시판**(Discussion Boards)

  특정 주제에 대한 의견 교환, 질문 공유, 교수자·학습자 간 비동기 소통을 지원한다.
- **실시간 채팅**(Chat Rooms)

  실시간 텍스트 기반 대화를 통해 즉각적인 질의응답과 협업을 가능하게 한다.
- **영상 회의**(Video Conferencing)

  Zoom, Teams, Google Meet 등을 활용해 영상·음성 기반의 실시간 상호작용을 지원한다.
- **웹 세미나**(Webinars)

  교수자가 실시간 온라인 강의를 제공하고, 학습자가 참여·질의할 수 있는 환경을 제공한다.
- **이메일**(Email)

  교수자와 학습자, 또는 학습자 간에 개별 또는 그룹 단위로 메시지를 주고받는 대표적인 비동기 소통 도구이다.
- **그룹 및 팀 프로젝트 도구**

  Slack, Trello, Asana 등과 같이 그룹 프로젝트 수행 시 협업, 할 일 관리, 의사소통을 지원하는 도구이다.
- **피드백 및 설문 도구**

  학습 경험·만족도·콘텐츠 품질에 대한 의견을 수집하고 설문 기반의 개선 정보를 제공한다.
- **소셜 미디어 통합 도구**

  Facebook, Twitter, LinkedIn 등과의 연동을 통해 학습 커뮤니티 확장과 비공식적 상호작용을 활성화한다.

3) 학습시스템의 기본 기능

강의 관리기능	• **콘텐츠 업로드 및 관리** : 다양한 형태의 학습 자료(텍스트, 영상, 오디오 등)를 업로드, 수정, 삭제할 수 있다. • **강의 등록 및 수정** : 강좌의 목적, 목차, 학습 기간 등을 설정하고 수정할 수 있다.
학습자 관리기능	• **계정 생성 및 관리** : 학습자의 계정을 생성, 수정, 삭제하며 권한을 설정할 수 있다. • **학습자별 진행 상황 관리** : 각 학습자의 학습 진행 상황, 완료 여부 등을 추적하고 관리한다.

학습자 성적 관리기능	• **성적 기록 및 피드백**: 온라인 퀴즈, 시험 결과를 기록하고 학습자에게 피드백을 제공한다. • **성적 분석**: 학습자별, 강좌별 성적 분포와 통계를 제공한다.
커뮤니티 기능	• **토론 게시판**: 학습자나 교수자와의 토론을 위한 게시판을 제공한다. • **채팅 및 영상회의**: 실시간 커뮤니케이션을 지원한다.
학습 기록 관리기능	• **학습 히스토리**: 학습자의 학습 내용, 시간, 횟수 등의 기록을 관리한다. • **학습 리포트**: 학습 진행 상황, 성과 등의 리포트를 생성한다.
시험 관리기능	• **온라인 시험 생성**: 다양한 형태의 문제(객관식, 주관식, O/X 등)로 온라인 시험을 생성한다. • **자동 채점**: 시험 응답을 자동으로 채점하고 결과를 표시한다.
보안 기능	• **인증 및 권한 관리**: 사용자의 접근 권한을 관리하며, 보안을 위한 인증 절차를 제공한다. • **데이터 암호화**: 학습자의 개인정보, 성적 데이터 등의 보안을 위해 데이터를 암호화한다.
학습분석 기능	• **학습 행태 분석**: 학습자의 학습 패턴, 활동, 피드백 등을 분석한다. • **강좌 효과 분석**: 강좌별 참여율, 만족도, 학습 성과 등을 분석하여 강좌 효과를 평가한다.

2. 학습시스템 운영 프로세스

1) 단계별 절차

이러닝 학습시스템의 운영 프로세스는 학습콘텐츠 준비부터 학습자의 참여 관리, 평가·피드백 제공까지의 절차를 포함하며, 교육과정을 체계적으로 관리하고 지원하기 위해 단계적으로 수행된다.

(1) 학습 콘텐츠 개발

① **교육 목표 설정** : 학습자가 달성해야 할 목표와 학습 내용을 확정한다.

② **콘텐츠 설계** : 교육 내용 구성, 학습자료, 평가 방법 등 콘텐츠 구조와 전략을 설계한다.

③ **콘텐츠 제작** : 강의 자료, 영상, 시뮬레이션, 퀴즈 등 학습콘텐츠를 제작한다.

(2) 시스템 설정 및 콘텐츠 업로드

① **시스템 설정** : 플랫폼 기능, 보안 정책, 사용자 권한 등 운영환경을 설정한다.

② **콘텐츠 업로드** : 제작된 학습콘텐츠를 이러닝 플랫폼에 업로드 한다.

③ **강좌 설정 완료** : 목차/기간/평가/진도 기준 등 강좌 운영에 필요한 연동 설정을 마무리한다.

(3) 학습자 등록 및 참여 관리

① **학습자 등록** : 학습자 계정을 생성하거나 기존 계정에 수강 권한을 부여한다.

② **참여 관리** : 학습자의 접속 현황, 학습 진도, 학습 시간 등을 모니터링하고 관리한다.

(4) 학습 진행 및 지원

① **학습지원** : FAQ, 질의응답(Q&A), 토론 게시판 등 학습지원 서비스를 제공한다.

② **학습 모니터링** : 학습자의 진행 상황, 학습활동, 피드백 등을 실시간으로 모니터링한다.

(5) 평가 및 피드백

① **학습 평가** : 퀴즈, 시험, 과제 등을 통해 학습자의 학습 성과를 평가한다.

② **피드백 제공** : 평가결과에 대한 피드백을 제공하고, 필요 시 보충 학습자료나 추가 지원을 제공한다.

(6) 분석 및 리포트

① **학습 데이터 분석** : 학습자의 학습 패턴, 성과, 행태 등을 분석한다.

② **리포트 생성** : 학습 데이터를 바탕으로 강좌별, 학습자별 리포트를 생성하여 교육자나 조직에 제공한다.

(7) 향후 개선 및 최적화

① **피드백 수집** : 학습자나 교육자로부터의 피드백을 수집한다.

② **개선 및 최적화** : 수집된 피드백을 바탕으로 콘텐츠나 시스템의 개선 작업을 진행한다.

> 🔑 **수험 Tip**
>
> 학습시스템 운영 프로세스는 콘텐츠 개발 → 시스템 설정·업로드 → 학습자 등록·참여 관리 → 학습 진행·지원 → 평가·피드백 → 분석·리포트 → 개선으로 이어지는 순환 구조이다.

2) 운영계획서 작성

이러닝 시스템 운영 계획서는 성공적인 이러닝 서비스 제공을 위해 운영 전반의 관리 전략과 절차를 체계적으로 수립하고, 운영의 효율성과 일관성을 확보하기 위해 작성한다.

(1) 운영계획서의 핵심 내용

① **사전 준비작업** : 운영을 원활히 진행하기 위한 필수적인 준비 단계를 포함하며, 운영절차와 기능의 표준화에 중점을 둔다.

② **학습 과정 정보** : 학습 과정에 필요한 주요 정보를 포함하며, 학습자가 수강 신청 시 참고할 수 있는 기본 안내 자료로 활용된다.

(2) 운영계획서의 세부 구성

운영 계획서는 과정 특성과 운영 기간, 사전 준비 수준을 기준으로 세부 계획을 구체화한다.

① **과정별 운영계획**: 각 학습 과정의 특성에 맞춘 운영 목표, 전략, 운영 방식(학습·평가·지원 등)을 제시한다.

② **기간별 운영계획**: 시스템 운영을 단기·중기·장기로 구분하여 단계별 운영계획을 구체화한다.

③ **사전 준비 및 점검**: 운영 전 필요한 준비 사항과 점검 체크리스트를 포함하고, 장애·민원 등 문제 발생 시 대응 전략을 제시한다.

3) 운영 지침서/절차서 작성

이러닝 시스템의 운영 지침서 및 절차서는 시스템을 효과적으로 관리하고 원활하게 운영하기 위한 표준화된 가이드라인을 제공하는 문서이다. 지침서와 절차서는 운영자의 역할과 업무 수행 기준을 명확히 하여 운영 품질의 일관성을 확보하는 데 목적이 있다. 지침서와 절차서 작성 시 고려해야 할 핵심 내용 및 구성은 다음과 같다.

(1) 서문

① **목적**: 이러닝 시스템 운영 지침서 및 절차서의 작성 배경과 목적을 명확히 제시한다.

② **적용 범위**: 지침서와 절차서가 적용되는 대상, 영역, 시스템 범위를 구체적으로 정의한다.

(2) 이러닝 시스템 개요

① **시스템 정의**: 이러닝 시스템의 구성요소, 주요 기능, 운영 구조에 대한 개요를 제시한다.

② **시스템의 중요성**: 교육 운영 측면에서 이러닝 시스템의 필요성과 중요성을 설명한다.

(3) 운영 절차

① **시작 절차**: 시스템 운영 전 필요한 준비작업과 초기 설정 절차를 설명한다.

② **일상적인 관리 및 유지보수**: 시스템의 안정적 운영을 위한 정기 점검, 관리, 유지보수 절차를 제시한다.

③ **문제 상황 대응**: 시스템 오류나 장애 발생 시 대응 절차와 해결 방법을 제시한다.

(4) 이러닝 콘텐츠 관리

① **콘텐츠 업로드 및 수정**: 콘텐츠의 등록, 수정, 삭제 절차를 상세히 기술한다.

② **콘텐츠 검토 및 승인**: 콘텐츠 품질확보를 위한 검토 및 승인 절차를 제시한다.

(5) 학습자 관리

① **계정 관리** : 학습자 계정의 생성, 수정, 삭제 등 계정 관리 절차를 설명한다.

② **학습 진행 및 성과관리** : 학습자의 진도, 참여도, 성과를 모니터링하고 관리하는 방법을 제시한다.

(6) 시스템 보안

① **접근 권한** : 사용자별 접근 권한을 정의하고 관리하는 절차를 기술한다.

② **데이터 백업 및 복구** : 데이터 보호를 위한 백업 및 복구 절차를 상세히 제시한다.

(7) 피드백 및 개선

① **사용자 피드백 수집** : 학습자 및 운영자로부터 피드백을 수집·분석하는 절차를 설명한다.

② **시스템 개선** : 피드백을 반영하여 시스템을 개선하는 방법과 절차를 제시한다.

(8) 부록

① **용어 해설** : 지침서에서 사용하는 주요 용어의 정의와 설명을 제공한다.

② **참고자료** : 관련 법령, 규정, 기준 등 참고자료를 목록화하여 제시한다.

> 🔑 **수험 Tip**
>
> 운영 지침서·절차서는 운영 기준의 표준화 문서로, 절차·보안·콘텐츠·학습자·개선을 반드시 포함한다.

3. 학습시스템 리스크 관리

이러닝 학습시스템의 리스크 관리는 시스템의 안정성·신뢰성·효율성을 확보하고, 예상치 못한 위험 요소로부터 시스템과 사용자(학습자·운영자)를 보호하기 위한 핵심 활동이다.

[표] 리스크 관리에 대한 핵심사항

리스크 식별	시스템 운영 중 발생 가능한 위험 요소를 파악한다. • **기술적 리스크** : 서버 다운, 데이터 손실, 시스템 오류, 보안 위협 • **내용적 리스크** : 부적절하거나 오해를 유발할 수 있는 학습콘텐츠 • **사용자 리스크** : 접근 권한 실패, 개인정보 유출, 사용자 오용·남용
리스크 평가	식별된 리스크에 대해 영향도와 발생 가능성을 기준으로 위험 수준을 평가한다. • **영향도** : 리스크가 발생했을 때 그 영향의 크기나 중요성을 평가 • **발생 가능성** : 특정 리스크가 발생할 확률을 평가
리스크 우선순위 결정	영향도와 발생 가능성을 종합하여 리스크의 우선순위를 결정하고, 대응 대상과 순서를 설정한다.

리스크 대응 전략 수립	리스크 특성에 따라 적절한 대응 전략을 수립한다. • **리스크 회피** : 위험 요소를 회피하거나 제거함 • **리스크 감소** : 위험을 최소화하기 위한 조치를 취함 • **리스크 전가** : 보험 또는 계약을 통해 리스크를 제3자에게 이전함 • **리스크 수용** : 리스크를 인정하고 그에 따른 결과를 감수함
리스크 모니터링	리스크를 지속적으로 점검하고, 새로운 리스크를 식별하며 대응 전략의 적절성을 평가한다.
대응 및 회복 계획	리스크 발생 시 신속히 대응하고 시스템을 정상 상태로 복구하기 위한 계획을 마련한다.
교육 및 훈련	운영자와 사용자를 대상으로 리스크 관리 및 대응방법에 대한 교육·훈련을 실시한다.
리스크 관리 문서화	리스크 관리 전 과정을 문서화하여 지속적 관리와 검토, 참조가 가능하도록 한다.

[표] 학습시스템 리스크 관리를 위해 고려해야 할 사항

서버 관리	• **예시** : 대규모 학습자가 동시에 접속할 경우 서버 다운이 발생할 수 있다. • **고려사항** : 트래픽 변동을 고려해 서버 용량을 확보하고, 로드밸런싱을 통해 트래픽을 분산한다.
보안 관리	• **예시** : 해커 공격으로 학습자의 개인정보가 유출될 수 있다. • **고려사항** : SSL 인증서를 활용해 데이터 전송을 암호화하고, 정기적인 보안 패치와 업데이트로 취약점을 차단한다.
원격 감독 시스템	• **예시** : 온라인 시험 중 부정행위가 발생할 수 있다. • **고려사항** : 웹캠 등을 활용해 학습자 활동을 모니터링하고, 이상 행동을 탐지하여 부정행위를 예방한다.
데이터 백업	• **예시** : 시스템 오류나 외부 요인으로 학습 데이터가 손실될 수 있다. • **고려사항** : 데이터를 정기적으로 백업하고, 복구 절차를 마련해 비상 시 신속히 복원한다.
커뮤니케이션 관리	• **예시** : 학습자 간 커뮤니케이션에서 부적절한 내용이 오갈 수 있다. • **고려사항** : 모니터링 도구와 운영 규정을 통해 부적절한 내용이나 행동을 예방한다.
시스템 업데이트	• **예시** : 오래된 시스템은 새로운 기능을 지원하지 못하거나 보안 취약점이 발생할 수 있다. • **고려사항** : 시스템을 주기적으로 업데이트하고, 사전 테스트를 통해 안정성과 호환성을 검증한다.

📖 **참고**

로드밸런싱(Load Balancing) : 다수의 사용자가 동시에 접속할 때 발생하는 트래픽을 여러 서버에 분산하여, 특정 서버에 부하가 집중되는 것을 방지하고 시스템의 안정성과 성능을 유지하는 기술

CHAPTER 04

학습시스템 이해관계자 분석

무료강의 바로가기

01. 학습시스템 이해관계자 분석

주요 학습 목표

1. 학습자의 선호도, 학습 성취도, 학습 이력, 학습자 정보를 포함한 학습자의 특성을 분석할 수 있다.

2. 교수자의 교수 선호도, 강의 이력, 교수자 정보를 분석할 수 있다.

3. 학습자, 교수자, 튜터, 에이전트를 포함한 학습활동에 참여하는 참여자에 대한 역할을 정의할 수 있다.

1. 학습자 특성분석

이러닝 학습시스템에서 **학습자 특성분석**은 학습 환경을 최적화하고 효과적인 교육 경험을 설계·제공하기 위한 핵심 과정이다. 학습자의 일반적 특성(성별, 연령, 학력 등)과 함께 이러닝 인식 및 선호도, 학습 성취도, 학습 이력, 학습자 정보 등을 종합적으로 분석하여 콘텐츠 구성, 운영 방식, 지원 전략 수립의 근거로 활용한다.

1) 학습자의 일반적 특성분석

학습자의 일반적 특성분석은 학습자의 개인적 배경과 기본 특성을 이해하여, 학습콘텐츠와 운영 전략을 학습자 중심으로 설계하기 위한 과정이다.

[표] 학습자의 일반적 특성분석 요소

성별	• 성별 분포를 파악하여 콘텐츠 구성, 사례 제시, 학습 환경 설계 시 성별 특성을 고려한다. • 특정 성별에 편향되지 않도록 콘텐츠 구성과 사례를 조정하고, 학습 참여가 균형 있게 이루어지도록 학습 환경을 설계한다.
연령	• 학습자의 연령을 기준으로 인지발달 수준을 파악하며, 성인의 경우 조직·집단·배경·학습 목적 등을 고려해 학습 내용을 결정한다.
학력	• 학습자의 교육 수준과 학습능력을 파악하여 교육자료의 수준과 난이도를 조절한다.
학습능력	• 학습자의 직무 수준, 목표, 학습 분야에 따라 이해 수준의 차이를 고려하여 학습 내용, 난이도, 콘텐츠 개발 유형을 결정한다.

선수학습 정도	• 선수학습 정도는 학습자의 학습 성공 가능성을 예측하는 중요한 요인이다. • 학습자의 학습 준비 수준을 판단하는 기준이 되므로, 새로운 내용을 제시하기 전에 필요한 선수학습 수준을 사전에 확인해야 한다.
이러닝 학습 경험	• 이전 이러닝 학습 경험, 학습 진행속도, 학습 시간, 선호 학습 형태 등을 분석하며, 긍정적 학습 경험은 이후 학습 성과에 긍정적인 영향을 미친다.

📖 참고

연령대별 일반적 인지 특성 활용

연령대	인지적 특징	설계 시 고려사항
아동·청소년	구체적 사고 중심, 즉각적 피드백 선호	시각자료, 단계적 설명, 반복 학습
청년·성인 초기	논리적·추상적 사고 가능	개념 중심 설명, 문제 해결 과제
성인(직장인)	목적 지향적, 경험 기반 학습	실제 사례, 직무 연계, 자기 주도학습
고령 학습자	정보 처리 속도 저하 가능	단순 UI, 명확한 안내, 학습속도 조절

2) 학습자의 이러닝에 대한 인식 조사

학습자의 이러닝에 대한 인식 조사는 이러닝 경험, 기술 활용 수준, 기대와 우려를 파악하여 학습 설계와 운영 전략을 최적화하는 데 목적이 있다.

[표] 학습자의 이러닝 인식 조사항목

이러닝 경험	학습자가 이전에 이러닝 학습 경험이 있는지, 어떤 유형의 이러닝을 경험했는지를 조사하여 학습자의 경험 수준을 파악한다.
인터넷 및 기술 관련 자신감	학습자의 인터넷 및 디지털 기술 활용에 대한 자신감 수준을 분석하여 온라인 학습 플랫폼 사용의 용이성을 고려한다.
이러닝에 대한 기대와 우려	이러닝 학습에서 기대하는 성과와 우려 사항을 조사하여, 긍정적 요인은 강화하고 부정적 요소는 사전에 개선한다.

3) 학습 유형별 학습자 분류

학습 유형별 학습자 분류는 이러닝 환경에서 학습자의 특성과 학습 스타일을 파악하여 맞춤형 교수전략, 콘텐츠 제공 방식, 평가 및 지원을 설계하는 데 활용된다.

(1) 적극적 행동학습형

- **특징**: 학습 과정에 적극 참여하며 질문·토론을 주도한다. 학습 목표를 명확히 세우고 계획적으로 수행한다.

- **이러닝 행동**: 동료 학습자와의 상호작용을 선호하고 학습 공동체 형성에 적극적이다.
  - **운영 전략**: 토론·협업 과제, 동료피드백, 프로젝트 기반 활동을 강화한다.

(2) 독자적 자율학습형

- **특징**: 학습 목표를 스스로 설정하고 자료를 탐색하며 독립적으로 학습을 수행한다. 자기 주도성과 자율성이 높다.
  - **운영 전략**: 선택형 콘텐츠, 심화 자료, 자기 점검 퀴즈, 개별 과제 등 자율학습 경로를 제공한다.

(3) 환경 의존적 자기 주도학습형

- **특징**: 학습 환경의 영향이 크며, 환경에 따라 자기 주도성이 달라진다. 오프라인에서는 지도 의존이 높고, 온라인에서는 부분적으로 자기 주도학습이 가능할 수 있다.
  - **운영 전략**: 학습 가이드·체크 리스트, 일정 알림, 단계별 과제, 튜터링 등 구조화된 지원을 제공한다.

(4) 소극적 학습형

- **특징**: 학습 참여가 낮고, 지시된 내용을 수동적으로 수용하며 정보 수용에 중점을 둔다. 질문·토론 참여가 적고 목표·계획 설정이 미흡하다.
  - **운영 전략**: 짧은 단위 과제와 즉각적 피드백을 제공하고, 퀴즈·배지·리마인드 등 참여 유도 장치와 단계별 목표설정을 통해 참여를 촉진한다.

4) 학습자 유형별 관리

이러닝 학습자를 유형별로 효과적으로 관리하기 위해서는 각 유형의 특성을 반영한 목표설정, 참여 유도, 지원 수준, 피드백 방식을 차별화하여 적용해야 한다.

(1) 적극적 행동학습형 관리

- **목표설정·공유**: 학습 목표를 명확히 제시하고 학습자와 공유한다.
  - **참여 촉진**: 토론, 협업 활동, 프로젝트 등 참여형 활동을 확대한다.
  - **신속한 피드백**: 질문·의견에 빠르게 응답하여 학습 동기를 유지한다.
  - **심화 자료 제공**: 추가 자료, 참고 링크 등 확장 학습 리소스를 제공한다.

(2) 독자적 자율학습형 관리

- **개별 학습 계획 지원**: 개인별 계획 수립을 돕고 스스로 목표를 설정하도록 유도한다.
  - **자율성 존중 + 요청 시 지원**: 과도한 개입은 지양하고 필요 시 도움을 제공한다.
  - **자기 점검 도구 제공**: 체크리스트, 자기평가 퀴즈 등으로 학습 진행을 스스로 점검하게 한다.
  - **자율학습 리소스 제공**: 선택형·심화형 콘텐츠, 참고자료를 충분히 제공한다.

⑶ 환경 의존적 자기 주도학습형 관리

- **구조화된 학습 환경 제공** : 학습 경로, 일정, 안내를 명확히 제시한다.

- **기술적 지원·안내 강화** : 플랫폼 사용법, 접근 문제 해결 등 운영지원을 제공한다.

- **모니터링 및 맞춤 피드백** : 참여/진도 데이터를 점검하고 환경 요인에 맞춘 피드백을 제공한다.

⑷ 소극적 학습형 관리

- **참여 유도 장치 적용** : 흥미 요소(퀴즈, 배지, 리마인드)로 참여를 유도한다.

- **개인화된 지원 제공** : 학습 어려움 파악 후 1:1 안내, 보충 자료 등 맞춤 지원을 제공한다.

- **학습 환경 단순화** : UI/학습 흐름을 직관적으로 구성해 진입 장벽을 낮춘다.

- **단계적 진도 운영** : 작은 단위 목표를 제시하고 점진적으로 난이도·진도를 확장한다.

5) 비고츠키(Vygotsky)의 근접 발달영역(Zone of Proximal Development : ZPD)

- **근접 발달영역(ZPD)**이란 학습자가 혼자서는 해결할 수 없지만, 성인(교사)이나 더 유능한 동료의 도움을 받으면 해결할 수 있는 과제 수준의 영역을 말한다.

- 이는 학습자의 실제적 발달 수준(혼자 해결 가능한 수준)과 잠재적 발달 수준(도움을 받으면 가능한 수준) 사이의 범위로 이해할 수 있다.

- 성인이나 유능한 동료는 학습자가 과제를 수행하고 성장할 수 있도록 안내자(촉진자)로서 지원한다.

[표] 비고츠키 근접 발달영역(ZPD)의 4단계

단계	설명
1단계	학습자가 유능한 타인(교사·동료)의 도움을 받아 과제를 수행하는 단계로, 모방과 안내가 중심이 된다. 학습자는 아직 독립 수행이 어렵다.
2단계	학습자가 부분적으로 스스로 과제를 수행할 수 있으나, 여전히 외부 지원이 필요한 단계이다.
3단계	학습자가 타인의 도움 없이 과제를 독립적으로 완전수행할 수 있는 단계로, 근접 발달영역을 벗어난 실제적 발달 수준에 도달한다.
4단계	새로운 능력의 발달을 위해 다시 새로운 근접 발달영역이 형성되는 단계로, 학습과 발달이 순환·확장된다.

6) 데이비드 콜드(David Kold)의 학습유형

- **학습유형**이란 학습자가 정보를 인식하고 처리하는 선호 방식을 의미하며, Kolb는 이를 4가지 유형으로 분류하였다. Kolb 학습유형은 고등교육 및 기업 교육·훈련 분야에서 널리 활용된다.

• Kolb는 학습 과정을

지각 방식	구체적 경험 ↔	추상적 개념화
	(Concrete Experience)	(Abstract Conceptualization)
처리 방식	반성적 관찰 ↔	능동적 실험
	(Reflective Observation)	(Active Experimentation)

의 두 축으로 설명하고, 이 조합에 따라 4유형을 제시하였다.

[표] Kolb의 4가지 학습유형과 특징

학습유형	핵심 특징
발산형 (Diverger)	• 구체적 경험 + 반성적 관찰 중심. • 경험을 바탕으로 관찰·성찰하며 다양한 관점에서 아이디어를 생성한다. • 뛰어난 상상력을 가지고 있으며, 아이디어를 창출하고 브레인스토밍을 즐김
동화형 (Assimilator)	• 추상적 개념화 + 반성적 관찰 중심. • 이론·모형 구성에 강하고 논리적 설명과 개념 정리에 관심이 크다.
수렴형 (Converger)	• 추상적 개념화 + 능동적 실험 중심. 문제 해결과 의사결정에 강하며 이론을 실제 과제에 적용하는 것을 선호한다. • '발산형'과 반대 견해를 보이며, 문제나 과제가 제시될 때 정답을 찾기 위해 아주 빠르게 움직이고, 사람보다는 사물을 다루는 것을 선호함
조절형 (Accommodator)	• 구체적 경험 + 능동적 실험 중심. 실행과 도전을 선호하고 시행착오를 통해 학습하며 새로운 경험을 적극 수용한다. • '동화형'과 반대 견해를 보이며, 일을 하는 것과 새로운 경험을 강조하고 실제 문제를 해결하기 위한 개념과 원리를 활용하는 방법에 관심을 가짐

[그림] Kolb의 학습유형 모형(지각·처리 방식 2축)

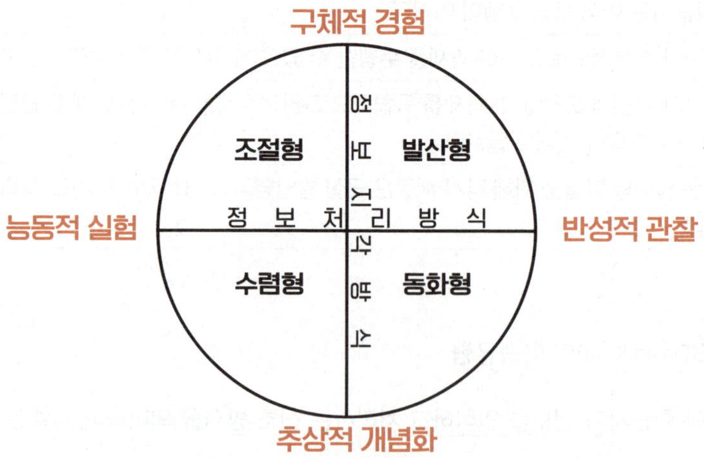

📖 참고

학습자 분석 조사 도구(주요항목)

구분	내용
선수학습 수준	☐ 해당 과목과 관련된 기본 지식이 있다. ☐ 관련 기초 과목을 수강(또는 학습)한 경험이 있다. ☐ 해당 과목과 유사한 내용을 학습해 본 경험이 있다. ☐ 해당 과목과 관련된 업무/작업을 수행해 본 경험이 있다. ☐ 과목의 용어와 설명을 이해하는 데 큰 어려움이 없다. ☐ 과제수행에 필요한 읽기/이해(문해) 능력이 충분하다.
학습 동기 수준	☐ 해당 과목에 대한 관심이 높다. ☐ 해당 과목의 학습 목표를 달성할 자신이 있다. ☐ 목표를 달성하면 높은 만족감을 느낄 것 같다. ☐ 본 과목이 나의 학업/직무/자기계발에 도움이 된다고 생각한다.
컴퓨터 사용능력 수준	☐ 인터넷 검색 및 웹사이트 이용이 익숙하다. ☐ 이메일을 작성·발송·수신하는 데 어려움이 없다. ☐ 문서 작성 도구(MS Word/한글 등)를 활용할 수 있다. ☐ 파일 다운로드/업로드, 폴더 관리, 압축 해제 등이 가능하다. ☐ 프로그램 설치 및 업데이트를 스스로 수행할 수 있다. ☐ 백신 실행, 보안 설정 등 기본 보안 관리가 가능하다. ☐ 멀티미디어(영상/오디오) 재생 및 기본 편집 기능을 사용할 수 있다. ☐ 그래픽/저작도구 등 응용 프로그램을 활용한 경험이 있다. ☐ 컴퓨터 오류 발생 시 원인을 파악하고 기본적인 해결을 시도할 수 있다.
학습 습관 수준	☐ 정해진 시간에 규칙적으로 학습하는 편이다. ☐ 온라인 강의 수강 경험이 있다. ☐ 학습 계획을 세우고 실천하는 편이다. ☐ 과제/평가 일정을 미리 확인하고 기한 내 제출한다. ☐ 보조 학습자료를 활용해 예습·복습을 하는 편이다. ☐ Q&A/게시판/토론 등 온라인 학습활동에 참여하는 편이다.

7) 에릭슨(Erikson)의 심리 사회적 발달이론

에릭슨의 심리 사회적 발달이론은 인간이 영아기부터 노년기까지 성장하는 과정에서 거치는 8단계 발달 과업을 제시한 이론이다. 각 단계에는 '발달 위기(갈등)'가 존재하며, 이를 건강하게 해결하면 다음 단계로 이행하면서 새로운 과업과 도전에 직면하게 된다.

[표] 에릭슨 심리 사회적 발달 8단계 : 발달 과업

단계	에릭슨 발달 위기	연령(대략)	핵심 특징
1단계	신뢰감 대 불신감	출생~18개월	양육자와의 상호작용을 통해 기본적 신뢰 형성
2단계	자율성 대 의심/수치심	18개월~3세	자율적 행동 시도, 통제 경험 발달
3단계	주도성 대 죄의식	만 3~6세	놀이·탐색을 통한 주도성 발달

단계	에릭슨 발달 위기	연령(대략)	핵심 특징
4단계	근면성 대 열등감	만 6~12세	과제수행을 통한 유능감 형성
5단계	자아 정체감 대 역할혼돈	만 12~18세	자아 정체감 탐색 및 확립
6단계	친밀감 대 고립감	성인 초기	친밀한 대인관계 형성
7단계	생산성 대 침체감	중년기	다음 세대 기여, 사회적 책임 수행
8단계	자아통합 대 절망감	노년기	삶의 통합과 수용

🔑 수험 Tip

신뢰 → 자율 → 주도 → 근면 → 정체감 → 친밀 → 생산 → 자아통합.

[표] 에릭슨 심리 사회적 발달 8단계 : 세부특징

구분	내용
1단계	• 유아는 생존, 안전, 애정 욕구 충족을 위해 일차적 양육자(어머니 등)에게 전적으로 의존한다. • 유아는 입을 통한 활동(수유 등)을 중심으로 환경과 접촉하며 생물학적·사회적 관계를 형성한다. • 이 시기의 유아-양육자 상호작용의 질은 유아가 세상을 신뢰 또는 불신의 관점으로 인식하는 데 결정적 영향을 미친다.
2단계	• 이 시기의 아동은 다양한 신체적·정신적 능력이 빠르게 발달한다. • 아동은 "스스로 하려는 욕구(자율성)"가 커지면서 부모와 의지의 갈등이 나타날 수 있다. • 대표 사례가 배변훈련으로, 아동의 본능적 욕구에 대해 사회적 규칙과 통제를 처음 학습하는 경험이 된다.
3단계	• 이 단계에서 나타나는 주도성 발달은 때로 환상적 형태로 나타나며, 대표적으로 반대 성 부모에게 강한 애착·소유 욕구가 나타날 수 있다 • 또한, 아동은 자신의 행동이 타인에게 미치는 영향을 인식하며, 책임감과 도덕성의 기초를 발달시키기 시작한다.
4단계	• 아동의 세계는 가정 밖(학교·또래 등)의 새로운 영향과 사회적 요구에 노출되면서 확장된다. • 가정과 학교에서 주어진 과제를 완수함으로써 성취감을 느끼고, 타인으로부터 인정을 받기 위해 부지런히 활동한다. • 반대로 노력에 대해 조롱·비난·거절을 반복적으로 경험하면, 아동은 열등감을 발달시킬 수 있다.
5단계	• 이 시기는 개인이 자신의 자아 정체성에 대해 의문을 갖고 탐색하며 심사숙고하는 단계로 특히 중요하다. • 개인은 타인이 자신을 어떻게 보는지(사회적 평가)와 자기 자신에 대한 인식을 통합하여 일관된 자아상을 형성해야 한다. • 이러한 자아상을 바탕으로 개인은 자아 정체감을 확립하게 된다.
6단계	• 성인 초기의 개인은 우정과 사랑(친밀한 관계)을 통해 타인과 깊은 유대 관계를 형성한다. • 이 시기에는 자기 상실에 대한 두려움 없이, 자신의 정체감을 타인의 정체감과 공유·융합할 수 있어야 한다. • 친밀한 관계를 형성하지 못하면 개인은 고립감에 빠질 수 있다.

구분	내용
7단계	• 이 시기는 인간 발달의 완전한 성숙기에 해당한다. • 개인은 다음 세대를 양육·교육·지도하는 데 적극적이고 직접적으로 참여할 필요가 있다. • 개인은 자신이 속한 가정·직장·사회·조직 활동을 통해 다음 세대에 영향을 미치고 이끄는 역할을 수행함으로써 생산성(생식성) 욕구를 충족한다.
8단계	• 이 시기는 인생의 황혼기(노년기)로, 개인은 자신의 상태가 자아통합인지 절망감인지 점검하게 된다. • 또한, 자신의 삶을 되돌아보고 검토하며, 인생에 대한 최종 평가를 수행하는 숙고의 시간을 갖는다.

🔑 수험 Tip

신뢰(양육/애착) – 자율(배변·통제) – 주도(놀이·상상) – 근면(학교·과제·성취) – 정체감(자기 탐색) – 친밀(사랑·관계) – 생산(다음 세대) – 통합(회고·수용)

[표] 에릭슨 심리 사회적 발달 8단계: 핵심 질문

단계	프로이트 단계와의 관계	존재 질문
1단계	구강기와 유사	어떻게 안전할 수 있을까?
2단계	항문기와 유사	어떻게 독립적일 수 있을까?
3단계	남근기와 유사	어떻게 힘을 가질 수 있을까?
4단계	잠복기와 유사	어떻게 유능해질 수 있을까?
5단계	생식기 초기에 해당	나는 누구이며 어떻게 성인 사회에 맞출 수 있을까?
6단계	생식기와 연장·확장	어떻게 사랑할 수 있을까?
7단계	프로이트 이론에는 직접적 대응 단계 없음	무엇을 줄 수 있을까?
8단계	프로이트 이론에는 없음	어떤 의미를 얻었는가?

🔑 수험 Tip

• 에릭슨 1~4단계는 프로이트 단계와 비교 가능
• (구강 – 항문 – 남근 – 잠복)
• 5단계 이후는 사회적·정체성 중심으로 확장
• 프로이트는 성격 발달, 에릭슨은 평생 발달(사회·정체성)

2. 교수자 특성분석

이러닝 이해관계자 분석에서 교수자 특성분석은 교육 프로그램의 품질과 효과를 평가·개선하기 위한 핵심 과정이다. 교수자의 역할 수행 수준과 역량은 학습 운영 방식, 학습자 참여, 학습 경험의 질에 직접적인 영향을 미친다. 따라서 교수자의 특성을 체계적으로 분석하여 필요한 역량을 강화하고 지원 방안을 마련해야 한다.

1) 교수자 특성분석의 핵심 요소

- **역할·운영 역량**: 온라인 수업 운영, 학습 촉진(퍼실리테이션), 과제·평가·피드백 제공 능력
- **기술적 역량**: 컴퓨터 활용능력, LMS 활용능력, 디지털 교육자료(콘텐츠) 제작·편집 능력
- **소통 역량**: 학습자와의 적극적 커뮤니케이션(공지, Q&A, 토론 운영), 학습 동기 유도 능력
- **학습자 중심 이해**: 자기 주도학습 환경에서 학습자 중심 교수전략을 이해하고 적용하는 능력
- **상호작용 역량**: 온라인 환경에서 학습자와의 인격적·정서적 상호작용을 통해 관계를 형성하고 학습 몰입을 지원하는 능력

[표] 교수자 특성분석의 주요항목

구분	내용
전문성 및 학력	• 교수자의 학력 수준과 전공 분야를 평가 • 이러닝 주제와 관련된 전문 지식과 경험을 고려
이러닝 경험	• 교수자의 이러닝 경험과 온라인 교육 환경에서의 역할을 조사 • 온라인 강의 개발 및 운영 경험을 고려
기술 능력	• 온라인 교육 도구 및 플랫폼 사용능력을 평가 • 교수자가 새로운 기술을 채택하고 활용하는 데 얼마나 유연한지를 고려
교수 방법과 전략	• 교수자의 교수 방법과 학습전략을 이해하고 분석 • 어떤 학습활동, 평가 방법, 피드백 제공 방식을 사용하는지 파악
학습자 중심 교수 능력	• 교수자의 학습자 중심 교육에 대한 이해와 능력을 평가 • 학습자의 다양한 스타일과 요구에 대응할 수 있는 능력을 고려
커뮤니케이션 및 상호작용 능력	• 교수자의 커뮤니케이션 스킬과 학습자와의 상호작용 능력을 분석 • 이메일, 온라인 토론, 비디오 콜 등을 통한 상호작용 능력을 고려
평가 및 평가 방법	• 교수자가 학습자의 성과를 어떻게 평가하고 피드백을 제공하는지를 평가 • 공정하고 유효한 평가 방법을 사용하는지를 고려
학습자 지원 능력	• 교수자가 학습자에게 필요한 지원을 제공할 수 있는 능력을 평가 • 문제 해결 능력과 학습자의 질문에 대한 대처 능력을 고려

🔑 수험 Tip

교수자 특성분석은 전문성 – 이러닝 경험 – 기술 – 교수전략 – 학습자 중심 – 소통 – 평가 – 지원 역량을 종합적으로 본다.

3. 참여자 역할 정의

- 이러닝 환경에서 참여자는 전통적 교실 수업과 달리 자기 주도학습과 온라인 상호작용을 전제로 역할을 수행한다. 참여자는 주로 학습자와 교수자로 구분되며, 두 주체의 상호작용이 학습 효과를 좌우한다. 즉 학습자와 교수자가 각자의 역할을 명확히 수행하고 상호작용할 때 효과적인 이러닝 학습 환경을 구축할 수 있다.

- 튜터는 교수자를 보조하며 질의응답, 진도관리, 학습 독려, 토론 지원 등 운영 실무를 담당하는 역할로, 기관/과정에 따라 존재할 수도 있고 없을 수도 있습니다.

1) 학습자 역할

- 학습 목표와 학습 계획을 스스로 수립한다.
- 학습자료를 능동적으로 활용하고 학습활동(토론·과제·평가)에 적극 참여한다.
- 학습 진도와 성과를 점검하며 자기 주도적으로 학습을 관리한다.

2) 교수자 역할

- 학습 목표에 맞는 자료(콘텐츠)를 설계·개발하고 제공한다.
- 학습자의 참여 및 진행 상황을 모니터링한다.
- 필요한 경우 평가와 피드백을 제공하여 학습자의 학습 동기와 참여를 촉진한다.

[표] 이러닝 참여자별 역할과 주요 기능

구분	주요 역할	세부 역할
학습자 (Learner)	자기 주도학습	주체적으로 학습 목표를 설정하고 학습활동을 계획하며, 스스로 학습을 주도한다.
	자기평가	자신의 학습 성과를 평가하고 개선 방안을 찾는다.
	자율성	학습 환경과 시간을 관리하며, 필요한 자원과 도구를 활용한다.
	상호작용	온라인 플랫폼에서 학습자들끼리 정보 공유, 토론, 그룹 프로젝트 등을 통해 상호 작용한다.
교수자 (Instructor)	콘텐츠 개발	학습콘텐츠를 개발하고 학습자에게 제공한다.
	지도와 지원	학습자에게 지도와 지원을 제공하여 학습 과정을 지원한다.
	평가와 피드백	학습자의 성과를 평가하고 피드백을 제공하여 학습을 개선합니다.
	온라인 상호작용	온라인 플랫폼을 통해 학습자와 상호작용하고 토론을 주도한다.
튜터 (Tutor)	개별 지원	학습자에게 맞춤형 지원을 제공하고 질문에 응답하며 학습 과정에서 발생하는 어려움을 해결한다.
	토론 및 그룹 활동 지원	토론 그룹의 활발한 참여를 유도하고, 그룹 활동에서 지도를 제공한다.
	추가 리소스 제공	학습자가 필요한 경우 추가 학습자료와 리소스를 제공한다.
	진도관리	학습자들의 진도를 추적하고 학습 일정을 관리하여 학습자를 지원한다.

주요 학습 목표

1. 학습참여자의 요구를 충족하는 교수학습 활동을 분석할 수 있다.

2. 학습참여자의 요구를 충족하는 교수학습 활동의 기능을 분석할 수 있다.

1. 교수학습 활동 분석

1) 교수학습

- **교수학습**이란 학습자가 지식·기술·태도를 효과적으로 습득하도록 돕는 교육 프로세스이다.

- 교수학습의 역할은 학습자의 학습 동기를 유발하고 학습 목표를 설정하며, 적절한 학습 환경을 조성하고 학습 결과를 평가하여 학습 성과를 향상시키는 데 있다.

- 학습이란 교수 활동의 결과로 학습자의 지식·행동·태도에 나타나는 변화를 의미한다.

- 이상적인 교수-학습 관계는 교수자가 교육과정에 제시된 목표와 내용을 가르칠 때, 학습자가 이를 완전히 이해하고 습득하는 상태이다.

- 교수학습은 학습이론과 교수 이론을 포괄하는 개념이다.

🔑 **수험 Tip**

교수학습은 동기 – 목표 – 환경 – 평가를 통해 학습자의 지식·태도·행동 변화를 이끄는 과정이다.

[표] 학습이론과 교수 이론의 비교

구분	핵심 내용
학습이론	• 학습 형상의 원인과 과정을 설명하고 학습과 관련된 요인을 이해하는데 목적이 있다. • 경험을 통해 지식·기술·행동·적응 능력이 어떻게 형성되는지를 설명한다. • 학습자가 지식과 기술을 가장 효과적으로 습득하는 원리와 법칙을 제시한다.
교수 이론	• 교육자가 어떻게 효과적으로 가르칠 것인가에 초점을 둔다. • 학습자에게 적합한 교수 설계와 교수 방법을 제안하는 성격이 강하다. • 학습자의 행동 변화에 영향을 주는 교수 활동을 설명하고, 이를 예측·통제하는 데 목적이 있다.

🔑 **수험 Tip**

학습이론 = 배우는 과정(왜·어떻게 학습되는가)

교수 이론 = 가르치는 방법(어떻게 가르칠 것인가)

2) 교수학습 활동

- **이러닝 학습시스템에서 교수학습**은 온라인 수업에서 학습자가 지식을 습득하고 학습 목표를 달성할 수 있도록 필요한 모든 교수·학습 활동을 지원하는 프로세스이다.
- 교수학습에는 수업 계획, 수업자료 제공, 학습 진행 상황 모니터링, 교수자-학습자 상호작용 등이 포함된다.
- **교수학습 활동**은 교수자가 가르치고 학습자가 배우는 과정으로, 상호의존적(상호작용적) 특성을 가진다.
- 또한, 수업 설계 단계에서 계획된 활동이 실제 운영과정에서 실행될 수 있도록 지원기능을 수행한다.
- 교수학습 활동 분석의 핵심은 학습자의 지식 습득에 효율적인 교육 방법을 도출하고, 이를 이러닝 시스템 기능과 운영에 반영하는 데 있다.

3) 교수학습 활동 분석

- **교수학습 활동 분석**은 학습자의 학습 성과를 향상시키고, 학습자에게 최적의 학습 경험을 제공하기 위한 핵심 과정이다.
- 이러닝 학습시스템에서 교수학습 활동 분석은 학습 과정에서 나타나는 학습자의 행동, 참여 양상, 학습 방법 등을 데이터 기반으로 분석하는 것을 의미한다.
- 분석 결과를 통해 교육자는 학습자의 교육 수준, 학습 동기, 학습 방법을 파악하고, 이를 바탕으로 맞춤형 교육 프로그램(콘텐츠·활동·평가·지원)을 설계·개발할 수 있다.

4) 학습자 활동 분석을 위해서 확인해야 할 사항

- 학습자 활동 분석을 위해서는 학습자의 학습 과정과 결과를 종합적으로 파악할 수 있는 주요 요소들을 체계적으로 확인해야 한다.
- **학습자 활동 분석**은 학습자의 학습 이력, 학습 행동, 학습 성과 등을 종합적으로 파악하여 효과적인 학습 지원과 맞춤형 학습 서비스를 제공하기 위한 기초 자료를 확보하는 과정이다.

[표] 학습자 활동 분석을 위해 확인해야 할 주요 사항

구분	내용
학습자의 학습 이력	학습자가 수행한 학습 내용, 학습 시간, 학습 성과 등을 파악한다.
학습자의 학습 스타일 및 선호도	학습자가 선호하는 학습 방법, 학습장소, 학습 시간 등을 분석하여 학습자에게 맞춤형 학습 서비스를 제공한다.

구분	내용
학습자의 학습 동기와 목적	학습자가 수행하는 학습의 목적을 파악하여 학습 동기를 유발하고 유지한다.
학습자의 학습 행동	학습 과정에서 나타나는 행동 양상과 참여도를 분석하여 학습 효과를 개선한다.
학습자의 학습 성과	학습 성과를 평가하여 학습 수준을 진단하고, 개인화된 학습지원을 제공한다.

5) 교수학습 활동 개선 방안

- **학습 환경 개선**: 학습자에게 온라인 교육에 적합한 디바이스를 제공하고, 안정적인 학습 환경을 마련한다.
- **상호작용 강화**: 온라인 커뮤니티, 채팅, 토론 등 소통 채널을 활용하여 교수자 - 학습자 간 상호작용을 활성화한다.
- **학습 동기 강화**: 학습 성과에 대한 피드백 제공 등으로 학습자의 동기와 참여를 지속적으로 유도한다.
- **기술·운영 지원 제공**: 교육기관은 학습에 필요한 소프트웨어 제공, 사용 안내, 기술 지원(장애 대응 등)을 통해 학습자의 온라인 학습 환경을 지원한다.

2. 교수학습 기능분석

1) 교수학습 모형

교수학습 기능분석을 위해서는 교수·학습이 어떻게 설계되고 운영되는지를 체계적으로 설명하는 다양한 교수학습 모형을 이해할 필요가 있다. 다음에서는 이러닝 환경에서 교수학습 활동을 분석하는 데 활용되는 대표적인 교수학습 모형들을 살펴본다.

(1) 글레이저(Glaser)의 수업 과정 모형

- 글레이저(Robert Glaser)는 학습과 교수 과정을 체계적으로 이해·분석하기 위해 교수-학습 과정의 주요 행동 요소를 정리하였다.
- 수업이 진행되는 교수 과정을 하나의 체제(System)로 보고, 체계적·조직적 교수모형을 제시한 초기 연구로 평가된다.
- 글레이저의 수업 과정 모형은 다음 4가지 요소로 구성된다.
  수업 목표(Instructional Objectives), 출발점 행동(Entering Behavior), 수업 절차/교수 절차(Instructional Procedures), 성취도 평가(Performance Assessment)

- 이 4요소는 교육과정 설계와 교수 방법 선택을 지원하며, 교육자가 학습 과정을 효과적으로 운영·지도하는 분석 틀(프레임워크)로 활용된다.

[표] 글레이저(Glaser)의 교수학습 과정 절차

단계	핵심 내용
수업 목표 확정	• 수업 목표를 관찰·측정·기술 가능한 행동 목표로 구체화한다. • 수업 종료 후 학습자가 보여야 할 성취(도착점 행동)를 명확히 진술한다. • 교수-학습 과정을 통해 학습자가 무엇을 달성해야 하는지를 구체적으로 제시한다. (명세적 수업 목표)
출발점 행동의 진단	• 수업 목표에 도달하기 전, 학습자의 현재 학습 수준을 진단한다. • 학습자의 능력, 적성, 학습유형, 성취 수준, 선수학습 정도 등을 파악한다. • 학습의 결손이나 장애 요인을 진단하여 보충·동기 유발의 근거로 활용한다.
수업의 절차	• 수업의 절차(교수 절차)란 학습지도가 실제로 이루어지는 수업 장면을 의미한다. • 학습지도 방법과 형성평가를 통한 교정학습이 중요하다. • 설정된 수업 목표를 달성하기 위해 구체적인 교수 활동을 체계적으로 전개한다. • 학습자의 적극적인 학습 동기 유발과 참여 촉진을 중시한다.
성취도 평가	• 수업 절차가 종료되면, 설정된 수업 목표에 근거하여 학습자의 학습 성과(성취도)를 평가한다. • 이는 학습자가 목표로 한 도착점 행동을 달성했는지 확인하는 것이다. • 또한, 교수-학습 과정이 계획대로 적절하게 수행되었는지 점검하는 활동이다.

🔑 수험 Tip

Glaser 모형 절차는 목표 확정 → 출발점 진단 → 수업 절차 → 성취도 평가로 이어지는 체계적 교수학습 과정이다

(2) 로버트 가네(Robert M. Gagne)의 9가지 교수(수업) 사태

가네는 학습자의 학습을 효과적으로 촉진하기 위해서는 학습자 내부에서 일어나는 인지적·내적 학습 과정을 이해하고, 이를 촉진하는 적절한 교수(수업) 사태를 체계적으로 제공해야 한다고 보았다. 이에 따라 학습 과정 전반에 걸쳐 적용할 수 있는 9가지 교수 사태를 제시하였다.

[표] 가네(Gagné)의 9가지 교수 사태와 학습자의 내적 과정

학습자의 내적 과정	교수(수업) 사태	행동사례
주의집중	주의집중 획득	시각·청각 자극을 변화시켜 학습자의 주의를 끈다.
기대	목표 제시	학습자에게 학습 목표와 기대되는 수행을 제시한다.
장기기억재생	선수학습의 회상	이전에 학습한 지식이나 기능을 회상하게 한다.
선택적 지각	자극 제시	변별적 특성을 가진 핵심 내용을 제시한다.

학습자의 내적 과정	교수(수업) 사태	행동사례
부호화	학습안내 제공	유의미한 조직, 예시, 설명 등을 제공한다.
재생 · 반응	수행 유도	학습자가 직접 수행하도록 요구한다.
강화	피드백 제공	수행 결과에 대한 즉각적이고 정확한 피드백을 제공한다.
인출과 강화	수행평가	피드백과 함께 학습자에게 추가 수행을 요구, 성취 여부를 확인한다.
일반화	파지와 전이 촉진	다양한 연습과 시간적인 간격을 두어 재검토하고 전이를 유도한다.

(3) 베이츠(Bates)의 ACTIONS 모형

베이츠의 ACTIONS 모형은 이러닝에서 적합한 기술과 미디어를 선택할 때, 고려해야 할 기준을 체계적으로 제시하여 매체 선정 의사결정을 지원하는 모형이다. 각 준거를 바탕으로 매체를 평가·비교하면 효율적인 매체 선정을 할 수 있다.

[표] Bates의 ACTIONS 모형: 매체 선정 기준

기준	의미	의미(핵심적인 질문)
A	Access 접근성	학습자가 얼마나 쉽게 접근할 수 있는가? 접근 가능 범위와 접근 용이성은 어떠한가?
C	Costs 비용	초기 투자비·운영비·유지비 등 비용 대비 효율은 어떠한가?
T	Teaching and Learning 교수 · 학습	교수전략과 학습 목표에 적합한가? 교육적 특성과 제시 형태가 적절한가?.
I	Interactivity and user - friendliness 상호작용 · 사용자 친화성	상호작용을 지원하는가? 학습자가 사용하기 쉬운가?
O	Organizational issue 조직적 이슈	도입·운영을 위해 조직의 준비가 되어 있는가? 필요한 변화와 장애 요인은 무엇인가?
N	Novelty 혁신성	얼마나 새롭고 학습자의 관심을 유발하는가? 학습자에게 새롭게 인식되는가?
S	Speed 속도	얼마나 빠르게 개발·수정·전달·반영할 수 있는가?

(4) 하이니히, 몰렌다, 러셀(Heinich, Molenda & Russel)의 ASSURE 모형

ASSURE 모형은 학습 환경에서 교육 매체와 기술을 효과적으로 활용하기 위한 교수 설계 모형으로, 교수 설계과정에서 매체 활용의 계획-실행-평가를 체계적으로 지원한다. 특히 수업 현장에서 매체를 어떻게 사용할 것인지를 구체적으로 안내하는 실천 중심 모형이다.

[표] ASSURE 모형의 단계와 주요 내용

단계	의미	핵심 내용
A	학습자 분석 (Analyze Learners)	학습자의 일반적 특성, 사전 지식, 학습 수준 등 출발점 행동을 분석한다.
S	목표 진술 (State Objectives)	학습자가 달성해야 할 학습 목표를 명확하고 구체적으로 진술한다.
S	매체·자료 선정 (Select Media and Materials)	학습자 특성과 목표에 적합한 교수 방법, 매체, 학습자료를 선정한다.
U	매체·자료 활용 (Utilize Media and Materials)	선정한 매체와 자료를 수업에서 어떻게 활용할지를 계획·제시한다.
R	학습자 참여 요구 (Require Learner Participation)	토의, 퀴즈, 실습 등으로 학습자의 능동적 참여와 수행을 유도한다.
E	평가 및 수정 (Evaluate and Revise)	수업 효과를 평가하고, 결과를 바탕으로 다음 수업을 수정·보완한다.

2) 교수학습 모형의 접목 및 기술 및 표현

교수학습 모형에 접목되는 기술은 수업 설계 의도에 따라 학습 모듈(학습활동 단위)을 적절히 배치하고, 이를 표준화된 방식으로 구성·전달·추적할 수 있도록 지원한다. 대표적으로 SCORM과 같은 표준은 콘텐츠와 LMS의 연동을 가능하게 하여 교수학습 모형을 실제 운영환경에서 구현하는 데 활용된다.

(1) ADL의 SCORM

- SCORM은 미국 ADL이 제시한 이러닝 표준 참조모형으로, 교육·훈련 콘텐츠를 상호운용 가능하게 만들기 위한 규격 및 가이드라인이다.
- 학습콘텐츠를 재사용·공유·검색할 수 있도록 구조화하고 관리하며 콘텐츠가 다양한 LMS 환경에서 동일한 방식으로 실행되도록 표준을 제공한다.

- SCORM의 핵심 기능은 콘텐츠를 표준 형식으로 묶어 배포·등록할 수 있도록 하는 콘텐츠 패키징, LMS 환경에서 콘텐츠를 실행하고 학습자의 진도·점수 등 학습 데이터를 전달하는 런타임 환경 제공, 그리고 학습 순서와 이동 규칙을 정의하는 시퀀싱 및 네비게이션 기능으로 구성된다.

[표] KERIS 연구 기반 11가지 학습 모델

유형	학습 모델
유형 1	개인교수형(Tutorials)
유형 2	토론학습형(Discussion Learning)
유형 3	시뮬레이션형(Simulation)
유형 4	교육용 게임형(Instructional Games)
유형 5	반복연습형(Drill & Practices)
유형 6	사례기반 추론형(Case Based Reasoning)
유형 7	스토리텔링형(Storytelling)
유형 8	자원기반학습형(Resources Based Learning)
유형 9	문제 중심 학습형(Problem Based Learning)
유형 10	탐구학습형(Inquiry Learning)
유형 11	목표기반학습형(Goal Based Scenario)

> 📖 참고
> - ADL : Advanced Distributed Learning, 미국 정부가 주도하는 전자학습 표준 연구·개발 프로그램.
> - SCORM : Sharable Content Object Reference Model, ADL이 제시한 이러닝 표준 참조모형
> - KERIS : 한국교육학술정보원, SCORM 표준을 국내 교육 환경에 적용·확산하고 학습 모델 연구를 수행한 기관.

(2) IMS의 Learning Design

- IMS Learning Design(LD)는 다양한 교수 설계를 표현하고 실행하기 위한 표준 규격으로, 특정 교수 방법에 한정되지 않고 교수·학습 설계의 다양성과 혁신을 지원하는 프레임워크를 제공하는 것을 목적으로 개발되었다.
- IMS Learning Design는 콘텐츠(학습 객체) 중심이 아니라, 학습자가 수행하는 학습 활동(Activity)과 그 흐름에 중점을 둔다.
- 학습 설계의 기본 구조는 컴포넌트(Component)와 메소드(Method)로 구성되며, 학습자·역할·활동·환경 간의 관계를 체계적으로 정의한다.
- Learning Design는 EML을 활용하여 학습 설계를 A, B, C의 세 단계로 구분하여 목적과 복잡도에 따라 기술한다.

📖 참고

- IMS : Instructional Management Systems, 이러닝 교수 설계와 학습관리 표준을 제정하는 국제 협의체이다.
- 컴포넌트(Component) : 학습 설계를 구성하는 기본 요소
- 메소드(Method) : 컴포넌트를 어떤 순서와 방식으로 운영할지 정의한 학습절차
- EML : Educational Modelling Language, 학습활동과 교수 설계를 구조적으로 표현하기 위한 교육 모델링 언어이다.

[표] IMS Learning Design의 A·B·C 단계별 특징

단계	핵심 내용
A 단계	기본적인 학습 설계를 지원하기 위한 기본 구조와 용어를 정의한다.
B 단계	A 단계에 속성(property)과 조건(condition)을 추가하여, 학습자의 학습 이력(포트폴리오)을 기반으로 개인화·시퀀싱·상호작용이 가능하도록 확장한다.
C 단계	B 단계에 통지(notification) 기능을 추가하여, 특정 이벤트 발생 시 이를 기반으로 학습활동을 동적으로 제어·지원한다.

📖 참고

- 속성(property) : 학습자나 학습 상황의 현재 상태를 저장·관리하는 변수
- 조건(condition) : 속성에 저장된 값에 따라 학습 흐름을 제어하는 규칙
- 통지(notification) : 특정 학습 이벤트 발생 시 그 사실을 알려 학습활동을 제어하는 알림 메커니즘

🔑 수험 Tip

A : 기본 설계

B : 개인화·조건 기반 학습

C : 이벤트·알림 기반 학습

☞ A → B → C로 갈수록 복잡도와 상호작용 수준이 증가한다.

학습자 분석서

학습자 분석서는 교수학습 모형과 기술을 실제로 적용하기 위한 기초 자료로서 교수학습 설계 이전에 학습자의 특성과 요구를 파악하기 위해 작성되는 자료이다.

[일반 특성]				
1. 학습자 그룹				
부문부	부서	직무	직위	인원
계				
2. 이 코스에 참여하리라고 추정되는 학습자의 수?				
구분				
해당연도 학습대상				
전체 학습대상				
3. 학습자가 이 과정에 참여하는 데 있어서 제약조건?				

[학습관련 특성]
4. 학습자들의 선수학습 수준(선행지식, 기술)은 어떠한가? (앞으로 교육받게 될 것으로 예상되는 내용과 관련하여 자세히 기술할 것)
1) 지식:
2) 기술:
5. 직무 또는 과정내용에 대한 학습자의 동기/태도는 어떠한가?
6. 여러 가지 교육방법에 대한 학습자의 현재의 태도는 어떠한가? 여러 가지 교육방법에 대한 학습자의 경험 수준은 어떠한가?
7. 교수설계에 영향을 미칠 수 있는 다른 특징이 있는가?

이러닝 운영 준비

01. 운영환경 점검

주요 학습 목표

1. 이러닝 서비스를 제공하는 학습사이트를 점검하여 문제점을 해결할 수 있다.

2. 이러닝 운영을 위한 학습관리시스템(LMS)을 점검하여 문제점을 해결할 수 있다.

3. 이러닝 학습지원 도구의 기능을 점검하여 문제점을 해결할 수 있다.

4. 이러닝 운영에 필요한 다양한 멀티미디어 기기에서의 콘텐츠 구동 여부를 확인할 수 있다.

5. 교육과정별로 콘텐츠의 오류 여부를 점검하여 수정을 요청할 수 있다.

이러닝 운영환경 점검은 학습자에게 안정적이고 끊김 없는 학습 경험을 제공하기 위해 운영 전 핵심 요소를 체계적으로 확인하는 과정이다. 원활한 학습 운영을 위해 운영서비스, 학습 도구, 콘텐츠 점검 항목을 중심으로 사전 검토를 수행한다.

1. 운영서비스 점검

1) 점검 사항

- **서버·네트워크 상태 점검**: 학습자가 콘텐츠에 원활히 접속할 수 있도록 서버 가용성과 네트워크 연결 상태를 확인하며, 트래픽 증가 상황에서도 안정적으로 서비스가 제공되는지(부하 대응 능력)를 점검한다.

- **접속 로그·오류 로그 모니터링**: 장애 및 오류를 신속히 탐지·대응할 수 있도록 접속 로그와 오류 로그를 기반으로 모니터링 체계를 구축·운영한다.

- **보안 점검**: 사용자 데이터 보호를 위해 비밀번호 정책, 접근 권한 관리, 접근 제한 등 주요 보안 요소를 점검한다.

> 📖 **참고**
>
> 트래픽(Traffic) : 동시에 접속하거나 데이터를 주고받는 이용량의 많고 적음

[표] 주요 학습사이트 점검 항목

점검 항목	주요 내용
동영상 재생 오류	• 학습자의 인터넷 환경에 따라 동영상 재생 문제가 발생할 수 있다. • 미디어 플레이어 버전 차이, 브라우저 버전 및 호환성 문제로 인해 콘텐츠가 정상적으로 재생되지 않을 수 있다.
진도 체크 오류	• 학습 진도는 일반적으로 '미학습-학습 중-학습 완료' 상태로 관리된다. • 강의를 모두 수강했음에도 '학습 완료'로 변경되지 않거나, 다음 학습으로 이동하는 버튼이 표시되지 않는 등의 문제가 발생할 수 있다.
웹 브라우저 호환성 오류	• ID/PW 입력이 불가능하거나 화면이 비정상적으로 표시되는 등 브라우저 호환성 문제로 오류가 발생할 수 있다.

> 🔑 수험 Tip : 학습사이트 점검 항목이 기출문제

2) 해결방안 안내

- 이러닝 서비스에서 문제가 발생하면 학습자에게 신속하고 명확하게 안내하고, 문제 원인과 조치 방법을 함께 제시해야 한다.
- 이러닝 과정운영자는 테스트용 ID로 로그인하여 주요 메뉴를 순차적으로 점검하면서 페이지 정상 표시 여부와 동영상 재생 여부를 확인한다.
- 장애 가능성을 사전에 발견하면 즉시 시스템 관리자에게 공유하고, 해결방안을 마련한 뒤 공지·팝업 메시지·FAQ 등을 통해 학습자가 학습을 정상적으로 이수할 수 있도록 지원한다.

[표] 이러닝 운영 중 주요 문제 유형과 해결방안

구분	문제	해결방안 안내
서버 및 네트워크 상태 문제	• 서버 다운 • 응답 지연 • 네트워크 연결 장애 등	• 서버 재시작, 네트워크 재연결 등 즉각적인 기술 조치를 수행한다. • 로드 밸런싱 구성 및 스케일링 옵션을 검토하여 트래픽 증가 시에도 서비스가 안정적으로 운영되도록 한다.
보안 이슈	• 비밀번호 노출, • 데이터 유출, • 시스템 침입 시도 등	• 보안 패치 및 업데이트를 즉시 적용하고, 사용자에게 비밀번호 변경을 안내한다. • 정기적인 보안 점검과 모니터링을 통해 보안 위협을 최소화한다.
접속 로그 및 오류 로그 관련 문제	• 오류 발생 원인 파악이 어렵거나 로그 정보가 충분하지 않은 경우	• 로그 설정을 조정하여 필요한 정보가 상세히 기록되도록 한다. • 로그 분석도구나 모니터링 서비스를 활용해 오류 원인을 신속히 파악한다.
사용자 접근 및 인증 문제	• 로그인 오류, • 인증 실패, • 접근 권한 제한 등	• 사용자 인증 설정을 점검·수정하여 문제를 해결한다. • 필요시 재로그인, 비밀번호 재설정 등의 조치를 사용자에게 안내한다.

3) 학습관리시스템(LMS) 점검

- LMS는 온라인 환경에서 학습자의 성적, 진도, 출결 등 학사 전반을 통합 관리하는 시스템이다.
- LMS 점검은 이러닝 과정의 품질 유지, 학습자의 만족도 향상, 학습 효과 극대화를 위한 핵심 활동이며, 주기적·체계적으로 수행되어야 한다.
- 과정운영자는 과정의 교수·학습 전략 적절성, 학습 목표의 명확성, 학습 내용의 정확성, 학습 분량의 적정성을 수시로 점검해야 한다.
- 점검은 학습사이트와 LMS 운영 화면을 오가며 실제 학습자 관점의 이용 흐름까지 확인하는 방식으로 이루어져야 한다.
- 또한, LMS의 주요 메뉴와 기능을 숙지하여, 문제 발생 시 신속한 원인 파악과 조치가 가능하도록 준비해야 한다.

[표] 학습관리시스템(LMS) 점검 주요 사항

점검 사항	주요 내용
학습자 경험 최적화	LMS의 성능과 사용성을 점검하여 학습자가 불편 없이 콘텐츠에 접근하고 학습을 진행할 수 있도록 한다. 이는 학습 동기 부여와 만족도 향상에 기여한다.
학습 진행 및 결과의 정확성 보장	진도관리, 퀴즈·시험 점수, 학습 데이터가 정확하게 기록·관리되는지 확인하여 LMS 핵심 기능의 신뢰성과 안정성을 확보한다.
콘텐츠 업데이트 및 관리	교육 콘텐츠의 최신성과 품질을 지속적으로 관리하고, 오류나 부정확한 내용을 신속히 수정·보완하여 학습 품질을 유지한다.
보안 유지	학습자의 개인정보와 학습 데이터를 보호하기 위해 데이터 무결성, 보안 설정, 백업 등을 지속적으로 점검한다.
기술적 문제 대응	LMS 운영 중 발생하는 기술적 오류나 장애에 신속히 대응하여 학습 중단을 최소화한다.
피드백 수집 및 반영	학습자와 강사의 피드백을 수집·분석하여 LMS 기능과 서비스 품질을 지속적으로 개선한다.

🔑 수험 Tip

LMS 점검의 핵심은 사용성 · 정확성 · 콘텐츠 · 보안 · 기술 대응 · 피드백이다.

[표] 학습관리시스템(LMS) 주요 관리 메뉴

주요 메뉴	메뉴 설명
사이트 기본 메뉴	실명 인증·본인 인증 관리, 중복 로그인 제한, 결제 방식 설정, 연결 도메인 추가, 원격지원 서비스 등 LMS 운영의 기본 환경을 관리한다.
디자인 관리	디자인 상세 설정, 스킨 및 스타일시트 관리, 메인 팝업·인트로 페이지 설정, 이미지 관리 등 사이트 화면 구성을 관리한다.

주요 메뉴	메뉴 설명
교육 관리	과정 운영 현황 조회, 과정 제작 및 개설, 수강자 관리, 교육 진행 현황 및 결과관리, 시험 출제·채점, 수료증 관리 등을 수행한다.
게시판 관리	공지사항, 과정 게시판, 자주하는 질문(FAQ), 문의 게시판 등 학습자 소통을 위한 게시판을 관리한다.
매출 관리	결제 내역 조회, 매출 현황 관리, 결제 취소 및 환불 요청 처리, 결제 수단별 매출 관리를 수행한다.
회원 관리	회원가입 설정, 사용자·강사 관리, 회원 접속 현황 및 활동 내역을 관리한다.

> 🔑 수험 Tip : 학습관리시스템(LMS) 주요 관리 메뉴에 대해 기억해 두세요.
> **시험·수료증은 교육 관리, 가입·권한은 회원 관리, 공지·FAQ는 게시판 관리**

2. 학습도구 점검

- 이러닝 운영에서 **학습 도구 점검**은 학습의 효과성과 사용자 경험(UX)을 보장하기 위한 필수 절차이다. 여기서 학습 도구는 LMS 내 기능을 포함해 학습에 활용되는 소프트웨어, 애플리케이션, 플랫폼, 학습지원 도구 전반을 의미한다.
- 점검 항목에는 차수(기수) 개설, 학습콘텐츠 등록, 과제·토론 주제 등록, 평가 일정·방법 등록, 평가 문항 등록·확인, 공지 등록·확인 등이 포함된다.
- 운영자는 각 기능이 LMS에서 정상적으로 작동하는지, 실제 사용 과정에서 오류나 사용상의 문제가 없는지를 확인해야 한다.
- 특히 인터넷 원격훈련에서는 운영 전 학습 환경 점검 체크리스트를 활용하여 요구분석 관점에서 사전 점검을 수행하는 것이 필요하다.

[표] 학습 도구 점검 주요항목

점검 항목	점검 내용
기능성	• 도구의 기본 기능이 정상적으로 작동하는지 확인한다. • 퀴즈, 인터랙티브 요소, 채팅·토론 기능이 원활히 실행되는지 점검한다.
호환성	• 다양한 운영체제, 브라우저, 모바일 환경에서 학습 도구가 정상 작동하는지 확인한다. • 별도의 플러그인이나 추가 애플리케이션 없이도 사용 가능한지 검토한다.
사용자 경험 (UX)	• 인터페이스가 직관적이고 사용하기 쉬운지 평가한다. • 필요한 정보와 기능에 빠르게 접근할 수 있으며, 불필요한 단계가 없는지 확인한다.
안정성 및 성능	• 반응 속도와 로딩 시간을 점검한다. • 오류 발생 여부와 빈번한 다운타임이 없는지 확인한다.

점검 항목	점검 내용
보안성	• 개인정보 및 학습 데이터가 안전하게 보호되는지 점검한다. • 암호화, 인증, 권한 설정 등 보안 기능이 적절히 구현되었는지 확인한다.
확장성 및 업데이트	• 학습자 수 증가나 콘텐츠 확장 시에도 성능이 유지되는지 확인한다. • 제작사 또는 서비스 제공업체의 지속적인 업데이트와 지원 가능 여부를 검토한다.
피드백 수집 기능	• 학습자 피드백을 수집할 수 있는 기능이 있는지 확인한다. • 수집된 피드백이 도구 개선과 최적화에 활용될 수 있는지 검토한다.

📖 참고

다운타임 : Downtime, 시스템이나 서비스가 중단되어 사용할 수 없는 시간

1) 훈련생 모듈 체크

훈련생 모듈은 이러닝 훈련을 받는 학습자 관점에서 시스템이 원활히 작동하는지를 점검하는 영역으로, 학습 접근성부터 학습 진행·평가까지 전반적인 학습 경험을 확인하는 데 목적이 있다.

[표] 훈련생(학습자) 모듈 점검 항목

점검 항목	점검 내용
접근성	• 학습자가 쉽게 로그인하고 학습자료에 접근할 수 있는지 확인한다. • 로그인 및 회원가입 절차가 복잡하지 않은지 점검한다. • 스마트폰, 태블릿, PC 등 다양한 기기에서 정상적으로 접속·로딩되는지 확인한다.
인터페이스	• 사용자 친화적이고 직관적인 디자인인지 확인한다. • 주요 버튼이 명확하게 표시되어 쉽게 사용할 수 있는지 점검한다. • 화면 전환 및 로딩 속도가 빠르고 부드러운지 확인한다.
콘텐츠 품질	• 제공되는 학습자료의 명확성, 정확성, 최신성을 확인한다. • 학습 내용이 이해하기 쉬운지, 이미지·동영상의 화질이 적절한지 점검한다.
피드백 및 평가	• 학습활동 후 즉각적인 피드백을 받을 수 있는지 확인한다. • 퀴즈·테스트 결과가 즉시 표시되는지 점검한다. • 문제에 대한 해설이나 피드백이 제공되는지 확인한다.
진행 상태 및 추적	• 학습 진행률이 개인별로 정확하게 확인되는지 점검한다. • '내 학습 진도'가 명확히 표시되는지 확인한다. • 완료한 강의와 미완료 강의, 테스트 결과가 구분되어 표시되는지 점검한다.

2) 관리자 모듈 체크

관리자 모듈은 교육 운영자가 학습자·콘텐츠·진도·시스템 설정·보안을 효율적으로 관리할 수 있도록 설계된 영역이며, 운영의 정확성과 안정성을 확보하기 위해 기능 정상 작동 여부를 점검한다.

점검 항목	점검 내용
사용자 관리	• 훈련생(학습자) 등록·수정·삭제가 편리한지 확인한다. • 계정 추가/삭제/수정 기능이 정상 작동하는지 점검한다. • 그룹 분류 및 정렬 등 사용자 관리기능이 제공되는지 확인한다.
콘텐츠관리	• 학습자료 업로드·수정·삭제 기능이 정상적으로 작동하는지 점검한다. • 신규 콘텐츠 등록 및 기존 콘텐츠 변경절차가 복잡하지 않은지 확인한다. • 텍스트·동영상·퀴즈 등 다양한 콘텐츠 형태를 지원하는지 점검한다.
학습 진행 추적	• 전체 훈련생의 학습 진행 상황과 성과를 추적하고 보고서를 생성할 수 있는지 확인한다. • 대시보드/리포트 기능으로 진행 현황을 한눈에 볼 수 있는지 점검한다. • 특정 훈련생의 상세 학습 이력 조회가 가능한지 확인한다.
시스템 설정	• 플랫폼 기본 설정(알림, 통지, 이메일 등) 관리가 가능한지 확인한다. • 언어, 시간대 등 기본 환경 설정을 변경할 수 있는지 점검한다. • 알림·통지 메시지 내용과 발송 시기 설정이 가능한지 확인한다.
보안 및 백업	• 데이터 보안이 적절히 적용되는지(접근 권한, 보호 수준 등) 점검한다. • 데이터 암호화 저장 여부를 확인한다. • 백업 및 복구 기능 제공 여부와 백업 주기·방식을 점검한다.

3. 콘텐츠 점검

- **학습자료 품질 점검**: 학습 내용이 정확하고 체계적으로 구성되어 있는지 확인하며, 그래픽 등 시각적 요소가 학습 이해에 도움이 되도록 적절히 활용되었는지 점검한다.
- **미디어 성능 점검**: 오디오·비디오·이미지 등 멀티미디어 자료가 최적화되어 끊김 없이 재생되는지, 로딩 지연이나 오류가 없는지 확인한다.
- **상호작용 요소 점검**: 퀴즈, 테스트, 드래그 앤 드롭 활동 등 학습 참여를 유도하는 상호작용 기능이 정상적으로 작동하는지 검토한다.

1) 이러닝 콘텐츠 점검 항목

이러닝 콘텐츠 점검은 학습자가 학습 목표를 효과적으로 달성할 수 있도록 콘텐츠의 교육적 타당성, 화면 구성의 적절성, 기술적 안정성을 종합적으로 확인하는 과정이다. 이를 통해 콘텐츠의 품질을 유지·개선하고, 학습 중 발생할 수 있는 오류나 불편 요소를 사전에 예방할 수 있다. 다음 표는 이러닝 콘텐츠 점검 시 반드시 확인해야 할 주요항목과 점검 내용을 정리한 것이다.

[표] 이러닝 콘텐츠 점검 주요항목

점검 항목	점검 내용
교육 내용	• 교육 내용은 이러닝 콘텐츠의 핵심으로, 정확성·최신성·교육 목표 부합 여부를 중심으로 점검한다. • 콘텐츠의 제작 의도와 학습 향상 목적이 일치하는지 확인하고, 교육 목적에 따라 내용이 논리적·체계적으로 구성되었는지 검토한다. • 해설과 설명이 학습자의 능력 수준 및 교육과정 특성에 적합한지 확인하며, 학습에 필수적인 핵심 정보가 시각적으로 명확하게 제시되는지 점검한다. • 최신 정보 및 트렌드 반영 여부, 정보·데이터의 출처와 신뢰성을 확인한다.
화면구성	• 화면 구성은 학습자의 사용자 경험(UX)과 직결되므로, 디자인 요소·내비게이션·인터랙티브 요소의 사용성을 중심으로 점검한다. • 자막·이미지의 입력 오류(오탈자, 잘림, 깨짐 등)를 확인하고, 동영상과 음성 해설이 자연스럽게 연결되는지 점검한다. • 배경음/음향이 영상의 목적과 분위기에 적절한지 검토하며, 전체 화면 구성이 시각적으로 안정적이고 일관성 있게 구성되었는지 확인한다.
제작환경	• 제작환경은 콘텐츠의 기술적 안정성을 확인하는 영역으로, 호환성·로딩 속도·표시 품질을 중심으로 점검한다. • 콘텐츠가 다양한 기기 및 웹 브라우저에서 동일하게 표시·작동하는지 확인하고, 동영상·오디오 등 미디어 파일이 최적화되어 원활히 재생되는지 점검한다. • 추가 플러그인, 코덱, 특정 기술 요소가 필요한 경우 학습자가 일반적으로 접근 가능한지와 호환성 문제가 없는지 검토한다. • 영상 제작 요소(배우 음량, 복장·화장, 카메라 시점 등)가 최종 매체 환경에서 품질 기준에 맞게 전달되는지 확인한다.

[표] 이러닝 콘텐츠 점검 체크리스트

점검 항목	점검 내용
교육 내용	□ 내용이 정확하며 오탈자·사실 오류가 없는가? □ 최신 정보와 트렌드가 반영되어 있는가? □ 교육 목표와 제작 의도(학습 향상 목적)가 일치하는가? □ 내용 구성(흐름·구조·난이도)이 교육 목적과 학습자 수준에 적절한가? □ 핵심 정보 강조와 근거(출처) 제시가 명확한가?
화면구성	□ 화면 레이아웃·디자인이 직관적이고 시각적으로 안정적이며 학습을 방해하지 않는가? □ 글자 크기·색 대비·정렬 등 가독성이 적절한가? □ 자막·이미지에 오탈자/입력 오류/깨짐/잘림이 없는가? □ 동영상·음성(배경음 포함)이 자연스럽게 연결되고 싱크·음향 문제가 없는가? □ 내비게이션이 명확하고, 인터랙티브 요소(퀴즈/버튼/애니메이션)가 정상 작동하며 학습에 도움이 되는가?
제작환경	□ 주요 브라우저와 다양한 기기(PC/모바일/태블릿)에서 콘텐츠가 정상 표시·작동하는가? □ 화면 깨짐 없이 해상도·글자·이미지가 정상 출력되는가? □ 동영상·오디오가 빠르게 로딩되고 끊김 없이 재생되는가? □ 파일 용량·압축·인코딩 등 미디어 최적화가 적절한가? □ 플러그인/추가 프로그램 의존이 없거나, 필요 시 설치·접근이 용이하며 호환성·대체 안내가 제공되는가?

2) 수정요청

이러닝 콘텐츠 점검 후 수정요청은 콘텐츠의 품질을 유지하고, 내용의 정확성·학습자 경험(UX)·기술적 안정성을 확보하기 위해 수행되는 후속 조치이다. 점검 및 평가 과정에서 발견된 개선 사항을 반영하여 학습 중 오류와 불편을 최소화하는 목적이 있다.

수정요청은 크게 콘텐츠 관련 문제와 시스템(플랫폼) 관련 문제로 구분하여 관리할 수 있다.

[표] 수정요청 대상별 구분

요청 대상	문제 유형	요청 내용
이러닝 콘텐츠 개발자	내용 오류	잘못된 정보, 최신화가 필요한 내용, 학습 목표와 무관한 내용 수정요청
	멀티미디어 품질	이미지·그래픽·동영상·오디오의 품질 및 명료성 개선 요청
	인터랙티브 요소	퀴즈·학습 활동 오류, 상호작용 결과 및 피드백 오류 수정 요청
	텍스트 오류	오탈자, 문법, 표현 등 언어적 문제 수정요청
	학습구조	학습 순서, 콘텐츠 구성의 논리성 및 흐름 개선 요청
	콘텐츠 제작 오류	제작 환경 문제로 발생한 콘텐츠 자체 오류 수정 요청
이러닝 시스템 개발자	재생 오류	콘텐츠 미실행, 화면 미표시 등 재생 관련 문제 수정요청
	성능·호환성	로딩 지연, 브라우저·기기 간 호환성 문제 수정요청
	UI/UX 문제	내비게이션, 버튼, 메뉴 오류 및 사용자 경험 저해 요소 수정요청
	시스템 오류	시스템 버그, 예기치 않은 오류 발생 시 수정요청
	권한·보안	사용자 권한 설정, 접근 제한, 보안 관련 문제 수정요청
	데이터 오류	학습 진도, 점수 등 학습 데이터 저장·추적 오류 수정 요청

02. 교육과정 등록

주요 학습 목표

1. 학습자에게 제공 예정인 교육과정의 특성을 분석할 수 있다.

2. 학습관리시스템(LMS)에 교육과정과 세부 차시를 등록할 수 있다.

3. 학습관리시스템(LMS)에 공지사항, 강의계획서, 학습 관련 자료, 설문, 과제, 퀴즈 등을 포함한 사전 자료를 등록할 수 있다.

4. 학습관리시스템(LMS)에 교육과정별 평가 문항을 등록할 수 있다.

1. 교육과정 특성 분석

각 교과는 고유한 교육과정 특성을 지니므로, 과정 관리자는 과정 설립(개설) 전에 교과 운영 계획서의 핵심 내용을 검토하여 교육과정의 목표·구성·운영 방식 등을 사전에 파악해야 한다. 특히 이러닝에서는 학습자의 교과 학습목적 달성을 최우선 가치로 두고, 이를 기준으로 교육과정을 설계·운영한다.

1) 이러닝 교육과정의 특징

이러닝 교육과정은 온라인 환경의 특성을 반영하여 설계·운영되어야 하며, 다음의 특성을 고려하면 학습자에게 보다 효과적인 학습 경험을 제공할 수 있다.

[표] 이러닝 교육과정의 주요 특성

특징	내용
학습자 중심성	이러닝은 개인화된 학습 환경을 제공하는 것이 핵심으로, 학습자의 필요·선호·배경·사전 지식을 반영하여 교육과정을 설계한다.
모듈화와 유연성	교육과정은 모듈 단위로 구성되어 학습자가 자신의 학습속도와 스타일에 맞게 내용 선택 및 학습 순서를 조절할 수 있다.
상호작용 및 피드백	학습자-콘텐츠-학습자 간 상호작용을 강화하며, 실시간 피드백·토론·퀴즈 등을 통해 학습 참여도와 효과를 높인다.
다양한 학습 리소스 활용	텍스트·이미지·동영상·애니메이션 등 다양한 미디어와 퀴즈·시뮬레이션·사례 기반 학습 도구를 통합적으로 활용한다.
지속적인 갱신과 평가	디지털 환경 변화에 따라 교육과정을 지속적으로 업데이트하고, 다양한 평가 도구를 통해 학습 성과와 과정 효과를 주기적으로 검토한다.

2) 교육과정 분석

교과 내용 파악	교사·강사가 준비한 전체 교육계획서를 참고하여 해당 교과의 특성, 교육 목표, 내용 배열(모듈 구조), 교수·학습 방법, 평가 전략 및 평가의 핵심 요소를 종합적으로 확인한다.
교육과정 개요표 작성	해당 교과의 핵심 특성을 정리하여 표 형태로 제시하는 단계로, 이를 통해 교육과정의 전반적인 구조와 주요 특징을 빠르고 체계적으로 이해·분석할 수 있다.

> 🔑 수험 Tip
> 교육과정 분석 = 교육계획서 기반으로 목표·내용·방법·평가를 파악하는 단계

2. 과정 등록

1) 핵심 내용

과정 등록의 핵심 내용은 학습 목표를 명확히 설정하고 대상 학습자를 분석한 뒤, 콘텐츠 품질을 확보하며 상호작용·피드백 기능과 진도·평가 체계를 구축하는 것이다.

[표] 이러닝 과정 등록 핵심 요소

항목	내용
학습 목표설정	교육을 통해 학습자가 달성해야 할 지식·기술·태도를 명확히 정의한다.
대상자 분석	학습자의 사전 지식, 학습 스타일, 기술 활용 수준 등을 고려하여 교육 내용과 난이도를 조정한다.
콘텐츠 품질 보장	제공되는 교육자료의 정확성·최신성·목표 적합성을 확인하여 품질을 확보한다.
상호작용 및 피드백 제공	퀴즈, 토론 등 소통 기능을 포함해 참여를 유도하고 즉각적인 피드백을 제공한다.
진행 및 평가 체계 구축	학습 진도와 성과를 추적·관리하고, 평가 기준과 방법을 마련하여 학습 결과를 확인한다.

2) 교육과정 등록

교육과정 등록은 이러닝 과정이 원활히 운영되도록 목표, 콘텐츠, 평가, 운영 기준 등을 LMS에 설정하는 절차이며, 이러닝 과정운영자의 가장 큰 책임은 학습자가 과정을 정상적으로 이수·수료할 수 있도록 전 과정을 지원하는 것이다.

[표] 교육과정 등록절차

단계	구분		주요 내용
1단계	관리자 로그인		• 관리자 ID와 비밀번호를 이용하여 관리자 모드로 로그인한다.
2단계	교육 관리 메뉴 접근		• 관리자 화면에서 교육 관리 메뉴를 선택한다.
3단계	과정 제작·계획 메뉴 선택		• 과정 제작 및 계획 메뉴를 클릭하여 과정 개설 화면으로 이동한다.
4단계	교육과정 개설 진행	교육과정 분류	• 교육과정을 대분류-중분류-소분류 체계로 분류한다. • 교·강사가 제출한 교과 운영 계획서를 확인하여 등록한다.
5단계		강의 구성 (강의 만들기)	• 제작된 동영상 콘텐츠에 목차를 부여하고 학습 순서를 지정한다. • 동영상을 업로드하여 강의 단위로 등록한다.
6단계		과정 정보 입력 (과정 만들기)	• 과정 목표, 과정 정보, 수료 조건, 안내 사항 등 상세 정보를 입력한다.
7단계		과정 개설 설정	• 수강 신청 기간, 수강 기간, 평가 기간, 수료 처리 기준, 수료 평가 점수 등을 설정한다.
8단계	등록된 교육과정 확인		• 과정이 정상적으로 등록되었는지 확인한다. • 교·강사가 제출한 운영 계획서와 등록 내용의 일치 여부를 점검한다.

> 🔑 수험 Tip : 교육과정 등록 부분을 기억해 두세요.

3. 차시 등록

• 이러닝에서 차시는 전통적 교육의 '수업/강의 시간'에 해당하며, 하나의 과정(강좌) 내에서 개별 주제·학습 단원을 의미한다.

• 차시 등록은 교육과정을 구성하는 각 차시(단원)를 LMS에 등록하는 절차로, 보통 차시명, 학습 목표, 학습 내용, 학습자료, 관련 매체(영상·오디오·텍스트 등), 예상 학습 시간, 퀴즈/평가 방식 등을 설정한다.

• 차시 등록을 통해 과정운영자는 교육과정을 체계적으로 관리하고, 학습자에게 명확한 학습 경로(목차/순서)를 제공할 수 있다.

• 과정운영자는 교육과정 등록 시 세부 차시를 함께 등록해야 하며, 세부 차시는 강의계획서에 포함되거나 강의 세부 정보 화면에 표시된다.

[표] 차시 등록절차

단계	구분	주요 내용
1단계	관리자 모드 접속	• LMS에 접속하여 관리자 ID로 로그인한 후 관리자 모드로 전환한다.
2단계	과정 내용 등록	• '교육과정 관리' 또는 '과정 내용 관리' 메뉴로 이동한다. • 새로운 교육과정을 추가하고 과정명, 설명, 학습 목표 등 기본 정보를 입력한다.

단계	구분	주요 내용
3단계	수강 신청 기간 등록	• 교육과정 수강 신청이 가능한 기간을 설정한다. • 시작일·종료일을 입력하고, 기간 종료 시 자동으로 신청이 마감되도록 설정한다.
4단계	수강 신청 승인 기간 등록	• 학습자의 수강 신청 후 승인 대기 기간을 설정한다. • 해당 기간 동안 과정운영자가 신청 자격을 확인하고 승인 처리한다.
5단계	수강 기간 등록	• 승인된 학습자가 실제로 교육과정을 학습할 수 있는 기간을 설정한다. • 해당 기간 동안 LMS를 통해 콘텐츠 학습이 가능하다.
6단계	이수 처리 기간 등록	• 학습자가 모든 학습을 완료한 후 이수 처리 및 수료증 발급이 가능한 기간을 설정한다. • 이 기간 동안 학습 완료 여부가 최종 확정된다.
7단계	차시별 콘텐츠 등록	• 각 차시별 학습콘텐츠를 등록한다. • 동영상, 텍스트, 오디오, 문서 등 다양한 형태의 콘텐츠를 업로드한다. • 차시 제목, 설명, 학습 시간 등의 정보를 함께 입력한다.

4. 학습(보조)자원 등록

• 학습(보조) 자원 등록은 교육과정 외에 학습자에게 제공할 안내 자료와 참고자료를 학습 전·학습 중·학습 후 단계로 구분하여 준비하는 것이다.

• 이 구분은 학습자가 학습을 진행하는 시점(학습 흐름)에 따른 분류이며, 해당 자료들은 학습자가 필요할 때 즉시 활용할 수 있도록 과정 시작 전에 미리 등록해 두어야 한다.

[표] 학습 단계별 학습(보조) 자원 구성

학습 단계 구분	학습 단계별 자료 내용
학습 전 자료	• 학습 전 자료로는 대표적으로 공지사항과 강의계획서가 있다. • 공지사항은 학습 시작 전에 학습자가 반드시 알아야 할 내용을 안내하는 자료로, 오류 발생 시 대처방법, 학습 기간, 수료(이수) 필수 조건, 학습 시 주의사항 등을 포함한다. • 강의계획서는 강의의 사전 정보를 제공하는 문서로, 학습 목표, 학습 개요, 주차 별 학습 내용, 평가 방법, 수료 조건 등을 제시한다.
학습 중 자료	• 학습 중 자료는 학습자가 강의를 진행하는 동안 참고하거나 도움을 받을 수 있도록 제공되는 자료이다. • 강의 진행 중 필요한 자료를 직접 다운로드할 수 있도록 하거나, 관련 사이트로 연결되는 링크를 제공하는 방식으로 등록한다.
학습 후 자료	• 평가 및 과제 제출로 과정이 완전히 종료되는 것은 아니며, 과정 운영의 마무리 단계로 설문 조사를 실시하는 것이 필요하다. • 설문 조사를 등록하여 학습자가 과정에 대한 만족도(소비자 관점)를 평가할 수 있도록 한다. • 일반적으로 학습자가 평가(성적확인)를 하기 전에 설문을 먼저 수행하도록 설정하는 경우가 많다. • 설문은 강의·과정 운영 만족도뿐 아니라 시스템과 콘텐츠 만족도까지 포함해 조사한다. • 설문 결과는 과정 운영 개선과 품질 향상을 위한 중요한 자료로 활용된다.

🔑 수험 Tip : 학습 단계별 구분 내용 기출문제.

5. 평가문항 등록

- 평가 문항 등록은 학습자의 이해도, 능력(스킬), 태도 등을 평가하기 위해 이러닝 시스템(LMS)에 평가 항목(문제)을 입력·등록하는 절차이다.
- 평가는 학습자의 학습 성과를 측정하고, 교육 콘텐츠와 교수 방법의 효과성을 판단하는 기준을 제공한다.
- 교·강사가 제작한 평가 문항은 학습자가 평가를 수행하기 전에 사용할 수 있도록 학습 시작 전에 시스템에 사전 등록해야 한다.
- 평가는 강의 진행단계에 따라 진단평가–형성평가–총괄평가로 구분된다.

🔑 수험 Tip

평가 문항 등록은 사전 등록 원칙이며, 평가는 진단·형성·총괄로 구분한다.

[표] 평가의 구분별 특징 정리

평가의 구분	평가내용
진단평가	• 강의 시작 전에 실시한다. • 학습자의 기초능력, 선수학습 능력, 사전 지식수준을 진단하기 위한 평가이다
형성평가	• 강의 진행 중에 실시한다. (해당 차시가 종료된 후에 이루어짐) • 학습자에게 즉각적인 피드백을 제공하여 학습을 보완·개선하도록 돕는 평가이다. • 학습 목표달성 여부를 중간 점검하는 목적을 가진다.
총괄평가	• 강의(과정) 종료 후에 실시한다. • 학습자의 최종 학습 수준을 종합적으로 확인하는 평가이다. • 성적 산출 및 학습 집단의 특성분석에 활용된다.

🔑 수험 Tip : 평가의 구분 부분 기출문제.

진단평가 = 시작 전 / 형성평가 = 진행 중 / 총괄평가 = 종료 후

형성평가는 피드백 중심, 총괄평가는 성적·판단 중심으로 구분한다.

[표] 평가 문항 등록절차

단계	내용
관련 메뉴 확인	• 평가 문항 등록을 위한 메뉴를 확인하는 단계이다. • 일반적으로 교육 관리 → 모의고사/출제 관리 메뉴에서 평가 문항을 등록한다.
평가 문항 등록	• 평가 문항을 등록하기 전에 디자인 관리 메뉴에서 평가 화면의 디자인을 먼저 설정해야 한다. • 디자인 설정은 초기 세팅 페이지를 활용할 수 있으며, 필요 시 이미지 등록 또는 HTML 입력 방식으로 수정·적용할 수 있다. • 디자인 설정이 완료되면 시험 출제 메뉴에서 시험 명, 제한 시간 설정 여부, 응시 가능 횟수, 정답 해설 제공 여부, 응시 대상 안내 등 평가 정보를 입력한 후 평가 문항을 등록한다.

[표] 평가 문항 설정 시 체크 사항

체크 사항	내용
평가 유형	객관식, 주관식, 다지선다형, 진위형(O/X), 연결형, 단답형, 에세이 등 다양한 유형의 문항을 설정할 수 있다.
난이도 설정	문제 난이도를 조절하여 학습자의 수준에 맞는 평가가 가능하도록 한다.
배점 설정	각 문항 또는 선택지별로 점수 배점을 설정한다.
피드백 제공	문항 풀이 후 정답 및 해설을 제공하여 학습자가 오답의 원인을 이해할 수 있도록 한다.
시간제한	시험 전체 또는 특정 문항에 대해 제한 시간을 설정할 수 있다.
랜덤화	문제 순서나 선택지를 무작위로 제공하여 평가의 공정성을 유지한다.

03. 학사일정 수립

주요 학습 목표

1. 연간 학사일정을 기준으로 개별 학사일정을 수립할 수 있다.

2. 원활한 학사 진행을 위해 수립된 학사일정을 협업부서에 공지할 수 있다.

3. 교·강사의 사전 운영준비를 위해 수립된 학사일정을 교·강사에게 공지할 수 있다.

4. 학습자의 사전 학습 준비를 위해 수립된 학사일정을 학습자에게 공지할 수 있다.

5. 운영 예정인 교육과정에 대해 서식과 일정을 준수하여 관계기관에 절차에 따라 신고할 수 있다.

1. 학사일정 수립 및 공지

- **학사일정**은 교육기관이 일정 기간(통상 1년) 동안 운영하는 교육 관련 주요 일정과 행사를 정리한 계획으로, 보통 표나 달력 형태로 제시된다.

- 당해 연도 학사일정은 일반적으로 전년도 연말에 수립한다.

- 학교는 학기별로 학사일정을 수립·운영하는 경우가 많고, 연수기관은 연간 학사일정 수립 후 기수별·과정별 세부 일정을 수립한다.

- 학습자 중심 교육 환경에서는 교수자와 학습자 모두 교육의 중요한 주체이므로, 사전 제작 콘텐츠를 활용하는 강의라도 교·강사에게 학사일정을 반드시 공유해야 한다.

- **이러닝 과정운영자**는 학사일정을 문자, 이메일, 팝업 메시지 등을 통해 사전에 공지하여 학습 운영의 혼선을 예방한다.

- 참고로 이러닝 과정에서 교수자(교·강사)는 교수와 강사를 통칭하며, 학습자는 학교의 학생 또는 연수 프로그램의 연수생을 의미한다.

> 🔑 수험 Tip : 이러닝의 학사일정 계획 기출문제.
> 학사일정은 보통 전년도 연말에 수립된다.
> 학교는 학기별, 연수기관은 연간 → 기수별 일정으로 운영된다.
> 학사일정은 사전 공지(문자·메일·팝업)가 핵심이며, 운영자의 책임 영역이다.
> 이러닝에서는 교수자 = 교·강사, 학습자 = 학생·연수생으로 통칭해 사용된다.

1) 학사일정의 특징

학사일정은 교육기관이 일정 기간 동안 운영하는 주요 교육 활동과 행사를 체계적으로 정리한 계획으로, 학습자와 교수자 모두가 교육 운영의 흐름을 예측하고 준비할 수 있도록 하는 기준이 된다.

[표] 학사일정의 주요 특징

구분	내용
표현 형식	학사일정은 주로 표·달력 형식으로 제시되며, 교육기관 웹사이트, LMS, 모바일 앱, 인쇄물 등 다양한 매체를 통해 공지된다.
일정 수립	일반적으로 매년 1회, 전년도 연말에 수립되며, 학사 관련 행사와 일정의 예측 가능성·안정성을 제공한다.
대상별 차이점	학교는 학기 단위 중심으로 학사일정을 운영하는 반면, 연수기관·이러닝 플랫폼은 연간 학사일정을 기본으로 하되 과정·기수·강좌별 개별적인 일정을 설정하여 운영한다.

2) 학사일정의 중요성

학사일정이 교육기관 운영 전반에서 가지는 중요성을 이해하기 위해, 학사일정의 핵심 기능과 역할을 살펴볼 필요가 있다. 학사일정의 중요성은 계획성, 투명성, 조정 및 관리의 관점으로 구분하여 설명할 수 있다.

[표] 학사일정의 중요성

구분	내용
계획성	학사일정은 학생·교직원·교육자 등이 교육 활동의 흐름과 주요 행사를 미리 예측하고 준비할 수 있도록 한다.
투명성	교육기관의 운영 계획과 일정을 공개적으로 제시하여 운영의 투명성을 높이고 신뢰 형성에 기여한다.
조정 및 관리	기관 내 부서·팀 간 활동을 조율하고, 교육 운영을 체계적으로 관리할 수 있는 기준을 제공한다.

3) 학사일정의 고려사항

이러닝 환경에서는 전통적인 교육과 달리 운영 방식이 유연하고 학습자 중심으로 설계되므로, 학사일정 수립 시에는 여러 운영 여건과 학습 특성을 종합적으로 고려해야 한다.

[표] 학사일정의 고려사항

구분	내용
유연성	이러닝은 전통적인 교육 방식에 비해 일정이 유연하므로, 학사 일정도 그에 맞게 유연하게 조정될 수 있다.
기술적 지원	이러닝 플랫폼은 학사 일정을 디지털 알림, 캘린더 통합 등의 방식으로 학습자에게 효과적으로 전달할 수 있다.
개별화된 학습 경로	이러닝에서는 개인별 학습속도나 선호에 따라 학사 일정이 다를 수 있으므로, 개별적인 학습 경로를 고려한 학사 일정 설정이 필요할 수 있다.

4) 연간 학사일정

연간 학사일정은 1년 동안 운영되는 교육의 주요 일정을 종합적으로 제시한 것으로, 수강(강의) 신청 기간, 연수(과정) 시작일·종료일, 평가 일정 등이 포함된다.

5) 개별 학사일정

- **개별 학사일정**은 과정·강좌(또는 기수) 단위로 운영되는 세부 일정으로, 이러닝 운영자는 이를 통해 학습자에게 일정 정보를 구체적으로 안내하여 원활한 과정 이수를 지원한다.
- 특히 강의 수강, 평가, 과제 제출은 정해진 기간 내 반드시 수행해야 하는 항목이므로, 학습자가 놓치지 않도록 강조하고 반복 안내하는 것이 중요하다.

[표] 개별 학사일정의 특징

구분	내용
개인화된 학습 경로	학습자의 선호, 학습속도, 목표 등에 따라 맞춤형 학사일정이 제공된다.
유연한 학습시간	온라인 환경에서는 학습자가 자신의 일정에 맞춰 학습할 수 있으므로, 개별 학사일정은 이러한 유연성을 최대화한다.
학습 진도관리	개별 학사일정은 학습자의 진도와 성취도를 반영하여, 필요한 과목이나 주제에 따라 다르게 조절될 수 있다.
목표 설정 및 피드백	학습자가 학습 목표를 설정하고, 학습 진행 상황에 대한 피드백을 바탕으로 학사일정을 지속적으로 수정·보완할 수 있다.

[표] 개별 학사일정의 중요성

구분	내용
학습자 중심의 교육	이러닝 환경은 학습자 중심의 교육을 지향하며, 개별 학사일정은 이러한 접근 방식을 구체화하는 도구이다.
학습 효율성 증대	개인의 학습 스타일과 학습 속도에 맞는 학사일정 운영을 통해 학습 효율성과 학습만족도를 높일 수 있다.
학습 동기 유발	맞춤형 학사일정을 통해 학습자의 참여 의욕을 높이고, 지속적인 학습 참여를 유도할 수 있다.

6) 연간 학사일정을 기준으로 개별 학사일정 수립

- 연간 학사일정이 수립된 이후, 이를 기준으로 과정(강좌)별 개별 학사일정을 구체화하여 수립할 수 있다.
- 이러닝 운영자는 과정 개설하기 메뉴에서 수강 신청 기간, 수강 기간 등 과정 운영에 필요한 주요 일정을 설정한다.
- 연간·개별 학사일정이 확정되면 과정 홈페이지의 공지사항, 팝업 메시지 등을 활용해 예비 학습자에게 사전 안내하고, 원활한 운영을 위해 협업 부서에도 공유해야 한다.
- 부서 간 협업과 팀워크를 통해 과정 운영 효율을 높이고, 조직 성과(운영 품질·이익) 향상으로 연결될 수 있다.

[표] 연간 학사일정을 기준으로 한 개별 학사일정 수립 절차

등록 단계	특징
관리자 ID로 로그인	부여된 관리자 ID와 비밀번호를 사용하여 관리자 모드로 로그인한다.
교육 관리 메뉴 클릭	관리자 모드 로그인 후 교육 관리 메뉴로 이동한다.
과정 제작 및 계획 메뉴 클릭	교육 관리 메뉴에서 과정 제작 및 계획 메뉴를 선택하여 과정 설정을 진행한다. • **1단계**: 과정 분류 설정 • **2단계**: 강의(차시) 생성 • **3단계**: 과정 정보 입력
학사일정 수립	• 과정 만들기 작업까지 수행한 후 4단계(과정 개설하기) 작업을 통해 개별 학사일정을 수립설정한다. • 해당 과정의 수강 신청 기간, 수강정정(취소) 기간, 수강 기간, 평가 종료일, 수료 처리 종료일 등을 설정

7) 학사일정 공지

- 실시간 강의에 참여하는 교·강사는 과정운영자로부터 학사일정을 사전에 공유받아야 한다. 이는 실시간 강의뿐 아니라 사전 제작 콘텐츠(VOD)를 활용하는 강의에도 동일하게 적용되며, 교·강사에게 학사일정 안내는 필수이다.
- 학습자도 학습 준비와 일정 준수를 위해 학사일정을 사전에 안내받아야 하므로, 과정운영자는 문자, 이메일, 팝업 메시지 등 적절한 채널을 활용해 학사일정을 미리 공지해야 한다.

[표] 학사일정 공지 대상별 구분 및 특징

분류	특징
협업부서에 공지하기	• 과정운영자는 수립된 학사일정을 협업부서에 공유하여 업무 효율을 높이고 운영 품질을 향상시킨다. • 부서 간 협조가 원활할수록 이러닝 과정 운영의 안정성이 높아진다. • 활용 수단에 따른 공지 방법 **통신망**: 주요 학사일정을 조율한 후 조직에서 사용하는 통신망(사내 전화, 인트라넷, 메신저 등)을 활용하여 내부 조직에 신속히 공지한다. **공문서**: 내부 조직 간 공문서를 활용하여 부서 간 공식적으로 공지하고 기록을 남긴다. • (운영 반영) 연 1~2회 점검·평가 과정을 거쳐 다음 연도 학사일정 수립에 반영한다.
교·강사에게 공지하기	• 실시간 강의의 경우 교·강사는 강의 준비를 위해 과정운영자로부터 학사일정을 사전에 안내받아야 한다. • 사전 제작 콘텐츠를 활용하는 강의라도 교·강사에게 학사일정 공유는 필수이다.
학습자에게 공지하기	• 학습자는 학사일정을 공지 받아야 사전 정보를 얻고 학습을 준비할 수 있으므로 과정운영자는 사전에 학사일정을 문자, 메일, 팝업 메시지 등을 통해 공지해 주어야 한다.

2. 운영절차 준수

이러닝 교육과정은 정해진 서식과 일정에 따라 체계적으로 운영되어야 하며, 관계기관과의 사전 신고 및 협조 절차를 준수하는 것이 필수적이다. 이를 통해 교육과정 운영의 공공성, 신뢰성, 행정적 정합성을 확보할 수 있다.

1) 교육과정의 서식과 일정

- 교육과정을 운영할 예정인 경우, 관련 정보를 관계기관에 공지하기 위해 공문서 기안을 통해 신고해야 한다.
- 교육과정의 표기 방식과 운영 서식은 기관별로 상이할 수 있으므로, 해당 기관의 기준을 사전에 확인해야 한다.
- 연간 학사일정은 보통 달력 형태로 제시되며, 온라인 환경에서는 교육과정별 클릭 가능한 링크 형식으로 제공되는 경우가 많다.
- 교육과정 정보 내에는 수강 신청 기간, 강의(학습) 기간, 평가실시 일자, 과제 제출 마감일 그리고 성적 확인 및 이의 신청 기간 등의 핵심 요소가 포함된다.

2) 관계 기관에 사전 신고

- **운영 예정인 교육과정**은 공문서 기안을 통해 관계기관에 사전 신고하는 것이 원칙이다.
- 학사일정 조율이나 긴급한 운영 이슈 발생 시에는 전화 등을 통한 비공식 협의가 병행될 수 있다.
- 학사일정이나 교육과정에 대한 사전 조율이 필요하거나 긴급한 상황 해결이 필요할 때는 연관된 기관과 전화로 상의할 수 있다.
- 이러닝 과정의 운영과 관련된 주요 관계기관에는 감독 기관, 산업체, 학교 및 교육 관련 기관이 포함된다.

3) 교육과정 신고방법

- 교육과정을 관계기관에 신고하기 전에, 신고 내용이 최종 확정된 교육과정 정보인지 먼저 확인해야 한다.
- 최종 내용이 확정되면 공문서 기안 절차에 따라 신고 문서를 작성·결재 후 발송한다.
- 공문은 상황에 따라 전자문서 또는 비전자문서(종이문서) 형태로 발송할 수 있으며, 공문서 기안 절차에 따라 단계적으로 처리한다.

[표] 공문서 작성 방식별 절차

방식	작성 절차
전자문서 작성	전자문서 시스템에 로그인 → 기안문 작성 화면으로 이동 → 기안문 정보 입력 → 기안문 작성 → 첨부파일 첨부 → 결재 올리기 → 결재 완료 후 발송
비전자문서 작성	문서 양식에 따라 정보 입력(보존기간, 문서번호, 시행날짜, 수신기관 등) → 기안문 작성(문서 제목, 인사말, 목적, 내용, 기관 직인 등) → 첨부파일 확인한 후 메일 작성 → 메일 전송

- 이러닝 교육과정의 신고 절차는 교육과정 운영의 적법성과 신뢰성을 확보하기 위한 과정으로, 관련 규정에 따라 문서 작성부터 승인 및 운영까지 단계적으로 진행된다.
- 이러닝 교육과정의 신고방법은 국가·지역별 법령과 해당 교육과정이 속한 기관 또는 조직의 규정과 지침에 따라 달라질 수 있다.

[표] 이러닝 신고 절차

단계	내용
문서 작성	교육과정의 명칭, 목표, 학습 내용, 수업 기간, 강사 정보, 평가 방법 등 신고에 필요한 세부 정보를 포함한 신청서(양식)를 작성한다.
필요한 첨부 자료 준비	강의계획서, 교안 또는 학습자료, 교육과정과 관련된 기타 필수 서류를 준비한다.
온라인 제출	일부 기관은 전용 웹사이트 또는 포털을 통해 교육과정을 온라인으로 신고할 수 있도록 시스템을 운영한다. 이 경우 해당 웹사이트를 통해 문서와 자료를 업로드한다.
오프라인 제출	온라인 제출이 불가능하거나 추가 자료가 필요한 경우, 직접 방문하거나 우편으로 서류를 제출한다.
신고 접수 확인	신고서 제출 후, 해당 기관 또는 조직에서 접수 확인 통지를 발송한다.
검토 및 승인	제출된 교육과정은 검토 절차를 거쳐 승인되거나 수정요청 등의 피드백을 받는다.
승인 후 활용	교육과정이 승인되면, 해당 교육과정을 이러닝 플랫폼에 등록하여 운영을 시작한다.

주요 학습 목표

1. 개설된 교육과정별로 수강 신청 명단을 확인하고 수강 승인처리를 할 수 있다.

2. 교육과정별로 수강 승인된 학습자를 대상으로 교육과정 입과를 안내할 수 있다.

3. 운영 예정과정에 대한 운영자 정보를 등록할 수 있다.

4. 운영을 위해 개설된 교육과정에 교·강사를 지정할 수 있다.

5. 학습과목별로 수강 변경사항에 대한 사후 처리를 할 수 있다.

1. 수강 승인 관리

- 수강 신청 승인/거절은 학습자가 특정 교육과정에 수강 신청을 한 후, 운영자가 해당 신청을 승인 또는 거절로 결정하는 절차를 말한다.
- **수강 신청 내역 확인**: 신청 과정, 신청일, 학습자 정보 등 기본 내역을 확인한다.
- **신청 승인/거절**: 수강 인원 제한, 학습자 자격 요건 등을 기준으로 승인 또는 거절을 결정한다.
- **승인/거절 사유 통지**: 특히 거절 시에는 거절 사유를 학습자에게 안내하여 혼선을 예방한다.

1) 수강 신청 현황 확인 방법

- 학습자가 수강 신청을 완료하면, LMS의 수강 현황(수강 신청 관리) 화면에 신청 목록이 표시된다.
- 신청 목록은 보통 신청 순서대로 누적되며, 과정명과 신청인(학습자) 정보가 함께 나타난다.
- 특정 과정의 신청 내역을 확인하려면 과정명을 클릭하여 과정 상세 정보로 이동한다.
- 과정 상세 정보에서 수료기준 등 운영에 필요한 정보를 확인하고, 과정 운영 시 참고한다.

2) 수강 승인처리 방법

- 과정이 자동 수강 신청(자동 승인) 방식이 아닌 경우, 과정운영자는 수강 신청 목록을 확인한 뒤 승인처리를 해야 한다.
- 자동으로 처리되지 않은 신청은 수강 목록에서 보통 '미승인' 상태로 표시된다.
- 승인 절차는 승인할 신청자(목록)를 선택(체크)한 후 [승인] 버튼을 클릭하면 되며, 필요 시 수강 신청 취소 처리도 가능하다.
- 수강 승인이 완료되면 해당 신청 내역은 '학습 중' 상태로 변경되어 학습을 독려하고 학습 진행을 관리할 수 있다.

- 수강 신청 내용이 잘못되었거나 확인이 필요한 경우에는 쪽지, 이메일, 문자, 전화 등으로 학습자에게 연락하여 확인 후 처리한다.

3) 수강 신청 거절

이러닝 학습에서는 운영정책이나 학습 요건에 따라 수강 신청이 거절될 수 있다. 수강 신청이 거절된 경우, 학습자에게는 거절 사실과 함께 그 사유가 통지되며, 필요 시 추가 정보제공이나 대체 과정 안내 등 후속 조치에 대한 안내가 이루어진다. 이를 통해 학습자는 거절 사유를 명확히 인지하고, 향후 학습 계획을 조정할 수 있다.

> **🔑 수험 Tip**
> 거절 사유 통지
> 학습자 안내 및 후속 조치

[표] 수강 신청 거절 사유

구분	내용
자격 미달	특정 과정이 특별한 사전 지식이나 자격을 요구하는 경우, 해당 요건을 충족하지 못한 학습자의 수강 신청은 거절될 수 있다.
정원 초과	일부 이러닝 과정은 최대 수강 인원이 제한되어 있으며, 정해진 정원을 초과한 경우 추가적인 수강 신청은 거절될 수 있다.
미완료의 전제 과정	특정 과정은 선행 과정을 이수해야 수강할 수 있도록 설계될 수 있으며, 이러한 전제 조건을 충족하지 못한 경우 수강 신청이 거절될 수 있다.
결제 문제	유료로 제공되는 이러닝 과정의 경우, 결제가 완료되지 않으면 수강 신청이 거절될 수 있다.
기타 사유	운영자나 교수자의 판단에 따라 특별한 사유가 있는 경우, 수강 신청이 거절될 수 있다.

> **🔑 수험 Tip**
> 수강 신청 거절 사유는 자격 요건, 정원, 선행 학습, 결제 여부, 운영자 판단으로 구분

2. 입과 안내

이러닝 학습 과정의 입과 안내는 수강생이 온라인 교육과정에 원활하게 참여하고 학습을 성공적으로 수행·완료할 수 있도록 필요한 정보와 운영 기준(절차, 규정, 유의사항 등)을 사전에 제공하는 단계이다.

[표] 입과 안내의 주요 구성 내용

구분	내용
환영 메시지	학습자에게 감사의 인사를 전하고, 교육과정에 참여하게 된 것을 환영하는 메시지를 제공한다.
과정 개요	전체 교육과정에 대한 간략한 소개와 함께 학습 목표, 주요 학습 내용, 기대되는 학습 성과 등을 안내한다.
학습 플랫폼 사용법	이러닝 학습 플랫폼의 기본적인 사용방법으로 로그인 절차, 강의 자료 다운로드, 학습 진행, 퀴즈 및 과제 제출 기능 등에 대한 안내를 제공한다.
수강 규정	출석 정책, 진도 기준, 과제 제출 마감, 평가 방법, 수료 기준 등 학습 과정 운영과 관련된 주요 규정을 안내한다.
학습지원	시스템 오류나 학습 중 문제가 발생했을 때 도움을 받을 수 있는 연락처, Q&A 게시판, FAQ, 고객지원 센터 등의 정보를 제공한다.
기타 유용한 정보	과정에 필요한 교재 및 참고자료, 외부 학습 링크, 토론 게시판 활용 방법 등 추가적으로 도움이 되는 정보를 포함할 수 있다.

1) 교육과정별 수강방법 안내

- 수강 신청이 완료되고 운영자의 수강 승인이 이루어지면, 해당 학습자는 교육과정에 입과(등록) 된 것으로 본다.
- 입과 처리가 완료되면 과정 운영 방식에 따라 입과 안내 이메일, 문자(SMS) 등 안내 메시지가 자동 발송되도록 설정할 수 있다.
- 특히 학습자의 적극적 참여가 요구되는 과정의 경우, 운영자는 학습자 정보를 확인한 뒤 전화 안내를 통해 입과 절차 및 학습 진행 방법을 직접 안내할 수 있다.
- 또한, 학습자의 원활한 학습을 위해 사용 매뉴얼, 학습안내 자료 등 보조자료를 첨부하여 제공하기도 한다.

> 🔑 수험 Tip
> 입과 = 수강 신청 + 수강 승인

2) 학습자용 사용 매뉴얼

교육과정별 수강방법 안내는 학습자의 이해도와 참여도를 높이기 위해 다양한 형태로 제공될 수 있으며, 대표적인 방식은 다음과 같다.

[표] 교육과정별 수강방법 안내 자료의 제공 형태

구분	내용
문서 형태	• 사용방법을 문서 형태의 매뉴얼로 제작하여 제공하는 경우가 있다. • 이러닝 경험이 적은 학습자를 대비하여 문서형 사용 매뉴얼을 배포하기도 한다. • 문서 안내 자료는 주로 PDF 파일 형태로 제공되며, 웹에서 직접 확인할 수 있는 문서 방식으로 구성되기도 한다. • 최근에는 브랜드 홍보 차원에서 별도의 블로그를 운영하며, 블로그 내에 사용방법, 활용 팁, 우수 사례 등을 게시하는 경우도 있다. • 블로그를 활용할 경우 검색을 통해 이러닝 서비스를 홍보할 수 있고, 학습자의 자발적인 참여를 유도하는 효과도 기대할 수 있다.
이러닝 형태	• 이러닝 서비스의 사용방법을 이러닝 콘텐츠 형태로 제작·운영하는 경우도 있다. • 교육 방법을 교육으로 풀어내어, 교육의 중요성을 각인시키거나 이러닝 서비스 주체의 교육에 대한 전문성과 열정을 전달할 수 있다. • 정기적 또는 비정기적으로 오프라인 만남을 통한 안내 교육을 병행하기도 한다. • 오프라인 만남은 온라인 환경만으로는 파악하기 어려운 학습자의 요구 사항을 수렴하거나, 학습자의 오프라인 커뮤니티 욕구를 해소하는 수단으로 활용될 수 있다.

> 🔑 **수험 Tip**
>
> 수강방법 안내 제공 형태는 문서형(PDF·매뉴얼·블로그)과 이러닝형(온라인 교육·오프라인 병행)이 있다.

3) 수강 승인된 학습자들에게 입과 안내하기

수강 신청 승인 이후에는 최종 승인된 학습자를 정확히 확인하고, 학습 진행을 위한 입과 안내를 수행해야 한다.

[표] 수강 승인 학습자 확인 및 입과 안내 절차

구분	내용
수강 승인된 학습자 목록 확인	• 수강 신청 이후 수강 승인이 완료되면, 수강 승인된 목록에서 해당 학습자를 확인한다. • B2B 방식으로 제공되는 과정의 경우, 사전 수강 신청 목록과 최종 승인 목록을 비교하여 누락된 학습자가 있는지 반드시 확인해야 한다. • 누락된 학습자가 발견될 경우, 별도로 체크하여 사전 연락 및 조치 준비를 한다.
학습자 세부 정보 확인	• 수강 승인된 학습자 목록에서 학습자의 이름, 아이디(ID) 등을 클릭하여 학습자 상세 정보를 확인할 수 있다. • 상세 화면에서 연락처 정보가 포함되어 있는지 확인한 후, 입과 안내를 위한 준비를 진행한다.
학습자별 연락처 체크	• 운영정책에 따라 수집 가능한 학습자 정보의 범위가 달라질 수 있으므로, 운영정책을 사전에 숙지해야 한다. • 이후 학습자 정보의 구성 요소(이름, 연락처, 이메일 등)를 확인하여 입과 안내가 원활히 이루어질 수 있도록 한다.

[표] 학습자별 입과 안내 진행 및 최종 입과자 관리

구분	내용
학습자 연락처로 입과 안내 진행	• 입과 안내 메시지는 사전에 설계해 두는 것이 효과적이다. 표준 안내 문구(템플릿)를 마련하고, 과정 특성에 맞게 일부 내용을 조정하여 안내한다.
전화, 이메일 등 다양한 방법 활용	• 이메일, 문자(SMS) 등 매체 특성에 맞게 입과 안내 문구를 작성·발송한다. 또한, 시스템 매뉴얼/운영 매뉴얼을 확인하여 LMS 자동 발송 기능(이메일·문자) 또는 이메일 솔루션을 활용해 안내할 수 있다.
최종 입과자 목록 정리·보고	• 입과 안내 완료 후 최종 입과자 명단을 정리하고 필요 시 보고한다. 보고 방식·양식은 조직 특성에 맞게 조정한다. B2B 과정은 고객사·교육 담당자까지 보고가 필요한 경우가 있고, B2C 과정은 매출 등 성과지표와 연계되어 보고가 필요할 수 있다.

3. 사용자 정보 등록

운영의 효율성과 학습자 만족도를 높이기 위해서는 학습관리시스템(LMS)에 운영자와 교·강사를 사전에 등록하고, 역할에 맞는 계정·권한을 부여한 뒤 과정 또는 수강 신청 단위로 적절히 배치·관리할 필요가 있다.

구분		핵심 내용
운영자	운영자 등록	운영의 효율성과 학습자 만족도 향상을 위해 운영자를 사전에 등록하여 관리한다. 운영자 등록을 위해서는 운영자 정보를 LMS에 먼저 입력해야 한다.
	운영자 권한 부여	운영자는 일반 관리자 개념으로, 학습자가 접근할 수 없는 별도의 관리자 화면에 접속할 수 있도록 계정과 권한을 부여해야 한다.
	운영자 배치	운영자 정보를 등록하고 접속 계정을 부여한 후, 수강 신청 별 또는 과정별로 운영자를 배치할 수 있다.
교·강사	교·강사 등록	튜터링을 위해 별도의 교·강사 등록이 필요하다. 교·강사 정보를 전달받아 LMS에 입력한 뒤, 튜터링이 가능한 권한을 부여한다.
	교·강사 배치	교·강사 정보를 등록하고 접속 계정을 부여한 후, 수강 신청 별로 교·강사를 배치할 수 있다.
	교·강사 운영 기준	일반적으로 교·강사 배치는 과정당 담당 학습자 수를 지정한 뒤, 학습관리시스템에서 자동 배정되도록 설정한다.

🔑 **수험 Tip**

운영자 : 관리·운영 중심, 관리자 화면 접근

교·강사 : 튜터링·학습 지원 중심

4. 수강변경 사후 관리

1) 수강 변경사항 사후 처리

- 학습자가 이미 등록한 교육과정의 수강 내역을 변경한 경우, 변경내용이 학습 운영 전반에 영향을 미치므로 변경 사항에 대한 확인·관리 및 후속 조치를 수행해야 한다.
- 수강 승인 이후라도 신청 정보에 오류가 확인되면 수강 신청을 취소하거나 수강 내역(과정, 기간, 상태 등)을 수정·변경할 수 있다.
- 수강 신청 내역 또는 수강 내역을 변경할 때에는 출석·진도·평가·결제·정산·보고 등 관련 정보와의 정합성을 함께 비교·검토하여 처리해야 한다.
- 학습자가 신청한 내용과 다르게 LMS에 처리될 경우, 그 자체가 학습 불만족 및 민원 요인이 될 수 있으므로, 학습 관련 데이터는 정확성과 일관성을 유지하도록 주의해야 한다.

[표] 수강 변경 사후 관리 항목

구분	내용
수강 변경 기록	학습자의 수강 변경 이력은 시스템에 정확히 기록되어야 합니다. 언제, 어떤 과정에서 어떤 과정으로 변경되었는지의 상세한 정보가 포함된다.
과정 진행 상황 이전	변경 전 과정에서 이미 학습이 진행된 경우, 진도 정보를 새로운 과정에 어떻게 반영할지 여부를 검토하여 재설정한다.
결제 및 환불 관리	수강료가 발생하는 경우, 변경 전후의 과정 비용 차이에 따라 추가 결제나 환불 처리가 필요할 수 있다.
알림 및 안내	학습자가 수강을 변경한 사실을 학습자에게 확실히 알리고, 변경된 과정의 특징이나 필요 사항 등을 적절히 안내해야 한다.
튜터 및 강사 조정	변경된 과정에 맞게 튜터 또는 강사에게 학습자 정보를 전달하거나, 기존 튜터·강사에게 수강 변경 사실을 공유한다.
평가 및 성적 관리	이미 진행된 평가가 있다면, 새로운 과정으로 어떻게 그 평가결과를 반영할지, 또는 초기화할지의 여부를 결정하고 관리해야 한다.

2) 운영자, 교·강사 변경

- 운영자 또는 교·강사 변경 관리는 학습자의 혼란을 최소화하고, 학습 운영의 연속성을 확보하기 위해 필수적이다.
- 운영자·교·강사의 기본 정보(소속, 연락처 등) 또는 배치 정보(과정/수강신청별 담당자)가 변경된 경우, 학습관리시스템(LMS)에서 관련 데이터를 즉시 수정·반영해야 한다.

- 변경 시에는 학습자의 진도·평가·튜터링·공지/문의 응대 등 학습 결과와 운영 품질에 미치는 영향을 사전에 검토하여, 필요 시 안내 및 이관 절차를 포함해 신중하게 결정해야 한다.

[표] 운영자·교·강사 변경 시 사후 관리 항목

운영자/교·강사 변경 기록	운영자 또는 교·강사가 변경된 경우, 변경 이력을 LMS에 명확히 기록해야 한다. 변경 일자, 변경 전·후 담당자 정보 등이 포함되어야 한다.
교육과정 정보 전달	새롭게 변경된 운영자·교·강사는 해당 교육과정의 과정 내용, 학습자 진도·성적, 학습자의 특이사항 등 전반적인 정보를 인지해야 하며, 이를 통해 학습의 연속성을 확보한다.
통신 채널 재설정	교·강사 변경 시 학습자와의 소통 채널(이메일, LMS 메시지, 채팅 등)을 재설정하거나 업데이트하여 원활한 커뮤니케이션이 이루어지도록 한다.
운영자/교·강사 교육	신규 운영자·교·강사는 시스템 사용법, 교육과정 특성 등을 숙지해야 하며, 이를 위해 기존 운영자·교·강사로부터 교육을 받거나 매뉴얼·자료를 공유받을 수 있다.
평가 및 피드백 관리	기존 교·강사가 수행한 학습자 평가결과 및 피드백을 신규 교·강사에게 인계하여, 이를 바탕으로 학습지도를 지속한다.
알림 및 안내	학습자에게 운영자 또는 교·강사 변경 사실을 명확히 안내하고, 새로운 담당자의 역할과 소통 방법 등을 함께 안내한다.

3) 학습과목별 수강 변경사항 사후 처리

(1) 수강 취소 목록 확인하기

- 학습자가 수강을 취소한 경우, 학습관리시스템(LMS)의 수강 취소 목록 확인 메뉴에서 해당 내역을 확인할 수 있다.
- 취소된 목록을 점검한 후에는 학습자가 수강을 취소한 사유와 발생 상황을 분석하는 것이 중요하다.
- 필요 시 학습자에게 직접 연락하여 취소 의사와 취소 사유를 재확인하고, 후속 조치 여부를 판단한다.

(2) 필요 시 재등록·환불 등 후속 처리하기

- 수강 취소 원인에 따라 필요하면 수강 신청을 재등록하거나 환불 처리 등 후속 조치를 진행해야 한다.
- 일반적으로 재등록은 관리자 기능에서 직접 처리할 수 있다.
- 반면 환불은 PG(Pay Gateway)사와의 연동 구조에 따라 시스템상 처리 방식이 달라질 수 있으므로, 환불 처리 시에는 PG사의 환불 데이터와 시스템 내 수강/결제 데이터의 정합성을 비교·확인할 필요가 있다.

> 🔑 **수험 Tip**
> **PG 연동으로 인해 환불은 데이터 비교·검증이 필요하다.**

이러닝 운영 계획 수립

01 다음 중 이러닝 산업의 공급자에 해당하지 <u>않은</u> 것은?

① 콘텐츠 사업체 ② 솔루션 사업체

③ 서비스 사업체 ④ 하드웨어 사업체

답 ④

해 이러닝 산업의 공급 사업체는 교육 콘텐츠, 시스템, 서비스 제공을 중심으로 구성된다.
- 콘텐츠 사업체: 이러닝에 필요한 정보와 자료를 멀티미디어 형태로 개발, 제작, 가공, 유통하는 기업 혹은 조직
- 솔루션 사업체: 이러닝을 위해 교육 관련 정보시스템의 전체 또는 일부를 개발, 제작, 가공, 유통하는 기업 또는 조직
- 서비스 사업체: 온라인 교육, 훈련, 학습 등을 양방향으로 정보통신 네트워크를 통해 개인, 기업, 기관에 직접 제공하는 기업 및 이러닝 교육 및 인프라 구축과 관련된 컨설팅을 수행하는 기업

하드웨어 사업체는 이러닝 환경을 지원하는 장비를 제공할 수는 있으나, 이러닝 산업의 직접적인 공급자 분류에는 포함되지 않는다.

02 다음 중 이러닝 직종에 대한 설명이 옳게 연결된 것을 모두 고른 것은?

㉮ **이러닝 컨설턴트**: 학습 운영과 관리에 필요한 소프트웨어를 설계하고 개발하는 업무

㉯ **이러닝 교수설계자**: 학습 목표 분석을 바탕으로 학습 내용 구성, 교수·학습 전략, 평가 방법 등을 설계하는 업무

㉰ **이러닝 콘텐츠개발자**: 이러닝 콘텐츠에 대한 기획력을 갖고, 멀티미디어 요소를 활용하여 콘텐츠를 구현하는 역할을 수행하는 업무

㉱ **이러닝 과정운영자**: 교육과정에 대한 운영계획 수립 및 활동 지원, 학습 관련 불편사항을 개선함으로써 학습 목표달성을 지원하는 업무

① ㉮, ㉯ ② ㉯, ㉰, ㉱

③ ㉰, ㉱ ④ ㉮, ㉯, ㉱

답 ②

해 보기 ㉮는 이러닝 시스템개발자에 대한 설명이다.
이러닝 컨설턴트는 이러닝 사업 전체를 이해하고 이러닝 사업에 대한 제안과 문제점 진단, 해결 등에 대하여 자문하며, 이러닝 직무 분야 중 하나 이상의 전문 역량을 보유한 자이다.

03 「원격교육에 대한 학점인정 기준」에 대한 설명으로 옳지 <u>않은</u> 것은?

① 시간제 등록제의 경우 수업일수는 출석 수업을 포함하여 15주 이상 지속되어야 한다.

② 원격 콘텐츠의 순수 진행 시간은 25분 또는 20 프레임 이상을 단위시간으로 하여 제작되어야 한다.

③ 평가 시작 시각, 종료 시간, IP주소 등의 평가근거는 시스템에 저장하여 4년까지 보관하여야 한다.

④ 대리출석 차단, 출결 처리가 자동화된 학사 운영플랫폼을 보유해야 한다.

답 ①

해 시간제 등록제의 경우 수업일수는 8주 이상 지속되어야 한다.

04 다음에서 설명하고 있는 이러닝 산업 특수분류는?

> 전자적 수단, 정보통신 및 전파·방송 기술을 활용한 학습·훈련을 제공하는 사업

① 이러닝 콘텐츠　　② 이러닝 솔루션
③ 이러닝 서비스　　④ 이러닝 하드웨어

답 ③

해 • 이러닝 서비스는 정보통신 네트워크를 활용하여 온라인 교육·훈련·학습을 직접 제공하거나, 이러닝 운영, 학습지원, 컨설팅 등 교육서비스 전반을 수행하는 산업 분류이다.
　• 단순히 콘텐츠를 개발·제작하는 것은 이러닝 콘텐츠,
　• 학습관리시스템(LMS) 등 시스템을 개발·제공하는 것은 이러닝 솔루션,
　• 단말기·장비 제공은 이러닝 하드웨어에 해당한다.

05 이러닝 콘텐츠가 학습사이트에서 플레이되지 않을 경우, 문제 해결을 위한 수정요청 대상자로 맞은 것은?

① 이러닝 시스템개발자
② 이러닝 학습자
③ 이러닝 콘텐츠개발자
④ 이러닝 과정운영자

답 ①

해 이러닝 콘텐츠가 정상적으로 제작되었음에도 불구하고 학습사이트에서 재생되지 않거나 화면에 표시되지 않는 경우, 이는 콘텐츠 자체의 문제가 아니라 시스템·플랫폼 환경 문제일 가능성이 높다.
따라서 학습관리시스템(LMS) 또는 사이트 기능을 담당하는 이러닝 시스템개발자에게 수정요청을 하여 문제를 해결해야 한다.

06 다음 보기 중에서 학습자 중심의 개인 맞춤형 학습을 위해 필요한 기술이 <u>아닌</u> 것은?

① 학습분석 기술　　② 멀티미디어 기술
③ 인공지능 기술　　④ 학습 경로 추천 기술

답 ②

해 • 학습자 중심의 개인 맞춤형 학습을 구현하기 위해서는 학습자의 행동과 성과를 분석하고, 이를 기반으로 학습을 최적화하는 기술이 필요하다.
　• 이에 해당하는 기술은 학습분석 기술, 인공지능 기술, 학습 경로 추천 기술이다.
　• 멀티미디어 기술은 콘텐츠를 다양한 형태로 표현하여 학습 흥미와 전달력을 높이는 기술로, 개인 맞춤형 학습을 직접적으로 구현하는 핵심 기술은 아니다.

07 다음은 이러닝 콘텐츠 중 어떤 유형의 콘텐츠 유형인가?

> 다양한 디지털 정보로 제공되는 서사적인 시나리오를 기반으로 하여 이야기를 듣고 이해하며 관련 활동을 수행하는 형태로 학습이 진행되는 유형이다.

① 반복연습용 이러닝 콘텐츠
② 스토리텔링형 이러닝 콘텐츠
③ 사례기반형 이러닝 콘텐츠
④ 문제해결형 이러닝 콘텐츠

답 ②

해 · **반복연습용 콘텐츠**: 단순 지식·기능을 반복 학습하는 형태
　· **사례기반형 콘텐츠**: 실제 사례를 제시하고 분석·적용하는 형태
　· **문제해결형 콘텐츠**: 문제 제시 → 해결 과정 중심의 학습 형태

08 다음 중 이러닝 표준화의 필요성을 나타내는 이러닝 표준화의 특성에 해당하지 <u>않는</u> 것은?

① 재사용 가능성(Reusability)
② 접근성(Accessibility)
③ 상호 운용성(Interoperability)
④ 이해의 용이성(Understandable)

답 ④

해 · 이러닝 표준화의 특성에는 재사용 가능성(Reusability), 접근성(Accessibility), 상호 운용성(Interoperability), 항구성(Durability)이 있다.
　· 이해의 용이성(Understandable)은 웹 콘텐츠의 가독성이나 사용자 친화성과 관련된 개념으로, 이러닝 표준화의 핵심 특성에는 포함되지 않는다.

09 다음 이러닝 일반개념 표준용어에 대한 설명으로 옳지 <u>않은</u> 것은?

① 이러닝(e-learning)은 정보통신기술에 의해 이루어지는 학습이다.
② 엠러닝(m-learning)은 모바일 매체(위치 또는 이동에 제약받지 않는 장치)에 의해 이루어지는 이러닝이다.
③ 티러닝(t-learning)은 TV 매체를 통해 이루어지는 이러닝이다.
④ 온라인 학습(on-line learning)은 컴퓨터 네트워크와 독립적으로 이루어지는 학습이다.

답 ④

해 · **온라인 학습**(on-line learning): 컴퓨터 네트워크를 통해 이루어지는 학습
　· **오프라인 학습**(off-line learning): 컴퓨터 네트워크와 독립적으로 이루어지는 학습

10 다음 중 데일(E.Dale)의 경험의 원추에 대한 설명 중 옳지 <u>않은</u> 것은?

① 원추의 꼭대기로 올라갈수록 추상성이 높아진다.
② 학습자의 발달 수준에 따라 경험의 종류를 배열한 것이다.
③ 매체의 특성에 따라 경험을 10가지로 구분하였다.
④ 브루너(Bruner)가 분류한 지식의 표상과 일치한다.

답 ③

해 데일(E.Dale)의 경험의 원추는 학습 경험을 11가지로 구분하였다.

11 다음 보기와 같은 내용은 이러닝 콘텐츠 개발을 위한 인력 중 어느 역할에 해당하는 것인가?

> • 학습 내용과 구조를 설계하며, 교육적 접근 방식과 전략을 결정한다.
> • 학습 목표 설정, 교육 내용 정의, 학습활동 및 자료 선택 등의 업무를 수행한다.
> • 내용(주제) 전문가의 내용을 교육적인 의도를 반영하여 개발물로 설계하는 역할이다.

① 교수 설계자(Instructional Designer)
② 프로젝트 매니저(Project Manager)
③ 내용(주제) 전문가(SME ; Subject Matter Expert)
④ 그래픽 디자이너(Graphic Designer)

답 ①

해 • **프로젝트 매니저**: 일정·예산·인력 등 프로젝트 전반의 관리 담당
• **내용(주제) 전문가(SME)**: 해당 분야의 전문 지식과 내용을 제공
• **그래픽 디자이너**: 시각 요소, 화면 구성, 디자인 구현 담당

12 켈러(Keller)의 ARCS 동기 이론은 학습 동기를 유발하는 변인을 네 가지 요소로 분류한다. 다음 중 "학습자의 흥미를 사로잡거나 학습에 대한 호기심을 유발하는 것"은 무엇인가?

① 주의집중(Attention)
② 관련성(Relevance)
③ 자신감(Confidence)
④ 만족감(Satisfaction)

답 ①

해 • **관련성(Relevance)**: 학습자의 필요·목표·경험과 학습 내용을 연계하는 요소
• **자신감(Confidence)**: 학습자가 성공 가능성을 인식하고 스스로 통제감을 느끼도록 돕는 요소
• **만족감(Satisfaction)**: 내재적·외재적 보상을 통해 성취감을 강화하는 요소

13 비고츠키(Vygotsky)의 근접발달영역(ZPD)과 인지발달 이론은 근접발달 영역 내에서 학습이 일어나는 과정을 4단계로 구분할 수 있는데 다음 보기의 내용은 몇 단계에 해당하는 내용인가?

> • 학습자 스스로 과제를 수행하는 단계
> • 학습자 수준 내에서 자기 주도성을 시도하는 과도기적 단계

① 1단계   ② 2단계
③ 3단계   ④ 4단계

답 ②

해 비고츠키 근접발달영역(ZPD) 4단계

1단계	- 타인의 도움을 받거나 모방하는 단계 - 과제에 대한 책임감을 갖고 상호작용을 통해 이해하고 수행

2단계	- 학습자 스스로 과제를 수행하는 단계 - 학습자 수준 내에서 자기 주도성을 시도하는 과도기적 단계
3단계	- 지식을 내면화하고 자동화하는 단계 - 타인의 도움 없이 무의식적이고 자기 주도적 학습활동이 자유로움
4단계	- 탈자동화 단계 - 새로운 능력의 발달을 위해 근접발달 영역 순환 과정

14 다음은 수업방식에 따른 콘텐츠 유형에 대한 설명이다. 아래 제시된 내용에 해당하는 콘텐츠 유형에 가장 적절한 것은?

> • 실제 상황을 모방하여 학습자가 실제 경험을 쌓도록 하는 방식이다.
> • 학습자가 실제와 유사한 가상 상황 모델에 적응하도록 설계된 시뮬레이션 기반 학습유형이다.

① 개인교수형 ② 사례기반형

③ 스토리텔링형 ④ 시뮬레이션형

답 ④

해 • **개인교수형**: 교수자 주도하에 설명·강의 중심으로 학습이 이루어지는 전통적인 교수 방식
 • 사례기반형: 실제 사례를 제시하고 이를 분석·적용하여 학습하는 방식
 • 스토리텔링형: 이야기 구조를 통해 학습 내용을 전달하고 흥미와 몰입을 유도하는 방식

15 다음 중 교수설계자의 역할과 필요한 능력에 대한 설명으로 적절하지 <u>않은</u> 것은?

① 인터뷰나 자료 분석을 통하여 학습자의 요구와 현황을 파악하고, 이에 따른 전략과 가이드라인을 만들어낼 수 있어야 한다.

② 내용 전문가와 개발자 사이의 중간적 위치에서 교육 목적을 반영하여 개발물을 설계하는 역할이다.

③ 특정 업무 분야에 해박한 지식을 가지고 있으면서, 그 지식을 타인에게 전달할 수 있는 능력이 필요하다.

④ 기술에 대한 기본적인 이해와 실제 구현이 가능한지에 대한 판단 능력과 성인학습에 대한 원리를 이해하고 콘텐츠에 적용시킬 수 있는 능력이 요구된다.

답 ③

해 보기 ③은 주제 전문가에 대한 설명이다.
 주제 전문가(SME)는 특정 업무 분야에 대한 전문 지식을 보유하고 이를 명확하게 설명·제공하는 역할을 담당한다.

16 다음 중 대한민국 정부에서 주도하는 전자정부 표준프레임워크 기반의 개발이 주로 이루어지는 학습시스템의 유형으로 옳은 것은?

① 기업 교육 이러닝 시스템

② 학점기관 이러닝 시스템

③ MOOC 이러닝 시스템

④ 학원교육 이러닝 시스템

답 ②

해 전자정부 표준프레임워크 기반의 개발이 이루어지는 학습시스템 유형은 공공기관 이러닝 시스템이다.
 (학점은행제, 공공 교육기관, 국가 인정 학습체계 등)

17 다음에서 설명하는 것은 학습시스템의 유형 중 무엇에 관한 내용인가?

> **· 특징**: Massive Open Online Courses(MOOC)는 전 세계 누구나 접근 가능한 대규모 온라인 코스를 제공하는 시스템임
> **· 용도**: 대학 강의, 전문가에 의한 특별 강좌, 자기주도학습 등
> **· 기능**: 동영상 강의, 피어 평가, 게시판, 증명서 발급, 게임화, 소셜 네트워킹 기능 등

① 공공기관 이러닝 시스템
② 기업 교육 이러닝 시스템
③ 학원교육 이러닝 시스템
④ MOOC 이러닝 시스템

답 ④

해 **· 공공기관 이러닝 시스템**: 공공 정책·직무 교육 중심
· 기업 교육 이러닝 시스템: 사내 직무·역량 강화 중심
· 학원교육 이러닝 시스템: 수강료 기반의 사설 교육 중심
· MOOC 이러닝 시스템: 대규모·개방형·자기 주도학습 중심

18 다음 중 학습시스템의 유형 중 동기식 이러닝(Synchronous E-Learning)의 특징에 해당하지 <u>않은</u> 것은?

① 실시간 피드백　　② 시간과 장소의 제약
③ 자기 주도학습　　④ 상호작용

답 ③

해 · 동기식 이러닝은 학습자, 교사, 동료 학습자가 동시에 온라인상에서 학습활동에 참여하는 방식이며 특징으로는 실시간 피드백, 시간과 장소의 제약, 상호작용이 있다.
· 자기 주도학습은 학습자가 자신의 일정에 맞춰 학습하는 비동기식 이러닝의 특징이다.

19 다음 중 LMS(학습관리시스템)에 대한 설명으로 적절하지 <u>않은</u> 것은?

① LMS는 학습콘텐츠의 제작, 재사용, 전달, 관리를 가능하게 하는 시스템이다.
② LMS는 이러닝 환경에서 가상공간에 교육과정을 개설하게 하는 시스템이다.
③ LMS는 관리자, 학습자, 교·강사 세 가지 모드를 제공한다.
④ LMS는 학습활동을 관리·전개하여 학습을 통해 역량 강화를 지원한다.

답 ①

해 보기 ①은 LCMS(학습콘텐츠관리시스템)에 대한 설명이다.
· LCMS는 학습객체(LO) 기반으로 콘텐츠를 제작·저장·조합·재사용·전달·관리하는 시스템이다.
· LMS는 교육과정 개설, 학습자 관리, 출결·진도·평가 등 학습 운영관리에 초점을 둔다.

20 다음에서 설명하는 내용은 이러닝 표준화 특성 중 무엇에 대한 설명인가?

> 기존 학습 개체 또는 콘텐츠를 학습자료로서 다양하게 응용하여 새로운 학습콘텐츠를 구축할 수 있는 특성이 있다.

① 접근성(Accessibility)
② 상호 운용성(Interoperability)
③ 항구성(Durability)
④ 재사용 가능성(Reusability)

답 ④

해 · **접근성**(Accessibility): 원격지에서도 학습자료를 쉽게 접근·검색·배포할 수 있는 특성
· 상호 운용성(Interoperability): 서로 다른 시스템·플랫폼·도구 간에 학습자료를 공유하고 그대로 사용할 수 있는 특성
· 항구성(Durability): 기술·환경 변화에도 큰 수정 없이 지속적으로 활용될 수 있는 특성

21 LMS는 웹 기반으로 동작하므로 웹 기술이 필수적이며, 웹 기술은 LMS 시스템을 개발하고 운영하기 위한 핵심 기술이다. 다음 내용은 어떤 웹 기술에 관한 내용인가?

- HTML로 작성된 웹 페이지의 스타일링을 담당하는 스타일 시트 언어
- LMS 시스템에서는 이것을 이용하여 UI를 구성하고, 다양한 스타일링 효과를 적용

① HTML　　　　　② CSS

③ JavaScript　　　④ 웹 서버

답 ②

해 ・HTML: 웹 페이지의 구조와 내용을 정의
　・CSS: 웹 페이지의 스타일·디자인(UI 표현) 담당
　・JavaScript: 동적 기능과 사용자 상호작용 처리
　・웹 서버: 웹 콘텐츠를 저장·전송하는 서버 시스템

22 데이터의 저장 및 전송을 위해 설계되었으며, 데이터에 대한 정보를 제공하는 메타 데이터를 포함하고 있는 것은 무엇인가?

① Ajax　　　　　② CSS

③ XML　　　　　④ RSS

답 ③

해 ・Ajax: 비동기 통신 기법
　・CSS: 스타일(디자인) 언어
　・RSS: 콘텐츠 배포용 피드 포맷

23 다음 중 학습관리시스템(LMS, Learning Management System)의 '교수자 기능'에 해당하지 <u>않는</u> 것은?

① 강의실 메뉴에 대한 추가, 삭제 권한을 제공하고, 수강생별 출석과 성적을 산출하고, 학습현황을 실시간으로 체크할 수 있어야 한다.

② 학습자의 등록, 진도관리, 성적 관리 등 학습자 관련 활동을 모니터링하고 관리할 수 있다.

③ 학습자의 과제, 퀴즈, 시험 등의 결과에 대한 피드백을 제공할 수 있다.

④ 학습 주제에 따른 콘텐츠를 등록하고, 등록된 콘텐츠를 쉽게 검색 및 재사용할 수 있도록 관련 메타데이터 등록을 한다.

답 ④

해 보기 ④은 관리자 기능 중 이러닝 콘텐츠관리에 대한 설명이다.
보기 ① 강의 관리, ② 학습자 관리, ③ 피드백 제공에 해당한다.

24 이러닝은 학습자들이 교수자나 다른 학습자와 상호작용하는 방법을 기준으로 학습 유형별 학습자를 분류할 수 있습니다. 다음의 설명에 해당하는 학습자 유형은 무엇인가?

> 이러닝에서는 동료 학습자와 함께 학습을 선호하며 공동체를 형성하는 학습자 유형이 있습니다. 이러한 학습자는 다른 학습자와 적극적으로 상호작용하며 자율적으로 학습하며, 동료 학습자와 교수자와 적절한 유대감을 형성하며 토론에서 자신의 생각을 분명히 표현하는 것을 선호합니다.

① 적극적 협동 학습형

② 독자적 자율학습형

③ 환경 의존적 자기 주도학습형

④ 소극적 학습형

답 ①

해 · **독자적 자율학습형**: 학습자가 주도적으로 학습 계획을 수립하고 혼자 학습을 수행하며 자기평가까지 스스로 하는 유형
· **환경 의존적 자기 주도학습형**: 교수자의 조언·피드백에 의존하는 경향이 있으나, 이를 바탕으로 자기 주도적으로 학습하는 유형
· **소극적 학습형**: 학습 동기와 자신감이 낮아 학습 참여와 상호작용이 소극적인 유형

25 고용노동부에서 진행하는 직업능력개발훈련 중 온라인으로만 제공되는 학습은 어떤 것인가요?

① 우편 원격훈련   ② 집체교육훈련

③ 혼합교육 훈련   ④ 인터넷 원격훈련

답 ④

해 인터넷 원격훈련은 정보통신매체를 활용하여 전 과정이 온라인으로 진행되는 직업능력개발훈련이다.

26 이러닝 교육과정의 평가 문항 중 형성평가에 대한 설명으로 옳은 것은?

① 학습자의 수준을 종합적으로 확인할 수 있는지 평가한다.

② 학습자의 기초능력 전반을 진단하는 평가이다.

③ 학습자의 성적을 결정하고 학습자 집단의 특성 분석이 가능한 평가이다.

④ 학습자에게 바람직한 학습 방향을 제시하는 평가로서, 각 차시가 종료된 후에 이루어진다.

답 ④

해 · **형성평가**: 학습 중간(차시 종료 후) 학습 방향 제시
· **총괄평가**: 강의 종료 후 성취 수준 종합·성적 결정
· **진단평가**: 학습 전 기초능력 진단

27 다음 중 온라인 교육에서 교수자가 지녀야 할 역량으로 적절하지 <u>않은</u> 것은?

① 교수자는 학습자 중심의 교육 방식을 이해하고 이를 적용할 수 있는 능력이 필요하다.

② 교수자는 효과적인 지식 전달과 학습자와의 소통을 위한 컴퓨터 활용능력이 필요하며, 강의 녹화나 영상 편집 등의 제작 능력은 없어도 된다.

③ 교수자는 창의적인 학습 방법을 고민하고, 학습자들이 자신의 생각과 아이디어를 발표할 수 있는 기회를 제공해야 한다.

④ 교수자는 학습자들의 다양한 상황을 이해하고, 적극적으로 대처할 수 있는 인성을 가지고 있어야 한다.

답 ②

해 온라인 교육에서는 교수자가 강의 녹화, 동영상 편집 등 다양한 디지털 기술을 사용해야 한다.

28 학습시스템 요구 사항은 기능적 요구 사항과 비기능적 요구 사항으로 구분할 수 있는데 다음 보기 중 기능적 요구 사항이 <u>아닌</u> 것은?

① 입출력 양식

② 처리 및 절차

③ 주기적인 자료 출력

④ 신뢰도(Reliability)

답 ④

해 • **기능적 요구 사항**: 처리·절차, 입출력, 결과, 주기적 출력
　• 비기능적 요구 사항: 성능, 신뢰도, 보안, 제약, 환경 등

29 다음 중 이러닝 교육과정의 학습자료에 대한 설명으로 옳지 <u>않은</u> 것은?

① 학습이 끝난 학습자들이 성적 확인 후 설문 조사를 실시하도록 한다.

② 학습자에게 제공되는 학습자료들은 과정이 시작되기 전에 등록되어야 한다.

③ 학습 기간 설명과 주의사항, 오류 대처방법은 공지사항으로 사전에 알려준다.

④ 강의계획서는 학습 전 자료에 해당한다.

답 ①

해 설문 조사는 일반적으로 성적 확인 전에 실시하여 과정·시스템·콘텐츠 만족도를 수집한다.

30 다음 중 요구 사항 명세서가 피해야 할 것 (IEEE Std 830)의 내용으로 옳지 <u>않은</u> 것은?

① 모호성을 피하라

② 다중 요구 사항을 만들지 말라

③ 회피용 문구를 만들지 말라

④ 문장을 짧게 쓰지 말라

답 ④

해 요구 사항 문장은 간결하고 명확하게 작성해야 하며, 지나치게 긴 문장은 피해야 한다.

PART 2

이러닝 활동지원

Chapter 01   이러닝 운영지원 도구 관리

Chapter 02   이러닝 운영학습활동 지원

Chapter 03   이러닝 운영 활동 관리

Chapter 04   학습평가 설계

이러닝 운영지원 도구 관리

01. 운영지원 도구 분석

주요 학습 목표

1. 과정 운영에 필요한 운영지원 도구의 종류와 특성을 파악할 수 있다.

2. 학습자의 원활한 학습을 지원하는 데 필요한 도구에는 어떤 것이 있는지 분석할 수 있다.

3. 운영지원 도구별 사용상 특성을 파악하여 적용 방법을 도출할 수 있다.

1. 운영지원 도구의 종류와 특성

1) 이러닝 운영지원 도구의 개념과 특성

- **이러닝 운영지원 도구**는 이러닝 프로그램이 원활하게 운영될 수 있도록 지원하는 각종 도구와 서비스를 의미한다.

- 이러닝 운영의 주체인 과정운영자가 이러닝의 전(全) 과정에서 학습관리시스템(LMS)을 활용하여 학습자가 학습을 원만하게 수행하도록 돕고, 수강 관리 · 평가 관리 · 진도 관리 등 학사 관리 전반의 운영 업무를 효율적으로 수행할 수 있도록 지원한다.

- **이러닝 운영지원 도구**는 학습 효과를 높이고 운영의 효율성을 제고하기 위한 목적으로 사용되며, 학습관리시스템(LMS) 또는 학습콘텐츠관리시스템(LCMS)의 일부 기능으로 통합되어 제공되기도 하고, 기능의 중요도와 활용 범위에 따라 독립적인 시스템으로 분리 · 운영되기도 한다.

- 일반적으로 **이러닝에서 활용되는 지원 도구**는 그 목적과 기능에 따라 과정 개발지원 도구, 운영지원 도구, 학습지원 도구로 구분할 수 있다.

[표] 이러닝 학습지원 도구의 유형별 특성 및 예

구분	특성	예
과정 개발지원 도구 (Course Development Support Tools)	학습콘텐츠 및 교재를 설계·제작·개발하기 위한 도구로, 대화형 콘텐츠, 시뮬레이션, 퀴즈, 애니메이션 등 다양한 형태의 이러닝 자료 제작을 지원함	콘텐츠 저작도구 템플릿, 시뮬레이션 개발 도구, 애니메이션·그래픽 디자인 도구
운영지원 도구 (Operation Support Tools)	이러닝 시스템의 전반적인 운영을 지원하는 도구로, 학습자 관리, 콘텐츠 배포, 학습 진도 및 성과 추적, 리포트 생성 등 학사·운영 관리기능을 제공함	메시지 전송 시스템(메일·문자·쪽지), 평가 시스템, 설문 시스템, 커뮤니티, 원격지원 시스템, LMS, CMS
학습지원 도구 (Learning Support Tools)	학습자가 학습 과정에서 필요로 하는 자원과 기능을 직접 지원하는 도구로, 상호작용, 질문·피드백, 추가 자료 탐색, 학습 진행 상황 확인 등을 지원함	역량 진단 시스템, 개인 학습경로 제시 시스템, 학습 이력 관리 시스템, 토론 게시판, 채팅 시스템, 웹 회의 도구, 퀴즈·테스트 도구

📖 참고
LCMS : 학습콘텐츠관리시스템(학습 객체를 관리하는 시스템)
LMS : 학습관리시스템(학습자의 학습을 지원하고 관리하는 시스템)

🔑 수험 TIP
- 이러닝 용어 반드시 기억해 두세요. (MOOC, LMS, LCMS 등이 기출문제)
- 이러닝 학습지원 도구 3가지 (기출문제)
과정 개발지원 도구 → 콘텐츠를 "만드는 단계"
운영지원 도구 → 과정운영자 중심, 학사·관리
학습지원 도구 → 학습자 중심, 개인화·학습 촉진

2) 운영지원 도구의 기능과 범위

- **이러닝 운영지원 도구**는 온라인 학습 과정이 원활히 운영되도록 지원하며, 대표적으로 LMS를 중심으로 수강·진도·평가·리포트·공지/메시지 등 학사 관리기능을 제공한다. 필요에 따라 콘텐츠 관리 기능(LCMS/CMS와의 연계)이나 학습지원 도구와 연계하여 운영 효율과 학습 경험을 강화할 수 있다.

- 운영지원 체계를 설계·개선하기 위해서는 요구사항 분석과 기능 정의가 선행되어야 하며, 기존 시스템이 있을 경우 현 기능을 분류한 후 신규 요구사항을 반영하여 유지·제거·추가 기능을 체계적으로 정리하는 절차가 필요하다.

- 이처럼 운영지원 도구는 개별 기능의 집합으로 구성되지만, 실제 현장에서는 이러한 기능들이 LMS를 중심으로 통합·연동되어 운영지원 '시스템(체계)' 형태로 구현되는 경우가 많다. 따라서 다음에서는 운영지원 도구가 어떤 방식으로 역할별 지원시스템으로 구성되고 상호 연계되는지 살펴본다.

학습관리시스템(LMS)의 대표적인 기능
- **학습자 기능(학습 수행 중심)**: 수강 조회 및 학습(진도) 기능, 평가(퀴즈·시험) 응시 기능, 커뮤니티/토론 등 상호작용 기능
- **교수자 기능(강의 운영 중심)**: 강의(과정) 관리기능, 평가·성적 관리기능, 강의콘텐츠 등록·배포·구성 기능, 공지·메시지 등 커뮤니케이션 기능
- **관리자 기능(학사·시스템 운영 중심)**: 사용자 및 권한 관리기능, 과정(개설·운영) 관리기능, 모니터링 및 통계/리포트 기능

🔑 수험 TIP
- **학습자**: 학습·평가·소통
- **교수자**: 강의 운영·평가 관리·콘텐츠 배포
- **관리자**: 사용자/권한·과정·통계/모니터링

3) LMS 기반 이러닝 운영지원 시스템의 구성

이러닝 운영지원 시스템은 단일 기능의 도구라기보다, LMS를 중심으로 다양한 운영 기능이 통합된 시스템 형태로 구현되는 경우가 많다. 특히 실제 운영환경에서는 운영자, 학습자, 교·강사의 역할에 따라 기능이 구분되며, 각 기능은 상호 연계되어 작동한다.

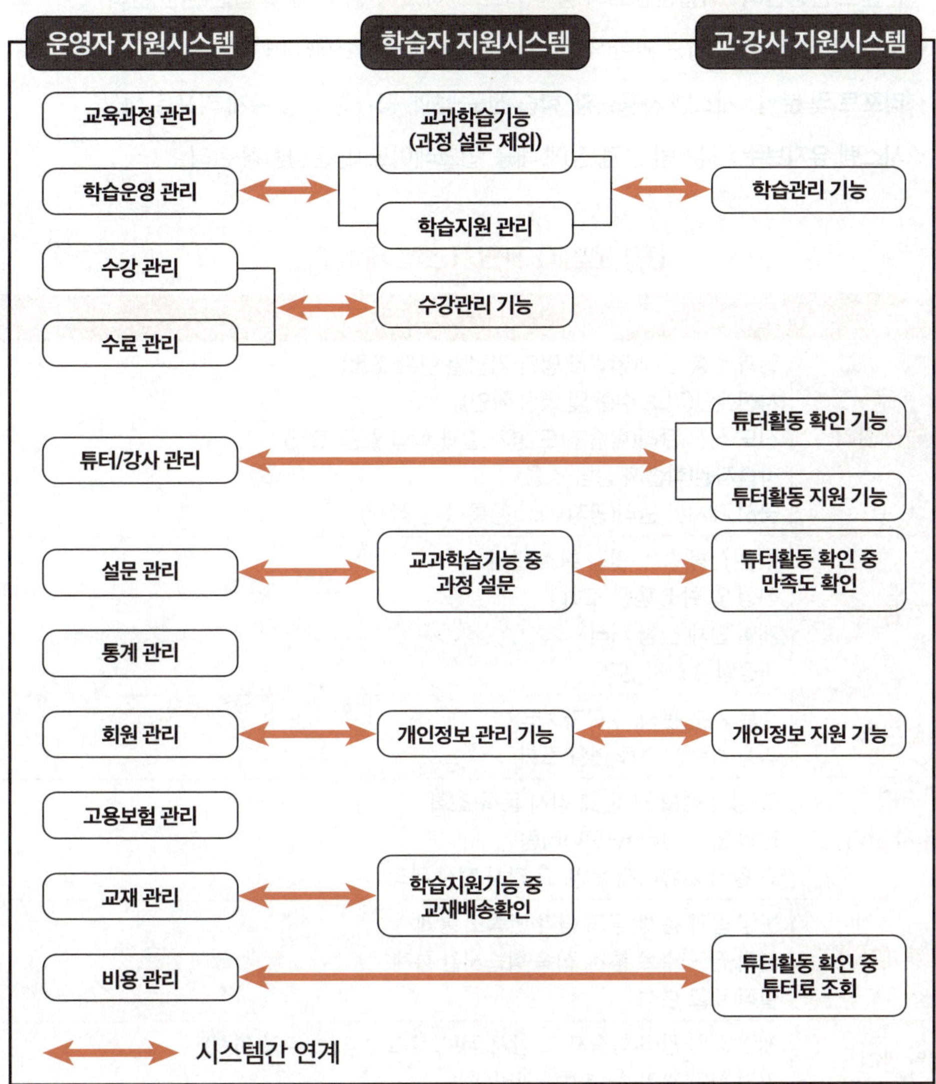

(1) 운영자 지원시스템 (Administrator Support System)

① 목적

운영자 지원시스템은 이러닝 플랫폼(LMS) 운영 전반을 관리·통제하여 온라인 학습 과정이 안정적으로 운영되도록 지원한다. 즉, 사용자·과정·권한·통계·시스템 운영 등 학사 및 시스템 관리기능을 담당한다.

② 대표 기능

- **사용자 관리**: 학습자·교·강사 등 사용자 계정의 생성, 수정, 삭제 및 상태 관리
- **과정/학사 운영관리**: 과정 개설·운영, 수강 승인, 진도·평가 운영 기준 설정(운영정책 적용)

- **콘텐츠 운영관리**: 학습콘텐츠의 등록(업로드)·배포·수정·삭제 및 접근 권한 관리
- **보안 및 권한 설정**: 접근 권한(역할/권한), 개인정보 보호, 데이터 백업 및 복구 설정
- **리포트 및 분석**: 시스템 사용현황, 학습 진도·성과, 평가결과 등 통계 리포트 생성
- **시스템 유지보수**: 시스템 점검, 장애 대응, 업그레이드 및 운영환경 관리

[표] 운영자 지원시스템 세부 기능

구분	주요 기능
학습 과정 관리	입과 현황 관리(입과자 명단·기업별 현황 조회) 사전진단(기초 수준 및 역량 확인) 진도·성적 관리(학습 진도·평가 결과·학습 활동 조회) 학습지원(학습자 상담·소통) 공지·게시판 관리(공지·자료 등록·수정·삭제)
수강 관리	수강 신청·승인·변경·취소 관리 신청 및 취소 명단 조회 개별·단체 신청 처리 과정별 수강자 관리
수료 관리	수료 기준 관리, 수료자 처리 과정 차수별 수료 현황 조회
교·강사 관리	교·강사 정보 관리, 교·강사 등록·조회 강의 활동 관리 및 모니터링 교·강사 커뮤니티 운영, 교·강사 정산 관리
운영 통계관리	운영 결과 통계, 강의 평가·만족도 통계 성적·진도·수료 통계, 접속·학습시간 통계 실적·로그 분석
회원 관리	개인 회원 관리(학습자·교·강사 정보, 로그인 정보, 수강 이력) 기업 회원 관리, 협력업체 관리
재무 관리	결제 및 수강료 내역 관리, 영수증 발급 매출 관리, 협력업체 비용·수익 배분 관리

(2) 학습자 지원시스템 (Learner Support System)

① 목적

학습자 지원시스템은 학습자가 온라인 환경에서 학습을 원활히 수행하고, 학습 과정에서 필요한 정보·상호작용·피드백을 제공하여 학습 경험과 학습 성과를 향상시키는 것을 목적으로 한다.

② 대표 기능

- **학습 진도 및 성취 확인**: 개별 학습자의 진도율, 학습 이력, 성취도(평가결과) 확인 및 자기 점검
- **커뮤니케이션 및 상호작용**: 토론 게시판, 채팅, 쪽지/메시징, Q&A 등을 통한 질의응답 및 협업 지원
- **학습자료 탐색 및 참조**: 추가 학습자료·문서·링크 검색, 자료 열람 및 다운로드, 참고 자료 관리
- **평가 참여 및 결과 확인**: 퀴즈·시험 응시, 제출/응시 현황 확인, 결과(점수·피드백) 조회

[표] 학습자 지원시스템 세부 기능

구분	주요 기능
수강 관리	강의 신청·변경·취소 관리, 수강 이력 확인, 수강 관련 문서 발급
학습관리 기능	과정 공지 및 게시판 확인, 학습 진도 및 성적 조회, 시험 응시 및 과제 제출·평가 결과 확인, 토론 참여, 자료실 및 Q&A 이용, 학습만족도 설문 참여
학습지원 기능	고객센터 이용(학습자료·Q&A·FAQ·자유게시판), 사전진단을 통한 학습 수준·역량 분석, 커뮤니티·블로그·재배움 등 추가 학습 활동 지원
사용자 관리	로그인 기능, 회원 가입 및 탈퇴, 개인정보 확인 및 수정

(3) 교·강사(튜터·교수자) 지원시스템(Tutor/Instructor Support System)

① 목적

교·강사(튜터·교수자) 지원시스템은 교수자와 튜터가 학습자를 지도·관리하고 평가 활동을 수행할 수 있도록 지원함으로써, 수업 운영의 효율성과 학습 품질을 향상시키는 것을 목적으로 한다.

② 대표 기능

- **강의콘텐츠 운영관리**: 강의 자료의 등록·수정·배포 및 학습경로 구성 관리
- **학습자 관리 및 피드백**: 학습자의 진도, 참여도, 성취도(평가결과) 모니터링 및 피드백 제공
- **커뮤니케이션 지원**: 공지, 쪽지, 게시판, 토론, 1:1 또는 그룹 메시지를 통한 학습자 소통
- **평가 관리기능**: 퀴즈·과제·시험 출제, 배포, 채점 및 평가결과 관리

[표] 교·강사(튜터·교수자) 지원시스템 세부 기능

구분	주요 기능
학습관리 기능	입과자 명단 및 학습 진행 현황 조회, 학습 관련 공지·게시판·Q&A·자료 관리, 학습 진도·성적·시험·과제·토론 관리 및 평가, 학습지원 및 역량 분석, 커뮤니티 활동 지원, 학습자 대상 메시지 전송
교·강사 관리기능	담당 과정 및 학습자 확인, 교·강사 활동 내역 조회, 학습자 만족도 및 교·강사 평가결과 확인
교·강사 지원 도구	운영자와의 커뮤니케이션, Q&A 게시판을 통한 의사소통, 교·강사용 학습·강의 자료 제공, 교·강사 학습·활동 관리 이력 기록
개인정보 관리기능	교·강사 로그인 관리, 개인정보 조회 및 수정

4) 운영지원을 위한 이러닝 지원 도구의 목적별 구분

(1) 학습환경 구성을 위한 도구

① 목적

학습환경의 효율성과 안정성을 확보하고, 이러닝 운영의 기반을 제공하기 위해 사용된다.

② 지원 도구

- **학습관리시스템(LMS)**: 학습자 로그인, 콘텐츠 접근, 진도 관리, 성적 추적 등 학습 운영의 핵심 기능 제공
- **가상교실 플랫폼**: 실시간 강의, 토론, 화상 수업 등 실시간 상호작용 환경 제공
- **클라우드 저장소**: 학습 데이터와 콘텐츠의 안전한 저장 및 접근 지원

(2) 학습콘텐츠 개발을 위한 도구

① 목적

학습 내용을 효과적으로 전달하기 위해 다양한 형태의 이러닝 콘텐츠를 개발·구성하는 데 사용된다.

② 지원 도구

- **콘텐츠 제작 도구**: 텍스트, 이미지, 동영상, 애니메이션 등 콘텐츠 제작
- **시나리오·스토리보드 도구**: 학습 흐름과 학습경로 설계
- **퀴즈·시험 생성 도구**: 학습성취도 평가를 위한 문항 제작

(3) 학습자 지원을 위한 도구

① 목적

학습자의 학습 참여와 성취를 촉진하고 학습 경험을 향상시키기 위해 사용된다.

② 지원 도구

- **Q&A 및 토론 게시판**: 학습자-학습자, 학습자-교·강사 간 의사소통 지원
- **자료실**: 추가 학습자료 및 참고 자료 제공
- **학습 진도·성과 확인 도구**: 학습자가 자신의 학습 상태를 스스로 점검·관리

(4) 학습 효과 향상을 위한 기타 도구

① 목적

학습 환경과 직접적인 운영 기능은 아니지만, 학습의 효과성과 효율성을 높이기 위해 활용된다.

② 지원 도구

- **데이터 분석 도구**: 학습 활동 데이터 분석을 통한 학습 패턴 및 효과 파악
- **설문·피드백 도구**: 학습만족도 및 개선 의견 수집
- **모바일 학습 앱**: 시간·장소 제약 없는 학습환경 제공

> 🔑 수험 TIP
> - 학습환경 구성: 운영 기반 (LMS/가상교실/클라우드)
> - 콘텐츠 개발: 콘텐츠 제작·설계 (저작/스토리보드/문항)
> - 학습자 지원: 상호작용·자기 점검 (Q&A/자료실/진도·성과)
> - 효과 향상: 개선·확장 (분석/설문/모바일)

2. 운영지원 도구 활용 방법

- 이러닝 운영지원 도구를 효과적으로 활용하기 위해서는 교육 목표, 학습자 요구, 조직의 비즈니스 목표를 명확히 정의하고, 이를 기준으로 도구를 선정·적용해야 한다.
- 또한, 도구의 초기 설정(환경 구축)과 지속적인 운영·관리가 필요하며, 학습자 피드백을 반영하여 지속적인 개선을 수행해야 한다.
- 학습관리시스템(LMS)은 기능 관점에서 학습자 기능(수강·학습 수행 지원), 교수자 기능(학습자·콘텐츠·평가 운영관리), 관리자 기능(시스템·계정·권한·통계 등 운영관리)으로 구성된다.
- 학습자 기능과 교수자 기능에는 공통적으로 공지사항, Q&A(질의응답), FAQ, 학습안내, 접속환경 안내 등의 메뉴가 포함되는 경우가 많다.
- LMS는 제품·기관에 따라 기능 구성과 명세가 상이하므로, 우수한 LMS를 선정·활용하기 위해서는 사전에 요소 분석과 기능 검토(요구사항 기반)를 수행하고 주요 기능을 숙지해야 한다.

목표·요구·비즈니스 기준으로 LMS를 선택하고, 초기 구축 후 운영·피드백 기반 개선을 수행하며, LMS 기능(학습자/교수자/관리자)을 사전에 분석·숙지한다.

1) 학습자 기능 및 활용

학습자 기능은 학습자가 이러닝 환경에서 수강 신청, 학습 수행, 평가 참여, 소통 및 학습지원을 원활히 수행할 수 있도록 지원하는 기능으로 구성된다.

[표] 이러닝 운영지원 도구의 학습자 기능

구분	기능	대표 예시(학습자 관점)
수강·학습 정보 조회	개인 수강 및 학습 정보를 조회	수강 신청/변경/취소, 수강 이력·현황 조회, 성적·이수 여부 확인
학습 수행·진도 관리	학습 진행 상황을 스스로 점검·관리	강의 수강, 진도율 확인, 학습 활동 이력 확인
평가 참여	학습평가에 참여하고 결과를 확인	온라인 시험 응시, 과제 제출, 평가결과·피드백 확인
커뮤니케이션·상호작용	교수자·학습자 간 소통 및 협업 지원	Q&A, 토론 게시판 참여, 커뮤니티 이용
학습지원·알림	학습안내 및 지원 정보 제공/수신	공지사항 확인, 학습안내, 쪽지·이메일·SMS 알림 수신, 설문 참여(해당 시)

수강·학습 정보 조회 : 수강 현황/이력, 성적, 이수 여부 확인
학습 수행·진도 관리 : 강의 수강, 진도율 및 학습현황(이력) 확인
평가 참여 : 시험 응시, 과제 제출, 결과·피드백 확인
커뮤니케이션(상호작용) : Q&A, 토론/게시판을 통한 소통

2) 교수자 기능 및 활용

교수자 기능은 교수자(튜터·교강사)가 이러닝 과정에서 강의를 운영하고, 학습자를 관리하며, 평가와 소통을 수행할 수 있도록 지원하는 기능으로 구성된다.

[표] 이러닝 운영지원 도구의 교수자 기능

구분	주요 기능	대표 예시
강의 운영관리	과정/강의 운영을 설정하고 학습 진행을 관리	강의 개설·설정, 강의실 메뉴 구성, 학습자 진도·활동 현황 모니터링(출결/진도 확인)
평가관리	평가를 설계·운영하고 결과를 관리	퀴즈·시험 출제, 과제 출제·수정, 채점, 성적 입력·관리, 피드백 제공

구분	주요 기능	대표 예시
콘텐츠 운영관리	강의 자료를 등록·배포하고 학습경로를 구성	강의 자료 업로드/수정/삭제, 주차(차시)별 콘텐츠 구성, 자료 배포 및 접근 권한 설정
커뮤니케이션· 피드백	학습자와 소통하고 학습을 지도	공지사항 등록, Q&A/게시판 관리, 쪽지·메시징, 토론 운영, 1:1/그룹 피드백
학습자 관리	학습자 성과와 참여도를 확인·지원	참여도 확인, 성취도(성적) 분석, 학습 부진자 지도, 상담 요청 대응

3) 관리자 기능 및 활용

관리자 기능은 학습관리시스템(LMS)을 안정적으로 운영·관리하기 위해 콘텐츠, 과정, 사용자, 권한, 보안, 통계 등을 통합적으로 관리·통제하는 기능으로 구성된다.

[표] 이러닝 운영지원 도구의 관리자 기능

구분	주요 기능	대표 예시
권한·계정 관리	사용자 역할별 권한 설정 및 접근 통제	학습자/교수자/관리자 계정 생성, 권한 부여·변경
과정·메뉴 관리	과정 및 시스템 구성요소 관리	과정·과목 등록/삭제, 강의 콘텐츠 관리, 설문·부가 기능 설정
운영 모니터링	학습·운영 현황 통계관리	접속 현황 조회, 학습 이력·강의 운영 통계 확인
로그·보안 관리	시스템 보안 및 부정행위 방지	접속·이벤트 로그 관리, 중복 로그인 제한
시스템 운영관리	시스템 안정성 유지	시스템 점검, 장애 대응, 환경 설정

4) 이러닝 운영지원 도구의 활용 시 유의사항

- **학습 활동 추적 기능 활용**: 학습자의 활동과 진도를 자동으로 추적하여 교수자와 운영자가 학습 진행 상황과 어려움을 파악할 수 있도록 한다. 다만 추적 기준(진도 인정 기준, 출결 규칙)과 개인정보 처리 원칙을 사전에 명확히 설정해야 한다.
- **학습자료 제공 기능 활용**: 강의 자료, 참고 자료, 문제 등 학습자료를 학습자에게 쉽게 제공하고 접근성을 높인다. 이때 자료의 최신성·정확성, 접근 권한, 저작권 준수를 함께 관리한다.

- **소통 지원기능 활용**: 공지, Q&A, 토론, 메시지 등으로 학습자-교육자 간 커뮤니케이션을 지원한다. 운영 시 응답 SLA(답변 기한), 운영 규칙(게시판 운영 원칙), 문의 분류 체계를 마련한다.
- **학습 성과 측정 기능 활용**: 퀴즈·시험·과제 등 평가를 통해 학습 수준을 파악하고 맞춤형 피드백을 제공한다. 평가 운영 시 문항 품질, 공정성, 부정행위 방지, 피드백 제공 방식을 고려한다.
- **학습 경험 개선 기능 활용**: 설문·피드백 수집과 학습지원 기능을 통해 학습 경험을 지속적으로 개선한다. 개선 과정에서는 피드백 수집-분석-개선-재점검의 절차를 정례화한다.

5) 운영지원 도구 활용을 위한 분석절차

운영지원 도구를 효과적으로 활용하기 위해서는 도입 및 운영 전에 과정 운영, 시스템 자원, 모니터링, 학습자 중심성, 유연성, 커뮤니케이션 측면에서 체계적인 분석이 필요하다.

(1) 수업·과정 관리 분석

- 강의 단위로 운영이 용이한지 여부
- 학습자 관리 인터페이스가 직관적으로 제공되는지 여부
- 과정 관리자(운영자)가 학습현황을 모니터링하고 분석 보고서를 확인할 수 있는지 여부
- 개인 단위 학습 데이터에 대한 접근 및 관리 가능 여부

(2) 시스템 자원 관리 분석

- 교수자의 운영 부담을 경감할 수 있는 기능이 제공되는지 여부
- 교수자에게 적절한 시간과 권한이 효율적으로 배분되는지 여부
- 단순 성적 관리 외에 평가·분석·연산 도구가 제공되는지 여부

(3) 모니터링 및 피드백 기능 분석

- 학습자와 교수자 간 상호작용(대화)을 촉진하고 체계적으로 관리할 수 있는지 여부
- 교수자가 학습자의 학습 활동에 대해 다양한 방식의 피드백을 제공할 수 있는지 여부
- 개인화된 학습 향상을 위한 도구가 연계되어 있는지 여부

(4) 학습자 중심 설계 분석

- 서버 및 커뮤니티 관리기능이 안정적으로 제공되는지 여부

- 학습자 일정 관리기능이 제공되는지 여부

- 다양한 도구를 활용한 능동적 학습 활동을 지원하는지 여부

(5) 유연성·적응성 분석

- 새로운 콘텐츠나 프로세스를 수용할 수 있는 확장성이 있는지 여부

- 강의실 구성 및 운영 방식에 유연성이 있는지 여부

- 서버 그룹 구성 및 모니터링 절차가 효율적으로 설계되어 있는지 여부

(6) 커뮤니케이션 도구 분석

- 게시판, 전자메일, 문자(SMS), 채팅 등 커뮤니케이션 기능이 제공되는지 여부

- 커뮤니케이션 도구가 과정·주제·과목별로 구조화되어 있는지 여부

🔑 수험 TIP

운영지원 도구는 과정 관리 / 자원 관리 / 모니터링 / 학습자 중심 / 유연성 / 커뮤니케이션 관점에서 분석해야 한다.

주요 학습 목표

1. 이러닝 운영 과정의 특성에 적합한 운영지원 도구를 선정할 수 있다.

2. 선정된 운영지원 도구의 사용방법을 매뉴얼로 정리할 수 있다.

3. 선정된 운영지원 도구의 특성을 파악한 후 이를 학습자에게 적용하는 방안을 도출할 수 있다.

1. 과정 특성별 적용 방법

1) 과정특성별 운영지원 도구 적용

이러닝 과정의 특성에 따라 학습방식이 달라지므로, 이에 적합한 운영지원 도구를 선택·적용해야 한다.

(1) 자기 주도학습(Self-paced Learning)

① 특성

학습자가 자신의 학습 속도와 일정에 맞추어 비동기적으로 학습한다.

② 적용 도구

- **학습관리시스템(LMS)**: 학습콘텐츠 제공, 학습 진도 및 성과 추적
- **동영상·애니메이션 콘텐츠 제공 도구**: 비동기 학습용 콘텐츠 제공
- **Q&A 게시판**: 교육자와의 비동기 질의응답 지원

(2) 실시간 학습(Real-time Learning)

① 특성

학습자가 교육자와 실시간으로 상호작용하며 학습한다.

② 적용 도구

- **가상교실 플랫폼/웹 회의 도구**: 실시간 강의, 토론, 화상 수업 제공
- **실시간 설문 및 반응 도구**: 학습자의 참여도 및 즉각적인 피드백 수집

(3) 협업 기반 학습(Collaborative Learning)

① 특성

학습자들이 팀을 구성하여 정보 공유와 공동 문제 해결을 수행한다.

② 적용 도구

- **토론 게시판, 위키, 공유문서 플랫폼**: 학습자 간 협업 및 공동 작성 지원
- **팀 프로젝트·과제 관리 도구**: 역할 분담, 진행 상황 및 결과 관리

(4) 모바일 학습(Mobile Learning)

① 특성

스마트폰, 태블릿 등 모바일 기기를 활용하여 시간과 장소의 제약 없이 학습한다.

② 적용 도구

- **모바일 학습 앱 및 플랫폼**: 모바일 친화적 콘텐츠 제공
- **오프라인 학습지원 기능**: 네트워크 미연결 환경에서도 콘텐츠 접근 지원

(5) 게임 기반 학습(Game-based Learning)

① 특성

- 게임 요소를 활용하여 학습의 흥미와 참여도를 향상시킨다.

② 적용 도구

- **게임화(Gamification) 도구**: 포인트, 뱃지, 리더보드 제공
- **교육용 게임 콘텐츠 도구**: 학습 목표를 반영한 게임형 콘텐츠 제공

2) 과정 특성에 따른 운영지원 도구 고려사항

- 이러닝 과정은 과정 유형, 학습 목표, 대상 학습자, 학습 방법에 따라 요구되는 운영 방식이 다르므로, 이에 적합한 이러닝 운영지원 도구를 선택·적용해야 한다.
- 운영지원 도구를 적용할 때에는 과정의 교육 목표, 학습자 규모·수준, 상호작용 방식(비동기/실시간/협업), 평가·실습 필요성 등을 종합적으로 고려하여 도구를 선정하고 활용해야 한다.

[표] 과정 유형별 특성에 따른 운영지원 도구 적용

유형	핵심 특성	선정 운영지원 도구(예)
대규모 이러닝 강의	다수의 학습자가 동시에 학습하므로 학습자들 간의 소통을 원활하게 하고 참여를 유도하는 것이 중요함.	온라인 채팅/포럼, 실시간 강의, 인터랙티브 콘텐츠, 실시간 설문·퀴즈
팀 프로젝트가 있는 강의	학습자들이 협업하여 과제를 수행하므로 역할 분담과 진행 상황을 공유·관리할 수 있어야 함.	협업 도구(공유문서·위키), 팀 과제/프로젝트 관리, 그룹 토론방·커뮤니티
개별학습을 위한 이러닝 과정	학습자가 스스로 학습을 계획하고 진도를 관리할 수 있도록 개인화된 지원이 필요함.	개인 학습경로/학습 계획 도구, 진도·성과(성취도) 관리 도구, 맞춤형 콘텐츠 제공
특정 분야 전문지식 습득 과정	전문 용어·개념을 이해하고 스스로 학습할 수 있도록 참고 자료 제공과 질의응답이 중요함.	토론 게시판/온라인 세미나, Q&A, 자료실(참고 자료·사례), 커뮤니티
문제해결학습 이러닝 과정	다양한 문제 상황에 대한 해결 과정을 공유하고 토론하며 사고력을 기를 수 있도록 지원하는 것이 중요함.	토론·토의 기능(게시판/채팅), 사례 기반 과제, 학습 계획·학습 기록 도구
실습 위주의 이러닝 과정	학습자가 실제로 작업·실험을 수행하듯 반복 연습할 수 있는 실습 환경 제공이 필요함.	시뮬레이션/가상실험실, 가상화 학습환경(VR/가상훈련), 실습 결과 제출·피드백 도구

3) 이러닝 운영지원 도구선정 기준

① 목적 및 필요성 파악

이러닝 프로젝트의 교육 목표와 대상(학습자 규모·수준·운영 방식)을 정의하고, 이를 바탕으로 필요한 핵심 기능(수강·진도·평가·리포트·소통 등)을 도출한다.

② 기술·플랫폼 요구사항 확인

학습콘텐츠 형식(동영상, 인터랙티브 콘텐츠 등)과 디바이스/브라우저 호환성을 검토하고, 기존 시스템과의 연동(LMS·CMS·웹 회의 등), 표준(SCORM/xAPI 등) 및 보안 요구사항을 확인한다.

③ 예산 및 비용 고려

도입 비용뿐 아니라 운영 과정에서 발생하는 라이선스, 사용자 증가에 따른 비용, 유지보수·업그레이드 비용 등 총소유비용 관점에서 검토한다.

④ 도구 시험 및 평가

실제 운영환경에서 성능과 사용성을 점검하고, 운영자·교수자·학습자 관점의 사용자 피드백을 수집하여 개선 필요 사항과 적합성을 평가한다.

⑤ 지원 및 유지보수 확인

기술 지원 범위와 응답 수준, 장애 대응 체계, 업데이트/패치 주기, 확장 및 지속 개선 가능성을 확인하여 장기 운영 안정성을 확보한다.

> 📖 **참조**
>
> 업데이트/패치 주기: 운영지원 도구가 기능 개선, 오류 수정, 보안 강화를 위해 정기적으로 버전 개선을 수행하는 빈도

2. 적용 방법 매뉴얼

대규모 이러닝 강의나 팀 프로젝트를 포함한 과정 운영에서는 운영지원 도구를 적극적으로 활용함으로써 운영 효율을 높이고 학습자 만족도를 향상시킬 수 있다.

1) 적용 절차

(1) 도입 목적 및 필요 기능 정의

과정의 교육 목표와 운영 방식(대규모/협업/실시간 등)을 명확히 하고, 필요한 핵심 기능(진도·평가·소통·리포트 등)을 도출한다.

(2) 기술 요구사항 검토(호환성·확장성)

- **호환성**: 기존 시스템(LMS/웹회의/인증/콘텐츠 형식 등)과 통합 가능한지 확인한다.
- **확장성(스케일링)**: 사용자 수 증가 및 트래픽 증가에 따라 안정적으로 확장 가능한지 검토한다.

(3) 설치 및 초기 설정

- 도구 설치 후 기본 환경 설정을 완료한다.
- 필요 시 사용자 역할(학습자/교수자/관리자)별 권한 및 접근 권한을 설정한다.

(4) 콘텐츠 및 운영 리소스 등록·구성

강의 자료, 영상, 퀴즈/시험, 과제, 공지 템플릿 등 운영에 필요한 리소스를 등록하고 과정 구조(차시/주차)를 구성한다.

(5) 테스트 및 검토(파일럿)

- 실제 운영환경에서 성능과 사용성을 점검한다.
- 오류, 누락 기능, 운영상 불편요소를 수정·보완하여 최적화한다.

(6) 사용자 교육(학습자·운영자)

학습자와 운영자(필요 시 교수자)에게 도구 사용방법과 운영 규칙을 안내한다.

(7) 피드백 수집 및 개선

- 사용자 피드백을 수집하고 개선 사항을 반영한다.

- 기능 업데이트 및 버그 수정 계획을 수립·적용한다.

(8) 지속 모니터링 및 운영 안정화

- 성능, 사용자 활동, 콘텐츠 사용률, 장애/로그 등을 지속적으로 모니터링하고 필요 조치를 수행한다.

2) 이러닝 형태별 관련 도구 적용 매뉴얼

이러닝 과정의 형태에 따라 학습방식과 운영 요구가 다르므로, 이에 적합한 운영지원 도구와 관련 플랫폼을 선택·활용해야 한다.

(1) 대규모 이러닝 강의

- **학습관리시스템(LMS)**: 학습콘텐츠, 강의 자료, 퀴즈·과제를 체계적으로 관리하고, 대규모 학습자의 학습 진도와 성과를 효율적으로 추적한다.

- **온라인 토론방 운영 도구**: 학습자 간 질문·답변 및 의견 교환을 통해 상호작용을 지원한다.

- **동영상 스트리밍 플랫폼**: 대규모 학습자에게 강의 영상을 안정적으로 제공한다.

- **실시간 피드백 도구**: 실시간 설문, 반응 도구 등을 통해 학습자의 참여도와 이해도를 즉시 확인한다.

(2) 팀 프로젝트가 있는 과정

- **LMS 기반 협업 기능**: 팀별 자료 공유, 공지, 질의응답을 지원한다.

- **문서 공유·공동 편집 도구**: 팀원들이 동시에 문서를 작성·수정하며 협업할 수 있도록 지원한다.

- **프로젝트 관리 도구**: 일정, 역할 분담, 작업 진행 상황을 체계적으로 관리한다.

- **실시간 커뮤니케이션 도구**: 채팅 및 화상 회의를 통해 팀원 간 원활한 의사소통을 지원한다.

(3) 개별학습을 위한 이러닝 과정

- **LMS 활용**: 학습자료 제공, 과제 제출, 공지사항 확인 등 기본 학습환경을 제공한다.

- **자기 주도학습 지원**: 플랫폼학습자가 자신의 속도와 일정에 맞추어 학습할 수 있도록 지원한다.

- **진도·성과(성취도) 관리 도구**: 개인별 학습 진도와 성취 수준을 쉽게 확인·관리할 수 있도록 한다.

(4) 특정 분야의 전문지식 습득 과정

- **전문 콘텐츠 제공 플랫폼**: 특정 분야의 전문지식과 사례 중심 학습 콘텐츠를 제공한다.
- **심화 학습자료 제공 도구**: 연구 자료, 학술 자료 등 심화 학습을 위한 콘텐츠 접근을 지원한다.
- **전문가 토론 포럼**: 전문가 및 학습자 간 토론과 네트워킹을 지원한다.

(5) 문제해결학습 이러닝 과정

- **시뮬레이션 도구**: 실제 상황을 모방한 가상 환경에서 문제 해결 능력을 향상시킨다.
- **사례 기반 학습(Case Study) 플랫폼**: 실제 사례를 중심으로 문제 분석과 해결 과정을 학습한다.
- **챌린지 기반 학습 도구**: 문제 해결 과제를 수행하며 학습 동기와 참여도를 높인다.

(6) 실습 위주의 이러닝 과정

- **가상 실험실(Virtual Lab)**: 실제 실험을 대체하는 가상 환경에서 반복 실습을 지원한다.
- **실습·코딩 학습 플랫폼**: 실시간 실습과 즉각적인 피드백을 제공한다.
- **가상 머신 및 클라우드 기반 실습 환경**: 실제 IT 환경과 유사한 조건에서 실습 학습을 수행할 수 있도록 지원한다.

> 🔑 **수험 TIP**: 이러닝 형태별 관련 도구 적용 매뉴얼의 특징을 기억해 두세요.
> 대규모 → LMS + 스트리밍 + 토론 + 실시간 피드백
> 팀 프로젝트 → 협업 도구 + 프로젝트 관리 + 실시간 소통
> 개별학습 → LMS + 자기 주도학습 + 진도·성과 관리
> 전문지식 → 전문 콘텐츠 + 심화 자료 + 전문가 토론
> 문제 해결 → 시뮬레이션 + 사례 기반 학습
> 실습 → 가상실험실 + 클라우드/실습 환경

주요 학습 목표

1. 운영지원 도구 사용현황에 따른 문제점과 개선점을 정리할 수 있다.

2. 운영지원 도구별 개선점을 반영하는 방안을 도출할 수 있다.

3. 도출된 개선방안을 운영지원 업무에 반영할 수 있다.

- **운영지원 도구**는 학습관리시스템(LMS)을 중심으로 학습자에게 수강, 진도, 평가, 성적처리 등 학사 관리와 운영 업무를 지원하는 도구이다.
- 운영지원 도구 관리는 단순히 도구를 선정·설치하는 단계에 그치지 않고, 실제 운영 과정에서 사용자(학습자·교수자·운영자) 관점의 설정, 모니터링, 피드백 반영 및 지속적인 개선이 필요하다.

1. 사용현황에 따른 문제점

- 운영지원 도구를 효과적으로 관리하기 위해서는 실제 사용현황을 지속적으로 모니터링하고, 운영 과정에서 발생하는 문제점을 분석하여 적절한 대응방안을 마련해야 한다.
- 학습자 관점에서의 사용 불편, 접근성 문제, 기능 활용의 미흡 등은 학습 경험의 질과 운영 효율성에 직접적인 영향을 미치므로, 학습자 중심의 관점에서 운영지원 도구를 지속적으로 개선·최적화하는 것이 중요하다.

1) 일반적인 문제점

운영지원 도구의 사용 과정에서는 성능, 데이터, 호환성, 사용성, 보안 측면에서 다양한 문제가 발생할 수 있으며, 이러한 문제를 사전에 파악하고 관리하는 것이 안정적인 운영에 중요하다.

[표] 운영지원 도구 사용 시 일반적인 문제점

구분	주요 내용
성능 저하 및 시스템 과부하	과도한 요청이나 대량의 데이터 처리로 인해 시스템 성능이 저하되고 응답 시간이 증가할 수 있다. 이로 인해 사용자 경험이 악화되며, 심한 경우 시스템 중단(다운타임)으로 이어질 수 있다.
데이터 무결성 및 일관성 문제	여러 도구 간 통합 오류나 시스템 내부 오류로 데이터의 정확성이 훼손될 수 있다. 이로 인해 잘못된 정보 제공이나 중요한 데이터 손실이 발생할 수 있다.
호환성 및 업데이트 이슈	도구 버전 업데이트나 기존 시스템과의 호환성 문제로 일부 기능이 정상적으로 작동하지 않을 수 있다. 이 경우 운영 흐름이 중단되거나 추가적인 수정·보완 작업이 필요하다.

구분	주요 내용
사용자 경험 및 사용성 문제	사용자 인터페이스가 복잡하거나 직관적이지 않으면 만족도가 저하되고 학습 곡선이 높아져 도구 활용도가 떨어질 수 있다.
보안 취약점 및 위험	보안 업데이트가 미흡하거나 보안 정책이 강화되지 않은 경우 외부 공격에 노출될 수 있으며, 개인정보 및 중요 학습 데이터의 유출·탈취 위험이 증가한다.

2) 학습자 시각의 운영지원 도구 문제점

- 학습자가 이러닝 과정에서 불편 없이 학습 목표를 달성하기 위해서는 LMS 등 학습시스템에서 제공하는 운영지원 기능이 안정적으로 지원되어야 한다.

- 그러나 LMS를 신규 구축하거나 업그레이드하는 과정에서 교·강사 및 학습자의 요구를 충분히 분석하지 못한 채 개발이 진행되는 경우가 있어, 사용자 관점보다는 개발자·운영자 관점의 기능 중심으로 구현되는 문제가 발생한다.

- 그 결과 기능은 많더라도 현장에서 실제 활용도가 낮아지고, 학습자 및 교·강사의 학습 활동을 실질적으로 지원하는 데 제약이 생길 수 있다.

- 따라서 운영지원 도구는 학습자·교·강사의 사용 맥락과 요구를 반영하여 기능을 설계하고, 운영 과정에서 피드백을 반영해 지속적으로 개선할 필요가 있다.

[표] 학습자 시각에서 본 운영지원 도구의 주요 문제점

구분	세부 문제	학습자에게 미치는 영향
사용자 불편요소	학습경로 및 UI의 복잡성	자료 접근이 어려워지고 학습 흐름이 끊길 수 있음
	비효율적인 검색 기능	필요한 자료를 찾지 못해 학습 효율 저하
	제한적인 상호작용 기능 (질문·토론·피드백 부족)	참여·활성화 저하, 학습 몰입 감소

구분	세부 문제	학습자에게 미치는 영향
변화하는 학습방식 대응 부족	모바일 및 다양한 디바이스 지원 부족	모바일/태블릿 사용 불편, 학습 접근성 저하
	개인화·적응형 학습지원 미흡	수준·속도 맞춤 학습이 어려워 학습 경험 제한
동질적인 기능 (차별성·구성 문제)	차별화된 학습 경험 부재	시스템 가치 체감 낮음, 선택 기준 약화
	불필요한 기능·메뉴 중복	혼란 증가, 학습 효율·만족도 저하

3) 새로운 학습 형태의 등장에 다른 기능 개발

- 정보통신기술(ICT)의 발전과 함께 e-러닝, m-러닝, u-러닝 등 다양한 학습 형태가 확산되면서 학습 콘텐츠가 다양화되었고, 학습자의 자기 주도학습을 지원하고 맞춤형 정보를 제공하기 위한 기능 요구가 증가하였다.
- 사이버대학 및 원격교육 기관이 확대되면서 온라인 중심 학습이 보편화되었고, 이에 따라 LMS가 수행해야 하는 기능과 역할이 확대·세분화 될 필요가 커졌다.
- 그 결과 LMS는 기본적인 수강·진도·평가 기능뿐 아니라 1:1 상담, Q&A, 진도 관리, 퀴즈/시험, 커뮤니티 등 학습지원 기능을 강화하는 방향으로 발전하였으며, 학습자와 교·강사의 활동 유형에 따라 다양한 기능과 인터페이스를 제공하도록 고도화되고 있다.

2. 운영지원 도구별 개선점

1) 이러닝 운영지원 도구 기능별 개선 방향

- **이러닝 운영지원 도구**는 학습콘텐츠 제공, 학습 진도 관리, 평가 및 과제 운영, 커뮤니케이션과 피드백 수집 등 다양한 기능을 수행한다.
- 이러한 기능이 실제 교육 현장에서 효과적으로 활용되기 위해서는 도구별 특성과 사용 맥락을 고려한 기능 개선이 필요하며, 주요 개선 사항은 다음과 같다.

[표] 이러닝 운영지원 도구 주요 기능별 개선 사항

유형	핵심 특성	선정 운영지원 도구(예)
쪽지함 관리	쪽지 수신·조회·삭제	모든 메뉴에서 즉시 접근 가능하도록 개선, 학습자 목록 화면에서 바로 발송 가능, 쪽지 발송 시 학습 진도·정보 동시 조회
학습 진도 관리	진도 조회·검색	전체·개인·집단별 진도 현황 통합 조회, 진도 부진자 자동 알림(메일·쪽지), 기본 메시지 문구 자동 설정
학습 참여 관리	참여 현황 조회	토론·게시판·설문 등 참여 유형별 점수 입력 및 관리, 참여도 종합 현황 제공
설문 관리	설문 등록·수정·결과	Likert 5점 척도 지원, 다양한 설문 유형 제공, 결과 자동 분석
온라인 평가 관리	시험·문항 관리	IP 관리, 재시험 조건 설정, 논술형 온라인 첨삭, 시험 결과 파일 다운로드
퀴즈 관리	퀴즈 등록·조회	수시 퀴즈 활용 강화, 과정 중 형성평가 기능 확대
과제 출제·채점	과제 등록·채점	기존 과제 재활용, 마감 여부 자동 확인
과제 제출	제출·성적 조회	팀 과제 제출, 상호평가 기능, 위키 기반 협업 과제 지원
게시판 관리	게시글 관리	파일 용량·유형 제한, 이미지·동영상 게시판 템플릿 제공
Q&A 관리	질의응답 관리	답변 등록 시 자동 알림 발송
자료실 관리	자료등록·조회	동영상·음성 자료 업로드 지원
토론방 관리	토론 참여	토론 평가(추천·공감), 참여 횟수 기반 성적 반영

🔑 수험 TIP : 운영지원 도구별 개선점 (기출문제)

Likert 5점 척도 : Rensis Likert가 제안한 방법으로 학습자나 이용자의 태도·만족도를 '매우 그렇지 않다'부터 '매우 그렇다'까지 5단계로 측정하는 평정척도를 말한다.

2) 이러닝 운영지원 도구의 사용자 요구가 높은 기능 개선

이러닝 운영지원 도구의 다양한 기능 중에서도, 실제 운영 현장에서 활용 빈도가 높고 사용자 요구(니즈)가 집중되는 기능을 중심으로 개선이 필요하다.

🔑 수험 TIP

니즈(needs) : 이러닝 운영지원 도구 사용자들이 업무 효율이나 학습 편의를 위해 필요하다고 요구하는 기능적 요구사항

(1) 쪽지 보내기 기능 개선

쪽지를 발송하기 전에 화면에서 학습자의 학습 이력과 진도 현황을 즉시 확인할 수 있도록 기능을 개선할 필요가 있다. 이를 통해 교·강사는 대상 학습자의 상황을 파악한 후 보다 적절한 안내를 제공할 수 있으며, 결과적으로 업무 효율과 커뮤니케이션 품질이 향상된다.

(2) 진도 관리기능 개선

학습자의 진도 관리는 개인 단위뿐 아니라 집단 단위로도 학습시간, 참여 횟수, 성취도 등을 통합적으로 조회할 수 있도록 고도화하는 것이 필요하다. 또한, 운영 목적에 따라 다양한 조건으로 검색이 가능해야 하며, 진도 관리 화면에서 관련 메뉴를 함께 활용할 수 있도록 연계성과 사용 편의성을 강화할 필요가 있다.

(3) 토론 관리기능 개선

토론 기능은 참여자별 참여 현황과 기여도(작성 글, 댓글 등)를 한 번에 확인할 수 있도록 개선되어야 한다. 더불어 토론 활동을 평가로 연계할 수 있도록 즉시 성적 입력 기능을 제공하면, 교수자의 평가·관리 부담을 줄이고 운영의 효율성을 높일 수 있다.

(4) 과제 관리기능 개선

과제 피드백은 텍스트 중심 방식에 한계가 있을 수 있으므로, 파일 첨부뿐 아니라 음성 피드백 등 다양한 방식을 지원하도록 개선할 필요가 있다. 특히 과제 유형과 특성에 따라 적합한 피드백 방식이 달라질 수 있으므로, 과제 운영 목적에 맞게 피드백 채널을 선택할 수 있도록 지원하는 것이 바람직하다.

[표] 이러닝 운영지원 도구 중 개선 요구가 높은 기능

기능영역	주요 개선 내용
쪽지 보내기 기능	쪽지 발송 전 학습자 이력·진도 확인, 교·강사 업무 효율 향상
진도 관리기능	개인·집단별 학습시간·횟수·성취도 통합 조회, 다양한 조건 검색
토론 관리기능	참여자별 토론 기여도 조회, 즉시 성적 입력 기능
과제 관리기능	텍스트·파일·음성 피드백 제공, 과제 특성에 맞는 피드백 방식 지원

🔑 수험 TIP : 이러닝 운영지원 도구의 사용자 요구가 높은 기능 개선 (기출문제)

3. 운영지원 도구 활용보고서

운영지원 도구를 수업에 적용한 사례를 분석하면, 학습자 특성과 수업 운영환경에 따라 학습 동기 및 상호작용이 강화되는 양상이 확인된다.

1) 학생 대상 수업 적용 사례(학습 동기 관점)

LMS 운영지원 도구를 활용한 수업에 대한 학습자 소감 분석 결과, 다음 요인이 학습자의 학습지향성과 흥미도 향상에 기여한 것으로 정리된다.

[표] 이러닝 환경에서 운영지원 도구 활용 효과 분석[학생 대상]

구분	내용
빠른 피드백	• 기존 방식에서는 모든 문항을 풀이한 후에야 정답을 확인할 수 있어, 피드백이 지연되면서 학습자가 자신의 이해 수준을 즉시 점검하기 어려웠고 학습 몰입이 저하될 수 있었다. • 반면 LMS에서는 문항 제출 즉시 정·오답 여부가 표시되어 학습자가 오류를 즉각 수정할 수 있으며, 학습 과정에 대한 집중도와 참여도를 높이는 효과가 나타났다.
모르는 문제에 대한 상호작용	• 교·강사 주도의 강의식 수업에서는 교·강사가 선정한 문항 중심으로 풀이가 진행되는 경우가 많아, 학습자가 개별적으로 이해가 부족한 문항을 즉시 질문하거나 충분한 피드백을 받기 어려웠다. 또한, 질문이 가능하더라도 수업 진행상 응답까지 대기 시간이 발생하여 학습 흐름이 끊길 수 있었다. • 반면 LMS에서는 문항별 힌트 및 동영상 해설이 제공되어 학습자가 스스로 해결을 시도할 수 있고, 추가 지원이 필요할 경우 문제를 캡처해 게시판에 공유함으로써 동료 학습자 또는 교·강사의 피드백을 비교적 신속하게 받을 수 있다. 이에 따라 질의응답이 활성화되고 상호작용이 원활하게 이루어지는 효과가 나타났다.
성취감 요소	• 기존 수업에서는 문제를 맞히거나 과제를 수행했을 때 학습자가 성취감을 즉각적으로 체감할 수 있는 강화 요소가 상대적으로 제한적이었다. • 반면 LMS를 활용한 수업에서는 정답 제출 시 축하 배경음과 메시지 등 즉각적 피드백이 제공되어 학습자가 성취 경험을 명확히 인식할 수 있었다. • 또한, 포인트 제공과 캐릭터 꾸미기 등 게임화 요소를 통해 학습자는 자신의 수행 결과를 보상으로 연결해 인식하게 되었으며, 이는 학습 지속 의지와 흥미 유지에 기여하였다.

> 🔑 **수험 TIP : 이러닝 운영지원 도구의 사용자 요구가 높은 기능 개선 (기출문제)**
> LMS 운영지원 도구의 핵심 효과는 ① 즉각적 피드백, ② 상호작용 강화, ③ 성취감(보상·게임화)을 통해 학습 동기와 참여도를 높이는 데 있다.
> 오답 표현 : "교수자 중심 일방적 전달 강화"(X), "학습자 간 상호작용 감소"(X), 피드백 지연(X)

2) 대학생 대상 수업 적용 사례(상호작용 관점)

운영지원 도구를 활용한 이러닝 수업은 교수자·학습자·학습 내용 간 상호작용을 다층적으로 강화하는 것으로 나타났다.

[표] 이러닝 환경에서 운영지원 도구 활용 효과 분석(대학생)

구분	내용
교수-학생 상호작용 증대	• LMS 운영지원 도구는 공지사항 전달과 수업 관련 커뮤니케이션을 체계화하여 교수자-학습자 간 소통을 보다 신속하고 효율적으로 수행할 수 있도록 지원하였다. • 또한, 교수자가 학습자의 수행 결과에 대해 즉각적으로 피드백을 제공하기 용이해짐에 따라, 교수자-학습자 간 상호작용의 빈도와 질이 전반적으로 향상되는 효과가 나타났다.
학생-학생 상호작용 증대	• 수업 과정에서 수업 활동 게시판에 조별 산출물을 공유·게시하는 활동을 통해 학습자 간 의견 교환과 피드백이 촉진되어 상호작용이 활성화되었다. • 또한, 수업 종료 이후에도 게시판을 기반으로 자료 공유와 논의가 이어지면서, 학습자 간 협업과 상호작용이 지속적으로 강화되는 효과가 나타났다.
학생-학습 내용 상호작용 증대	• 교수자가 주차 별 강의 게시판에 학습자료를 체계적으로 탑재함으로써, 학습자는 필요 시점에 언제든지 콘텐츠에 접근할 수 있어 학습의 연속성과 자기 주도적 학습이 강화되었다. • 또한, 수업 활동 산출물이 게시판에 축적·공유되어 수업 이후에도 반복 활용이 가능하고, 수업 중에는 다른 조의 답변과 산출물을 한눈에 비교·검토할 수 있어 학습 내용과의 접촉 빈도 및 심화 학습이 촉진되는 등 학생-학습 내용 상호작용 향상에 효과적으로 기여하였다.
새로운 수업 방식에 대한 학생들의 거부감 고려 필요	• 학습자들이 예상과 달리 새로운 수업 방식에 불편함을 느낄 수 있으므로, 거부감을 최소화하기 위해 LMS 활용 절차와 참여 방법을 사전에 충분히 안내하고, 학습 부담이 과도해지지 않도록 수업 구조와 활동 설계를 단순·명확하게 구성할 필요가 있다. • 또한, 교수자는 수업 중 혼선이 발생하지 않도록 적용 예정 기능을 사전에 점검하고, 실제 수업 흐름을 가정한 시연을 통해 운영 안정성을 확보해야 한다.

수험 TIP : 대학생 대상 수업 적용 사례(학생 – 학습 내용 상호작용 증대) (기출문제)
LMS 운영지원 도구 적용 시 유의점
① 학습자 거부감 최소화(사전 안내·단순 설계)
② 교수자의 기능 사전 점검·시연을 통한 운영 안정성 확보

3) 사이버대학 수업 적용 사례(학습 동기·상호작용 관점)

사이버대학 환경에서는 고립감 완화와 지속 참여 유도가 중요하며, 운영지원 도구는 학습 동기 및 상호작용에 유의미한 영향을 미치는 것으로 정리된다.

[표] 이러닝 환경에서 운영지원 도구 활용 효과 (사이버대학)

구분	내용
학습 동기에 영향	• 게시판 기반의 상호소통 기능을 강화하면, 고립된 환경에서 혼자 학습하는 이러닝 학습자의 심리적 불안감과 고립감을 완화하여 학습 지속 의지를 높이는 데 기여한다. • 또한, 질문·답변, 수강생 리스트, 조 편성 등 상호작용과 협력 학습을 지원하는 기능은 학습 참여를 촉진하고 학습 동기를 유발·유지하는 핵심 요인으로 작용하는 것으로 나타났다. 이는 이러닝 환경에서 상호작용 수준이 학습 동기와 밀접하게 연관됨을 시사한다.
상호작용에 영향	• 학습자와 교수자는 전자우편, 채팅, 쪽지, 문자 발송 등 다양한 커뮤니케이션 기능을 통해 신속한 피드백과 개별화된 피드백 제공이 가능하다고 인식하였다. • 또한, 운영지원 도구의 적용은 교수자-학습자 간, 학습자-학습자 간 소통 채널을 확장하여 질의응답과 안내·피드백이 활성화되었고, 그 결과 수업 전반의 상호작용 수준을 유의미하게 높이는 효과가 나타났다.
학습자 간 학습공간 및 상황인식 정보를 제공하는 지원 도구 필요	• 이러닝 환경에서는 다른 학습자의 활동과 학습 상황을 가시화하는 기능이 부족할 경우 고립감이 커질 수 있으므로, 학습자 정보를 보다 구체적으로 제공·공유할 수 있는 지원 도구를 통해 수업 참여와 흥미를 제고할 필요가 있다. • 예를 들어 질의응답 게시글 작성자의 프로필(소개 페이지 등)로 이동할 수 있는 링크를 제공하거나, 학습자 간 현재 접속 상태, 소속 조 정보, 실시간 조 활동 현황, 실시간 채팅·쪽지 등 학습 상황인식 정보를 공유할 수 있는 기능을 제공하면 상호작용을 활성화하고 참여 지속에 기여할 수 있다.

🔑 **수험 TIP**

이러닝 환경에서는 학습자 간 '상황인식 정보(누가·어디서·무엇을 하고 있는지)'를 제공하는 지원 도구가 상호작용과 학습 동기 향상에 중요하다.

오답: 개별학습 고립 심화(X) / 학습자 정보 비공개(X) / 단방향 전달 중심 운영(X)

CHAPTER 02

이러닝 운영 학습 활동 지원

01. 학습환경 지원

주요 학습 목표

1. 수강이 가능한 PC, 모바일 학습환경을 확인할 수 있다.

2. 학습자의 학습환경을 분석하여 학습자의 질문 및 요청사항에 대처할 수 있다.

3. 학습자의 PC, 모바일 학습환경을 원격 지원할 수 있다.

4. 원격지원 상에서 발생하는 문제 상황을 분석하여 대응방안을 수립할 수 있다.

1. 학습환경(PC, 모바일 등) 확인

- 이러닝 학습환경(PC, 모바일 등) 확인은 학습자가 이러닝 콘텐츠에 원활히 접속하고 학습을 수행할 수 있도록 필요한 기술적·운영적 조건을 점검·준비하는 과정을 의미한다.
- 이러닝 콘텐츠는 주로 PC 또는 모바일 기기를 통해 제공되므로, 학습자의 기기 및 접속환경이 콘텐츠 재생과 학습 활동(과제 제출, 토론 참여 등)에 적합한지 사전에 확인하는 것이 중요하다.
- 학습환경에는 학습자가 사용하는 인터넷 접속 환경(네트워크), 기기(PC·모바일), 운영체제 및 브라우저, 필수 프로그램/앱, 보안 설정 등 학습 수행에 필요한 요소 전반이 포함된다.

1) 학습환경 확인에서 고려해야 할 주요 요소

(1) 인터넷 접속환경

- 안정적인 인터넷 접속환경은 학습콘텐츠에 중단 없이 접근하고(접속), 원활하게 실행·상호작용(재생, 과제 제출, 토론 참여 등)하기 위한 필수 조건이다.
- 학습자의 인터넷 접속 방식(유선/무선)에 따라 학습 경험과 만족도가 달라질 수 있으므로, 운영자는 학습자의 접속환경을 고려해 안내 및 지원 방안을 마련해야 한다.

① 유선 인터넷 접속

- 유선 접속은 가정, 학교/기관, PC방, 공동 공간 등 다양한 환경에서 사용되며, 공유기를 통한 연결 또는 조직 내 고정 IP 기반 네트워크 사용 등이 포함된다.
- 일반적으로 무선에 비해 속도와 안정성이 우수하여 동영상 스트리밍 및 실시간 학습에 유리하다.

② 무선 인터넷(와이파이 등) 접속

- 무선 접속은 장소 제약이 적지만, 공용 와이파이의 경우 접속 불안정, 속도 저하, 보안 취약 등의 문제가 발생할 수 있어 유의가 필요하다.
- 일부 와이파이는 비밀번호 인증이 필요하므로, 학습 장소의 접속 조건을 사전에 확인하도록 안내하는 것이 바람직하다.

③ 인터넷 품질(점검 요소)

- **속도**: 실시간 스트리밍·동영상 콘텐츠를 원활히 이용하려면 충분한 대역폭이 필요하다.
- **안정성**: 학습 중 연결 끊김이 발생하면 학습 흐름이 단절되므로, 지속적인 연결 유지가 중요하다.
- **데이터 제한**: 일부 요금제는 데이터 사용량 제한이 있을 수 있으므로, 대용량 파일 업·다운로드나 스트리밍을 자주 이용하는 경우 데이터 정책을 확인해야 한다.

> 🔑 **수험 TIP**
>
> 유선 인터넷: 속도·안정성 우수 → 실시간 강의·동영상 학습에 유리
>
> 무선 인터넷(와이파이): 장소 제약은 적으나 공용 와이파이는 불안정·보안 문제 가능
>
> 오답: 인터넷 종류와 무관하다(X), 속도만 중요하고 안정성은 고려하지 않는다(X)

(2) 학습기기

- 이러닝 학습환경은 학습자가 보유한 기기 유형과 성능에 따라 달라질 수 있으므로, 콘텐츠가 학습자의 기기에서 원활히 실행되는지 사전 점검이 필요하다.
- 특히 PC(데스크톱/노트북)와 모바일 기기(태블릿/스마트폰)는 화면 구성, 입력 방식, 설치 프로그램 및 접근 경로가 상이하므로 학습지원 관점에서 구분하여 안내·지원하는 것이 바람직하다.

① 기기 유형

데스크톱, 노트북, 태블릿, 스마트폰 등 기기 유형에 따라 학습 접근성, 조작 편의성, 화면 가독성 등이 달라질 수 있다.

② 기기 성능(주요 점검 요소)

- **프로세서(CPU)**: 동영상 재생, 고해상도 자료 처리, 복잡한 인터랙션 콘텐츠 실행에 필요한 처리 능력을 좌우한다.
- **메모리(RAM)**: 브라우저 탭 및 응용 프로그램을 동시에 실행할 때 속도 저하를 방지하는 핵심 요소이다.

- **그래픽 성능(GPU)**: 고화질 동영상, 3D·시뮬레이션 등 그래픽 요구사항이 높은 콘텐츠 이용 시 영향을 미친다.
- **저장 공간**: 학습자료 다운로드, 전용 프로그램 설치 및 과제 파일 저장을 위해 충분한 여유 공간이 필요하다.

③ 사용성 및 학습 지속성(환경 요소)

- **화면 크기 및 해상도**: 다양한 화면 환경에서 콘텐츠가 정상적으로 표시되고, 학습 내용이 가독성 있게 제공되는지 확인해야 한다.
- **배터리 수명**: 노트북·모바일 기기 사용 시 장시간 학습을 고려해 배터리 지속 시간 및 전원 확보 가능 여부를 점검할 필요가 있다.

[표] 개인용 컴퓨터(PC) 유형별 특징 및 학습환경 고려사항

기기 유형	운영체제 (OS)	주요 특징 및 학습환경 고려사항
데스크톱	윈도우	국내에서 가장 보편적으로 사용됨(약 90% 내외). 윈도우 버전에 따라 화면 구성·동작 방식이 달라질 수 있으므로 학습자가 사용하는 버전 확인이 필요함.
	맥, 리눅스	사용 비중은 상대적으로 낮으나 점차 증가 추세임. 해외 학습자를 고려할 경우 다양한 OS 환경에서도 이러닝 서비스가 정상 동작하도록 지원이 필요함.
노트북 (랩톱)	윈도우 등	이동성이 높고 무선 인터넷 사용이 많음. 공용 와이파이 환경에서는 접속 불안정 문제가 발생할 수 있어 접속환경 사전 확인이 중요함.
	크롬북	크롬 OS 기반으로 브라우저 중심 사용 환경을 가짐. 일반 윈도우 환경과 사용 방식이 달라 학습콘텐츠 및 지원 방식의 차별화가 필요함.

- 개인용 컴퓨터(PC)는 사용 목적과 형태, 그리고 설치된 운영체제(OS)에 따라 지원 방식이 달라질 수 있다. 개인이 사적 용도로 사용하는 경우와 회사·기관 등에서 공적 용도로 사용하는 경우로 구분할 수 있으며, 사용 형태에 따라 고정형 데스크톱과 이동형 노트북(랩톱)으로 나뉜다.
- 특히 데스크톱은 설치된 OS에 따라 윈도우, 맥, 리눅스 환경으로 구분되며, 같은 기기라 하더라도 OS가 다를 경우 학습지원 방법이 달라질 수 있으므로 학습자가 사용하는 개인용 컴퓨터의 유형을 사전에 확인하는 것이 중요하다.

[표] 모바일 기기 유형별 특징 및 학습지원 고려사항

기기	주요 특징 및 학습지원 고려사항
스마트폰	과거 이러닝은 데스크톱 중심으로 설계되었으나, 최근에는 모바일 학습 비중이 증가하여 스마트폰을 통한 학습이 일반화되었다. 스마트폰은 제조사에 따라 iOS(애플)와 안드로이드(구글)OS로 구분되며, 학습자의 모바일 기기 종류와 OS 환경을 파악하는 것이 학습지원의 중요한 요소로 작용한다. 모바일 앱 기반 학습의 경우 스마트폰 기종과 OS 버전에 따라 동작 방식이 달라질 수 있으므로, 학습지원 제공 시 이러한 환경 정보를 반드시 고려해야 한다.

기기 유형	특징
태블릿	태블릿은 스마트폰과 유사한 OS 환경을 사용하지만, 화면 크기가 커 학습콘텐츠의 가독성과 조작성이 향상된다. 이에 따라 스마트폰과는 다른 학습 경험을 제공할 수 있으며, 주로 사용되는 태블릿 기종과 OS 유형을 파악하여 이에 맞는 학습지원 전략을 수립할 필요가 있다.

- 과거 이러닝은 데스크톱 환경을 전제로 기획·개발되는 경우가 많았으나, 최근 모바일 이용률이 증가하면서 학습자는 모바일 기기 기반 학습을 자연스러운 학습방식으로 수용하고 있다.
- 이에 따라 학습지원 측면에서는 학습자가 어떤 모바일 기기(스마트폰/태블릿)와 어떤 OS(iOS/안드로이드)로 접속하는지를 파악하는 것이 서비스 품질과 지원 효율을 좌우하는 핵심 요소로 중요해졌다.

(3) 소프트웨어

이러닝 학습은 콘텐츠 실행 및 학습 활동(과제 제출, 토론 참여 등) 과정에서 특정 소프트웨어의 설치 또는 업데이트가 필요할 수 있으므로, 학습지원 관점에서 사전 점검이 요구된다.

① 운영체제(OS) 확인

- 학습에 사용하는 기기의 OS에 따라 기능 지원 범위와 동작 방식이 달라질 수 있다.
- 데스크톱 OS(윈도우, 맥, 리눅스)와 모바일 OS(iOS, 안드로이드)의 특성을 고려하여 학습환경을 안내하고 지원해야 하며, 특히 OS 특성에 따라 학습 안내 및 오류 대응 방식이 달라질 수 있으므로 OS 확인을 우선적으로 수행하는 것이 바람직하다.

② 웹 브라우저 확인

- OS 확인 후에는 사용 중인 웹 브라우저 종류를 확인해야 한다.
- 주요 브라우저(예 크롬, 엣지, 사파리 등)는 기능·보안 정책·플러그인 지원 방식이 달라 콘텐츠 재생이나 기능 이용에 영향을 줄 수 있다.
- 브라우저 사용에 익숙하지 않은 학습자도 있을 수 있으므로, 학습지원 제공을 위해 브라우저 관련 정보를 사전에 안내·확인하는 것이 중요하다.

2) 학습환경 원격지원

- **이러닝 학습환경 원격지원**은 학습자가 원격지에 있는 상황에서 학습 중 발생하는 접속·실행·설치 등 기술적 문제를 해결하기 위해 제공되는 지원 서비스를 의미한다.
- 원격지원은 운영자가 학습자의 PC 또는 모바일 기기에 직접 방문하지 않고도 인터넷을 통해 문제를 진단하고 해결할 수 있으며, 필요 시 학습자의 기기에 원격으로 접속하여 실제로 기기를 조작하듯 문제를 처리할 수 있다.

(1) 제공 방식 및 주요 기능

- **원격 화면 공유/원격 제어**: 학습자의 화면을 실시간으로 확인하고, 오류 재현 및 설정 변경 등을 통해 문제를 해결한다.
- **다중 커뮤니케이션 채널**: 채팅, 전화, 화상 통화 등 다양한 수단을 병행하여 문제 상황을 정확히 파악하고 대응한다.

(2) 활용 도구(예시)

- 원격 데스크톱(원격 제어) 소프트웨어를 활용하여 학습자의 화면을 실시간으로 확인하고 조작할 수 있다.
- 예 TeamViewer, AnyDesk 등

[표] 학습환경 원격지원의 문제점

구분	세부 항목	주요 문제 내용
기술적 장애	인터넷 연결 문제	인터넷 연결이 불안정하거나 끊어질 경우 원격지원 제공이 제한됨.
	소프트웨어 호환성 문제	학습자의 OS와 원격지원 도구 간 호환성 문제로 원격 접속이 불가한 경우가 발생함.
보안 우려	개인정보 유출	원격 접속 과정에서 개인정보 또는 중요 데이터가 노출·유출될 위험이 있음.
	원격지원 도구의 보안 문제	사용 중인 원격지원 도구 자체의 보안 취약점으로 인한 위험이 발생할 수 있음.
지원절차의 불편	복잡한 절차	원격지원 도구 설치·설정 절차가 복잡해 학습자가 이용 부담을 느낄 수 있음.
	지원 시간제한	지원 인력·시간 제약으로 학습자가 원하는 시점에 지원이 어려울 수 있음.
소통의 어려움	명확한 지시 부재	지원자의 안내·지시가 불명확하면 학습자가 조치 내용을 이해하기 어려움.
	언어 장벽	학습자와 지원자 간 언어·용어 차이로 의사소통 오류 또는 지연이 발생할 수 있음.
학습자의 불안감	제어권 상실	화면 공유·원격 제어로 인해 학습자가 기기 제어권 상실을 체감하여 불안감을 느낄 수 있음.
	결과에 대한 불확실성	지원 이후에도 문제 해결 여부가 명확하지 않아 불안이 지속될 수 있음.

[표] 학습 진행 문제 발생 시 원격지원 개요

구분	내용
개념	학습자의 학습 진행 중 문제가 발생한 경우, 운영자가 원격지원 도구를 활용해 학습자 기기에 접속하여 직접 조작함으로써 문제를 진단·해결하는 지원 방식
방법	• 크롬 원격 데스크톱 활용 • 상용 원격지원 도구 활용 　(예 TeamViewer, AnyDesk 등)
적용 상황	• 원격지원 방법을 모르는 경우 • 원격지원 진행 시 어려움을 겪는 경우 • 동영상 강좌를 수강할 수 없는 경우(재생 오류 등) • 학습 창이 자동으로 닫히는 경우 • 학습 진행이 원활하지 않은 경우(오류·지연 등) • 웹 사이트 접속이 되지 않거나 로그인이 되지 않는 경우 • 학습 진행 관련 정보가 시스템에 업데이트되지 않는 경우

> 🔑 **수험 TIP**
>
> 원격지원 적용 상황 : 동영상 강좌 재생 불가, 학습 창 자동 종료, 웹 사이트 접속·로그인 오류, 학습 진행 정보 미반영(시스템 미업데이트)
>
> 오답 : 모든 문제를 원격지원으로만 해결한다(X), 학습자 동의 없이 원격 접속한다(X)

[표] 원격지원 진행 시 발생하는 주요 문제 상황

문제 상황	주요 내용
원격지원 방법을 모르는 경우	• 웹 사이트 내 '고객센터', '학습지원센터' 메뉴를 통해 원격지원 관련 정보를 제공하는 경우가 많음 • 원격지원 절차를 안내하는 메뉴와 안내문을 눈에 잘 띄는 위치에 배치할 필요가 있음
원격지원 진행 시 어려움을 겪는 경우	• 학습자와 운영자가 동일한 시간에 원격지원 소프트웨어를 사용해야 함 • 전화, 문자 등 별도의 의사소통 수단을 병행하여 지원하는 것이 필요함
동영상 강좌를 수강할 수 없는 경우	• 서버 과부하, 동영상 소프트웨어 미설치, 파일·코덱 문제 등 다양한 원인 존재 • 서버 트래픽 과다, 영상 주소 오류 여부를 확인할 필요가 있음
학습 창이 자동으로 닫히는 경우	• 팝업 차단 옵션 활성화, 브라우저 플러그인 충돌 등으로 발생 가능 • 브라우저 설정 변경 또는 충돌 플러그인 삭제로 해결되는 경우가 많음
학습 진행이 원활하지 않은 경우	• 인터넷 속도 저하, 학습 결과가 시스템에 정상 반영되지 않는 문제 발생 가능 • 학습관리시스템(LMS) 오류 여부를 점검할 필요가 있음
웹 사이트 접속 또는 로그인이 되지 않는 경우	• 로그인 기능 오류 또는 인증 만료로 접속이 제한될 수 있음 • 원격지원 문제라기보다 기술지원 부서에 문의해야 하는 경우가 많음
학습을 진행했으나 정보가 시스템에 업데이트 되지 않은 경우	• 학습자의 실수인지 시스템 오류인지 구분하는 것이 중요함 • 시스템 오류로 판단될 경우 기술지원 부서와 협업하여 조치 필요

2. 학습환경 문제 상황과 대처

이러닝 학습환경에서는 다양한 기술적·운영적 문제 상황이 발생할 수 있으므로, 각 문제 사례에 따라 적절한 대응방안을 마련하고 신속하게 조치하여 학습자의 불편을 최소화해야 한다. 또한, 이러한 문제 대응 과정을 통해 학습환경의 질을 지속적으로 점검·개선해 나가는 것이 중요하다.

1) 문제 상황 대비(예방·사전 지원)

(1) FAQ 섹션에 학습지원 가이드라인 제공

FAQ에는 접속, 재생, 설치, 오류 등 빈발 문제 상황별 대응 방법을 체계적으로 기록하고, 학습자가 원격지원 관련 정보를 쉽게 찾고 즉시 활용할 수 있도록 안내 동선(메뉴 위치, 검색 기능, 바로 가기 링크 등)을 명확히 제공해야 한다.

(2) 문제 해결 지침을 강의 형태로 제공

주요 문제 상황의 대처방법을 마이크로 강좌/튜토리얼 형태로 제공하고, 이러닝 환경에서 발생하는 문제를 학습자가 스스로 해결할 수 있도록 정기 교육과정(가이드 교육)을 운영하는 것이 효과적이다.

2) 조치 사항 사례(문제 유형별 대응)

(1) 로그인 및 접속 문제

- **사례**: 계정 정보를 잊어 로그인할 수 없거나, 서버 오류로 접속이 원활하지 않은 경우
- **조치**: 비밀번호 재설정 링크 제공, 사용자 정보 확인 후 임시 비밀번호 발급, 서버 오류 시 해결 예상 시간 공지 및 재접속 안내

(2) 콘텐츠 재생 문제

- **사례**: 동영상·오디오 버퍼링, 재생 불가 등
- **조치**: 브라우저 캐시 삭제 및 재시작 안내, 다른 브라우저 사용 권장, 관련 플러그인/코덱/앱의 최신 버전 설치·업데이트 안내

(3) 인터페이스 및 사용성 문제

- **사례**: 메뉴·기능을 찾기 어려워 플랫폼 사용에 혼선이 발생하는 경우
- **조치**: 사용자 가이드·튜토리얼 제공, 학습자 의견 수집 후 UI/UX 개선, FAQ/도움말 섹션 가시성 강화(배너, 고정 메뉴, 검색 개선 등)

(4) 학습 진행 및 데이터 저장 문제

- **사례**: 학습 중 플랫폼이 종료되거나 학습 진도가 저장되지 않는 경우
- **조치**: 자동 저장 기능 강화 및 저장주기 안내, 데이터 백업·복구 기능 제공(또는 운영자 복구 절차 마련)

(5) 커뮤니케이션 문제

- **사례**: 학습자-학습자 또는 학습자-교·강사 간 소통이 원활하지 않은 경우
- **조치**: 실시간 채팅/쪽지, 토론 포럼 제공, 질의응답 응답 SLA(예: 24시간 내 답변) 등 피드백 체계 강화

> 🔑 **수험 TIP**
>
> 로그인·접속 → 비밀번호 재설정, 임시 비밀번호, 서버 공지
>
> 재생 문제 → 브라우저 변경, 캐시 삭제, 플러그인/업데이트
>
> UI·UX → 사용자 가이드·튜토리얼, 개선 반영
>
> 진도·저장 → 자동 저장·백업/복구
>
> 소통 → 채팅·포럼, 피드백 체계 강화

주요 학습 목표

1. 학습을 시작할 때 학습자에게 학습절차를 안내할 수 있다.

2. 학습에 필요한 과제수행 방법을 학습자에게 안내할 수 있다.

3. 학습에 필요한 평가 기준을 학습자에게 안내할 수 있다.

4. 학습에 필요한 상호작용 방법을 학습자에게 안내할 수 있다.

5. 학습에 필요한 자료등록 방법을 학습자에게 안내할 수 있다.

1. 학습절차

1) 학습 활동 안내 방법

학습 활동 안내는 학습자가 학습 과정과 수행해야 할 과제를 명확히 이해하고, 학습 흐름을 스스로 관리할 수 있도록 지원하는 중요한 요소이다. 이러닝 환경에서는 시각적·텍스트 기반·대화형·커뮤니케이션 기반 안내와 함께 요약 및 복습 기능을 활용하여 학습자의 이해도와 참여도를 높일 수 있다.

[표] 학습 활동을 안내하는 방법

안내 유형	세부 방법	주요 내용
시각적 안내	진행 표시기 (Progress bar)	현재 학습콘텐츠에서 학습자의 진행 상태를 시각적으로 표현함
	학습 로드맵	학습 시작부터 종료까지의 전체 학습경로와 주요 단계를 시각적으로 제시함
텍스트 기반 안내	체크리스트	학습자가 단계별로 수행해야 할 학습 과제를 명확히 제시함
	FAQs (자주 묻는 질문)	학습과 관련된 자주 묻는 질문과 그에 대한 답변을 제공함
대화형 안내	팝업·툴팁	특정 항목에 마우스를 올리거나 클릭할 때 추가 설명이나 안내 정보를 제공함
	튜토리얼	학습 활동이나 과정을 단계별로 설명하는 동영상 또는 애니메이션 형태의 안내
커뮤니케이션 기반 안내	포럼·커뮤니티	학습자 간 의견 교환 및 질문·답변이 가능한 온라인 공간 제공
	실시간 채팅 지원	학습자가 즉시 질문하고 도움을 받을 수 있는 실시간 피드백 시스템
요약 및 복습	모듈·단원 요약	각 학습 모듈이나 단원 종료 시 핵심 내용을 요약하여 제공함
	퀴즈·자가평가	학습 내용을 점검하고 복습하는 데 도움이 되는 평가 도구 제공

2) 학습절차 확인방법

운영계획서는 학습 운영 전반을 공식적·체계적으로 안내하는 문서이며, 웹 사이트(LMS)는 학습자가 학습 과정에서 필요한 정보를 실시간으로 확인하고 학습 활동을 수행하는 플랫폼으로 활용된다. 따라서 학습절차는 운영계획서와 웹 사이트를 함께 확인하여 정확성을 높이는 것이 바람직하다.

(1) 운영계획서에서 확인

운영계획서는 학습 프로그램의 구성·운영·평가 방안을 포함한 문서로, 학습절차를 체계적으로 관리·실행하는 데 필요한 정보를 제공한다. 일반적으로 운영계획서에는 다음 내용이 포함된다.

[표] 운영계획서에서 확인할 주요항목

구분	주요 내용
학습 목표 및 개요	학습목적, 목표, 전체 학습 흐름
세부 학습 일정	프로그램 기간, 차시/모듈별 시작·종료 시점, 중간 평가 일정
학습자료 및 리소스	사용 교재, 참고 자료, 활용 도구, 자료 접근 방법/위치
평가 방법	성취도 및 프로그램 효과 평가 방식, 실시 시기, 활용 도구
피드백 절차	평가결과 제공 방식, 피드백 제공 방법 및 절차

(2) 웹 사이트에서 살펴보기

웹 사이트(LMS)는 디지털 학습환경에서 학습절차와 관련된 정보를 직접적이고 실시간으로 제공하는 플랫폼으로, 학습자는 이를 통해 학습 진행 상황과 주요 안내 사항을 쉽게 확인할 수 있다.

[표] 웹 사이트에서 확인 가능한 주요 항목

구분	주요 내용
시작 페이지 / 오리엔테이션	웹 사이트 접속 시 첫 화면에서 학습의 목적, 목표, 전체 학습경로를 안내함
진행 표시기 (Progress bar)	학습자가 현재 어디까지 학습을 진행했는지를 시각적으로 표시함
FAQs(자주 묻는 질문) 섹션	학습절차와 관련된 자주 묻는 질문과 답변을 특정 섹션에서 확인 가능
알림 및 공지사항	사이트 상단 또는 사이드바에 위치한 알림·공지 영역을 통해 학습 관련 중요 사항과 업데이트 내용을 제공함

3) 일반적인 학습절차

(1) 로그인 전

- 학습자는 웹 브라우저 또는 즐겨찾기를 통해 이러닝 서비스(학습 플랫폼/웹 사이트)에 접속한 후, 로그인 이전 단계에서 과정 선택을 위한 기본 정보를 탐색한다.
- 이 과정에서 학습자는 과정명, 수강 비용, 학습 내용, 강사 정보, 수료·이수 기준 등 과정 상세 정보를 확인하며, 신규 사용자의 경우 회원 가입 및 로그인 절차와 입력해야 할 기본 정보를 함께 확인한다.
- 또한, 유료 콘텐츠는 요금 및 결제 방식, 환불 정책 등 관련 조건을 사전에 점검할 필요가 있으며, 학습 플랫폼이 특정 시스템 환경이나 기술(브라우저, OS, 플러그인 등)을 요구하는 경우 해당 요구사항을 확인하여 학습준비를 완료한다.
- 대부분의 과정은 로그인 후 수강이 가능하나, 일부 과정은 로그인 없이도 열람 또는 수강이 가능한 형태로 제공되기도 한다.

[표] 일반적인 학습절차 : 로그인 전 단계에서 확인할 사항

구분	주요 내용
정보 탐색	로그인 전 기본 정보 제공을 통해 과정(콘텐츠) 정보를 탐색함(과정명, 학습 내용, 강사 소개, 수료 기준, 이점 등)
회원 가입 및 로그인 정보 확인	신규 사용자는 회원 가입에 필요한 기본 정보를 확인·입력하고, 기존 사용자는 로그인 정보 및 절차를 확인함
요금 및 결제 방식 확인	유료 콘텐츠의 경우 수강 비용, 결제 방식, 환불 정책 등 결제 관련 조건을 사전에 확인함
시스템 요구사항 및 기술 체크	플랫폼이 특정 OS·브라우저·플러그인 등 시스템/기술 요구사항을 제시하는 경우, 학습 전 환경을 점검하고 준비함

(2) 로그인 후

학습자는 회원 가입 후 로그인하여 개인화된 대시보드(마이페이지)에 접속하고, 이곳에서 학습 진도,
추천 콘텐츠, 알림 등 주요 정보를 확인한다. 이후 원하는 과정의 상세 정보를 확인한 뒤 수강 신청을
진행하며, 과정에 따라 본인인증이 필요할 수 있고 연령에 따라 인증 절차가 달라질 수 있다. 수강 신
청 결과는 마이페이지에서 확인하며, 수강 시작 시점은 상시 시작 또는 정해진 기간(운영 일정)에 따
라 달라진다. 또한, 일부 과정은 추가 조건이나 결제 등 별도 절차가 요구될 수 있으며, 신청 완료 여
부는 메시지(알림)로 안내된다.

[표] 일반적인 학습절차: 로그인 후 단계

단계	주요 내용
개인화된 대시보드 (마이페이지) 접속	로그인 후 개인 대시보드에서 학습 진도, 추천 콘텐츠, 알림 등을 확인
학습 콘텐츠/강좌 탐색	원하는 과정·강좌를 선택하기 위해 콘텐츠를 탐색하고 과정 상세 정보를 확인
수강 신청(등록)	과정 상세 화면에서 수강 신청 버튼을 통해 등록 진행(필요 시 결제/추가 절차 포함)
본인인증(필요 시)	과정 정책에 따라 본인인증 수행(연령에 따라 인증 절차가 달라질 수 있음)
신청 결과 및 수강 시작 확인	신청 결과는 마이페이지에서 확인하며, 수강 시작은 상시 또는 지정 기간에 따라 다름
신청 완료 안내	신청 완료 여부를 메시지/알림으로 안내받음

(3) 학습절차

- 학습자는 '마이페이지' 또는 '나의 강의실'에서 신청한 과정을 확인한 후, 강의실에서 차시별 커리
  큘럼에 따라 학습을 진행한다.
- 이 과정에서 학습 순서와 진도율을 점검하고, 차시/모듈 완료 시 진도·퀴즈 점수·피드백 등 학습
  결과를 확인하는 것이 중요하다.
- 또한, 학습 과정에는 과제, 평가, 만족도 조사 등이 포함될 수 있으며, 필요 시 포럼·Q&A·채팅 등
  을 통해 질의응답 및 상호작용을 수행한다.
- 강좌 관련 자료와 추가 학습 리소스는 다운로드하거나 참고하여 학습을 보완할 수 있고, 수료 기
  준을 충족하면 수료증 또는 인증서를 발급받는다(발급 기준 및 방식은 사이트 운영정책에 따라 상
  이함).

[표] 일반적인 학습절차(학습 진행 단계)

구분	주요 내용
학습 시작	수강 신청 완료 후 강좌/학습 콘텐츠를 시작(플랫폼에 따라 지정 시작일이 있을 수 있음)
학습 진도 및 피드백 확인	차시·모듈 진행/완료 시 진도율, 퀴즈 점수, 피드백 등을 확인
커뮤니케이션 및 질의응답	포럼, Q&A, 채팅 등을 통해 학습자·강사와 소통 및 질문 해결
자료 및 추가 리소스 활용	강좌 자료, 참고 문서, 추가 학습 리소스를 다운로드하거나 참고
학습 완료 및 수료/인증서 발급	수료 기준 충족 시 수료증 또는 인증서 발급(운영정책에 따라 상이)

🔑 수험 TIP : 학습절차에 대해 기억해 두세요. ('로그인 후' 위주로 기억)

2. 과제수행

- 성적과 연계된 과제는 과제 점수에 따라 성적 결과가 달라지고, 성적에 따라 수료 여부가 결정될 수 있으므로 평가 이후 이의신청 기능을 제공해야 한다. 또한, 이의신청이 접수될 경우를 대비하여 처리 절차(접수–검토–재평가–결과 통보) 및 기준을 운영정책으로 사전에 마련할 필요가 있다.
- 성적과 연계되지 않은 과제라 하더라도 과제 제출 자체가 학습자의 시간과 노력을 요구하므로, 운영 과정에서 요구 수준·평가(또는 확인) 기준·피드백 방식을 명확히 하고 체계적·객관적으로 관리해야 한다.

🔑 수험 TIP
성적 연계 과제는 성적·수료에 영향을 주므로 이의신청 기능과 처리 절차/기준을 정책으로 마련해야 한다.

1) 과제 유형

과제는 학습 목표와 내용에 따라 다양한 유형으로 설계될 수 있으며, 각 과제 유형은 학습자의 이해도 점검, 심화 탐구, 상호작용 촉진, 실제 적용, 표현 역량 강화 등 서로 다른 목적을 가진다. 따라서 과제의 특성과 평가 목적에 적합한 유형을 선택하는 것이 중요하다.

[표] 과제 유형별 특징

과제 유형	설명	주요 구성 요소(예시)
테스트 및 퀴즈	학습 내용의 이해도 및 지식 습득 정도를 점검하기 위한 짧은 평가	객관식, 주관식, 참/거짓(OX), 순서배치 등
작성형 과제	특정 주제나 내용을 심층적으로 연구·분석하여 문서 형태로 제출	에세이, 연구보고서, 사례 분석, 리포트

과제 유형	설명	주요 구성 요소(예시)
토론 및 상호작용	온라인 토론·포럼을 통해 타 학습자와 의견 교환으로 이해를 심화	포럼 참여, 온라인 토론, 피어리뷰, 그룹 토론
실습 및 실험	도구·방법을 활용해 학습 내용을 실제로 적용	소프트웨어 실습, 코딩 실습, 과학 실험, 시뮬레이션
멀티미디어 제출	학습 결과나 아이디어를 멀티미디어 형식으로 제작·제출	동영상 발표, 오디오 클립, 애니메이션, 인터랙티브 프레젠테이션

🔑 **수험 TIP**

과제 유형은 '평가(퀴즈) – 탐구(작성) – 상호작용(토론) – 적용(실습) – 표현(멀티미디어)'로 구분한다.

2) 과제 제출 방식

과제 제출 방식은 학습자의 학습 일정 관리와 참여 방식에 직접적인 영향을 미치므로, 과정의 성격과 운영 목적에 따라 적절한 방식을 선택할 필요가 있다.

[표] 과제 제출 방식의 유형

구분	주요 내용
수시 제출	학습자가 언제든지 과제를 제출할 수 있는 방식으로, 학습자에게 시간 활용의 유연성을 제공한다. 학습자는 자신의 일정에 맞추어 과제를 완료하고 제출할 수 있다.
특정 기간 제출	과제 제출을 위한 시작일과 종료일이 명확히 정해진 방식이다. 종료일 이후에는 과제 제출이 제한되며, 학습자는 주어진 기간 내에 과제를 완료하여 제출해야 한다.

🔑 **수험 TIP**

과제 제출 방식은 '수시 제출'과 '특정 기간 제출'로 구분되며, 유연성 제공 여부와 제출 기한 관리가 핵심 차이이다.

3) 과제 평가 방식

과제 평가는 과제 제출 여부만 확인하는 방식부터, 제출 결과물의 질을 평가하고 피드백을 제공하는 방식까지 운영 목적에 따라 다양하게 적용될 수 있다.

[표] 과제 평가 방식의 유형

구분	주요 내용
제출 자체에 의미가 있는 경우 (제출 여부 확인형)	학습자가 과제를 제출했는지 여부를 중심으로 확인하며, 제출물의 질에 대한 평가나 피드백이 제공되지 않는 경우가 많다. 참여도·활동성 평가 요소로 활용될 수 있다.
튜터(또는 교·강사) 피드백이 필요한 경우(채점·피드백 형)	제출한 과제를 튜터/교·강사가 채점하거나 평가하고, 제출물의 내용에 대한 피드백을 제공한다. 피드백은 학습자의 이해 보완과 학습 진행에 직접적인 도움을 줄 수 있다.

4) 과제 출제 시 고려할 사항

과제는 학습 목표 달성과 학습 효과 향상을 위한 핵심 요소이므로, 출제 단계에서부터 학습자 수준과 학습 환경, 평가 공정성 등을 종합적으로 고려해야 한다.

[표] 과제 출제 시 고려사항

구분	주요 고려 내용
과제의 설계	• 강의의 학습 목표와 과제가 밀접하게 연계되도록 설계해야 함 • 학습자의 현재 학습 수준에 적합한 난이도를 설정해야 함 • 평가 기준(루브릭)을 사전에 제공하여 평가의 방향과 중점을 명확히 해야 함
과제 지시사항의 명확성	• 과제 지시사항을 구체적이고 명확하게 제시해야 함 • 제출 방식, 제출 형식, 마감 시간 등을 사전에 분명히 안내해야 함
기술 및 도구 사용	• 이러닝 플랫폼과 연계되는 기술·소프트웨어의 선택과 사용방법을 고려해야 함 • 그룹 과제의 경우 협업 도구 사용법과 협업 지침을 함께 제공해야 함
학습자의 다양성 고려	• 학습자의 개별학습 환경과 접근 가능한 자원을 고려하여 과제를 설계해야 함 • 적시에 피드백을 제공하여 학습 효과를 극대화해야 함
학술적 부정행위 방지	• 학습자에게 학술적 부정행위의 개념과 예방 방법을 사전에 안내해야 함 • 온라인 환경에서는 표절 방지를 위해 표절 검사 도구 활용 및 관련 안내가 필요함

> 🔑 **수험 TIP**
>
> 학습 목표 연계: 과제는 강의의 학습 목표와 직접적으로 연결되도록 설계해야 한다.
>
> 명확한 지시 제공: 제출 방식·형식·마감 시간·평가 기준을 사전에 명확히 안내한다.
>
> 오답: 제출 형식·마감 시간은 학습자가 자율적으로 정하도록 두어도 된다(X), 평가 기준은 평가 후에만 공개하면 된다(X)

3. 평가 기준

1) 평가 종류

- 이러닝 학습에서의 평가 기준은 전통적인 교실 수업과 유사한 측면이 있으나, 디지털 환경이라는 특성상 고유한 평가 방식과 기준이 추가로 요구된다.
- 일반적으로 이러닝 과정의 평가는 진도율, 과제, 시험으로 구성되며, 교육기관이나 과정의 성격에 따라 토론 참여, 프로젝트 수행, 출석 여부 등 추가적인 평가 요소가 포함될 수 있다.

[표] 평가 요소별 기준

구분	내용
진도율	• 학습관리시스템(LMS)에서 자동으로 산정되는 경우가 많다. • 학습자가 해당 학습콘텐츠에 접속하여 학습 활동을 수행했는지를 시스템에서 확인·기록한다. • 일정 진도율(예 진도율 80% 이상)을 필수 수료 조건으로 설정하는 경우가 많다.

구분	내용
과제	• 학습자가 과제를 제출하면 점수가 부여되는 경우가 많다. • 과제수행 결과는 학습자의 이해도와 적용 능력을 평가하는 자료로 활용된다.
평가	• 평가 방식은 차시 중간에 실시되는 <u>형성평가</u>와 과정 수료 후 실시되는 <u>총괄평가</u>로 구분되는 경우가 많다. • 형성평가는 학습 과정 중 학습 이해도를 점검하기 위한 평가로, 성적에 반영되지 않는 경우가 많다.

2) 평가 방법

(1) 진도율

- 이러닝에서 진도율 평가는 주로 학습자의 온라인 학습 활동을 시스템에서 추적·기록하는 방식으로 이루어진다.
- 진도율은 학습자가 전체 학습 내용 중 어느 정도를 완료했는지를 나타내는 지표로, 대부분의 학습관리시스템(LMS)은 접속 여부, 콘텐츠 열람, 학습시간 등과 연계하여 진도율을 자동으로 산정한다. 교육기관이나 강의의 특성에 따라 세부 산정 방식은 달라질 수 있다.
- 과정의 수료 조건에는 일반적으로 "진도율 ○○% 이상"과 같은 기준이 포함되며, 동영상 시청 완료, 차시 학습 완료, 평가 응시 여부 등 여러 가지 방식으로 진도율을 체크한다.
- 이러한 진도율을 산정하기 위해 LMS에서는 학습자의 활동을 다양한 기준으로 추적하며, 대표적인 진도율 산정 방식은 [표]와 같다.

[표] LMS에서의 진도율 산정 방식 유형

구분	내용
접속 기반 추적	학습자가 학습 모듈이나 강의에 접속했을 때 해당 부분을 학습한 것으로 간주하여 진도율에 반영하는 방식이다.
시간 기반 추적	학습자가 강의나 학습 모듈에 일정 시간 이상 접속해 있었는지를 기준으로 진도를 측정하는 방식이다. 예를 들어, 1시간 강의를 30분 동안 시청하면 진도율 50%로 계산한다.
퀴즈/활동 완료 기반	학습 내용 중간 또는 종료 시점에 배치된 퀴즈나 학습 활동을 완료했을 때만 해당 부분의 진도율을 반영하는 방식이다.
강의 내용 스크롤 추적	학습자가 텍스트나 슬라이드 등 강의 내용을 얼마나 스크롤하여 열람했는지를 추적해 진도율을 산정하는 방식이다.
동영상 재생 완료 기반	동영상 강의의 재생 완료 비율(재생 퍼센트)을 기준으로 학습 진도율을 측정하는 방식이다.

> 🔑 **수험 TIP**
> 진도율 산정 방식은 LMS 설정에 따라 달라지며, 접속 여부, 학습시간, 콘텐츠 열람, 퀴즈·활동 완료, 동영상 재생률 등이 대표적이다.

(2) 과제

- 이러닝에서 과제 평가는 단순 점수 산정이 아니라, 학습자의 이해 수준과 학습 성과를 종합적으로 판단하는 과정으로서 중요하게 다뤄진다.
- 이러닝에서는 과제가 제출된 후 튜터의 검토와 피드백을 통해 평가가 이루어지는 경우가 많아, 튜터와 교·강사를 역할별로 구분하여 관리하고 과제 채점과 튜터링을 지원하는 전용 시스템을 운영하기도 한다
- 학습자가 과제를 제출하면 튜터에게 과제 제출 사실이 안내되고, 채점이 완료되면 그 결과가 학습자에게 전달되는 등 제출-채점-피드백으로 이어지는 상호작용 과정이 필수적으로 요구된다.
- 이러닝에서 과제 평가는 제출 여부나 정답 여부와 같은 하나의 기준으로 판단하지 않고, 과제 내용의 '충실도, 구성, 표현, 창의성, 제출 과정' 등 여러 요소를 종합적으로 고려하여 이루어지며, 일반적으로 활용되는 과제 평가 기준은 다음과 같다.

[표] 이러닝 과제 평가 기준

내용의 타당성과 완성도	학습자가 제출한 과제가 주어진 주제나 질문에 적절히 응답했는지, 깊이 있는 분석과 논리적인 흐름을 갖추고 있는지를 평가한다.
정보의 출처와 인용	사용한 자료나 정보의 출처가 정확히 표기되었는지, 표절 없이 직접 작성되었는지를 검토한다.
문법과 언어 사용	주어진 주제나 문제에 대해 독창적이고 창의적인 해석이나 접근 방식을 제시했는지를 평가한다.
창의성과 독창성	주어진 주제나 문제에 대해 독창적이고 창의적인 해석이나 접근 방식을 제시했는지를 평가한다.
구조와 조직성	과제의 전체적인 구조가 체계적이며, 각 부분이 유기적으로 연결되어 논리적 흐름을 이루는지를 검토한다.
응용 및 연계성	이전에 학습한 지식이나 다른 주제와의 연계성을 바탕으로, 이를 실제 상황에 어떻게 응용했는지를 평가한다.
피드백 반영	이전에 받은 피드백이나 수정 사항을 과제에 적절히 반영했는지를 확인한다.
제출 기한 준수	과제를 지정된 기한 내에 제출했는지를 검토하며, 지각 제출에 대한 감점 요소를 적용할 수 있다.

(3) 총괄평가

- 총괄평가는 과정을 마무리할 때 학습 성과를 종합적으로 확인하기 위해 실시하며, 문제은행 방식을 활용하여 출제·운영될 수 있다.
- 총괄평가 실시 시에는 응시 시간 제한을 두거나, 부정행위를 방지하기 위한 별도의 시스템 제약을 설정하는 경우가 있으므로, 평가 전에 해당 정책을 반드시 파악해야 한다.

- 총괄평가를 진행할 수 있는 마지막 기간에 응시가 집중되는 경우가 많으며, 특히 총괄평가가 성적에 미치는 비중이 큰 과정의 경우 해당 시점에 트래픽이 과도하게 몰려 시스템 장애가 발생할 수 있으므로, 과정 특성과 일정에 맞춘 사전 준비가 필요하다.
- 총괄평가 이후에는 성적 공개 시점을 별도로 두고, 일정 기간 이의신청을 받는 경우도 있으므로 과정별 평가·성적 운영정책을 충분히 확인해야 한다.

[표] 총괄평가 평가 기준

평가 항목	설명
내용 정확성 및 완전성	학습자의 응답이 주어진 질문이나 문제에 정확하게 부합하는지, 모든 문항에 대해 빠짐없이 완전한 답변을 제시했는지를 평가한다.
문제 해결 및 분석 능력	학습자가 문제를 해결하는 과정에서 필요한 논리적 사고와 순차적인 접근 방식을 활용했는지, 기본 지식을 바탕으로 새로운 문제 상황을 어떻게 분석·적용했는지를 평가한다.
시간 관리 및 효율성	제한된 시험 시간 내에 문항을 얼마나 효율적으로 해결했는지를 고려하여 시간 관리 능력을 평가한다.
피드백 반영 및 진실성	이전 학습 활동이나 피드백에서 지적된 사항을 개선했는지를 확인하고, 모니터링 시스템이나 표절 검사 도구 등을 활용해 답안의 진실성을 검증한다.
시험 문제의 다양성 및 난이도	객관식·주관식·단답형 등 다양한 유형의 문제가 고르게 포함되었는지, 문항 난이도에 따른 가중치가 적절히 적용되었는지를 확인한다.

🔑 수험 TIP : 평가 방법에 대해서 잘 기억해 두세요.
총괄평가는 과정을 마무리하면서 학습 성과를 종합적으로 확인하는 평가이다.
진도율은 "얼마나 참여했는가", 과제 평가는 "어떻게 학습했는가", 총괄평가는 "결과를 얼마나 성취했는가"를 보는 평가이다.

3) 시험 진행 시 학습자 주의사항

- 시험을 치르는 동안에는 최대한 집중력을 유지하고, 불필요한 스트레스나 방해 요소를 최소화하는 것이 중요하다.
- 또한, 온라인 시험에서는 전원·인터넷 연결, 시험 플랫폼 오류 등 예기치 못한 문제가 발생할 수 있으므로, 이에 대비한 대처방법을 미리 숙지해 두어야 한다.
- 아래 표는 시험 진행 시 자주 발생할 수 있는 문제 유형과 그에 대한 대처방법을 정리한 것이다.

[표] 시험 진행 시 발생 가능한 문제 및 대처방법

구분	대처방법
전원 및 인터넷 연결 문제	시험 시작 전에 장치의 배터리 상태와 충전기를 점검하고, 안정적인 인터넷 환경에서 시험에 응시한다. 시험 도중 연결이 끊길 경우 재접속을 시도하며, 문제가 지속되면 즉시 감독관이나 교·강사에게 알린다.
시험 플랫폼 오류	오류가 발생하면 먼저 오류 메시지나 화면을 캡처하는 등 증빙 자료를 확보한 후, 감독관이나 기술 지원팀에 즉시 문의한다.
부정행위 감지	시험 중에는 다른 창이나 탭을 열지 않도록 주의하고, 화면 밖으로 시선을 과도하게 돌리지 않는다. 감독관이나 모니터링 시스템에 의해 부정행위로 오인될 수 있는 행동은 최소화한다.
소음 및 방해 요소	가능한 한 조용한 장소에서 시험에 응시하고, 필요 시 귀마개나 소음 차단 헤드폰을 사용하여 주변 소음을 최소화한다. 방해 요소가 지속될 경우 감독관이나 교·강사에게 상황을 알리고 추가 시간 부여 여부를 확인한다.
시간 관리 문제	시험 시작 전에 전체 시험 시간을 확인하고, 일정 시간 안에 각 문항을 해결할 수 있도록 시간 배분을 계획한다. 특정 문항이 어려울 경우 일단 넘어가고, 남은 시간에 다시 검토한다.

4) 시험 진행 시 운영자 주의사항

운영자는 시험이 공정하고 원활하게 진행되도록 시험 환경을 상시 점검하고, 돌발 상황에 신속하게 대응할 수 있는 준비를 갖추어야 한다.

[표] 시험 진행 시 운영자 주의사항

구분	운영자 주의사항
시험 환경 준비	• 안정적인 인터넷 환경, 적절한 조명, 외부 소음이 최소화된 공간을 사전에 준비한다. • 시험 시작 전에 시스템과 장비(PC, 카메라, 마이크 등)를 점검하여 기술적 문제를 예방한다.
부정행위 방지	• 감독관은 학습자의 화면, 웹캠, 마이크 등을 모니터링하여 부정행위 가능성을 사전에 차단한다. • 부정행위에 대한 정책과 제재 기준을 시험 전에 명확히 안내한다.
시간 관리	• 시험 시작 및 종료 시간을 정확히 공지하고, 필요 시 남은 시험시간을 안내하는 알림을 제공한다. • 시스템 문제나 지연 등으로 시험에 차질이 발생한 경우, 추가 시험 시간 부여 등 보정 조치를 검토한다.
문제 상황 대응	• 학습자의 질문이나 기술적 문제에 신속하게 대응할 수 있도록 지원 창구를 마련한다. • 전원·인터넷 오류 등 긴급 상황 발생 시를 대비해 비상 연락 체계와 복구 절차를 사전에 준비한다.
피드백 및 커뮤니케이션	• 시험 관련 정보, 지침, 일정·변경 사항 등을 사전에 명확하게 안내한다. • 시험 종료 후 학습자의 피드백을 수집하여 다음 시험 운영에 반영한다.

[표] 진도율·과제·총괄평가 요약

구분	주요 내용
진도율	• 학습관리시스템(LMS)은 학습자의 온라인 학습 활동을 자동으로 추적하며, 학습자가 학습 관련 요소에 접속하면 해당 활동을 기록한다. • 이렇게 기록된 정보를 바탕으로 "진도율 ○○% 이상"과 같은 수료 필수 조건을 설정하고 관리한다.
과제	• 과제는 제출 후 튜터링을 통한 채점과 피드백이 중요한 평가 요소가 되며, 이를 위해 튜터를 교·강사와 별도로 관리한다. • 별도의 시스템을 통해 학습자와 튜터 간 과제 제출, 채점 결과, 재제출 요청 등의 상호작용을 지원한다.
총괄평가	• 총괄평가는 성적과 수료에 직접 영향을 미치는 중요한 평가이므로, 시험 중 컴퓨터나 웹 사이트 오류로 인한 학습자 불만이 발생하지 않도록 사전 대비가 필요하다. • 응시가 특정 기간에 집중되면 시스템 장애 위험이 커지므로, 서버 용량·시험 일정 등을 미리 점검하고 준비해야 한다. • 총괄평가 후에는 성적 공개 시점을 정하고, 일정 기간 이의신청 절차를 운영하므로 과정별 운영정책을 사전에 확인해야 한다.

🔑 **수험 TIP : 평가 방법에 대해서 잘 기억해 두세요.**
진도율은 학습 진행 정도, 과제는 학습 과정의 질, 총괄평가는 최종 성취도를 평가하는 장치이며, 이 세 가지가 합쳐져 이러닝 과정의 성적과 수료 여부가 결정된다.

4. 상호작용

1) 상호작용 개념

- 상호작용은 학습과 관련된 주체들 사이에서 서로 주고받는 모든 활동을 의미한다.
- 이러닝 환경에서 상호작용은 학습자, 교육자(교·강사), 콘텐츠, 다른 학습자 간의 의사소통과 협업을 포괄한다.
- 상호작용은 학습자의 참여와 동기부여를 증진시키고, 깊이 있는 학습과 학습 효과 향상을 돕는 핵심 요소이다.

2) 상호작용의 종류

상호작용은 구분 기준에 따라 다양하게 나눌 수 있으나, 일반적으로는 다음 네 가지 유형으로 구분한다.

[표] 상호작용 유형별 개념 요약

유형	핵심 내용
학습자-학습자 상호작용	학습자들끼리 토론·질문·협업을 통해 서로 배우고 돕는 상호작용
학습자-교·강사 상호작용	강의, 피드백, 평가, 상담 등을 통해 교수자와 이루어지는 상호작용
학습자-시스템·콘텐츠 상호작용	LMS·웹/모바일 시스템, 학습콘텐츠와의 클릭·입력·퀴즈 응시 등 기술적 상호작용
학습자-운영자 상호작용	수강 신청, 문의, 오류 접수, 이의신청 등 운영 담당자와의 행정·지원 상호작용

[표] 학습자-학습자 상호작용

구분	내용
의미	학습자들끼리 토론·질문·협업을 통해 서로 소통하고 배우는 상호작용을 말한다.
주요 활동 예	토론 게시판, 질문·답변 게시판(Q&A), 팀 프로젝트, 동료 피드백, 스터디 그룹 등
운영상 유의사항	단순 정보 교환을 넘어서 학습에 도움이 되도록 주제 제시, 참여 규칙 안내, 참여 독려 등 교·강사의 촉진이 중요하다.

[표] 학습자-교·강사 상호작용

구분	내용
의미	강의, 피드백, 상담 등을 통해 교·강사와 학습자 간에 이루어지는 직접적인 상호작용을 말한다.
주요 활동 예	실시간·녹화 강의, 과제·시험 피드백, Q&A 게시판, 1:1 상담, 공지사항 안내 등
운영상 유의사항	질문 응답 시간, 피드백 방식·기한 등 상호작용 관련 정책을 사전에 명확히 안내하고, 튜터링 역할과 책임을 구분하여 관리한다.

[표] 학습자-시스템·콘텐츠 상호작용

구분	내용
의미	학습자가 LMS, 웹/모바일 시스템, 동영상·e러닝 콘텐츠, 퀴즈 등과 상호작용하는 기술적·콘텐츠 기반 활동을 말한다.
주요 활동 예	강의 클릭 및 시청, 진도 이동, 온라인 퀴즈 응시, 콘텐츠 내 버튼·시뮬레이션 조작, 자료 다운로드 등
운영상 유의사항	시스템과 콘텐츠의 사용성(UI/UX)과 안정성이 상호작용의 질에 직접 영향을 미치므로, 접속 오류·지연·호환성 문제를 최소화하도록 기술 환경을 사전에 점검한다.

[표] 학습자-운영자 상호작용

구분	내용
의미	학습자가 수강 신청, 일정·정책 문의, 오류 신고, 성적·시험 이의신청 등을 위해 운영 담당자와 주고받는 행정·지원 상호작용을 말한다.
주요 활동 예	수강 신청·변경, 수료 기준 문의, 시험·과제 관련 문의, 시스템 오류 접수, 이의신청, 전화·메일·1:1 문의 등
운영상 유의사항	문의에 신속·정확하게 응답하고, 필요한 경우 교·강사·기술지원과 연계해 문제를 해결해야 한다. FAQ·공지·가이드 제공 등 명확한 안내가 학습자 만족도에 큰 영향을 미친다.

📖 참고

소셜러닝은 학습자 간의 토론과 협업을 기반으로 하므로, 학습자 – 학습자 상호작용에 해당한다.

🔑 수험 TIP: 4가지 학습 상호작용에 대해 기억해 두세요. (학습자 – 운영자 상호작용 기출문제)

상호작용은 학습자의 참여도·동기부여·학습 효과를 높이는 핵심 요소로, 단순 콘텐츠 제공만으로는 충분한 학습 효과를 기대하기 어렵다.

5. 자료등록

1) 자료의 종류

- 이러닝 환경에서는 주로 교·강사와 운영자가 학습자료를 등록·공유하지만, 최근에는 학습자의 지식과 경험을 학습자원으로 활용하는 방향이 강화되면서 학습자에 의한 자료 공유도 점차 확대되고 있다.
- 학습자료는 미디어 유형에 따라 구분되며, 대표적으로 이미지, 비디오, 오디오, 문서 자료 등이 학습에 활용된다.

[표] 이미지(Image) 자료 유형

구분	특징 및 활용
JPG (JPEG)	웹에서 활용 가능한 대표적인 이미지 형식· 사진 저장에 많이 사용되며, 스마트폰·디지털카메라 촬영 이미지에 적합· 압축률이 높아 용량이 작지만, 손실 압축 방식이므로 동일 파일을 반복 저장할수록 화질이 점점 저하된다.
GIF	256색 기반의 이미지 포맷· 움직이는 이미지를 표현할 수 있어 간단한 애니메이션에 활용· 색상 표현이 제한적이다.
PNG	JPG와 유사하나 배경 투명 처리 가능· 화질 손실이 적어 웹에서 많이 활용된다.
공통 유의사항	이미지 크기는 과도하게 크지 않도록 관리해야 함· 대용량 이미지는 학습자 접속 속도에 영향을 줄 수 있다.

[표] 비디오(Video) 자료 유형

구분	특징 및 활용
MP4	웹에서 가장 널리 사용되는 비디오 포맷· 대부분의 브라우저와 모바일 기기에서 재생 가능· 용량 대비 화질이 우수하다.
기타 사항	일부 브라우저나 환경에서는 재생 제한이 있을 수 있음· 웹 사용을 위해서는 인코딩·변환 작업이 필요할 수 있다.
운영상 유의사항	• 대용량 동영상은 서버 부하 및 스트리밍 품질에 영향을 줌 • 필요 시 동영상 편집·변환 소프트웨어 활용

[표] 오디오(Audio) 자료 유형

구분	특징 및 활용
MP3	가장 일반적인 오디오 포맷· 음성 강의, 설명 음원 등에 활용· 대부분의 기기와 브라우저에서 재생 가능하다.
WAV	무압축 음원으로 음질이 우수하나 용량이 크므로 편집용 원본 파일로 주로 사용된다.
운영상 유의사항	• 웹 활용 시 용량을 고려해 MP3 형식이 적합 • 필요 시 오디오 변환 소프트웨어 사용

[표] 문서(Document) 자료 유형

구분	특징 및 활용
MS 오피스	• 워드(doc/docx), 엑셀(xls/xlsx), 파워포인트(ppt/pptx) • 교·강사 및 학습자가 가장 많이 사용하는 문서 형식 • 해당 오피스 프로그램 또는 뷰어가 설치되어 있어야 열람·편집이 가능
아래 한글 (HWP)	국내에서 많이 사용하는 문서 포맷· 전용 뷰어 또는 프로그램 필요
오픈 소스 문서	PDF, 텍스트(txt) 등 무료 뷰어로 열람 가능하여 접근성 높음
PDF	• 형식이 고정되어 내용 변형이 어렵고, 학습자료 배포용으로 많이 활용된다. • 다양한 문서를 PDF로 변환할 수 있으며, 전용 뷰어나 브라우저 내 보기 기능을 통해 쉽게 열람할 수 있다.
공통 유의사항	• 학습자료로 많이 활용되는 문서는 HTML 형식이 아닌 경우 웹에서 바로 볼 수 있는 경우가 드물다. • 단순히 열람만 필요하다면 편집 기능이 아닌 '뷰어' 성격의 소프트웨어나 모바일 앱을 사용하는 것으로 충분한 경우가 많다.

2) 자료등록 방법

(1) 등록 위치

- 자료는 일반적으로 강의실 내 자료실과 같이 학습과 직접적으로 연관된 공간에 등록한다.
- 강의실 내 자료실이 없는 경우에는 커뮤니티 공간 등 별도로 마련된 자료등록 공간을 찾아 등록해야 한다.

(2) 등록 방법

- 자료는 주로 게시판의 첨부파일 기능을 통해 등록한다.
- 첨부파일에 용량 제한이 있는 경우에는 문서의 파일 크기에 유의해야 하며, 필요 시 게시물을 나누어 분할 등록하는 방식으로 대응한다.

[표] 이러닝 플랫폼에서 통용되는 일반적인 자료등록 절차

단계	내용	절차 내용
1	로그인 및 선택	• 강의자는 이러닝 플랫폼에 자신의 계정으로 로그인한다. • 로그인 후 자신이 담당하는 강의실 또는 코스를 선택한다.
2	메뉴 접근 및 자료 선택	• 강의실 내 자료실 등 자료등록 메뉴로 이동한다 • 컴퓨터나 저장 매체에 있는 자료(이미지, 동영상, 오디오, 문서 등)를 선택한다.
3	자료 정보 입력 및 업로드	• 자료 제목, 설명, 태그 등을 입력하여 학습자가 자료를 쉽게 이해하도록 한다. • '업로드' 또는 '등록' 버튼을 클릭하여 자료를 플랫폼에 업로드한다.
4	미리 보기 및 수정	• 업로드된 자료를 미리 보기 하여 형식과 내용이 정상적인지 확인한다. • 오류가 발견될 경우 수정하여 자료를 업데이트한다.
5	게시 및 알림	• 모든 설정이 완료되면 자료를 게시하여 학습자가 접근할 수 있도록 한다. • 필요 시 알림 기능을 활용하여 새 자료등록 사실을 학습자에게 공지한다.

주요 학습 목표

1. 운영계획서 일정에 따라 학습 진도를 관리할 수 있다.

2. 운영계획서 일정에 따라 과제와 평가에 참여할 수 있도록 학습자를 독려할 수 있다.

3. 학습에 필요한 상호작용을 활성화할 수 있도록 학습자를 독려할 수 있다.

4. 학습에 필요한 온라인 커뮤니티 활동을 지원할 수 있다.

5. 학습 과정 중에 발생하는 학습자의 질문에 신속히 대응할 수 있다.

6. 학습 활동에 적극적으로 참여하도록 학습 동기를 부여할 수 있다.

7. 학습자에게 학습 의욕을 고취할 수 있다.

8. 학습자의 학습 활동 참여의 어려움을 파악하고 해결할 수 있다.

1. 학습 진도 및 참여 관리

1) 학습 진도 관리

(1) 학습 진도의 개념과 관리 지표

- **학습 진도의 개념**: 이러닝에서 학습 진도는 학습자가 주어진 교육 내용을 얼마나 완료했는지를 나타내는 지표로, 학습자의 학습 진행 상황을 수치(%)로 표현한 것이다.

- **표현 방식(산정 기준)**: 학습 진도는 일반적으로 학습콘텐츠를 구성하는 전체 페이지 수 또는 전체 차시·단원 수를 기준으로, 학습자가 완료한 분량의 비율을 퍼센트(%)로 표시한다. 예: 전체 20차시 중 10차시 완료 → 진도 50%

- **활용 목적(운영 관점의 의미)**: 학습 진도는 강의·모듈·단원 등 학습자료 및 활동의 진행 현황을 파악하는 데 사용되며, 이를 통해 운영자는 학습자의 학습 활동 상태 및 성취(이수) 가능성을 확인하고 관리(지원·독려·피드백)할 수 있다.

- **관리 지표(LMS 기반 모니터링 항목)**: LMS는 학습 진도를 자동 기록·관리하는 기능을 제공하며, 운영자는 다음과 같은 지표로 학습 상태를 점검한다.
    - **진도율(%)**: 전체 대비 완료 비율(페이지/차시/단원 기준)
    - **완료(이수) 현황**: 완료 차시 수, 완료 단원 수, 완료 모듈 수
    - **미완료/지연 현황**: 진도 미달자, 지연 학습자 목록 등(모니터링·개입 대상 식별)

- **LMS와의 관계(운영 활용)**: LMS의 진도 자동 기록을 기반으로 교·강사/운영자는 학습자의 학습 활동을 모니터링하고, 필요 시 지원·피드백·독려를 제공하여 학습 진행을 촉진한다.

[표] 학습 진도 관리의 주요 지표

구분	내용
학습 완료도	전체 차시·단원 대비 학습자가 완료한 비율
진도율(%)	학습 진도를 퍼센트로 수치화한 값
차시/단원 이수 현황	완료·미완료 차시 및 단원 현황
학습 지연 여부	기준 진도 대비 지연 학습자 여부

(2) 학습 진도 모니터링 방법

- 학습 진도 모니터링은 이러닝 플랫폼(LMS)의 진도 관리 기능을 활용하여 학습자의 학습 활동을 지속적으로 확인하는 과정이다. 운영자는 강의 별·주제별 학습 진도 확인이 가능하도록 시스템을 설정하고, 학습자가 강의를 얼마나 시청했는지, 퀴즈나 과제를 어느 정도 완료했는지 등의 학습 활동을 점검한다.
- 또한, 학습 로그를 통해 학습 접속 빈도, 학습시간, 퀴즈 점수 등 다양한 학습 데이터를 확인함으로써 학습자의 학습 참여 수준과 진행 상태를 종합적으로 모니터링할 수 있다.

(3) 학습 진도 기준 설정 및 개입 방안

- 효과적인 학습 진도 관리를 위해서는 사전에 진도 기준을 설정할 필요가 있다. 예를 들어 차시별 최소 이수 진도, 특정 기간 내 달성해야 할 진도율 등을 기준으로 설정할 수 있다.
- 운영자는 이러한 기준에 미치지 못하는 학습자를 대상으로 개별적인 개입을 수행한다. 진도가 지연되는 학습자에게는 추가 자료 제공, 개별 상담, 추가 학습시간 부여 등의 맞춤형 지원을 제공하여 학습을 지속할 수 있도록 돕는다. 이 과정에서 학습자와의 원활한 커뮤니케이션 채널을 활용하여 학습자의 어려움과 요구사항을 파악하는 것이 중요하다.

(4) 학습 진도 관리 결과 분석 및 보고

- 운영자는 주기적으로 학습 진도 보고서를 생성하여 학습자의 전반적인 학습 형태와 성취 수준을 분석한다. 이를 통해 진도 미달자 현황, 학습 참여 패턴, 학습 성과 등을 종합적으로 파악할 수 있다.
- 분석 결과는 강의 내용 구성이나 학습 방법의 개선 사항 도출에 활용되며, 필요 시 교육 운영전략을 수정하는 근거자료로 사용된다. 또한, 일부 이러닝 플랫폼에서는 특정 진도 기준에 미달할 경우 자동 알림 기능을 설정할 수 있어, 학습자가 자신의 학습 진도를 인지하고 자발적으로 학습을 점검·조정하도록 유도할 수 있다.

[표] 학습 진도 관리의 주요 절차 및 방법

구분	주요 내용
진도 관리 시스템 설정	LMS 진도 관리 기능 설정
학습 활동 모니터링	학습 로그 기반 진도·참여 확인
개별 학습자 지원	진도 지연 학습자 맞춤 지원
커뮤니케이션 유도	학습 진도 관련 의견 수렴
진도 보고 및 분석	진도 보고서 생성 및 개선 도출
자동화 알림 설정	진도 기준 미달 시 자동 알림

> 🔑 수험 TIP
>
> 학습 진도는 학습 진행률(%)이며 성취도(평가 결과)와 구분한다.
>
> 학습 진도 관리는 LMS 기록을 바탕으로 모니터링 → 기준 설정 → 개입(지원·소통·알림)을 수행한다.
>
> 학습 진도 관리에서 진도율, 이수 현황, 지연 학습자 현황은 학습자의 진행 상태를 판단하고 개입 여부를 결정하기 위한 핵심 지표이다.

2) 학습 참여 관리

- 학습 참여가 저조하거나 학습 진도가 기준 이하로 떨어진 학습자를 독려하기 위해, 학습관리시스템(LMS)의 자동 독려(리마인드) 기능을 활용할 수 있다. 운영자는 특정 진도율 또는 과제·평가 미수행 조건을 기준으로 대상자를 설정하고, 해당 학습자에게 문자(SMS)·이메일 등의 안내 메시지가 자동 발송되도록 구성할 수 있다.
- 다만 자동 발송 기능을 운영하기 위해서는 LMS가 문자 발송 업체(SMS 게이트웨이) 또는 이메일 발송 솔루션과 연동되어 있어야 하며, 발송 대상·주기·내용을 정책적으로 관리하여 과도한 독촉으로 인한 민원이나 개인정보 이슈가 발생하지 않도록 유의해야 한다.

(1) 학습 참여 독려 방법

참여가 저조하거나 진도가 지연되는 학습자에게는 일괄적인 안내만으로는 한계가 있으므로, 학습자의 특성과 상황에 맞춘 동기부여 전략과 지원 방안을 병행할 필요가 있다. 다음 표는 이러닝 운영에서 활용할 수 있는 학습 참여 독려 방법을 주요 유형별로 정리한 것이다.

[표] 학습 참여 독려 방법

개인화된 접근	• 학습자에게 맞춤형 메시지 또는 이메일을 전송 • 학습자의 이해도와 목표 달성을 강조하여 학습의 중요성을 재인식시키는 안내 제공
게임화 및 인센티브 도입	• 포인트, 배지, 랭킹 등 게임화 요소 활용 • 학습 완료 또는 목표 달성 시 인증서·리워드 제공

커뮤니티 활성화	• 학습자 간 그룹 활동 또는 팀 프로젝트를 통한 상호 독려 유도 • 정보 공유와 토론이 가능한 학습 커뮤니티 제공
학습 지원체계 강화	• 학습 중 어려움 발생 시 질문·상담이 가능한 멘토 또는 튜터 지원 • 학습 플랫폼의 사용성 개선 및 학습 콘텐츠 품질 향상 • 정기적 피드백 및 알림
정기적인 피드백 및 알림	• 주기적인 리마인더·알림을 통해 학습 참여 유도 • 학습 진도 및 성취도에 따른 맞춤형 피드백 제공

(2) 학습 참여 독려수단

학습 참여 독려는 학습자의 진도 지연을 예방하고 과제·평가 수행을 촉진하기 위해 다양한 커뮤니케이션 채널을 활용하는 방식으로 이루어진다. 대표적인 독려수단은 다음과 같다.

① 문자(SMS)

- **개요**: 회원 가입·수강 신청 이후, 진도율이 낮거나 과제 기한이 임박한 경우 문자로 알림을 발송한다. 단문/장문 발송이 가능하며, 최근에는 웹 링크 포함 방식도 활용된다. 자동·대량 발송 시 비용이 발생한다.
- **장점**: 즉시 확인 가능성이 높아 빠른 반응 유도에 효과적이다.
- **활용**: 학습 시작 알림, 과제 제출 기한 알림, 중요 공지 전달 등

② 이메일(E-mail)

- **개요**: 문자와 유사한 목적이지만, 문자보다 정보량이 많고 개인화가 용이하다. 진도 세부 정보, 학습 도움말, 통계 자료 등을 포함할 수 있으며, 대량 발송 안정화를 위해 이메일 솔루션을 활용하기도 한다.
- **장점**: 상세 안내가 가능하고 첨부파일·링크로 구체적 정보 제공이 가능하다.
- **활용**: 주간 학습 리포트, 공지사항, 학습자료 첨부, 튜터 피드백 전달 등

③ 푸시 알림 메시지(앱/모바일 연동)

- **개요**: 모바일 러닝 확산으로 LMS 네이티브 앱에서 푸시 알림 활용이 증가하고 있다. 문자와 유사한 효과를 가지면서 비용 부담이 거의 없고 즉시 알림이 가능하다. 앱 설치·유지관리가 중요하며, 카카오톡 등 모바일 서비스 연동 방식도 고려할 수 있다.
- **장점**: 실시간 알림과 함께 앱/웹으로의 즉시 접속을 유도할 수 있다.
- **활용**: 신규 콘텐츠 업데이트 안내, 진도 독려 메시지, 짧은 학습 팁 제공 등

④ 전화

- **개요**: 문자·이메일·푸시 알림에도 반응이 없을 때 활용하는 최종(강한) 개입 수단이다. 친근감과 신뢰 형성에 도움이 되지만, 운영자의 처리량에 한계가 있어 대량 관리에는 부적합하다.

- **장점**: 개인적·직접적 소통이 가능해 의견·피드백 수집에 유리하다.
- **활용**: 진도 지연이 심각한 학습자, 특별 안내가 필요한 학습자, 직접 피드백 수집이 필요한 경우

(3) 학습 참여 독려 시 주의사항

학습 참여 독려는 단순히 안내 메시지를 반복 발송하는 관리 행위가 아니라, 학습자의 학습 재개를 지원하기 위한 전략적 운영 활동이다. 따라서 독려 이후의 반응을 점검하고, 학습자 특성과 과정 유형에 맞춘 맞춤형 독려 전략을 수립해야 하며, 비용 대비 효과를 고려한 합리적인 운영이 필요하다.

① 과도한 독려 지양

- 잦은 문자·이메일·알림은 학습자에게 피로감과 거부감을 유발할 수 있다.
- 독려 정책은 필요한 경우로 제한하여 설정하고, 과도하지도 소극적이지도 않은 적정 수준의 균형을 유지해야 한다.

② 관리가 아닌 학습지원 목적 유지

- 독려의 목적은 관리 기록을 남기는 것이 아니라, 학습자가 다시 학습에 참여하도록 돕는 것임을 명확히 인식해야 한다.
- 독려는 학습자를 통제하는 수단이 아니라, 안내·지원·유도 행위라는 점을 전제로 수행되어야 한다.

③ 독려 후 반응 측정 및 기록

- 독려는 발송으로 끝나는 것이 아니라, 반응 확인까지 포함되어야 한다.
- 독려 시점, 메시지 유형, 학습자의 반응 여부(재접속·진도 개선 등)를 기록·분석하여 학습 복귀 여부를 점검해야 한다.
- 반응 데이터를 기반으로 학습자 유형·과정별 최적의 독려 메시지를 지속적으로 개선해야 한다.

④ 비용 효과성 고려

- 자동 독려 기능, 수동 독려, 전화 독려 등 모든 독려 방식은 시간·비용 자원이 소요된다.
- 특히 대규모 학습자를 대상으로 할 경우, 작은 운영 차이가 큰 비용 차이로 이어질 수 있으므로 비용 대비 효과가 높은 독려 방식을 선택해야 한다.

> 🔑 **수험 TIP**: 학습 참여 독려수단과 독려 시 주의사항은 시험에 자주 출제됨
> 학습 참여 독려는 과도하지 않게, 학습지원 목적을 유지하며, 반응 측정과 비용 효과성을 고려해 운영해야 한다.

(4) 학습 참여 독려 수행 절차

학습 참여 독려 수행 절차는 학습자의 진도 및 학습 활동 현황을 확인한 후, 대상자를 선별하고 적절한 독려 방법을 적용하는 단계로 구성된다.

① 학습 진도 확인 메뉴 접근

- 학습관리시스템(LMS)의 수강 현황 확인 메뉴를 통해 학습 진도를 확인한다.

- 과정별 목록을 정렬하여 학습자 또는 과정 단위로 진도 현황을 점검할 수 있다.

- 진도 목록에서 과정명을 클릭하면 해당 과정의 상세 학습 정보를 확인할 수 있다.

② 운영계획서 및 일정 확인

- 운영계획서에 명시된 학습 일정 및 진도 기준을 확인한다.

- 현재 학습자의 진도 현황이 계획된 일정에 부합하는지 점검한다.

③ 학습지원시스템에서 학습 진도 현황 확인

- 학습자의 진도율, 차시별 학습 활동 현황을 확인한다.

- 수집된 정보를 바탕으로 학습자를 관리·독려 대상으로 분류할 수 있다.

- 수료 대상 여부는 진도, 과제, 평가결과 등의 종합 조건을 기준으로 시스템에서 산출되어 화면에 표시된다.

④ 과제·평가 참여 여부 확인

- 과제 제출 여부, 평가 응시 여부 등 학습 참여 상태를 점검한다.

- 과제가 있는 경우 제출 여부를 확인하고, 과제가 없는 과정인지도 함께 확인한다.

⑤ 독려 방법 확인

- 학습자에게 적용할 독려 방법(문자, 이메일, 푸시 알림, 전화 등)을 선택한다.

- 학습자의 특성과 지연 정도에 따라 적절한 독려수단을 결정한다.

⑥ 독려 대상자 선별 및 독려 수행

- 학습지원서비스에서 학습 진도 현황을 필터링하여 독려 대상 학습자 목록을 생성한다.

- 과제 미제출자, 평가 미응시자 등 조건별로 대상자를 추출할 수 있다.

- 생성된 목록을 기준으로 자동 또는 수동 방식으로 독려를 진행한다.

- 필요 시 학습자의 연락처를 확인하여 전화 독려를 병행할 수 있다.

2. 학습소통 관리

1) 소통 채널의 개념

- 이러닝 환경에서는 학습자가 PC나 스마트폰을 통해 원격으로 자기 주도학습을 수행하는 경우가 많아, 대면 수업에 비해 다른 학습자나 운영자(교·강사)와의 소통 기회가 제한되기 쉽다. 따라서 학습의 효율성을 높이고 학습자가 '함께 학습하고 있다'는 참여감과 현존감(실재감, presence)을 강화하기 위해 학습 관련 의사소통을 체계적으로 관리하는 것이 중요하다.

- 여기서 소통 채널이란 메시지를 보내는 사람과 받는 사람 사이에 원활한 의사전달이 이루어지도록 지원하는 의사소통 수단 및 경로를 의미한다. 학습자는 소통 채널을 통해 질문, 피드백, 안내, 토론 등에 참여하며, 운영자는 이를 활용해 학습자의 학습을 지원하고 상호작용을 촉진할 수 있다.

2) 소통 채널의 종류

이러닝에서 **소통 채널**은 학습자와 운영자(교·강사) 간 정보 전달과 상호작용을 지원하는 수단으로, 목적과 상황에 따라 다양한 형태로 활용된다.

① 웹 사이트(LMS 내 게시판·공지·FAQ)

- **특징**: 학습지원센터, 고객센터, 공지사항, FAQ 등 메뉴를 통해 정보를 제공
- **활용**: 학습안내, 공지사항, 자주 묻는 질문 제공
- **유의점**: 정보의 최신성 유지와 체계적인 관리 필요
  - → 웹 사이트는 학습소통의 기본 채널

② 문자(SMS)

- **특징**: 즉각적이고 간단한 정보 전달에 적합
- **활용**: 과제·평가 일정 알림, 긴급 공지
- **유의점**: 메시지가 짧으므로 핵심만 전달해야 하며, 과도한 발송은 피해야 함

③ 이메일(E-mail)

- **특징**: 문자보다 상세한 설명 가능, 파일·링크 첨부 가능
- **활용**: 학습안내, 학습자료 제공, 운영자 공지, 튜터 피드백
- **유형**: 자동 발송 이메일 / 운영자 수동 발송 이메일

④ 푸시 알림(App 기반)

- **특징**: 모바일 앱을 통해 실시간 알림 제공, 비용 효율성 높음
- **활용**: 진도 독려, 신규 콘텐츠 업데이트 안내
- **유의점**: 앱 설치·유지 관리 필요, 알림 과다 주의

⑤ 전화

- **특징**: 가장 직접적이고 개인적인 소통 방식
- **활용**: 진도 지연이 심각한 학습자, 민감한 문의 대응
- **유의점**: 대량 관리에 부적합, 운영자 부담 큼

⑥ 채팅(메신저·실시간 채팅)

- **특징**: 실시간 양방향 소통 가능

- **활용**: 즉각적인 질의응답, 상담
- **유의점**: 운영시간 관리와 응대 인력 필요

⑦ 직접 면담(오프라인 또는 화상)

- **특징**: 심층적 상담과 맞춤형 지도 가능
- **활용**: 학습 부진, 학습 중단 위기 학습자 관리
- **유의점**: 시간·환경 제약으로 제한적 활용

3) 학습 커뮤니티의 개념

- 이러닝 학습에서 학습 커뮤니티 활동은 학습자들이 온라인 플랫폼을 통해 서로 소통하며 정보와 지식을 공유하고, 필요 시 협력하여 학습을 수행하는 활동을 의미한다. 커뮤니티 활동의 핵심은 개인의 학습 경험을 넘어 다양한 참여자와의 상호작용을 통해 보다 깊고 풍부한 학습 경험을 형성하는 데 있다.
- 일반적으로 커뮤니티(공동체)는 같은 관심사를 가진 사람들의 집단을 뜻하며, 학습 커뮤니티는 그중에서도 '배우고 가르치는 활동'에 초점을 둔 집단이다. 따라서 학습 커뮤니티는 포털 사이트의 일반 커뮤니티와 달리 학습목적 달성에 특화되어 있어, 학습자의 목표 달성을 지원할 수 있도록 운영·관리(규칙, 활동 설계, 촉진, 피드백 등)가 체계적으로 이루어질 필요가 있다.

4) 학습 커뮤니티의 주요 활동 유형

학습 커뮤니티는 단순한 정보 교환을 넘어 학습자 간 상호작용과 협력을 통해 학습 효과를 높이는 역할을 한다. 이러한 커뮤니티 활동은 참여 방식과 목적에 따라 다양한 유형으로 나타나며, 다음 표는 이러닝 환경에서 학습 커뮤니티에서 주로 이루어지는 주요 활동 유형을 정리한 것이다.

[표] 학습 커뮤니티의 주요 활동 유형

구분	내용
토론 및 질의응답	특정 주제나 학습 내용에 대해 토론하거나 질문하고, 다른 학습자 또는 강사로부터 답변을 얻는 활동
프로젝트 및 협업	여러 학습자가 팀을 구성하여 특정 주제/프로젝트 과제를 공동으로 수행하는 활동
자료 공유	학습 관련 참고 자료, 링크, 파일 등을 공유하여 학습을 지원하는 활동
학습 경험·후기 공유	학습 경험과 학습 과정에서의 고민·노하우·후기를 공유하여 다른 학습자의 학습 동기를 높이는 활동
네트워킹	같은 관심사나 목적을 가진 학습자들이 연결되어 정보 교환, 자료 공유, 질의응답 등을 통해 관계를 형성하는 활동

5) 학습 커뮤니티의 특징

학습 커뮤니티는 학습자 간 상호작용과 지식 공유를 촉진하여 학습 효과를 높일 수 있지만, 단순히 공간을 개설하는 것만으로는 활성화되기 어렵다. 특히 학습 커뮤니티는 주제의 적합성, 운영의 지속성, 참여의 자발성 등 운영 조건에 따라 성장 여부가 크게 달라지므로, 커뮤니티가 효과적으로 기능하기 위한 핵심 특성을 이해할 필요가 있다. 다음 표는 학습 커뮤니티 운영에서 나타나는 주요 특징을 정리한 것이다.

[표] 학습 커뮤니티의 운영상 특징

구분	내용(정리본)
주제와 관련된 정보 제공	• 학습자가 배우고자 하는 주제와 관련된 정보를 지속적으로 제공해야 한다. • 학습자는 관심 주제에 반응하므로, 주제 선정과 집중(구조화)이 중요하다. • 모든 학습자를 한 공간에 모으기보다 주제별로 분류하여 운영하는 것이 효과적이다. • 주제 정보를 제시한 뒤 하위 주제로 확장하는 방식이 일반적이다.
예측 가능하도록 정기적 운영	• 구성원들이 예상할 수 있는 활동을 정기적으로 운영할 필요가 있다. • 꾸준히 운영될 수 있도록 운영 정책과 일정을 수립한다.
회원 자발성 유도	• 커뮤니티의 성장 여부는 구성원의 자발적 참여를 얼마나 이끌어내는지에 달려 있다. • 자발성을 촉진하는 운영전략을 마련하고 지속적으로 추진해야 한다.
운영진 헌신 없이는 성장 한계	• 커뮤니티는 운영진의 관심과 노력을 기반으로 성장한다. • 구성원의 자발성도 운영진의 헌신이 뒷받침될 때 활성화되므로, 운영진의 역할이 중요하다.

> 🔑 수험 TIP : 학습 커뮤니티 개념에 대해서 기억해 두세요(기출문제)

3. 학습자 질문유형 및 대응

1) 학습자 질문유형

이러닝 환경에서 학습자의 질문은 학습 과정 전반에서 발생하며, 질문의 성격에 따라 적절한 대응 방식이 달라진다. 따라서 운영자는 학습자 질문을 유형별로 구분하여 이해하고, 각 유형에 맞는 대응 전략을 마련할 필요가 있다. 학습자 질문유형은 다음과 같이 구분할 수 있다.

① 학습 내용 관련 질문

학습자가 강의 내용, 개념, 이론, 예제 등에 대해 이해가 부족하여 제기하는 질문이다. 학습 과정 중 가장 빈번하게 발생하는 유형으로, 학습자의 이해 수준과 학습 성취에 직접적인 영향을 미친다. → 강사 또는 튜터의 정확하고 명확한 설명이 요구된다.

② 학습 진도 및 수강 관련 질문

학습 진도율, 차시 이수 여부, 수강 상태, 학습 일정 등 학습 진행 상황과 관련된 질문이다. 학습자가 자신의 학습현황을 정확히 인지하지 못할 때 주로 발생한다. → LMS 기능 안내 및 운영자 중심의 대응이 필요하다.

③ 과제·평가 관련 질문

과제 제출 방법, 평가 일정, 시험 응시 방법, 성적 산출 기준 등에 대한 질문이다. 학습 결과와 직접적으로 연관되므로 민감도가 높다. → 정확성·공정성·일관성을 유지한 안내가 중요하다.

④ 시스템 및 기술지원 관련 질문

로그인 오류, 콘텐츠 재생 문제, 시스템 접속 장애, 모바일·PC 환경 문제 등 기술적인 문제와 관련된 질문이다. → 신속한 대응과 함께 기술 지원 부서 또는 매뉴얼 연계가 필요하다.

⑤ 행정 및 운영 관련 질문

수료 기준, 수강 취소, 학습 인정 여부, 증명서 발급 등 학습 운영 및 행정 절차와 관련된 질문이다. → 사전에 마련된 운영 정책과 기준에 근거한 안내가 요구된다.

2) 학습자 질문 대응 특징

- 학습자 질문 대응이란 학습 과정에서 학습자가 겪는 의문이나 어려움에 대해 적절한 답변과 지원을 제공하는 활동을 의미한다. 이러닝 환경에서는 학습자가 혼자 또는 독립적으로 학습하는 경우가 많아, 대면 수업에 비해 즉각적인 도움을 받기 어렵다.

- 따라서, 학습자의 질문이나 문제 상황에 대해 신속하고 정확하게 대응하는 것이 학습 지속성과 학습만족도를 높이는 데 중요한 요소로 작용한다. 특히 질문 대응은 단순한 정보 제공을 넘어, 학습자의 이해를 돕고 학습을 계속 이어갈 수 있도록 지원·안내하는 역할을 수행해야 한다.

[표] 학습자 질문 대응 특징

학습자 중심의 대응	학습자의 질문이나 문제를 중심으로 상황을 이해하고, 학습자가 필요로 하는 적절한 해결 방안을 제공해야 한다.
다양한 통신 채널 활용	이메일, 채팅, 전화, 게시판 등 다양한 소통 채널을 활용하여 학습자의 질문에 응답할 수 있어야 한다.
신속한 응답	이러닝 환경에서는 질문에 대한 응답이 지연될 경우 학습 진행이 중단될 수 있으므로, 신속한 대응이 중요하다.
자주 묻는 질문 (FAQ) 활용	반복적으로 발생하는 질문은 FAQ 형태로 정리하여 제공함으로써 학습자가 쉽게 정보를 확인할 수 있도록 해야 한다.
질문의 원인 파악 및 개선	학습자가 자주 질문하는 내용이나 어려움을 겪는 부분을 분석하여 학습 자료나 시스템을 지속적으로 개선해야 한다.

3) 학습자 질문 대응 방법

- 학습자 질문 대응은 질문의 성격과 긴급도에 따라 게시판·채팅·이메일·문자·전화 등 다양한 채널을 적절히 활용하여 수행한다. 특히 반복 질문은 FAQ로 체계화하고, 긴급 문의는 실시간 채널로 신속히 처리하는 방식이 효과적이다.

  ① 게시판(FAQ) 활용
  - 자주 묻는 질문과 답변을 FAQ 게시판에 정확하고 성실하게 기록하여 누적·관리한다.
  - 학습자는 FAQ를 통해 스스로 답을 탐색할 수 있으며, 운영자는 FAQ를 활용해 학습자를 관련 웹페이지(안내문/매뉴얼)로 유도할 수 있다.
  - 반복 문의를 FAQ로 전환하면 문의량이 감소하고, 답변의 일관성을 유지할 수 있다.

  ② 채팅(실시간 상담) 활용
  - 즉시 해결이 필요한 경우 실시간 채팅을 활용하여 빠르게 대응한다.
  - 상담은 전문 소프트웨어 또는 모바일 메신저 등 다양한 도구로 운영할 수 있다.
  - 조직의 운영 여건(인력·운영시간·규모)에 따라 적절한 채팅 운영 전략(상담 시간, 담당자 배정, 응대 기준)을 수립해야 한다.

  ③ 다른 채널(이메일·문자·전화 등) 활용
  - 질문유형과 상황에 따라 이메일, 문자, 전화 등 보조 채널을 활용한다.
  - 각 채널별 대응 기준(응답 시간, 답변 범위, 개인정보 처리 등)을 운영 매뉴얼에 근거하여 사례별로 정리하고 일관되게 적용한다.

> 🔑 **수험 TIP**: 학습자 질문의 대응 특징과 대응 방법에 대해 기억해 두세요.
> 반복 질문 = FAQ(게시판), 긴급 문의 = 채팅(실시간), 상세 안내·개별 대응 = 이메일/전화로 구분해 기억한다.

4) 학습 중 자주 발생하는 질문의 유형

학습 과정 중 학습자들은 학습 내용뿐 아니라 시스템, 평가, 일정, 소통 방식 등 다양한 영역에서 질문을 제기한다. 이러한 질문유형을 사전에 파악하고 표준적인 대응 예시를 마련하면 학습 운영의 효율성을 높일 수 있다.

[표] 학습 중 자주 발생하는 질문유형과 대응 예시

질문유형	대표 질문(예)	권장 대응
기술적 문제	"비디오가 재생되지 않아요."	브라우저 캐시 삭제/재접속, 다른 브라우저·기기에서 재시도, 지속 시 기술 지원 안내
	"소리가 들리지 않아요."	스피커·헤드폰 연결 확인, 기기/브라우저 오디오 설정 점검
	"로그인이 안 돼요."	비밀번호 재설정(찾기) 안내, 이메일 수신(스팸함) 확인, 지속 시 고객지원 안내
내용 관련 문제	"3장 내용 중 ○○ 개념이 이해되지 않아요."	핵심 개념을 간단히 재설명, 관련 자료/예시/추가 영상 안내, 추가 질문 유도
과정·절차 관련 문제	"다음 모듈로 넘어가려면 어떻게 하나요?"	선행 차시 완료/퀴즈 통과 등 진행 조건 안내, 해당 메뉴 경로 안내
평가·성적 관련 문제	"퀴즈 결과가 언제 나오나요?"	결과 확인 시점(즉시/지연) 안내, 상세 피드백 제공 방식·시간 안내
시간·일정 관련 문제	"강의는 언제 종료되나요?"	종료일 및 마감 기준(자료·활동 완료) 안내, 일정 확인 경로(공지/캘린더) 안내
커뮤니티·상호작용 관련 문제	"다른 학습자와 어떻게 연락하나요?"	토론 게시판/커뮤니티 활용 안내, 필요 시 개인 메시지/프로필 접근 방법 안내

4. 학습 동기부여

1) 학습 동기부여의 중요성

- **학습 동기부여**는 학습자가 온라인 학습환경에서 학습 의지와 관심을 유지하며 학습을 지속하도록 돕는 전략이나 활동을 의미한다. 이러닝은 대면 수업에 비해 강사 및 동료 학습자와의 직접 상호작용(face-to-face)이 제한되므로, 학습자가 쉽게 학습을 중단하거나 참여도가 낮아질 수 있다. 따라서 운영자는 학습자의 참여를 촉진할 수 있도록 학습 동기를 체계적으로 지원할 필요가 있다.
- 또한, 학습 동기는 흥미·호기심·즐거움과 같은 내적 요인뿐 아니라 보상, 경쟁, 대인관계, 실패에 대한 두려움 등 외적 요인의 영향을 함께 받는다. 특히 교수자의 행동과 태도는 학습자의 동기에 큰 영향을 미치며, 교수자의 정서적 지지는 학습 동기와 온라인 학습 적응을 강화하는 요인으로 작용한다.

[표] 학습 동기부여가 중요한 이유

구분	요약
자기 주도학습을 가능하게 함	목표 설정·자료 선택·진도 관리 등 자기 주도학습을 뒷받침
학습 효과를 높임	관심·몰입 증가로 이해도 및 성과 향상
학습 지속(수료)을 지원함	학습 중단을 예방하고 꾸준한 참여를 유도

2) 학습 동기부여 전략

학습 동기부여는 단순히 학습을 권장하는 수준을 넘어, 학습자가 학습 과정에 지속적으로 참여하고 목표를 달성할 수 있도록 다양한 전략을 통해 지원하는 것을 의미한다. 이러닝 환경에서는 학습자의 자발성과 참여도가 학습 성과에 큰 영향을 미치므로, 운영자는 학습자의 흥미와 몰입을 유도할 수 있는 구체적인 동기부여 전략을 체계적으로 적용할 필요가 있다. 다음 표는 이러닝에서 활용할 수 있는 주요 학습 동기부여 전략을 정리한 것이다.

[표] 학습 동기부여 전략

구분	내용
피드백 제공	학습자의 학습 진행 상황, 성과, 개선점 등에 대해 적절한 피드백을 제공하여 학습자가 스스로 학습을 점검하고 개선할 수 있도록 돕는다.
다양한 학습자료 제공	동영상, 텍스트, 퀴즈, 실습 등 다양한 형식의 학습자료를 제공하여 학습의 흥미를 높이고 학습 참여를 유도한다.
목표 설정 지원	학습자가 개인별 학습 목표를 설정하도록 돕고, 목표 달성을 위한 동기를 부여한다.
사회적 연결감 제공	토론, 그룹 활동, 커뮤니티 참여 등을 통해 학습자 간 상호작용을 촉진하고 학습에 대한 사회적 동기를 강화한다.

3) Keller의 ARCS 이론(동기 설계)

- Keller는 학습 동기 유발이 자연스럽게 발생하는 부수적 결과가 아니라, 교수설계 과정에서 의도적으로 설계되어야 할 핵심 요소라고 주장한 학자이다. 그는 효과적인 수업이 이루어지면 학습 동기는 자동으로 해결되고 학습자는 자발적으로 참여할 것이라는 기존 교수 이론의 관점을 비판하였다.
- 즉, 학습 결과가 성공적으로 달성되었다고 하더라도, 학습자가 교수·학습 과정에서 실제로 흥미를 느끼거나 몰입했는지는 별개의 문제라는 점을 지적하였다. 이에 Keller는 동기 설계 역시 교수설계와 마찬가지로 구체적 개념과 전략을 갖춘 체계적인 접근이 필요하다고 보았다.
- Keller는 ARCS 이론을 통해 기존의 동기 관련 연구와 이론을 통합·체계화하고, 수업 설계에 직접 적용할 수 있는 구체적인 동기 유발 및 유지 전략을 제시하였다. ARCS 이론은 교수설계의 미시적 이론으로서, 수업 장면에서 학습자의 동기를 유발하고 지속시키는 데 목적이 있다.
- ARCS 이론에서는 학습 동기를 유발하는 핵심 변인을 다음의 네 가지 요소로 구분한다.
  주의집중(Attention), 관련성(Relevance), 자신감(Confidence), 만족감(Satisfaction)
- 이를 통해 Keller는 수업에서 학습자의 동기를 효과적으로 유발하고 유지하기 위해서는 이 네 요소를 고려한 체계적인 동기 설계전략이 필요하다고 주장하였다.

[표] ARCS 4요소별 동기 유발 전략

동기 요소	핵심 의미	구체적 적용 방법(예)
주의집중 (Attention)	학습자의 관심과 호기심을 유발하고 집중을 유지	• 시청각 자료, 흥미로운 사례/사건 제시(지각적 주의 환기) • 질문·문제 해결 활동으로 능동적 반응 유도(탐구적 주의 환기) • 다양한 교수형태·자료로 변화를 주어 지루함 방지(다양성)
관련성 (Relevance)	학습 내용이 학습자의 목표·경험·요구와 연결되도록 함	• 친밀한 사례·상황 활용(친밀성) • 실용성 중심의 목표 제시, 목표 지향 학습 활동 제공(목적 지향성) • 협동 학습, 비경쟁적 선택 등 학습자 동기 특성에 맞춘 활동 제공(동기 부합)
자신감 (Confidence)	성공 가능성을 인식시키고 통제감을 높여 지속 참여 유도	• 평가 기준·조건 제시로 기대와 기준을 명확화(조건 제시) • 쉬운 과제→어려운 과제로 난이도 단계화, 적정 난이도 유지(성공 기회) • 학습 속도 조절, 재학습 기회 제공 등 자기조절감 강화 (개인적 통제감)
만족감 (Satisfaction)	노력에 대한 보상과 성취감을 제공하여 동기를 강화·유지	• 연습문제·적용 과제로 성취 경험 제공(자연적 결과 강조) • 칭찬·강화 계획, 정답에 대한 보강 등 긍정적 결과 제공 (긍정적 결과 강조) • 수업 목표·평가·내용의 일관성 유지로 공정성·수용성 확보 (공정성)

🔑 수험 TIP : Keller는 ARCS 4가지 요소 (기출문제)

ARCS 이론은 학습 동기를 주의집중 – 관련성 – 자신감 – 만족감의 네 요소로 구성하여, 교수설계 과정에서 의도적으로 동기를 설계해야 함을 강조한 이론이다.

4) 자기 결정이론(내재/외재 동기)

- Ryan과 Deci(2000)의 자기 결정이론(Self-Determination Theory : SDT)은 인간의 행동을 유발하고 행동의 방향을 선택하게 만드는 동기가 자기 결정성(자율성) 수준에 따라 달라진다는 점에 초점을 둔다.
- 자기 결정(Self-determination)이란 개인이 스스로 선택하여 행동하는 것을 의미하며, 이러한 행동은 개인 내부의 동기뿐 아니라 외부 환경 요인의 영향을 함께 받는다.
- SDT는 동기부여를 자율성의 정도에 따라 무동기에서 내적 동기로 이어지는 연속선으로 보고, 동기 유형을 다음의 6가지로 구분한다. 즉, 자율성이 낮은 상태에서는 동기가 거의 없거나 외부 통제에 의해 행동이 발생하지만, 자율성이 높아질수록 행동이 개인의 가치·목표와 통합되고 궁극적으로 내적 동기로 수행된다.

[표] SDT 동기 유형

구분	동기 유형	핵심 의미	자기 결정성
무동기	비규제 (Non-regulation)	행동 의지/목적이 없어 학습·행동을 하지 않음	매우 낮음
외적 동기	외부 규제 (External regulation)	보상·벌·지시 등 외부 통제 때문에 행동함	
	내포 규제 (Introjected regulation)	죄책감·불안·체면 등 내면화된 압력 때문에 행동함	
	식별된 규제 (Identified regulation)	행동의 가치를 '중요하다'고 인정하여 수행함	
	통합된 규제 (Integrated regulation)	행동이 개인의 가치·정체성과 통합되어 자발성이 큼(단, 목적은 여전히 외적)	
내적 동기	내부 규제 (Intrinsic regulation)	활동 자체가 즐겁고 흥미로워서 행동함	매우 높음

> 🔑 **수험 TIP**
>
> SDT는 동기를 비규제(무동기) → 외부규제 → 내포 규제 → 식별규제 → 통합규제 → 내적 동기로 보고, 자기 결정성이 높아질수록 자발성이 증가한다고 본다.

5) 교수자의 역할(Berge)과 운영지원

이러닝 환경에서 **교수자(튜터)**는 단순히 학습 내용을 전달하는 역할을 넘어, 학습자의 참여를 촉진하고 학습 과정을 원활하게 운영하기 위한 다양한 지원을 수행해야 한다. Berge는 온라인 학습에서 교수자의 역할을 교수적(Instructional), 사회적(Social), 관리적(Managerial), 기술적(Technical) 역할로 구분하여 제시하였다. 이 네 가지 역할은 학습자의 이해를 돕는 것뿐 아니라, 학습 공동체의 형성, 학습 운영의 안정화, 기술적 문제 해결을 통해 학습 지속성과 성과를 높이는 데 기여한다. 다음 표는 Berge가 제시한 교수자의 핵심 역할과 운영지원 내용을 정리한 것이다.

역할	운영지원 내용
교수적 역할	• 학습 목표를 명확히 제시하고 학습 활동을 안내함 • 학습 동기 유발 및 유지 지원 • 핵심 개념·토론 주제에 대한 설명 제공 및 이해 촉진 • 토론을 촉진하고 다각적 사고를 유도함 • 학습자 질문에 답변하고 부족한 부분을 보충 설명함
사회적 역할	• 친근하고 우호적인 학습 분위기를 조성함 • 소속감과 유대감을 형성하여 학습 공동체를 강화함 • 학습자 자기소개 및 상호 교류 기회를 제공함 • 적절한 칭찬·격려로 참여 행동을 강화함

역할	운영지원 내용
관리적 역할	• 과제·학습 활동을 조직하고 운영 전반을 관리함 • 학습절차와 일정, 진행 기준을 안내함 • 과제·토론의 분량과 난이도를 적절히 조정함 • 개인별 피드백을 제공하고, 참여가 고르게 이루어지도록 유도함
기술적 역할	• 학습자가 시스템·소프트웨어를 어려움 없이 사용하도록 지원함 • 시스템 사용방법 매뉴얼/안내 제공 • 기술 문제 발생 시 즉각적 도움 제공 및 지원 담당자 연계 • 학습 활동에 필요한 게시판 등 기능을 개설·관리함

6) 개방형 학습환경 요인(Hannafin)

Hannafin은 학습자가 스스로 학습 목표를 설정하고, 자원을 탐색·활용하며, 문제를 해결해 나가는 개방형 학습환경(Open Learning Environment)을 효과적으로 설계하기 위해 몇 가지 핵심 요인을 제시하였다. 개방형 학습환경은 학습자의 자율성과 탐구 활동을 강조하는 환경으로, 학습자가 능동적으로 학습 과정에 참여할 수 있도록 맥락, 자원, 도구, 비계(스캐폴딩)를 체계적으로 제공하는 것이 중요하다.

[표] 개방형 학습환경의 주요 요인(Hannafin)

요소	요인 의미	하위 요인	하위 요인 특징
촉진 맥락 (Enabling Contexts)	학습자가 필요와 접근을 계획하고 학습을 이해하는 데 영향을 미치는 맥락	외부에 의해 부여된 맥락	학습 필요가 외부에서 명확히 규정되어 제시됨
		외부에서 유도된 맥락	학습 필요가 외부 자극에 의해 유도되어 발생
		학습자에 의해 생성된 맥락	학습자가 스스로 학습 필요를 인식하고 목표를 설정
자원 (Resources)	학습자가 필요로 하는 정보를 제공하는 출처로, 다양한 형태로 존재	정적 자원	사용 중 변화하지 않고 안정적으로 유지되는 자원 (예 교재, 고정 콘텐츠)
		동적 자원	사용·상황에 따라 변화하며 진화하는 자원 (예 실시간 피드백, 온라인 토론 게시판)
도구 (Tools)	학습자가 자원과 아이디어를 탐색·조직·생성하는 데 사용하는 수단	처리 도구	정보 처리 및 분석 지원 (예 데이터 분석 도구)
		탐색 도구	자원 검색과 위치 파악 지원 (예 검색엔진, 데이터베이스)
		수집 도구	학습에 필요한 자료를 수집·저장
		조직화 도구	기존 지식과 새로운 정보를 연결·체계화
		생성 도구	아이디어를 생성하고 결과물을 제작·표현

요소	요인 의미	하위 요인	하위 요인 특징
비계 (Scaffolding)	학습자의 학습 노력을 지원하는 구조적 지원	개념적 지원	학습자가 무엇을 고려해야 할지 안내
		메타인지적 지원	학습자의 사고 과정과 전략을 점검·조절하도록 지원
		절차적 지원	자원 활용 방법과 학습 절차 안내
		전략적 지원	문제 해결 및 학습 접근 전략에 대한 가이드 제공

7) 기술수용모델(TAM)

- Davis(1989)는 사용자가 새로운 기술이나 정보시스템을 왜 수용하거나 거부하는지를 설명하기 위해 기술수용모델(Technology Acceptance Model, TAM)을 제안하였다. 기술수용모델은 사용자가 특정 시스템을 사용하려는 의도가 두 가지 핵심 인식 요인, 즉 인지된 용이성과 인지된 유용성에 의해 결정된다고 본다.

- **인지된 용이성**은 특정 시스템을 사용하는 것이 신체적·정신적 노력 없이 쉽다고 느끼는 정도를 의미하며, 인지된 유용성은 해당 시스템을 사용함으로써 업무 수행 능력이나 성과가 향상될 것이라고 인식하는 정도를 의미한다. 이 두 요인은 사용자의 태도와 사용 의도에 영향을 미쳐, 최종적으로 시스템의 실제 사용 여부를 결정한다.

- 이러닝 환경에서 기술수용모델은 학습관리시스템(LMS)이나 학습콘텐츠, 학습 도구의 수용 여부를 설명하는 이론적 근거로 활용되며, 학습자의 학습 참여와 지속성에도 중요한 영향을 미친다.

[표] 기술수용모델(TAM)의 핵심 구성 요소

구성요소	의미
인지된 용이성 (Perceived Ease of Use)	특정 시스템을 사용하는 것이 신체적·정신적 노력 없이 쉽다고 인식하는 정도
인지된 유용성 (Perceived Usefulness)	특정 시스템을 사용함으로써 자신의 업무 능력이나 학습 성과가 향상될 것이라고 인식하는 정도

5. 학습촉진 전략

1) 학습촉진 전략의 필요성

- 이러닝 환경에서는 학습자가 시간과 공간의 제약 없이 학습하는 만큼, 전통적인 교실 수업에 비해 학습자의 능동적 참여와 자기 관리 능력이 더욱 요구된다. 이러한 환경적 특성으로 인해 학습자가 학습 과정에서 흥미를 잃거나 학습을 중단할 가능성이 높아질 수 있으므로, 학습자의 참여를 유지하고 학습을 지속하도록 돕는 학습촉진 전략의 적용이 필수적이다.
- 학습촉진 전략은 학습자의 참여도와 몰입을 높이고, 자기 주도적 학습을 지원하며, 학습 과정에서 발생할 수 있는 사회적 고립감과 학습 부담을 완화하는 역할을 한다. 이를 통해 이러닝의 학습 효과성과 효율성을 향상시키고, 궁극적으로 학습자의 만족도와 학습 성과를 높이는 데 중요한 역할을 한다.

[표] 학습촉진 전략 적용의 필요성

구분	필요성 요약
학습자 참여도 향상	학습자의 흥미와 몰입을 유지하여 적극적인 학습 참여를 유도
자기 주도적 학습지원	학습자가 목표 설정과 학습관리를 스스로 수행하도록 지원
사회적 고립감 완화	상호작용 촉진으로 학습자의 고립감 감소
내용 복잡성 극복	복잡한 학습 내용을 효과적으로 이해·흡수하도록 지원
학습 효과 최적화	학습 효과를 극대화하여 학습 목표 달성에 기여

🔑 수험 TIP

이러닝은 자기 주도성이 요구되므로 참여·상호작용·관리·몰입을 높이는 학습촉진 전략이 필수이다.

2) 학습촉진 전략의 유형

학습촉진 전략은 학습자가 학습 과정에 능동적으로 참여하고, 스스로 학습을 조절·성찰하며, 학습을 지속할 수 있도록 지원하는 전략을 의미한다. 이러닝 환경에서는 다음과 같은 학습촉진 전략이 핵심적으로 활용된다.

① 자기 주도 학습전략

학습자가 자신의 학습 목표를 설정하고, 학습 과정을 계획·조절·평가할 수 있도록 지원하는 전략이다. 학습자는 학습 도구와 자원을 활용하여 스스로 학습을 주도하며, 교수자는 이를 지원하는 역할을 수행한다.

② 학습관리 전략

학습자의 학습 활동이 원활하게 이루어지도록 학습 과정을 조직·운영·관리하는 전략이다. 학습 일정, 과제, 평가, 참여 현황 등을 체계적으로 관리하여 학습자의 지속적인 참여를 유도한다.

③ 액션-성찰 학습전략

학습자가 학습 활동(Action)을 수행한 후, 자신의 학습 과정을 되돌아보고(Reflection) 개선점을 도출하도록 돕는 전략이다. 지속적인 모니터링과 성찰을 통해 학습자는 자기 이해와 만족감을 높일 수 있다.

3) 학습전략이 반영된 이러닝의 특징

자기 주도 학습전략, 학습관리 전략, 액션-성찰 학습전략이 효과적으로 반영된 이러닝은 다음과 같은 특징을 가진다.

① 학습자 중심 설계

이러닝 학습전략은 교수자 중심이 아닌 학습자 중심으로 구현되어야 하며, 학습자의 적극적인 참여와 인지 활동을 촉진할 수 있도록 다양한 학습 도구와 동등한 참여 기회를 제공한다.

② 교수자의 촉진자 역할 강화

- 교수자는 지식 전달자가 아니라 학습 촉진자(facilitator)로서 다음의 역할을 수행한다.
- **지적 촉진**: 학습 목표 달성을 위한 이해 지원
- **사회적 촉진**: 우호적 관계 형성 및 학습 분위기 조성
- **관리적 촉진**: 학습 활동의 조직 및 운영
- **기술적 촉진**: 시스템·도구 활용 지원

③ 지속적인 모니터링과 성찰 지원

학습자는 자신의 학습 과정을 지속적으로 점검하고 평가하며, 성찰적 사고를 통해 자아 성찰과 개선의 기회를 갖는다. 이는 학습 만족도와 학습 지속성을 높이는 요인이 된다.

④ 동기 및 감성적 지원 강화

긍정적인 격려, 학습 성공 경험, 자신감 형성을 통해 학습자의 동기와 태도를 강화하고, 학습 참여율을 높이는 정서적 학습환경을 조성한다.

⑤ 다양한 상호작용 촉진

학습자 간, 교수자-학습자 간 상호작용을 활성화하기 위해 게시물 등록과 피드백을 장려하고, 작은 참여와 기여에도 긍정적인 반응과 인정을 제공한다.

⑥ 학습자 사회화 및 공동체 의식 형성

학습자가 친밀한 사회적 관계를 형성하고 공동체 의식을 느낄 수 있도록 사교적 활동, 개인적 대화, 정보 교환 등 사회적 상호작용을 포함한 학습 활동을 적극적으로 지원한다.

주요 학습 목표

1. 학습 진도 오류 등 학습 활동에서 발생한 각종 오류를 파악하고 이를 해결할 수 있다.

2. 과제나 성적 처리상의 오류를 파악하고 이를 해결할 수 있다.

3. 수강오류 발생 시 내용과 처리방법을 공지사항을 통해 공지할 수 있다.

1. 수강오류 유형

- 수강오류는 학습자가 학습을 정상적으로 진행하지 못하게 만드는 문제로, 학습자의 학습 권리 및 성적·이수와 직접적으로 연결되기 때문에 매우 민감한 오류에 해당한다. 특히 이러닝 환경에서는 학습자와 운영자가 물리적으로 분리되어 있어, 오류 발생 시 즉각적인 확인과 대응이 이루어지지 않으면 학습 불만이나 민원으로 이어질 가능성이 높다.

- **수강오류의 발생 원인**은 다양하지만, 크게 학습자에 의한 원인과 학습지원시스템(LMS 등)에 의한 원인으로 구분할 수 있다. 이러한 구분은 오류의 책임 소재를 명확히 하고, 적절한 대응방법을 마련하는 데 중요한 기준이 된다.

1) 학습자에 의한 원인

- 학습자의 학습환경이나 사용 기기 문제로 인해 발생하는 오류이다.

- 학습자가 사용하는 기기 자체의 문제이거나 인터넷 접속 상태에 따라 수강오류가 발생할 수 있다. 또한, 데스크톱 PC, 노트북, 스마트폰 등 기기 종류에 따라 오류 발생 양상과 대응방법이 다르므로, 운영자는 학습자가 사용하는 기기의 유형을 정확히 파악할 필요가 있다.

- 대표적인 예로는 콘텐츠 미재생, 로그인 실패, 진도 체크 오류 등이 있으며, 이는 학습자 개인에게는 해결이 어려운 경우도 많아 운영자의 안내와 지원이 필요하다.

2) 학습지원시스템에 의한 원인

- 학습지원시스템(LMS)이나 웹사이트 자체의 문제로 발생하는 오류이다.

- 사이트 접속 장애, 로그인 오류, 진도 기록 오류, 성적 반영 오류 등 관리자 영역에서 발생하는 문제로 구분할 수 있다. 이러한 오류는 학습자에게는 내부 구조를 알기 어려운 문제이므로, 운영자의 신속한 대응이 매우 중요하다.

- 시스템 오류가 발생하면 학습자는 주로 고객센터나 학습지원센터를 통해 문제를 제기하게 되며, 운영자는 오류 원인을 정확히 파악한 후 학습자에게 적절한 안내와 후속 조치를 제공해야 한다.

2. 수강오류 대응방법

- 수강오류 대응은 오류의 원인을 신속히 파악한 후, 운영자가 관리자 기능에서 직접 조치할 수 있는 지 여부를 판단하고, 필요 시 기술 지원팀과 협업하여 처리하는 방식으로 이루어진다.
- 학습지원시스템(LMS)의 관리자 기능에는 일부 오류를 수정·보정할 수 있는 기능이 포함되어 있으나, 진도·이수·평가 기록처럼 데이터 무결성과 공정성에 영향을 줄 수 있는 항목은 운영자가 임의로 수정하지 못하도록 제한되는 경우가 많다. 따라서 오류의 성격에 따라 직접 처리 vs 기술 지원 요청을 적절히 구분하는 것이 핵심이다.

1) 수강오류 공통 대응 절차

- **오류 접수 및 원인 확인**: 학습자 환경 문제인지, 시스템 문제인지 구분
- **관리자 기능 처리 가능 여부 판단**: 운영자가 직접 수정 가능한 항목인지 확인
- **조치 수행**:
    - 가능하면 관리자 기능에서 즉시 조치
    - 불가능하면 기술 지원팀에 요청(근거자료 포함)
- **해결 여부 검증**: 재현/재접속/데이터 반영 여부 확인
- **학습자 안내 및 기록**: 조치 결과와 후속 안내 제공, 처리 이력 기록

2) 성적처리 오류 해결

- 성적처리 오류는 학습자가 가장 민감하게 받아들이는 영역으로, 신속·정확·일관된 처리가 필요하다. 성적은 일반적으로 진도율, 과제 점수, 평가 점수 등의 조합으로 산출되므로, 오류 발생 시 산출 기준과 반영 항목을 먼저 점검해야 한다.
- **관리자 기능에서 수정 가능한 경우**: 즉시 수정하되, 기존 데이터에 미치는 영향과 변경 근거를 확인한다.
- **직접 수정이 제한된 경우**: 기술 지원팀에 요청하여 처리하며, 오류 화면/학습자 ID/과정명/발생 시점 등 근거자료를 함께 전달한다.

3) 사용상 오류 해결

- 사용상 오류는 학습자의 기기·접속 환경 또는 시스템 설정/기능 오류 등 다양한 요인으로 발생하므로, 원인 구분이 중요하다.
- **원인 확인**: 학습자 원인(기기/브라우저/네트워크)인지 시스템 원인인지 확인
- **관리자 기능 조치**: 가능한 경우 관리자 화면에서 설정 보정, 계정 상태 확인 등 직접 처리

- **기술 지원 협업**: 운영자가 처리할 수 없는 기술적 문제는 기술 지원팀과 협업하여 해결
- **학습자 안내**: 해결 후 재접속 방법, 대체 학습 방법, 주의사항 등을 안내한다.

4) 진도·과제·평가 오류 해결

(1) 진도율 오류

- 진도율은 수료 기준에 포함되는 핵심 지표이므로, 운영자가 임의로 수정할 수 없도록 제한되는 경우가 많다.
- 따라서 진도 기록 이상, 반영 지연, 누락 등의 문제가 발생하면 기술 지원팀 요청 절차를 통해 처리하는 것이 일반적이다. 이는 공정성 저하 및 부정행위 가능성을 예방하기 위한 운영 원칙이다.

(2) 과제 및 평가 오류

- 과제·평가 영역은 LMS에 따라 운영자가 조치할 수 있는 범위가 다르며, 보통 과제/평가 관리 메뉴를 통해 확인·처리한다.
- 모든 조치 후에는 반드시 반영 여부를 확인하고, 필요 시 기술 지원팀과 협업한 뒤 학습자에게 처리 결과를 안내해야 한다.

[표] 과제·평가 오류 처리 항목 및 대응 방법

점검/처리 항목	대응 방법
제출 여부 채점 여부 점수 반영 상태 확인	과제·평가 관리 화면에서 제출/채점/반영 상태를 단계별로 확인
채점 누락 처리	채점 화면으로 이동하여 누락된 점수를 입력
점수 이상 수정	채점 완료 후 점수에 이상이 있을 경우, 시스템이 허용하는 범위 내에서 점수 수정
모사 답안(표절) 대응	시스템 정책에 따라 표절 여부를 모니터링하고 관련 정보 확인 후 처리
과제·평가 초기화	과제·평가 상태에 오류가 있는 경우, 시스템의 초기화 기능을 활용(가능한 경우)
수료증·수료 처리 오류	수료 기준 및 관련 정보를 확인한 후 조치하며, 필요 시 강제 수료 기능 활용(시스템에 따라 상이)

CHAPTER 03

이러닝 운영 활동 관리

01. 운영 활동계획

주요 학습 목표

1. 운영 활동이 진행되는 절차를 운영 전, 운영 중, 운영 후로 구분하여 정리할 수 있다.

2. 운영 활동 진행 절차별 목표와 평가 준거를 기술할 수 있다.

3. 운영 활동 절차별 운영 활동 분석을 위한 양식을 기획하여 이를 제작할 수 있다.

[표] 운영 활동계획

운영 과정		세부 수행내용
운영 전	운영 기획	운영 요구분석, 운영제도 분석, 운영계획 수립
	운영준비	운영환경 분석, 교육과정 개설, 학사일정 수립
운영 중	학사 관리	학습자 관리, 성적처리, 수료 관리
	교·강사 활동 지원	교·강사 선정관리, 교·강사 활동 안내, 교·강사 수행 관리, 교·강사불편사항 지원
	학습 활동 지원	학습환경 지원, 학습 과정 안내, 학습촉진, 수강오류 관리
	고객지원	고객 유형 분석, 고객 채널 관리, 게시판 관리, 고객 요구사항 지원
	과정 평가관리	과정만족도 조사, 학업성취도 관리, 과정 평가 타당성 검토, 과정 평가결과 보고
운영 후	운영 성과관리	콘텐츠 평가관리, 교·강사 평가관리, 시스템 운영 결과관리, 운영 활동결과 관리, 개선 사항 관리, 최종 평가보고서 작성
	유관부서 업무 지원	매출업무 지원, 사업기획업무 지원, 콘텐츠 업무 지원, 영업업무 지원

1. 운영 전 활동계획

- **운영 전 활동계획**은 이러닝 과정이 안정적으로 운영될 수 있도록 시스템, 콘텐츠, 일정, 수강 관리 전반을 사전에 점검·준비하는 단계이다. 이는 운영 중 발생할 수 있는 오류와 혼선을 최소화하기 위한 필수 절차이다.

1) 운영환경 준비 활동에 대한 고려사항

이러닝 운영을 시작하기 전에 학습 사이트와 학습관리시스템(LMS)의 전반적인 운영환경을 점검하여 문제 발생 가능 요소를 사전에 제거해야 한다.

체크리스트

☐ 학습 사이트 접속 상태를 점검하고 오류를 사전에 해결하였다.
☐ 학습관리시스템(LMS)에 접속하여 시스템 전반의 정상 작동 여부를 확인하였다.
☐ 학습 진행 도구 및 기능(진도, 과제, 평가, 게시판 등)의 오류 여부를 점검하였다.
☐ 멀티미디어 콘텐츠가 PC·모바일 등 다양한 기기 환경에서 정상적으로 구동되는지 확인하였다.
☐ 교육과정별 콘텐츠 오류를 점검하고, 필요한 경우 수정 요청을 진행하였다.

2) 교육과정 개설 활동에 대한 고려사항

교육과정 개설 단계에서는 학습자에게 제공될 교육과정의 구조와 콘텐츠가 LMS에 정확히 반영되어야 한다.

체크리스트

☐ 제공 예정 교육과정의 특성과 운영 방식을 분석하였다.
☐ 학습관리시스템(LMS)에 교육과정 및 세부 차시를 등록하였다.
☐ 교재 자료, 강의계획서, 학습자료를 LMS에 등록하였다.
☐ 설문, 과제, 퀴즈 등 학습 관련 요소를 등록하였다.
☐ 교육과정 평가 문항을 LMS에 등록하였다.

3) 학사일정 수립 활동에 대한 고려사항

학습자의 원활한 학습 진행을 위해 명확한 학사일정을 수립하고 공유해야 한다.

체크리스트

☐ 연간 학사일정을 기준으로 개별 학사일정을 수립하였다.
☐ 수립된 학사일정이 학습 진행에 적절한지 검토하였다.
☐ 교·강사의 사전 운영준비를 위해 학사일정을 교·강사에게 공지하였다.
☐ 학습자의 사전 학습준비를 위해 학사일정을 학습자에게 안내하였다.
☐ 운영예정 교육과정에 대해 관계기관에 필요한 절차에 따라 신고하였다.

4) 수강 신청관리 활동에 대한 고려사항

수강 신청 단계에서는 학습자 관리와 운영 인력 배치가 적절히 이루어져야 한다.

- ☐ 개설된 교육과정별 수강 신청 명단을 확인하고 신청 처리를 완료하였다.
- ☐ 수강 승인된 학습자에게 과정 운영 일정 및 안내 사항을 공지하였다.
- ☐ 교육과정 운영을 위해 운영자 정보를 LMS에 등록하였다.
- ☐ 교육과정별 교·강사를 지정하였다.
- ☐ 학습자별 수강 변경사항에 대한 사후처리를 진행하였다.

🔑 수험 TIP

운영 전 활동계획은 운영환경 준비 → 교육과정 개설 → 학사일정 수립 → 수강 신청관리 순으로 진행된다.

2. 운영 중 활동계획

운영 중 활동계획은 이러닝 과정이 정상적으로 진행되도록 학사관리, 교·강사 지원, 학습 활동 지원, 평가관리 전반을 지속적으로 점검·지원하는 단계이다. 운영 중 발생하는 문제에 신속히 대응하고 학습 품질을 유지·개선하는 것이 핵심 목적이다.

1) 학사 관리 지원

(1) 학습자 정보 확인 활동

과정 운영 중 학습자 관리의 정확성을 확보하기 위한 활동이다.

체크리스트

- ☐ 과정에 등록된 학습자 현황을 확인하였다.
- ☐ 학습자 정보(인적사항, 수강 정보)를 정확히 관리하였다.
- ☐ 중복 신청 및 신청 오류 사항을 학습자에게 안내하였다.
- ☐ 과정 등록 학습자 명단을 감독 기관에 신고하였다.

(2) 성적처리 활동

학습자의 성취를 공정하게 반영하기 위한 핵심 관리 영역이다.

체크리스트

- ☐ 평가 기준에 따른 평가 항목을 확인하였다.
- ☐ 평가 항목별 반영비율을 확인하였다.
- ☐ 성적 이의신청 내용을 처리하였다.
- ☐ 학습자의 최종성적을 확인하였다.
- ☐ 과정 이수 학습자의 성적을 분석하였다.

(3) 수료 관리 활동

과정 수료 여부를 명확히 관리하고 공식 결과를 처리하는 단계이다.

체크리스트

- ☐ 운영계획서에 따른 수료 기준을 확인하였다.
- ☐ 수료 기준에 따라 수료자·미수료자를 구분하였다.
- ☐ 출결·점수 미달 등 미수료 사유를 학습자에게 안내하였다.
- ☐ 수료자에게 수료증을 발급하였다.
- ☐ 감독 기관에 수료 결과를 신고하였다.

2) 교·강사 활동 지원

(1) 교·강사 선정·관리 활동

체크리스트

- ☐ 자격요건에 부합하는 교·강사를 선정하였다.
- ☐ 과정 특성에 적합한 교·강사를 배정하였다.
- ☐ 교·강사 활동평가를 반영하여 필요 시 변경하였다.
- ☐ 교·강사 정보 보호 절차를 마련하였다.
- ☐ 교·강사 자격심사 기준을 적용하였다.

(2) 교·강사 사전교육 활동

체크리스트

- ☐ 교·강사 교육용 매뉴얼을 작성하였다.
- ☐ 교·강사에게 필요한 자료를 분석하여 교육에 활용하였다.
- ☐ 교·강사 교육 목표 및 평가 기준을 수립하였다.

(3) 교·강사 활동 안내

체크리스트

- ☐ 학사일정 및 교수·학습 환경을 안내하였다.
- ☐ 학습평가 진행 방법을 안내하였다.
- ☐ 교·강사 활동평가 기준을 안내하였다.
- ☐ 학습촉진 방법을 교·강사에게 안내하였다.

(4) 교·강사 활동 개선 지원

- ☐ 과제 제출·채점·출제·평가를 독려하였다.
- ☐ 학습자 상호작용을 촉진하도록 독려하였다.
- ☐ 필요한 보조자료 제공을 지원하였다.
- ☐ 교·강사 활동의 적절성을 점검하고 피드백을 제공하였다.
- ☐ 교·강사 불편사항을 조사하고 해결방안을 마련하였다.
- ☐ 자체 해결 불가 사항을 관련 부서에 전달하고 처리 결과를 확인하였다.

3) 학습 활동 지원

(1) 학습환경 지원

- ☐ 학습 가능한 PC·모바일 환경을 확인하였다.
- ☐ 학습자의 질문 및 요청사항에 대응하였다.
- ☐ 원격 학습환경을 안정적으로 유지하였다.
- ☐ 문제 발생 시 대응방안을 수립하였다.

(2) 학습 안내 활동

- ☐ 학습 시작 전 학습절차를 안내하였다.
- ☐ 과제수행 방법을 안내하였다.
- ☐ 평가 기준을 안내하였다.
- ☐ 상호작용 방법을 안내하였다.
- ☐ 학습자료 활용 방법을 안내하였다.

(3) 학습촉진 활동

- ☐ 학습 진도를 관리하였다.
- ☐ 과제 및 평가 참여를 독려하였다.
- ☐ 상호작용 활동을 촉진하였다.
- ☐ 온라인 커뮤니티 활동을 지원하였다.
- ☐ 학습 중 발생한 질의를 신속히 대응하였다.

☐ 학습 참여를 유도하고 동기를 부여하였다.
☐ 학습 의욕 저하 학습자를 관리하였다.

(4) 수강오류 관리 활동

체크리스트

☐ 학습 진도 오류를 파악하고 해결하였다.
☐ 과제·성적 처리 오류를 파악하고 해결하였다.
☐ 수강오류 발생 시 처리방법을 공지하였다.

4) 과정 평가관리

(1) 과정만족도 조사

체크리스트

☐ 필수 조사 항목을 파악하였다.
☐ 과정 특성을 반영한 만족도 조사지를 개발하였다.
☐ 학습자 대상 만족도 조사를 실시하였다.
☐ 조사 결과를 분석하였다.

(2) 학업성취도 관리

체크리스트

☐ LMS 성적 자료를 기반으로 학업 성취도를 확인하였다.
☐ 과정별 학업 성취도를 분석하였다.
☐ 타 과정과 비교하여 성취도 차이를 분석하였다.
☐ 학업성취도 향상을 위한 운영전략을 마련하였다.

🔑 **수험 TIP**

운영 중 활동계획의 핵심은 학사관리, 교·강사 지원, 학습지원, 평가관리의 지속적 점검과 개선이다.

3. 운영 후 활동계획

운영 후 활동계획은 과정 운영이 종료된 이후, 운영 과정에서 발생한 결과를 체계적으로 분석하고 개선 사항을 도출하여 다음 운영에 반영하는 단계이다. 운영 성과관리는 크게 콘텐츠 운영 결과, 교·강사 운영 결과, 시스템 운영 결과로 구분하여 수행한다.

1) 운영 성과관리

(1) 콘텐츠 운영 결과관리 활동

콘텐츠 운영 결과관리는 학습 목표 달성 여부와 콘텐츠 구성·운영의 적절성을 점검하고 개선점을 도출하는 활동이다.

체크리스트

☐ 콘텐츠의 학습 내용이 과정 운영 목표에 맞게 구성되었는지 확인하였다.
☐ 콘텐츠가 과정 운영 목표에 맞게 개발되었는지 확인하였다.
☐ 콘텐츠가 과정 운영 목표에 맞게 운영되었는지 확인하였다.

(2) 교·강사 운영 결과관리 활동

교·강사 운영 결과관리는 교·강사의 활동 수행 수준과 성과를 평가하고, 분석 결과를 피드백하여 다음 운영에 반영하는 활동이다.

체크리스트

☐ 교·강사 활동의 평가 기준을 수립하였다.
☐ 평가 기준에 따라 교·강사의 활동 수행 여부를 확인하였다.
☐ 교·강사 활동 결과(질의응답, 첨삭지도, 채점 독려, 보조자료 등록, 상호작용 촉진, 학습 참여 유도 등)를 분석하였다.
☐ 교·강사 활동 분석 결과를 피드백하였다.
☐ 교·강사 활동 평가결과에 따라 등급을 구분하였다.
☐ 교·강사 평가결과를 다음 과정 운영에 반영하였다.

(3) 시스템 운영 결과관리 활동

체크리스트

☐ 시스템 운영 결과를 취합하여 운영 성과를 분석하였다.
☐ 과정 운영에 필요한 시스템 도구의 요구사항을 분석하였다.
☐ 과정 운영에 필요한 시스템 기능의 개선/추가 개발 요구사항을 도출하였다.
☐ 개선/추가 개발 제안 내용을 정리하여 제안하였다.
☐ 제안된 내용의 시스템 반영 여부를 확인하였다.

4. 단계별 목표와 평가 준거

이러닝 운영을 효과적으로 관리하기 위해서는 운영 전-운영 중-운영 종료 후의 단계별 절차와 목표를 명확히 설정하고, 각 단계에 적합한 평가 준거를 통해 운영 성과를 체계적으로 점검할 필요가 있다.

1) 단계별 절차 및 목표

이러닝 운영은 운영 전-운영 중-운영 종료 후의 단계로 구분되며, 각 단계마다 수행해야 할 절차와 달성해야 할 목표가 서로 다르다. 단계별 절차와 목표를 명확히 설정하면 운영 과정에서의 혼선을 줄이고, 학습 품질과 운영 효율성을 체계적으로 관리할 수 있다. 다음 표는 이러닝 운영의 각 단계별로 주요 절차, 목표, 세부 운영 내용을 정리한 것이다.

[표] 이러닝 운영 전 단계의 절차·목표 및 세부 내용

구분	내용
절차	- **목표 및 학습 내용 정의**: 이러닝의 목적과 전달할 학습 내용을 명확히 정의 - **콘텐츠 제작·구입**: 학습 내용에 적합한 콘텐츠를 제작하거나 필요 시 외부 콘텐츠 구입 - **플랫폼 및 기술 선택**: 이러닝 운영에 적합한 LMS 및 기술 요소 선정 - **테스트 및 피드백**: 초기 사용자 또는 내부 인력을 대상으로 콘텐츠 및 시스템 테스트 후 피드백 수집 - **개선 및 최종 준비**: 피드백을 반영하여 개선 후 운영준비 완료
목표	- 명확하고 효과적인 학습 내용 제공 - 사용자 친화적인 플랫폼 및 기술 환경 구축 - 초기 문제점의 사전 발견 및 수정
세부 내용	- **운영 기획과정**: 운영 요구분석, 운영제도 분석, 운영계획 수립 - **운영준비 과정**: 운영환경 분석, 교육과정 개설, 학사 일정 수립, 수강 신청관리

[표] 운영 중 단계의 절차·목표 및 세부 내용

구분	내용
절차	- **이러닝 과정 시작 안내**: 학습자에게 이러닝 과정 시작 안내 - **모니터링 및 지원**: 학습 진행 상황을 지속적으로 점검하고 필요한 지원 제공 - **중간 피드백 수집**: 운영 중 발생하는 문제점과 개선 의견 수집 - **수정 및 업데이트**: 피드백을 반영하여 콘텐츠 및 시스템 보완
목표	- 원활한 학습 진행 보장 - 학습자의 문제점 및 요구사항 파악 - 콘텐츠 및 플랫폼의 지속적 최적화
세부 내용	- **학사관리**: 학습자 관리, 성적처리, 수료 관리 - **교·강사 활동 지원**: 교·강사 선정관리, 활동 안내, 수행 관리, 불편사항 지원 - **학습 활동 지원**: 학습환경 지원, 학습 과정 안내, 학습촉진, 수강오류 관리 - **과정 평가관리**: 과정만족도 조사, 학업 성취도 관리, 평가 타당성 검토, 결과 보고

<h2 style="text-align:center">[표] 운영 후 단계의 절차·목표 및 세부 내용</h2>

구분	내용
절차	- **평가 및 피드백 수집**: 학습자 만족도, 콘텐츠, 플랫폼, 학습 경험에 대한 평가를 수집 - **결과 분석**: 과정 운영 성과와 학습성취도를 분석 - **개선 사항 도출**: 분석 결과를 바탕으로 개선점을 도출 • **재사용·재개발**: 재사용 가능한 콘텐츠와 기술을 선별하고 필요 시 재개발
목표	- 이러닝 운영 성과의 종합적 평가 - 지속적인 개선 및 품질 고도화 - 재사용 가능한 자산의 효율적 활용
세부 내용	- **운영 성과관리**: 콘텐츠 평가관리, 교·강사 평가관리, 시스템 운영 활동 결과관리, 개선 사항 관리, 최종 평가보고서 작성 - **유관부서 업무 지원**: 매출, 사업기획, 콘텐츠, 영업 관련 업무 지원

2) 단계별 평가 준거

이러닝 운영에서 평가는 단순한 성취도 측정에 그치지 않고, 학습 설계의 적절성, 학습 진행 과정의 효율성, 학습 결과의 성과와 만족도를 종합적으로 점검하기 위한 기준으로 활용된다. 단계별 평가 준거는 학습 전-학습 중-학습 후로 구분되며, 각 단계에서 평가의 목적과 내용, 활용 방식이 다르다. 이를 통해 이러닝 과정의 품질을 체계적으로 관리하고, 평가결과를 다음 운영 및 콘텐츠 개선에 반영할 수 있다.

(1) 학습 전 평가 (진단평가, Diagnostic Assessment/ Pre-test)

학습 전 평가는 이러닝 과정이 본격적으로 시작되기 전에 학습 설계의 적절성과 기술 환경의 준비 상태를 점검하기 위해 실시하는 평가이다. 학습자의 요구와 수준을 사전에 파악하고, 학습 목표·콘텐츠·플랫폼의 적합성을 검토함으로써 효과적인 학습 운영의 기초를 마련한다.

<h2 style="text-align:center">[표] 학습 전 평가 항목 및 확인 문항</h2>

구분	내용
목적	학습 설계의 적절성 및 기술 환경의 준비 상태 점검
평가 내용	• 학습자의 필요성과 배경을 분석하여 학습 내용과 방법 결정 • 학습 목표와 콘텐츠의 일치성 검토 • 플랫폼·도구·기술의 적합성 평가
확인 문항	• 학습자의 필요성은 어떻게 조사되었는가? • 학습 목표는 구체적이고 명확한가? • 콘텐츠는 학습 목표와 일치하는가? • 학습자의 수준에 적합한가? • 플랫폼과 도구는 효과적인 학습을 지원하는가?

(2) 학습 중 평가 (형성평가, Formative Assessment)

학습 중 평가는 학습이 진행되는 과정에서 학습자의 참여도와 진행 상황을 지속적으로 점검하고, 운영 중 발생하는 문제를 개선하기 위해 실시하는 평가이다. 이를 통해 학습 진행을 조정하고 상호작용을 강화하여 학습 효과를 높인다.

[표] 학습 중 평가 항목 및 확인 문항

구분	내용
목적	학습 진행 상황 점검 및 운영 중 개선
평가 내용	• 학습 진행도와 참여도 평가 • 상호작용 수준 평가(학습자-콘텐츠, 학습자-학습자, 학습자-강사) • 중간 피드백 수집 및 반영
확인 문항	• 학습 진행도와 참여도는 적절한가? • 상호작용은 충분히 이루어지고 있는가? • 커뮤니케이션은 원활한가? • 중간 피드백 수집 및 반영 체계가 마련되어 있는가?

(3) 학습 후 평가 (총괄평가, Summative Assessment / Post-test)

학습 후 평가는 이러닝 과정이 종료된 이후 학습 성과와 운영 결과를 종합적으로 평가하기 위해 실시하는 평가이다. 학습 목표 달성 여부와 학습자 만족도, 플랫폼의 안정성을 분석하고, 그 결과를 바탕으로 향후 과정 개선과 재설계에 활용한다.

[표] 학습 후 평가 항목 및 확인 문항

구분	내용
목적	학습 성과 및 운영 결과의 종합 평가
평가 내용	• 학습 목표 달성도 평가 • 학습만족도 평가 • 플랫폼의 기술적 안정성 평가 • 종합 피드백 수집 및 개선 사항 도출
확인 문항	• 학습 목표 달성도는 어떻게 평가되었는가? • 학습자 만족도 조사 결과는 어떠한가? • 기술적 문제는 없었는가? • 종합 피드백을 바탕으로 개선 사항이 도출되었는가?

주요 학습 목표

1. 학습자 관점에서 효과적인 학습이 이루어질 수 있도록 운영 활동을 수행할 수 있다.

2. 운영자 관점에서 효율적인 관리가 이루어질 수 있도록 운영 활동을 수행할 수 있다.

3. 시스템의 관점에서 효율적인 관리가 될 수 있도록 운영 활동을 수행할 수 있다.

4. 학습자 만족이 이루어질 수 있도록 운영 활동을 수행할 수 있다.

5. 운영 활동결과를 보고 양식에 맞게 작성할 수 있다.

6. 운영 활동결과 보고에 따른 후속 조치를 수행하여 부족한 부분을 개선할 수 있다.

7. 운용 활동결과에 따른 피드백을 다음 운영 활동에 반영할 수 있다.

1. 학사 관리

이러닝 운영 학사 관리는 학습자의 정보를 확인하고 성적처리를 수행한 후 수료 기준에 따라 처리할 수 있는 활동이다. 이러닝 운영 활동에 대한 결과를 관리하는 과정에서 운영 진행 활동 중 학사 관리에 대한 지원이 운영계획서에 맞게 수행되었는지를 확인하는 것은 매우 중요하다.

1) 학습자 정보 관리 점검

학습자 정보 관리는 이러닝 학사 관리의 출발점으로, 수강 권한·성적 처리·수료 여부와 직접 연계되는 핵심 영역이다. 과정운영자는 운영계획서에 따라 등록 현황 확인, 정보 변경 관리, 중복·오류 처리, 명단 관리 및 신고가 정확히 수행되었는지를 점검해야 한다. 이를 통해 학사 운영의 정확성과 이후 성적·수료 처리의 신뢰성을 확보할 수 있다.

[표] 학습자 정보 관리 점검표(등록·변경·중복·명단 관리)

점검 영역	점검 내용(확인 문항)	수행 여부
등록 현황	과정에 등록된 학습자 현황을 확인하였다.	☐
정보 변경·관리	과정에 등록된 학습자 정보(개인정보·수강 정보)를 관리하였다.	☐
중복·오류 처리	중복 신청 및 신청 오류 발생 시 학습자에게 안내하고 정정 처리하였다.	☐
명단 관리·신고	과정 등록 학습자 명단을 감독 기관에 신고하였다(해당 과정).	☐

🔑 수험 TIP

학습자 정보 관리 점검은 등록·변경·중복·명단 관리의 정확성을 확보하여 성적 및 수료 관리의 신뢰성을 보장하는 학사 관리의 핵심 단계이다.

2) 성적처리 점검

성적처리 관리는 학습자의 수료 여부와 직결되므로, 운영자는 운영계획서에 따라 성적 산정 기준이 정확히 적용되었는지를 점검해야 한다. 이를 위해 평가 기준에 따른 평가 항목 확인, 평가 항목별 반영비율 점검, 성적 이의신청 처리, 최종성적 확정 여부 확인을 체계적으로 수행한다. 성적처리 점검은 학습자 신뢰를 확보하고 민원 발생을 예방하는 핵심 절차이다.

[표] 성적처리 점검표(평가 기준·반영비율·이의신청·최종성적)

점검 영역	점검 내용(확인 문항)	수행 여부
평가 기준	평가 기준에 따른 평가 항목을 확인하였다.	☐
반영비율	평가 항목별 평가 비율(반영비율)을 확인하였다.	☐
이의신청	학습자가 제기한 성적 이의신청 내용을 처리하였다.	☐
최종성적	학습자의 최종성적 확정 여부를 확인하였다.	☐

🔑 수험 TIP

성적은 일반적으로 진도율 + 과제 점수 + 평가(시험) 점수의 조합으로 산출된다.
성적 이의신청은 운영절차에 따라 처리하며, 임의 수정은 원칙적으로 제한된다.

3) 수료 관리 점검

- 수료 관리는 이러닝 학사 관리의 최종 단계로, 학습자의 학습 결과를 공식적으로 확정하는 핵심 업무이다.
- 과정운영자는 운영계획서에 명시된 수료 기준을 정확히 확인하고, 기준에 따라 수료자·미수료자를 명확히 구분하여 처리해야 한다. 또한, 출결·진도율·평가 점수 등 미수료 사유를 확인하고 사전에 안내해 민원을 예방하며, 최종 수료 결과는 감독 기관에 정확히 신고하여 운영의 적정성과 신뢰성을 확보해야 한다.

수료 관리 활동 확인 문항	수행 여부 확인
운영계획서에 따른 수료 기준을 확인하였는가?	☐
수료 기준에 따라 수료자와 미수료자를 정확히 구분하였는가?	☐
출결, 진도율, 점수 미달 등 미수료 사유를 확인하고 학습자에게 안내하였는가?	☐
과정 수료자에게 수료증을 정상적으로 발급하였는가?	☐
감독 기관에 수료 결과를 기준에 맞게 신고하였는가?	☐

🔑 수험 TIP (함께 기억해 두세요)

수료 관리 = 학사 관리의 '마무리 단계'
핵심 키워드: 수료 기준 → 수료/미수료 구분 → 수료증 발급 → 결과 보고

4) 학사 관리운영 시 유의사항(학습자 관점)

학사 관리는 학습자가 이러닝 과정에 원활하게 참여하고, 불필요한 혼란 없이 학습 성과를 달성하도록 지원하는 데 목적이 있다. 따라서 운영자는 행정 중심의 관리가 아니라, 학습자의 학습 경험과 편의성을 고려한 운영을 수행해야 한다.

(1) 학습환경 지원에 대한 유의사항

- 학습환경 지원은 학습자의 접속 환경과 사용 기기, 기술 수준을 고려하여 학습이 중단되지 않도록 돕는 활동이다.
- 운영자는 학습자의 인터넷 접속 상태, PC·모바일 기기 환경 등을 파악하고, 학습 중 발생하는 기술적 문제를 신속하게 해결할 수 있도록 지원해야 한다.
- 기술적 문제 발생 시, 학습자가 즉시 도움을 받을 수 있는 지원 체계를 마련한다.
- 다양한 기기 환경에서도 학습이 가능하도록 플랫폼 최적화를 고려한다.
- 학습자료, 도구, 참고 자료 등을 충분히 제공하여 학습 접근성을 높인다.

(2) 학습안내 활동에 대한 유의사항

- 학습안내 활동은 학습자가 학습절차와 요구사항을 명확히 이해하도록 돕는 핵심 운영 요소이다.
- 안내가 부족할 경우 학습자의 혼란, 이탈, 민원으로 이어질 수 있으므로 체계적인 안내가 필요하다.
- 이러닝 과정의 목표, 구성, 진행 방식을 명확히 안내한다.
- 학습 진도 관리 방법과 과제수행 절차, 평가 기준을 사전에 안내한다.
- FAQ, Q&A 게시판, 질의응답 세션 등을 통해 학습자의 궁금증을 신속히 해소한다.

(3) 학습촉진 활동에 대한 유의사항

- 학습촉진 활동은 학습자의 참여도와 지속성을 높이기 위한 활동으로, 학습자 관점에서는 동기 유지와 학습 몰입도가 핵심이다.
- 토론 게시판, 협업 과제 등을 통해 상호작용 기회를 제공한다.
- 학습자가 스스로 목표를 설정하고 점검할 수 있도록 자기 주도학습을 지원한다.
- 배지, 과제, 피드백 등 다양한 방식으로 학습 동기를 유발한다.

(4) 수강오류 관리에 대한 유의사항

- 수강오류 관리는 학습자가 학습을 지속하는 데 직접적인 영향을 미치는 요소로, 신속성과 명확성이 중요하다.
- 접속 오류, 로그인 오류, 진도 반영 오류 등 학습 중 발생하는 문제를 즉시 파악한다.
- 오류 원인을 학습자 환경 문제와 시스템 문제로 구분하여 대응한다.

- 운영자가 직접 처리할 수 없는 오류는 기술 지원팀에 신속히 요청한다.
- 오류 처리 결과와 향후 조치 사항을 학습자에게 명확히 안내한다.

5) 학사 관리운영 시 유의사항(운영자 관점)

운영자 관점의 학사 관리는 이러닝 과정이 계획대로 안정적으로 운영되고, 행정·학습·평가 전반이 일관성 있게 관리되도록 하는 데 목적이 있다. **운영자**는 학습자 지원뿐 아니라 시스템, 교육과정, 학사 절차 전반을 총괄적으로 관리해야 하며, 각 단계별 운영 활동이 운영계획서에 따라 적절히 수행되고 있는지를 지속적으로 점검해야 한다.

(1) 운영환경 준비

- 이러닝 운영환경은 학습 사이트와 학습관리시스템(LMS)으로 구성되며, 운영자는 운영 전·중·후 전 과정에서 해당 환경을 점검해야 한다.
- 학습 사이트는 웹 기반 서비스로 제공되므로, 개발 환경과 학습자 사용 환경의 차이로 인한 학습 불편이 발생하지 않도록 사전 점검이 필요하다.
- 학습관리시스템(LMS)은 학습자의 진도, 성적, 출결 등을 관리하는 핵심 시스템으로, 정상 작동 여부를 반드시 확인해야 한다.
- 교수·학습 전략의 적절성, 학습 목표의 명확성, 학습 내용의 정확성, 학습 분량의 적절성 등을 정기적으로 점검해야 한다.
- 다양한 기기 및 멀티미디어 환경에서 콘텐츠가 정상적으로 구동되는지 확인하여 운영 중 오류를 최소화해야 한다.

(2) 교육과정 개설 활동

- 교육과정 개설 활동은 교육과정의 구조와 학습 요소를 LMS에 정확히 반영하는 과정이다.
- 교육과정의 특성과 운영 방식을 분석한 후 세부 차시, 사전 자료, 평가 문항 등을 LMS에 등록한다.
- 교육과정은 교육 목표 달성을 위해 내용과 활동을 체계적으로 구성한 것으로, 교수설계자가 설계하고 운영자가 이를 정확히 이해해야 한다.
- 이러닝 교육과정은 일반적으로
- 교육과정 분류 → 강의 생성 → 과정 구성 → 과정 개설의 절차로 이루어진다.

(3) 학사일정 수립 활동

- 학사일정 수립은 학습자의 학습 흐름과 운영 전반의 기준이 되는 중요한 활동이다.
- 연간 학사일정을 기준으로 개별 과정의 학사일정을 수립한다.
- 수립된 학사일정은 학습자 및 협업부서에 공지하며, 홈페이지나 팝업 메시지 등을 활용할 수 있다.
- 협업부서와의 정보 공유를 통해 운영 효율성을 높이고 조직 차원의 업무 연계를 강화해야 한다.

(4) 수강 신청관리 활동

- 수강 신청관리 활동은 학습자 입과 및 운영 인력 배치와 직결되는 행정 관리 활동이다.
- 과정별 수강 신청자를 확인하고 승인 또는 취소 처리를 수행한다.
- LMS에서 수강 신청 현황을 확인하며, 자동 승인되지 않는 경우 운영자가 직접 승인해야 한다.
- 승인된 학습자에게 과정 운영 일정과 입과 관련 안내를 제공하고, 교·강사를 지정한다.

(5) 학습자 정보 확인 활동

- 학습자 정보 확인 활동은 학사 관리의 기초이자 성적·수료 관리의 출발점이다.
- 과정에 등록된 학습자 정보와 현황을 점검하고 신청 오류 발생 여부를 확인한다.
- 오류 발생 시 학습자에게 안내하고, 필요 시 전화 상담 등으로 처리한다.
- 학습자 정보 보안을 철저히 관리해야 하며, 학습자 명단은 공문서 형태로 감독 기관에 정확히 신고한다.

(6) 성적처리 활동

- 성적처리 활동은 평가의 공정성과 학습 결과의 신뢰성을 확보하는 핵심 운영 활동이다.
- 평가 기준과 평가 항목별 반영비율에 따라 학습자의 성적을 확인·분석한다.
- LMS에 설정된 평가 항목과 비율이 교·강사의 평가 계획서와 일치하는지 확인해야 한다.
- 성적 이의신청은 전화, 이메일, 게시판 등 다양한 채널을 통해 접수·처리할 수 있다.
- 이의신청 처리 후 최종성적을 학습자가 확인할 수 있도록 안내하며, 성적 분석 결과를 운영에 반영한다.

(7) 수료 관리 활동

- 수료 관리 활동은 학습자의 학습 결과를 공식적으로 확정하는 최종 단계이다.
- 운영계획서에 명시된 수료 기준을 바탕으로 수료 여부를 확인한다.
- 미수료자의 경우 원인을 파악하여 안내하고, 수료자에게는 수료증을 발급한다.
- 수료 결과는 감독 기관에 정확히 보고하여 운영의 적정성과 신뢰성을 확보해야 한다.
- 성적처리 결과와 시스템 정보가 수료 기준과 일치하는지 최종 확인 후 수료 처리를 진행한다.

운영자 관점의 학사 관리는 운영환경·교육과정·학사일정·수강·성적·수료를 체계적으로 관리하여 이러닝 운영의 안정성과 신뢰성을 확보하는 활동이다.

2. 교·강사 관리

1) 교·강사 선정 및 계약 관리

- **교·강사 선정 및 계약 관리**는 이러닝 과정의 교육 품질을 좌우하는 핵심 관리 활동으로, 과정의 특성과 운영전략에 적합한 교·강사를 선발하고, 그 활동을 안정적으로 수행할 수 있도록 제도적·행정적 기반을 마련하는 것을 목적으로 한다.

- 과정운영자는 교·강사 선정 시 자격요건 충족 여부, 전문성, 운영전략과의 적합성을 종합적으로 검토해야 하며, 선정 이후에도 활동 이력 관리와 평가결과를 반영하여 교·강사 배치 또는 변경이 이루어졌는지를 점검해야 한다.

- 또한, 교·강사의 개인정보 및 활동 정보 보호를 위한 정책과 절차를 마련하고, 자격 심사 기준과 선발 절차가 관련 법령 및 내부 운영 기준에 따라 적용되었는지 확인하는 것이 중요하다.

① 교·강사 자격요건(노동부 기준) 정리

원격훈련 과정의 교·강사는 고용노동부가 정한 자격 기준을 충족해야 하며, 일반적으로 학력·연구 경력·국가기술자격·실무 경력·전문지식 중 하나 이상의 요건을 갖추어야 한다. 운영자는 교·강사 선정 시 해당 요건 충족 여부를 확인하고, 과정 특성과 난이도에 적합한 전문성을 갖추었는지 함께 검토해야 한다.

[표] 교·강사 자격요건(노동부 기준)

구분	자격요건(요약)	핵심 포인트
학력 + 훈련경력	대학·산업대학·전문대학 졸업(또는 동등 학력 인정) 후 해당 분야 교육·훈련 경력 1년 이상	학력 인정 + 훈련경력 필요
연구경력	연구기관·기업부설 연구소 등에서 해당 분야 연구 경력 1년 이상	연구 수행 경력 중심
자격증	「국가기술자격법」 등 법령에 따라 국가가 관리·운영하는 해당 분야 자격증 취득	국가 공인 자격 여부
실무경력	해당 분야 실무경력 1년 이상	현장 경험 기반
기타 전문지식	해당 분야 훈련생을 가르칠 수 있는 전문지식 보유자로서 고용노동부령이 정한 사람	예외·포괄 조항(령 기준)

② 교·강사의 선발방법·기준

- 교·강사 선발은 과정의 성격(기업교육/원격훈련), 훈련기관의 운영 여건(등급·지역), 과정 수준(기초/고급)에 따라 방식과 기준이 달라진다. 기업교육에서는 내부 네트워크를 활용한 추천 방식이 일반적이며, 원격훈련과정에서는 외주개발 시 외주기관을 통해 교·강사를 함께 확보하는 경우가 많다.
- 또한, 원격훈련기관의 등급이 높거나 수도권에 위치한 경우 채용 전문기관, 관련 단체, 자사 홈페이지 등을 활용한 공개 모집이 비교적 활발하게 이루어지는 반면, 등급이 낮은 기관은 노동부 자격 기준을 중심으로 최소 요건 충족 여부에 초점을 두고 선발하는 경향이 있다.
- 원격훈련에서는 학위 중심보다 실무경력 중심의 선호가 존재하지만, 현장에서는 적합 인력 수급의 한계로 '관련 분야 석사학위 이상' 조건이 활용되는 경우도 많다. 특히 고급 과정은 교수·학습 설계 및 학습촉진 역량이 중요하므로 내용 전문성뿐 아니라 교수·학습 전문성을 갖춘 교·강사를 선발해야 한다. 선발 이후에는 단순한 내용 전달자보다 학습 참여를 지원하고 학습을 촉진하는 학습지원자 역할을 수행할 수 있도록 운영 차원의 지원이 필요하다.

[표] 교·강사 선발방법·기준

구분	선발방법	선발 기준	유의사항
기업교육	현직 교·강사 추천 등 내부 네트워크	현장 적합성, 조직 문화 이해	추천 중심이라도 최소 자격·검증 절차 필요
원격훈련 (외주개발)	외주기관 통해 교·강사 동시 확보	콘텐츠 운영 적합성, 협업 가능성	외주 계약 범위·역할(튜터/강사) 명확화 필요
원격훈련기관 (등급 높음/수도권)	채용 전문기관, 업종 단체, 자사 홈페이지 등 공개 모집	다양한 후보군 비교, 검증 강화	공개성·절차적 정당성 확보에 유리
원격훈련기관 (등급 낮음)	제한된 채용 경로(최소 요건 충족 중심)	노동부 자격 기준 충족 여부 중심	최소 요건만으로 품질 저하 위험 → 사후 지원·평가 강화 필요
원격훈련 선발 경향	(선호) 실무경력자 (현실) 석사 이상 조건 활용 사례	실무역량 vs 학력요건의 균형	인력 수급 한계 고려하여 기준의 현실성 점검
과정 수준 (고급 과정)	교수·학습 전문가 확보 필요	교수설계 이해, 상호작용 촉진, 학습지원 역량	단순 내용 전문성만으로 부족(학습촉진 역량 필수)
선발 이후 운영	교·강사 활동 지원 체계 마련	학습지원자(촉진자) 역할 수행	내용 교육보다 학습자 지원·촉진 수행이 핵심

[표] 교·강사 선정관리 활동 확인 문항

수료 관리 활동 확인 문항	수행 여부 확인
노동부 기준 등 관련 법령에 따른 자격요건을 충족하는 교·강사를 선정하였는가?	☐
과정의 운영전략과 교육 목표에 적합한 교·강사를 선정하였는가?	☐
교·강사 활동 평가결과를 반영하여 교·강사 배치 또는 변경을 검토·실행하였는가?	☐
교·강사 개인정보 보호를 위한 절차와 관리 정책을 수립·적용하였는가?	☐
과정별 교·강사의 활동 이력을 체계적으로 관리하고 성과를 정리하였는가?	☐
교·강사 자격심사를 위한 기준과 절차를 마련하고 이를 실제로 적용하였는가?	☐

2) 교·강사 사전교육 운영

- **교·강사 사전교육**은 과정 운영의 일관성과 품질을 확보하기 위해, 운영계획서에 근거하여 학사 정보, 일정, 지침 및 운영절차를 교·강사에게 사전에 안내하고 숙지시키는 활동이다.
- 운영자는 교·강사가 과정 시작 전부터 종료 후까지 수행해야 할 역할을 명확히 이해할 수 있도록 운영 매뉴얼과 교육 자료를 문서화하여 제공해야 하며, 사전교육의 목표를 설정하고 이를 점검할 수 있는 평가 준거(체크 항목)를 함께 마련해야 한다.

[표] 학습 진행 단계별 운영 활동

단계	운영 활동	주요 활동	수행 주체
학습 진행 중	학습 진행 안내	• 과정 오픈 안내 및 인사말 발송(e-mail, SMS) • 학습 일정 및 수료 기준 자동 공지	교·강사 학습관리자 LMS(시스템)
	학습자 본인인증	• 학습 시작 전 본인인증 절차 수행	학습자
	학습자 모니터링	• 학습자별 학습현황 점검(진도율, 평가 제출 현황 등) • 부진 학습자 식별 및 학습 독려	교·강사 과정운영자 학습관리자
	교·강사 활동 모니터링	• 평가 문항 출제 여부 확인 • 과제 첨삭·채점 활동 점검 • 기타 학습 활동 출제 및 채점 확인	교·강사 과정운영자
	학습 독려	• 학습 진도 및 평가 수행 독려(e-mail, SMS) • 학습 부진자·미수행자 독려 및 월별 평가 안내 • 종료 전 만족도 조사 안내	교·강사 학습관리자 과정운영자
	학습촉진·지원	• 수준별 보충 학습자료 개발·제공 • 학습 질의응답 운영(24시간 이내 응답 원칙) • 원격지원 및 인바운드 문의 대응 • 1:1 실시간 메신저 및 이메일 답변	교·강사 과정운영자 학습관리자

단계	운영 활동	주요 활동	수행 주체
학습 종료 후	**수료 처리**	• 채점 완료 및 최종성적 확정 • 성적 이의신청 접수 및 처리	교·강사
	과정 운영 결과보고	• 과정 종료 후 운영 결과 정리 • 수료율, 참여 현황, 과정만족도 등 내부 보고 • 운영 개선 사항 의견 제시	교·강사 과정운영자

[표] 사전교육의 핵심 구성 요소

구분	주요 내용
운영계획서 기반 사전 안내	• 과정 운영 목표 및 원칙 • 학사 일정(개강·마감·평가·수료 처리) • 수료 기준(진도율, 과제·평가 반영비율, 이의신청 절차) • 학습자 관리 정책(독려 기준, 민원 대응, 개인정보 보호)
교·강사 운영 매뉴얼 작성 및 배포	• 교·강사 수행 업무를 표준 절차(SOP)로 정리 • 진도 지연, 과제 미제출, 평가 오류 등 상황별 대응 가이드 • LMS 사용 가이드(성적·수료 처리, 공지·메시지 발송 등)
교육 자료 문서화 및 사전교육 운영	• 매뉴얼, 체크리스트, 템플릿, FAQ, 공지문 예시 제공 • 오리엔테이션(집합/온라인), 질의응답, 모의 운영(시뮬레이션)
사전교육 목표 및 평가 준거 수립	• 교·강사가 수행해야 할 역량 목표 명시 • 체크리스트, 퀴즈, 실습 과제 등을 통한 목표 달성 여부 점검

> 🔑 수험 TIP
>
> 교·강사 사전교육은 운영계획서에 근거해 학사 일정·지침·절차를 사전에 안내·숙지시켜 운영의 일관성과 품질을 확보하는 활동이다.

3) 교·강사 활동 안내 및 운영지원

- **교·강사 활동 안내 및 운영지원**은 이러닝 과정이 운영계획서에 따라 일관되고 안정적으로 운영되도록 하기 위해, 교·강사가 수행해야 할 학사·운영·평가·학습지원 활동 전반을 사전에 안내하고 운영 중 지속적으로 지원·점검하는 활동이다.
- 과정운영자는 교·강사가 학사일정, 교수·학습환경, 학습촉진 방법, 평가 기준 등을 정확히 이해하고 수행하고 있는지를 체계적으로 관리해야 한다.

① 운영계획서에 기반한 학사일정 안내

과정운영자는 운영계획서에 따라 교·강사에게 과정 전반의 학사일정을 명확히 안내해야 한다.

[표] 운영계획서에 기반한 학사일정 안내 내용

구분	안내 내용
일정 안내 방식	• 강의 시작 전 이메일 안내 • 오프라인 또는 온라인 오리엔테이션을 통한 전체 일정 안내
주요 학사일정 안내	• 학습 기간 안내 • 차시별 강의 일정 안내 • 시험·과제 일정 안내
업무 중심 일정 제공	• 교·강사가 반드시 인지해야 할 주요 업무 중심 구성 • 시간대별 일정표 형태로 제공

② 운영계획서에 기반한 교수·학습환경 안내

교·강사가 학습자 지도와 학습 운영을 원활히 수행할 수 있도록 교수·학습환경 전반에 대한 안내가 필요하다.

[표] 교수·학습환경 안내 주요 내용

구분	세부 안내 내용
LMS 기본 환경 안내	• 교·강사 사이트 접속 방법 및 로그인 정보 안내 • LMS 기본 구성 및 주요 기능 안내 • 강의 관리, 질의응답(Q&A), 공지사항 등록·확인, 토론 운영 등 필수 메뉴 사용방법
스마트러닝(모바일 러닝) 환경 안내	• 모바일 학습제공 여부 및 특징 안내 • 모바일 앱 설치 방법 안내 • 모바일을 통한 강의 수강, Q&A, 공지 확인, 토론·학습 노트 활용 방법
학습자 맞춤 응대 시스템 안내	• CTI 기반 고객 응대 시스템 안내 • 진도율 자동복구 시스템 안내 • 학습자 질의응답 체계 및 1:1 메신저 상담 시스템 안내

③ 교·강사 운영 매뉴얼에 기반한 학습촉진 방법 안내

교·강사는 운영 매뉴얼에 따라 학습자의 적극적인 참여를 유도하는 역할을 수행해야 하며, 이에 대한 구체적인 지침을 안내한다.

[표] 교·강사 운영 매뉴얼에 기반한 학습촉진 활동 안내

구분	주요 안내 내용
학습자 Q&A 운영	• 주 1회 이상 교수자 사이트 접속 및 질의 확인 • 질의 등록 시 24시간 이내(최대 48시간 이내) 답변 원칙 준수
토론 촉진 방법	• 토론 주제 및 참여기한 설정 • 교수자의 피드백을 통한 토론 참여 유도 • 대규모 과정의 경우 소그룹(5~8명) 토론 운영

구분	주요 안내 내용
과제·퀴즈·학습 노트 참여 촉진	• 과제 제출기한 및 평가 배점 등 기본 안내 • 제출기한 도래 시 이메일·SMS를 통한 참여 독려 • 퀴즈·학습 노트 작성요령, 평가 기준 및 제출기한 안내
과정 자료실 관리	• 학습자 수준별 보충·심화 자료 제작 • 자료의 주기적 업로드 및 공지· 텍스트, PDF, URL, 동영상, 음성자료 등 다양한 유형 활용
학습 커뮤니티 운영	• 학습조직, 블로그 등을 활용한 상호작용 촉진 • 기관 제공 커뮤니티 기능 적극 활용· 필요 시 외부 포털 커뮤니티 활용

④ 운영계획서에 기반한 학습평가지침 안내

과정운영자는 운영계획서에 명시된 평가 기준과 절차를 교·강사에게 명확히 안내해야 한다.

[표] 운영계획서에 기반한 학습평가지침 안내 내용

구분	주요 안내 내용
시험 채점 기준	중간고사 및 기말고사 채점 방법 안내
과제·활동 채점 기준	과제, 토론, 퀴즈, 학습 노트 채점 기준 안내
최종성적 산정 방식	평가 요소별 반영비율에 따른 최종성적 산정· 성적 등급 부여 방식 안내
성적 이의신청 처리	성적 이의신청 접수 절차 안내· 이의신청에 대한 응대 및 처리 방법 안내

⑤ 교·강사 활동 안내 및 운영지원 수행 여부 점검

과정운영자는 교·강사 활동 안내가 적절히 이루어졌는지를 점검하기 위해 다음 사항을 확인해야 한다.

[표] 교·강사 활동 안내 및 운영지원 수행 여부 점검표

점검 항목	점검 내용
학사일정·교수·학습환경 안내 여부	운영계획서에 기반하여 교·강사에게 학사일정 및 교수·학습환경을 안내하였는지 여부
학습평가지침 안내 여부	운영계획서에 기반하여 교·강사에게 학습평가지침을 안내하였는지 여부
교·강사 활동평가기준 안내 여부	운영계획서에 명시된 교·강사 활동평가기준을 교·강사에게 적절히 안내하였는지 여부
학습촉진 방법 안내 여부	교·강사 운영 매뉴얼에 기반하여 교·강사에게 학습촉진 방법을 안내하였는지 여부

4) 교·강사 활동 점검·평가 및 개선

- **교·강사 활동의 점검·평가 및 개선**은 과정 운영의 품질을 유지하고 학습자 만족도를 높이기 위해, 교·강사가 운영계획서와 운영 매뉴얼에 따라 역할을 적절히 수행하고 있는지를 체계적으로 확인·지원하는 단계이다.
- 운영자는 과정 진행 중 교·강사의 핵심 활동(질의응답, 평가·과제 운영, 상호작용 촉진, 보조자료 제공 등)이 계획대로 이루어지도록 독려하고, 운영 과정에서 발생하는 불편사항을 신속히 지원·대응하며, 조치 결과를 점검하여 동일 문제가 재발하지 않도록 개선 활동을 관리해야 한다.
- 다음 표는 이러한 관리 활동을 수행하기 위한 핵심 내용으로, 교·강사 활동 독려 항목, 불편사항 지원·대응 절차, 그리고 개선 활동 수행 여부 점검 기준을 정리한 것이다.

[표] 교·강사 활동 독려 내용

점검 항목	점검 내용
학습자 질문에 대한 답변 등록 독려	• 학습자가 질문을 등록하면 이메일·SMS를 통해 교·강사에게 알림을 제공하여 신속한 답변 등록을 독려함 • 학습자 질문에 대해 24시간 이내 답변 원칙을 이메일·SMS로 상기시킴· 과정 진행 중 학습자 질문에 대해 적절하고 신속한 응답이 이루어지고 있는지 모니터링함
학사일정에 기반한 평가 문항 출제 독려	• 평가체계 가이드, 평가 문항 출제 가이드, 과제 출제 가이드 등 평가개발 지침을 사전에 제공하여 평가 문항 출제를 독려함 • 학습평가 출제방법을 사전·이메일·SMS 등을 통해 안내하고, 출제 마감 시기가 도래하면 주기적으로 마감 기한을 상기시킴 • 평가 문항이 제출 기준에 맞게 출제되었는지 모니터링하고, 오류 발생 시 수정 및 재출제를 요청함
학사일정에 기반한 과제 제출·첨삭·채점 독려	• 학사일정에 따라 과제가 출제되고 첨삭·채점이 원활히 이루어질 수 있도록 마감 이전 이메일·SMS를 통해 독려함 • 과제 미제출·미채점 등이 발생한 경우, 구체적인 내용을 확인하여 교·강사에게 조치 요청 알림을 발송함
학습자 상호작용 활성화를 위한 교·강사 독려	• 학습자 상호작용 수준을 모니터링하여, 상호작용이 미진한 교·강사에게 학습자와의 적극적인 상호작용을 독려함 • 상호작용을 통해 학습 부진자 발생을 예방하고 학습 참여를 촉진하도록 교·강사를 독려함
학습 활동에 필요한 보조자료 등록 독려	• 학습 활동에 필요한 보조자료 등록 여부를 모니터링함 • 교·강사가 보충·심화 학습자료를 주기적으로 등록하도록 독려함

🔑 **수험 TIP : 교·강사 활동 독려 내용**

독려 대상 5가지: Q&A 응답, 평가 문항 출제, 과제 첨삭·채점, 상호작용 촉진, 보조자료 등록

독려 방식 핵심: 기한(마감) 상기 + 모니터링 + 미이행 시 조치 요청(이메일·SMS 등)

이러닝 활동지원

[표] 교·강사 불편사항 지원 및 대응

순서	방법(지원·대응 내용)
1. 교·강사 불편사항 조사	• 과정 진행·종료 시 등 정기적으로 교·강사 불편사항을 조사함 • 필요 시 교·강사의 요청에 따라 수시(개별)로 불편사항을 접수할 수 있음
2. 교·강사 불편사항 해결 방안 마련	• **교·강사 불편사항 경청** : 교·강사의 의견을 성의 있게 기록하며 듣고, 불필요한 대립을 피하며 긍정적으로 수용함 • **원인분석** : 요청·불편 사항의 원인을 파악하고, 착오 여부 및 과거 사례와의 비교를 통해 책임·조치 범위를 검토함 • **해결방안 수립** : 기관의 방침·절차에 따라 해결책을 결정하고, 권한 범위를 넘어서는 경우 관련 부서와 협의함 • **해결책 전달** : 해결책을 신속히 마련·처리하고, 교·강사가 이해할 수 있도록 친절히 안내함 • **결과 검토** : 처리 결과를 점검하여 동일 불편이 재발하지 않도록 개선점을 반영함
3. 운영자 처리 불가 건의 전달 및 결과 확인	• 콘텐츠 정정·개편 필요, 교·강사 활동비 조정 요청 등 운영자 권한 밖의 사안은 담당 실무부서에 내용을 전달함 • 실무부서 처리 결과를 확인한 후 교·강사에게 결과를 공유함
4. 교·강사 의견·개선 아이디어 수렴	• LMS 화면 구성, 기능 개선 등 운영 과정에서의 개선 의견을 수렴함 • 개선 아이디어를 정리하여 실무부서에 전달하고, LMS 개선에 반영될 수 있도록 관리함

🔑 수험 TIP : 교·강사 불편사항 지원 및 대응

대응 절차 핵심 흐름 : 조사(접수) → 원인분석 → 해결방안 수립 → 안내/처리 → 결과점검(재발방지)

권한 밖 사안 : 실무부서 이관 후 처리 결과 확인·공유

개선 연계 : 수렴된 의견을 LMS/운영 개선 아이디어로 정리·전달

[표] 교·강사 개선 활동 수행 여부 점검표

교·강사 개선 활동 확인 문항	수행 여부 확인
학사일정에 따라 과제 출제·첨삭, 평가 문항 출제·채점 등이 적기에 이루어지도록 교·강사를 독려하였는가?	☐
학습자 상호작용이 활성화되도록 교·강사에게 상호작용 촉진을 독려하였는가?	☐
학습 활동에 필요한 보조 자료(보충·심화 자료) 등록을 교·강사에게 독려하였는가?	☐
독려 이후 교·강사 활동의 조치(이행) 여부를 확인하고, 필요 시 추가 안내·조치를 수행하였는가?	☐
교·강사 활동과 관련된 불편사항을 정기·수시로 조사하였는가?	☐
교·강사 불편사항에 대한 해결방안을 마련하고 지원·안내하였는가?	☐
운영자 권한 밖의 불편사항을 담당 실무부서에 이관하고, 처리 결과를 확인·공유하였는가?	☐

🔑 수험 TIP

점검의 핵심은 "독려했는가" + "이행 확인했는가"를 함께 확인하는 것

3. 학습 활동 모니터링

- **학습 활동 모니터링**은 학습자가 온라인 학습 과정에 어떻게 참여하고 있는지와 학습이 운영계획에 따라 적절히 진행되고 있는지를 지속적으로 관찰·분석하여, 학습자의 참여를 촉진하고 과정 운영의 품질을 향상시키기 위한 운영관리 활동이다.
- 이는 단순한 기록 확인이 아니라, 학습자의 학습 행동과 성과를 지속적으로 추적·분석하고 필요한 지원과 개선을 제공하는 것을 목적으로 한다.

1) 학습 활동 모니터링의 목적

- 학습자의 참여도 및 학습 진도율을 점검하여 학습 중도 포기 및 이탈을 예방
- 학습자의 학습 태도와 성취 수준을 파악하여 맞춤형 피드백 제공
- 학습환경에서 발생하는 기술적·운영상 문제(접속 오류, 콘텐츠 실행 문제 등)를 조기에 발견하고 대응
- 전체 과정의 운영 품질 관리 및 성과 분석자료 확보

2) 주요 모니터링 항목

- **출석 및 학습 진도**: 학습자가 계획된 일정에 따라 학습을 수행하고 있는지 여부
- **학습 참여도**: 토론, 게시판, 퀴즈, 과제 등 학습 활동 참여 현황
- **학습 성취도**: 시험 점수, 과제 제출 결과, 평가 항목 반영 여부
- **학습시간 및 접속 패턴**: 접속 빈도, 학습시간, 활동 로그 분석
- **학습자 피드백**: 설문 조사, 질의응답, 만족도 조사 등을 통한 의견 수집

3) 모니터링 방법

- **LMS 데이터 활용**: 로그인 기록, 콘텐츠 진도율, 시험 결과 등 자동 수집 데이터 분석
- **상호작용 모니터링**: 토론 게시판, Q&A, 채팅 참여 현황 점검
- **자동 알림 기능 활용**: 진도율 미달, 미참여 학습자에게 이메일·문자 알림 발송
- **운영자·교·강사 점검**: 정기적으로 학습 상황을 확인하고 필요 시 학습지원 제공

4) 모니터링 결과의 활용 및 후속 조치

- 부진 학습자 조기 식별 후 개별 독려 및 학습지원 제공
- 학습 참여가 저조한 경우 추가 안내, 보충 자료 제공, 학습 일정 조정
- 교·강사 활동 점검 결과를 바탕으로 활동 독려 및 운영지원 강화

- 반복적으로 발생하는 문제는 운영 개선 사항으로 정리하여 시스템·콘텐츠 개선에 반영

5) 기대 효과

- 학습자에게 즉각적인 피드백과 동기부여 제공
- 학습 부진자 조기 발견을 통한 맞춤형 지원 및 학습 이탈 방지
- 학습 과정 전반의 운영 품질 향상
- 학습 성과 분석을 통한 데이터 기반 의사결정 및 차후 과정 개선 가능

> 🔑 수험 TIP
> "모니터링은 기록 확인이 아니라 관리·지원 활동"이다.

4. 학습만족도 향상을 위한 운영 활동

- 학습만족도 향상을 위한 운영 활동이란, 이러닝 환경에서 학습자의 학습 경험을 향상시키기 위해 체계적으로 수행되는 일련의 운영관리 활동을 의미한다.
- 이는 학습콘텐츠의 품질을 보장하고, 학습자의 특성과 수준을 고려한 개인화된 학습경로를 제공하며, 사용자 인터페이스 개선, 피드백 및 학습지원 시스템 강화, 학습자 간 커뮤니티 활성화, 학습 동기부여 전략의 적용 등을 포함한다.
- 이러한 활동을 통해 학습자의 만족도를 극대화하고, 나아가 학습 효과와 학습 성과를 최적화하는 것을 목적으로 한다.

> 🔑 수험 TIP : (한 줄 요약)
> 학습만족도 향상 활동은 콘텐츠·시스템·지원·상호작용·동기 부여를 통해 학습자의 경험과 성과를 동시에 개선하는 운영 활동이다.

1) 과정만족도 조사 활동

- **과정만족도 조사 활동**은 학습자가 경험한 이러닝 과정 전반에 대한 만족 수준을 체계적으로 평가하기 위한 활동으로, 과정만족도를 파악할 수 있는 항목을 포함한 조사 도구를 개발·실시하고, 그 결과를 분석·활용하는 일련의 과정이다.
- 이 활동의 주요 목적은 학습자가 인식한 과정의 내용, 구성, 전달 방식 및 운영상의 문제점을 파악하여, 향후 과정 운영 및 개선을 위한 피드백 자료를 확보하는 데 있다.

(1) 이러닝 과정만족도 평가

- **이러닝 과정만족도 평가**는 교육·훈련에 참여한 학습자의 반응을 만족도 문항으로 측정하여, 과정 운영의 구성과 특징, 운영상의 문제점 및 개선 사항을 파악하는 평가이다.
- 일반적으로 과정이 종료된 직후 실시하여 학습자의 경험과 인식을 신속하게 반영한다.

[표] 과정만족도 조사 절차

단계	주요 내용
설문 조사	학습자에게 이러닝 과정만족도 설문을 제공하여, 과정의 각 요소에 대한 만족·불만족 정보를 수집
피드백 수집	개방형 문항 및 자유 의견란을 통해 학습자로부터 직접적인 의견과 개선 제안 수렴
데이터 분석	수집된 설문 결과와 피드백 데이터를 분석하여 개선이 필요한 영역과 우수 운영 요소 도출
과정 개선	분석 결과를 바탕으로 과정의 내용, 구조, 전달 방식, 운영 방법 등을 수정·보완

(2) 평가의 주요 구성내용

과정만족도 평가는 학습자가 경험한 이러닝 과정의 다양한 측면을 종합적으로 파악하기 위해, 여러 평가 요소를 체계적으로 구성하여 실시한다. 따라서 평가 문항은 학습자 개인의 인식뿐만 아니라 교·강사, 교육 내용, 교육 환경 등 과정 운영 전반을 균형 있게 반영하도록 구성되어야 한다.

[표] 평가의 주요 구성내용

구분	주요 평가 내용
학습자 요인	과정에 대한 전반적 인식, 교육 참여도, 학습 몰입도
교·강사 요인	교·강사 만족도, 과제 채점의 적절성, 학습 활동 지원 수준, 전문성
교육 내용 요인	교육 내용 만족도, 업무 활용 가능성, 교재 구성, 교육 수준, 교수설계 방법
교육 환경 요인	교육 분위기, 수강 인원 적절성, LMS·시스템 만족도

(3) 과정만족도 조사 결과의 활용

과정만족도 평가결과는 평가 내용 구성에 따라 체계적으로 분석하여 사업기획 업무에 필요한 시사점 도출, 과정 개선 방향 설정, 향후 사업기획 내용 및 추진 전략 수립에 반영할 수 있다.

2) 학업성취도 관리 활동

- **학업성취도 관리 활동**은 학습자의 학습 진도와 성과(성취 수준)를 지속적으로 점검·평가하고, 그 결과를 바탕으로 필요한 학습지원과 개선을 제공하는 운영 활동이다.

- 학습 내용은 지식 영역·기능 영역·태도 영역으로 구분하여 특성에 적합한 다양한 평가 방법을 적용할 수 있으며, 이를 통해 학습자의 목표 달성도를 높이고 학습 경험을 향상시키는 것을 목적으로 한다.
- 또한, 학업성취도 평가 결과는 이러닝 사업기획 측면에서 학습 내용 구성, 난이도 조절, 학습 활동 지원 요소 선택, 학습환경 지원 등 과정 개선을 위한 시사점을 도출하고 반영하는 데 활용될 수 있다.

(1) 학업성취도 관리 활동(진단·모니터링·피드백·지원)

학업성취도 관리 활동은 학습자의 성취 수준을 진단하고, 진도와 성과를 모니터링하며, 평가결과에 따른 피드백과 학습지원을 제공하는 운영 활동이다.

[표] 학업성취도 관리 활동의 주요 내용

구분	주요 내용
진도 및 성과 모니터링	학습자의 학습 진도율과 성과를 주기적으로 모니터링한다.
평가 및 피드백	학습 성과를 평가하고, 개선이 필요한 영역과 학습 방향을 안내하는 피드백을 제공한다.
학습지원	성취도가 낮거나 학습이 지연되는 경우, 추가 학습자료·보충 콘텐츠·튜토리얼 등을 제공하여 학습을 지원한다.
모티베이션(동기) 증진	학습 목표 달성을 촉진하기 위해 동기부여 전략, 강화 기제, 게임화 요소 등을 적용한다.

학업성취도 관리 활동 수행 여부 확인

교·강사 개선 활동 확인 문항	수행 여부 확인
LMS의 과정별 평가결과를 근거로 학습자의 학업 성취도를 확인하였는가?	☐
학습자의 학업성취도 정보를 과정별로 분석하였는가?	☐
학업 성취도가 낮은 학습자에 대해 원인을 분석하였는가?	☐
학업성취도 향상을 위한 운영 전략(지원·개선 방안)을 마련하였는가?	☐

(2) 학업성취도 평가(형성평가·총괄 평가, 평가결과 활용)

학업성취도 평가는 학습자의 교육 목표 달성 수준을 측정하여 학습 성과를 확인하고, 과정 운영의 교육 효과성을 판단하는 데 활용되는 평가이다. 또한, 평가결과는 이러닝 과정의 품질 개선과 사업기획 수립을 위한 기초 자료로 활용될 수 있다.

[표] 학업성취도 평가 핵심 정리

구분	주요 내용
평가 목적	학습자의 목표 달성 수준(학습 성과)을 확인하고 과정 운영의 교육 효과성을 판단
평가 영역	학습 내용을 지식·기능·태도 영역으로 구분하여 영역별 특성에 맞는 평가 방법 적용
형성평가	학습 과정 중 부족한 부분을 진단하고 피드백·보완 학습제공
총괄평가	학습 종료 시점의 성취 수준을 종합적으로 확인
평가결과 활용	사업기획 및 과정 개선에 반영 : 내용 구성, 난이도 조절, 학습지원 요소 선정, 학습환경 지원 등

(3) 영역별 학업성취도 평가 (지식 영역·기능 영역·태도 영역)

학업성취도 평가는 학습 결과를 지식·기능·태도의 3개 영역으로 구분하여, 영역 특성에 맞는 평가 방법을 적용하는 것을 의미한다.

[표] 영역별 학업성취도 평가 기준

구분	의미 / 목적	대표 평가 방법
지식 영역 (Cognitive Domain)	학습자가 학습 내용을 이해·기억·설명할 수 있는지 평가	객관식 시험, 단답형 시험, 서술형 시험
기능 영역 (Psychomotor Domain)	학습자가 배운 내용을 수행·실습할 수 있는지 평가	실습 평가, 역량기반 평가, 시뮬레이션 수행
태도 영역 (Affective Domain)	학습자의 태도·가치·감정·참여 변화 평가	자기 평가, 동료 평가, 참여도 및 피드백 기반 평가(간접 평가)

> 📖 **참조**
> - 실습 평가: 학습자가 특정 기술이나 작업을 직접 수행하도록 요구한다.
> - 역량 기반 평가: 실제 작업 환경에서 학습자의 능력을 평가한다. 시뮬레이션: 디지털 환경에서 학습자가 실제 상황과 유사한 작업을 수행하도록 한다.
> - 자기 평가: 학습자가 자신의 태도와 감정에 대해 평가한다.
> - 동료 평가: 학습자의 동료나 팀원들이 학습자의 태도를 평가한다.
> - 참여도 및 피드백: 이러닝 콘텐츠에서의 학습자의 참여 정도나 피드백을 통해 태도를 간접적으로 평가한다.

5. 학습분석 및 맞춤형 학습관리

- **학습분석 및 맞춤형 학습관리**는 학습자의 학습 데이터를 기반으로 학습 상태를 진단하고, 분석 결과에 따라 개인별 맞춤 지원을 제공함으로써 학습 효과를 극대화하는 핵심 운영 단계이다.
- **학습분석**은 진도·참여·성과 등 학습 데이터를 통해 학습자의 현재 상태와 위험 요인을 파악하는 과정이며, **맞춤형 학습관리**는 이를 바탕으로 보충학습, 콘텐츠 추천, 피드백·독려 등 개인화된 지원을 제공하여 학습 성과와 몰입도를 높이는 과정이다.

1) 학습분석 개요 및 활용지표

학습분석(Learning Analytics)은 학습 과정에서 생성되는 데이터를 수집·분석하여 학습자의 진도, 참여, 성취 수준과 위험 요인(**예** 이탈 가능성)을 진단하고, 그 결과를 바탕으로 개인별 지원 및 과정 운영 개선에 활용하는 활동이다. 주요 활용지표는 학습 진도, 참여도, 평가 성과, 과제수행, 상호작용 기록 등으로 구성된다.

[표] 학습분석의 분석 범위 및 활용지표

구분	핵심 내용	대표 활용지표(예)
분석 대상	학습 과정에서 발생하는 학습 활동 데이터	학습시간, 접속 빈도, 진도율, 콘텐츠 시청/학습 이력, 토론·게시판 참여 기록
분석 목적	학습 상태 진단 및 운영 의사결정 지원	성취 수준 진단, 학습자 유형(성실/부진 등) 분류, 이탈 가능성 예측, 학습 과정의 문제점 도출
활용 효과	분석 결과 기반의 맞춤 지원 및 품질 개선	보충학습 제공, 콘텐츠 추천, 알림·독려, 피드백 제공, 과정 난이도/구성/지원요소 개선

2) 맞춤형 학습 관리운영 전략

맞춤형 학습관리(Personalized Learning Management)는 학습분석 결과를 근거로 학습자의 수준·참여 패턴·성취·학습 목표를 진단하고, 그에 맞는 콘텐츠 제공, 학습 독려, 과정/경로 추천, 개별 피드백 등 운영 개입을 설계·실행하여 학습 성과와 몰입도를 높이는 운영 활동이다.

[표] 맞춤형 학습관리 운영 전략

운영전략	핵심 실행	적용 예(운영 방안)
학습자 수준별 지원	성취 수준에 따라 지원 강도·내용 차등 적용	성취도가 낮은 학습자: 보충학습 자료 제공 / 성취도가 높은 학습자: 심화 학습 기회 제공
학습 패턴별 맞춤 지원	참여·진도 패턴에 따른 개입(알림·독려·지원)	참여가 저조: 알림·독려 메시지 제공 / 참여가 적극적: 피드백 강화 및 확장 활동 부여
학습 진로(경로) 관리	성과·성향 기반으로 다음 학습 단계 안내	학습 성과와 성향을 반영하여 수강 과정 또는 학습경로 추천
피드백 제공	개인별 진도·성취에 맞춘 피드백으로 동기 강화	진도/성취도 기반 개별 피드백 제공 → 학습 동기 및 지속 참여 강화

3) 운영자 관점의 활용 의의

- 학습분석과 맞춤형 학습관리는 운영자가 학습자의 학습 데이터를 근거로 상황을 진단하고 즉시 개입할 수 있게 하여, 과정 운영의 효율성과 교육 성과를 동시에 높이는 핵심 수단이다.
- 특히 운영자 관점에서는 학습 데이터를 기반으로 운영 리스크를 사전에 관리하고, 제한된 운영 자원을 효과적으로 배분할 수 있다는 점에서 의미가 크다.

[표] 운영자 관점의 활용 의의: 운영 리스크 관리 및 자원 효율화

구분	주요 내용	운영 효과
운영 리스크 사전 관리	진도 지연, 참여 저조, 평가 부진 등 이상 징후를 조기에 파악하여 선제적으로 대응	민원·중도탈락 감소, 운영 안정성 확보
부진 학습자 집중 관리	학습분석 결과를 통해 부진 학습자를 선별하고 맞춤형 지원 제공	이수율 향상, 학습 성과 편차 완화
운영 인력·자원 배분 최적화	튜터링, 상담, 공지·알림 등 운영 자원을 필요 대상 중심으로 배분	운영 비용 절감, 관리 효율성 제고
문의·민원 대응 효율화	문제 발생 가능 구간을 예측하여 사전 안내 및 지원 강화	반복 문의 감소, 운영 부담 경감
운영 성과의 체계적 관리	데이터 기반으로 운영 결과를 분석·보고·개선에 활용	지속적 품질 개선 및 성과관리 강화

4) 운영 종료 후 운영 성과관리 점검 항목

이러닝 운영 종료 후 **운영 성과관리**는 과정 운영 전반(콘텐츠, 교·강사, 시스템, 운영 활동)의 결과를 데이터와 근거자료로 분석하고, 개선 과제를 도출·관리하여 최종 평가(운영)보고서로 정리하는 활동이다. 운영 종료 시에는 운영 과정에서 생성된 자료와 결과를 종합 검토하여 미흡한 부분을 점검하고, 차기 과정 개선에 반영할 수 있도록 개선 사항을 체계적으로 정리해야 한다.

[표] 운영 종료 후 운영 성과관리 점검 항목

점검 영역	핵심 점검 관점	점검 목적
콘텐츠 운영 결과	학습 목표 부합성, 난이도·품질, 개선 필요 여부	학습효과 제고 및 콘텐츠 개선
교·강사 운영 결과	피드백 적시성, 학습지원 수준, 만족도	학습지원 품질 관리
시스템 운영 결과	안정성, 오류 발생 여부, 사용 편의성	원활한 학습환경 유지
운영 결과보고서	성과 분석, 개선 과제 도출, 차기 반영 가능성	운영 성과관리 및 지속적 개선

(1) 콘텐츠 운영 결과관리 활동 수행 여부에 대한 고려사항

- 학습 목표와 콘텐츠 내용 간의 정합성은 적절했는가?
- 콘텐츠 난이도와 분량이 학습자 수준에 적합했는가?
- 오류, 최신성 부족 등 개선이 필요한 콘텐츠는 없는가?
- 콘텐츠가 학습 성과(이해도·성취도)에 실질적으로 기여했는가?
- 콘텐츠 개선 사항이 차기 과정에 반영될 수 있도록 정리되었는가?

  ※ **근거자료 예**: 콘텐츠 수정 이력, 오류·문의 기록, 만족도 설문, 학습 성과 분석자료

(2) 교·강사 운영 결과관리 활동 수행 여부에 대한 고려사항

- 학습자 질의에 대해 적시에 응답이 이루어졌는가?
- 피드백의 내용·질·일관성은 적절했는가?
- 학습 독려, 상담 등 학습지원 역할을 충실히 수행했는가?
- 학습자 만족도 측면에서 교·강사 운영 성과는 어떠했는가?
- 교·강사 운영상의 문제점 및 개선 사항이 정리되었는가?

  ※ **근거자료 예**: Q&A 처리 현황, 피드백 기록, 교·강사 평가결과, 학습자 의견

(3) 시스템 운영 결과관리 활동 수행 여부에 대한 고려사항

- 학습기간 동안 접속 장애나 시스템 오류는 발생하지 않았는가?
- 시스템의 안정성·사용성·접근성은 적절했는가?
- 학습 진행에 영향을 준 기술적 문제는 무엇이었는가?
- 학습자 불편사항에 대해 적절한 기술 지원이 제공되었는가?
- 시스템 개선이 필요한 사항이 구체적으로 도출되었는가?

  ※ **근거자료 예**: 시스템 로그, 장애 리포트, 기술 문의 기록, 접속·이탈 데이터

(4) 운영 결과 관리보고서 작성 활동 수행 여부에 대한 고려사항

- 콘텐츠·교·강사·시스템·운영 활동에 대한 성과 분석이 종합적으로 이루어졌는가?
- 이수율, 만족도, 학습 성과 등 핵심 성과지표(KPI)가 반영되었는가?
- 문제점과 함께 구체적인 개선 과제가 도출되었는가?
- 분석 결과가 객관적 자료와 근거를 기반으로 제시되었는가?
- 최종 운영 결과보고서가 차기 과정 개선에 활용 가능하도록 정리되었는가?

  ※ **근거자료 예**: 운영 성과 분석 보고서, 통계 자료, 설문 결과, 개선계획서

5) 결과 기반 피드백 및 개선 환류

결과 기반 피드백 및 개선 환류는 이러닝 운영 과정에서 생성된 자료와 운영 결과를 분석하여 개선 사항을 도출하고, 이를 관련 부서/담당자에게 전달·실행되도록 관리한 뒤, 그 결과를 최종 평가보고서 및 차기 과정 운영에 반영하는 활동이다. 즉, 분석-개선 도출-전달-실행-반영의 순환 구조를 통해 운영 품질을 지속적으로 향상시키는 단계이다.

[표] 최종 평가보고서 반영을 위한 개선 사항 분석·환류 점검 기준

점검 기준	핵심 확인 내용(질문)	확인 근거(예)
1. 운영 성과 분석 수행	과정 운영 중 수집된 자료를 기반으로 운영 성과를 분석했는가?	운영 리포트, LMS 통계, 만족도 설문, 이수·성취 데이터
2. 개선 사항 도출	분석 결과를 바탕으로 개선이 필요한 항목을 구체적으로 도출했는가?	개선 과제 목록, 원인-대책 정리, 우선순위표
3. 개선 사항 전달	도출된 개선 사항이 실무 담당자(콘텐츠/시스템/운영/교·강사 등)에게 정확히 공유되었는가?	회의록, 공문/메일, 업무요청서, 공유문서 이력
4. 개선 실행 관리	전달된 개선 사항이 실제로 실행되었는가(또는 실행 계획이 수립되었는가)?	실행 계획서, 조치 결과 보고, 변경 이력, 적용 확인 자료
5. 보고서 및 차기 운영 반영	분석 결과와 개선 조치 내용이 최종 평가보고서 및 차기 운영계획에 반영되었는가?	최종 평가보고서, 차기 운영계획서, 개선 반영 체크리스트

학습평가설계

01. 학업성취도 평가 설계

주요 학습 목표

1. 학습 목표 성취도 측정을 위한 평가 유형을 결정하고 시기를 결정할 수 있다.

2. 평가 유형에 따라 과제 및 시험 방법을 결정할 수 있다.

3. 평가의 활용성과 난이도를 파악하고 콘텐츠 개발에 적용할 수 있다.

4. 단위별 학습 목표 성취도 측정을 위한 평가 유형을 결정하고 시기를 결정할 수 있다.

5. 단위별 평가 유형에 따라 과제 및 시험 방법을 결정할 수 있다.

6. 단위별 평가의 활용성과 난이도를 파악하고 콘텐츠 개발에 적용할 수 있다.

1. 평가 모형

1) 평가 모형의 개념

- **학업성취도 평가 모형**이란 학습자의 성취 수준을 체계적이고 공정하게 측정·해석하기 위한 평가의 구조적 틀로서, 평가의 목적·대상·내용·방법·시기 등을 종합적으로 설계한 체계이다.
- **정의**: 학업 성취도를 체계적으로 측정하고 해석하기 위해 평가의 목적, 대상, 시기, 방법 등을 통합적으로 제시한 설계 모형이다.
- **목적**: 학습자의 성취 수준을 공정하고 객관적으로 파악하여 학습 개선과 교수·학습 방법 개선에 활용하는 데 있다.

[표] 대표적인 학업성취도 평가 모형

모형 명	주요 특징	활용 목적
타일러(Tyler) 목표 중심 모형	사전에 설정한 교육 목표의 달성 여부를 중심으로 평가	학습 목표 달성 정도 측정
스크리븐(Scriven) 탈 목표 중심 모형	교육의 실제 효과를 중심으로 평가하며, 목표 이외의 성과도 고려	교육 효과성의 총체적 판단

모형 명	주요 특징	활용 목적
스테이크(Stake) 의사결정 중심 모형	평가를 의사결정 지원 수단으로 활용	교수·학습 및 운영 개선
CIPP 모형 (Context-Input- Process-Product)	상황, 투입, 과정, 산출 전 단계에 대한 종합적 평가	프로그램 전반의 질 관리 및 개선

[표] 학업성취도 평가 결과 해석 기준

구분	평가 기준	판단 초점	평가 성격	활용 목적
기준참조 평가 (Criterion-referenced)	절대 기준(성취기준)에 따라 평가	학습 목표 달성 여부 판단	절대평가	학습성취도 확인 및 보충·심화 학습제공
규준 참조 평가 (Norm-referenced)	다른 학습자 집단과의 비교	상대적 위치·서열 판단	상대평가	서열화, 선발, 등급 결정

[표] 학업성취도 평가의 주요 방법(대안적 평가 중심)

평가 방법	주요 내용	장점	단점
포트폴리오 평가	학습자의 학습 결과물과 과정을 종합적으로 평가	다양한 학습 성취 파악 가능	평가자 주관 개입 가능
360도 평가	교수자·동료·팀원 등 다양한 평가자로부터 평가	다각적·구체적 피드백 제공	평가자 간 편차 발생 가능
자가평가	학습자가 스스로 자신의 학습 성취를 평가	자기 성찰 및 개선 방향 인식	주관성, 객관성 부족

> 📖 참고
>
> 360도 평가는 상사, 동료, 부하, 본인, 경우에 따라 고객까지 포함하여 다방향 피드백을 수집하는 평가 방식으로, 학습자 역량과 성과를 폭넓게 파악하는 데 활용된다.

2) 평가 모형·평가 기준 적용 예

학업성취도 평가 설계 시에는 평가 목적에 따라 적절한 평가 모형과 평가 기준을 선택하여 적용해야 한다. 주요 적용 예시는 다음과 같다.

[표] 평가 모형·평가 기준 적용 예

구분	적용 관점	핵심 내용	평가 초점
목표 중심 모형 적용	학습 목표 중심	교육과정에 제시된 성취기준을 기준으로 평가 문항을 설계함	학습 목표 달성 여부 확인
CIPP 모형 적용	과정·결과 통합	학습 과정(Process)과 결과(Product)를 함께 반영하여 평가를 설계함	학습 과정과 성취 결과의 종합적 평가

구분	적용 관점	핵심 내용	평가 초점
기준참조 평가 적용	절대 기준 중심	성취기준 도달 여부를 기준으로 평가하며 학습자 간 비교는 하지 않음	학습 개선을 위한 피드백 제공

3) 학업 성취도의 개념 및 영역별 분류

학업성취도란 이러닝 교육 결과를 통해 학습자의 지식·기술·태도 영역에서의 향상 정도를 측정하는 것이다.

[표] 학업 성취도의 영역별 분류

구분	평가 내용	활용 평가 도구
지식 영역 (Knowledge)	업무 수행에 필요한 지식의 습득 정도 평가사실·개념·절차·원리 이해 수준 평가	지필고사, 사례연구, 과제
기능영역 (Skill)	업무 수행에 필요한 기능 보유 정도 평가현장 적용 및 신체적 수행 능력 평가	실시시험, 역할놀이, 프로젝트, 시뮬레이션
태도 영역 (Attitude)	업무 수행에 필요한 태도 변화 평가문제 상황·대인관계·업무 해결에 대한 정서적 반응	설문, 사례연구, 문제 해결 시나리오, 역할놀이

4) 학업성취도 평가 도구

이러닝 과정에서는 학습 목표 달성 여부를 확인하기 위해 다양한 평가 도구를 활용한다.

[표] 학업성취도 평가 도구의 특징

평가 도구	특징	장점	단점
지필 시험	객관식·주관식 문항으로 구성	대규모 평가 가능, 자동 채점 가능	실제 수행·응용 능력 반영 한계
설문 조사	학습자의 태도·만족도·인식 측정	만족도·피드백 수집 용이	주관성 개입 가능
과제수행	문제 해결·응용 능력 평가	실제 능력·창의성 평가 가능	채점 주관성, 관리 부담

5) 평가 도구 선택 시 유의사항

각 평가 도구는 고유한 특징과 장단점을 가지므로, 교육 목적·내용·학습자 특성에 따라 적절히 선택·조합하여 활용해야 한다.

6) 교육 훈련 성과평가 모형 : Kirkpatrick 4단계

Kirkpatrick의 4단계 평가 모형은 교육 및 훈련 프로그램의 효과성을 단계적으로 평가하기 위해 개발된 대표적인 모형이다.

[표] Kirkpatrick의 4단계 평가 모형

단계	구분	평가 내용	평가 방법	평가 조건
1단계	**반응**	학습자의 만족도	설문, 인터뷰	교육 목표
2단계	**학습**	지식·기술·태도 변화	사전·사후 검사, 지필평가	목표 – 내용 일치
3단계	**행동**	현업 행동 변화	관찰, 설문, 인터뷰	기능 적용 가능성
4단계	**결과**	조직 성과 기여도	비용 – 효과 분석	이전 단계의 긍정적 결과

🔑 수험 TIP

1단계 → 만족도

2단계 → 학습 성취

3단계 → 행동 변화

4단계 → 조직 성과

7) 학업성취도 평가 절차

학업성취도 평가는 평가준비 → 평가실시 → 평가 결과관리의 단계로 진행된다.

[표] 학업성취도 평가 절차

단계	주요 활동	세부 내용
평가준비	평가계획 수립	목적·유형·방법·문항 구성
	문항 개발	출제 지침, 문항 검수
	문제은행 관리	LMS 등록, 시험지 생성
평가실시	시험지 배정	평가 시기·유형별 배정
	평가실시	시험·과제·토론 운영
평가 결과관리	채점·첨삭	자동 채점, 첨삭지도
	결과 검수	채점 결과 확인
	성적 관리	성적 공지, 이의신청 처리

2. 평가의 유형

1) 학업 성취도 측정을 위한 시기 및 주체

- **학업 성취도 평가는 교육과정의 시간적 흐름(교육 전·중·후)과 평가 목적에 따라 적절한 시기와 방법을 선택하여 실시**한다. 평가 시기는 교육 목표, 평가 내용, 활용 목적에 따라 달라지며, 이러닝 환경에서는 교육 단계별 특성을 고려한 평가 설계가 중요하다.

- 이러닝 평가의 경우, **교육 전**에는 학습자 선발 및 수준 진단을 목적으로 평가가 이루어지고, **교육 중**에는 학습 진도와 참여도를 점검하며 운영 및 학습 활동 지원을 위한 평가가 수행된다. 또한, 교육 **종료 후**에는 학습 성과와 만족도를 중심으로 학업 성취도를 평가하며, 필요에 따라 교육 종료 후 일정 기간이 지난 시점에 현업 적용 여부를 확인하는 평가가 실시되기도 한다.

- **학업 성취도 평가의 시기**는 일반적으로 사전평가, 직후평가, 사후평가로 구분되며, 교육의 특성에 따라 두 가지 이상을 혼합하여 적용할 수 있다. 이러한 평가는 학습자의 지식(Knowledge), 기술(Skill), 태도(Attitude) 영역의 학습 목표 달성 여부를 확인하는 데 목적이 있다.

- 평가설계 방식에 따라 수집되는 정보와 학습 효과 측정 범위가 달라지므로, 평가결과를 정확하게 해석·활용하기 위해서는 각 평가 시기와 설계 방법의 특성을 충분히 이해해야 한다.

> 🔑 수험Tip
>
> 교육 전 → 사전평가(수준 진단, 선발)
> 교육 중 → 형성평가(진도·참여·학습 지원)
> 교육 후 → 총괄평가(성과·만족도)
> 교육 후 일정 기간 경과 → 현업 적용·성과 평가

(1) 학업 성취도 측정 시기에 따른 구분

학업 성취도 평가는 교육과정의 진행 시점에 따라 사전평가, 중간(형성) 평가, 최종(총괄) 평가로 구분된다. 각 평가는 실시 시기와 목적이 서로 다르며, 학습자의 수준 진단, 학습 과정 관리, 최종 성취도 확인을 위해 단계적으로 활용된다.

[표] 학업 성취도 측정 시기에 따른 평가 유형

측정 시기	평가 유형	특징
교육 전	사전평가 (Pre-assessment)	학습 시작 전에 학습자의 현재 수준을 파악하기 위한 평가로, 기초 지식과 필요한 선행 역량을 확인하여 교육 내용과 난이도를 조정하는 데 활용된다.
교육 중	중간(형성) 평가 (Formative assessment)	학습 과정 중에 실시되며, 학습 진행 상황을 점검하고 학습 방향을 조정하거나 필요한 학습 지원을 제공하기 위한 평가이다.
교육 후	최종(총괄) 평가 (Summative assessment)	학습 종료 후 실시되며, 학습자의 최종 성취 수준과 학습 목표 달성 여부를 종합적으로 확인하기 위한 평가이다.

(2) 학업성취도 측정 주체에 따른 구분

학업성취도 평가는 평가를 수행하는 주체에 따라 학습자, 교사/튜터, 동료 학습자, 외부 전문가로 구분할 수 있다. 각 주체는 평가 관점과 목적이 다르며, 이러닝 과정에서는 자기 점검(자가평가)과 피드백 제공(교사/튜터), 협력 학습의 질 관리(동료 평가), 전문성 검증(외부평가)을 위해 적절히 활용된다.

[표] 학업성취도 측정 주체별 특징 및 평가 방법

측정 주체	역할/특징	대표 평가 방법(예)
학습자 (Learners)	학습자 스스로 학습 진행 상황과 이해도를 점검하여 자기 주도적 학습을 강화	자가평가, 학습일지 작성, 학습 결과물 제출
교사/튜터 (Instructors/Tutors)	학습자의 성취도를 평가하고 피드백을 제공하며, 교육 내용의 효과와 질을 점검	수업(학습 활동) 관찰, 출석·참여도 확인, 평가지/루브릭 기반 평가
동료 학습자 (Peer learners)	팀 프로젝트·그룹 활동에서 상호 피드백과 협력 수준을 평가하여 학습 참여와 상호작용을 촉진	상호평가, 동료 피드백, 피드백 시스템 (댓글·평가폼 등)
외부 전문가 (External experts)	독립적·전문적 관점에서 성취도를 검증하며, 고급 역량이나 전문 기술 평가에 활용	전문가 관찰, 전문가 평가지/체크리스트 평가, 결과물(과제) 심사

(3) 측정 시기에 따른 평가 유형 구분

- 학업성취도 평가는 실시 시기에 따라 진단평가, 형성평가, 총괄평가로 구분된다.
- 진단평가는 교육 시작 전 학습자의 수준과 선행지식을 파악하여 교육 방향과 목표를 설정하는 데 활용되며, 형성평가는 교육 진행 중 학습 상황을 점검하고 피드백을 제공하여 학습 지도와 교수 방법을 개선하기 위해 실시한다. 총괄평가는 교육 종료 시점에 학습자의 최종 성취도와 목표 달성 여부를 종합적으로 확인하고, 성적 산정 및 프로그램 효과성 판단에 활용된다.

[표] 측정 시기에 따른 평가 유형별 특징

평가 유형/시기	정의(개념)	목적	방법/도구	핵심 포인트
진단평가 (Diagnostic) 교육 전	교육 시작 전 학습자의 수준·특성을 파악하는 평가	준비도·선행지식·학습장애 요인 진단, 교육 방향·목표 설정	사전 테스트, 준비도 검사, 적성검사, 설문·인터뷰, 자기보고서, 관찰	"출발점 진단" / 교육 계획 수립 근거
형성평가 (Formative) 교육 중 (수시)	학습 과정 중 학습 상황을 점검하고 피드백을 제공하는 평가	진도·문제점 파악, 보완학습 제공, 교수·학습 방법 조정	퀴즈·쪽지시험, 과제, 토론, 팀 프로젝트, 짧은 테스트, 피드백 활동	"과정 관리 + 피드백" / 개선 중심
총괄평가 (Summative) 교육 후 (종료 시)	학습 종료 후 성취도를 종합적으로 확인하는 평가	최종 성취도 확인, 목표 달성 여부 판단, 성적 산정 및 프로그램 효과 평가	기말시험, 프로젝트/레포트, 작품 평가, 포트폴리오 제출	"결과 판단" / 성적·인증·효과성 판단

2) 평가 유형별 특징

평가 유형은 평가 목적, 학습 내용의 특성, 평가 시기 및 활용 방식에 따라 다양하게 구분된다. 각 평가 유형은 고유한 특징과 장단점을 가지므로, 단일 유형만을 적용하기보다 교육 목적과 학습 목표에 적합한 평가 유형을 선택하거나 복수의 평가 유형을 병행하여 활용하는 것이 바람직하다. 다음 표는 이러닝 환경에서 활용되는 대표적인 평가 유형의 특징과 장단점을 비교·정리한 것이다.

[표] 평가유형별 특징

평가 유형	특징	장점	단점
정성적 평가	주관적 판단 중심	심층 피드백 가능	객관성 부족
정량적 평가	수치·점수 기반	객관성·표준화	과정·태도 평가 한계
포트폴리오 평가	학습 과정·결과 종합 평가	전반적 성취 파악	채점 주관성
360도 평가	다수 평가자 참여	다양한 관점 반영	평가자 편차
자가평가	학습자 자기 점검	자기 성찰 강화	객관성 부족

3) 평가 유형에 따른 과제 및 시험 방법

과제와 시험 방법은 각각 장단점이 있으므로 평가 목적(K·S·A), 학습 내용의 특성, 학습자 수준에 맞게 선택해야 한다. 또한, 평가 문항은 교육과정에서 선정된 평가 도구(시험·과제·토론 등)를 바탕으로 개발되며, 공정한 평가를 위해 문항 개발 - 배정 - 실시 - 결과관리의 절차에 따라 운영한다.

[표] 평가유형별 과제 및 시험 방법

평가 유형	목적(평가 초점)	과제(예)	시험/평가 방법(예)
서술형 평가 (Descriptive)	주관적 의견, 복합 개념 이해도 평가	리포트, 에세이, 연구 요약	개방형 질문, 에세이 문항, 사례(케이스) 분석
객관식 평가 (Objective)	지식수준, 기본 개념 이해 확인	객관식 문항 풀이	객관식, 참/거짓, 매칭/일치 문항
실용적 평가 (Practical)	실제 상황 적용·기술 수행 능력 평가	실험·실습, 도구 사용 과제	실기시험, 연구 발표, 구현/프로젝트 평가
피어 평가(Peer)	협업 과정·성과에 대한 상호 피드백	팀 프로젝트, 팀워크 과제	동료 평가, 그룹 발표, 팀 성과평가
자기 평가(Self)	학습 성찰·자기 점검	학습일지, 반성문	체크리스트, 자기 평가 설문
포트폴리오 평가 (Portfolio)	성장 과정, 누적 성취·다양성 평가	포트폴리오 제출, 작품집	작품 품질/다양성 평가, 포트폴리오 내용 검토

(1) 평가유형별 시험지 배정

- 교육과정에서 선정된 평가 도구에 따라 문항을 개발하고 문제은행에 저장하면 평가실시 준비가 완료된다.
- 평가실시 단계에서 학습자는 문제은행으로부터 문항(또는 시험지)을 임의로 배정받는다.
- 지필고사·과제 등 평가 도구별 시험지는 미리 보기 점검과 모의 테스트로 오류를 사전에 확인해야 한다.

(2) 평가유형별 실시

- 시험지 배정이 완료되면 실제 평가를 실시한다.
- 평가는 공정성이 핵심이므로, 평가 중에는 부정행위 방지와 사전 안내가 필수이다.
- 동일 기관·동일 시점 학습자에게는 서로 다른 유형의 시험지가 자동 배포되도록 설정하고, 시험시간·응시 조건이 시스템으로 엄격히 관리되도록 운영한다.
- 부정행위에 대한 불이익은 평가 참여 전에 필수 확인(동의) 안내를 통해 고지한다.

(3) 평가 결과관리

평가 결과관리는 평가가 종료된 이후 채점·첨삭, 모사(표절) 관리, 결과 검수, 성적 공지 및 이의신청 처리까지의 전 과정을 포함하며, 평가의 공정성·신뢰성을 확보하고 결과를 최종확정하기 위한 핵심 단계이다.

[표] 평가 결과관리 주요 업무

구분	핵심 내용
채점·첨삭지도	평가유형별 채점 수행 후 결과를 점검·분석하여 최종 결과를 확정한다. 객관식은 시스템 자동 채점이 가능하며, 문항별 난이도·정답률 등이 분석자료로 제공될 수 있다. 서술형/과제는 교·강사·튜터가 채점·첨삭지도를 수행한다.
모사 관리	서술형·과제에서 발생 가능한 표절(내용 중복)을 확인·필터링하여 부정행위를 예방한다. 사후 관리도 중요하지만, 애초에 개별화 과제 제시 등으로 표절 유인을 줄이는 운영이 필요하다.
평가결과 검수	채점 결과와 첨삭 내용을 검수하여 오류 여부와 평가 기준의 일관성을 점검하고, 평가의 신뢰도를 높인다. 필요 시 운영자가 중간 점검하거나 교·강사/튜터 간 교차 검수를 실시할 수 있다.
성적 공지·이의신청 처리	최종 결과를 공지하고 이의신청을 접수·처리한다. 처리 완료 후 평가결과를 최종확정하고, 결과보고 및 차기 운영 개선에 반영한다.

4) 평가의 활용성과 난이도 파악 및 콘텐츠 개발 피드백

이러닝 과정 평가는 학습자의 학습 효과를 측정하고 진도·이해도를 점검하며, 그 결과를 바탕으로 콘텐츠와 운영 방식을 개선하는 데 활용된다. 특히 온라인 환경에서는 평가 과정에서 생성되는 다양한 데이터를 수집·분석할 수 있어, 평가결과를 학습 지원과 콘텐츠 품질 개선으로 환류시키는 것이 중요하다.

(1) 평가의 활용성

평가는 학습 효과와 교육과정 개선을 위한 핵심 도구로서, 학습 성과를 정량적(점수·정답률 등), 정성적(서술·의견 등)으로 파악할 수 있게 한다. 또한, 학습자의 반응과 의견을 수집하여 참여를 촉진하고, 학습 수준을 진단해 학습자에게 적절한 학습자료와 학습 방법을 제공하는 데 활용된다.

[표] 이러닝 평가의 활용성

구분	내용
시간·장소의 유연성	온라인 환경에서 실시되어 특정 장소·시간에 구애받지 않고 평가 가능
즉각적인 피드백	자동화된 평가 시스템을 통해 결과와 피드백을 신속히 제공 가능
개인화된 학습 경험	성취도·학습 패턴에 따라 개별 피드백 및 추천 제공 가능
데이터 기반 분석	참여·응답·시간·피드백 데이터를 수집·분석하여 학습효과 측정 및 개선 방향 도출
표준화 및 일관성	동일 조건으로 평가를 제공하여 평가의 일관성과 공정성 확보
재사용성	문항/평가 모형을 반복 활용할 수 있어 운영 효율 및 비용 절감

(2) 난이도 파악

이러닝 학습평가에서 **난이도 파악**이란 학습자들이 제공된 학습자료·콘텐츠(또는 평가 문항)를 얼마나 쉽게 이해하고 습득할 수 있는지를 점검하는 것이다. 난이도가 적절해야 학습자 수준에 맞는 콘텐츠를 제공할 수 있고, 학습 동기를 유지하며, 평가의 정확성을 높일 수 있다. **난이도 파악**은 주로 문항 난이도 지수(P)와 문항 변별도(D)를 통해 이루어진다.

[표] 난이도 파악의 중요성

구분	내용
학습자 맞춤형 콘텐츠 제공	학습자의 능력과 현재 학습 수준을 고려한 적절한 난이도의 학습자료 제공 가능
학습 동기 유발	너무 쉬우면 흥미 저하, 너무 어려우면 포기 유발 → 적절 난이도는 학습 지속을 촉진
효율적인 학습 경험	불필요한 혼란·좌절을 줄이고 학습 몰입을 높임
평가의 정확성	난이도가 지나치게 높거나 낮으면 실제 능력 반영이 어려움 → 적정 난이도 유지 필요

① 난이도 지수

문항 난이도 지수(P)는 <u>특정 문항을 정답으로 응답한 비율</u>로, 문항이 얼마나 쉬운지/어려운지를 나타내는 지표이다. 값의 범위는 0~1이며, 값이 클수록 쉬운 문항이다.

난이도 지수(P) = 정답자 수 / 전체 응답자 수

🔲 100명 중 40명이 정답 → P = 40/100 = 0.40

[표] 난이도 파악의 중요성

P값 범위	해석
0.00 ~ 0.30	매우 어려운 문항
0.30 ~ 0.70	적절한 난이도의 문항
0.70 ~ 1.00	매우 쉬운 문항

② 문항 변별도(D)

- 문항 변별도(D)는 문항이 학습자의 능력 차이를 얼마나 잘 구분하는지를 나타내는 지표이다. 일반적으로 전체 점수 기준으로 학습자를 상·하위 집단으로 나누고, 두 집단의 정답률 차이를 통해 변별도를 산출한다.
- 문항 변별도(D) = (상위집단 정답률) − (하위집단 정답률)

  또는

  D = (상위집단 정답자 수 − 하위집단 정답자 수) / 각 집단 인원수

[표] 문항 변별도(D) 해석 기준

D 값	해석	조치
0.40 이상	양호(변별력 높음)	유지 권장
0.20 ~ 0.39	비교적 양호	일부 수정 검토
0.00 ~ 0.19	변별력 낮음	수정 필요
음수	역변별(문항 오류 가능성)	전면개선 또는 제외

- **D가 1에 가까울수록**: 상위집단은 맞히고 하위집단은 틀림 → 변별력 매우 높음
- **D가 0에 가까울수록**: 상·하위 집단 차이가 거의 없음 → 변별력 낮음
- **D가 음수**: 하위집단이 더 잘 맞힘(역변별) → 문항 오류·혼란 가능성 높아 수정/제외 필요

🔑 수험Tip : 문항 변별도 기출 되었음

(3) 콘텐츠 개발의 피드백

- 콘텐츠 개발의 피드백은 학습콘텐츠의 품질과 효과성을 높이기 위해 학습자(사용자)의 반응과 운영 데이터를 수집·분석하여, 콘텐츠의 내용··구조·디자인 및 운영 방식의 개선 방향을 도출하는 과정이다.
- 콘텐츠 개발 후에는 실제 학습환경에서 콘텐츠가 학습자에게 미치는 영향을 점검하고, 필요한 수정사항을 확인하기 위해 체계적인 피드백 수집과 분석이 필수적이다.

[표] 콘텐츠 개발의 피드백 수집방법

수집방법	주요 내용
사전평가	콘텐츠 배포 전에 일부 대상자에게 사전평가를 실시하여 초기 반응 및 개선점 확인
자동화된 피드백 시스템	플랫폼/웹사이트에서 클릭률, 체류 시간, 이탈률 등 행동 데이터를 추적하여 자동으로 피드백 수집
설문 조사	학습자/사용자에게 콘텐츠에 대한 의견을 묻는 설문을 통해 만족도·난이도·이해도 등 수집
집단 토론	학습자(사용자)와 토론을 통해 사용 경험과 요구를 심층적으로 파악
개별 면담	1:1 면담을 통해 개인별 사용 경험, 불편사항, 개선 요구를 구체적으로 수집

[표] 콘텐츠 개발의 피드백 정보 활용

활용 영역	활용 영역	활용 결과
콘텐츠 개선	피드백을 바탕으로 내용, 구조, 디자인(가독성·UI), 상호작용 요소를 수정·보완	학습 경험의 질 향상
학습 목표 정합성 점검	콘텐츠가 학습 목표 및 성취기준과 일치하는지 확인하고, 필요 시 구성·활동·평가 요소 조정	학습 목표 달성도 제고
적합성 판단	특정 학습자 집단(수준·직무·배경)에 적합한지 또는 전반 학습자에게 보편적인지 분석	학습자 맞춤형 콘텐츠 제공 전략 수립

3. 평가 시행 및 관리

1) 단위별 성취도 측정을 위한 평가 유형

(1) 평가 시험

- **평가 시험**은 단위별 학습 목표에 대한 학습자의 성취 수준을 체계적으로 확인하기 위한 평가 방식으로, 주로 과정 중간 또는 과정 종료 시점에 실시된다.

- 과정 중간에 실시되는 평가는 학습 효과를 점검하고 문제점을 조기에 발견하여 보완할 수 있으며, 과정 종료 시 실시되는 평가는 학습자의 최종 학업 성취도를 종합적으로 평가하는 데 목적이 있다.
- 평가 시험은 평가 목적과 학습 내용의 특성에 따라 다양한 문항 유형을 활용할 수 있으며, 이를 통해 학습자의 지식 이해 수준, 사고력, 적용 능력 등을 종합적으로 평가한다.

[표] 평가 시험의 문항 유형별 특징

문항 유형	특징
객관식 문항	주어진 선택지 중 정답을 선택하도록 하는 문항으로, 핵심 개념이나 사실을 빠르고 객관적으로 평가할 수 있다.
단답형 문항	학습자가 직접 답을 작성하는 문항으로, 이해도와 핵심 내용 요약 능력을 평가할 수 있다.
서술형 문항	질문에 대해 논리적으로 서술하도록 하는 문항으로, 학습자의 깊이 있는 이해, 분석력, 사고력을 평가한다.
실습 평가	실제 작업수행이나 문제 해결 과정을 통해 학습자의 적용 능력과 수행 역량을 평가한다.
자기 평가	학습자가 자신의 학습성취도나 학습 과정을 스스로 점검하여 자기 인식과 성찰 능력을 강화한다.
진단평가	학습 단위 시작 전에 실시하여 학습자의 초기 수준을 파악하고 학습 계획 및 방향 설정에 활용한다.

(2) 프로젝트 평가

- 프로젝트 평가는 학습자가 주어진 주제 또는 학습 목표에 따라 일정 기간동안 과제를 수행하고, 그 결과물을 제출·발표함으로써 학습 성취도를 종합적으로 평가하는 방식이다. 단순한 지식 암기보다는 학습자가 학습 내용을 실제 상황에 적용하는 과정과 결과를 중시한다.
- 이 평가는 학습자의 창의성, 문제 해결 능력, 협업 능력, 의사소통 능력 등을 종합적으로 평가할 수 있으며, 특히 이러닝 환경에서는 개인 과제뿐 아니라 팀 프로젝트 형태로도 활용된다. 프로젝트 수행 과정에서 학습자는 계획 수립, 자료 조사, 결과물 제작, 발표 등의 활동을 경험하게 되며, 이를 통해 자기 주도적 학습 역량을 강화할 수 있다.
- 프로젝트 평가는 평가 기준이 모호해질 수 있으므로, 평가의 공정성과 신뢰성을 확보하기 위해 사전에 명확한 평가 기준(루브릭)을 제시하고, 필요 시 중간 점검 및 피드백을 제공하는 것이 중요하다.

[표] 프로젝트 평가의 주요 특징

구분	내용
평가 대상	프로젝트 결과물 및 수행 과정
평가 요소	창의성, 문제 해결 능력, 협업 능력, 적용 능력
활용 형태	개인 프로젝트, 팀 프로젝트
유의사항	평가 기준 명확화, 루브릭 제공, 중간 피드백 필요

(3) 피어 평가(Peer Evaluation, 동료평가)

- **피어 평가**는 동일한 학습 집단에 속한 학습자들이 서로의 과제 결과물이나 학습 수행 과정, 성취도를 상호 평가하는 방식이다. 학습자는 동료의 작업을 평가하고 피드백을 제공하는 과정에서 평가 기준을 재확인하고, 자신의 학습을 성찰하는 기회를 얻을 수 있다. 또한, 다양한 관점의 피드백을 통해 결과물의 완성도를 높이고 협력 학습의 효과를 강화할 수 있다.

- 다만 피어 평가는 평가의 공정성과 일관성이 낮아질 수 있으므로, 평가 기준(루브릭)과 절차를 사전에 명확히 안내하고, 필요 시 교·강사/튜터가 결과를 검토·보완하는 운영이 요구된다.

[표] 피어 평가의 핵심 정리

구분	내용
평가 대상	동료 학습자의 결과물, 수행 과정, 팀 기여도 등
장점	다양한 관점의 피드백 확보, 협업 촉진, 학습자 성찰 강화
유의사항	주관성·편향 가능 → 루브릭 제시, 평가 절차 표준화, 교·강사 검수 필요

(4) 포트폴리오 평가

- **포트폴리오 평가**는 학습자가 학습 과정에서 수행한 작업물, 과제 결과, 활동 기록, 반응(성찰), 성취 자료 등을 체계적으로 모아 제출하고 이를 평가하는 방식이다. 단일 시험 점수로는 파악하기 어려운 학습자의 성장 과정과 학습 경험, 수행 능력의 향상 정도를 종합적으로 확인할 수 있다는 점에서 유용하다.

- 이러닝 환경에서는 학습관리시스템(LMS)이나 전자 포트폴리오(e-Portfolio)를 활용하여 학습 산출물과 학습 로그, 피드백 이력 등을 함께 축적할 수 있으며, 이를 통해 학습자의 자기 주도학습, 문제 해결 과정, 성찰 활동까지 평가에 반영할 수 있다. 다만 평가 기준이 모호하면 공정성이 떨어질 수 있으므로, 사전에 평가 기준(루브릭)과 제출 구성요소를 명확히 제시하고, 과정 중 점검과 피드백을 제공하는 것이 바람직하다.

[표] 포트폴리오 평가의 핵심 정리

구분	내용
평가 대상	과제·프로젝트 산출물, 학습일지/성찰문, 피드백 반영 기록, 학습 성취 증빙 등
장점	학습 과정과 성장의 종합 평가, 다양한 역량(적용·성찰·표현) 평가 가능
유의사항	평가 주관성 가능 → 루브릭 제시, 제출 항목 표준화, 평가자 검수 필요

(5) 토론 평가

- **토론 평가**는 과정 내에서 이루어지는 토론 활동을 통해 학습자의 학습 성취도를 정성적으로 평가하는 방식이다. 학습자는 토론 과정에서 자신의 의견을 제시하고 타인의 의견을 검토·반박·수용하는 과정을 거치며, 이를 통해 이해도, 논리적 사고력, 의사소통 능력, 참여도 등을 확인할 수 있다.
- 이러닝 환경에서는 게시판 토론, 실시간 화상 토론, 팀 토의 등 다양한 형태로 운영되며, 학습자가 작성한 글, 댓글, 발언 내용과 빈도, 근거 제시 수준 등을 종합하여 평가할 수 있다. 다만 토론 평가는 평가자의 주관이 개입될 수 있으므로, 사전에 평가 기준(루브릭)을 제시하고, 참여 기준(최소 글 수, 기한, 인용/근거 제시 등)을 명확히 안내하여 평가의 공정성과 일관성을 확보해야 한다.

[표] 토론 평가의 핵심 정리

구분	내용
평가 대상	토론 참여도(빈도·기한 준수), 의견의 논리성·근거, 상호작용 수준(질문·피드백), 태도
장점	사고력·의사소통·협업 역량 평가, 학습 내용의 심화 및 관점 확장
유의사항	주관성·편차 가능 → 루브릭 제시, 참여 기준 명확화, 평가 기록(로그) 확보

(6) 출석 및 참여도 평가

- 출석 및 참여도 평가는 학습자가 과정에 얼마나 성실하게 참여했는지를 기준으로 학습 태도와 참여 수준을 평가하는 방식이다. 이 평가는 학습자의 지속적인 학습 참여, 학습 습관 형성, 책임감을 확인하는 데 목적이 있으며, 다른 평가 유형을 보완하는 역할을 한다.
- 이러닝 환경에서는 학습관리시스템(LMS)을 통해 출석 여부, 접속 빈도, 학습시간, 콘텐츠 진도율, 토론·과제 참여 기록 등 다양한 로그 데이터를 활용하여 객관적으로 평가할 수 있다. 다만 단순 접속 여부만으로 학습 성취를 판단하는 데는 한계가 있으므로, 참여의 질(활동 수행 여부)을 함께 고려하여 평가하는 것이 바람직하다.

[표] 출석 및 참여도 평가의 핵심 정리

구분	내용
평가 대상	출석 여부, 접속 빈도, 학습시간, 진도율, 토론·과제 참여
장점	학습 태도·성실성 평가 가능, 학습 지속성 관리에 효과적
유의사항	형식적 참여 위험 → 참여 기준 명확화, 질적 요소 병행 평가

2) 단위별 성취도 측정을 위한 평가 시기 및 주체

(1) 단위별 성취도 측정을 위한 시기

이러닝에서 단위별 성취도 측정 시기는 학습 과정 전·중·후의 흐름에 따라 설정되며, 각 시기별 평가는 학습자의 이해도와 성취 수준을 단계적으로 파악하는 데 목적이 있다. 단위별 평가는 학습 시작 전의 준비 상태 진단부터 학습 진행 중 점검, 단위 종료 시 성취 확인, 이후 복습 및 자기 점검까지 포함하여 체계적으로 운영된다.

[표] 단위별 성취도 측정 시기별 평가 유형

측정 시기	평가 유형	주요 내용
학습 전	학습 전 진단 (Pre-Assessment)	학습 단위 시작 전에 실시하여 학습자의 초기 지식수준과 필요한 지원을 파악함
학습 중	중간 평가 (Formative Assessment)	학습 단위 중간에 실시하여 학습 진행 상황과 이해도를 점검하고 피드백을 제공함
단위 종료 시	단위별 종료 평가 (Summative Assessment)	각 학습 단위가 끝날 때 실시하여 해당 단위의 학습 목표 달성 여부를 확인함
단위 이후	복습 평가 (Review Assessment)	특정 단위 이후에 실시하여 이전 학습 내용의 복습과 재확인을 목적으로 함
과정 종료 후	포스트 평가 (Post-Assessment)	전체 학습 과정 종료 후 실시하여 전체 학습 목표 달성도와 성취 수준을 종합 평가함
수시/종료 후	자가평가 (Self-Assessment)	학습자가 스스로 학습 진행 상황과 성취 수준을 점검하며, 주기적 또는 단위 종료 후 실시 가능

(2) 단위별 성취도 측정 주체

단위별 성취도 평가는 평가를 수행하는 주체에 따라 관점과 활용 목적이 달라진다. 이러닝 환경에서는 학습자 스스로의 자기 점검뿐 아니라 교·강사의 평가 및 피드백, 시스템 관리자의 데이터 기반 운영 점검, 교육기관 차원의 품질 관리, 동료 학습자의 상호평가, 외부 전문가의 객관적 검증 등 다양한 주체가 평가에 참여할 수 있다.

[표] 단위별 성취도 측정 주체별 역할 및 활용

측정 주체	역할/특징
학습자	자가평가를 통해 자신의 성취 수준을 점검하고, 목표 설정 및 약점 보완에 활용한다.
교사/강사	학습자의 성취도를 평가하고 피드백을 제공하며, 평가결과를 바탕으로 콘텐츠·지도 방법을 조정한다.
이러닝 시스템 관리자	학습 데이터 및 평가결과를 기반으로 시스템 운영 성과와 효율성을 분석하고 개선한다.

측정 주체	역할/특징
교육기관 관리자	단위별 성취도 결과를 통해 교육 프로그램의 효과·품질을 평가하고 운영정책 및 개선 방향을 수립한다.
피어 평가자(동료)	학습자 간 상호평가를 통해 다양한 관점의 피드백을 제공하고 협력 학습의 효과를 높인다.
외부 평가자	외부 전문가/기관이 독립적 관점에서 성취도를 평가하여 객관성과 전문성을 보완한다.

3) 단위별 평가 유형에 따른 과제 및 시험 운영

단위별 성취도 평가는 학습 목표 수준에 따라 평가 방법을 달리 적용해야 한다. 일반적으로 지식 단위는 개념 이해 확인 중심의 시험 평가가 적합하며, 적용·분석·종합 단위로 갈수록 실제 수행과 사고 과정을 확인할 수 있는 과제, 프로젝트, 포트폴리오 등의 평가가 효과적이다.

[표] 단위(학습 목표 수준)별 과제·시험 방법

단위	평가 초점	과제(예)	시험/평가 방법(예)
지식 단위 (Knowledge Unit)	기본 정보·개념 이해, 기초 지식 습득 평가	용어/정의 정리, 기본 사실 확인 퀴즈	객관식 퀴즈, 참/거짓, 일치(매칭) 문항
적용 단위 (Application Unit)	배운 지식을 특정 상황에 적용, 문제 해결 능력 평가	문제 해결 과제, 사례 적용, 실전 상황 해결 제시	단답형(적용형), 실습 수행, 시뮬레이션
분석 단위 (Analysis Unit)	정보·데이터를 분석하여 패턴/구조 파악, 해석·분석력 평가	데이터 분석, 연구/사례의 심층 분석	서술형(분석형), 케이스 스터디 분석, 데이터 해석
종합 단위 (Integration Unit)	여러 지식을 통합하여 새로운 아이디어/접근 제시, 통합적 사고 평가	팀 프로젝트, 연구 제안, 통합 사례연구	프로젝트 제출, 구술 평가, 포트폴리오 제출

(1) 평가유형별 시험지 배정

단위별 학습 목표 수준(지식-적용-분석-종합)에 따라 평가 유형을 선정하고, 이에 맞는 문항·과제 구성을 사전에 설계한다. 시험형 평가는 평가 도구에 따라 문항을 개발·관리하며, 시스템에서는 평가유형별로 적절한 시험지가 배정될 수 있도록 운영한다.

(2) 평가유형별 평가실시

평가 유형에 따라 시험, 과제, 프로젝트, 토론 등이 실시되며, 학습자의 이해도와 성취도를 정확히 측정할 수 있도록 운영 기준을 마련한다. 특히 튜터링이 필요한 과제의 경우 학습관리시스템에서 튜터 권한으로 접속 가능한 별도 화면을 제공하여 지도·피드백이 원활히 이루어지도록 지원해야 한다.

(3) 평가 결과관리

평가 종료 후에는 채점 및 결과 확인 절차가 필요하며, 과제 평가 후 이의신청 기능을 제공하고 접수·처리 방안을 정책적으로 마련해야 한다. 또한, 객관적인 채점을 위해 모사(표절) 답안 검증 시스템을 활용하여 부정행위를 예방하고 평가의 신뢰성을 확보할 수 있다.

4) 단위별 평가결과의 활용 및 개선 환류

(1) 단위별 평가결과의 활용성

단위별 평가는 학습자의 학습 성취도를 확인하고, 교육과정 운영의 적절성과 개선 방향을 도출하는 데 활용된다. 특히 평가결과를 차시(단위)별로 분석하면 학습자의 이해 부족 영역과 오개념을 파악할 수 있으며, 학습 목표 달성률을 근거로 단위콘텐츠의 개발 적합성과 교육 효과성을 점검할 수 있다. 또한, 학습자는 평가를 통해 자신의 성취 수준을 인식함으로써 학습 동기를 강화하고, 학습 참여를 지속할 수 있다.

[표] 단위별 평가결과의 주요 활용(학습·과정·동기)

활용 영역	핵심 내용	활용 포인트(운영 관점)
① 학습 성취 확인	평가결과 분석을 통해 이해 부족, 오개념, 취약 단원을 파악하고 차시별 목표 달성도를 산출	목표 달성률을 근거로 보충·심화 자료 제공, 학습지원 대상 선정, 단위콘텐츠 개발 적합도 평가
② 교육과정 개선	학습자 피드백과 달성률을 바탕으로 수정·추가가 필요한 콘텐츠를 파악하여 업데이트	차시 운영 결과(달성률/피드백)로 단위콘텐츠의 효과성·적절성 점검및 개선 사항 도출
③ 학습 동기부여	학습자가 자신의 성취를 자각하고 학습 자신감을 형성하여 학습 참여가 강화	성취 확인과 피드백 제공으로 학습 확신·흥미 증가, 적극적 학습 태도 유도

> 🔑 **수험Tip**
> 목표 달성률은 단위콘텐츠의 효과성/개발 적합성을 판단하는 핵심 근거가 된다.

(2) 단위별 평가 난이도 파악

- 단위별 평가의 난이도 파악은 학습자의 능력과 현재 학습 상태를 고려하여 적절한 수준의 평가 난이도를 설정·조정하는 과정이다.
- 난이도가 지나치게 높으면 학습자가 좌절하여 참여가 감소할 수 있고, 반대로 너무 낮으면 도전 의욕이 약화되어 학습 효과가 떨어질 수 있다.
- 학습자의 반응과 성취 데이터를 기반으로 난이도를 점검하고, 필요 시 평가 문항과 과제 수준을 조정하여 학습 동기를 유지하고 최적의 학습 성과를 지원해야 한다.

고려 요소	주요 내용
학습자의 개별성 고려	학습자는 배경 지식, 학습 습관, 기술 수준이 다양하므로 개인차를 반영한 난이도 설정이 필요하다.
실시간 피드백의 보완 필요	이러닝은 즉각적 피드백 기회가 제한될 수 있으므로, 평가 난이도를 사전에 점검하고 적절히 조절하는 것이 중요하다.
적절한 난이도의 중요성	너무 쉬우면 학습 성장 제한, 너무 어려우면 자신감·동기 저하 → 목표 달성에 적합한 난이도 유지가 핵심이다.
적시 조정의 필요	평가결과와 학습자 반응을 바탕으로 난이도를 조정하고, 필요 시 보충·심화 자료 또는 문항 수준을 재구성한다.

🔑 수험Tip

난이도는 "너무 쉬움(동기 ↓) vs 너무 어려움(좌절 ↑)" 사이의 균형이 핵심이다.

(3) 콘텐츠 개발을 위한 피드백

- 콘텐츠 개발에 대한 피드백은 학습콘텐츠의 품질과 학습 효과를 개선하기 위한 핵심 자료이다.
- 학습자의 의견과 반응을 수집·분석하면 콘텐츠의 이해도, 난이도, 구성, 사용성(UI) 등에서 개선이 필요한 지점을 파악할 수 있으며, 이를 콘텐츠에 반영함으로써 학습 경험을 최적화할 수 있다.
- 피드백을 일회성으로 끝내지 않고 지속적으로 수집하여 개선 결과를 다시 점검하는 환류 체계를 운영하면, 콘텐츠의 완성도와 교육 효과를 안정적으로 높일 수 있다.

[표] 콘텐츠 개발 피드백 운영 절차(환류 프로세스)

단계	주요 활동	산출물(예)
1. 피드백 수집	설문, 토론/면담, 학습 로그(이탈·체류·정답률 등) 수집	피드백 원자료, 로그 데이터
2. 분석	문제 유형 분류(난이도/구성/표현/UI), 원인 도출	개선 필요 항목 목록, 원인 분석
3. 개선 반영	내용·구조·디자인·상호작용 수정, 보충/심화 자료 보완	개선 버전 콘텐츠, 수정 내역
4. 재검증(재평가)	개선 후 학습 효과·만족도·지표 변화 확인	재평가 결과, 추가 개선 과제
5. 확산·표준화(선택)	효과가 검증된 개선안을 다른 단위에 적용	운영 가이드, 표준 템플릿

주요 학습 목표

1. 학습 목표 성취도 측정을 위한 평가 도구를 개발할 수 있다.

2. 과제 문항 및 답안을 작성할 수 있다.

3. 학습 목표, 학습 내용과 일관성이 있는지 파악할 수 있다.

4. 문제의 난이도를 파악하고 적정성 여부를 결정할 수 있다.

1. 평가 도구의 문항 형식

- 문항 형식이란 학습자의 지식·기능·태도 등 성취 수준을 측정하기 위해 질문을 제시하고 응답을 유도하는 문항의 형태적 구조를 의미한다.

- 문항 형식은 평가결과의 신뢰도와 타당도에 영향을 미치므로, 평가 목적과 학습 목표에 적합한 형식을 선정하는 것이 중요하다. 특히 진단평가는 선행지식과 준비도 확인에 적합한 간결한 문항을, 형성평가는 학습 과정 점검과 피드백 제공에 적합한 문항을 중심으로 구성한다.

- 총괄평가는 학습 종료 시점에서 목표 달성 여부를 종합적으로 판단할 수 있도록 문항 구성을 설계해야 한다. 또한, 객관식·주관식(서답형·서술형)·수행평가 등 다양한 문항 형식을 학습 내용의 특성과 평가 목적에 맞게 선택·조합하고, 필요 시 시험·과제·실습·토론을 연계한 복합형 설계를 통해 성취 요소를 균형 있게 측정하는 것이 바람직하다.

[표] 평가 문항 형식의 주요 유형

구분	문항 형식	특징	장점	단점
선다형 (객관식)	여러 선택지 중 하나를 선택	채점이 객관적이며 대규모 평가에 적합	빠른 채점, 신뢰도 높음	사고력·창의성 평가에 한계
진위형 (참·거짓형)	진술문에 대해 참/거짓 판단	문항 작성이 간단	빠른 측정 가능	우연적 정답 확률 높음
연결형 (매칭형)	두 집단의 항목을 서로 연결	연상력, 개념 간 관계 측정	여러 항목을 동시에 평가	항목 간 균형 유지 어려움
단답형 (주관식)	단어나 수치로 직접 답안 작성	기억·이해 수준 평가에 효과적	추측 답변 어려움	채점 기준 설정 필요
서술형 (서답형)	자신의 언어로 답을 서술	사고력·표현력 평가	사고의 깊이 파악 가능	채점의 주관성 우려

구분	문항 형식	특징	장점	단점
수행형 (수행평가)	실제 과제수행을 통해 평가	실제 능력·문제 해결력 평가	실질적 역량 측정 가능	시간·채점 부담 큼
논술형 (확장 서술형)	주어진 주제에 대해 논리적 서술	사고력·창의력·비판력 측정	고차 사고능력 평가	채점 기준 명확화 필요

[표] 문항 형식 선택 시 고려사항

구분	주요 고려 내용
평가 목적	• 지식 이해→ 객관식, 단답형 • 사고력·문제 해결력→ 서술형, 수행평가 • 태도·가치관→ 관찰, 포트폴리오, 자기 평가
평가 상황	• 대규모 평가→ 객관식 중심 • 소규모·수업 내 평가→ 수행평가, 서술형 중심
채점의 객관성 및 실용성	• 시간·인력 여건 고려 • 채점 기준의 명확성 확보

🔑 수험Tip

대규모 = 객관식 / 소규모 = 수행·서술형

1) 성취도 요소별 측정 방법

- 이러닝 성취도 측정 평가 도구란 온라인 학습환경에서 학습자의 지식, 기술, 태도 및 학습 과정에서의 성취 수준을 평가하기 위해 활용되는 다양한 도구와 방법을 의미한다. 이러한 평가 도구는 학습자의 학습 진도, 이해도, 응용 능력, 문제 해결 능력 등을 측정·분석하여 학습 효과를 확인하고, 필요한 학습 지원을 제공하는 데 활용된다.

- 이러닝에서는 성취도를 단일 지표로만 평가하기보다, 평가 목적에 따라 요소별(지식·이해·응용·분석·종합)로 측정 방법을 달리 적용하는 것이 바람직하다. 다음에서는 성취도 요소별로 활용 가능한 대표적인 측정 방법을 정리한다.

[표] 성취도 요소별 측정 방법

성취도 요소	측정 방법
지식	• 객관식, 주관식, 단답형, 서술형 퀴즈 및 시험 • 학습자가 특정 정보나 사실을 알고 있는지 확인(예 용어 정의, 사실 확인 문항)
이해도	• 서술형 질문, 완성형 문항, 비교·판단·해석 중심 문항 • 개념 설명, 사례 제시를 통해 이해 수준 확인
응용력	• 사례연구, 문제 해결 과제, 프로젝트 수행 • 지식이나 기술을 실제 상황에 적용하는 능력 평가

성취도 요소	측정 방법
분석력	• 구조화된 문제, 케이스 스터디, 데이터 분석 문항 • 정보 간 관계 파악, 논리적 추론 및 해석 능력 평가
종합력	• 프로젝트 기반 평가, 포트폴리오 제출, 토론·발표, 시험 • 여러 개념과 지식을 통합하여 결과물 생성 또는 의견 제시 능력 평가

2) 평가 도구(문항) 설계 조건

- 평가 도구를 설계·선정할 때에는 측정 결과가 교육 목적에 부합하고 신뢰할 수 있도록, 도구의 품질 요건을 점검해야 한다. 일반적으로 평가 도구의 핵심 조건은 타당도, 신뢰도, 객관도, 실용도이며, 각 조건을 충족할수록 평가결과의 정확성과 활용 가능성이 높아진다.
- 타당도는 평가 도구가 '무엇을 얼마나 제대로 측정하는가'를 판단하는 핵심 기준으로, 평가 목적과 준거에 따라 여러 관점에서 검토할 수 있다. 대표적으로 내용 타당도, 예언 타당도, 공인 타당도, 구인 타당도, 요인 타당도로 구분되며, 각 유형은 타당도를 확보하기 위한 점검 초점이 다르다.

[표] 평가 도구의 조건

구분	정의/핵심 내용
타당도 (Validity)	검사 도구가 측정하려는 내용을 얼마나 충실하고 정확하게 측정하는가를 의미 주어진 검사가 특정 목적에 적절하게 사용될 수 있는 유용한 검사인지 판단하는 정도
신뢰도 (Reliability)	시간 경과 후 반복 측정하더라도 거의 동일한 결과가 나와야 함(일관성·안정성) **신뢰도 접근**: 표준오차 접근, 상대적 순서 접근 등
객관도 (Objectivity)	채점자의 주관이 개입되지 않고 채점 결과가 일관되게 유지되는 정도(채점의 신뢰성)
실용도 (Practicality)	비용·시간·노력 대비 측정 목적을 효율적으로 달성하는 정도

[표] 타당도의 유형

유형	설명
내용 타당도 (Content Validity)	측정하려는 내용이 검사 도구에 제대로 반영되었는지(내용 대표성, 문항 구성의 적절성 등)
예언 타당도 (Predictive Validity)	현재 검사 점수가 미래의 수행/행동을 얼마나 잘 예측하는지
공인 타당도 (Concurrent Validity)	기존의 타당한 준거(기준 검사)와의 일치 정도(동시에 측정하여 비교)
구인 타당도 (Construct Validity)	조작적 정의에 근거한 심리적 구인을 제대로 측정하는지 검증
요인 타당도 (Factor Validity)	요인분석 등 통계적 방법으로 검사가 어떤 요인(구성요소)을 측정하는지 확인

2. 평가 문항 작성지침

- **학업성취도 평가 문항**은 평가 도구의 특성에 따라 문항 형식을 달리 적용한다. **지필 평가**는 선다형·진위형·단답형 등 객관식 중심으로 구성하고, 과제·토론 등 **수행 중심 평가**는 서술형 문항을 활용하여 학습자의 사고 과정과 적용 능력을 확인한다.

- **문항**은 문제은행 방식으로 관리하며, **지필 평가**는 실제 출제 문항의 최소 3배수, **과제**는 5배수 수준으로 사전 출제·저장한 뒤 오탈자 및 문항 오류를 점검하여 수정한다. 또한, KERIS 원격교육 연수 콘텐츠 내용심사 기준을 준용하여 문항이 학습 목표 및 학습 내용과 일관성을 유지하도록 작성한다.

- 평가 문항 수와 과락 기준(예 100점 만점 기준 60% 이하 과락 등)은 평가계획 수립 단계에서 3~5배 범위 내에서 결정하며, 문항 출제는 주로 교육과정 내용 전문가로 참여한 교수자가 담당한다.

> 🔑 수험Tip
> - 문항 형식: 지필(선다형·진위형·단답형) / 과제·토론(서술형)
> - 문항 풀(pool) 규모: 지필 최소 3배수, 과제 5배수
> - 관리 방식: 문제은행 보관 + 오탈자·오류 검토 및 수정
> - 품질 기준: KERIS 내용심사 관점(목표·내용 일관성)
> - 계획 단계 결정: 문항 수(3~5배 범위), 과락 기준 및 배점 비율
> - 출제 담당: 내용 전문가(교수자 등)

1) 평가 문항 작성의 기본 원칙

평가 문항은 학습자가 혼동 없이 이해할 수 있도록 명확하고 간결하게 작성하되, 학습 목표와 직접 연결되어 성취 수준을 타당하게 측정해야 한다. 또한, 편향을 배제한 공정한 표현을 사용하고, 문항 유형과 난이도를 적절히 구성하여 학습자의 도전과 학습 효과를 높일 수 있도록 설계한다.

[표] 평가 문항 작성의 기본 원칙

구분	주요 내용
문항의 명확성	• 문항은 학습자가 오해 없이 이해할 수 있도록 명확하고 간결하게 작성해야 한다. • 각 문항은 학습 목표와 직접 연계되어, 학습 과정에서 습득한 지식이나 능력을 평가해야 한다.
공정성 및 중립성	• 문항과 선택지는 편향이나 편견 없이 중립적으로 구성되어야 한다. • 특정 집단에 유리하거나 불리한 표현은 지양해야 한다.
문항 유형과 난이도	• 선다형, 진위형, 단답형, 서술형 등 다양한 문항 유형을 활용한다. • 문항 난이도는 다양하게 구성하되, 모든 학습자가 도전할 수 있도록 조절한다.
구조와 제시 순서	• 선다형 문항의 경우 정답과 오답 선택지를 균형 있게 제시해야 한다. • 문항의 제시 순서는 난이도나 학습 목표에 따라 논리적으로 배열한다.
피드백 및 시험 환경	• 평가 후 학습자에게 적절한 피드백을 제공하여 학습 효과를 높인다. • 이러닝 플랫폼의 기능과 제한, 학습자의 기술적 환경을 고려하여 문항을 설계한다.

2) 문항의 형태

평가 문항의 형태는 학습 목표와 평가 목적에 따라 달라지며, 객관적인 지식 확인부터 사고력·이해력·표현력 평가까지 다양한 수준을 측정할 수 있도록 설계되어야 한다. 문항 유형의 특성을 이해하고 적절히 활용하는 것이 타당하고 신뢰도 높은 평가의 핵심이다.

[표] 문항의 형태

구분		내용
선택형 문항 (Choice-Based Questions)	정의	여러 개의 선택지 중 하나 또는 여러 개의 정답을 고르는 객관식 문항 형태
	종류	진위형(True-False), 선다형(Multiple Choice), 연결형(Matching)
	특징	주로 지식수준이나 기본 개념 확인에 활용 · 정답과 오답 선택지(지시선)의 균형이 중요 선택지는 간결하고 명확해야 함 모든 선택지는 문법·형식·내용 면에서 동질성을 유지해야 함
서답형 문항 (Short Answer Questions)	정의	주어진 질문에 대해 직접 답을 작성하는 주관식 문항 형태
	종류	논술형(Essay), 단답형(Short Answer), 괄호형(Cloze), 완성형(Completion)
	특징	이해, 분석, 응용, 종합 등 상위 수준 학습 목표 평가에 적합 학습자의 사고 과정과 의견을 파악하는 데 유리 채점의 주관성을 줄이기 위해 명확한 채점 기준이나 예시 답안 제시가 필요

3) 좋은 문항의 주요 조건

좋은 평가 문항은 학습자가 문항의 의도를 명확히 이해할 수 있어야 하며, 학습 목표와의 연계성 속에서 공정하고 일관되게 학습 성취를 측정해야 한다. 또한, 학습자의 수준에 적절한 난이도를 유지하고, 교육적으로 바람직한 내용으로 구성되어야 평가의 신뢰성과 타당성을 확보할 수 있다.

[표] 좋은 문항의 주요 조건

조건	주요 내용
명확성 (Clarity)	문항은 학습자가 쉽게 이해할 수 있도록 명확하고 간결하게 작성되어야 함
객관성 (Objectivity)	문항과 선택지는 편향이나 주관적 표현 없이 객관적으로 구성되어야 함
적절한 난이도 (Appropriate Difficulty)	문항의 난이도는 대상 학습자의 수준과 교육 목표에 부합해야 함
타당성 (Validity)	문항은 학습 목표 및 교육 내용과 직접적으로 관련되어야 함
신뢰성 (Reliability)	동일한 조건에서 반복 평가 시 일관된 결과를 제공해야 함

[표] 추가 고려사항

구분	주요 내용
평가 목표 일치	문항 내용은 평가 목표와 반드시 일치하여 학습 성취를 정확히 측정해야 함
사고 중심성	단순 암기 수준을 넘어 이해·분석·적용 등 사고를 요구하는 복합성을 지녀야 함
명확성·구조성	문항은 모호하지 않고 논리적으로 구조화되어 학습자가 의도를 명확히 파악할 수 있어야 함
학습 동기 유발	학습 동기를 저해하지 않으며, 학습 참여와 성취 의욕을 높일 수 있도록 구성해야 함
윤리성·교육적 적절성	윤리적·교육적으로 바람직한 내용을 포함하여 부적절한 요소를 배제해야 함
공정성 유지	특정 집단에 유리하거나 불리하지 않도록 공정성과 형평성을 유지해야 함

🔑 **수험Tip**
- 시험에서는 명확성·객관성·타당성·신뢰성을 문항의 질 판단 기준으로 묶어 출제하는 경우가 많다.
- 타당성 = 학습 목표 일치, 신뢰성 = 반복 시 동일 결과라는 핵심 키워드를 함께 암기하면 빠르게 판단할 수 있다.
- "편향·모호·주관적 표현"이 등장하면 좋은 문항의 조건에 위배 된다는 점을 즉시 떠올리는 것이 중요하다.

4) 선다형 문항 제작 시 고려사항

선다형 문항은 정답을 명확히 제시하면서도 오답을 그럴듯하게 구성해 학습 성취를 타당하게 변별할 수 있어야 한다. 또한, 반복 표현은 문항에 모아 선택지를 간결하게 하고, 정답을 추측할 수 있는 단서가 생기지 않도록 표현과 배열을 세심하게 점검해야 한다.

[표] 선다형 문항 제작 시 고려사항

구분	고려사항(핵심 내용)
정답·오답 구성	정답은 분명하게 제시하고, 오답은 학습자가 선택할 수 있을 만큼 그럴듯하게 구성한다.
중복 표현 처리	반복되는 어구는 선택지로 나누지 말고 문항(지문)에 포함시켜 선택지를 간결하게 만든다.
단서 제거	정답을 추정할 수 있는 단서(어휘, 길이, 표현 방식, '항상/절대' 등)를 주지 않도록 한다.
긍정문 원칙·부정문 표기	가능하면 긍정문으로 작성하되, 부정문 출제 시 부정어('아닌', '않는', '틀린')를 굵게/밑줄 등으로 명확히 표시한다.
계량 선택지 유의	수치형 선택지는 범위가 겹치거나 중첩되지 않도록 구성한다.
선택지 배열	선택지 간 논리적 순서(시간, 크기, 단계, 가나다/숫자)가 있으면 그 기준에 따라 배열한다.
문항 vs 선택지 분량	문항은 필요한 정보를 충분히 제공하되, 선택지는 가능한 간결하게 줄여 제시한다.
특수 선택지 활용	상황에 따라 '정답 없음' 선택지를 사용할 수 있으나, 남용하지 않도록 주의한다.

5) 선다형 문항의 장단점

선다형 문항은 채점의 효율성과 객관성이 높아 대규모 평가에서 널리 활용되는 문항 형태이다. 그러나 선택지 구성의 난이도와 추측 가능성 등 한계도 존재하므로, 장점과 단점을 함께 고려하여 적절히 활용해야 한다.

[표] 선다형 문항의 장단점

구분	주요 내용
장점	• 응용성이 높고 신속한 평가가 가능하다. • 채점의 신뢰성과 객관성이 높다. • 문항의 답지를 조정하여 난이도 조절이 가능하다. • 다른 선택형 문항에 비해 추측 요인이 상대적으로 적다. • 오답 선택을 통해 학습자의 반응 유형을 분석하는 진단 자료를 얻을 수 있다.
단점	• 선택지가 많아 양질의 문항을 제작하기 어렵다. • 모든 선택지를 검토해야 하므로 문제 풀이 시간이 길어질 수 있다. • 신중한 사고력이 높은 학습자에게는 불리하고, 상대적으로 능력이 낮은 학습자에게 유리하게 작용할 수 있다.

🔑 수험 포인트 한 줄 정리

→ 선다형 문항 = 객관성·채점 효율 ↑ / 문항 제작 난이도·시간 부담 ↑

6) KERIS 원격교육 연수 콘텐츠 내용심사

KERIS는 대한민국의 교육 정보화를 주도하는 기관으로, 원격교육 연수 콘텐츠의 품질을 체계적으로 관리·보증하고 있다. 원격교육 연수 콘텐츠 내용심사는 교육 목표에 부합하는 콘텐츠가 적절하게 설계·운영되고 있는지를 점검하여, 학습 효과와 교육적 신뢰성을 확보하기 위한 평가 과정이다.

[표] KERIS 원격교육 연수 콘텐츠 내용심사

구분	주요 내용
심사 기준	• 콘텐츠의 목적 및 학습 목표가 명확히 정의되어야 한다. • 교육 내용과의 연계성이 확보되어야 한다. • 학습자의 다양한 학습 수준과 배경을 고려하여 제작되어야 한다.
심사 방법	• **전문가 평가**: 교육 전문가가 콘텐츠의 품질과 적정성을 평가한다. • **사용자 평가**: 실제 학습자의 피드백을 기반으로 효과성과 만족도를 평가한다.
피드백 및 개선	• 심사 결과를 토대로 콘텐츠 제작자 및 기관에 피드백을 제공한다. • 제시된 개선 사항을 반영한 후 재심사를 받을 수 있다.
심사 결과의 활용	• 품질이 우수한 콘텐츠는 KERIS에서 인증받을 수 있다. • 인증 콘텐츠는 다양한 교육·연수 프로그램에 활용 가능하다.
지속적인 모니터링	• 콘텐츠의 활용 현황과 학습 효과를 지속적으로 점검한다. • 필요 시 재심사를 통해 품질을 유지·관리한다.

🔑 수험 Tip
→ KERIS 콘텐츠 내용심사 = 목적·목표 타당성 + 전문가·학습자 평가 + 피드백·재심사 구조

3. 평가 문항 양호도

평가 문항의 양호도는 문항이 학습자의 성취 수준을 얼마나 타당하고 공정하게 측정하는지를 의미하며, 일반적으로 문항 난이도(곤란도), 변별도, 문항 적정성, 오답지의 매력도를 통해 종합적으로 판단한다. 개발된 평가 문항은 문항 간 유사도와 난이도를 점검·조정하는 과정을 거쳐 평가의 완성도를 확보한다.

1) 문항 난이도 (Item Difficulty)

- **문항 난이도**는 검사 문항의 쉽고 어려운 정도를 의미한다.
- 문항 난이도 지수는 한 문항에서 전체 반응자 수에 대한 정답 반응자 수의 비율로 산출되며, 실제로는 문항의 '쉬운 정도'를 나타내는 지표이다.
- 난이도 지수 값이 높을수록 쉬운 문항, 낮을수록 어려운 문항을 의미한다.
- 검사 문항 개발과정에서 문항 난이도를 분석하는 목적은 학습자의 수준에 적합한 문항을 선별하고 검사 전체의 난이도를 적절히 조정하기 위함이다.

  ※ 난이도 지수(P) = 정답자 수 / 전체 응답자 수

2) 문항 곤란도 (Item Difficulty Index)

- **문항 곤란도**는 각 문항이 얼마나 어려운지를 나타내는 정도를 의미하며, 실무적으로는 문항 난이도와 동일한 개념으로 사용된다.
- 문항 형식이 선택형인지 서답형인지에 따라 곤란도의 산출 방식이 달라질 수 있으며,
- 선택형 문항의 경우 추측요인 보정 여부에 따라 계산식이 달라질 수 있다.
- 계산된 곤란도 지수는 값이 클수록 쉬운 문항, 값이 작을수록 어려운 문항을 의미한다.

> 🔑 **수험Tip**
> 문항 난이도(곤란도)는 수치가 높을수록 쉬운 문항이다.

[표] 평가 문항의 양호도 지표

문항 난이도	• 문항의 쉽고 어려운 정도(정답률 기반) • 값이 높을수록 쉬운 문항(정답률↑), 낮을수록 어려운 문항(정답률↓) • 난이도 지수 $= \dfrac{\text{정답자 수}}{\text{전체반응자 수}}$
문항 적정성	• 문항이 목표·수준·구성 측면에서 적절한가? • 문제의 난이도는 학습자의 학습 수준과 교육 경험에 맞춰야 한다. • 같은 내용을 다양한 난이도와 방식으로 평가하여 학습자의 다양한 능력을 평가해야 한다. • 문제는 명확하고 간결하게 작성되어야 하며, 오해의 소지가 없어야 한다.
적정성 확인방법	• 학습자들로부터 직접 피드백을 받아 문제의 난이도 및 적정성을 검토한다. • 교육 전문가나 이러닝 콘텐츠 개발자가 문제의 난이도 및 적정성을 평가한다. • 문제의 통계적인 결과(예 정답률, 편차 등)를 분석하여 난이도 및 적정성을 검토한다.
문항 변별도	• 평가 문항이 상위집단과 하위집단의 능력을 얼마나 잘 변별하고 있는지를 나타낸다. • 변별도 지수(DI) $= \dfrac{\text{상위집단 정답자 수} - \text{하위집단 정답자 수}}{\text{각 집단의 교육생 수}}$
오답지의 매력도	• 선다형 문항에서 피험자가 오답지를 선택할 가능성을 나타낸다 • 오답지가 너무 허술하면 매력도는 ↓ • 매력도 지수 $= \dfrac{1 - \text{문항난이도}}{\text{답지수} - 1}$

> 🔑 **수험Tip**
> - 난이도(곤란도) : 정답률로 문항이 너무 쉽거나/너무 어렵지 않은지 확인
> - 변별도 : 상·하위 집단을 잘 구분하는지 확인(좋은 문항의 핵심 지표)
> - 오답지 매력도 : 오답이 그럴듯해 추측을 줄이고 진단 정보를 주는지 확인
> - 적정성(목표·수준·표현) : 학습 목표와 일치하고 공정·명확한지 최종 점검

3) 문항 변별도(Discrimination)

- 문항 변별도는 해당 문항이 상위 성취자와 하위 성취자를 얼마나 잘 구분하는가를 나타내는 정도이다.
- 즉, 특정 문항을 맞히거나 틀린 결과가 검사 전체 점수(총점)의 고·저와 일관되게 연결되는 정도를 의미한다.

[표] 문항 변별도 계산 예시

구분	내용
사용 공식	변별도 지수(DI) = $\dfrac{\text{상위집단 정답자 수} - \text{하위집단 정답자 수}}{\text{각 집단의 교육생 수}}$
상위집단 교육생 수	10명
하위집단 교육생 수	10명
상위집단 정답자 수	8명
하위집단 정답자 수	3명
계산 과정	(8 − 3) / 10
변별도 지수(DI)	0.5
해석	상위집단과 하위집단을 잘 구분하는 변별력이 높은 문항

4) 문항 신뢰도와 타당도

(1) 문항 신뢰도(Reliability)

문항 신뢰도는 동일한 조건에서 평가를 반복했을 때 일관된 결과가 산출되는 정도를 의미한다. 즉, 문항이 우연이나 일시적 요인에 크게 흔들리지 않고 안정적으로 학습 성취를 측정하는지를 판단하는 기준이다. 신뢰도가 낮으면 결과 해석이 불안정해지므로, 문항의 표현·채점 기준·문항 수·변별도 등을 점검하여 신뢰도를 확보해야 한다.

[표] 신뢰도를 높이는 방법[핵심]

- 문항 지문과 선택지 표현을 명확히 하고 모호성을 제거한다.
- 채점 기준(특히 서답형)을 구체화하고 채점자 간 일관성을 확보한다.
- 적절한 문항 수를 확보하고, 변별력이 낮은 문항을 개선·제거한다.
- 시험 운영(시간, 환경, 안내)의 표준화를 유지한다.

(2) 문항 타당도(Validity)

문항 타당도는 평가가 측정하려는 학습 목표·내용을 제대로 측정하고 있는 정도를 말한다. 즉, 문항이 교육과정과 학습 목표에 부합하며, 문항 결과가 학습 성취를 올바르게 반영하는지를 의미한다. 타당도가 확보되지 않으면 신뢰도가 높더라도 "정확히 무엇을 재고 있는가"가 불분명해져 평가의 의미가 약화된다.

[표] 타당도를 확보하는 방법

• 학습 목표 – 내용 – 문항을 일대일로 정렬(정합성 확보)한다.
• 목표 수준(기억/이해/적용/분석 등)에 맞는 문항 유형을 선택한다.
• 불필요한 배경 지식, 과도한 독해력 등 비본질적 요인의 개입을 최소화한다.
• 전문가 검토 및 문항 사전 검토(파일럿)를 통해 적합성을 확인한다.
• **정리**: 신뢰도는 "일관성", 타당도는 "목표를 제대로 재는가"에 초점이 있다.

5) 문항 분석 결과의 활용

문항 분석 결과는 시험의 질을 개선하고 평가의 공정성과 학습 효과를 높이기 위한 실무적 근거자료로 활용된다. 난이도(곤란도), 변별도, 오답지 매력도, 문항 간 유사도 등 분석 결과를 바탕으로 문항을 수정·대체·폐기하고, 향후 평가 설계와 교수학습 개선에 반영한다.

(1) 문항 개선 및 문제은행 관리

- **난이도 조정**: 너무 쉬운/어려운 문항은 수정하거나 다른 문항으로 대체하여 검사 전체 난이도를 균형 있게 구성한다.
- **변별도 개선**: 변별도가 낮거나 음수인 문항은 오류 가능성을 점검하고(정답 오류, 애매한 지문, 복수정답 등) 수정·폐기한다.
- **오답지 개선**: 오답지가 지나치게 비현실적이면 매력도를 높이도록 오답을 재구성하여 추측을 줄인다.
- **유사 문항 정리**: 문항 간 유사도가 높으면 중복 문항을 정리하고 문항 풀을 다양화한다.

(2) 평가 운영 및 교육 개선 활용

- **취약 영역 진단**: 특정 단원에서 정답률이 낮거나 오답 유형이 반복되면 학습자의 취약 개념을 확인할 수 있다.
- **피드백 제공**: 문항별 정답률·오답 분포를 근거로 학습자에게 보완 학습 방향을 제시한다.
- **교수학습 개선**: 수업 내용·활동·자료가 학습 목표 달성에 충분했는지 점검하고 보완한다.

(3) 평가의 공정성·타당성 강화

- 특정 집단에 유리·불리한 문항 표현이 있는지 점검하고 편향 요소를 수정한다.
- 분석 결과를 근거로 평가 계획(문항 수, 난이도 비율, 평가 기준)을 재조정한다.

6) 과정 중심 평가

과정 중심 평가는 평가관, 평가 방법, 평가 내용, 평가결과의 보고 및 활용 측면에서 기존 결과 중심 평가와 구별된다. 학습 과정 전반을 평가 대상으로 삼아 학습자의 성장과 변화를 지속적으로 파악하고, 교수·학습 개선을 위한 정보를 제공하는 데 목적이 있다. 이는 교수학습과 평가를 연계한 순환적 구조의 평가를 지향한다.

[표] 과정 중심 평가의 주요 특징

구분	핵심 내용
평가관	결과 중심 평가에서 학습 과정 중심 평가로 관점이 전환됨
평가 방법	• 서술형, 논술형, 수행평가 등 다양한 평가 방법 활용 · 구조화·비구조화 문항을 혼합하여 사용 • 중간·기말고사 중심의 정기 평가가 아닌 수업 중 수시 평가실시·교사뿐 아니라 학습자, 동료 등 다양한 평가 주체 참여
평가 내용	• 단편적 지식·기능 평가에서 벗어나 고차적 사고력, 문제 해결 능력, 통합적 지식과 기능 평가 • 교과 중심에서 벗어나 범교과적·탈 교과적 역량 평가 • 인지적 영역뿐 아니라 정의적 영역 및 핵심 역량까지 평가
평가결과 보고 및 활용	• 피드백을 통해 학습자의 문제 해결과 성장을 지원 • 평가결과를 교수·학습 개선을 위한 자료로 활용 • 교사는 교육 활동을 지속적으로 모니터링하고 개선하는 데 활용

이러닝 활동 지원

01 운영자 지원시스템에서 과정별 자료실의 자료를 등록/수정/삭제하는 기능은 어느 분야인가?

① 학습 과정 관리　　② 수강 관리

③ 수료 관리　　④ 교·강사 관리

탑 ①

해 ② **수강 관리**: 수강 신청과 관련된 정보를 관리하는 기능

③ **수료 관리**: 수료 기준에 따른 수료 기능으로 구성

④ **교·강사 관리**: 교·강사에 관한 기본 정보와 활동 정보 관련 기능으로 구성

02 다음 중 이러닝 운영지원 도구의 활용 방법이 <u>아닌</u> 것은?

① 학습자들의 학습 활동을 추적하는 기능 활용

② 학습자들과 교육자들 간의 소통을 위한 기능 활용

③ 학습자료 제공 기능 활용

④ 학습자의 태도(동기·가치관 등)를 심리검사로 측정하는 기능 활용

탑 ④

해 <이러닝 운영지원 도구의 활용 방법>
- 학습자들의 학습 활동을 추적하는 기능 활용
- 학습 자료 제공 기능 활용
- 학습자들과 교육자들 간의 소통을 위한 기능 활용
- 학습자들의 학습 성과 측정 기능 활용
- 학습자들의 학습 경험 개선 기능 활용

03 다음 중 학습관리시스템(LMS)과 학습콘텐츠관리시스템(LCMS)에 관한 설명으로 옳지 <u>않은</u> 것은?

① 학습관리시스템(LMS)은 온라인 학습 환경을 구축하고 관리하기 위한 소프트웨어 시스템이다.

② 학습콘텐츠관리시스템(LCMS)은 온라인 학습 콘텐츠의 작성, 저장, 관리 및 재사용을 위한 소프트웨어 시스템이다.

③ 학습관리시스템(LMS)은 특히 대규모의 이러닝 프로젝트나 복잡한 학습 콘텐츠 구조를 가진 조직에서 유용하게 사용된다.

④ LMS는 학습 경험의 전반적인 관리에 중점을 둔 반면, LCMS는 학습 콘텐츠의 생성 및 관리에 중점을 둔다.

탑 ③

해 보기 ③번은 학습콘텐츠관리시스템(LCMS)에 관한 내용이다.
- LMS는 학습 경험의 전반적인 관리에 중점을 둔 반면, LCMS는 학습 콘텐츠의 생성 및 관리에 중점을 둔다.
- LMS는 학습자의 경험 및 성과를 추적하고 관리하는데 필요한 도구들을 제공한다.
- LCMS는 콘텐츠개발자에게 콘텐츠를 효과적으로 개발하고 재사용하는 데 필요한 도구들을 제공한다.
- 두 시스템은 서로 보완적인 관계에 있을 수 있으며, 많은 현대적인 LMS는 LCMS 기능을 일부 통합하고 있다.

04 다음 학습 상호작용의 유형 중 학습자-학습자 상호작용에 해당하지 <u>않는</u> 것은?

① 학습자가 동료 학습자와 상호작용하는 것을 의미한다.

② 첨삭과 평가 등을 통해 이루어지는 경우가 많고, 학습 진행상의 질문과 답변을 통해서 이루어지기도 한다.

③ 토론방, 질문답변 게시판, 쪽지 등을 통해 상호작용할 수 있다.

④ 교·강사의 강의나 콘텐츠 내용으로만 학습이 이루어지는 것이 아니라 동료 학습자와의 의사소통 사이에도 일어날 수 있다.

답 ②

해 보기 ②번은 학습자 ― 교·강사 상호작용에 해당한다.

05 다음 중 아래에서 설명하는 개념으로 옳은 것은?

> 이러닝 운영 주체로서 과정운영자가 이러닝의 전(全) 과정에서 학습관리시스템(LMS)을 통해 학습자가 원만히 학습을 진행하도록 돕고, 학사 관리 전반에 대한 관리업무 수행을 돕는 도구나 수단

① 이러닝 콘텐츠 저작도구

② 학습 보조 공학 도구

③ 이러닝 운영지원 도구

④ 학습관리시스템(LMS)

답 ③

해 학습 진행을 위한 안내 역할, 학습 진행 독려 효과, 질문 및 문제 발생에 대한 대응 역할을 보조하기 때문에 상황에 적절한 운영 지원 도구가 요구된다.

06 다음 중 이러닝 운영자의 수강오류 해결 방법으로 옳지 <u>않은</u> 것은?

① 과제, 평가 관련 점수는 별도 메뉴를 통해서 수정할 수 있다.

② 운영자가 직접 처리하지 못할 때는 기술 지원팀에 요청하여 처리한다.

③ 진도 관련 데이터를 운영자가 직접 수정한다.

④ 관리자 기능에서 직접 해결하는 경우에는 기존 데이터에 영향을 주는 것인지를 면밀하게 검토할 필요가 있다.

답 ③

해 진도율은 수료 기준에 속하는 중요한 정보로, 운영자가 임의로 값을 수정하게 되면 그 자체로 부정행위 발생 빈도를 높일 수 있다. 따라서 별도의 요청에 따라 기술 지원팀에서 처리하여야 한다.

07 다음 보기의 내용은 학습자 지원시스템의 구성 및 기능에 대한 내용 중 어느 분야에 해당되는 기능인가?

> - 커뮤니티 기능, 역량진단 기능, 블로그 기능, 교재 배송 기능
> - 사이트 전반에 대한 Q&A 게시판, FAQ, 자유게시판 등의 기능
> - 학습에 필요한 프로그램 다운로드 등 학습을 지원해주는 학습자료실

① 개인정보 관리 ② 학습지원 기능

③ 수강 관리 ④ 교과학습 기능

답 ②

해 보기의 내용은 고객센터, 사전진단(역량분석) 등 학습을 지원하는 학습지원 기능에 해당한다.

08 다음 중 학습 과정의 평가 방법 중 진도율에 대한 설명 중 옳지 <u>않은</u> 것은?

① 전체 수강 범위 중 학습자가 어느 정도 학습을 진행했는지 계산하여 제시하는 수치이다.

② 학습관리시스템의 기능적인 특성에 따라서 진도 체크 방법이 달라질 수 있다.

③ 진도율은 일정 수치 이상으로 올라가야 과제와 평가를 진행할 수 있는 등의 전제 조건으로 사용되는 경우가 많다.

④ 진도율은 일반적으로 교수자나 튜터가 입력을 한다.

답 ④

해 진도율은 학습관리시스템(LMS)에서 자동으로 계산하여 강의실 화면에 보여주는 경우가 많다.

09 선다형 문항의 전체 반응자 수가 50명이고 문항의 정답자 수가 45명인 경우 문항 난이도를 올바르게 해석한 것은?

① 해당 문항 난이도 지수는 0.45(즉, 45%)이다.

② 해당 문항의 난이도는 적정하다.

③ 해당 문항의 난이도 지수가 높아서 문제가 쉽다.

④ 해당 문항의 문제가 어렵다.

답 ③

해 문항 난이도 지수는 난이도 지수(P) = (응답자 수 중 정답을 선택한 응답자 수) / (전체 응답자 수)
45 / 50 = 0.9 즉, 90%이다.
< 난이도 지수의 해석 >
- 난이도 지수 0.0 ~ 0.30: 매우 어려운 문항
- 난이도 지수 0.30 ~ 0.70: 적절한 난이도의 문항
- 난이도 지수 0.70 ~ 1.0: 매우 쉬운 문항

10 다음 중 학습전략이 적절하게 반영된 이러닝의 특징이 <u>아닌</u> 것은?

① 이러닝 학습전략은 교수자 중심으로 구현되어야 한다.

② 학습자는 자신의 학습에 대해 지속적으로 모니터링을 할 수 있어야 한다.

③ 교수자는 촉진자 역할을 수행하여야 한다.

④ 상호작용을 촉진해야 한다.

답 ①

해 이러닝 학습전략은 교수자 중심이 아니라 학습자 중심으로 구현되어야 한다.

11 다음 중 학습자의 효과적인 운영 활동에 해당하지 <u>않은</u> 것은?

① 학습환경 지원 활동

② 학습 활동 촉진

③ 수강오류 관리 활동

④ 교육과정 개설 활동

답 ④

해 보기 ④의 '교육과정 개설 활동은 운영 준비(개설) 단계에 해당하며, 학습자 운영 활동(학습환경 지원, 학습안내, 학습 활동 촉진, 수강오류 관리)에는 포함되지 않는다.'

12 학습관리시스템(LMS)은 학습자가 원활하게 수강할 수 있도록 지원하는 학습자 기능, 학습자와 학습콘텐츠를 관리하는 교수자 기능, 학습관리시스템을 관리하는 관리자 기능으로 구성된다. 다음 보기 중 대표적인 학습자 기능으로만 되어있는 것은?

① 수강 조회기능, 시험 기능, 커뮤니티 기능

② 수강 조회기능, 커뮤니케이션 기능, 모니터링 기능

③ 강의 관리기능, 시험 기능, 교과학습 기능

④ 메뉴 관리기능, 모니터링 기능, 수강 조회기능

답 ①

해 - **학습자 기능**: 수강 조회기능, 시험 기능, 커뮤니티 기능, 교과학습 기능
- 교수자 기능: 강의 관리기능, 시험 관리기능, 커뮤니케이션 기능
- 관리자 기능: 관리자 권한, 메뉴 관리기능, 모니터링

13 이러닝 학습환경의 원격지원은 학습자가 원격 위치에 있을 때, 해당 학습환경의 문제나 이슈를 해결하기 위해 제공되는 지원 서비스이다. 원격지원의 문제점 중 명확한 지시 부재와 언어 장벽이 해당하는 문제점은?

① 기술적 장애　　　② 보안 우려

③ 지원절차의 불편　　④ 소통의 어려움

답 ④

해 - **기술적 장애**: 인터넷 연결 문제, 소프트웨어 호환성 문제
- 보안 우려: 개인적인 정보 유출, 원격지원 도구의 보안 문제
- 지원절차의 불편: 복잡한 절차, 지원 시간제한
- 소통의 어려움: 명확한 지시 부재, 언어 장벽
- 학습자의 불안감: 제어권 분실, 결과에 대한 불확실성

14 다음 중 학습환경 문제 상황과 지시에서 학습자 컴퓨터에 의한 문제 상황이 <u>아닌</u> 것은?

① 원격지원 방법을 모르는 경우

② 동영상 강좌를 수강할 수 없는 경우

③ 학습 창이 자동으로 닫히는 경우

④ 학습 진행이 원활하게 이루어지지 않는 경우

답 ①

해 보기 ①은 원격지원 진행에 대한 문제 상황에 해당한다.
- 원격지원 진행에 대한 문제 상황: 원격지원 방법을 모르는 경우, 원격지원 진행 시 어려움을 겪는 경우
- 학습지원시스템에 의한 문제 상황: 웹 사이트 접속이 되지 않는 경우, 로그인이 안되는 경우, 학습을 진행했는데 관련 정보가 시스템에 업데이트되지 않는 경우

15 다음 중 문제해결학습 이러닝 과정을 운영할 때 적용할 수 있는 매뉴얼로 적합하지 <u>않</u>은 것은?

① 학습자가 학습 계획을 관리할 수 있는 학습 계획 도구를 제공한다.

② 학습자가 문제를 직접 해결할 수 있는 시뮬레이션을 제공한다.

③ 학습자가 자신만의 해결책을 찾아낼 수 있도록 학습 계획 도구를 제공한다.

④ 학습자가 문제 상황에 대한 정보를 수집하고 분석할 수 있는 도구를 제공한다.

답 ①

해 학습자가 학습 계획을 관리할 수 있는 학습 계획 도구를 제공하는 것은 문제 해결 학습 이러닝 과정보다는 개별학습을 위한 이러닝 과정을 운영할 때 더 효과적인 방법이다.

16 다음 중 이러닝 운영준비 활동에 해당하는 사항이 <u>아닌</u> 것은?

① 성적처리 활동

② 학사일정 수립 활동

③ 수강 신청관리 활동

④ 교육과정 개설 활동

답 ①

해 이러닝 운영 단계별 절차는 운영준비, 운영실시, 운영 종료 후로 구분되며, 성적처리 활동은 운영실시 단계에서 진행한다.

17 다음 중 학습자의 이러닝 학습환경에 해당하는 것을 모두 고른 것은?

> ㉠ 과제 평가
> ㉡ 소프트웨어
> ㉢ 교육과정
> ㉣ 학습기기
> ㉤ 인터넷 접속환경

① ㉠, ㉣, ㉤　　　　② ㉠, ㉡, ㉢

③ ㉢, ㉣, ㉤　　　　④ ㉡, ㉣, ㉤

답 ④

해 학습환경은 학습자가 이러닝 학습을 수행하기 위해 사용하는 학습기기(PC·모바일), 소프트웨어(OS·브라우저 등), 인터넷 접속환경 등을 의미한다.

18 학습자의 성취도를 측정하기 위한 항목은 다양한데, 포트폴리오, 프로젝트, 시험 등의 평가 방법을 활용하는 이러닝 성취도 요소는 무엇인가?

① 응용력　　　　　　② 분석력

③ 이해도　　　　　　④ 종합력

답 ④

해 <성취도 요소별 측정 방법>
　- 지식: 객관식, 주관식, 단답형, 서술형 등의 평가 방법
　- 이해도: 문제 해결 설명 비교 판단 해석 등의 평가 방법
　- 응용력: 사례 연구 문제 해결 프로젝트 수행 등의 평가 방법
　- 분석력: 구조화된 문제 케이스 스터디 문제 해결 등의 평가 방법
　- 종합력: 포트폴리오 프로젝트 시험 등의 평가 방법

19 운영자는 학습자가 원활한 이러닝 학습을 할 수 있도록 학습자의 학습환경을 확인할 수 있다. 다음 중 학습자의 인터넷 접속환경과 관련하여 확인해야 할 항목이 <u>아닌</u> 것은?

① 인터넷 접속공간

② 노트북 사용 여부

③ 와이파이 사용 여부

④ 유선 인터넷 사용 여부

답 ②

해 보기 ②번의 노트북 사용 여부는 학습 기기와 관련된 확인 항목이다.
　- 인터넷 접속환경: 유선 인터넷 무선 인터넷 접속
　- 학습 기기: 개인용 컴퓨터(데스크톱, 노트북), 모바일 기기(스마트폰, 태블릿)
　- 소프트웨어: OS, 웹 브라우저

20 다음 중 이러닝 학습 과정에서 평가 종류에 해당하지 <u>않는</u> 것은?

① 진도율 ② 과제
③ 만족도 조사 ④ 총괄평가

답 ③

해 일반적인 이러닝 환경에서 평가는 형성평가와 총괄평가가 있지만, 일반적으로 성적에 반영되는 요소는 진도율, 과제 평가가 있다.

21 학습에 필요한 자료는 미디어 종류와 관련이 있는데 다음 중 비디오 자료에 대한 설명으로 옳지 <u>않은</u> 것은?

① 웹에서 사용할 수 있는 비디오의 대표적인 포맷은 mp4이다.
② MP4라도 코덱/인코딩 설정에 따라 일부 모바일 기기에서 재생되지 않을 수 있다.
③ 스마트폰으로 촬영한 동영상은 iPhone 계열은 mp4 형식으로 저장되고, Android 기기는 mov 형식으로 저장된다.
④ 웹에서 사용 가능한 MP4 동영상을 만들 수 있는 무료 및 간편한 변환 소프트웨어를 검토하면 운영에 도움이 된다.

답 ③

해 스마트폰으로 촬영한 동영상은 iPhone 계열은 mov 라는 포맷으로 저장되고, Android 기기는 mp4로 저장된다.

22 다음 중 이러닝에서 발생할 수 있는 수강 오류 원인의 성격이 <u>다른</u> 것은?

① 진도 체크가 안 되는 경우
② 로그인이 안되는 경우
③ 사이트 접속이 안되는 경우
④ 인터넷 접속 상태에 의한 수강오류

답 ④

해 - 수강오류가 발생하는 원인은 '학습자에 의한 원인'과 '학습지원 시스템에 의한 원인'으로 구분할 수 있다.
- 인터넷 접속 상태에 의한 수강오류는 학습자에 의한 원인에 해당한다.
- 보기 ①, ②, ③번은 학습지원 시스템 중 웹 사이트 부분에 해당하는 오류이다.

23 학습만족도 향상을 위한 운영 활동의 학업 성취도 관리 활동의 학업 성취도 평가에 관한 내용이 <u>아닌</u> 것은?

① 교육 훈련에 참여한 학습자들의 반응을 만족도 문항으로 측정하여 과정 운영의 구성, 운영상의 특징, 문제점 및 개선 사항을 파악하는 것이다.
② 학습 내용을 지식 영역, 기능영역, 태도 영역으로 구분하여 다양한 평가 방법을 활용할 수 있다.
③ 이러닝 사업기획 업무에서 학습 내용의 구성, 난이도 조절, 학습 활동 지원요소 선택, 학습환경 지원 등의 측면에서 시사점을 파악하고 반영하는 데 도움이 될 수 있다.
④ 과정만족도를 파악할 수 있는 항목을 포함한 과정만족도 조사지를 개발하고, 조사를 수행한 후 결과를 분석하는 활동이다.

답 ④

해 - 학습 만족도 향상을 위한 운영 활동은 과정만족도 조사 활동, 학업성취도 관리 활동으로 구분할 수 있다.
- 보기 ④는 과정만족도 조사 활동에 관한 내용이다.

24 학습 참여 독려 시 고려사항이 <u>아닌</u> 것은?

① 너무 자주 독려하지 않을 것
② 관리 자체가 목적이며, 통상적으로 하는 관리 행위임을 기억할 것
③ 독려 후 반응을 측정할 것
④ 독려 비용 효과성을 측정할 것

답 ②

해 - 관리 자체가 목적이 아니라 학습을 다시 할 수 있도록 함이 목적임을 기억할 것
- 독려하는 이유는 관리했다는 증거를 남기기 위함이 아니라 학습자의 학습을 도와주는 행위라는 사실을 숙지해야 함

25 다음 중 이러닝 교육과정 개설 활동 수행 여부에 대한 고려사항에 해당하는 것은?

① 운영예정인 교육과정에 대해 서식과 일정을 준수하여 관계기관에 절차에 따라 신고하였는가?
② 교육과정별로 수강 승인된 학습자를 대상으로 교육과정 입과를 안내하였는가?
③ 이러닝 운영을 위한 학습관리시스템을 점검하여 문제점을 해결하였는가?
④ 이러닝 학습관리시스템에 교육과정별 평가 문항을 등록하였는가?

답 ④

해 - 보기 ①번은 학사일정 수립 활동 수행 여부에 대한 고려사항이다.
- 보기 ②번은 수강 신청관리 활동 수행 여부에 대한 고려사항이다.
- 보기 ③번은 운영환경 준비 활동 수행 여부에 대한 고려사항이다.

26 다음 중 이러닝 수강오류 해결에 대한 설명으로 <u>틀린</u> 것은?

① 진도율에 오류가 있는 경우 운영자가 직접 수정할 수 있다.
② 운영자가 관리자 기능에서 직접 처리하지 못하는 경우에는 기술 지원팀에 요청하여 처리한다.
③ 일부 LMS는 관리자 권한으로 과제·평가를 초기화할 수 있으나, 데이터 영향도를 검토한 후 처리해야 한다
④ 과제 및 평가는 평가결과가 명확한 경우 점수를 수정할 수 있는 기능이 있는 LMS가 있다.

답 ①

해 진도율은 수료 기준과 직결되는 핵심 데이터이므로 운영자가 임의로 직접 수정할 수 없다.

27 이러닝 과정 성취도 측정을 위한 평가 유형 중 평가 대상이 객관적이며, 표준화된 평가 지표를 활용할 수 있는 평가는?

① 정성적 평가   ② 정량적 평가
③ 포트폴리오 평가   ④ 360도 평가

답 ②

해 - **정성적 평가**: 주관적인 평가로 주로 주관적인 평가 지표를 활용
- 포트폴리오 평가: 학습자가 수업에서 학습한 내용을 정리하여 제출하고, 이를 평가하는 방식
- 360도 평가: 학습자뿐만 아니라 교·강사, 동료, 상사 등 다양한 평가자들이 평가하고, 이를 종합하여 평가하는 방식

28 다음 중 문항 변별도에 대한 설명으로 옳은 것은?

① 변별도 지수가 음수가 나와도 상관없다.

② 변별도가 높을수록 어려운 문항이다.

③ 전체 점수를 기준으로 상위능력집단과 하위능력집단 간 정답률의 차이로 구한다.

④ 전체 정답자 수와 전체 반응자 수를 통해 구한다.

답 ③

해 - 문항 변별도는 상위집단과 하위집단을 얼마나 잘 구분하는지를 나타내는 지표이다.
- 변별도 지수가 음수이면 문항 오류(정답 오류·모호한 지문·오답지 단서 등) 가능성이 있어 전면 점검이 필요하다.

29 다음 중 이러닝의 학습촉진 활동 수행 여부에 대한 고려사항에 해당하는 확인 문항이 아닌 것은?

① 학습 과정 중에 발생하는 학습자의 질문에 신속히 대응하였는가?

② 학습에 필요한 온라인 커뮤니티 활동을 지원하였는가?

③ 학습자의 PC, 모바일 학습환경을 원격지원하였는가?

④ 운영계획서 일정에 따라 학습 진도를 관리하였는가?

답 ③

해 보기 ③번은 '학습환경 지원 활동 수행 여부에 대한 고려사항'에 해당하는 확인 문항이다.

30 과정 평가 전략 설계에서 과정 성취도 측정 시기에 따른 구분에 해당하지 <u>않은</u> 것은?

① 진단평가   ② 형성평가
③ 교·강사 평가   ④ 총괄평가

답 ③

해 - 교·강사 평가는 과정 성취도 측정 주체에 따른 구분에 해당한다.
- 과정 성취도 측정 시기에 따른 구분:진단평가, 형성평가, 총괄평가
- 진단평가: 학년이나 학기 또는 단원이 시작되는 시기에 학습자들의 수준을 파악하기 위해 실시하는 평가
- 형성평가: 학습 및 교수가 진행되고 있는 유동적인 상태에서 학생에게 피드백을 주고 교육과정과 수업 방법을 개선하기 위해 실시하는 평가로서 학습 진행 속도를 조절하고 교육과정을 개선하고 교재의 적절성을 확인할 수 있음
- 총괄평가: 단원 학기 학년이 종료되었을 때 학습자들의 학업 성취도를 총괄적으로 평가하며 종합적인 성과 및 효율성을 다각적으로 판단하기 위해 실시하는 평가

PART 3

이러닝 운영관리

E-LEARNING

CHAPTER 01

이러닝 운영 교육과정 관리

01. 교육과정 관리계획

주요 학습 목표

1. 운영전략의 목표와 교육과정 체계를 분석할 수 있다.

2. 운영할 교육과정별 상세 정보와 학습 목표를 확인할 수 있다.

3. 학습자 요구를 반영한 이러닝 운영 교육과정을 신청하고 관리계획을 수립할 수 있다.

1. 교육수요 예측 및 과정 선정

교육수요 예측은 교육기관이나 조직이 효과적·효율적으로 교육 서비스를 설계·제공하기 위한 핵심 활동이다. 수요를 사전에 파악함으로써 학습자 요구를 충족하고, 기관의 목표와 전략 달성에 필요한 교육과정을 합리적으로 선정할 수 있다.

1) 요구분석

① 요구분석은 현재 상태와 목표(기대) 상태 간의 격차를 파악하기 위해 필요한 데이터를 수집·분석하는 과정이다.

② 수집 데이터에는 이러닝 시장 수요조사, 교육과정 현황분석, 인적자원(역량) 요구사항 분석 등이 포함되며, 이러닝 백서 등 공공 문서나 기업의 이슈 페이퍼와 같은 자료를 활용할 수 있다.

③ 요구분석은 목적을 명확히 설정한 후, 이에 적합한 방법과 절차를 구체화하여 실행해야 한다.

> 🔑 **수험 TIP**
> 요구분석은 현재 상태와 목표 상태의 격차를 파악하기 위해 학습자·조직·환경 데이터를 체계적으로 수집·분석하는 과정이다.

2) 교육수요 예측 절차

교육수요 예측 절차는 데이터 수집 → 전처리 → 분석 → 모델 검증 → 수요예측의 단계로 구성된다. 각 단계는 상호 연계되어 있으며, 신뢰도 높은 예측 결과를 도출하기 위해 체계적으로 수행되어야 한다. 특히 이러닝 환경에서는 학습 로그 데이터와 사용자 행동 데이터 등 디지털 데이터 기반 분석이 중요하게 활용된다.

[표] 교육수요 예측 절차

구분	내용
데이터 수집	• 예측을 위한 원시 데이터를 수집하는 단계이다. • 이러닝 플랫폼 로그 데이터(수강률, 완료율, 사용자 행동 패턴 등), 학습자 설문·피드백 결과, 관련 산업 뉴스·보고서·연구 논문 등 다양한 내부·외부 자료를 수집한다.
데이터 전처리	• 분석과 예측에 활용할 수 있도록 데이터 품질을 개선하는 단계이다. • 결측값 처리(제거, 평균 대체 등), 이상치 탐지 및 처리, 변수 변환(정규화, 표준화), 데이터 병합·통합·그룹화 등을 수행한다.
데이터 분석	• 데이터의 패턴과 추세를 파악하여 예측에 필요한 통찰을 도출하는 단계이다. • 탐색적 데이터 분석(EDA)을 통해 기초 통계량과 분포를 확인하고, 상관관계 분석, 특성(변수) 선택 및 추출을 수행한다.
모델 검증	• 선택한 예측 모델의 성능과 안정성을 평가하는 단계이다. • 데이터를 훈련 데이터와 검증 데이터로 분할하고, 회귀분석·머신러닝 알고리즘 등 여러 예측 모델을 적용하여 예측 성능 지표(MSE, MAE, R^2 등)로 비교·평가한 후 모델을 조정한다.
수요예측	• 검증된 모델을 활용하여 미래의 이러닝 교육수요를 예측하는 최종 단계이다. • 예측 결과를 과정 기획·개편·운영 전략에 적용하며, 필요 시 주기적으로 모델을 업데이트한다.

🔑 수험 TIP

교육수요 예측 과정은 데이터 수집 → 전처리 → 분석 → 모델 검증 → 수요예측의 단계로 체계적으로 수행된다.

3) 교육수요 예측 방법

교육수요 예측은 과거 데이터 분석뿐만 아니라 학습자 의견 수렴, 시장 환경 분석, 전문가 판단, 통계·모델 기반 분석 등 다양한 방법을 종합적으로 활용하여 수행된다. 이러닝 환경에서는 정량적 데이터와 정성적 자료를 함께 고려하는 것이 중요하다.

구분	내용
과거 데이터 분석	• 과거의 이러닝 수강 데이터, 완료율, 수강생 피드백 등을 분석하여 미래 교육수요를 예측한다. • 기존 수강 패턴이 미래에도 일정 부분 지속된다는 가정을 전제로 한다.
설문 조사 및 피드백 수집	• 현재 및 미래의 교육 필요성에 대해 학습자 의견을 직접 수집하는 방법이다. • 설문 조사, 인터뷰 등을 통해 교육의 방향성과 개선 요구를 파악할 수 있다.

구분	내용
시장 트렌드 분석	• 교육 분야의 최신 트렌드, 산업 변화, 기술 발전 등 외부 환경을 분석하여 미래 교육수요를 예측한다. • 이를 위해 보고서, 연구 논문, 뉴스 자료 등을 활용할 수 있다.
델파이 기법	• 전문가 집단에게 여러 차례 설문을 반복하여 미래 교육수요에 대한 예측을 도출하는 방법이다. • 각 회차마다 이전 결과를 공유하고, 이를 바탕으로 의견을 수정·보완하여 합의에 접근한다.
수학적 모델링 및 시뮬레이션	• 통계적 방법이나 알고리즘을 활용하여 과거 데이터를 기반으로 미래 수요를 예측하는 방법이다. • 시계열 분석, 회귀분석, 머신러닝 기반 예측 모델 등을 활용할 수 있다.

교육수요 예측은 과거 데이터 분석, 설문·피드백, 시장 트렌드 분석, 델파이 기법, 통계·모델링을 종합적으로 활용한다.

4) 학습자 요구분석 방법

학습자 요구분석은 교육과정을 개발하기 전에 학습자의 특성, 목표, 필요 역량, 선호, 그리고 학습 환경과 제약 요인을 파악하여 교육내용과 운영전략을 설계하기 위한 과정이다. 요구분석 결과는 교육과정의 목표 설정, 콘텐츠 구성, 교수·학습 방법 선정의 근거로 활용된다.

[표] 학습자 요구분석 방법

구분	내용
설문 조사	• 학습자에게 설문지를 배포하여 질문에 대한 답변을 수집한다. • 설문 문항은 학습자 특성, 학습 목표, 교육과정 구성요소 등에 대한 질문으로 구성된다.
인터뷰	• 학습자와 1:1 또는 소규모 인터뷰를 실시하여 요구사항을 심층적으로 파악한다. • 학습자의 경험, 지식, 태도, 필요성 등을 구체적으로 확인하는 데 유용하다.
집단 토론 (FGI 등)	• 학습자 집단을 대상으로 토론을 진행하여 요구사항을 파악한다. • 의견 교환과 상호 자극을 통해 요구를 구체화하고, 참여를 유도하여 다양한 관점을 수집한다.
관찰	• 학습자의 학습활동을 관찰하여 요구사항을 파악한다. • 학습자의 행동, 태도, 의견, 선호 등을 실제 맥락에서 확인하는 데 활용된다.

📖 참조

FGI(Focus Group Interview) : 특정 주제에 대해 소규모 집단의 참여자들을 모아 진행하는 심층 면접 방식이다.

학습자 요구분석 방법에는 설문 조사, 인터뷰, 집단 토론(FGI), 관찰과 같은 정성·정량적 기법이 활용된다.

5) STP 전략(시장 세분화, 표적 시장 선정, 포지셔닝)

STP 전략은 이러닝 교육의 수요예측 결과를 바탕으로 어떤 학습자 집단을 대상으로(표적), 어떤 가치를 제공할지(포지셔닝)를 명확히 하여 교육과정 기획의 방향을 구체화하는 전략이다. 즉, STP는 수요예측을 "보완"하고, 예측된 수요를 실제 과정 선정·설계·제공 전략으로 연결하는 역할을 한다.

(1) 시장 세분화(Segmentation)와 표적 시장 선정(Targeting)

이러닝 교육의 수요예측은 기본적으로 고객(학습자) 필요와 시장 트렌드를 파악하는 데 초점이 있다. 시장 세분화를 통해 어떤 유형의 교육이 어떤 집단에 필요한지를 구분하고, 표적 시장 선정을 통해 핵심 고객 집단을 결정한다. 예를 들어 기업 대상 이러닝의 경우, 세분화·표적화 과정에서 기업이 필요로 하는 교육 주제, 교육 형식, 활용 플랫폼 등을 구체적으로 도출할 수 있다.

(2) 포지셔닝(Positioning)

포지셔닝은 표적 시장에서 이러닝 교육을 어떤 내용과 방식으로 구성·제공할지, 그리고 경쟁 서비스와 비교하여 어떤 차별적 가치를 강조할지를 결정하는 과정이다. 예측된 수요에 맞춘 교육내용과 운영 방식을 설계함으로써 시장에서의 위치를 강화할 수 있다.

> 📖 **참고**
> STP 전략은 이러닝 교육 수요예측과 밀접하게 연계되며, 교육 제공자가 경쟁력 있는 과정 포트폴리오를 구성하고, 고객의 필요와 트렌드에 부합하는 교육을 제공하도록 돕는다.

[표] STP 요소별 핵심

구분	핵심 의미	수요예측과의 연결 포인트
시장 세분화 (S)	시장을 유사한 특성의 집단으로 구분	수요가 높은 학습자/기업 유형과 요구를 분류
표적 시장 선정 (T)	세분 시장 중 집중할 대상을 선택	예측 수요·성과 가능성이 큰 핵심 고객군 결정
포지셔닝 (P)	표적 시장에서 제공 가치·차별점을 정의	예측 결과에 맞춘 과정 콘셉트/형식/플랫폼 확정

> 🔑 **수험 TIP**
> STP 전략은 시장 세분화로 수요를 구분하고, 표적 시장을 선정한 뒤, 차별화된 가치로 포지셔닝을 결정하는 전략이다.

6) 과정 선정 기준 및 관리

이러닝 과정 선정 및 관리는 학습자 요구에 부합하는 교육과정을 체계적으로 운영하여 학습 성과를 향상시키고, 과정의 품질과 효과성을 지속적으로 개선하기 위한 활동이다. 학습자의 요구를 반영한 교육과정을 선정하고 관리하기 위해서는 다음과 같은 절차와 고려사항을 기반으로 운영할 수 있다.

[표] 학습자 요구 기반 이러닝 과정 선정·관리 절차

단계	주요 내용
학습자 요구 파악	• 학습자의 요구사항을 파악한다. • 설문 조사, 인터뷰, 학습자 피드백 등을 활용할 수 있다.
이러닝 교육과정 선정	• 학습자 요구를 바탕으로 적합한 이러닝 교육과정을 선정한다. • 과정 선정 시 효율성·효과성·학습자 참여 등을 함께 고려한다.
교육과정 관리	• 이러닝 교육과정 운영을 위한 체계를 구축한다. • 학습 진도 및 성과를 모니터링하고, 필요한 지원 및 서비스를 제공한다.
교육과정 개선	• 학습자 요구와 피드백을 반영하여 교육과정을 개선한다. • 개선은 과정의 효율성과 효과성을 높이는 데 목적이 있다.
학습자 참여 유도	• 참여율을 높이기 위해 과정 정보 제공, 참여 동기부여, 학습자 간 상호작용 제공 등의 방법을 활용한다.

[표] 이러닝 과정 선정 시 고려사항

고려요소	내용
학습자의 필요성과 수준	• 학습자의 기초 지식수준, 학습 스타일, 특정 기술·지식의 필요성 등을 파악한다.
교육 목표 및 내용	• 교육 목표를 명확히 설정하고, 목표 달성을 위한 콘텐츠의 길이와 범위를 결정한다.
콘텐츠 품질	• 선정 콘텐츠가 학습 목표 달성에 충분한 품질을 갖추었는지 확인한다.
교육 방법 및 플랫폼	• 다양한 교육 방법 중 최적의 방법을 선택하고, 사용할 이러닝 플랫폼의 기능과 사용자 친화성도 고려한다.
평가 및 피드백 방법	• 학습결과를 평가하고 학습자에게 적절한 피드백을 제공하는 방법을 선정한다.

🔑 수험 TIP

과정 선정 및 관리는 학습자 요구를 반영해 교육과정을 선정하고, 운영·모니터링·개선을 통해 학습 성과를 높이는 활동이다.

2. 과정 목표 및 체계 수립

이러닝 과정 목표 및 체계 수립은 효과적인 온라인 교육프로그램을 설계·운영하기 위한 핵심 절차이다. 과정의 목표를 명확히 하고 운영 체계를 체계적으로 구축함으로써 교육 실행의 일관성을 확보할 수 있으며, 결과적으로 학습자에게 최적의 학습 경험을 제공할 수 있다.

1) 교육과정 체계의 정의

• **교육과정 체계**란 교육과정을 구성하는 요소를 학습 목표, 교육과정 구성요소(내용·방법·교육자원), 교육과정 일정, 교육자원, 교육 평가로 구분하여 전체 구조를 체계적으로 정리한 것이다.

- **학습 목표**는 학습자가 습득해야 할 지식·기술·태도를 구체적으로 정의하며, **교육과정 구성요소**는 목표 달성을 위한 교육내용·방법·자원을 포함한다.
- 교육과정 일정은 목표와 구성요소를 고려해 내용을 시간·차시에 따라 배치하고, 교육자원은 과정 운영에 필요한 교재·장비·인력 등을 확보·배분하는 것을 의미한다. 마지막으로 교육 평가는 학습 목표와 과정 구성에 근거해 성과를 측정하고, 그 결과를 반영하여 교육과정을 개선(환류)하는 기준이 된다.

[표] 교육과정 체계의 구성요소 요약

구성요소	핵심정리
학습 목표	달성하고자 하는 목표를 구체화(지식·기술·태도 명확화)
교육과정 구성요소	교육내용, 교육 방법, 교육자원 등 과정 구성요소 정의
교육과정 일정	목표·구성요소를 고려해 내용을 일정(차시/기간)에 따라 계획
교육자원	교재, 장비, 인력 등 운영에 필요한 자원 정의·확보
교육평가	성과 측정 방법 설정, 평가결과로 과정 개선(환류)

🔑 **수험 TIP**

교육과정 체계는 교육과정을 학습 목표 – 내용·방법 – 일정 – 자원 – 평가로 구조화하여 운영의 일관성을 확보하고, 평가결과를 환류해 개선하는 틀이다.

2) 교육 목표 및 체계를 수립하는 방법

- 교육 목표 및 체계 수립은 기관의 비전·미션과 학습자 요구를 바탕으로 목표를 설정하고, 운영 환경과 시장 동향을 분석하여 요구사항을 반영한 전략을 수립한 뒤, 실행을 위한 구체적 방안을 마련하고 평가·개선을 통해 지속적으로 고도화하는 과정이다.
- 즉, 목표(왜/무엇을) → 요구(누구에게/무엇이 필요한지) → 전략(어떻게 운영할지) → 구현(무엇으로 실행할지) → 평가·개선(잘 되었는지/어떻게 고칠지)의 흐름으로 체계를 구축한다.

[표] 이러닝 운영지원 도구의 교수자 기능

단계	핵심내용
목표 설정	• 기관의 비전·미션·가치를 고려하여 목표를 수립한다. • 학습자의 요구사항, 배경, 학습 스타일 등을 분석해 교육 콘텐츠와 방식을 결정한다.
요구사항 파악	• 기관의 교육 운영 현황, 교육수요 및 시장 동향을 분석한다. • 기관이 교육에 요구하는 사항이 있으면 운영전략에 반영한다. • 최신 교육 동향을 파악해 운영전략에 적용한다.
전략 수립	• 요구사항을 바탕으로 교육 운영전략을 수립한다.

단계	핵심내용
구현 방안 수립	• 교육프로그램 개발 방향, 교육 방법, 교육 시스템 구축, 교육내용·교재 개발, 교육 평가 방법 개발, 교육 인프라 구축 등을 포함한다. • 운영전략을 실행하기 위한 인력·자원·기술·장비 등을 고려해 실행계획을 구체화한다.
평가 및 개선	• 운영전략의 성과를 평가하고 문제점을 파악하여 개선 방안을 수립한다. • 지속적인 품질 향상을 위해 반복적으로 개선한다.

교육 목표 및 체계 수립은 기관 비전 기반 목표 설정 → 요구사항 분석 → 운영전략 수립 → 구현 방안 마련 → 평가·개선의 단계로 이루어진다.

3) 교육과정 체계를 분석할 때 고려사항

교육과정 체계 분석은 교육과정의 목표 적합성, 구성의 타당성, 유효성, 효율성, 품질을 점검하고, 그 결과를 바탕으로 개선 방안을 도출하기 위한 과정이다. 이를 통해 학습 성과를 제고하고 교육기관의 운영 품질과 경쟁력을 강화할 수 있다.

[표] 교육과정 체계 분석 시 고려사항

구분	내용
교육과정 목표	학습자가 교육을 완료한 후 얻게 될 능력·지식을 기준으로 교육과정 목표의 적절성을 분석한다.
교육과정 구성	교육내용, 시간(분량), 교육 방법, 교육자·학습자의 역할 등 교육과정 구성요소의 타당성을 검토한다.
교육과정의 유효성	학습자가 적극적으로 참여하고, 교육과정이 학습 효과를 실제로 향상시키는지 점검한다.
교육과정의 효율성	시간과 비용 측면에서 교육과정 운영이 경제적인지(투입 대비 성과) 검토한다.
교육과정의 품질	교육과정의 품질이 목표 달성에 적합한 수준인지 검증한다.
교육과정의 개선 방안	개선·보완이 필요한 지점을 확인하고, 해결책과 개선안을 제시한다.

교육과정 체계 분석 = 목표·유효성·효율성·품질을 점검하여 개선으로 환류하는 과정

4) 커크패트릭(Kirkpatrick)의 4수준 평가 모형

커크패트릭의 4수준 평가 모형은 교육·훈련의 성과를 반응(Reaction) - 학습(Learning) - 행동(Behavior) - 결과(Results)의 네 단계로 구분하여 평가하는 대표적인 교육 평가 모형이다. 교육이 학습자 개인의 만족과 학습 성취를 넘어, 실제 행동 변화와 조직 성과로 이어졌는지를 단계적으로 확인하는 데 목적이 있다.

[표] 커크패트릭의 4수준 평가 모형

수준	평가 내용
1수준 반응 평가	• 프로그램에 참여한 학습자의 만족도를 측정한다. • 프로그램의 질, 운영과정, 교수 방법 등에 대한 개인적 의견과 인식을 파악한다.
2수준 학습평가	• 교육 참여를 통해 지식, 기술, 태도가 어느 정도 향상되었는지를 측정하여 교육적 효과를 확인한다.
3수준 행동평가	• 학습자가 습득한 지식·기술·태도를 현업이나 실제 상황에 적용하고 있는지를 평가한다. • 성과가 행동 변화로 나타나는지를 확인하는 단계로, 현업 적용도 평가라고도 한다.
4수준 결과평가	• 교육 성과가 조직 성과(업무 성과 향상, 비용 절감 등)로 이어졌는지를 평가한다. 교육의 투자 대비 효과성(ROI)을 파악하는 데 활용된다.

🔑 **수험 TIP**

커크패트릭 4수준 평가 = 반응(만족) → 학습(성취) → 행동(현업 적용) → 결과(조직 성과)

3. 과정별 상세 정보

과정별 상세 정보는 각 이러닝 교과가 지닌 교육과정의 특성과 학습 목표, 운영 방식을 명확히 파악하기 위한 내용이다. 이러닝에서는 학습자가 교과의 학습 목표를 달성하는 것을 최우선으로 하며, 교과별 특성에 맞는 체계적인 운영계획 수립이 필요하다.

1) 과정별 교육과정 특성분석

각 교과는 고유한 교육과정 특성을 가지므로, 과정운영자는 교과 운영계획서를 기반으로 교육과정의 특성을 분석해야 한다. 이를 통해 학습 목표, 교수·학습 방법, 평가 방향을 종합적으로 이해할 수 있다.

[표] 교육과정 특성분석 시 확인 내용

구분	확인 내용
교과의 성격 및 목표	교과의 성격과 교육 목적을 확인하고, 단원 구성과 학습 목표의 적절성을 검토한다.
교수·학습 방법	교과 특성에 적합한 교수·학습 방법이 적용되었는지 확인한다.
평가 방법 및 주안점	학습 목표 달성 여부를 측정할 평가 방법과 평가의 중점 사항을 확인한다.

2) 과정별 상세 정보 및 학습 목표 수립 절차

다음 절차를 통해 과정별 상세 정보와 학습 목표를 구체적·명확하게 수립할 수 있으며, 이는 효과적인 이러닝 교육 제공의 기초가 된다.

[표] 과정별 상세 정보 및 학습 목표 수립 절차

단계	주요 내용
교육 대상 및 목적 설정	• 교육 대상과 목적을 명확히 하여 교육과정의 방향과 범위를 구체화한다.
학습 목표 및 내용 수립	• 교육과정에서 달성할 학습 목표와 내용을 수립한다. • 학습 목표는 구체성·측정 가능성·현실성·시간성(SMART)을 충족해야 한다.
교육 방법 및 평가 방법 결정	• 교육 대상, 목적, 내용, 특성을 고려하여 적절한 교육 방법을 선택한다. • 학습 성과를 측정할 평가 방법을 함께 결정한다.
교육과정 계획 수립	• 학습 목표, 내용, 방법, 평가를 기반으로 교육과정 계획을 수립한다. • 교육 기간, 비용, 장소 등을 고려하여 계획을 구체화한다.
교육과정 평가 및 개선	• 교육과정 운영 중 학습자 평가와 피드백을 수집한다. • 수집된 결과를 반영하여 교육과정을 지속적으로 개선한다.

3) 교육과정 운영계획서의 세부 구성요소

교육과정 운영계획서는 과정 운영의 기준 문서로, 다음과 같은 세부 내용을 포함한다.

[표] 교육과정 운영계획서의 세부 구성요소

구분	주요 내용
교육과정 개요	교육과정의 목적, 대상, 기간, 교육내용에 대한 개요
교육과정 목표	학습자가 습득해야 할 지식·기술·태도를 포함한 구체적 목표
교육과정 구성요소	교육 내용, 교육 방법, 교육자원 등 과정 구성 요소
교육과정 일정	학습 목표와 구성요소를 고려한 차시·기간별 일정
교육자원	교재, 교육 장비, 교육 인력 등 운영에 필요한 자원
교육 방법	학습자 특성과 과정 목적에 적합한 교수·학습 방법
교육 평가	학습 성과를 측정하는 평가 방법과 기준
예산 및 비용 계획	교육 일정, 자원, 방법을 고려한 예산·비용 산출

4. 학습 목표 수립

1) 학습 목표의 개념과 수립 원칙

(1) 학습 목표의 개념

- **학습 목표**는 교수설계의 중심 요소로서 학습활동이 추구하는 결과를 제시하고, 학습자가 교육을 통해 도달해야 할 지식·기술·태도 및 수행 수준을 구체적이고 명확하게 규정한 진술이다.
- 학습 목표는 교육과정의 상위 목표를 토대로 세분화되어 설정되며, 교수설계 전반에서 교육내용의 선정, 평가도구의 개발, 교수전략 및 교수 매체의 선택에 직접적인 기준과 방향을 제공한다.

- 또한, 학습 목표는 교수·학습 프로그램을 실제로 기획·운영하는 과정에서 교육의 효과성과 효율성을 판단·검증하는 핵심 준거로 기능한다.

(2) 학습 목표의 수립 원칙

학습 목표는 다음의 원칙에 따라 수립되어야 한다.

[표] 학습 목표 수립 원칙

원칙	내용
구체성·명확성의 원칙	학습자가 무엇을 알고, 무엇을 할 수 있으며, 어떻게 변화되어야 하는지가 분명하게 드러나야 한다. 모호한 표현은 지양하고 관찰·측정 가능한 행동 중심으로 학습 목표를 진술한다.
교수설계 연계성의 원칙	학습 목표는 교수설계의 출발점이자 중심 요소로서 교육내용, 교수전략, 교수 매체, 평가 방법과 상호 일관성을 유지해야 한다.
평가 가능성의 원칙	학습 목표는 목표 달성 여부를 평가도구로 확인할 수 있도록 설정되어야 하며, 평가 기준과 직접적으로 연결될 수 있어야 한다.
학습자 중심의 원칙	학습자의 수준, 요구, 직무 특성 및 학습환경을 고려하여 학습자가 실제로 달성 가능한 수준의 목표로 설정한다.
결과 지향성의 원칙	학습 과정 자체보다는 학습 종료 후 학습자가 도달해야 할 성과, 즉 능력이나 수행 결과를 중심으로 학습 목표를 진술한다.

2) 학습 목표의 개발

- **학습 목표의 개발**이란, 교수설계 과정에서 학습자·환경 분석과 직무·과제 분석의 결과를 종합하여, 교육에 불필요한 요소를 제거하고 실제 학습에 필요한 핵심 학습과제를 중심으로 학습 목표를 도출·구체화하는 과정을 의미한다.
- 이 과정에서 개발된 학습 목표는 학습자가 교육을 통해 최종적으로 수행할 수 있어야 할 행동과 성취 수준을 명확히 제시하며, 이후 교수전략 수립, 교수 매체 선정, 평가도구 개발의 기준점으로 활용된다.
- 즉, 학습 목표의 개발은 분석 단계에서 도출된 요구를 구체적인 목표 진술로 전환하는 핵심 단계이다.

[표] 학습 목표의 개발과정

구분	내용
개발의 출발점	학습자 분석, 환경 분석, 직무·과제 분석결과
개발의 핵심	분석결과 중 교육에 불필요한 요소를 제거하고 핵심 학습과제를 선별
개발의 방향	학습 종료 후 학습자가 수행해야 할 능력과 행동 중심으로 목표 구체화
개발 결과	관찰·측정 가능한 형태의 학습 목표 도출
활용	교수전략 수립, 교수 매체 선정, 평가도구 개발의 기준 제공

3) 메이거(Mager)의 ABCD 목표진술 방식

- 메이거(Mager)는 학습 목표를 명확하게 진술하기 위해, 학습자가 어떤 행동을 보일 것인지와 교사가 그 성취 여부를 어떻게 확인할 수 있는지를 목표 진술에 반드시 포함해야 한다고 보았다.
- 좋은 학습 목표란 관찰·측정 가능한 학습자 행동을 중심으로 진술된 목표이다.

(1) Mager가 제시한 좋은 목표의 기본 조건

Mager는 효과적인 학습 목표가 되기 위해 다음의 세 가지 조건을 갖추어야 한다고 제시하였다.

[표] Mager가 제시한 좋은 학습 목표의 기본 조건

변화	의도하고 있는 학생 행동의 변화가 명확히 제시되어야 한다.
조건	그 행동이 어떤 조건 하에서 수행되는지를 제시해야 한다.
성취기준	학습 목표의 달성 여부를 판단할 수 있는 성취 기준이 제시되어야 한다.

(2) ABCD 목표진술 방식의 구성 요소

Mager는 위 조건을 구체적으로 진술하기 위해, 학습 목표에 다음의 ABCD 네 가지 요소를 포함할 것을 제안하였다.

[표] Mager의 ABCD 목표진술 방식

요소	의미	설명
A (Audience)	대상	교수자가 아닌 학습자가 무엇을 하는가에 초점을 두어 목표를 진술한다.
B (Behavior)	행동	학습 후 학습자가 수행할 관찰 가능한 행동이나 능력을 행동 동사를 사용하여 제시한다.
C (Condition)	조건	학습자가 행동을 수행하게 되는 조건이나 상황을 명시한다.
D (Degree)	정도	학습 목표 달성 여부를 판단할 수 있도록 구체적인 성취 수준이나 기준을 수치 등으로 제시한다.

4) 학습 목표와 학습목적의 차이

- 학습 목표는 교육과정 또는 학습활동을 마친 후 학습자가 달성해야 할 구체적이고 측정 가능한 성과를 진술한 것이다. 따라서 목표는 평가 내용·절차·방법을 설계하는 기준이 되며, 교육내용 선정과 학습전략·매체 선택에도 직접적인 지침을 제공한다.

- **학습목적**은 교육과정이 추구하는 전반적인 방향, 의도, 가치를 포괄적으로 나타낸 것으로, 대체로 광범위하고 일반적이며 반드시 측정 가능한 형태로 제시되지는 않는다.
- 학습목적이 '왜/어디로'라면, 학습 목표는 '무엇을 어느 수준까지'에 해당하며, 학습 목표는 학습목적을 실현하기 위한 구체적 수단으로 이해할 수 있다.

[표] 학습 목표 vs 학습목적 비교

구분	학습 목표 (Learning Objectives)	학습목적 (Learning Goals/Aims)
의미	학습 종료 후 학습자가 달성해야 할 구체적·측정 가능한 결과/능력	교육과정이 추구하는 전반적 의도·방향·가치
범위	세부적·구체적(단원/차시 수준)	포괄적·일반적(과정/프로그램 수준)
표현 방식	행동·성과 중심으로 명확히 진술(측정 가능)	방향·의도 중심으로 광범위하게 진술(측정 불필요할 수 있음)
평가와의 관계	평가 기준이 되며, 평가 내용·절차·방법 설정의 근거 제공	평가 기준으로 직접 쓰이기보다는 지향점 역할
교수설계 활용	교육내용, 학습전략, 매체 선택에 직접 지침 제공	설계의 큰 방향 제시
관계	목적을 달성하기 위한 구체적 단계/수단	목표 설정의 상위 개념/지향점
예시	"학습자는 환경오염의 주요 원인 5가지를 나열할 수 있다.""학습자는 재활용 가능한 폐기물의 종류와 방법을 설명할 수 있다."	"본 교육을 통해 학습자는 환경보호의 중요성에 대한 인식과 이해를 갖는다."

5) 학습 목표 기술의 구성요소

- 학습 목표를 명확하고 효과적으로 기술하기 위해서는, 학습자가 학습 후 무엇을, 어떤 조건에서, 어느 수준까지 수행해야 하는지가 분명하게 드러나야 한다. 이를 위해 학습 목표는 일반적으로 동작(Action), 내용(Content), 조건(Condition), 기준(Criterion)의 구성요소를 포함하여 기술한다.
- 이러한 구성요소를 활용하면 학습 목표를 구체적이고 측정 가능하게 진술할 수 있으며, 교수설계 과정에서 평가 기준 설정과 교수전략 수립의 근거로 활용할 수 있다.

[표] 학습 목표 기술의 구성요소

구성요소	의미	설명
동작(Action)	행동	학습자가 학습 후 수행할 수 있어야 하는 구체적인 행동이나 능력을 나타내는 동사
내용(Content)	학습 내용	학습 목표와 관련된 주제나 내용 영역
조건(Condition)	수행 조건	학습자가 목표를 달성할 때의 특정한 상황이나 제약 사항
기준(Criterion)	성취기준	학습 목표를 달성했는지를 판단할 수 있는 성공 기준 또는 기대 수준

주요 학습 목표

1. 과정 관리에 필요한 항목별 특징을 분석할 수 있다.

2. 과정 관리에 필요한 유관부서와의 협업 방법을 정리할 수 있다.

3. 과정 관리 시 필요한 항목들의 사전준비 여부를 파악할 수 있다.

4. 과정 운영에 필요한 관리 매뉴얼을 통해 업무 진행 내용을 파악할 수 있다.

5. 진행되는 교육과정을 운영목표에 맞춰 관리하여 운영 성과를 도출할 수 있다.

6. 과정 품질에 대한 기준을 마련하고 과정을 이에 맞게 분류할 수 있다.

1. 과정 관리 항목

1) 교육과정 관리 항목

교육과정 관리는 교육과정이 체계적으로 기획·설계·실행·평가될 수 있도록 관리하는 활동과, 이를 뒷받침하는 자원·예산을 효율적으로 관리하는 활동으로 구성된다. 이에 따라 교육과정 관리 항목은 다음과 같이 구분할 수 있다.

(1) 교육과정의 기획·운영 관리

교육과정의 기획·운영 관리는 교육과정이 목표에 부합하도록 설계되고 실제 교육 현장에서 효과적으로 실행·개선되는 과정을 관리하는 영역이다.

[표] 교육과정의 기획·운영 관리 항목

관리 항목	주요 내용
교육과정 계획	교육과정을 설계하는 초기 단계로, 교육의 목적과 대상자를 설정하고 이를 바탕으로 교육내용, 일정, 필요자원 및 비용을 추정하여 예산을 수립한다.
교육과정 설계	교육과정의 목표와 내용, 교육자원, 평가 방법 등을 고려하여 교육과정을 구체적이고 체계적으로 설계하는 단계이다.
교육과정 구현	설계된 교육내용을 실제 교육현장에서 실행하는 단계로, 필요한 교육자원을 확보하고 교육자를 계획된 교육과정에 맞게 배치한다.
교육과정 운영	교육 일정, 교육 방법, 교육자원 등을 종합적으로 고려하여 교육과정을 계획대로 진행하고 관리하는 단계이다.
교육과정 평가	교육과정의 효과성을 평가하고, 교육 목표 달성 여부를 기준으로 성과를 분석하여 그 결과를 교육과정 개선에 반영한다.

(2) 교육과정 지원·자원 관리

교육과정 지원·자원 관리는 교육과정이 원활하게 운영될 수 있도록 인적·물적 자원과 예산을 효율적으로 관리하는 영역이다.

[표] 교육과정 지원·자원 관리 항목

관리 항목	주요 내용
교육자원 관리	교재, 교육 장비, 교육 인력 등 교육과정 운영에 필요한 자원을 교육 목적과 요구사항에 맞게 체계적·효율적으로 관리한다.
예산 및 비용 관리	교육과정 일정, 교육자원, 교육 방법 등을 고려하여 예산을 산출하고, 교육과정 운영 전반에서 예산과 비용이 효율적으로 사용되도록 관리한다.

🔑 수험 TIP

교육과정 관리 항목 = 기획·운영 관리 + 지원·자원 관리

2) 교육과정의 전·중·후 관리 프로세스

교육과정 관리는 교육이 시작되기 전 준비단계부터, 교육이 진행되는 동안의 운영 단계, 그리고 교육 종료 이후의 사후 관리단계까지 전·중·후 전 과정에 걸쳐 체계적으로 이루어져야 한다. 각 단계별 관리 프로세스는 관리 목적과 주요 업무 내용이 상이하며, 단계 간 유기적인 연계를 통해 교육과정의 품질과 운영 효과성을 확보할 수 있다.

(1) 교육과정 전(前) 관리

교육과정 전 관리는 교육 시작 이전에 이루어지는 준비 및 사전 관리 단계로, 교육과정이 원활하게 운영될 수 있도록 기반을 마련하는 역할을 한다. 이 단계에서는 교육 홍보와 과정 개설을 위한 행정적 준비, 학습자 관리 및 시스템 환경 점검 등이 수행된다.

(2) 교육과정 중(中) 관리

교육과정 중 관리는 교육이 실제로 운영되는 동안 이루어지는 관리 단계로, 교육과정 담당자가 과정의 진행 상황을 지속적으로 점검하고 문제를 즉각적으로 해결하는 것이 핵심이다. 학습활동 지원과 플랫폼 운영관리가 중점적으로 이루어진다.

(3) 교육과정 후(後) 관리

교육과정 후 관리는 교육 종료 이후 성과를 정리·분석하고 행정 처리를 수행하는 단계이다. 학습결과를 공식적으로 확정하고, 만족도 조사 및 운영결과 분석을 통해 향후 교육과정 개선을 위한 기초 자료를 마련한다.

[표] 교육과정 전·중·후 관리 프로세스

구분	관리단계	주요 관리 내용
전(前) 관리	사전준비 단계	교육 홍보, 과정 코드 설정, 학점·차수 관리, 수강 신청 처리, 강의 접속 정보 제공, 학습자 기술 능력 파악
중(中) 관리	운영관리 단계	과정 진행 상황 점검, 교·강사-학습자 간 문제 처리, 교육 일정 관리, 시스템 공지, 게시판 관리, 토론·과제 등 플랫폼 기능 관리
후(後) 관리	사후 정리 단계	수료·미수료 처리, 미수료 사유 행정 처리, 만족도 조사, 운영·평가 결과보고서 작성, 학습자 정보 공유 및 커뮤니티 확인

2. 유관부서 협업

- 이러닝 운영에서 유관부서와의 협업은 매우 중요한 요소이다. 이러닝은 교육 기획, 시스템 운영, 학습지원, 홍보 등 다양한 기능이 유기적으로 결합되어야 원활하게 운영될 수 있으므로, 각 부서의 전문성과 자원을 효과적으로 연계하는 협업 체계가 필수적이다.
- 유관부서와의 협업을 통해 이러닝 프로그램은 학습자의 요구와 기대를 충족시키는 동시에, 기관의 교육 목표를 효율적으로 달성할 수 있다.

1) 유관부서 협업의 개념과 필요성

유관부서 협업이란 이러닝 운영과정에서 교육 기획, 시스템, 학습지원, 홍보 등 관련 부서가 역할을 분담하고 상호 협력하는 것을 의미한다. 이러한 협업은 이러닝 운영의 안정성과 품질을 높이고, 학습자의 만족도와 참여율을 제고하는 데 중요한 역할을 한다.

[표] 이러닝 운영을 위한 유관부서 협업 역할

유관부서	주요 역할 및 협업 내용
교육기획팀	온라인 교육 콘텐츠의 기획 및 개발을 담당하며, 콘텐츠 수요 분석과 수강생 피드백을 반영하여 기존 콘텐츠를 개선하거나 신규 콘텐츠를 제작한다.
시스템팀	온라인 교육 시스템의 운영과 관리를 담당하며, 학습자의 시스템 관련 문의에 신속히 대응하고 시스템의 안정성과 기능을 지속적으로 유지·개선한다.
학습지원팀	학습자의 문의와 학습 중 발생하는 문제를 지원하며, 신속한 문제 해결을 통해 학습 효율성과 학습 지속성을 높인다.
마케팅팀	온라인 교육 콘텐츠의 홍보 및 참여율 제고를 담당하며, 홍보 전략과 이벤트를 통해 타겟 학습자에게 교육과정을 알리고 수강 참여를 촉진한다.

2) 유관부서 협업 주체별 역할

이러닝 운영은 단일 부서의 업무로 이루어지기 어렵기 때문에, 교수자·튜터·운영자를 포함한 다양한 협업 주체 간의 명확한 역할 분담과 유기적인 협력이 필수적이다. 각 주체는 고유한 역할을 수행하며, 상호 협업을 통해 이러닝 과정의 품질과 운영 효율성을 높인다.

[표] 이러닝 운영 협업 주체별 역할

구분	주요 역할
교수자	학습 내용을 설계·전달하고, 학습 목표에 부합하는 교육 콘텐츠를 제공하며, 평가 문항 출제 및 학습 성취도 평가를 담당한다.
튜터	학습자의 학습 과정 전반을 지원하며, 질의응답, 학습 동기부여, 학습 진도 관리 등을 통해 학습 참여와 지속을 돕는다.
운영자	이러닝 과정 전반의 운영·관리를 담당하며, 과정 개설, 일정 관리, 학습자 관리, 시스템 공지, 유관부서 간 협업 조정 역할을 수행한다.

[표] 교수자 역할의 세부 구분

역할 구분	핵심내용
전문적 역할 (지식 전달 역할)	교수·학습 전략을 기획하고 학습 목표와 방법을 설계하며, 전문성을 바탕으로 학습 내용을 안내·전달한다.
커뮤니케이션 역할 (상호 연결 역할)	학습자와의 긴밀한 관계 형성을 통해 학습 참여를 촉진하고, 상호작용을 강화하여 학습자 간 유대감과 공동체 의식을 증진한다.
조정자 역할 (학습 진행 역할)	이러닝 학습 과정을 효율적으로 관리하며, 학습 일정·목표·방법 안내 등 학습 진행을 주도하고 필요한 운영·행정 활동을 수행한다.
지원 역할 (기술적 문제 해결 역할)	온라인 학습환경에서 발생할 수 있는 기술적 장애를 해결하고, 학습자 및 운영담당자를 지원하여 학습활동이 원활히 이루어지도록 돕는다.

3) 협업 기반 운영전략 수립

- **협업 기반 운영전략 수립**이란 이러닝 운영과정에서 학습 참여를 촉진하고 학습 지속성을 높이기 위해 유관부서 및 운영 주체 간 협업을 바탕으로 운영전략을 체계적으로 수립·점검하는 것을 의미한다.
- 운영전략은 학습자의 참여율과 수료율을 높이는 데 중점을 두며, 학습 독려, 상호작용 촉진, 보상 체계, 운영결과 분석 등을 포함한다.

[표] 협업 기반 운영전략 점검 항목

구분	주요 확인 내용
학습촉진 전략	운영전략이 학습 참여를 촉진하고 학습을 독려하여 참여율을 높일 수 있도록 구성되었는지를 확인한다.
학습 일정·독려 관리	학습 진도 상황과 일정에 맞추어 이메일, 전화 등 다양한 수단을 활용한 학습 일정 관리 및 학습 독려가 이루어졌는지를 점검한다.
상호작용 및 보상 전략	교·강사-학습자, 학습자-학습자 간 상호작용 경험을 제공하였는지, 이벤트나 학습 포인트 제도 등 보상 체계를 통해 학습 동기를 강화했는지를 확인한다.
운영결과 분석	학습지원 활동의 운영결과를 분석하여 학습자가 선호하고 필요로 하는 활동을 도출하고, 수료율·성적·만족도 등에 영향을 준 요소를 파악한다.

4) 협업 기반 일정계획 수립

- **협업 기반 일정계획 수립**이란 이러닝 과정 운영을 위해 필요한 활동을 기간 단위(월별·주별·일별 등)로 구분하여 구체적인 운영 일정으로 체계화하는 것을 의미한다. 특히 이러닝 운영 기획 단계에서는 운영 업무를 전(前)·중(中)·후(後) 단계로 나누고, 일반적으로 주 단위 기산으로 세부 활동을 포함한 일정계획을 수립한다.
- 또한, 일정계획은 단순한 운영 일정표에 그치지 않고, 콘텐츠 개발 계획과 운영 참여 인력관리 계획 등과 연계되어야 하므로, 유관부서 및 운영 주체 간 협의를 통해 반영하는 것이 중요하다.

[표] 협업 기반 일정계획 점검 항목

구분	주요 확인 내용
기간 구분의 적절성	과정 운영을 위한 실제 운영 일정이 월별·주별·일별 등 기간을 구분하여 수립되었는지 확인한다.
전·중·후 단계 반영	운영 전·중·후 단계에 따라 주 단위 기산으로 세부 활동이 포함된 일정계획이 수립되었는지 점검한다.
연계·협의 반영	일정계획이 콘텐츠 개발 계획 및 운영 참여 인력관리 등의 방향과 연계되어, 협의 결과가 반영되었는지 확인한다.

5) 협업 기반 홍보계획 수립

- **협업 기반 홍보계획 수립**이란 이러닝 과정의 운영계획 및 운영전략과 연계하여, 과정 특성에 적합한 홍보 대상·방법·자료를 체계적으로 마련하고 학습자 모집 및 마케팅에 활용하는 계획을 수립하는 것을 의미한다. 홍보계획은 운영전략과 분리된 독립 활동이 아니라, 과정의 목표·대상·운영 방식에 맞춰 함께 설계되어야 효과적인 참여 유도와 모집 성과를 기대할 수 있다.

- 또한, 사업기획 업무에서 마케팅 전략, 홍보 전략, 매출계획 등을 수립할 때에는 이러닝 과정 운영에서 활용한 홍보계획을 검토·반영함으로써 효과적이고 효율적인 홍보 수단과 실행 방안을 선택할 수 있다.

[표] 협업 기반 홍보계획 주요 확인 내용

구분	주요 확인 내용
운영계획 연계	과정 운영계획 및 운영전략 수립 시 홍보계획을 함께 모색했는지 확인한다.
대상·방법·자료 준비	과정 특성에 적합한 홍보 대상, 홍보 방법, 홍보 자료를 마련하여 학습자 모집 및 마케팅에 활용하도록 계획되었는지 점검한다.
사업기획 반영	마케팅 전략·홍보 전략·매출계획 수립 시, 이러닝 과정에서 활용한 홍보계획을 검토하여 효율적인 방법을 선정했는지 확인한다.

체크리스트 – 홍보계획 수립의 주요 내용 반영 여부

- ☐ 운영과정의 특성분석을 수행하였는가?
- ☐ 운영과정에 대한 학습자/고객사 요구 분석결과를 반영하였는가?
- ☐ 과정의 홍보·마케팅 포인트(핵심 메시지)를 설정하였는가?
- ☐ 홍보 대상(타겟)을 선정하였는가?
- ☐ 과정 및 운영 특성에 적합한 홍보 방법을 선정하였는가?
  (우편물, 리플릿, 플래카드, 전화, 지인 추천, 인터넷 포털 광고, SNS 활용 등)
- ☐ 홍보 목적에 적합한 홍보 자료를 제작하였는가?
  (온라인 과정 개요서, 팝업 공지, 홈페이지 광고, 샘플 강의 등)
- ☐ 홍보 이벤트 전략을 수립하였는가?
  (우수 학습사례, 사전등록 할인, 연계강좌 추천 등록 등)

3. 과정 관리 매뉴얼

1) 매뉴얼의 목적과 구성

- 이러닝 운영과정 관리 매뉴얼의 목적은 이러닝 프로그램의 운영 전반을 표준화하고 체계화하여, 운영 과정에서 발생할 수 있는 혼선과 오류를 최소화하고 안정적이고 효율적인 과정 운영을 지원하는 데 있다. 또한, 매뉴얼은 운영담당자, 교·강사, 튜터 등 관련 인력이 공통된 기준과 절차에 따라 업무를 수행할 수 있도록 안내하는 기준 문서의 역할을 한다.
- 이러닝 운영과정 관리 매뉴얼은 일반적으로 과정 운영 및 관리에 필요한 주요 절차와 역할, 점검 사항을 중심으로 구성되며, 과정의 기획부터 운영, 평가 및 개선에 이르기까지 전 단계의 업무 흐름을 포괄적으로 포함한다. 이를 통해 운영 주체 간 협업을 원활히 하고, 문제 발생 시 신속한 대응과 일관된 처리가 가능하도록 한다.

[표] 이러닝 운영과정 관리 매뉴얼의 주요 구성 항목

구분	주요 내용
목적 및 범위	매뉴얼의 목적과 적용 범위를 명확히 설명하여, 이러닝 운영·관리 업무의 기준과 한계를 제시한다.
운영 프로세스 개요	이러닝 프로그램의 전반적인 운영 흐름을 개략적으로 제시하여, 운영 전·중·후 단계의 업무 절차를 이해할 수 있도록 한다.
과정 개발 및 관리	교육 콘텐츠의 선택·설계·개발·검토·개선 절차와 기준을 제시하며, 콘텐츠 업데이트 및 관리 방법을 포함한다.
학습자 관리	학습자 등록·출결 관리, 학습 진도 및 성적 관리, 학습자 지원 및 커뮤니케이션 방안을 포함한다.
기술 지원	이러닝 시스템(LMS) 환경 설정, 콘텐츠 업로드 방법, 장애 대응 및 기술적 문제 해결 절차를 제시한다.
평가 및 피드백	학습자의 학습 성과 평가 방법, 프로그램 전체의 효과 및 만족도 평가 방법, 피드백 수집 및 개선 방안을 포함한다.
관리자 및 강사 교육	이러닝 시스템 사용 방법, 학습자 관리 및 커뮤니케이션 기법 등에 대한 관리자·강사 대상 교육내용을 포함한다.

> 🔑 **수험 TIP (핵심정리)**
> 과정 관리 매뉴얼은 이러닝 운영 업무를 표준화하고 안정적으로 수행하기 위한 지침서이다.

2) 매뉴얼 주요 항목

교육과정 관리 매뉴얼은 교육을 체계적으로 운영하고 평가하기 위한 종합 가이드로서, 이를 충실히 활용할 경우 교육 운영의 일관성과 효율성을 확보하고 학습자에게 우수한 교육 품질을 제공할 수 있다. 교육과정 관리 매뉴얼에는 교육 운영 전반을 포괄하는 다음과 같은 주요항목이 포함된다.

[표] 교육과정 관리 매뉴얼 주요 구성 항목

구분	목적	주요 내용
교육 운영계획서	교육과정의 기본 방향과 운영전략 제시	교육 목표, 전체 일정, 대상 학습자, 교육 방법, 사용 자료 및 도구 등
수강생 관리 매뉴얼	수강생 관리의 체계화 및 운영 기준 제공	수강생 등록·출결·성적 관리, 수료 기준, 피드백 및 의견 수집 방법
교육과정 운영 매뉴얼	교육과정 운영의 일관성과 효율성 확보	강사·교육자원 준비, 교육 장소·시설 선택, 교육과정 실행 및 진행 관리
강사 및 교육자원 관리 매뉴얼	강사 및 교육자원의 효율적 관리와 활용	강사 선발·평가·연수, 교육자원 구입·보관·유지보수 방법
교육과정 평가 매뉴얼	교육 성과 평가 및 개선 방향 제시	평가 대상과 방법, 평가도구 선택·활용, 평가결과 분석 및 개선 방안
예산 및 경비 관리 매뉴얼	교육 운영 비용의 효율적 관리	예산 수립·승인 절차, 경비 청구·결제, 재무 보고 및 감사

> 🔑 **수험 TIP**
>
> '교육과정 관리 매뉴얼에 포함되지 않는 항목'은 무엇인가? 유형으로 출제됨

3) 운영 단계별 담당자별 활동

이러닝 과정 운영은 학습 단계에 따라 수행해야 할 운영 활동과 담당 주체의 역할이 달라진다. 특히 학습 진행 중에는 학습 지도와 상호작용, 진도 관리가 핵심이며, 학습 후에는 학습 성과 평가와 결과분석을 통해 개선 방향을 도출하는 활동이 중요하다.

[표] 운영 단계별 담당자별 활동

구분	운영 활동	수행 주체(역할)	교·강사의 주요 활동
학습 진행 중	학습 지도, 질의응답 관리, 학습 피드백 제공, 진도 확인 및 관리	**학습자**: 학습 내용 진행, 질문 제기 **교·강사**: 지도, 피드백 제공, 진도 확인	학습 내용 전달, 학습자의 진도 및 이해도 확인, 적시 피드백 제공, 학습자 질문 응답
학습 후	학습 성과 평가, 결과분석, 피드백 정리, 개선 방향 설정	**학습자**: 평가 참여, 피드백 제공 **교·강사**: 평가실시, 결과분석, 피드백 수집, 개선 계획 수립	학습 성과 평가, 피드백 수집·분석, 개선 방향 도출, 후속 교육 또는 추가 지도 계획 설정

4) 개발·운영 점검 체크리스트

교육과정 개발·관리 체크리스트는 교육 콘텐츠 개발과 관련된 활동을 체계적으로 관리하고, 과정의 품질을 확보하기 위한 점검 도구이다. 체크리스트를 활용하면 교육과정이 목표한 학습 목표를 달성하는 데 필요한 요소를 개발·운영·평가 전 단계에서 누락 없이 확인할 수 있으며, 품질관리의 일관성과 운영 효율성을 높일 수 있다.

[표] 교육과정 개발관리 점검 항목

점검 영역	점검 내용
개발 목적	교육과정 개발의 목적이 명확하게 정의되어 있는가?
대상자 분석	교육과정 개발 대상자(학습자)가 명확하며, 특성과 요구사항이 파악되어 있는가?
예산·인력	교육과정 개발에 필요한 예산과 인력이 충분히 확보되어 있는가?
개발 계획	교육과정 개발 계획(일정, 범위, 역할, 산출물 등)이 수립되어 있는가?

[표] 교육과정 운영관리 점검 항목

점검 영역	점검 내용
일정 관리	교육과정 운영 일정이 수립되어 있으며 단계별 운영계획이 명확한가?
강사·교육자원	운영에 필요한 강사 및 교육자원이 충분히 확보되어 있는가?
수강생 관리 시스템	수강생 등록·출결·진도 관리가 가능한 시스템(또는 절차)이 구축되어 있는가?

[표] 교육과정 평가관리 점검 항목

점검 영역	점검 내용
평가계획	교육과정 평가 계획(시기, 범위, 기준 등)이 수립되어 있는가?
대상·방법	평가 대상과 평가 방법이 명확하게 정의되어 있는가?
결과 활용	평가결과를 분석·공유하고 교육과정 개선에 반영하기 위한 활용 계획이 마련되어 있는가?

4. 과정의 질 관리

1) 운영 품질관리

운영 품질관리는 이러닝 교육과정이 계획된 목표에 따라 효과적으로 운영되고 있는지를 지속적으로 점검·개선하는 활동을 의미한다. 이는 강사 활동, 교육 운영, 학습콘텐츠, IT 시스템, 운영성과 분석 등 교육 운영 전반의 핵심 요소를 체계적으로 관리함으로써 교육과정의 질을 유지하고 향상시키는 데 목적이 있다.

(1) 교육 운영 및 관리의 핵심 요소 및 활동

교육 운영 및 관리의 핵심 요소는 다음과 같이 강사·운영·콘텐츠·시스템·성과 개선의 영역으로 구분할 수 있다.

[표] 교육 운영 및 관리의 핵심 요소 및 활동

핵심 요소	주요 활동 내용
강사 평가 및 관리	강사 활동에 대한 평가 기준을 설정하고 이에 따라 활동을 진행한다. 강사의 활동 결과, 학습 상호작용, 답안 관리 등을 분석하고, 그 결과를 바탕으로 강사에게 피드백을 제공한다. 또한, 평가결과를 활용하여 강사를 등급화하고, 후속 교육 및 역량 강화에 반영한다.
교육 운영관리	교육 시작 전의 준비 활동을 수행하고, 학습 도중에는 학사관리, 강사 및 학습자 지원, 평가관리 등을 체계적으로 운영한다.
학습콘텐츠 관리	교육 목표에 부합하도록 학습콘텐츠를 구성하고, 콘텐츠의 개발 및 효율적인 운영이 이루어지도록 관리한다.
IT 시스템 최적화	시스템 운영 데이터를 분석하여 성과를 측정하고, 교육 운영에 필요한 시스템 요구사항을 분석한다. 분석결과를 바탕으로 개선사항을 도출하여 시스템에 반영한다.
운영 성과 기반 개선 전략	교육 운영 데이터를 활용하여 운영성과를 분석하고, 분석결과를 통해 개선 방안을 도출한다. 도출된 개선 방안을 실제 운영에 적용하고 담당자와 연계하여 지속적인 개선이 이루어지도록 한다.

🔑 수험 TIP (핵심정리)

운영 품질관리는 교육 운영 전반의 핵심 요소를 점검·분석하고 개선하여 교육과정의 질을 지속적으로 향상시키는 활동이다.

(2) 운영성과 정리 시 고려사항

운영성과를 정리할 때에는 교육과정의 효과성과 품질을 다각도로 진단하기 위해 학습자 관점, 교수자 관점, 운영·자원 관점, 개선 관점을 종합적으로 고려해야 한다. 이러한 지표를 기반으로 운영결과를 분석하면 교육과정의 강점과 개선점을 체계적으로 도출하고, 향후 과정 개선 및 품질 향상에 활용할 수 있다.

[표] 운영성과 정리 시 주요 고려 항목

운영성과 항목	의의	평가 방법	주요 지표
수강생 만족도	교육과정에 대한 전반적 만족도를 통해 교육 품질과 효과를 파악	설문 조사, 피드백 세션, 인터뷰	교육내용, 강의 방식, 교재·자료, 강사 전달력 등 만족도
수강생 성적	학습자의 학습 성취도를 측정하여 교육과정 효과를 평가	중간·기말시험, 퀴즈, 과제, 프로젝트, 실습 평가	학습자별/과목별 성적, 전체 평균, 성적 분포

운영성과 항목	의의	평가 방법	주요 지표
교·강사 성과	강사의 교육 능력과 전달력을 평가하여 교수 품질을 진단	학습자 피드백, 관찰, 동료 평가	전달력, 준비도, 학습자 관리, 응답·피드백 제공 능력
예산 집행 및 경비 관리	예산 사용의 적정성과 효율성을 검증하여 운영의 건전성을 확보	예산 계획 대비 실제 집행 내역 비교·분석	예산 사용률, 초과/미달 내역, 비용 효율성 지표
교육과정 개선 사항	운영과정의 문제점을 파악하고 개선 방향을 제시	학습자·강사·관리자 피드백, 자체 평가	학습 어려움, 내용 미비점, 교재·자료 개선 필요, 강의 환경 문제 등

2) 품질기준 및 품질평가

(1) 교육과정 품질기준

교육과정 품질기준이란 교육과정이 설정된 목적을 적절히 달성하고 있는지, 그리고 수강생(학습자) 대상의 특성과 요구에 부합하는지를 판단하기 위한 기준을 의미한다.

교육과정의 품질기준은 교육과정의 목적, 대상, 운영 환경 등에 따라 다양하게 설정될 수 있으며, 이를 명확히 설정해야 교육과정을 체계적으로 분류하고 품질 향상을 위한 개선 방안을 도출할 수 있다.

또한, 교육과정 품질평가는 단순히 결과만 확인하는 것이 아니라, 교육과정의 설계·운영·성과 전반을 종합적으로 점검하여 강점과 개선점을 파악하고, 그 결과를 교육과정 개선에 환류하는 과정이다.

[표] 교육과정 품질기준의 주요 요소

구분	품질기준 관점(핵심내용)
목적 적합성	교육과정 목표가 기관의 교육 목적 및 과정 취지에 부합하는가?
대상자 적합성	수강생 수준·특성·요구가 반영되어 설계·운영되었는가?
내용 타당성	내용이 학습 목표 달성에 적절하며 최신성·전문성을 갖추었는가?
운영 체계성	일정·절차·관리 방식이 체계적으로 구성·운영되는가?
교수·학습 지원	상호작용, 지도, 피드백 등 학습지원이 적절한가?
성과 달성도	성적, 수료율, 만족도 등 운영성과가 목표 수준에 도달하는가?
개선 및 환류	평가 결과가 개선 활동으로 연결되어 지속적으로 반영되는가?

🔑 **수험 TIP**

교육과정 품질기준은 과정의 목적과 대상자 특성에 맞게 설정되며, 이를 기반으로 분류·평가·개선을 수행한다.

(2) 교육과정 품질평가 요소

교육과정 품질평가 요소는 교육과정의 품질을 객관적으로 판단하기 위해 점검해야 할 핵심 항목을 의미한다. 교육 목표와 내용의 적절성, 교육자의 전문성, 교수·학습 방법, 교육자료, 학습자 요건, 학습결과 등을 종합적으로 확인함으로써 교육과정의 강점과 개선점을 도출하고 품질 향상에 활용할 수 있다.

[표] 교육과정 품질평가 요소 및 점검 질문

품질평가 요소	주요 점검 내용(질문)
목표 및 내용의 명확성	• 교육 목표가 명확하게 정의되었는가? • 교육내용이 목표와 연계되어 있는가? • 목표와 내용이 현실적이며 실용적인가?
교육자의 전문성	• 교육자가 해당 분야의 전문 지식을 갖추고 있는가? • 교육 경험이 충분한가? • 교육 방법론에 익숙한가?
교육 방법의 적절성	• 교육 방법이 학습자의 필요와 수준에 맞게 설정되었는가? • 다양한 교육 방법이 활용되는가? • 참여와 상호작용을 증진하는가?
교육자료의 질	• 자료가 명확하고 이해하기 쉬운가? • 구성이 논리적인가? • 최신 정보를 반영하고 있는가?
수강생의 인적 요건	• 수강생의 배경 지식·수준이 과정에 적합한가? • 교육 필요와 기대치가 명확한가? • 참여 의지와 학습 태도가 적절한가?
학습결과의 질	• 학습 성과가 목표 수준에 도달했는가? • 평가 방법이 객관적이고 타당한가? • 학습결과에 대한 피드백이 적절했는가?

(3) 콘텐츠 품질관리 기준

콘텐츠 품질관리 기준은 이러닝 콘텐츠가 학습 목표를 효과적으로 달성할 수 있도록 콘텐츠의 구성과 제공 방식 전반을 점검하는 기준을 의미한다. 콘텐츠 개발 기관이나 품질인증 기관에 따라 세부 기준은 다를 수 있으나, 일반적으로 학습 내용, 교수설계, 디자인·제작, 상호작용, 평가 방법 등 여러 영역을 공통적으로 포함한다.

특히 이러닝 운영 측면에서는 콘텐츠 수정 요구사항을 파악하고 개선 의견을 체계적으로 정리하기 위해, 콘텐츠 평가에 적용되는 평가 기준(점검 요소)을 이해하고 활용하는 것이 중요하다. 운영자가 평가 기준을 숙지하고 있으면 학습자가 제기하는 콘텐츠 관련 문의와 개선 요구를 보다 정확히 분류할 수 있으며, 이후 콘텐츠 관련 부서에 전달할 때에도 근거 기반으로 명확하게 정리할 수 있다.

[표] 콘텐츠 품질관리 기준의 주요 영역

품질관리 영역	점검 관점(핵심내용)
학습 내용	내용의 정확성·적절성·최신성, 학습 목표와의 연계성, 난이도 적정성
교수설계	학습 목표 제시, 학습 흐름의 논리성, 학습활동 구성, 학습자 수준 반영
디자인·제작	화면 구성의 가독성, UI 일관성, 시각 요소 적절성, 멀티미디어 품질
상호작용	학습자 참여 유도, 피드백 제공, 학습자 – 콘텐츠 상호작용 설계
평가 방법	평가 문항의 타당성·난이도 적정성, 목표 – 평가 일치성, 피드백 제공 방식

(4) 콘텐츠 품질관리 품질평가 요소

콘텐츠 품질관리 품질평가 요소는 이러닝 콘텐츠가 학습 목표 달성에 적합하도록 개발·제작되었는지를 판단하기 위해 점검해야 할 핵심 항목이다. 일반적으로 학습 내용 구현, 교수설계, 디자인·제작 영역을 중심으로 평가하며, 각 영역별 점검 질문을 통해 콘텐츠의 정확성, 학습 지원성, 사용성 및 호환성 등을 종합적으로 확인한다.

[표] 콘텐츠 품질관리 품질평가 요소 및 점검 질문

품질평가 요소	점검 관점	주요 점검 질문
학습 내용 구현	교육 목표 달성을 위한 핵심내용의 정확성·깊이·최신성 점검	• 학습 내용이 교육 목표와 일치하는가? • 주요 개념·용어가 명확히 정의되었는가? • 학습자의 기존 지식과 연결되는가? • 최신 정보를 반영하는가? • 핵심내용이 누락되지 않았는가?
교수설계	학습자가 내용을 이해·활용하도록 돕는 방법론·전략 점검	• 학습활동이 다양한 학습 스타일을 지원하는가? • 학습전략이 참여를 촉진하는가? • 평가 방법이 학습 목표를 정확히 반영하는가? • 피드백이 적시에 제공되는가? • 학습 모듈이 논리적 순서로 구성되었는가?
디자인·제작	시각·청각 표현, UI/UX, 미디어 활용, 일관성·호환성 점검	• 디자인이 교육내용을 지원·강조하는가? • 사용자 인터페이스가 직관적이고 사용하기 쉬운가? • 그래픽·애니메이션·동영상 등 미디어 요소가 적절한가? • 색상·글꼴·레이아웃이 일관되게 적용되었는가? • 모바일 등 다양한 디바이스 호환성이 확인되었는가?

주요 학습 목표

1. 교육과정별 운영결과를 정리하기 위한 보고 양식을 제작할 수 있다.

2. 교육과정 결과보고 양식에 따라 운영 내용을 정리할 수 있다.

3. 교육과정 운영결과가 의미하는 시사점을 도출하고 반영할 수 있다.

4. 교육과정 운영결과에 대한 피드백을 향후 운영계획에 반영하여 적용할 수 있다.

1. 운영결과 분석

- **과정 운영결과 분석**은 교육과정 운영 중 축적된 데이터를 수집·정리·분석하여 교육과정의 품질과 효과성을 점검하는 활동이다.

- 분석 범위에는 학습자 만족도, 참여 및 성취 수준, 교육 효과, 운영 활동, 플랫폼 운영 데이터, 교·강사/튜터 역할 등이 포함될 수 있으며, 기관의 목적과 범위에 따라 요소를 선택·조정할 수 있다.

- 분석결과는 교육 품질 향상과 운영 개선의 근거 자료로 활용되며, 경영진 의사결정과 조직 내 결과 공유에도 기여한다. 체크리스트를 활용하면 분석 항목 누락을 줄일 수 있다.

1) 운영결과 분석 단계

운영결과를 통해 의미 있는 시사점을 도출하기 위해서는 일반적으로 데이터 수집 → 데이터 분석 → 시사점 도출 → 보고서 작성의 단계를 거친다.

[표] 운영결과 분석 단계 및 주요 활동

단계	주요 내용
데이터 수집	교육과정 운영 중 생성된 데이터를 수집·정리한다. (학습자 평가, 참여도, 학습 효과 등)
데이터 분석	수집된 데이터를 분석하여 문제점, 성공 요인, 개선 필요 사항을 파악한다.
시사점 도출	분석 결과를 바탕으로 교육 효과, 향상 방안, 개선 방향 등 핵심 시사점을 도출한다.
보고서 작성	시사점을 기반으로 운영결과 보고서를 작성한다. (성과, 개선사항, 차기 운영 시 개선점 등 포함)

2) 운영결과 분석 시 주요 정리 내용

온라인 교육을 마친 후 운영결과를 분석할 때에는 교육과정 전반에서 생성된 데이터를 체계적으로 정리하고, 이를 교육 단계별로 분석하여 교육과정의 성과와 개선점을 도출해야 한다. 이를 위해 데이터 수집 항목과 데이터 분석 관점을 구분하여 정리하는 것이 효과적이다.

[표] 운영결과 분석 시 주요 정리 내용

구분	주요 정리 내용
데이터 수집	참여자 정보, 학습 참여도, 만족도, 학습 효과, 학습자·강사 피드백, 비용 대비 효과 등
데이터 분석	교육 계획 단계 분석, 교육 운영 단계 분석, 교육 평가 단계 분석

3) 운영결과 분석 체크리스트

운영결과 분석 체크리스트는 과정 운영결과를 체계적으로 분석하기 위해 반드시 점검해야 할 필수사항과, 분석의 깊이와 활용도를 높이기 위한 권고사항으로 구성된다. 체크리스트를 활용하면 분석 범위의 누락을 방지하고, 분석결과의 신뢰성과 활용 가능성을 높일 수 있다.

[표] 운영결과 분석 체크리스트

구분	점검 항목	주요 내용
필수사항	데이터 수집 범위 결정	학습자 만족도, 학습자 활동 기록, 학습 성취도 등 주요 분석 대상 데이터의 범위를 명확히 설정한다.
	데이터 정확성·일관성 확인	수집된 데이터가 올바른 출처에서 수집되었는지, 일관된 형식으로 저장·관리되고 있는지 점검한다.
	데이터 분석 도구 선택	통계 분석, 시각화 등 분석 목적에 적합한 도구를 선정하고 사전에 준비한다.
	분석 목표 설정	운영결과 분석의 최종 목적을 명확히 설정한다. (예 학습자 만족도 향상, 학습 효과 측정 등)
	데이터 보안·개인정보 보호	학습자 및 교육자의 개인정보 보호 정책과 관련 법규 준수 여부를 확인한다.
권고사항	피드백 수집	학습자 및 교육자로부터의 직접적인 피드백을 수집하여 분석에 반영한다.
	시간적 범위 설정	분석 대상 데이터의 기간(예 한 학기, 1년 등)을 사전에 설정하여 분석 방향성을 명확히 한다.
	시각화 방법 활용	다양한 시각화 기법을 활용하여 분석결과를 직관적으로 제시한다.
	팀 논의·워크숍	분석결과를 팀 내 공유·논의하거나 워크숍을 통해 다양한 관점을 반영한다.
	외부 전문가 의견 수렴	필요 시 외부 교육 전문가나 데이터 분석가의 의견을 수렴하여 분석 품질을 향상시킨다.

2. 운영 결과보고 및 환류

1) 운영결과 보고서 작성

운영결과 보고서는 이러닝 교육과정 운영 전반의 성과와 문제점을 체계적으로 정리하여, 교육과정의 효과성과 품질을 평가하고 향후 개선 방향을 도출하기 위한 핵심 문서이다. 보고서를 통해 교육 운영자는 학습자 성과, 운영 효율성, 만족도 수준 등을 종합적으로 파악하고, 그 결과를 다음 교육과정 운영에 환류할 수 있다.

(1) 운영결과 보고서 구성요소

운영결과 보고서에는 교육과정의 대상, 목표, 운영 방식, 성과 및 평가결과 등이 종합적으로 포함되어야 하며, 주요 구성요소는 다음과 같다.

[표] 운영결과 보고서 구성요소

구성요소	주요 내용
교육 대상	교육 대상자의 인원수, 직급, 직무, 연령대, 학력, 경력 등 대상자 특성 및 통계자료
교육 일정	교육 기간, 일정 구성, 실제 진행 상황 등 교육 운영 일정 관련 정보
교육 목표	교육 목적, 교육내용, 목표 수준, 학습 목표, 학습 방법, 평가 방법 등
교육 방법	동영상 강의, 온라인 강의실, 토론 게시판, 채팅, 게임 기반 학습 등 활용한 교육 방법과 적용 방식
교육 평가	만족도, 학습 효과, 참여도, 개선사항, 강사 평가, 교육자료 평가, 교육 시스템 평가 등
참고자료	강의 자료, 참고 문헌, 관련 법령, 교육 플랫폼 자료, 참석자 명단, 기타 관련 자료

(2) 이러닝 운영결과 보고서 양식

이러닝 운영결과 보고서 양식은 운영결과를 일관되고 체계적으로 기록·분석할 수 있도록 표준화된 형식을 제공한다. 이를 통해 교육 운영자는 교육과정의 효과성과 만족도를 객관적으로 평가하고, 개선사항을 명확히 도출하여 교육과정의 품질 향상에 활용할 수 있다.

[표] 이러닝 운영결과 보고서 양식

구분	주요 내용
제목	'이러닝 운영결과 보고서' 또는 해당 교육과정 명칭
기간	보고서에 포함되는 교육 운영 기간
개요	과정명, 참여 인원, 교육 기간
학습 데이터	접속 통계(일별·주별·월별), 학습자별 진도율, 강의별 평균 완료율

구분	주요 내용
수료율	총 학습자 대비 수료 인원 및 수료 비율
학업 성취도 평가	평가항목별 평균 점수, 학습자별 성취 수준
만족도 조사결과	항목별 평균 만족도, 개선사항 및 건의사항
학습자 의견 및 피드백	빈도가 높거나 대표적인 학습자 의견 정리
교육기관 의견 및 분석	운영 중 발견된 문제점, 원인 분석, 개선 방향 및 제안
결론 및 제언	종합 평가결과 및 향후 교육 운영 방향에 대한 제언
부록	원시 데이터, 상세 통계자료, 설문 양식 등

(3) 만족도 조사결과

- 과정만족도 조사결과는 교육과정 운영 품질을 확인하기 위한 핵심 자료로, 교육 훈련기관의 학습 관리시스템(LMS) 기능에 따라 자동 보고서 형태로 제공되기도 하며, 기관의 운영 방식에 따라 운영자가 엑셀 등 별도 도구로 작성하는 경우도 있다.
- 만족도 조사결과를 정리할 때에는 과정의 기본 정보와 참여 현황, 문항별 응답 결과, 주관식 의견 등을 포함하여 향후 개선에 활용할 수 있도록 구성하는 것이 바람직하다.

[표] 만족도 조사결과에 포함되는 주요 내용

구분	주요 내용
과정 기본 정보	과정명, 교육기관(운영기관), 교육 대상(대상 인원)
평가 운영정보	평가 시기(조사 기간), 조사 방법(시스템/설문지/기타)
참여 현황	응답 인원, 참여율(응답률)
문항별 결과	문항별 평균, 척도별 분포(예 5점 척도 분포), 영역별 결과 요약
주관식 의견	개선 요청, 건의사항, 긍정·부정 의견 주요 내용(대표 의견 정리)

(4) 학업 성취도 평가결과

- 학업 성취도 평가결과는 과정 운영 결과보고서의 핵심 요소로, 교육과정의 학습 목표 달성 수준과 교육적 효과성을 판단하는 자료이다.

- 이 결과는 교육 훈련기관에는 과정 지속 여부 판단 근거로, 고객사에는 학습자 교육·훈련 지원의 타당성 판단 자료로 활용된다.
- 평가결과 정리 시에는 정확한 통계 분석을 바탕으로 수요자 관점의 시사점을 제시해야 하며, 운영자는 성취도와 수료 여부를 체계적으로 분석·정리하는 역할을 수행한다.

[표] 학업 성취도 평가결과의 활용 관점 및 운영자 역할

구분	주요 내용
교육적 효과성 판단	학습 목표 달성 수준을 분석하여 교육과정의 효과성을 평가
교육 훈련기관 활용	동일 과정의 지속 운영 여부, 개선 필요성 판단 자료로 활용
고객사 활용	학습자 교육·훈련 지원의 성과 및 투자 효과 판단 자료로 활용
운영자 역할	과정별 학습자 성취도 결과 정리, 수료 여부 파악, 통계 분석 및 시사점 도출

🔑 수험 TIP

학업 성취도 평가결과는 교육 효과성 판단과 과정 운영 의사결정을 위한 핵심 자료이다.

2) 시사점 도출 및 환류

시사점 도출 및 환류는 이러닝 운영결과를 분석하여 교육의 효과와 문제점을 명확히 파악하고, 이를 바탕으로 교육 품질을 지속적으로 개선하기 위한 핵심 단계이다. 운영결과 분석을 통해 도출된 시사점은 교육의 효과, 향상 방안, 개선할 점을 중심으로 정리되며, 이러한 결과는 향후 교육 운영계획과 품질 개선 활동에 환류되어야 한다. 특히 과거 운영상의 오류를 예방하고 반복되지 않도록 하기 위해서는 운영결과에 대한 정밀한 분석이 필요하다.

(1) 시사점 도출 및 개선 반영 내용

운영결과 분석을 통해 도출되는 시사점은 교육의 내용·방법·성과·지속성 등 다양한 영역을 포괄하며, 다음과 같은 항목을 중심으로 정리하여 향후 교육 운영 개선에 반영한다.

[표] 시사점 도출 및 개선 반영 주요 내용

구분	주요 내용
교육의 내용	교육내용의 명확성과 적절성, 학습자 이해도 수준 평가
교육 방법	교육 방법의 효과성 및 학습자 참여도 분석
교육자의 역할	교육자의 역할 수행 수준, 전문성 및 상호작용 평가
교육의 효과	교육 목표 달성 여부, 학습자의 변화(역량 향상, 지식 습득, 참여도, 만족도 등)
향상 방안	교육 효과 향상을 위한 개선 제언(교육내용·방법·교육자 역할 개선 등)

구분	주요 내용
개선할 점	교육과정 운영 중 발생한 문제점 및 개선 필요사항 도출
학습자 의견	만족도 및 불만족도 등 학습자 의견 수렴 결과 반영
교육의 지속성	교육 효과 유지를 위한 방안 제시(지속적 학습지원, 콘텐츠 업데이트 등)

(2) 이러닝 품질 개선을 위한 분석 및 피드백 전략

이러닝 품질 개선을 위한 분석 및 피드백 전략은 운영결과 데이터를 기반으로 교육의 효과를 평가하고, 개선 방안을 도출하여 실제 운영에 반영하는 체계적인 과정이다. 이를 통해 교육과정의 완성도와 학습 효과를 지속적으로 향상시킬 수 있다.

[표] 이러닝 품질 개선을 위한 분석 및 피드백 전략

단계	주요 내용
데이터 수집 및 분석	학습자 접속 패턴, 진도율, 시험·과제 점수, 설문 조사결과 등을 수집·분석하여 학습 패턴, 성취도, 만족도를 파악
효과 평가	교육 목표와 실제 학습 성취도를 비교하여 교육 효과를 평가하고, 강의내용·플랫폼·인터페이스 등의 학습 효과성 점검
향상 방안 도출	분석결과를 바탕으로 교육 품질 향상을 위한 개선 방안 도출 및 학습자 요구·선호를 반영한 교육내용·방식 수정 제안
개선할 점 파악	학습자 피드백과 기관 의견을 통해 기술적 오류, 콘텐츠 누락·오류, 플랫폼 사용성 문제 등 개선 요소 식별
피드백 제공 및 반영	도출된 시사점과 개선 방안을 학습자·강사·교육기관에 공유하고, 이를 기반으로 교육 내용·시스템·방법론을 수정·개선

이러닝 운영 평가관리

01. 과정만족도 조사

주요 학습 목표

1. 과정만족도 조사에 반드시 포함되어야 할 항목을 파악할 수 있다.

2. 과정만족도를 파악할 수 있는 항목을 포함하여 과정만족도 조사지를 개발할 수 있다.

3. 학습자를 대상으로 과정만족도 조사를 수행할 수 있다.

4. 과정만족도 조사결과를 토대로 과정만족도를 분석할 수 있다.

1. 조사 대상(교수자, 학습자, 운영자, 콘텐츠, 시스템 등)

1) 조사 대상 설정의 개념과 필요성

(1) 인터넷 접속환경

이러닝 과정의 만족도 조사는 특정 대상에 국한되지 않고, 교수자·학습자·운영자·콘텐츠·시스템 등 다양한 대상을 기준으로 종합적으로 실시되어야 한다. 조사 대상을 다각도로 설정함으로써 이러닝 과정의 전반적인 만족 수준과 문제점을 보다 정확하게 파악할 수 있으며, 이를 통해 교육 운영의 개선 방향을 체계적으로 도출할 수 있다.

2) 조사 대상별 조사내용과 중요성

이러닝 과정의 만족도 조사는 조사 대상별 특성에 따라 중요성과 조사내용이 상이하므로, 각 대상에 맞는 항목을 설정하여 평가해야 한다.

[표] 조사 대상별 조사내용과 중요성

조사 대상	중요성	주요 조사내용
교·강사	교·강사의 전달 능력과 전문성은 학습자의 이해도와 만족도에 직접적인 영향을 미친다.	강의내용의 명확성, 응답 속도, 피드백의 질, 교·강사와의 소통 용이성
학습자	학습자의 만족도는 교육의 성공 여부를 가장 직접적으로 반영하는 지표이다.	학습 내용 이행도, 학습 참여도, 동기부여 수준, 학습환경 만족도
운영자	운영자는 교육과정 전반을 관리하므로, 운영자의 만족도는 교육 운영 품질을 종합적으로 반영한다.	시스템 운영 효율성, 학습자 지원 수준, 교·강사와의 협력 정도, 문제 상황 대응 능력
콘텐츠	콘텐츠의 질은 학습 효과와 학습자의 전반적인 만족도에 핵심적인 영향을 미친다.	내용의 타당성 및 현실성, 구성과 순서의 적절성, 시각적 표현의 질, 콘텐츠의 다양성
시스템	안정적이고 사용하기 편리한 시스템은 이러닝 학습 효과를 크게 좌우한다.	시스템 안정성, 사용 편의성, 오류 발생 빈도, UI의 직관성, 기술 지원의 효율성

🔑 수험 TIP

과정만족도 조사는 교수자·학습자·운영자·콘텐츠·시스템을 대상으로 종합적으로 실시한다.

2. 조사 항목 구성

과정만족도 조사 항목은 학습자가 참여한 교육과정의 품질, 효과, 만족도를 체계적으로 파악하기 위해 설계된다. 조사결과는 교육과정의 개선과 운영 품질 향상을 위한 평가 자료로 활용되며, 향후 운영 계획 수립의 기초 자료가 된다. 일반적으로 과정만족도 조사는 학습 내용, 학습시스템, 교·강사, 학습 지원, 학습 성과의 다섯 영역으로 구성한다.

1) 학습 내용(교육내용) 영역

학습 내용 영역은 교육과정의 목표, 수준, 구성, 적절성을 중심으로, 학습 내용이 학습자에게 유의미하게 제공되었는지를 평가하는 항목으로 구성된다.

[표] 학습 내용 영역 – 예시 문항

문항 번호	설문 문항
1	교육내용이 학습 목표와 잘 부합하였다.
2	학습 내용의 난이도가 적절하였다.
3	학습 내용이 실제 업무(또는 생활)에 도움이 되었다.

2) 학습환경(콘텐츠·시스템·기술) 영역

학습환경(콘텐츠·시스템·기술) 영역 영역은 이러닝 학습이 원활히 이루어질 수 있도록 콘텐츠의 품질과 시스템(플랫폼)의 사용성·접근성·안정성을 평가하는 항목으로 구성한다.

[표] 학습환경(콘텐츠·시스템·기술) 영역 – 예시 문항

문항 번호	설문 문항
1	콘텐츠의 구성과 화면 구성이 이해하기 쉬웠다.
2	학습시스템(플랫폼)의 속도와 안정성이 좋았다.
3	동영상, 자료, 퀴즈 등 학습 도구의 활용이 편리하였다.

3) 교·강사 및 튜터 지원(지도·피드백) 영역

교·강사 및 튜터 지원 영역은 강사의 강의 품질, 학습자에 대한 지도 및 피드백 제공 수준, 그리고 상호작용과 학습 참여 유도 정도를 평가하는 항목으로 구성한다.

[표] 교·강사 및 튜터 지원(지도·피드백) 영역 – 예시 문항

문항 번호	설문 문항
1	강사의 설명이 명확하고 이해하기 쉬웠다.
2	질문에 대한 피드백이 신속하고 적절하였다.
3	학습 동기 유발 및 참여 유도가 충분하였다.

> 🔑 수험 TIP
>
> 교·강사 및 튜터 지원 영역은 강의 품질, 피드백, 상호작용을 평가한다.

4) 학습지원 및 운영서비스 영역

학습지원 및 운영서비스 영역은 이러닝 과정 운영 중 제공되는 공지·안내, 문의 응대, 학사·행정 처리, 기술 지원, 운영의 신속성·정확성 등 학습지원 서비스의 품질을 평가하는 항목으로 구성한다.

[표] 학습지원 및 운영서비스 영역 – 예시 문항

문항 번호	설문 문항
1	과정 안내 및 공지사항이 적시에 제공되었다.
2	문의에 대한 응대가 신속하고 정확하였다.
3	학습 진행(출결·진도·평가 등)과 관련된 운영 지원이 원활하였다.

5) 학습 성과 및 전반적 만족도 영역

학습 성과 및 전반적 만족도 영역은 학습자가 인식하는 학습 성취 수준, 교육과정에 대한 전반적인 만족도, 그리고 향후 재참여 의향을 종합적으로 평가하는 항목으로 구성한다.

[표] 학습 성과 및 전반적 만족도 영역 - 예시 문항

문항 번호	설문 문항
1	학습을 통해 새로운 지식이나 기술을 습득하였다.
2	전체적으로 교육과정에 만족한다.
3	향후 이러닝 과정을 다시 수강하고 싶다.

> 🔑 수험 TIP
> 학습 성과 및 전반적 만족도 영역은 성취감, 만족도, 재참여 의향을 평가한다.

6) 조사 항목 설계 시 고려사항

과정만족도 조사 항목은 학습자의 응답 편의성과 결과분석의 효율성을 고려하여 표준화된 형식과 적절한 문항 수로 설계하는 것이 중요하다.

[표] 조사 항목 설계 시 주요 고려사항

구분	주요 내용
척도 구성	조사 문항은 5점 척도(매우 그렇지 않다, 그렇지 않다, 보통이다, 그렇다, 매우 그렇다) 형태로 구성한다.
문항 수	전체 조사 항목 수는 응답자의 부담을 고려하여 20개 내외로 구성하는 것이 적절하다.
서술형 문항	정량적 결과분석을 보완하기 위해 마지막 문항에 서술형 의견란을 포함하여 개선 의견을 수집한다.

3. 조사 도구선정

과정만족도 조사의 조사 도구선정은 학습자의 의견을 신뢰성 있고 효율적으로 수집하기 위해 적절한 평가도구(조사 방식과 도구 형태)를 결정하는 과정이다. 이는 조사결과의 타당성·신뢰성·활용 가능성을 높이기 위한 핵심 단계로, 일반적으로 온라인 설문 조사 도구를 중심으로 하되 필요에 따라 인터뷰, 포커스 그룹, 학습 로그 분석 등 다양한 방법을 병행하여 학습자의 만족도와 개선 요구를 체계적으로 수집·분석하는 데 목적이 있다.

1) 조사 도구선정의 목적

- 학습자의 과정만족도, 개선 요구, 학습 경험을 체계적으로 파악한다.
- 교육 운영 및 콘텐츠 품질 개선을 위한 근거 자료를 확보한다.
- 효율적인 데이터 수집과 분석이 가능한 도구를 선택하여 운영 부담을 최소화한다.

[표] 조사 도구선정 시 고려요소

구분	고려 내용
조사 목적	학습자 만족도 측정, 과정 개선 여부 판단 등 조사 목적을 명확히 설정
응답 편의성	학습자가 쉽게 접근하고 응답할 수 있는 조사 방식 선택
데이터 신뢰성	객관식·주관식 문항의 균형, 익명성 보장 여부 고려
분석 용이성	자동 통계 처리 및 결과보고가 가능한 시스템 활용
운영 효율성	조사 기간, 비용, 인력, 기술 지원 등을 종합적으로 고려

> **🔑 수험 TIP**
> 조사 도구선정은 만족도 조사의 신뢰성과 활용도를 좌우하는 핵심 단계이다.

2) 학습자 만족도 조사 도구

- 학습자 만족도 조사는 교육프로그램에 대해 학습자가 느끼는 전반적인 만족 수준과 학습 경험에 대한 반응을 측정하는 것을 의미한다. 이는 교육과정과 운영 전반에서 나타난 문제점을 파악하고 이를 수정·보완함으로써 교육의 질을 향상시키기 위해 실시된다.
- 또한, 학습자 만족도 조사는 단순한 의견 수집에 그치지 않고, 학습자의 반응 정보를 다각적으로 분석·평가하여 교육프로그램의 강점과 개선 요소를 도출하는 과정이다. 이를 통해 교육 운영자는 학습자의 요구를 보다 정확하게 반영하고, 향후 교육과정의 품질 개선에 활용할 수 있다.

> **🔑 수험 TIP**
> 학습자 만족도 조사는 학습자의 반응을 분석하여 교육의 질을 개선하기 위한 평가도구이다.

3) 학습자 만족도 평가영역

학습자 만족도 평가는 이러닝 과정에서 학습자 요인, 학습환경 요인, 교수설계 요인 등을 중심으로 학습자가 인식하는 만족 수준을 종합적으로 평가하는 영역이다. 이를 통해 학습자의 학습 경험과 반응을 다각적으로 분석하고, 교육과정 운영 및 설계의 개선 방향을 도출할 수 있다.

[표] 학습자 만족도 평가영역별 주요 내용

평가영역	주요 내용
학습자 요인	• **학습 동기**: 교육 참여 전 관심·기대 수준, 교육 목표 이해도, 행동 변화 필요성, 자기계발 중요성 인식 • **학습준비**: 교육 참여도, 교육과정에 대한 사전인식
교·강사 요인	강의에 대한 열의, 강의 스킬, 전문 지식수준, 교·강사에 대한 전반적 만족도, 과제 채점의 적절성, 학습활동 지원
교육내용 및 교수 설계 요인	• **교육내용 가치**: 내용 만족도, 자기개발 및 업무 적용·활용 가능성, 시기 적절성 • **교육내용 구성**: 교육 목표 명확성, 내용 구성의 일관성, 교과목 편성 및 시간 분배의 적절성, 교재 구성 • **교육 수준**: 교육내용의 질, 전반적인 이해도 • **교수설계**: 학습 흥미 유발 방법, 교수·학습 기법
학습 위생 요인	학습 피로도, 교육 기간 및 일정의 적절성, 학습시간의 적절성, 교육 흥미도, 심리적 안정성
학습환경 요인	• **교육 분위기**: 전반적인 학습 분위기, 촉진자 활동 수준, 교육 흥미도, 심리적 안정성, 수강 인원 적절성 • **물리적 환경**: 학습시스템(플랫폼) 만족도

4) 학습자 만족도 조사 방법

학습자 만족도 조사 방법은 질문유형의 선택, 설문 구성 방식, 수집 자료의 유형, 척도 구분, 문항 개발 원칙을 체계적으로 고려하여 설계한다. 이를 통해 신뢰성 있고 활용 가능한 만족도 조사결과를 확보할 수 있다.

(1) 질문유형 선정

학습자 만족도 조사는 조사 목적에 따라 다양한 질문유형과 척도를 활용할 수 있으며, 대표적인 유형은 다음과 같다.

[표] 학습자 만족도 조사 질문유형

질문유형	주요 특징	활용 예
개방형 질문	자유로운 서술 응답	개선 의견, 요구사항 파악
체크리스트	해당 항목 선택	사용 중인 도구, 기능 확인
단일 선택형	이분형 응답(예/아니오)	여부 확인
다중 선택형	여러 선택지 중 선택	개념 이해, 선호도 조사
순위 작성법	중요도 순서 부여	우선순위 파악
척도 제시법	5점 등급 척도 활용	만족도·태도 측정

(2) 학습자 만족도 조사 사례(구성 예)

- 학습자 만족도 조사는 일반적으로 5점 척도 문항과 서술형 문항을 병행하여 구성한다.
- 과정명, 설문 제목, 설문 기간 제시
- 학습 내용, 운영지원, 교·강사, 시스템, 전반 만족도 문항 포함
- 마지막 문항에 서술형 의견 포함

(3) 수집 자료의 종류

만족도 조사결과로 수집되는 자료는 다음과 같이 구분된다.

[표] 자료의 종류

구분	내용	예
질적 자료	범주로 분류되는 자료	성별, 직업, 의견 유형
양적 자료	수치로 표현되는 자료	점수, 빈도, 횟수

> 📖 참고
>
> 양적 자료의 세부 구분
>
> 이산형 자료: 셀 수 있는 값 (예 수료 인원수)
>
> 연속형 자료: 연속적인 수치 (예 학습시간, 점수)

(4) 척도(Scale)에 따른 자료 구분

자료는 측정에 사용되는 척도(Scale)에 따라 구분할 수 있으며, 각 척도의 특징은 다음과 같다.

[표] 척도 유형별 특징

척도	특징	예
명목 척도	단순 분류	성별, 혈액형
순서 척도	순위 존재	만족도 순위
구간 척도	간격 동일, 영점 없음	IQ, 온도
비율 척도	절대 영점 존재	시간, 연령, 점수

> 📖 참고
>
> 만족도 조사는 주로 순서 척도(5점 척도)를 활용한다.

(5) 만족도 평가 문항 개발 주요 원칙

만족도 조사의 신뢰성과 활용도를 높이기 위해서는 문항을 개발할 때 일정한 원칙을 준수해야 하며, 주요 원칙은 다음과 같다.

[표] 만족도 문항 개발 원칙

구분	주요 내용
명료성	문항 표현은 간단하고 명확해야 함
단일성	하나의 문항에 하나의 의미만 포함
사전검증	파일럿 테스트 후 수정·보완
개방성	서술형 문항 포함
익명성	개인정보 문항은 최소화 또는 제외

> 🔑 수험 TIP
> - 질문유형 선정 : 조사 목적에 맞춰 개방형·선택형·순위형·척도형 등 적절한 질문 유형을 선택한다.
> - 학습자 만족도 조사 사례 : 5점 척도 문항과 서술형 문항을 병행하여 과정 전반의 만족도를 종합적으로 확인한다.
> - 수집 자료의 종류 : 만족도 조사결과는 질적 자료와 양적 자료로 구분하여 정리·요약 방법을 달리한다.
> - 척도에 따른 자료 구분 : 자료는 명목·순서·구간·비율 척도로 구분되며, 만족도 조사는 주로 순서 척도(5점 척도)를 활용한다.
> - 문항 개발 주요 원칙 : 문항은 명료성·단일성·사전검증·개방성·익명성 원칙에 따라 작성한다.

4. 조사 수행

학습자 만족도 조사는 일반적으로 객관식과 주관식 문항을 병행하여 약 10개 내외의 문항으로 구성하며, 교육과정의 내용·운영·지원·시스템 전반에 대한 학습자의 인식을 종합적으로 파악하는 것을 목적으로 한다.

(1) 조사내용 및 예시 문항

학습자 만족도 조사는 교육과정의 다양한 측면을 반영하여 조사내용을 구분하고, 각 영역별로 적절한 문항을 구성한다.

[표] 학습자 만족도 조사내용별 예시 문항

조사내용	예시 문항
교육내용 및 분량의 만족도	• 제공된 교육자료는 유용했는가? • 교육과정 내용의 수준 및 난이도는 적절했는가? • 학습 내용은 학습 목표에 대비하여 적절했는가? • 학습 분량은 적절했는가? • 멀티미디어 자료는 학습 이해에 도움이 되었는가? • 교육과정 내용은 현업에 도움이 될 것으로 생각되는가?
운영자 지원 활동의 만족도	• 학습운영자는 학습지침을 시기적절하게 제공하였는가? • 학습 관련 질의에 즉각적이고 성실히 응답하였는가? • 개인의 학습활동에 맞춘 적절한 안내를 제공하였는가?

조사내용	예시 문항
교·강사 지원 활동의 만족도	• 학습자료의 분량과 내용은 충분하고 유용하였는가? • 성적 평가 방식과 기준은 적절하였는가? • 과제 및 퀴즈는 학업성취 평가에 적절하였는가? • 과제 첨삭지도는 충실하였는가? • 질의·토론에 대해 신속하고 성실히 응답하였는가? • 학습 참여를 촉진하기 위한 노력이 있었는가?
전반적 만족도	• 본 과정에 대해 전반적으로 만족하는가? • 본 과정을 다른 직원에게 추천하고 싶은가?
시스템 사용성의 만족도	• 학습시스템은 전반적으로 안정적이었는가? • 학습시스템 사용은 편리하였는가? • 장애 발생 시 신속한 도움을 받았는가? • 학습 화면 이용 및 이동은 쉬웠는가?

(2) 조사 수행 시 유의사항

조사 수행의 신뢰성과 타당성을 확보하기 위해서는 조사 과정 전반에서 다음과 같은 유의사항을 고려해야 한다.

[표] 조사 수행 시 유의사항

구분	주요 내용
정확한 목표 설정	조사 목적과 목표를 명확히 설정하여 적절한 조사 방법과 도구를 선택한다.
익명성 보장	응답자의 신원을 보호하고 익명 처리를 명시하여 진실된 응답을 유도한다.
문항의 명확성	문항은 간결하고 명확하게 작성하며, 복잡하거나 모호한 표현은 피한다.
사전 테스트	조사 도구의 오류 및 적합성을 확인하기 위해 사전 테스트를 실시한다.
중립적 접근	조사 진행자는 중립적인 태도를 유지하며 특정 응답을 유도하지 않는다.

🔑 수험 TIP

조사 수행은 적절한 문항 구성과 중립적·익명성 있는 조사 운영을 통해 신뢰성 있는 만족도 결과를 확보하는 과정이다.

5. 조사결과 분석 및 환류

• 이러닝 운영 평가관리에서 과정만족도 조사의 조사결과 분석 및 환류는 학습자로부터 수집한 만족도 데이터를 체계적으로 분석하고, 그 결과를 교육 운영 개선에 반영하는 단계이다. 이 과정은 이러닝 품질관리의 핵심으로, 단순히 만족도를 측정하는 것을 넘어 지속적 개선을 위한 관리 활동으로 수행된다.

• 일반적으로 과정만족도 조사의 결과분석 및 환류는 ① 조사자료 분석 → ② 결과보고 및 공유 → ③ 개선 반영 → ④ 재평가의 순환 구조로 운영되며, 이를 통해 이러닝 과정의 지속적인 품질 향상과 학습자 만족도 제고를 실현한다.

1) 조사결과 분석의 목적 및 활용

조사결과 분석은 학습자 만족도 데이터를 근거로 과정 운영의 현 수준을 진단하고, 개선 방향을 도출하여 향후 운영계획에 반영하기 위한 활동이다.

[표] 조사결과 분석의 주요 목적

구분	주요 내용
과정 진단	학습자가 인식한 과정의 강점과 문제점을 파악한다.
개선 방향 제시	교육 운영, 콘텐츠, 강사, 시스템 등 세부 요인별 개선 방향을 제시한다.
근거 자료 확보	교육과정의 품질 향상과 학습효과 극대화를 위한 근거 자료를 확보한다.

[표] 조사결과 분석의 목적 및 활용

구분	주요 내용
목적	과정의 강점·문제점을 진단하고, 운영·콘텐츠·강사·시스템 요인별 개선 방향을 도출하여 교육 품질 향상의 근거를 마련한다.
활용	결과보고 및 공유를 통해 개선 과제를 도출하고, 재설계·재운영·재평가로 이어지는 지속적 개선 체계를 구축한다.

🔑 수험 TIP

목적과 활용을 구분할 수 있어야 한다.

조사결과 분석의 핵심은 만족도 수치 자체가 아니라 강점·문제점 진단 → 개선 반영 → 재평가로 이어지는 환류 구조에 있다.

2) 조사결과 분석 절차

조사결과 분석은 수집된 데이터를 체계적으로 정리·정제한 후, 기초 통계로 전반적인 경향을 파악하고, 심층 분석을 통해 만족도에 영향을 주는 핵심 요인과 구체적인 개선 요구를 도출하는 순서로 진행한다.

[표] 조사결과 분석 절차

단계	주요 내용	산출물/결과
(1) 데이터 수집 및 정제	설문, 인터뷰, 시스템 로그 등 자료를 수집·정리하고, 누락·중복·오류 데이터를 제거하는 사전 정제 수행	정제된 분석 데이터셋 (최종 데이터)
(2) 기초 통계분석	문항별 평균·표준편차·응답 분포 산출, 영역별 만족도 비교(콘텐츠/시스템/강사/지원/성과 등), 5점 척도 기준으로 점수 해석 (예 3.5↑ 긍정, 3.0↓ 개선 필요)	핵심 지표 요약 (문항/영역별 점수, 개선 필요 영역)
(3) 심층 분석	문항 간 상관관계 분석으로 전체 만족도 영향 요인 파악, 서술형 응답 분석으로 개선 의견 도출, 필요 시 t-test·회귀분석 등으로 유의미한 차이 검토	영향 요인 도출, 개선 과제 도출 (우선순위 포함)

3) 조사결과 보고서 작성

- **과정만족도 조사결과 보고서**는 단순한 결과 나열이 아니라, 조사 데이터를 체계적으로 분석하여 시사점과 개선 방안을 도출하고 향후 교육 운영에 반영하기 위한 핵심 문서이다. 따라서 보고서에는 기본 구성요소와 함께 결과 해석, 개선 의견, 활용 방향이 포함되어야 한다.
- 특히 만족도 조사 참여율은 결과 해석의 신뢰도에 직접적인 영향을 미치므로 중요하게 고려해야 하며, 일반적으로 참여율 70% 이상을 목표로 하는 것이 바람직하다. 참여율이 50% 이하인 경우에는 결과 해석과 활용에 유의해야 한다.

[표] 조사결과 보고서 작성 시 주요 고려사항

구분	주요 내용
보고서 구성	조사 개요, 분석결과, 시사점, 개선 방안 등 기본 구성요소를 포함하여 작성
참여율 관리	만족도 조사 참여율은 결과 신뢰도에 영향을 미치므로 70% 이상 참여 유도, 50% 이하일 경우 해석·활용 시 주의
문항별 결과 정리	평가도구 유형(5점 척도, 체크리스트 등)에 따라 결과 정리 방식 달라짐
정량 결과 표현	5점 척도는 문항별 평균 점수와 막대그래프 등 시각 자료로 제시, 체크리스트는 빈도 및 비율로 제시
결과 해석	문항별 결과에 대한 해석 설명을 포함하고, 문제 원인 및 개선 방향을 함께 제시
주관식 의견 분석	자유 서술형 응답은 원문 취합 또는 주제별 분류 후 빈도 포함 정리
활용 가치	운영 중 발생한 문제점 파악, 즉각적인 개선 및 향후 과정 설계 시 학습지원 요소 발굴에 활용
비교·확장 활용	동일 과정 다차수 운영, 유사 과정 비교, 고객사별 특성분석 자료로 활용 가능

4) 결과 환류 및 개선 반영 절차

결과 환류(Feedback) 및 개선 반영은 만족도 조사 분석결과를 단순 공유에 그치지 않고, 관련 부서와 협의하여 개선 과제를 실행하고 차기 과정 운영에 반영하는 단계이다. 즉, 만족도 결과를 실제 운영 개선으로 연결하는 핵심 절차로 이해할 수 있다.

(1) 결과보고

- 분석결과를 요약한 과정만족도 결과보고서를 작성하여 결과 해석과 개선 방향을 명확히 제시한다.
- **개요**: 목적, 조사 대상, 조사 방법
- 주요 결과 요약
- 강점 및 개선 필요 요인
- 개선 제안 및 실행계획

(2) 내부 공유 및 협의

- 보고서를 기반으로 교육 운영 개선이 가능하도록 관련 부서와 결과를 공유하고 개선 방안을 논의한다.
- 교육운영팀, 콘텐츠개발팀, 강사 등과 공유
- 문제 영역에 대한 개선 방안 협의
- 다음 운영계획 수립 시 반영

(3) 개선 및 반영(환류)

- 분석결과를 토대로 개선 활동을 실행하고 차기 과정에 반영한다.
- 콘텐츠 보완(난이도, 예시, 상호작용성 등)
- 시스템 안정화 및 사용 편의성 개선
- 튜터/강사 피드백 강화
- 학습지원 프로세스 조정

[표] 결과 환류 및 개선 반영 절차

단계	핵심 활동	주요 산출물
(1) 결과보고	결과보고서 작성(개요, 결과 요약, 강점/개선요인, 개선안/실행계획 포함)	과정만족도 결과보고서
(2) 내부 공유 및 협의	관련 부서 공유 및 개선 방안 논의, 차기 운영계획에 반영	협의 결과, 개선 과제 목록
(3) 개선 및 반영(환류)	콘텐츠·시스템·피드백·학습지원 등 개선 실행 및 차기 과정 반영	개선 실행 결과, 반영 계획

[표] 조사결과 분석 및 환류의 핵심 포인트

구분	핵심내용
목표	만족도 결과를 실질적 개선에 활용
분석 기준	만족도 결과를 근거로 강점·개선 필요 영역을 구분
환류 방식	보고서 작성 → 내부 공유 → 개선 계획 수립 → 차기 과정 반영
성과관리	개선 후 재조사를 통해 품질 향상 정도를 측정

주요 학습 목표

1. 학습관리시스템(LMS)의 과정별 평가결과를 근거로 학습자의 학업 성취도를 확인할 수 있다.

2. 학습자의 학업성취도 정보를 과정별로 분석할 수 있다.

3. 유사 과정과 비교했을 때 학습자의 학업성취도가 크게 낮을 때 그 원인을 분석할 수 있다.

4. 학습자의 학업 성취도를 향상하기 위한 운영전략을 마련할 수 있다.

1. 학업성취도 통계(집중경향, 변산도 등)

- 학업성취도 통계는 시험, 과제, 퀴즈 등 학습자의 평가결과를 통계적으로 분석하여 성취 수준과 분포를 파악하고, 평가의 공정성과 난이도를 점검하기 위한 분석과정이다.

- 이 과정에서 집중경향과 변산도는 평가결과를 종합적으로 이해하기 위한 핵심 통계 지표로 활용된다.

- 집중경향(평균·중앙값·최빈값)은 학습자의 성취가 어느 수준에 집중되어 있는지를 보여주며, 변산도(분산·표준편차 등)는 학습자 간 성취 차이의 크기와 분포의 흩어짐 정도를 나타낸다.

- 이러한 통계 분석 결과는 학습자의 성취 특성을 진단하고, 학습 격차 해소 및 평가 체계 개선을 위한 기초 자료로 활용된다.

1) 학업성취도 통계의 목적

- 학습자의 성취 수준과 성취 분포를 객관적으로 파악
- 평가 문항의 난이도·변별력·신뢰도 분석을 위한 기초 자료 제공
- 과정 운영의 학습 효과 분석 및 교육 품질 개선의 근거 마련

2) 학업성취도 통계의 주요 개념

- 학업성취도 통계의 주요 개념은 학습자의 평가결과를 체계적으로 분석하고 해석하기 위한 기본 통계 요소로 구성된다. 이러한 개념들은 성취 수준의 대표값을 파악하는 데 활용되며, 학습자 간 성취 차이와 분포 특성을 이해하는 기초 자료로 기능한다.

- 특히 이러닝 환경에서는 대규모 학습자 데이터를 효율적으로 분석하기 위해 집중경향과 변산도에 대한 이해가 필수적이다.

(1) 집중경향(Central Tendency)

집중경향은 학습자 성취 결과가 어느 수준에 '대표적으로' 모여 있는지를 보여주는 통계치로, 학업 성취도의 전반적 수준을 요약하는 데 활용된다.

[표] 집중경향 통계치의 개념과 특징

구분	의미	계산 방법	해석
평균 (Mean)	전체 점수의 합을 인원수로 나눈 값	$\sum X / N$	전반적 성취 수준을 대표하나, 극단값의 영향을 크게 받음
중앙값 (Median)	점수를 크기순으로 정렬했을 때 가운데 위치한 값	정렬 후 중앙값(짝수는 중앙 2개의 평균)	극단값 영향이 적어 분포의 중심 파악에 유용
최빈값 (Mode)	가장 자주 나타나는 점수	출현 빈도 최다 점수	특정 점수대에 학습자가 몰려 있는지 확인 가능

[표] 집중경향 지표 핵심 설명 및 활용 예시

구분	핵심 설명(요약정리)	활용 예시/해석 포인트
평균 (Mean)	모든 관측값이 반영되어 대표성이 높으나, 극단값(특정 고득점/저득점)이 있으면 평균이 쉽게 왜곡될 수 있다.	평균이 다른 지표(중앙값·최빈값)와 큰 차이를 보이면 극단값 영향가능성을 점검한다.
중앙값 (Median)	관측값을 정렬했을 때 가운데 값이며, 극단값에 덜 민감하여 분포 중심(체감 수준)파악에 유리하다. ※ 자료가 홀수이면 정중앙 1개 값, 짝수이면 중앙 2개 값의 평균을 사용한다.	평균보다 중앙값이 낮으면 일부 고득점자가 평균을 끌어올려 평균이 실제 중심보다 높게 나타날 수 있다.
최빈값 (Mode)	가장 많이 등장하는 점수로, 학습자들이 실제로 가장 많이 분포한 점수대를 확인하는 데 효과적이다.	중앙값·최빈값이 유사하면 학습자 점수가 특정 구간에 상대적으로 밀집되어 있을 가능성이 있다.
종합 해석	평균·중앙값·최빈값을 함께 비교하면 분포의 중심과 왜곡 여부를 더 정확히 판단할 수 있다.	평균이 높고 중앙값·최빈값이 유사 → 전반적으로 고른 성취/안정적 분포가능성이 큼

(2) 변산도(Variability)

변산도는 학습자의 성적이 평균을 중심으로 얼마나 흩어져 있는지를 나타내는 통계치다.

[표] 변산도 지표의 개념과 해석

구분	의미	계산 방법	해석
범위 (Range)	최고점과 최저점의 차이	최대값 − 최소값	점수 분포의 폭을 단순하게 보여줌 (극단값 영향 큼)

구분	의미	계산 방법	해석
분산 (Variance)	각 점수가 평균에서 떨어진 정도의 제곱 평균	$\sum(X-\bar{X})^2 / N$	값이 클수록 점수 차이가 큼(단위가 제곱으로 해석이 직관적이지 않음)
표준편차 (Standard Deviation)	분산의 제곱근	$\sqrt{(\sum(X-\bar{X})^2 / N)}$	평균으로부터 점수가 얼마나 퍼져 있는지 직관적으로 파악 가능

[표] 변산도 활용 예시 및 해석 포인트

상황/지표	해석	시사점(운영·평가)
표준편차가 작다	학습자 간 성취 수준이 비교적 균등	과정 난이도 적정 가능성, 보충학습 대상이 제한적일 수 있음
표준편차가 크다	학습자 간 격차가 큼	난이도 점검, 선수학습 보강, 수준별/개인화 학습지원 필요성 검토

[표] 사례 기반 해석(평균·표준편차)

평균	표준편차	해석(±1σ 기준)	판단
82점	5점	대부분이 77~87점 범위에 분포	성취 수준이 비교적 고르게 형성
82점	15점	대부분이 67~97점 범위로 넓게 분포	성취 격차가 커 개인화 지원 필요성 제기

3) 학업성취도 통계의 활용 예시

학업성취도 통계는 단순히 점수의 높고 낮음을 확인하는 데 그치지 않고, 학습자의 성취 특성을 분석하여 평가의 적절성을 점검하고 교육과정 운영을 개선하는 데 활용된다. 특히 집중경향과 변산도 지표를 종합적으로 해석하면 학습자 간 성취 격차를 진단하고, 학습지원 및 평가체계 개선을 위한 합리적인 의사결정 근거를 마련할 수 있다.

[표] 학업성취도 통계의 활용 예시

활용 영역	활용 내용	통계 지표	시사점
성취 수준 진단	학습자의 전반적 성취 수준 및 분포 파악	평균, 중앙값, 표준편차	보충학습·수준별 학습 필요성 판단
평가 문항 점검	평가 난이도 및 공정성 분석	평균, 최빈값, 분산	문항 난이도 조정, 평가 개선
학습 격차 분석	학습자 간 성취 차이 분석	표준편차, 범위	개인화 학습지원 전략 수립
콘텐츠 개선	차시·단원별 성취도 비교	평균, 분산	이해도 낮은 콘텐츠 보완
과정 품질관리	과정 운영성과 및 교육 효과 분석	평균, 표준편차 추이	교육 품질관리 및 보고 자료 활용

2. 학업성취도 점수 부여

1) 학업성취도 평가 개요

- 이러닝에서 학업 성취도를 평가하고 그 결과를 통계적으로 분석하는 것은 교육의 효과성을 점검하고 학습 경험을 개선하기 위한 핵심 절차이다.
- 과정이 종료되면 학습자는 진도, 과제, 토론, 시험 등 평가 요소에 따라 성취도를 평가받으며, 운영자는 평가 기준에 따라 점수를 산정하고 수료 여부를 확정하여 안내한다. 학습자는 LMS를 통해 자신의 점수와 수료 결과를 확인할 수 있다.

[표] 학업성취도 평가 필요성

필요성 영역	핵심내용	기대 효과
학습결과 평가	설정된 학습 목표 달성 여부와 성취 수준 확인	교육 효과성 점검, 수료 판단의 객관성 확보
피드백 제공	학습자에게 개인별 성취 수준 및 개선점 피드백 제공	부족 영역 보완, 학습 개선의 방향 제시
학습자 참여 지원	과정 참여와 학습 몰입을 촉진(진행 상황·성취감 제공)	학습 지속성 강화, 참여 저하 예방
학습 성과 입증	학습 성과를 대내외적으로 설명·입증	과정 신뢰성 제고, 이해관계자(기관·고용주 등) 설득 근거

2) 평가 설계 시 고려사항

이러닝에서 학업성취도 평가는 점수 산정 자체보다도, 평가결과 분석을 통해 과정의 적절성과 학습지원 방향을 판단하는 데 목적이 있다. 따라서 평가 설계 단계에서는 성취 수준, 분포 특성, 문항 적절성, 학습 행동과의 관계 등을 종합적으로 고려해야 한다.

[표] 학업성취도 평가 설계 시 주요 고려사항

구분	분석 내용	활용 목적 및 해석
평균 점수·표준편차	각 학습 모듈, 과제, 시험의 평균 점수와 표준편차 산출	평균을 통해 전반적 성취 수준을 파악하고, 표준편차를 통해 성취도의 일관성 및 학습자 간 격차를 진단
합격률·실패율	기준 점수 대비 합격자와 탈락자의 비율 분석	과정 난이도 적절성 판단 및 평가 기준 조정의 근거로 활용
문항별 분석	퀴즈·시험 문항별 정답률 분석	학습자가 어려움을 느끼는 내용이나 개념을 파악하여 문항 및 콘텐츠 개선에 활용

구분	분석 내용	활용 목적 및 해석
분류별 성취도 분석	선행지식, 경험, 학년 등 학습자 특성별 성취도 비교	학습자 집단 간 성취 차이를 분석하여 맞춤형 학습지원 전략 수립
상관 분석	학업 성취도와 출석률, 토론 참여도, 과제 제출률 등 간의 관계 분석	학습 성과에 영향을 미치는 요인을 파악하여 출석·참여 유도 정책 및 운영전략 개선

3) 학업성취도 평가 절차

학업성취도 평가는 이러닝 과정 운영의 준비단계부터 계획적으로 설계되어야 하며, 학습 목표와 학습자 특성에 근거해 평가계획을 수립한다. 평가 절차는 기관의 목표와 학습환경에 따라 조정될 수 있으나, 일반적으로 평가 준비 - 평가실시 - 평가결과 관리의 세 단계로 운영된다.

각 단계별 활동을 체계적으로 관리함으로써 평가의 공정성과 신뢰성을 확보하고, 평가결과를 과정 개선과 학습지원에 효과적으로 활용할 수 있다.

[표] 학업성취도 평가 절차

단계	주요 활동	세부 내용
평가 준비단계	평가계획 수립	평가 목적·유형·방법 결정, 문항 구성 및 시행 방식 등 세부 계획 수립
	평가 문항 개발	문항 출제 지침 적용, 문항 검수 체크리스트 기반 오류·적합성 점검
	문제은행 관리	LMS 업로드, 평가유형별 시험지(문항 세트) 생성 및 관리
평가 실시단계	시험지 배정	평가 시기 확정, 유형별 시험지 배정(진단평가·형성평가·총괄평가 등)
	평가 운영	시험·과제·토론 등 실시, 부정행위 방지 안내 및 운영관리
평가 결과 관리 단계	모사(부정) 관리	시스템 기반 자동 체크, 모사 기준 적용 및 조치
	채점·첨삭 지도	자동 채점 및 첨삭 가이드 제공, 첨삭 결과관리
	평가결과 점수 관리	채점·첨삭 결과 모니터링, 점수 확정 및 반영
	성적 공지·이의신청	개인별 성적 통지, 이의신청 접수 및 처리 절차 운영

(1) 평가 준비단계

① 평가계획 수립

교육내용을 분석하고 학습 목표를 바탕으로 학습자가 도달해야 할 지식·기술·태도 수준을 설정한 후, 평가 목적에 따라 대상, 내용, 도구, 시기, 설계, 영역을 결정한다.

[표] 학업성취도 평가 계획 수립을 위한 평가 요소(세부)

평가 요소	세부 내용
평가 대상	학업성취도 평가는 학습자를 대상으로 하며, 교육과정의 학습자 분류 및 기수 구분을 확인한다.
평가 내용	• **지식 영역**: 사실·개념 등의 이해 평가(지필고사, 사례연구 등) • **기능 영역**: 실제 업무 수행 능력 평가(역할놀이, 시뮬레이션 등) • **태도 영역**: 대인관계/문제 해결의 감정적 반응 평가(사례연구, 역할놀이 등)
평가도구	• 지필고사, 실기시험, 과제 등 다양한 평가도구 및 문항 유형(선다형, 서술형 등) 활용 • 과정 특성에 맞는 평가도구를 선택하고 확인 방법을 고려 • 일반적으로 지식·태도는 지필, 기술은 수행평가중심으로 설계
평가 시기	• 교육의 다양한 시점에서 평가실시 • 지필고사는 교육 직후, 활동 중심 평가는 교육 중 실시하는 경우가 많음 • 과정 및 평가도구 특성에 따라 시점을 결정
평가 설계	• 사전평가-직후평가-사후평가 시점에서 평가 가능 • 비교 기법을 활용해 결과분석 • 평가 목적에 맞게 평가도구 조합을 설계
평가영역	지식 영역은 업무 지식 습득, 기능 영역은 기능 보유, 태도 영역은 태도 변화를 평가한다.

② 평가 문항 개발

- 학업성취도 평가 문항은 평가 문항 작성 가이드라인을 기반으로 작성되며, 출제된 문항은 내용 타당성과 난이도 등을 검토하기 위해 검토위원회 등(내부·외부)을 활용하는 과정이 필요하다. 평가 문항은 학습결과와 일치하고 평가 유형에 적합한 평가항목으로 개발한다. 문항 출제는 주로 교육과정 전문가인 교수자가 담당하며, 교육기관은 내부 심사 과정을 거쳐 출제자를 선정한다.
- 지필고사 문항은 최소 3배수 이상 출제하여 확보한다.
- 과제 문항은 5배수 이상 출제하여 문제은행 방식으로 보관한다.
- 문항별 오탈자, 유사도, 난이도 등을 점검·수정한 후 최종 문항을 확정한다.
- 과락 기준(예 100점 만점 중 60점 미만) 등 평가 기준을 사전에 설정한다.
- 이러닝에서는 지필고사와 과제 제출이 주요 평가도구이며, 학습 중심의 토론 평가 활용이 확대되는 추세이다.

③ 문제은행 관리

개발된 평가 문항은 학습관리시스템(LMS)의 문제은행에 업로드하여 저장·관리한다. 문제은행 기능을 활용하면 평가유형별 시험지 문항 구성을 다양화하고, 문항 유형 및 배점을 조정하여 여러 형태의 시험지를 생성할 수 있다.

(2) 평가 실시단계

① 평가유형별 시험지 배정

평가도구와 문항을 선정하여 문제은행에 저장하면 평가 준비가 완료된다. 평가 시 학습자는 문제은행에서 무작위로 문항을 배정받을 수 있으며, 이때 문항의 난이도와 유형 균형을 고려한다. 또한, 시험지 미리 보기 및 모의 테스트를 통해 오류를 사전에 점검한다.

② 평가유형별 실시

이러닝 평가에서는 학습자가 한 공간에 모여 있지 않고 감독자가 상시 배치되기 어렵기 때문에 부정행위 예방이 중요한 이슈가 된다. 공정한 평가를 위해 동일 기관 학습자에게 서로 다른 유형의 시험지를 자동 배포하고, 시험시간을 엄격히 관리하는 등의 운영이 필요하다. 또한, 부정행위 발생 시 불이익을 사전에 공지하고, 학습자의 올바른 시험 윤리 인식을 강화하는 것이 중요하다.

> **참고**
>
> **부정행위 예방법**(운영 대책)
> - **프로토링(Proctoring) 시스템**: 웹카메라·마이크로 행동 모니터링 및 기록
> - **브라우저 잠금**: 시험 중 다른 웹/앱 접근 제한
> - **시험 문제 무작위화**: 문항·선택지 순서 무작위, 학습자별 상이한 시험지 구성
> - **시간제한 설정**: 문항별/전체 시험 시간제한으로 부정행위 시간 축소
> - **IP 추적·제한**: 의심 로그인/접속 위치 탐지 및 제한
> - **키스트로크 패턴 분석**: 타이핑 패턴 기반 이상 징후 탐지
> - **다중 디바이스 탐지**: 복수 기기 사용 감지 및 제한
> - **사전교육·규정 고지**: 부정행위 유형·불이익을 명확히 안내
> - **평가 다양화**: 서술형, 프로젝트, 포트폴리오 등 혼합 평가로 위험 분산

(3) 평가 결과관리 단계

- 평가 결과관리 단계에서는 평가 참여 결과를 수집·분석하여 피드백을 제공하고, 채점·첨삭 및 모사(부정) 관리 등을 통해 결과를 확정한다. 모든 평가결과는 LMS에 안전하게 보관되며, 결과분석을 통해 교육과정 개선사항을 도출하고 교육 전략을 재조정할 수 있다. 또한, 학습자 정보와 평가 결과는 개인정보 보호 및 보안 정책에 따라 권한이 있는 사용자만 접근할 수 있도록 관리한다.
- **결과 수집**: 학습자의 응답과 성과를 자동 기록·저장
- **결과분석**: 성취도, 오답률, 평균 점수 등을 분석하여 평가 성과 파악
- **피드백 제공**: 성취도 및 영역별 성적에 대한 피드백 제공, 추가 학습 자료 권장
- **결과 보관·활용**: LMS에 안전 저장, 과정 개선 및 교육 전략 재조정에 활용

- **보안·개인정보 보호**: 권한 기반 접근 등 보안 체계 하에 관리

4) 학업성취도 평가 도구

학업성취도 평가는 학습 목표와 평가 목적에 따라 적절한 평가도구를 선택하여 실시해야 하며, 각 도구의 특성과 한계를 고려한 설계가 필요하다. 이러닝 환경에서는 지필 시험, 설문 조사, 과제수행 등의 다양한 평가도구가 활용된다.

[표] 학업성취도 평가 도구의 유형 및 특징

평가도구	주요 특징	활용 시 유의사항
지필 시험	• 4지 또는 5지 선다형 문항으로 구성 • 단답형 문항 포함 가능	• 선다형은 명확한 정답 선택이 가능하도록 지문을 명확히 제시 • 부정문 문항은 밑줄·굵은 표시로 오해 최소화 • 단답형은 유사답안 범위 사전 정의, 다양한 해석 가능 문항 지양
설문 조사	• 학습자 인식, 선호, 의견 파악 목적 • 일반적으로 5점 척도 활용	• 최고·최하 선택의 심리적 부담 고려 • 필요 시 7점 또는 10점 척도 활용 가능 • 10점 척도는 100점 기준에 익숙한 학습자에게 직관적
과제수행	• 학습한 지식·정보를 서술형으로 표현 • 실제 수행 능력 평가에 적합	• 문장·수식·도표·이미지 작성 등 다양한 산출물 허용 • 워드, 엑셀, 파워포인트, 통계분석 도구 등 응용 프로그램 활용

> 🔑 수험 TIP: (핵심 정리)
> 지필 시험은 지식 평가, 설문 조사는 인식·태도 파악, 과제수행은 적용·수행 능력 평가에 적합하므로 평가 목적에 맞게 도구를 선택해야 한다.

5) 평가결과 분석 및 개선 방안

학업성취도 평가결과의 신뢰성과 활용도를 높이기 위해서는 평가 이후 결과분석에 그치지 않고, 학습 과정과 평가 운영 전반에 대한 개선 활동이 병행되어야 한다. 특히 이러닝 환경에서는 진도 관리, 과제수행, 평가 일정과 같은 운영지원 요소를 강화함으로써 학습자의 참여를 높이고 공정한 평가결과를 확보할 수 있다.

[표] 평가결과 확정 및 사후관리[채점·모사·검수·이의]

구분	핵심내용	유의사항
채점 및 첨삭지도	• 평가 후 체계적 채점 프로세스로 결과 확정 • **지필고사**: 자동 채점 + 문항별 난이도·정답률 등 분석 자료 제공 • **서술형/과제**: 교·강사 채점 + 첨삭 가이드 기반 피드백 작성	피드백은 평가유형별로 필수 작성하도록 운영 기준화
모사 관리	• 서술형 평가의 내용 중복성 검사로 부정행위 방지에 활용 • 채점 전 모사 여부(예 80% 이상) 판단 후 기준에 따라 분류	사후 적발보다 초기 설계 단계에서 과제 개별화/창의적 요구가 중요
평가결과 검수	• 채점 결과와 첨삭 내용 모니터링 • 수작업 채점 오류 가능성 점검 및 기준 일관성 확인	평가 신뢰성 확보(채점자 간 편차 최소화)
성적 공지 및 이의신청	• 결과 공지 후 이의신청 접수·처리 • 처리 완료 후 결과 확정, 과정 평가보고서에 반영	이의 절차(기간·방법·처리 기준)를 사전에 명시

[표] 학업성취도 평가결과 개선 방안

개선 영역	주요 내용	기대 효과
학습 진도 관리 지원	• 주차별 학습 분량과 학습시간을 기준으로 진도 관리 • 진도율을 비율(%) 또는 막대그래프 등으로 시각화하여 제공	학습자의 자기 점검 강화, 학습 지속성 및 수료율 향상
과제수행 지원	• 단편 지식 중심 과제는 모사율 증가로 신뢰성 저하 가능 • 사례분석, 시사점 도출, 의견 작성 등 모사 난이도가 높은 과제로 구성 • 평가 기준(루브릭), 채점방법, 감점 요인을 사전 안내 • 응용 프로그램 설치 및 도구 활용 지원	과제 평가의 공정성·신뢰성 확보, 학습 성과(적용 능력) 평가 강화
평가 일정 관리 지원	• 평가 참여는 필수이므로, 참여 곤란 상황을 고려해 사전 조정 기회 제공 • 시험 시기·시간·장소 등을 복수 일정 중 선택 가능하도록 지원	평가 참여율 제고, 운영 민원 감소, 평가 운영의 안정성 확보

3. 학업성취도 분석 및 환류(Feedback)

1) 학업성취도 분석 개요

학업성취도 분석은 평가결과와 학습활동 데이터를 기반으로 학습자의 성취 수준과 분포 특성을 파악하고, 성취도에 영향을 미치는 요인을 진단하여 학습지원 및 교육과정 개선에 활용하는 과정이다.

[표] 학업성취도 분석의 주요 영역

분석 영역	주요 내용	활용 목적
기초 통계 분석	평균, 중앙값, 표준편차 등	전반적 성취 수준 파악
분포 분석	상·중·하 구간별 비율	학습 격차 진단
요인 분석	참여도·출석률·과제 등	성취 영향 요인 도출
문항 분석(필요 시)	정답률·난이도·변별력	평가 적절성 점검

🔑 수험 TIP

통계 → 분포 → 요인 → 문항 순서로 이해하면 구조가 명확하다.

2) 학업성취도 분석 방법과 주요 지표

학업성취도 분석은 평가결과와 학습활동 데이터를 기반으로 학습자의 성취 수준과 분포 특성을 파악하고, 성취도에 영향을 미치는 요인을 객관적으로 진단하는 과정이다. 이를 통해 학습 격차와 취약 영역을 확인하고, 환류(피드백) 단계에서 학습지원 및 교육과정 개선 방향을 설정하는 근거 자료로 활용한다.

[표] 학업성취도 분석 주요 지표

구분	지표	의미
집중경향	평균, 중앙값, 최빈값	성취 수준의 중심
변산도	분산, 표준편차, 범위	성취 격차 정도
운영 지표	합격률, 구간별 비율	운영 판단 자료

[표] 분석 방법-지표 연계

분석 방법	활용 지표	분석 목적
기초 통계 분석	평균, 표준편차	전반적 성취 수준
분포 분석	구간별 비율	학습 격차
요인 분석	참여도, 학습시간	성취 영향 요인
문항 분석	정답률, 변별력	평가 개선

🔑 수험 TIP

학업성취도 분석은 통계 지표를 활용해 수준·분포·요인·문항을 분석하고, 그 결과를 환류(피드백)와 개선으로 연계하는 과정이다.

3) 학업성취도 환류(Feedback) 절차

학업성취도 환류는 분석결과를 학습자 피드백과 교육 운영 개선으로 연결하는 순환적 품질관리 과정(QA Loop)이다.

[표] 학업성취도 환류 절차

단계	주요 내용	산출물
결과 공유	분석 보고 및 협의	성취도 분석 보고서
학습자 피드백	개인별 성취 안내	개인 성취 리포트
운영 개선	콘텐츠·평가 보완	개선안·운영 계획
재평가	개선 효과 검증	QA 기록

4) 학업성취도 분석·환류 운영 체계 (사례 성격)

학업성취도 분석 및 환류는 일회성 활동이 아니라, 데이터 수집부터 재평가에 이르는 체계적이고 순환적인 운영 구조로 관리되어야 한다. 다음은 이러닝 환경에서 학업성취도 분석결과를 교육 운영과 학습지원에 효과적으로 반영하기 위한 분석 및 환류 체계의 대표적인 운영 예시이다.

[표] 분석·환류 운영 체계 예시

단계	주요 활동	담당
데이터 수집	시험·과제·로그	시스템·운영팀
분석	통계·분포 분석	평가 담당
환류	피드백 제공	강사·튜터
개선	콘텐츠·평가 개선	운영팀
재평가	효과 검증	QA 담당

5) 학업성취도 평가 설계와 환류

학업성취도 분석 및 환류 단계에서는 평가결과를 단순히 해석하는 데 그치지 않고, 평가 설계 전반을 재점검하여 학습자의 부족한 부분을 보완할 수 있는 방향으로 개선해야 한다. 학업성취도 평가는 지식, 기능(기술), 태도의 학습 목표를 중심으로 이루어지며, 평가 시점과 평가 방법에 따라 분석결과와 환류 방향이 달라질 수 있다. 따라서 평가 설계 방법을 이해하고, 사전·직후·사후평가를 적절히 활용하여 분석결과가 효과적으로 환류되도록 운영하는 것이 중요하다.

[표] 평가 시점별 학업성취도 평가

평가 유형	목적	환류 활용
사전평가	초기 수준 진단	난이도 조정
직후평가	즉각적 성취 확인	콘텐츠 보완
사후평가	장기 효과 확인	교육 효과 검증
혼합 평가	전·중·후 변화 분석	종합 환류

[표] 평가영역별 주요 도구

영역	평가 내용	평가도구
지식(K)	개념·이론	지필고사, 과제
기능(S)	수행 능력	실기, 프로젝트
태도(A)	흥미·가치	설문, 관찰

6) 학업성취도 향상을 위한 운영전략

이러닝 학업성취도 관리를 위한 운영전략은 학습자의 동기부여, 이해도 향상, 지속적인 참여 유도, 그리고 학습결과의 효과적인 반영을 목표로 한다. 이를 위해 학습자 중심의 운영전략과 체계적인 관리 지원이 병행되어야 하며, 분석 및 환류 결과가 실제 운영 개선으로 이어지도록 설계하는 것이 중요하다.

[표] 이러닝 학업성취도 향상 핵심 전략

전략	주요 내용	기대 효과
개인화 학습	맞춤 콘텐츠·경로	학습 효율 향상
정기 피드백	즉각적 지원	이탈 감소
다양한 평가	프로젝트·포트폴리오	역량 평가 강화
자기 주도 지원	목표·진도 관리	자기 주도성 강화
협업 촉진	토론·멘토링	참여도 향상

주요 학습 목표

1. 과정별 수료 현황, 학업성취도, 과정만족도, 개선사항 등을 포함한 평가 결과보고서를 작성할 수 있다.

2. 작성된 평가보고서를 토대로 이러닝 운영결과를 보고할 수 있다.

1. 과정만족도 보고

(1) 평가 결과보고 개요

평가 결과보고는 과정 운영결과를 근거 자료(수료·성취·만족·개선사항)로 정리하여 관계자에게 공유·보고하고, 차기 과정 개선에 활용하는 단계이다.

(2) 과정만족도 평가 개요

과정만족도 평가는 학습자가 과정 수강 후 느낀 교육 경험과 반응을 설문으로 수집·분석하여 강점과 개선점을 도출하고, 운영 품질 개선에 환류하는 절차이다.

(3) 과정만족도 조사 영역 및 항목

과정만족도 조사는 일반적으로 콘텐츠, 교·강사, 학습지원, 학습환경의 네 영역으로 구성한다.

[표] 과정만족도 조사 영역 및 주요항목

구분	주요 내용(예)
콘텐츠 만족도	내용 적절성, 흥미도, 난이도, 학습 목표 부합성
교·강사 만족도	전문성, 피드백 신속성, 학습지원
학습지원 만족도	Q&A, 학습 도우미/튜터링, 기술 지원
학습환경 만족도	시스템 안정성, 접근성, UI/인터페이스 편의성

(4) 과정만족도 평가 절차

과정만족도 평가는 조사 실시 – 결과분석 – 보고서 작성 – 환류의 흐름으로 운영한다.

[표] 과정만족도 평가 절차

단계	주요 내용
조사 실시	학습 종료 후 온라인 설문으로 의견 수집(수료 직전 시행 등)
결과분석	문항별 평균·표준편차·응답 분포 분석, 영역별 강·약점 도출(필요 시 비교분석)
보고서 작성	전체 평균 및 영역별 결과 요약, 개선 필요사항 정리(표·그래프 활용)
결과 환류	운영부서·개발자·강사와 공유, 개선안 수립 후 차기 과정에 반영

(5) 교·강사 만족도 평가결과 정리

교·강사 만족도 결과는 강사의 활동(피드백, 채점, 학습지원 등)을 중심으로 정리하며, 교·강사 관리 (선발·유지·개선)의 기초 자료로 활용한다.

[표] 교·강사 평가영역 예시

평가영역	비율(예)	평가도구	평가결과
교·강사 만족도	30%	설문(5점 척도)	정량
주관식 시험 채점의 질	10%	서술형 의견/체크리스트	정성/정량
서술형 과제 채점의 질	20%	서술형 의견/체크리스트	정성/정량
학습활동 지원의 질	30%	설문(5점 척도)/체크리스트	정량
과정별 수료율	10%	통계자료	정량

[표] 교·강사 만족도 평가영역 및 평가 방법 예시

평가영역	비율(예)	평가도구	평가결과
교·강사 만족도	30%	설문지, 5점 척도	정량적 평가
		기타의견 서술형	정성적 평가
주관식 시험 채점의 질	10%	서술형 의견	정성적 평가
		체크리스트	정량적 평가
서술형 과제 채점의 질	20%	서술형 의견	정성적 평가
		체크리스트	정량적 평가
학습활동 지원의 질	30%	설문지, 5점 척도, 체크리스트	정량적 평가
과정별 수료율	10%	통계자료	정량적 평가

※ 참고 : 교·강사 평가의 평가 영역 예시(박종선 외, 2016)

(6) 학습자 만족도 평가결과 정리

학습자 만족도 결과는 과정 운영 전반(학습 내용, 교·강사, 운영·시스템, 환경)에 대한 평가로 정리하며, 과정별·고객사별로 분리 분석하면 개선점 도출에 유리하다.

[표] 학습자 평가영역 예시

평가영역	비율(예)	평가도구	평가결과
학습 내용 만족도	30%	설문(5점 척도)	정량(+ 서술형 정성)
교·강사 만족도	30%	설문(5점 척도)	정량(+ 서술형 정성)
운영자·시스템 관리자 만족도	20%	설문(5점 척도)	정량(+ 서술형 정성)
학습환경 만족도	20%	설문/체크리스트	정량(+ 정성)

(7) 과정만족도 보고서 작성

- 과정만족도 보고서는 결과 요약뿐 아니라 시사점과 개선 제안을 포함하며, 참여율을 함께 제시해 해석의 신뢰도를 설명한다. 정량은 그래프·표로, 정성(서술형)은 범주화·빈도 중심으로 정리한다.
- **보고서 필수 포함 요소** : 참여율(해석 유의점 포함), 전체/영역별 결과 요약(정량), 주요 의견 요약(정성), 핵심 시사점 및 개선 제안, 차기 과정 반영 계획(환류)

(8) 과정 운영결과 분석(만족도 결과 포함)

과정 운영결과 분석은 과정 운영 중 축적된 데이터를 종합하여 운영목표 달성 여부와 개선 필요사항을 판단하는 단계이며, 만족도 분석결과도 주요 분석 요소로 포함한다.

[표] 과정 운영결과 분석 포함 영역(예시)

포함 영역
학습자 운영 만족도 분석
운영 인력의 운영 활동 및 의견 분석
운영 실적 및 교육 효과 분석
학습자 참여 활동 분석
온라인 교·강사의 운영 활동 분석

(9) 과정 운영 결과보고서 작성(만족도·성취도 포함)

과정 운영 결과보고서는 과정 기본 정보와 운영 성과(수료·성취·만족), 개선 의견을 종합하여 작성하며, 고객사 및 내부 의사결정에 활용되는 공식 보고 자료이다.

[표] 운영 결과분석 체크리스트 예시(요약형)

구분	확인 사항
필수	만족도 결과관리 여부 / 성취도 결과관리 여부 / 결과의 개별 관리 / 수료 기준 활용
권고	현업 적용도 관리 / 그룹별 관리 / 교육 효과성 활용 / 기업 간 상호 인정

2. 학업성취도 보고

1) 학업성취도 평가의 구성

- **정의**: 과정 종료 후 학습자의 지식(K)·기능(S)·태도(A) 성취가 학습 목표 대비 얼마나 달성/향상되었는지 측정하는 총괄평가이다.
- **구분** : 만족도 평가(반응·느낌)가 아니라 학습 성과(교육 효과)를 확인한다.

- **활용**: 수료 판정, 과정 효과성 검증, 개선사항 도출, 과정 지속 여부 결정에 활용된다.
- **구성 포인트**: 운영계획 초기 단계에서 평가영역·평가도구·평가 기준을 명확히 정하고, 내용 특성에 따라 지필·실기·수행·과제 등 다양한 도구로 측정한다.

[표] 학업성취도 평가의 평가영역 예시

평가영역	세부 내용	평가도구	평가결과
지식 영역	사실, 개념, 절차, 원리 등에 대한 이해 정도	지필고사, 문답형 평가, 과제, 프로젝트	정량적 평가
기능(기술) 영역	업무 수행, 현장 적용 등 수행 능력 정도	수행평가, 실기시험	정량적·정성적 평가
태도 영역	문제 해결, 대인관계 등에 대한 정서적 반응 및 태도	지필고사, 역할놀이	정성적 평가

> 🔑 수험 TIP
>
> 학업성취도 평가는 과정 종료 후 지식·기능·태도 성취를 학습 목표 대비 측정하는 총괄평가로, 수료 판단과 과정 효과성 검증·개선에 활용된다.

2) 학습자별 학업성취도 평가 결과 정리

- 이러닝 과정별로 학업성취도 평가 항목은 달라질 수 있으나, 일반적으로 지필 시험, 개인·그룹 과제, 학습 진행(진도율) 등을 활용하며 결과는 평가 요소별로 분석·정리한다.
- 지필 시험은 문제은행에서 문항을 선정하여 학습자에게 온라인으로 제공하고, 객관식 중심 문항은 시스템이 자동 채점한다. 문제은행 문항은 통상 출제 문항의 3~5배 수준으로 사전 등록한다.
- 주관식·서술형은 자동 채점이 어려우므로 교·강사가 별도로 채점하여 점수를 부여한다.
- 과제수행은 모사(표절) 여부를 전수 또는 기준에 따라 검증하며, 운영계획서에 명시된 기준(일반적으로 70~80% 이상)을 초과하면 채점 대상에서 제외할 수 있다.
- 과제 채점은 사전평가 기준에 따라 개별적으로 수행하고, 감점 기준과 감점 사유를 명확히 제시한다.
- 학습 진도율은 주차별 목표 진도율 대비 달성 여부를 그래프 등으로 시각화하여 관리한다.

[표] 학업성취도 평가의 평가도구별 예시

평가영역	비율(예)	평가도구	평가결과
지필 시험	60%	문제은행 시험지(선다형, 단답형, 서술형)	정량적 평가
과제수행	30%	과제 양식, 서술형 과제	정량적·정성적 평가
학습 진도율	10%	통계자료	정량적 평가

3) 성취도 결과 해석 지표

학업성취도 결과는 원점수만으로 비교하기보다, 학습자 간 상대적 위치와 분포를 고려할 수 있도록 표준점수나 백분위 점수로 환산해 해석하는 것이 일반적이다.

[표] 학업성취도 점수 환산 지표(백분위·Z·T·스테나인)

구분	의미·특징	계산식·범위(예)
백분위 점수	한 모집단에서 개인의 상대적 서열을 %로 표현(자신보다 낮은 점수 비율)	(자신보다 낮은 인원 ÷ 전체 인원)×100
Z 점수	평균으로부터 몇 표준편차 떨어져 있는지 나타내는 표준점수	$Z = \dfrac{x - \mu}{\sigma}$
T 점수	Z 점수를 평균 50, 표준편차 10으로 변환 (이해·비교 용이)	$T = 10Z + 50$
스테나인 점수 standard nine	성취 수준을 9개 구간(1~9)으로 등급화한 표준화 점수	1~9등급

📖 참고

스테나인(standard nine) : 표준점수(Z 점수)를 9개 구간으로 나눈 상대적 등급 점수로서 보통 평균 5, 표준편차 2가 되도록 설정한다.

4) 좋은 평가도구의 조건

학업성취도 평가 결과의 신뢰성과 활용도를 높이기 위해서는 평가도구가 일정한 품질준을 충족해야 한다. 좋은 평가도구는 일반적으로 타당도·신뢰도·객관도·실용도의 네 가지 조건으로 설명된다.

[표] 좋은 평가도구의 조건(4가지)

구분	핵심 내용(수험서용 정리)
타당도	평가도구가 측정하고자 하는 목표나 내용을 정확히 측정하는 정도를 의미한다. → "무엇을 얼마나 충실하게 재고 있는가"에 대한 개념으로, 반드시 준거(기준)가 존재한다.
신뢰도	평가도구가 측정 대상을 얼마나 안정적이고 일관되게 측정하는지를 의미한다. → "어떻게, 얼마나 정확하게 측정하고 있는가"에 초점을 두며, 측정 오차가 클수록 신뢰도는 낮다.
객관도	평가자에 관계없이 채점 결과가 일관되게 유지되는 정도를 의미한다. → 채점자 간 신뢰도(여러 사람이 채점해도 동일한 결과)와 채점자 내 신뢰도(같은 사람이 반복 채점해도 동일한 결과)를 포함한다.
실용도	평가 방법이나 도구를 제작·실시·채점·분석하는 전 과정에서 소요되는 인적·물적 자원이 주어진 여건에 비해 얼마나 효율적이고 현실적인지를 나타내는 정도이다. → 평가 실시의 편리성, 비용과 시간의 경제성, 채점의 용이성, 결과 해석의 용이성이 실용도의 핵심 요소이다.

5) 확률적 표본추출 vs 비확률적 표본추출

표본추출은 모 집단의 일부를 뽑아 전체를 추정하는 방법으로, 무작위성 보장 여부에 따라 확률적 표본추출과 비확률적 표본추출로 구분된다. 일반적으로 확률적 표본추출이 모집단 대표성을 더 높게 확보할 수 있다.

(1) 확률적 표본추출(Probability Sampling)

- 모집단의 모든 요소가 표본으로 선택될 확률(0보다 큼)을 가진다.
- 무작위성(randomness)에 기반하여 표본을 선정한다.
- 대표성이 비교적 높아 표본오차 추정 및 일반화가 가능하다(실무·연구에서 선호).

(2) 비확률적 표본추출(Non-Probability Sampling)

- 모집단의 모든 요소에 선택 확률이 동일하게 부여되지 않으며, 무작위성이 보장되지 않는다.
- 비용·시간이 적게 들어 실무에서 간편하게 활용되기도 한다.
- 대표성이 낮아 표본 편향(sampling bias) 가능성이 크고, 결과의 일반화에 한계가 있다.

6) 확률적 표본추출의 표본추출법

확률적 표본추출은 모집단의 각 요소가 표본으로 뽑힐 확률을 가지며(0보다 큼), 무작위성에 근거하여 표본을 추출하는 방법이다. 대표성이 높아 결과의 일반화에 유리하며, 대표적인 방법은 다음과 같다.

[표] 확률적 표본추출 방법

구분	핵심 개념	특징·유의점
단순임의추출 (Simple Random)	모든 요소가 동일한 확률로 무작위 선택	대표성 확보에 기본적이나 표본틀 필요
계통추출 (Systematic)	임의 시작점 이후 일정 간격(k)마다 추출	절차가 간편하나 주기성(패턴) 있으면 편향 가능
층화추출 (Stratified Random)	특성에 따라 층(stratum)으로 나눈 뒤 각 층에서 무작위 추출	소집단 대표성 확보에 유리(집단 간 이질·집단 내 동질) / 층 구분 기준 필요
군집추출 (Cluster)	모집단을 군집(cluster)으로 나누고 군집을 무작위 선택 후 조사	비용·시간 절감에 유리하나 군집이 대표적이어야 함

CHAPTER 03
이러닝 운영 결과관리

01. 콘텐츠 운영 결과관리

주요 학습 목표

1. 콘텐츠의 학습 내용이 과정 운영목표에 맞게 구성되어 있는지 확인할 수 있다.

2. 콘텐츠가 과정 운영의 목표에 맞게 개발되었는지 확인할 수 있다.

3. 콘텐츠가 과정 운영이 목표에 맞게 운영되었는지 확인할 수 있다.

1. 콘텐츠 내용과 운영목표 비교

이러닝 콘텐츠의 내용 적합성은 개발 단계에서 내용 전문가와 콘텐츠개발자의 품질관리 절차로 검토되며, 개발 후에는 인증 등 품질관리 체계로 관리된다. 또한, 운영 단계에서는 실제 활용된 학습콘텐츠가 과정 운영목표와 학습 목표에 부합하는지를 점검하는 것이 핵심이다.

1) 과정 운영목표

과정 운영목표는 교육 운영기관이 특정 교육과정을 왜 운영해야 하는지(필요성)와 무엇을 달성해야 하는지(교육 목표)를 제시하는 기준이다. 따라서 교육과정의 학습콘텐츠는 운영목표에 적합하게 구성되어야 하며, 부합하지 않는 내용은 조정·배제될 수 있다.

[표] 과정 운영목표의 의미 및 필요성

구분	핵심내용
의미	교육 운영기관이 과정 운영의 필요성과 달성해야 할 교육 목표를 제시하는 기준
필요성	교육내용의 방향·범위를 결정하는 지표이며, 운영 중 콘텐츠 적합성 평가의 준거가 됨

[표] 운영목표-학습콘텐츠 적합성 확인 방법

확인 경로	확인 기준	확인 내용
운영기획서	운영기획서의 과정 운영목표	실제 운영된 학습콘텐츠 내용이 목표에 부합하는지 점검
홈페이지	홈페이지의 운영목표/과정 안내	운영목표와 학습콘텐츠 내용의 일치 여부 점검

[표] 적합성 판단에 따른 조치

구분	판단 기준	조치
적합	내용이 일치하거나 큰 차이가 없음	현행 콘텐츠 유지, 과정 안내·홍보 등에 활용
부적합	내용이 불일치 또는 차이 존재	상급자 보고 후 원인(운영기획서 vs 콘텐츠 구성) 분석 → 콘텐츠 수정·보완 또는 기획서/홈페이지 수정

2) 콘텐츠 내용 비교

콘텐츠 내용 비교는 실제 운영된 학습콘텐츠가 원래의 교육·학습 목표와 얼마나 일치하는지 확인하는 과정이다. 비교 결과는 개선사항 도출과 결과보고서 작성에 활용된다.

[표] 콘텐츠 내용 비교 절차

단계	핵심내용
목표 설정	콘텐츠의 목표와 기대치를 명확히 설정
콘텐츠 검토	주요 내용, 학습활동, 평가 방법 등 구성요소 점검
비교·분석	실제 콘텐츠 내용과 목표 간 차이점 파악
피드백·개선	불일치 영역의 수정사항 도출 및 개선 계획 수립
결과보고	일치도 및 개선사항을 결과보고서로 정리

3) 학습 내용 적합성 평가의 필요성

학습 내용 적합성 평가는 이러닝 과정의 특성과 운영 목적에 맞는 콘텐츠가 사용되고 있는지 확인하기 위한 절차이다. 운영준비 단계에서는 과정 특성에 적합한 콘텐츠 유형과 운영준비를 결정하는 근거가 되며, 운영 중에는 학습자가 인식하는 문제점을 반영하여 차기 운영을 위한 개선·보완에 활용된다.

[표] 학습 내용 적합성 평가의 필요성

구분	필요성(핵심)
운영준비 단계	과정 특성에 맞는 콘텐츠 유형·특징 결정 및 운영준비의 근거
운영·개선 단계	수정·보완 필요 내용 점검, 학습자 인식 반영 및 차기 운영 개선

4) 학습 내용 적합성 평가의 기준

학습 내용은 '무엇을 가르칠 것인가'에 해당하는 교육의 핵심 요소로, 학습자에게 제공되는 지식·기술·학습자원 등을 포함한다. 학습 내용은 학습자의 수준, 학습시간, 발달단계 등 특성을 고려해 구성되어야 하며, 평가 시에는 목표 부합성, 선정 기준, 구성·난이도·분량, 보충자료, 저작권 및 윤리 요소 등을 종합적으로 점검한다.

[표] 학습 내용 적합성 평가 준거

준거	점검 내용(예)
학습 목표	목표가 명확하고 적절하게 제시되는가?
학습 내용 선정	학습자의 지식·기술·경험 수준에 적합한가?
내용 구성·조직	학습 내용이 체계적이고 조직적으로 제시되는가?
학습 난이도	학습자 수준·발달단계에 맞게 구성되었는가?
학습 분량	학습시간 대비 분량이 적절한가?
보충·심화 자료	내용 특성과 학습자 수준에 맞는 자료가 제공되는가?
저작권	학습 내용·보조자료의 저작권이 확보되었는가?
윤리적 규범	편향·선입관 등 사회적 문제 소지가 없는가?

🔑 수험 TIP : 학습 내용 적합성 평가의 기준 (기출문제)

2. 콘텐츠 개발 결과

이러닝 과정에서 활용되는 학습콘텐츠는 학습 목표 달성과 교육과정 운영의 성과에 직접적인 영향을 미친다. 따라서 이러닝 운영기관은 학습콘텐츠가 교육과정 운영목표에 적합하게 개발되었는지를 평가·관리해야 하며, 이를 통해 콘텐츠의 품질을 지속적으로 확보해야 한다.

1) 학습콘텐츠 개발 적합성 평가의 필요성

학습콘텐츠 개발 적합성 평가는 이러닝 과정 운영에 활용되는 학습콘텐츠의 품질이 교육과정 운영목표를 달성하는 데 적합하게 구현되었는지를 확인하는 절차이다. 학습콘텐츠의 품질관리는 개발 단계와 개발 이후 인증 단계를 통해 이루어지며, 인증을 통과한 콘텐츠는 교육 목표 달성에 활용할 수 있을 만큼 품질이 확보되었음을 의미한다.

그러나 전문가 인증 이후에도 실제 운영과정에서 콘텐츠가 운영목표에 적합하게 활용되고 있는지를 지속적으로 점검할 필요가 있으며, 이 과정에서 이러닝 운영기관은 학습콘텐츠의 개발 적합성을 재평가·관리해야 한다.

[표] 학습콘텐츠 개발 적합성 평가의 필요성

구분	핵심내용
학습 목표 달성	콘텐츠 품질은 학습 목표 달성에 직접적인 영향
운영목표 부합	운영기관의 교육과정 운영목표 달성 여부 확인
품질 보장	개발·인증 이후에도 지속적인 품질관리 필요
개선 근거	운영과정에서 발견된 문제점의 수정·보완 근거

2) 학습콘텐츠 개발 적합성 평가의 기준

학습콘텐츠 개발 적합성 평가는 해당 콘텐츠가 교육과정 운영목표에 맞게 개발·구성되었는지를 검토하는 데 목적이 있다. 이미 운영된 학습콘텐츠의 경우, 향후 운영을 위해 수정 또는 보완이 필요한 요소가 있는지를 확인하고 개선하는 데 활용된다.

이러닝 운영기관 담당자는 운영기획서 및 운영기관 홈페이지에 제시된 과정 운영목표를 기준으로, 학습관리시스템(LMS)에 축적된 평가결과와 학습자 반응 자료를 종합하여 개발 적합성을 판단한다.

[표] 학습콘텐츠 개발 적합성 평가 기준

평가 기준	주요 점검 내용
학습 목표 달성 적합도	학업성취도 평가 결과를 통해 학습 목표 달성 여부 확인
교수설계 요소 적합성	학습 목표 제시, 수준별 학습, 화면 구성, 상호작용, 교수학습 전략 등
사용의 용이성	학습자가 콘텐츠 사용 중 불편·어려움을 겪었는지 여부
학습평가 요소 적합성	평가 내용과 방법이 학습 내용에 적절한지 여부
학습 분량 적합성	학습시간(러닝타임)과 분량이 기준에 적절한지 여부

3) 학습콘텐츠 개발 품질

학습콘텐츠 개발 품질이란 학습 목표 달성에 적합한 학습 내용과 효과적인 교수학습 전략이 체계적으로 설계·구현된 정도를 의미한다. 이러닝 학습콘텐츠의 품질은 교육용 콘텐츠 품질인증을 통해 적합성 여부를 판단하며, 이를 통해 현장 적용 가능성을 검증한다.

교육용 콘텐츠 품질인증은 교육지원용 콘텐츠와 교수학습용 콘텐츠로 구분되며, 학습자의 요구분석, 교수설계, 학습 내용 구성, 교수학습 전략, 상호작용, 평가 기준 등 다양한 요소를 종합적으로 고려하여 이루어진다.

구분	주요 내용
요구분석	학습자의 수준·경험·요구 반영
교수설계	학습환경과 내용 특성에 맞는 설계
학습 내용	최신 정보, 구조화된 내용 구성
교수학습 전략	다양한 상호작용과 학습전략 적용
평가 기준	명확하고 타당한 평가 기준 제시

🔑 수험 TIP

학습콘텐츠 개발 적합성 평가는 운영목표 달성 여부를 확인하는 절차이며, 그 결과는 학습콘텐츠 품질관리와 개선의 근거가 된다.

3. 콘텐츠 운영결과

이러닝의 학습효과는 학습콘텐츠의 품질뿐만 아니라 어떻게 운영·지원되는가에 따라 크게 달라진다. 동일한 콘텐츠라도 운영 프로세스와 지원 방식에 따라 학습 성과가 달라질 수 있으므로, 콘텐츠 운영 전반에 대한 체계적인 관리와 평가가 필요하다.

1) 학습콘텐츠 운영 적합성의 개념

학습콘텐츠 운영 적합성이란 교육과정 운영목표에 맞게 학습콘텐츠가 실제 운영과정에서 적절히 활용되고 있는지의 정도를 의미한다. 이는 이러닝 과정의 기획·준비 단계부터 학습활동, 평가, 운영결과 관리에 이르는 전 과정을 포괄하는 개념이다.

[표] 학습콘텐츠 운영 적합성의 개념

구분	핵심내용
의미	운영목표에 맞게 학습콘텐츠가 실제 운영과정에서 활용되는 정도
중요성	기획·준비 → 학습활동 → 평가 → 운영결과 관리
중요성	동일 콘텐츠라도 운영 방식에 따라 학습 효과가 달라짐

2) 학습콘텐츠 운영 적합성 평가의 필요성

학습콘텐츠 운영 적합성 평가는 이러닝 학습콘텐츠가 교육과정 운영목표를 달성하는 데 적합하게 활용되었는지를 확인·관리하기 위해 필요하다. 학습콘텐츠는 단순한 정보 제공을 넘어 학습활동을 유발하고 학습 과정과 연계되는 핵심 요소이므로, 운영과정에서의 적절한 활용 여부에 대한 평가는 필수적이다.

[표] 학습콘텐츠 운영 적합성 평가의 필요성

구분	필요성
목표 달성	교육과정 운영목표 달성 여부 확인
운영관리	콘텐츠 활용 방식의 적절성 점검
개선 근거	운영 후 수정·보완 사항 도출
학습 효과	학습 동기 유발 및 학습활동 연계 강화

3) 학습콘텐츠 운영 적합성 평가의 기준

학습콘텐츠 운영 적합성 평가는 운영 전·중·후 전 단계에서 콘텐츠의 오류, 탑재 상태, 활용 안내, 만족도 등을 기준으로 이루어진다. 평가결과는 향후 운영 개선과 콘텐츠 보완에 활용된다.

[표] 학습콘텐츠 운영 적합성 평가 기준

단계	평가 기준	주요 점검 내용
운영준비	콘텐츠 오류 적합성	콘텐츠 오류 여부 확인 및 수정 반영
	콘텐츠 탑재 적합성	LMS 정상 탑재 여부, 차시별 오류 확인
운영과정	콘텐츠 활용 안내	학습콘텐츠 활용 정보의 정확·충분한 안내
운영 평가	콘텐츠 활용 적합성	만족도 조사 통한 불편·개선 사항 확인

4) 이러닝 운영 프로세스

이러닝 운영 프로세스는 교수-학습활동이 효율적으로 이루어지도록 지원·관리하는 총체적 활동으로, 기획·준비·실시·관리·유지 단계로 구성된다. 이는 교수학습 지원 활동과 행정관리 지원 활동을 모두 포함한다.

[표] 이러닝 운영 프로세스의 구분

구분 기준	내용
수행 직무 기준	교수학습 지원 활동 / 행정관리 지원 활동
수행 절차 기준	학습 전 / 학습 중 / 학습 후
관점 기준	미시적(교수-학습·평가) / 거시적(기획·개발 포함)

5) 콘텐츠 운영 결과보고서 작성

콘텐츠 운영 결과보고서는 콘텐츠 운영 평가 결과를 체계적으로 정리한 공식 문서로, 운영기관의 경쟁력 확보와 지속적인 과정 개선의 근거 자료로 활용된다. 보고서는 준비 단계, 운영 단계, 운영 후 단계로 구분하여 작성한다.

[표] 콘텐츠 운영 결과보고서 작성 구성

단계	주요 작성 내용
준비단계	특성화 전략, 과정 설계전략, 전문인력 확보·운영, 인프라 구축
운영 단계	수강 활동 관리, 평가·성적 관리, 수강 지원, 수업 방법 다양성
운영 후 단계	품질관리 체계, 강의 평가, 행정지원 및 민원 처리

🔑 수험 TIP

학습콘텐츠 운영 적합성은 콘텐츠가 운영목표에 맞게 활용되는지를 평가·관리하는 것으로, 이러닝 운영 프로세스 전반과 운영 결과보고로 이어진다.

주요 학습 목표

1. 교·강사 활동의 평가 기준을 수립할 수 있다.

2. 교·강사가 평가 기준에 적합하게 활동하였는지 확인할 수 있다.

3. 교·강사의 질의응답, 첨삭지도, 채점 독려, 보조자료 등록, 학습 상호작용, 학습 참여, 모사 답안 여부 확인을 포함한 활동의 결과를 분석할 수 있다.

4. 교·강사의 활동에 대한 분석결과를 피드백할 수 있다.

5. 교·강사 활동 평가결과에 따라 등급을 구분하여 다음 과정 운영에 반영할 수 있다.

1. 교·강사 활동 관리

이러닝 과정에서 교·강사는 단순한 지식 전달자를 넘어 학습자의 학습을 촉진·지원·관리하는 핵심 주체이다. 따라서 교·강사 활동을 체계적으로 평가·관리하는 것은 교육과정의 품질과 학습 성과를 제고하기 위한 필수 요소이다.

1) 교·강사 활동평가의 개념

교·강사 활동평가는 이러닝 학습 과정이 완료된 이후, 운영계획서에 따라 수행된 교·강사의 교수 활동과 지원 활동의 성과를 분석·관리하는 활동을 의미한다. 이는 교·강사가 학습자의 학습 진행을 점검하고 학습활동을 촉진·관리하는 과정 전반을 공정하게 평가하여, 학습 목표 달성에 필요한 지원이 적절히 제공되었는지 확인하는 데 목적이 있다.

이러닝 운영과정에서 **교·강사**는 일반적으로 내용 전문가, 촉진자, 안내자·관리자의 역할을 수행한다.

[표] 이러닝 과정에서의 교·강사 역할

역할 구분	주요 내용
내용 전문가	전문 지식을 바탕으로 학습 내용을 설명하고 질문에 응답
촉진자	학습자의 동기 유발 및 상호작용을 통해 학습활동 촉진
안내자·관리자	학습정보 제공, 학습 과정 조율 및 운영관리

2) 교·강사 활동평가를 위한 고려사항

교·강사 활동평가를 위해 이러닝 운영자는 학습관리시스템(LMS)의 기능을 적극 활용하여 교·강사의 활동을 지속적으로 추적·관리해야 한다. LMS를 통해 운영자는 교·강사의 튜터링 활동 전반을 파악하고 조절할 수 있어야 하며, 교·강사 역시 자신의 활동 내역을 시스템에 기록·확인할 수 있어야 한다.

[표] 교·강사 활동평가를 위한 고려사항

구분	고려 내용
시스템 활용	LMS를 통한 교·강사 활동 기록·관리
활동 기록	질의응답 시간·내용·빈도, 과제 첨삭 내역 등
관리 가능성	운영자와 교·강사가 모두 활동 현황을 확인 가능

3) 교·강사 활동평가 기준

교·강사 활동평가는 사전에 설정된 평가 기준을 바탕으로 수행되어야 하며, 평가 기준은 운영기관의 특성과 교육과정 유형에 따라 달라질 수 있다. 운영기관은 과정 운영목표에 부합하는 교·강사 활동이 이루어졌는지를 기준으로 평가를 실시한다.

[표] 운영기관 유형별 교·강사 활동평가 기준 예시

운영기관 유형	주요 평가 기준
기업 교육기관	질의응답 충실성, 과제 첨삭·채점, 자료등록, 학습 상호작용
초·중등 교육기관	콘텐츠 속성, 수업 운영, 학습지원 기능
고등교육기관	학습 내용, 수업 콘텐츠, 교수 활동, 수업 운영

[표] 기업 교육기관 교·강사 활동평가 기준 예시

평가영역	주요 체크포인트	가중치(예)
질의응답 및 피드백	신속성·성의·전문성	35%
자료실 관리	자료 적절성·양·피드백	25%
메일 발송 관리	주기적 발송·내용 전문성	25%
공지사항 관리	시기 적절성·내용 충실성	15%

4) 교·강사 활동 관리 및 활용

교·강사 활동 관리는 교육과정의 효과와 품질을 향상시키기 위한 핵심 관리 영역으로, 모니터링 - 평가 - 피드백 - 지원 - 개선의 순환 구조로 이루어진다. 이를 통해 교·강사의 전문성과 역량을 지속적으로 향상시키고, 학습자에게 최적의 학습 경험을 제공할 수 있다.

[표] 교·강사 활동 관리의 주요 내용

구분	주요 내용
모니터링	교·강사의 온라인 활동 및 상호작용 지속 관찰
피드백 제공	평가결과를 바탕으로 개선 방향 제시

구분	주요 내용
지원 및 자원 제공	교육 도구·자료·기술적 지원
지속적 교육	교·강사 역량 강화를 위한 교육·훈련
소통 채널 유지	운영자-교·강사 간 원활한 소통 및 네트워킹 지원

[표] 교·강사 활동평가 수행 절차

단계	주요 내용
활동 정보 확인	LMS에 저장된 교·강사 활동 자료 확인
만족도 결과 반영	학습자 과정만족도 조사결과 분석
평가항목 입력	LMS를 통한 교·강사 활동평가 수행
결과 활용	차기 운영계획 및 교·강사 관리에 활용

🔑 수험 TIP (함께 기억해 두세요)

교·강사 활동 관리는 LMS 기반 평가를 통해 교수 활동의 적절성을 확인하고, 그 결과를 피드백·지원·개선에 활용하는 과정이다.

2. 교·강사 활동평가 및 환류

교·강사 활동평가 및 환류는 이러닝 과정 운영의 질을 향상시키기 위한 핵심 관리 단계로, 교·강사의 수업 활동과 학습지원 활동을 체계적으로 평가하고 그 결과를 피드백하여 교육 품질의 지속적 개선을 도모하는 과정이다.

1) 교·강사 활동평가(방법 및 기준)

교·강사 활동평가는 이러닝 과정 운영 중 교·강사가 수행한 교수 활동과 튜터링 활동의 질과 효과성을 종합적으로 점검하는 과정이다. 이는 단순한 성과 평가가 아니라, 학습자 지원과 학습 성취에 기여한 정도를 확인하는 질 관리 활동이다.

[표] 교·강사 활동평가 주요 영역

평가영역	주요 평가 내용
강의 운영	강의계획 준수 여부, 수업 진행의 성실도, 콘텐츠 활용 적절성
학습자 지원	질의응답의 신속성·정확성, 피드백의 구체성, 학습자 동기 유발
평가관리	과제·시험의 공정성, 평가 기준의 명확성, 채점의 일관성
학습 커뮤니티 운영	토론 참여 유도, 학습자 간 상호작용 지원
운영 협조	운영 일정 준수, LMS 활용 능력, 기관 정책 협조도

[표] 교·강사 활동평가 방법(세부)

평가항목	주요 확인 내용
질의응답 활동	응답 시간(24~48시간), 응답 횟수, 내용의 전문성·충실성
첨삭지도·채점	과제 첨삭 횟수, 피드백의 질, 채점의 적절성
보조자료 등록	학습자료 등록 주기, 자료의 적절성
학습 상호작용	토론·게시판 활동 지원 여부
학습 참여독려	출석·토론·과제 참여 촉진 활동
모사 답안 관리	과제 모사율 확인 및 기관 규정에 따른 처리

2) 교·강사 활동평가 결과 환류(피드백 및 개선)

교·강사 활동평가 결과 환류는 평가결과를 교·강사에게 전달하고, 전문성 강화와 운영 개선으로 연결하는 단계이다. 이를 통해 교·강사가 학습자의 학습활동을 보다 적극적으로 지원할 수 있도록 돕는다.

[표] 교·강사 활동평가 결과 환류 방법

구분	주요 내용
개별 피드백 제공	교·강사에게 강점과 개선점을 구체적으로 안내
역량 개발 지원	교수역량 강화 연수·워크숍 참여 권장
우수 사례 활용	우수 교·강사의 사례 공유 및 멘토 역할 부여
차기 과정 개선	평가결과를 다음 기수 과정 설계·운영 지침에 반영

[표] 교·강사 활동평가 결과 등급 관리

등급	의미	관리·활용 방안
A	매우 우수	인센티브 제공, 우수 사례 공유
B	보통	지속 운영
C	다소 미흡	교육·훈련을 통한 역량 강화 지원
D	부적합	차기 과정 운영에서 배제 검토

[표] 교·강사 활동평가 및 환류의 기대효과

구분	기대 효과
교·강사 측면	교수·튜터링 전문성 강화
학습자 측면	만족도 및 참여도 향상
기관 측면	이러닝 품질관리 체계 강화
운영 측면	지속적 개선(Continuous Improvement) 정착

주요 학습 목표

1. 시스템 운영결과를 취합하여 운영성과를 분석할 수 있다.

2. 과정 운영에 필요한 시스템의 하드웨어 요구사항을 분석할 수 있다.

3. 과정 운영에 필요한 시스템 기능을 분석하여 개선 요구사항을 제안할 수 있다.

4. 제안된 내용의 시스템 반영 여부를 확인할 수 있다.

시스템 운영결과 관리는 이러닝 과정 운영 전·중·후에 발생한 시스템 운영성과를 체계적으로 취합·분석하고, 이를 바탕으로 시스템 개선사항을 도출·제안하는 활동이다. 이를 통해 이러닝 시스템이 교육과정 운영을 효과적·효율적으로 지원하고 있는지를 점검하며, 지속적인 품질 개선의 근거를 마련한다.

1. 운영결과 취합

이러닝 시스템 운영결과 취합이란 운영 준비과정, 운영 실시과정, 운영 완료 후 분석과정에서 발생한 모든 시스템 운영성과를 수집·정리·통합하는 과정을 의미한다. 여기에는 학습자 학습활동, 진도율, 성취도, 피드백, 교·강사 활동, 시스템 기능 지원 결과 등이 포함된다.

1) 운영 준비과정 지원을 위한 시스템 운영결과 취합

운영 준비과정에서는 이러닝 과정이 원활히 개설·운영될 수 있도록 시스템 환경과 기능이 정상적으로 지원되었는지를 중심으로 운영결과를 취합한다.

[표] 운영 준비과정 시스템 운영결과 취합 내용

구분	주요 취합 내용
운영환경 준비	학습사이트 작동 상태, LMS 정상 여부, 멀티미디어 기기 콘텐츠 구동, 단위 콘텐츠 오류
교육과정 개설 준비	과정 특성·차시 설정, 공지사항, 강의계획서, 학습자료, 설문·평가 문항 등록
학사일정 수립	연간 학사일정 기준 과정별 일정 수립 및 교·강사·학습자 공지
수강 신청관리	수강 승인, 입과 안내, 운영자·교·강사 지정, 수강 변경 처리

2) 운영 실시과정 지원을 위한 시스템 운영결과 취합

운영 실시과정에서는 학습 진행 중 학사관리, 교·강사 활동, 학습자 활동, 고객 지원과 관련된 시스템 기능 지원 결과를 취합한다.

[표] 운영 실시과정 시스템 운영결과 취합 영역

영역	주요 취합 내용
학사관리 기능	학습자 관리, 성적처리, 수료 관리
교·강사 활동 지원	교·강사 선정·관리, 활동 안내, 수행 관리, 불편사항 처리
학습자 학습활동 지원	학습환경 지원, 학습 과정 안내, 학습촉진, 수강오류 관리
이러닝 고객 활동 지원	고객 유형 분석, 고객 채널 관리, 게시판 관리, 요구사항 처리

3) 운영 완료 후 활동 지원을 위한 시스템 운영결과 취합

운영 완료 후에는 과정 전반의 성과를 분석하기 위해 평가관리 및 운영성과 관리기능의 지원 결과를 중심으로 운영결과를 취합한다.

[표] 운영 완료 후 시스템 운영결과 취합 내용

구분	주요 취합 내용
평가관리 기능	과정만족도 조사, 학업성취도 관리, 평가 타당성 검토, 평가 결과보고
운영성과 관리	콘텐츠 평가, 교·강사 평가, 시스템 운영결과 관리
운영 활동 결과	학습 전·중·후 운영 활동 성과관리
개선사항 관리	개선사항 처리 및 반영 여부 확인
최종 보고	최종 평가보고서 작성

2. 개선사항 도출 및 제안

개선사항 도출 및 제안은 시스템 운영결과 취합을 통해 분석된 운영성과를 기반으로, 이러닝 시스템이 더 효과적이고 효율적으로 작동하도록 신규 기능 또는 기존 기능의 개선 요구사항을 도출·제안하는 과정이다.

1) 운영 준비과정 시스템 운영 개선 요구사항 제안

운영 준비과정에서 취합된 시스템 운영성과를 분석하여, 운영환경·과정 개설·학사일정·수강 신청관리 기능에 대한 개선 필요사항을 도출·제안한다.

[표] 운영 준비과정 시스템 운영 개선 영역

영역	개선 요구사항 도출 대상
운영환경 준비	학습사이트, LMS, 멀티미디어 콘텐츠 구동, 콘텐츠 오류
교육과정 개설	차시 구성, 공지·자료·설문·평가 문항 등록 기능
학사일정 관리	일정 수립 및 공지 기능
수강 신청관리	수강 승인, 입과 안내, 운영자·교·강사 등록

2) 운영 실시과정 시스템 운영 개선 요구사항 제안

운영 중 발생한 시스템 운영성과를 분석하여 학사관리, 교·강사 활동, 학습자 활동, 고객 지원기능의 개선 요구사항을 제안한다.

[표] 운영 실시과정 시스템 운영 개선 영역

영역	개선 요구사항 도출 대상
학사관리	학습자·성적·수료 관리기능
교·강사 활동	선정·활동 안내·수행·불편사항 지원
학습자 활동	학습환경·과정 안내·촉진·오류 관리
고객 활동	고객 분석, 채널·게시판 관리, 요구사항 처리

3) 운영 완료 후 과정 시스템 운영 개선 요구사항 제안

운영 종료 후에는 평가 및 운영성과 분석결과를 토대로 시스템 전반의 품질 개선을 위한 요구사항을 제안한다.

[표] 운영 완료 후 시스템 운영 개선 영역

영역	개선 요구사항 도출 대상
평가관리	만족도·성취도·평가 타당성·결과보고
운영성과 관리	콘텐츠·교·강사 평가, 시스템 운영결과 관리
결과관리	운영 활동 성과, 개선사항 관리
보고서	최종 평가보고서 작성 기능

> 🔑 **수험 TIP (함께 기억해 두세요)**
> 시스템 운영결과 관리는 운영 전·중·후의 시스템 지원 성과를 취합·분석하고, 이를 기반으로 개선 요구사항을 도출·제안하는 과정이다.

주요 학습 목표

1. 학습 시작 전 운영준비 활동이 운영계획서에 맞게 수행되었는지 확인할 수 있다.

2. 학습 진행 중 학사관리 지원이 운영계획서에 맞게 수행되었는지 확인할 수 있다.

3. 학습 진행 중 교·강사 지원이 운영계획서에 맞게 수행되었는지 확인할 수 있다.

4. 학습 진행 중 학습활동 지원이 운영계획서에 맞게 수행되었는지 확인할 수 있다.

5. 학습 진행 중 과정 평가관리가 운영계획서에 맞게 수행되었는지 확인할 수 있다.

6. 학습 종료 후 운영 성과관리가 운영계획서에 맞게 수행되었는지 확인할 수 있다.

운영 결과관리 보고서는 이러닝 환경에서 수행된 운영 활동과 결과를 문서화·평가하여, 학습자 경험·교육 효과·운영 프로세스 효율성 등 운영성과를 종합 분석하고 지속적 개선의 근거로 활용하는 문서이다.

보고서 검토는 운영준비 활동 → 학사관리 지원 → 교·강사 지원 → 학습활동 지원 → 과정 평가관리 → 운영 성과관리 순으로 진행한다.

1. 운영준비 활동

운영준비 활동은 운영계획서에 따라 운영환경 준비, 교육과정 개설, 학사일정 수립, 수강 신청관리가 적절히 수행되었는지를 확인하는 단계이며, 이후 운영결과의 적절성 분석에 영향을 준다.

1) 운영환경 구축 및 시스템 준비 현황

이 단계에서는 이러닝 과정이 원활하게 운영될 수 있도록 시스템 환경과 학습 인프라가 정상적으로 구축·점검되었는지를 중심으로 운영결과를 취합한다.

[표] 운영환경 구축 및 시스템 준비 현황

취합/점검 항목	확인 문항(예)	개선 포인트(기록)
학습사이트 점검	학습사이트를 점검하고 문제를 해결했는가?	장애 유형/원인/조치 결과
LMS 점검	LMS를 점검하고 문제를 해결했는가?	기능 오류·접속 이슈 개선
학습지원 도구 점검	지원 도구 기능을 점검하고 문제를 해결했는가?	도구별 개선 요구
멀티미디어 구동 점검	다양한 기기에서 콘텐츠 구동 여부를 확인했는가?	기기 호환/재생 문제
콘텐츠 오류 점검	과정별 콘텐츠 오류를 점검하고 수정 요청했는가?	오류 목록/수정 반영

2) 교육과정 개설 및 사전 안내 운영결과

교육과정 개설 및 사전 안내 단계에서는 과정 구성, 차시 설정, 학습자료 및 평가 요소가 운영계획에 따라 적절히 준비되었는지를 확인한다.

[표] 교육과정 개설 및 사전 안내 운영결과

취합/점검 항목	확인 문항(예)	개선 포인트(기록)
과정 특성분석	제공 예정 교육과정 특성을 분석했는가?	과정 특성 반영 여부
차시 등록	LMS에 교육과정/세부 차시를 등록했는가?	누락 차시/구성 오류
사전 자료등록	공지, 강의계획서, 자료, 설문, 과제, 퀴즈를 등록했는가?	자료 품질/접근성 개선
평가 문항 등록	교육과정별 평가 문항을 등록했는가?	문항 오류/난이도 조정

2. 학사관리 지원

학사관리 지원은 학습자 정보를 검토하고 성적처리를 진행한 뒤 수료 기준에 따라 처리하는 영역이며, 운영계획서에 맞게 수행되었는지 확인한 결과를 운영결과 분석에 반영한다.

1) 수강 신청·승인 및 학적 관리 운영 결과(학습자 정보)

학사관리 지원 결과는 학습자 등록, 수강 승인, 학적 정보 관리가 계획대로 수행되었는지를 중심으로 정리한다.

[표] 수강 신청·승인 및 학적 관리 운영결과

취합/점검 항목	확인 문항(예)	개선 포인트(기록)
학습자 현황	등록 학습자 현황을 확인했는가?	누락/중복 정정
학적 정보 관리	학습자 정보를 관리했는가?	정보 갱신·정합성
신청 오류 안내	중복 신청 등 오류를 안내했는가?	안내 채널/문구 개선
감독기관 신고	등록 명단을 감독기관에 신고했는가?	신고 절차/기한 준수

2) 성적·수료 처리 및 학사관리 지원 결과(성적처리·수료관리)

성적·수료 처리 단계에서는 평가 기준에 따른 성적 산출과 수료 기준 적용이 정확하게 이루어졌는지를 점검한다.

[표] 성적·수료 처리 및 학사관리 지원 결과

취합/점검 항목	확인 문항(예)	개선 포인트(기록)
평가항목/비율	평가 기준·항목·비율을 확인했는가?	비율 적정성/공개 방식
이의신청 처리	성적 이의신청을 처리했는가?	처리 SLA/증빙 체계
최종 성적 확정	최종 성적 확정 여부를 확인했는가?	확정 프로세스 개선
수료 기준·구분	수료 기준 확인 및 수료/미수료 구분했는가?	미수료 사유 안내 강화

3. 교·강사 지원

교·강사 지원은 교·강사 선정, 사전교육, 활동 안내·독려, 활동 개선(불편사항 포함)을 관리하는 영역이며, 운영계획서에 맞게 수행되었는지 점검 결과를 운영결과 분석에 반영한다.

1) 교·강사 운영지원 및 활동 관리 결과

교·강사 운영지원 결과는 교·강사 선정, 사전교육, 활동 안내 및 운영지원이 체계적으로 이루어졌는지를 중심으로 취합한다.

[표] 교·강사 운영지원 및 활동 관리 결과(선정·사전교육·활동안내)

취합/점검 항목	확인 문항(예)	개선 포인트(기록)
교·강사 선정	자격요건 부합/운영전략 적합 교·강사를 선정했는가?	선정 기준 보완
이력·자격심사	활동 이력 추적 및 자격심사 절차·준거 적용했는가?	이력 관리 체계
사전교육	매뉴얼·교육자료 마련 및 교육 목표·평가 기준 수립했는가?	교육 콘텐츠 개선
활동 안내	학사일정, 교수학습환경, 평가지침, 활동평가 기준 안내했는가?	안내 방식 표준화

2) 교·강사 활동평가 및 피드백 지원 결과

교·강사 활동평가 및 피드백 지원 단계에서는 교·강사의 교수 활동과 학습지원 활동에 대한 평가결과와 개선 조치를 정리한다.

[표] 교·강사 활동평가 및 피드백 지원 결과

취합/점검 항목	확인 문항(예)	개선 포인트(기록)
수행 독려	과제 출제·첨삭, 문항 출제, 채점 등을 독려했는가?	지연 방지 장치
상호작용 활성화	상호작용 활성화를 교·강사가 독려했는가?	촉진 가이드 보완
보조자료 등록	보조자료 등록을 독려했는가?	자료 품질기준

4. 학습활동 지원

학습활동 지원은 학습환경 최적화, 수강오류 처리, 학습촉진이 운영계획서에 맞게 수행되었는지 점검하고 결과를 운영결과 분석에 반영하는 영역이다.

1) 학습자 학습환경 및 학습 진행 지원 결과

학습활동 지원 결과는 학습자가 안정적인 환경에서 학습을 진행할 수 있도록 제공된 시스템 및 운영지원 현황을 중심으로 정리한다.

[표] 학습자 학습환경 및 학습 진행 지원 결과(학습환경·학습안내)

취합/점검 항목	확인 문항(예)	개선 포인트(기록)
학습환경 확인	PC/모바일 학습환경을 확인했는가?	권장 환경 안내 개선
환경 분석·대응	학습환경 분석 후 요청사항에 대처했는가?	FAQ/원격지원 강화
학습절차 안내	학습절차·과제 수행·평가기준·상호작용 방법 안내했는가?	안내 콘텐츠 표준화

2) 학습자 문의·민원 대응 및 학습촉진 활동 결과

이 단계에서는 학습자 문의 대응, 수강오류 처리, 학습촉진 활동이 적절히 수행되었는지를 중심으로 운영결과를 취합한다.

[표] 학습자 문의·민원 대응 및 학습촉진 활동 결과(촉진·오류)

취합/점검 항목	확인 문항(예)	개선 포인트(기록)
학습촉진	진도 관리, 과제·평가 참여독려, 상호작용/커뮤니티 지원했는가?	독려 메시지/주기
질문 대응	학습자 질문에 신속히 대응했는가?	응답 SLA 설정
수강오류 처리	진도·과제·성적처리 오류를 파악·해결하고 공지했는가?	오류 분류/재발 방지

5. 과정 평가관리

과정 평가관리는 운영 종료 후 과정만족도와 학업 성취도를 확인·분석하고, 과정 평가결과를 보고할 수 있는 역량에 해당한다.

1) 학업성취도 평가 운영결과

학업성취도 평가 운영결과는 학습자의 성취 수준을 평가하고, 그 결과를 분석·활용한 현황을 중심으로 정리한다.

[표] 학업성취도 평가 운영 결과(학업성취도 관리 활동)

취합/점검 항목	확인 문항(예)	개선 포인트(기록)
성취도 확인	LMS 평가결과로 학습자 성취도를 확인했는가?	지표/대시보드 개선
성취도 분석	과정별 성취도 정보를 분석했는가?	원인 분석 프레임
개선 전략	성취도 향상 운영전략을 마련했는가?	보완학습/피드백 강화

2) 과정만족도 조사 및 평가결과 분석

과정만족도 조사결과는 학습자의 교육과정 전반에 대한 인식과 만족 수준을 분석하여 개선 방향을 도출하기 위해 활용된다.

[표] 과정만족도 조사 및 평가결과 분석(과정만족도 조사 활동)

취합/점검 항목	확인 문항(예)	개선 포인트(기록)
조사 설계	필수 포함 항목 파악 및 조사지를 개발했는가?	문항 개선/척도 적절성
조사 수행	학습자를 대상으로 만족도 조사를 수행했는가?	참여율 제고 방안
결과분석	만족도 결과를 분석했는가?	개선 과제 도출

6. 운영 성과관리

운영 성과관리는 과정 운영에 필요한 콘텐츠, 교·강사, 시스템, 운영 활동의 성과를 분석하고 개선사항을 관리하여 최종 평가보고서 형태로 정리하는 단계이다.

1) 운영성과 분석 및 주요 지표 관리 결과

운영성과 분석 단계에서는 콘텐츠, 교·강사, 시스템, 운영 활동 전반의 성과를 주요 지표를 통해 종합적으로 관리한다.

[표] 운영성과 분석 및 주요 지표 관리 결과(콘텐츠·교·강사·시스템)

성과 영역	확인 문항(예)	주요 지표/증빙(예)
콘텐츠 운영	운영목표에 맞게 구성·개발·운영되었는가?	적합성 점검표, 오류/개선 내역
교·강사 운영	평가 기준 수립·활동 적합성·활동 결과분석·피드백·등급 반영했는가?	활동 로그, 만족도 결과, 등급표
시스템 운영	운영결과 취합·HW 요구사항·기능 개선 요구·반영 여부 확인했는가?	장애 통계, 개선 요구서, 반영 결과

2) 개선사항 도출 및 차기 운영 반영 계획

마지막으로 운영결과를 종합하여 문제점과 개선사항을 도출하고, 이를 차기 과정 운영에 반영하기 위한 계획을 수립한다.

[표] 개선사항 도출 및 차기 운영 반영 계획

개선 프로세스	수행 내용	산출물(예)
적합성 확인	준비·진행·종료 단계가 운영계획서에 맞게 수행되었는지 확인	단계별 점검 결과
개선 도출	문제/원인/영향을 정리하고 개선안을 도출	개선사항 목록
반영 계획	차기 운영 시 반영 일정·담당·우선순위 설정	반영 계획표
최종 보고	전 단계 수행 여부를 종합 확인하여 보고서 완성	운영 결과관리 보고서

이러닝 운영관리

01 다음 중 학사 관리기능 지원을 위한 시스템 운영의 세부 내용으로 적절하지 <u>않은</u> 것은?

① 학습자 정보 확인기능

② 성적처리 기능

③ 수료 관리기능

④ 학습환경 지원기능

답 ④

해 보기 ④번의 학습환경 지원기능은 학습자 학습활동 지원을 위한 시스템 운영의 세부 내용이다.

02 다음 중 메이거(Mager)의 학습 목표 기술을 위한 구성요소가 <u>아닌</u> 것은?

① 행동(Behavior)　　② 대상(Audience)

③ 기준(Criteria)　　④ 조건(Condition)

답 ③

해 메이거(Mager)가 제안한 학습 목표 기술을 위한 구성요소는 대상(Audience), 행동(Behavior), 조건(Condition), 정도(Degree)이다.

03 다음 중 이러닝 교육과정 체계를 분석할 때 고려해야 할 사항이 <u>아닌</u> 것은?

① 교육과정 목표　　② 교육과정의 유효성

③ 교육자원 관리　　④ 교육과정의 개선 방안

답 ③

해 이러닝 교육과정 체계를 분석할 때 고려해야 할 사항은 교육과정 목표 교육과정 구성 교육과정의 유효성, 교육과정의 효율성, 교육과정의 개선 방안 등이 있다.

04 이러닝 교육과정 관리에 필요한 사전준비 여부를 파악하기 위한 항목 중 성격이 <u>다른</u> 것은?

① 교육과정 개발에 필요한 예산과 인력은 충분한가요?

② 교육과정 개발 대상자가 누구인가요?

③ 교육과정 개발 계획이 수립되어 있나요?

④ 교육과정 일정이 수립되어 있나요?

답 ④

해 보기 ④번은 교육과정 일정 파악으로 '교육과정 운영관리 사전준비 여부 파악' 항목에 해당한다.

05 학업성취도 평가는 크게 평가 준비단계, 평가 실시단계, 평가결과 관리단계로 구분되는데 다음 중 평가 준비단계의 주요 활동이 <u>아닌</u> 것은?

① 채점 및 첨삭지도　　② 평가계획 수립

③ 평가 문항 개발　　④ 문제은행 관리

탑 ①

해 보기 ①번의 채점 및 첨삭 지도는 평가 결과 단계에 해당한다.
- 평가 준비단계: 평가계획 수립, 평가 문항 개발, 문제은행 관리
- 평가 실시단계: 평가 유형별 시험지 배정 평가 유형별 실시
- 평가결과 관리단계: 모사 관리 채점 및 첨삭 지도 평가 결과 검수 성적 공지 및 이의신청 처리

06 운영 결과보고서의 작성에 대한 설명으로 옳지 <u>않은</u> 것은?

① 운영 결과보고서에는 운영결과에 대한 해석 의견과 피드백을 포함하여야 한다.

② 운영결과보고서 교육 결과를 통계자료로 정리하여 작성한다.

③ 운영 결과보고서에 포함되는 교육기관의 의견은 전문가 관점에서 의견을 제시해야 한다.

④ 과정 운영 결과보고서는 반드시 여러 과정을 종합하여 작성하여야 하며, 단일 과정 단위로는 작성할 수 없다.

탑 ④

해 과정 운영 결과보고서는 단일 과정 단위로 작성할 수도 있으며, 필요에 따라 여러 과정을 종합하여 작성할 수도 있다.

07 다음 중 온라인 교육 운영 시 학습자들이 수강 중 발생하는 문제를 해결하고 학습 효과를 극대화할 수 있도록 지원하는 부서는?

① 학습지원팀　　② 마케팅팀

③ 교육기획팀　　④ 시스템팀

탑 ①

해 - **마케팅팀**: 광고, 이벤트 등을 통해 교육 콘텐츠를 홍보하고 학습자들의 관심과 참여를 유도함.
- 교육기획팀: 과정 기획, 콘텐츠 기획·개선
- 시스템팀: 학습자들의 문의나 요청에 빠르게 대응하고, 시스템의 안정성과 기능을 유지할 수 있도록 지원함.

08 다음 중 이러닝 과정 운영자의 역할에 해당하지 <u>않는</u> 것은?

① 이러닝 학습 과정을 총괄·관리하는 인력

② 학습자의 학사관리, 학습 시작 전·중·후 프로세스에 따른 운영을 담당

③ 주차 별 진도학습, 시험, 과제 등 학습활동 내용 관리

④ 학습자의 학습 방향유도 및 과제 안내 등 학습 방향을 제시

탑 ③

해 보기 ③번은 이러닝 교·강사의 역할이다.

09 다음 중 학습 목표에 대한 설명으로 옳지 않은 것은?

① 학습 목표는 교육 훈련평가 내용, 절차, 방법에 준거를 제공한다.

② 학습 목표는 교육내용, 학습전략과 매체 선정의 지침이 된다.

③ 학습 목표는 포괄적이며, 학습의 방향을 나타낸다.

④ 학습 목표는 의도하고자 하는 학습이 마무리된 후에 무엇을 할 수 있을 것인가를 명확하게 기술하는 것이다.

답 ③

해 - 학습 목표는 구체적이고, 관찰할 수 있고, 측정할 수 있도록 나타내어야 한다.
- 목표는 구체적이고, 목적은 포괄적으로 나타낸다.

10 학습만족도 조사는 프로그램에 대한 느낌이나 만족도를 측정하는 것을 의미합니다. 다음 중 대표적인 평가영역과 평가 내용이 맞지 않은 것은?

① 학습자 요인으로는 학습 동기와 학습의 적극성, 인터넷 활용 수준 등을 평가한다.

② 교·강사 요인으로는 서버 안정성, 로그인 오류, 동영상 재생 오류 등 시스템 장애 대응 수준을 평가한다.

③ 학습환경 요인으로는 이용 환경의 용이성, 조직의 학습지원 정도를 평가한다.

④ 교수설계 요인으로는 교육내용 구성의 타당성과 교수자-학습자 간 상호작용을 평가한다.

답 ②

해 교·강사 요인은 강의의 전문성, 열의, 피드백(응답) 충실성, 강의 스킬 등을 평가한다.

11 다음 중 이러닝 학업성취도 평가 결과에 대한 내용으로 옳지 않은 것은?

① 학업성취도 평가의 구성요소는 이러닝 운영계획을 수립할 때부터 구체적으로 제시되어야 한다.

② 교육 훈련 실시 후 학습자의 지식, 기능, 태도 영역이 어느 정도 향상되었는지를 측정한다.

③ 이러닝 과정 운영의 마무리 단계이다.

④ 학습자들의 교육과정에 대한 느낌이나 만족도를 조사하는 평가이다.

답 ④

해 학업성취도 평가는 실제 학습을 통해 나타난 교육적 효과성을 측정하는 것이므로 총괄평가라고 말할 수 있다.

12 다음 중 과정만족도 보고서 작성에 대한 설명으로 옳지 않은 것은?

① 과정만족도 평가결과에 대한 보고서 작성은 보고서의 기본적인 구성요소를 포함하여 분석하면서 동시에 시사점 및 개선 방안을 포함하여야 한다.

② 만족도 평가 참여율은 일반적으로 70% 이상 참여하도록 독려하는 것이 바람직하다.

③ 문항별로 나타난 결과를 해석하는 설명이 포함되어야 하고 이를 개선하는 의견이 반영되어야 보고서의 역할을 할 수 있다.

④ 설문 조사의 5점 척도인 경우, 빈도비율을 숫자로 표현하여 제시하고 체크리스트인 경우, 문항 별로 막대그래프를 활용하여 제시한다.

답 ④

해 설문 조사의 5점 척도인 경우 문항별로 막대그래프를 활용하여 제시하고 체크리스트인 경우, 빈도비율을 숫자로 표현하여 제시한다.

13 이러닝 학습콘텐츠 개발 적합성 평가 중 이러닝 운영과정에서 실시한 학업성취도 평가의 결과를 검토하여 학습자들의 학습 과정 목표 달성도가 어느 정도인지를 산출할 수 있는 것은?

① 학습 목표 달성 적합도

② 교수설계 요소의 적합성

③ 학습콘텐츠 사용의 용이성

④ 학습평가 요소의 적합성

답 ①

해 **학습 목표 달성 적합도**: 운영된 학습 콘텐츠가 해당 과정의 학습 목표를 달성에 도움이 되었는가? 파악하기 위해 이러닝 운영과정에서 실시한 학업 성취도 평가 결과를 검토하여 학습자들의 학습 과정 목표 달성 정도를 확인할 수 있다.

14 다음 중 이러닝 학습관리시스템(LMS)에 대한 설명으로 옳지 <u>않은</u> 것은?

① LMS는 수강생 등록, 수강 신청, 학습 과정 제공, 학습자 로그 추적, 테스트 기능을 갖추고 대부분 웹 브라우저를 통해 웹 기반으로 동작한다.

② LMS는 학습 과정 개발 및 제공, 학습자 지원, 기간 업무와의 연계 등으로 분류된다.

③ LMS를 통하여 학습자는 이러닝 학습환경에 접속하여 강좌의 콘텐츠를 수강할 수 있지만 다양한 학습활동에는 참여할 수는 없다.

④ LMS에서 교수자와 운영자는 교수학습과 관련된 관리 운영 활동을 지원받게 된다.

답 ③

해 LMS를 통하여 학습자는 이러닝 학습환경에 접속하여 강좌의 콘텐츠를 수강하고 다양한 학습활동에도 참여하게 된다.

15 다음 중 이러닝 학업성취도 평가 절차에 대한 설명으로 옳지 <u>않은</u> 것은?

① 평가 문항은 학습관리시스템의 문제은행 기능에 업로드하여 저장 및 관리한다.

② 학습자에게는 서로 다른 유형의 시험지가 배포되도록 수동으로 관리한다.

③ 평가 문항에서 지필고사는 실제 출제 문항의 최소 3배수를, 과제의 경우에는 5배수로 출제한다.

④ 평가결과 공지 후 이의신청이 가능하도록 관리하고 피드백 처리가 완료되면 평가결과를 최종 확정한다.

답 ②

해 평가를 공정하게 실시하기 위해 동일 기관, 동일 시점의 학습자에게는 서로 다른 유형의 시험지가 자동으로 배포되도록 관리하고 시험시간도 시스템을 통해서 철저하게 관리하여야 한다.

16 다음 중 교육과정 내용과 관련된 만족도 조사 문항이 <u>아닌</u> 것은?

① 과제에 대한 첨삭지도는 충실하였는가?

② 교육과정의 내용은 현업에 많은 도움이 될 것으로 생각되는가?

③ 교육과정의 학습 내용은 학습 목표에 대비하여 적절했는가?

④ 교육과정의 학습 분량은 적절했는가?

답 ①

해 보기 ①번의 내용은 교·강사 지원 활동에 해당하는 내용이다.

17 다음 중 이러닝 교·강사 활동 결과분석 중 학습 상호작용 활동 분석에 해당한 것은?

① 이러닝 과정 운영자는 교·강사의 모사 답안 처리결과 자료를 활용하여 교·강사가 모사 답안 처리규정을 잘 지키고 있는지 확인한다.

② 이러닝 과정 운영자는 해당 교·강사의 응답 시간, 응답 횟수, 응답 내용의 질적 적절성 등의 활동 결과에 대해 분석한다.

③ 이러닝 과정 운영자는 교·강사가 학습 과정에서 토론, 과제, 피드백 등 다양한 상호작용을 지원하기 위해 적절한 활동을 수행했는지를 분석한다.

④ 이러닝 과정 운영자는 교·강사가 제출한 과제를 기간 내 채점하고 필요한 첨삭 활동 등의 조치를 수행했는지를 확인한다.

답 ③

해 - 보기 ①번은 모사 답안 여부 확인 활동 분석에 해당하는 내용이다.
- 보기 ②번은 질의응답의 충실성 분석에 해당하는 내용이다.
- 보기 ④번은 첨삭 지도 및 채점 활동 분석에 해당하는 내용이다.

18 다음 중 운영 실시과정을 지원하는 시스템 운영결과 구성요인이 아닌 것은?

① 학사 관리기능 지원

② 교·강사 활동 기능 지원

③ 이러닝 과정 평가관리 기능 지원

④ 학습자 학습활동 기능 지원

답 ③

해 보기 ③번의 내용은 운영 완료 후 활동 지원을 위한 시스템 운영 결과의 구성요인이다.

19 평가 문항 개발에 대한 설명 중 <u>틀린</u> 것은 무엇인가요?

① 출제된 문항은 내용 타당도 및 난이도 등을 검토하기 위해 검토위원회를 통과해야 한다.

② 평가 문항은 학습결과와 일치해야 한다.

③ 평가 문항은 학습관리시스템(LMS)의 문제은행에 저장되고 관리된다.

④ 과제의 경우 실제 출제 문항의 3배 이하로 출제된다.

답 ④

해 과제는 실제 출제 문항의 3배 이하로 출제하는 것이 아니라 더 많은 5배수로 출제된다.

20 교·강사 활동에 대한 평가는 이러닝 학습 과정이 완료된 후에, 운영계획서에 따라 운영된 과정의 성과를 분석하고 관리하는 활동이다. 다음 중 이러닝 운영과정에서 교·강사의 주요 활동이 <u>아닌</u> 것은?

① 내용 전문성을 기초로 학습 내용에 관해 설명하고, 학생들의 질의에 답변하는 등의 활동을 수행한다.

② 학습활동을 수행하는 과정에서 학습자들에게 동기를 부여하고 상호작용을 기반으로 학습활동을 촉진할 수 있도록 지원하는 활동을 수행하는 역할을 한다.

③ 학습활동을 위해 필요한 정보를 공지하고 학습활동을 관리하는 활동을 수행하는 역할을 한다.

④ 최대의 학습효과를 위하여 이러닝 전반에 대한 과정 운영, 학사 운영, 결과관리의 업무를 담당한다.

답 ④

해 보기 ④번은 이러닝 운영자의 역할이다.

PART 4

모의고사

- 모의고사 1회
- 모의고사 2회
- 모의고사 3회
- 정답 및 해설 1회
- 정답 및 해설 2회
- 정답 및 해설 3회

이러닝 운영관리사 필기

1회 모의고사

제1과목 | 이러닝 운영계획 수립

01 다음 중 이러닝 산업 특수분류체계에 해당하지 <u>않은</u> 것은?

① 이러닝 콘텐츠 ② 이러닝 솔루션

③ 이러닝 서비스 ④ 이러닝 인적자원

02 다음 중 '누구나, 언제, 어디서나 원하는 강좌를 무료로 들을 수 있는 온라인 공개강좌 서비스'를 뜻하는 것은?

① 웹 세미나 ② MOOC

③ 소셜러닝 ④ 스마트 러닝

03 이러닝에 필요한 정보와 자료를 멀티미디어 형태로 개발, 제작, 가공, 유통하는 기업 혹은 조직으로 옳은 것은?

① 콘텐츠 사업체 ② 솔루션 사업체

③ 서비스 사업체 ④ 하드웨어 사업체

04 다음 설명에 해당하는 사용자·조직·역할 표준용어로 알맞은 것은?

- 가르칠 내용에 대한 전문 지식을 가진 전문가이다.
- 학습 콘텐츠 내용에 대한 전문적인 지식을 갖춘 사람이다.

① 학습자(Learner)

② 교수(Instructor)

③ 내용 전문가[subject material expert(SME)]

④ 교수설계자(Instructional Designer)

05 다음 설명에 해당하는 수업·학습 표준 용어로 알맞은 것은?

- 온라인 교육 콘텐츠를 설계하고 학습자에게 전달하는 접근방식을 의미한다.
- 학습 목표 달성을 위해 교수자가 활용하는 구체적 전달 방식(예: 강의, 토의, 시범 등)을 의미한다.

① 교수 방법(instructional method)

② 자기 주도 학습(Self Directed Learning)

③ 맞춤학습(Adaptive)

④ 학습전략(Learning Strategy)

06 다음 중 에드거 데일(Edgar Dale)의 경험의 원추에서 3가지 학습 형태에서 상징적(추상적) 경험에 해당하는 것은?

① 시각적 상징
② 영화
③ 전시
④ 직접 경험

07 다음 중 저작물에 대한 표시에서 '저작자표시-비영리'를 뜻하는 것은?

① CC BY
② CC BY-ND
③ CC BY-NC
④ BY-NC-ND

08 이러닝 기술의 구성요소 중 다음 설명에 해당하는 것은?

> • 학습에 필요한 교재, 강의 자료, 문제집 등을 지칭한다.
> • 주로 온라인 상에서 제공되며 다양한 형식으로 제작되며 텍스트, 이미지, 오디오, 비디오, 시뮬레이션, 게임 등이 포함될 수 있다.

① 이러닝 서비스
② 이러닝 콘텐츠
③ 이러닝 시스템
④ 이러닝 인프라(E-Learning Infrastructure)

09 다음 중 원격교육 학점인정 기준에 대한 내용으로 옳지 <u>않은</u> 것은?

① 수업일수는 출석 수업을 포함하여 15주 이상 지속되어야 한다.
② 학업성취도 평가는 학사운영플랫폼 또는 학습관리시스템 내에서 엄정하게 처리되어야 한다.
③ 원격 콘텐츠의 순수 진행시간은 25분 또는 20 프레임 이상을 원칙으로 한다.
④ 원격교육 비율은 수업일수의 70% 이상으로 일률 규정되어 반드시 준수해야 한다.

10 다음 중 이러닝 콘텐츠를 다양한 형태로 제공하고 학습 방법을 다양화하는 기술적인 방법이 <u>아닌</u> 것은?

① 멀티미디어 기술
② VR/AR 기술
③ 모바일 디바이스 및 앱
④ 실시간 평가 기술

11 대규모 온라인 공개강좌로 수천 명에서 수십만 명의 학생들에게 접근 가능한 강좌를 제공하는 온라인 교육을 무엇이라 하는가?

① xAPI(eXperience API)
② Gamification
③ MOOC(Massive Open Online Course)
④ Microlearning

12 다음 중 이러닝 콘텐츠 주요 개발요소의 설명으로 **틀린** 것은?

① 학습 목표 및 수요 분석 : 학습 콘텐츠를 개발하기 전에 명확한 학습 목표를 설정하고, 대상 학습자 그룹의 요구사항과 수요를 분석한다.

② 콘텐츠 개발 : 실제 학습 자료와 콘텐츠를 생성하고 구축하며 텍스트·이미지·비디오·음성 등 다양한 매체를 활용한다.

③ 평가 및 평가 도구 : 학습자의 성과를 평가하고 피드백을 제공하기 위한 평가 도구와 방법을 개발한다.

④ 운영 및 유지보수 : 학습자의 동기·상호작용을 높이기 위해 교수설계 전략을 설계하는 단계이다.

13 다음 보기의 괄호 안에 들어갈 내용으로 알맞은 것은?

> 이러닝 콘텐츠 개발에서 (   )는 영상제작전에 학습 콘텐츠의 시각적 구조와 흐름을 상세하게 계획하고 설계하는 문서 또는 그림이다.

① 학습흐름도

② 스토리보드(storyboard)

③ 동영상

④ 기술 문서

14 다음 중 이러닝 콘텐츠 유형에 대한 설명으로 옳지 **않은** 것은?

① 교육용 게임형(Educational Games) : 게임적 요소를 활용하여 학습을 재미있고 효과적으로 만드는 방식이다.

② 사례기반형(Case-Based Learning) : 현실적인 사례나 시나리오를 사용하여 학습자가 실제 문제를 해결하고 응용할 수 있도록 하는 방식이다.

③ 스토리텔링형(Storytelling-Based Learning) : 이야기나 스토리텔링을 통해 학습 내용을 전달하며 학습자의 흥미를 유발한다.

④ 문제기반학습형(PBL) : 사전에 제시된 정답 절차를 반복 숙달하도록 하는 시뮬레이션 훈련 중심이다.

15 다음 중 인터넷상에서 웹 브라우저의 클라이언트로부터 HTTP 요청을 받아들이고 HTML 문서 등 웹 페이지를 제공하는 역할을 하는 운영 소프트웨어는?

① 소프트웨어 서버

② 웹 서버(Web Server)

③ 애플리케이션 서버(WAS : Web Application Server)

④ 미디어 서버(Media Server)

16 다음 중 학사일정에 대한 설명으로 옳지 <u>않은</u> 것은?

① 일반적으로 전년도 말이나 새해 초에 수립된다.

② 주로 표나 달력 형식으로 표현되며, 교육기관의 웹사이트나 애플리케이션, 인쇄물 등 다양한 매체에 공개된다.

③ 개별 학사일정을 수립한 후 연간 학사일정을 수립한다.

④ 학생, 교직원, 교육자 등에게 교육 활동의 흐름과 주요 행사의 일정을 미리 알려주어 준비와 계획을 돕는다.

17 다음 보기와 같은 역할을 하는 전문가는?

> 이러닝 콘텐츠의 학습 내용을 제작하는 역할을 수행하는 사람으로 특정 업무 분야에 대한 깊은 전문 지식을 가지면서, 이를 다른 사람들에게 효과적으로 전달할 수 있는 능력을 가진 개인을 지칭한다.

① 교수 설계자(Instructional Designer)

② 콘텐츠 개발자 (Content Developer)

③ 프로젝트 매니저 (Project Manager)

④ 주제(내용) 전문가(SME : Subject Matter Expert)

18 다음 보기의 특징을 갖는 학습시스템의 유형은?

> • 공공기관의 직원 교육 및 훈련, 시민을 대상으로 한 교육 프로그램을 제공하는데 주로 사용된다.
> • 대한민국 정부에서 주도하는 전자정부 표준프레임 워크 기반의 개발이 주로 이루어지는 학습시스템이다.

① 공공기관 이러닝 시스템

② 기업교육 이러닝 시스템

③ 학점기관 이러닝 시스템

④ MOOC 이러닝 시스템

19 다음 중 학습시스템의 유형 중 비동기식 이러닝 (Asynchronous E- Learning)에 대한 특징으로 옳지 <u>않은</u> 것은?

① 유연성 : 학습자는 언제 어디서든 학습을 시작하고 중단할 수 있다. 일정한 시간에 제약받지 않는다.

② 자기 주도학습 : 학습자가 자신의 속도와 방식으로 학습을 진행할 수 있다.

③ 지연된 피드백 : 질문과 답변, 토론 등의 활동은 바로바로 이루어지지 않고, 일정 시간의 지연이 있을 수 있다.

④ 상호작용 : 실시간 토론이나 그룹 활동이 가능하여, 상호작용이 높다.

20 다음은 비고츠키가 개발한 근접발달 영역에 대한 내용이다. 4단계 중 3단계(내면화·자동화 단계)에 해당하는 것은?

① 지식을 내면화하고 자동화하는 단계, 타인의 도움 없이 무의식적이고 자기 주도적 학습활동이 자유로움

② 타인의 도움을 받거나 모방하는 단계, 과제에 대한 책임감을 갖고 상호작용을 통해 이해하고 수행

③ 학습자 스스로 과제를 수행하는 단계, 학습자 수준 내에서 자기 주도성을 시도하는 과도기적 단계

④ 탈자동화 단계, 새로운 능력의 발달을 위해 근접발달영역 순환 과정

21 학습시스템 요소 기술의 설명이 잘못된 것은?

① 데이터베이스 관리 시스템 (DBMS) : 사용자 정보, 학습 진도, 성적, 콘텐츠 정보 등 학습 관련 데이터를 저장, 관리하는 기술

② 웹 서버(Web Server) : 모바일 기기에서 최적화된 화면을 제공하는 반응형 UI 기술을 의미한다

③ 멀티미디어 지원 : 동영상, 오디오, 이미지 및 애니메이션과 같은 다양한 형식의 콘텐츠를 스트리밍하고 표시

④ API(Application Programming Interface) : 다른 소프트웨어와 시스템과의 통합을 위한 인터페이스

22 다음 보기에서 설명하고 있는 것은?

> 이러닝의 한 분야로, 휴대 가능한 디바이스(스마트폰, 태블릿, 기타 휴대용 기기)를 활용하여 학습 콘텐츠에 언제 어디서나 접근할 수 있는 환경을 의미한다.

① 이러닝 서비스 　　② 모바일 학습환경
③ 컴퓨터 네트워크 　　④ 온라인 시스템

23 다음 중 이러닝 학습시스템 기능 요소 중 '학습자 기능'에 해당하지 <u>않은</u> 것은?

① 과제 출제/등록, 채점, 첨삭(피드백) 등록, 제출물 다운로드 및 평가점수 입력/확정 기능

② 프로젝트 팀별 게시판 등록, 수정, 삭제, 조회, 제출, 성적 확인

③ 지난 수강 이력 및 수강 현황, 성적, 이수 등의 학습 정보 조회

④ 자신의 학습 진도, 시험 및 과제 성적, 참여도 등을 확인하고, 자신의 학습 성취도를 파악

24 학습시스템 리스크 관리를 위해 고려해야 할 사항 중 '시스템 업데이트'에 해당하지 <u>않는</u> 것은?

① 보안 패치(보안 강화)
② 기능 개선 및 버그 수정(시스템 최적화)
③ 정기 업데이트(버전 업그레이드)
④ 서버·네트워크 용량/대역폭 관리(트래픽 제어)

25 이러닝에서의 학습양식은 학습자들이 학습의 주도권을 가지고 <u>다른</u> 학습자나 교수자와 상호작용하는 방법을 기준으로 4가지 유형으로 분류할 수 있는데 다음 보기와 같은 유형으로 옳은 것은?

> - 이러닝에서 공동체를 형성하여 동료 학습자들과 함께 학습하기를 좋아하는 학습자를 말한다.
> - 다른 학습자와 적극적인 상호작용을 통하여 자율적으로 학습하고, 동료 학습자 및 교수자와 적절한 유대감을 형성하며, 토론에서 자신의 생각을 분명히 밝히면서 동료 학습자와 함께 학습하기를 좋아하는 학습자 유형을 말한다.

① 독자적 자율학습형
② 환경 의존적 자기 주도학습형
③ 소극적 학습형
④ 적극적 협동 학습형

26 학습유형별 학습자 분류에서 적극적 행동학습형 (Active Behavioral Learners)에 해당하지 <u>않은</u> 것은?

① 강의나 교육 콘텐츠를 주의 깊게 듣고 시청하며 활용한다.
② 학습 목표를 스스로 설정하고 필요한 학습 자료를 찾아 습득한다.
③ 질문을 주도적으로 제기하고 토론에 적극적으로 참여한다.
④ 학습 목표를 명확히 설정하고 계획을 세우며, 목표 달성을 위해 노력한다.

27 이러닝 이해관계자 분석에서 교수자의 특성 분석에 해당하지 <u>않은</u> 것은?

① 전문성 및 학력
② 이러닝 경험
③ 교수자 중심의 일방적 전달 중심 교수 방식
④ 학습자 지원 능력

28 다음 중 운영서비스 점검에 대한 설명으로 옳지 <u>않은</u> 것은?

① 학습자들이 콘텐츠에 원활하게 접근할 수 있도록 서버의 상태와 네트워크 연결 상태를 확인한다.
② 이러닝 시스템에 발생하는 문제점이나 오류를 실시간으로 파악하고 대응할 수 있도록 로그 모니터링 체계를 갖춘다.
③ 이러닝 과정운영자는 학습자가 강의를 이수하는 데 불편함이 없도록 사후 점검을 진행해야 한다.
④ 많이 발생하는 문제점에는 동영상 재생 오류, 진도 체크 오류, 웹 브라우저 호환성 오류 등이 있다.

29 다음 중 이러닝 콘텐츠 점검 항목이 <u>아닌</u> 것은?

① 교육 내용
② 화면 구성
③ 제작 환경
④ 안정성 및 성능

30 다음 보기에서 설명하고 있는 평가 유형은?

> • 강의 진행 전에 이루어진다.
> • 학습자의 현재 능력, 지식, 스킬 또는 학습 준비도를 파악하기 위한 평가이다.
> • 학습자의 기초능력 전반을 진단하는 평가이다.

① 진단 평가(Diagnostic Assessment)

② 형성 평가(Formative Assessment)

③ 총괄 평가(Summative Assessment)

④ 수행 평가(performance assessment)

31 다음 보기의 괄호 안에 들어갈 가장 적합한 것은?

> (　　)는 이러닝 운영 주체로서 과정 운영자가 이러닝의 전(全)과정에서 학습관리시스템(LMS)을 통해 학습자가 원만히 학습을 진행하도록 돕고, 학사관리 전반에 대한 관리업무 수행을 돕는 도구나 수단을 말한다.

① 이러닝 운영지원 도구

② 학습관리시스템(LMS)

③ 학습콘텐츠관리시스템(LCMS)

④ 학습자 지원시스템

32 다음 상호작용 중 학습자들의 피드백을 1:1 질문하거나 고객센터를 활용하여 수용한 후에 학습시스템을 개선하는 데 큰 도움을 주는 활동은 어느 상호작용에 속하는가?

① 학습자 - 학습자　　② 학습자 - 교·강사

③ 학습자 - 운영자　　④ 학습자 - 콘텐츠

33 이러닝 운영지원 도구 중 대표적인 교수자 기능에 해당하지 <u>않은</u> 것은?

① 강의 관리기능

② 시험 관리기능

③ 강의콘텐츠 관리기능

④ 모니터링 기능

34 다음 중 자기 주도 학습(Self-paced Learning)에 대한 설명으로 옳지 <u>않은</u> 것은?

① 학습자가 실시간으로 교육자와 상호작용하면서 학습한다.

② 학습자가 자신의 속도와 일정에 맞추어 학습할 수 있다.

③ LMS(Learning Management System)를 사용하여 학습 콘텐츠와 자료를 제공하며 학습 진도 및 성과를 추적한다.

④ Q&A 게시판을 통해 교육자와의 비동기적인 질의응답을 지원한다.

35 학습환경 확인에서 소프트웨어와 관련이 <u>없는</u> 것은?

① 그래픽 카드　　　② 웹 브라우저

③ 플러그인　　　　④ 애플리케이션

36 학습환경 문제 상황 중 학습지원 시스템에 의한 문제 상황이 <u>아닌</u> 것은?

① 동영상 강좌를 수강할 수 없는 경우

② 웹사이트 접속이 되지 않는 경우

③ 로그인이 안되는 경우

④ 학습을 진행했는데 관련 정보가 시스템에 업데이트되지 않는 경우

37 다음 중 학습자의 이러닝 학습환경에 해당하지 <u>않는</u> 것은?

① 학습기기　　　　② 교육과정

③ 소프트웨어　　　④ 인터넷 접속환경

38 다음 중 진도율에 대한 설명으로 옳지 <u>않은</u> 것은?

① 진도율은 전체 수강 범위 중 학습자가 어느 정도 학습을 진행했는지 계산하여 제시하는 수치이다.

② 학습관리시스템의 기능적인 특성에 따라 진도 체크 방법이 달라질 수 있다.

③ 진도율은 일반적으로 운영자(튜터/강사)가 수기로 입력하는 값이다.

④ 진도율은 일정 수치 이상으로 올라가야 과제와 평가를 진행할 수 있는 등의 전제 조건으로 사용되는 경우가 많다.

39 다음 보기에서 설명하고 있는 상호작용의 종류는?

> • 질문, 피드백, 지도 등의 형태로 이루어질 수 있다.
> • 주로 첨삭, 평가, 질문 및 답변을 통해 이루어진다.

① 학습자 - 시스템/콘텐츠

② 학습자 - 교·강사

③ 학습자 - 학습자

④ 학습자 - 운영자

모의고사

40 이러닝 학습 자료의 이미지에 대한 설명 중 gif에 관한 설명을 보기에서 모두 고른 것은

> ㉠ 일반적으로 사진을 저장할 때에 많이 활용되며, 스마트폰이나 디지털 카메라 등으로 사진을 촬영하면 저장되는 포맷이다.
> ㉡ 256가지 색만을 가지고 이미지를 표현하는 포맷이다.
> ㉢ 해상도가 높고, 거의 실제와 비슷한 정도의 색감을 나타내면서도 용량이 작기 때문에 널리 활용된다.
> ㉣ 움직이는 화면을 구현할 수 있으므로 웹에서 재미있는 이미지를 만들어 공유하는 데에 많이 활용된다.
> ㉤ jpg와 비슷한 정도의 색감과 이미지 품질을 제공할 수 있으면서도 배경을 투명하게 만들 수 있으므로 웹에서 널리 활용되는 이미지 포맷이다.

① ㉠, ㉡, ㉢, ㉣　　　② ㉠, ㉢, ㉣
③ ㉡, ㉣　　　　　　　④ ㉡, ㉣, ㉤

41 이러닝 운영에서 학습 진도관리에 대한 설명으로 옳지 <u>않은</u> 것은?

① 학습 진도는 학습자의 학습 진행을 수치로 표현한 것이다.
② 학습 내용을 구성하고 있는 전체 페이지를 기준 삼아서 진도는 퍼센트로 표현된다.
③ 학습자의 학습활동 및 성취 상태를 확인하거나 관리할 수 있다.
④ 진도는 차시 단위로만 체크가 가능하다.

42 학습 참여 독려수단으로 이러닝에서 전통적으로 많이 사용하고 있으며, 단문과 장문으로 보낼 수 있는 것은?

① 문자(SMS)　　　　　② 이메일(e-mail)
③ 푸시 알림 메시지　　④ 전화

43 다음 중 학습 참여 독려 시 고려사항으로 옳지 <u>않은</u> 것은?

① 관리 자체가 목적이 아니라 학습을 다시 할 수 있도록 함이 목적임을 기억한다.
② 독려 후 반응을 측정해야 한다.
③ 가능하면 자주 독려하여 학습에 참여할 때까지 독려한다.
④ 독려 비용 효과성을 측정해야 한다.

44 학습 동기 부여는 학습자가 온라인 학습 환경에서 스스로 학습 의지와 관심을 유지하도록 도와주는 전략이나 활동을 의미한다. 다음 중 Keller의 ARCS 동기 부여 이론 모형의 4가지 요소에 속하지 <u>않은</u> 것은?

① Attention(주의)　　　② Relevance(관련성)
③ Condition(상태)　　　④ Satisfaction(만족)

45 다음 중 수강오류 원인과 대응방법에 대한 설명으로 옳지 <u>않은</u> 것은?

① 수강오류는 학습자에 의한 원인과 학습지원시스템에 의한 원인으로 구분할 수 있다.

② 학습자에 의한 원인은 학습자의 학습환경, 기기, 인터넷 접속 상태 등에서 비롯될 수 있다.

③ 학습지원시스템에 의한 원인은 웹사이트 부문(사이트 접속, 로그인 문제, 진도 체크 문제 등)이 대부분이다.

④ 웹사이트 사용에 따른 문제 발생 시 학습자가 가장 먼저 대응해야 한다.

46 다음 중 운영 전 활동계획 중 교육과정 개설 활동 수행 여부에 대한 고려사항에 해당하지 <u>않은</u> 것은?

① 학습자에게 제공 예정인 교육과정의 특성을 분석하였는가?

② 이러닝 서비스를 제공하는 학습사이트를 점검하여 문제점을 해결하였는가?

③ 학습관리시스템(LMS)에 교육과정과 세부 차시를 등록하였는가?

④ 학습관리시스템(LMS)에 교육과정별 평가 문항을 등록하였는가?

47 다음 중 운영 활동계획에서 성적처리 활동 수행 여부에 대한 고려사항이 <u>아닌</u> 것은?

① 평가 기준에 따른 평가항목을 확인하였는가?

② 학습자가 제기한 성적에 대한 이의 신청 내용을 처리하였는가?

③ 평가항목별 평가 비율을 확인하였는가?

④ 수료기준에 따라 수료자, 미수료자를 구분하였는가?

48 다음 보기의 내용에 맞는 상호작용으로 옳은 것은?

> 학습자는 학습활동 중 혼란스러운 상황이 발생하면 시스템상에 들어가 있는 1:1 질문하기 기능을 활용하거나, 고객센터 등에 마련되어 있는 별도의 의사소통 채널을 통해 문의한다.

① 학습자 - 운영자 상호작용

② 학습자 - 학습자 상호작용

③ 학습자 - 교·강사 상호작용

④ 학습자 - 시스템 상호작용

49 다음 보기와 같은 학습 참여 독려수단으로 옳은 것은?

장점	실시간으로 알림을 전달할 수 있으며, 앱이나 웹사이트에 즉시 접속하도록 유도할 수 있다.
활용 방안	새로운 학습 내용의 업데이트, 진도율을 독려하는 메시지, 짧은 학습 팁 등을 전달할 때 활용한다.

① 문자(SMS)　　　② 이메일(e-mail)

③ 푸시 알림 메시지　　④ 전화

50 다음 중 만족도 조사 활동에 대한 설명으로 옳지 <u>않은</u> 것은?

① 과정만족도 조사 활동은 학습자의 학습성과와 진도를 평가하고 관리하는 활동이다.

② 평가의 주요 구성내용은 학습자 요인, 교·강사 요인, 교육 내용 요인, 교육환경 요인으로 구성된다.

③ 과정만족도 평가는 과정이 운영된 직후 실시하는 경우가 대부분이다.

④ 과정만족도 조사 활동의 주요 목적은 과정의 내용, 구성, 전달 방식 등을 개선하기 위한 피드백을 얻는 것이다.

51 다음 중 학업성취도 평가에 대한 설명으로 옳지 <u>않은</u> 것은?

① 학습자의 목표 달성 여부를 측정하여 과정 운영의 교육 효과성을 평가하는 중요한 분석자료이다.

② 학습 내용을 지식 영역, 기능 영역, 태도 영역으로 구분하여 다양한 평가방법을 활용할 수 있다.

③ 지식 영역(Cognitive Domain)은 학습자가 학습 내용을 얼마나 잘 이해하고 기억하는지 평가한다.

④ 기능 영역(Psychomotor Domain)은 학습자가 자신의 태도와 감정에 대해 평가한다.

52 다음 중 학습자 질문대응의 특징으로 옳지 <u>않은</u> 것은?

① 다양한 통신 채널 활용

② 신속한 응답

③ 자주 묻는 질문(FAQ) 활용

④ 교육자 중심의 대응

53 다음 중 이러닝에서 학습 진도 독려 시 고려해야 하는 사항으로 옳지 <u>않은</u> 것은?

① 독려 후 학습자의 반응을 체크하여 최적의 독려 메시지를 설계한다.

② 학습자에게 반드시 필요한 경우에만 독려를 하도록 설정한다.

③ 학습 진도 독려는 관리를 했다는 증거를 남기는 것이 주요 목적이다.

④ 독려 방법은 비용 효과성을 따져가면서 진행할 필요가 있다.

54 다음 중에서 학습 중 자주 발생하는 질문의 유형 중 기술적 문제에 해당하지 <u>않은</u> 것은?

① "왜 비디오가 재생되지 않나요?"

② "다음 모듈로 넘어가려면 어떻게 해야 하나요?"

③ "오디오에 문제가 있어서 소리가 들리지 않아요. 어떻게 해야 하나요?"

④ "로그인이 안 돼요. 비밀번호를 잊어버렸습니다."

55 과정 성취도 측정을 위한 시기에 따른 평가방법 중 교육 종료 후 일정 기간이 지난 후 학습 목표 달성 정도를 파악하는 데 유용한 평가방법은?

① 진단평가 ② 형성평가

③ 총괄평가 ④ 사후평가

56 다음 중 이러닝 수강오류 해결에 대한 설명으로 옳지 <u>않은</u> 것은?

① 관리자 기능에서 직접 해결하는 경우에는 기존 데이터에 영향을 주는 것인지 면밀하게 검토할 필요가 있다.

② 관리자 기능에서 직접 수정할 수 있는 경우에도 기술 지원팀에 알려야 한다.

③ 해결 여부를 확인한 후 학습자에게 안내한다.

④ 운영자가 관리자 기능에서 직접 처리하지 못하는 경우에는 기술 지원팀에 요청하여 처리한다.

57 다음 중 이러닝 학사관리 수행 여부 점검 사항에서 성적처리 활동 수행 여부에 대한 고려사항이 <u>아닌</u> 것은?

① 평가 기준에 따른 평가항목을 확인하였는가?

② 평가항목별 평가 비율을 확인하였는가?

③ 학습자가 제기한 성적에 대한 이의 신청 내용을 처리하였는가?

④ 운영 계획서에 다른 수료기준을 확인하였는가?

58 다음 중 평가 문항 난이도에 대한 설명으로 옳지 <u>않은</u> 것은?

① 문항 난이도는 검사 문항의 쉽고 어려운 정도를 뜻한다.

② 문항 난이도 지수는 한 문항에서 전체 응답자 수에 대한 정답자 수의 비율로 나타낸다.

③ 검사 문항 개발과정에서 문항 난이도를 알아보는 목적은 적절한 수준의 문항을 고르기 위함이다.

④ 문항 난이도 지수의 수치가 높을수록 문항은 더 어려워진다.

59 이러닝의 성취도를 평가하기 위한 측정 방법 중 아래 보기에 해당하는 방법은?

> • 학습자가 특정 지식이나 기술을 실제 상황에 어떻게 적용하는지 확인한다.
> • 실제 문제나 상황에 대한 솔루션을 제시하도록 학습자를 도전시킨다.

① 지식 ② 이해도

③ 응용력 ④ 분석력

60 다음 중 서답형 문항(Short Answer Questions)의 특징에 해당하지 <u>않은</u> 것은?

① 여러 개의 보기를 제시하고 그중에서 하나를 선택하도록 하는 평가 방식이다.

② 이해, 분석, 응용, 종합 등의 상위 수준의 학습 목표를 평가하는 데 적합하다.

③ 학습자의 사고 능력이나 의견을 파악하고자 할 때 사용된다.

④ 채점의 객관성을 위해 채점 기준(루브릭)과 모범 답안(예시 답안)을 사전에 마련하는 것이 좋다.

61 다음 중 이러닝 학습자 요구분석 방법 중 학습자들의 행동과 태도를 파악하는데 사용되는 것은

① 설문 조사
② 집단 토론
③ 관찰
④ 인터뷰

62 커크패트릭(Kirkpatrick)의 4수준 평가 모형에 해당하지 않는 것은?

① 반응(reaction)
② 학습(learning)
③ 측정(measurement)
④ 결과(results)

63 다음 중 이러닝 학습 목표에 대한 설명으로 옳지 않은 것은?

① 교육과정의 세부적이고 구체적인 결과를 의미하며, 학습 목적은 교육과정의 전반적인 의도나 향방을 나타낸다.
② 교육과정이나 학습활동을 마친 후 학습자가 달성하게 될 구체적이고 측정 가능한 결과나 능력을 나타낸다.
③ 교육과정이나 학습활동이 추구하는 전반적인 방향과 의도를 포괄적으로 제시하며, 구체적 성취 수준의 측정은 요구하지 않는다.
④ 교육과정에서 달성하려는 목표를 구체적으로 세분화하여, 학습자가 획득해야 할 지식·기술·태도를 명확히 정의한다.

64 다음 중 이러닝 교육과정 운영에 필요한 관리 매뉴얼 중 강사와 교육자원 준비, 교육 장소와 시설 준비, 교육과정 운영 절차 정보가 포함되는 것은?

① 강사 및 교육자원 관리 매뉴얼
② 교육과정 운영 매뉴얼
③ 교육 운영 계획서
④ 예산 및 경비 관리 매뉴얼

65 다음 중 학업성취도 평가에서 지식, 기능, 태도 중 태도 영역에 해당하는 것은?

① 교육의 인지적 영역에 해당하는 것으로 학습주제와 관련된 지식을 습득하는 방식을 측정한다.
② 학습자가 안전, 윤리, 협업 등에 대해 보이는 가치관·태도·책임감·관심도의 변화를 평가한다.
③ 학습자가 지식을 습득하고 보유한 정도를 개념, 원리, 사실, 절차 중심으로 평가한다.
④ 기계 및 장비 조작과 같이 특정 업무를 수행하거나 적용하는 데 필요한 신체적 능력을 평가한다.

66 이러닝 운영 단계별 교·강사의 주요 활동 중 학습 후 운영 활동에 해당하지 않은 것은?

① 진도 확인 및 관리
② 학습성과 평가
③ 결과분석
④ 개선 방향 설정

67 다음 중 이러닝 교육과정 품질 평가 요소에 해당하지 <u>않은</u> 것은?

① 목표 및 내용의 명확성

② 교육자의 전문성

③ 교육 방법의 적절성

④ 홍보(마케팅) 문구의 적절성

68 다음 보기의 내용에 맞는 이러닝 품질 개선을 위한 분석 및 피드백 전략은?

> • 분석된 데이터와 평가 결과를 바탕으로 교육의 품질을 높일 수 있는 방안 도출
> • 학습자의 필요와 선호를 더 잘 반영할 수 있는 교육 내용 및 방식의 수정 제안

① 데이터 수집 및 분석

② 향상 방안 도출

③ 개선할 점 파악

④ 피드백 제공 및 반영

69 다음 중 이러닝 학습자만족도 조사의 평가영역에 해당하지 <u>않은</u> 것은?

① 학습자 요인 　　　② 학습평가 요인

③ 교·강사 요인 　　　④ 학습환경 요인

70 다음 중 교·강사 지원 활동의 만족도 조사 문항에 해당하지 <u>않은</u> 것은?

① 교육과정 내용 수준 및 난이도는 적절했는가?

② 성적을 평가하는 방법과 기준은 학업 능력을 정확하게 반영하였는가?

③ 과제나 퀴즈의 활용은 학습 능력의 평가에 적합하였는가?

④ 질문, 토론, 과제에 대해서 신속하고 철저한 답변을 제공하였는가?

71 다음 중 과정만족도 평가에 대한 설명이 <u>옳지 않은</u> 것은?

① 교육에 참여하는 학습자들의 반응을 측정하는 것이다.

② 환경 요인에는 시스템 만족도도 포함된다.

③ 학습자 요인, 강사나 튜터, 교육 내용, 학습환경 등을 평가한다.

④ 강사나 튜터를 평가하는 요인에는 강의비 수준이 있다.

72 학업성취도 평가 문항 개발에 대한 설명으로 옳지 <u>않은</u> 것은?

① 학업성취도 평가 문항은 평가 문항 작성 가이드라인(출제 기준)에 근거하여 작성한다.

② 지필 평가 문항은 주로 내용 전문가(교·강사 등)가 출제하며, 기관은 내부 절차에 따라 출제자를 선정·관리한다.

③ 지필고사는 실제 출제 문항의 최소 3배수 이상을 출제·축적하고, 과제는 5배수 이상을 출제하여 문제 은행으로 관리하며 오탈자·난이도 등을 검토·보완한다.

④ 지필고사는 3~5배수로만 출제해야 하며, 과락 기준은 반드시 '100점 중 60% 이하'로 일률 적용해야 한다.

73 다음 중 학업성취도 평가 결과관리 프로세스에 관한 설명으로 옳지 <u>않은</u> 것은?

① 학습자의 성취도, 오답률, 평균 점수 등을 분석하여 전반적인 평가 성과를 파악한다.

② 모든 평가 결과는 학습콘텐츠관리시스템(LCMS)에 안전하게 저장한다.

③ 지필고사는 자동채점이며 분석자료가 제공되고, 서술형은 교·강사가 채점하되 모사 여부를 확인한다.

④ 모사 관리는 서술형 평가의 내용 중복성을 검사하는 과정으로, 부정행위 방지에 활용된다.

74 교·강사 만족도 평가에 대한 설명으로 옳지 <u>않은</u> 것은?

① 교·강사 평가 내용은 교육 훈련과정에서의 교·강사 활동을 중심으로 평가 내용을 선정한다.

② 교·강사의 선발, 유지, 퇴출과 같은 교·강사 관리의 기초 자료로 활용된다.

③ 평가영역별로 정리하거나 전체 영역을 종합적으로 분석하여 활용된다.

④ 학습자와 운영자 모두 교·강사를 평가할 수 있지만, 운영자의 교·강사 평가가 주로 학습자만족도 평가에 포함되어 진행된다.

75 다음 중 평가 결과 보고서의 학습자별 학업성취도 평가에 대한 설명으로 옳지 않은 것은?

① 지필 시험에서는 문제 은행에서 선택된 문제들이 각 학습자에게 온라인으로 제공된다.

② 주관식 서술형의 경우, 교·강사가 별도로 채점하여 점수를 부여하게 된다.

③ 과제수행의 경우, 모사 여부를 점검하고 운영기준에 따라 조치할 수 있다.

④ 과제 채점 시 교·강사는 사전에 마련된 채점 기준(루브릭) 없이 주관적으로 점수를 부여한다.

76 과정 운영 결과 보고서에 관한 설명으로 옳지 <u>않은</u> 것은?

① 기본적인 통계자료를 정리하는 것뿐만 아니라 운영결과를 해석하고 피드백을 제공하는 것을 목표로 한다.

② 과정 운영 결과 보고서는 원칙적으로 여러 과정을 종합하여 작성하며, 단일 과정 단위로는 작성하지 않는다.

③ 학업 성취도의 평가 결과가 포함되어, 이를 통해 교육의 성과를 측정할 수 있다.

④ 과정에 대한 기본 정보인 과정명, 참가자 수, 교육 기간 등을 포함한다.

77 교육과정 운영 목표와 학습 콘텐츠의 내용이 적합하지 않을 경우, 처리방법으로 옳지 <u>않은</u> 것은?

① 운영담당자는 상급자에게 보고하고 관련 부서와 공유하여 조치 방향을 결정해야 한다.

② 운영기획서에 제시된 과정과 불일치하는 경우, 홈페이지 내용 미최신화 또는 정보 전달 오류 등 불일치 원인을 파악해야 한다.

③ 운영기획서에 문제가 있을 때에는 관련 팀과 협의하여 수정하고, 필요 시 운영 홈페이지 내용도 변경 요청해야 한다.

④ 운영 홈페이지에 문제가 있을 때에는 운영담당자가 내부 회의만으로 즉시 수정하고, 필요하면 콘텐츠를 재개발한 후 홈페이지 내용을 변경해야 한다.

78 다음 중 학습 콘텐츠 개발의 적합성 평가 기준에 해당하지 <u>않은</u> 것은?

① 학습 목표 달성 적합도

② 교수설계 요소의 적합성

③ 학습 콘텐츠 활용안내 적합성

④ 학습 콘텐츠 사용의 용이성

79 모사 답안 여부 확인 활동 분석 내용에 맞지 <u>않은</u> 것은?

① 이러닝 운영자는 학습관리시스템(LMS) 내에서 교·강사가 관리하는 과제 게시판을 통해 학습자들의 과제 제출 내용 중 모사 여부를 체크한다.

② 이러닝 운영자는 교·강사의 모사 답안 처리 기록을 토대로 교·강사가 해당 규정을 정확하게 준수하고 있는지 검토한다.

③ 이러닝 운영자는 교·강사의 모사 답안 처리 결과를 학습관리시스템(LMS)에 정리하여 기록한다.

④ 자동으로 모사율을 확인하는 도구나 프로그램이 없을 경우, 이러닝 운영자가 이 작업을 직접 수행해야 한다.

80 다음 중 시스템 운영결과 관리 활동의 확인 문항에 해당하지 <u>않는</u> 것은?

① 하드웨어 요구사항 분석(시스템)

② 운영지원 기능 조사/개선 제안(시스템)

③ 반영 여부 확인(시스템)

④ 학습 내용이 운영 목표와 일치(콘텐츠/교육과정)

제1과목 | 이러닝 운영계획 수립

01 이러닝을 위해 교육 관련 정보시스템의 전체 또는 일부를 개발, 제작, 가공, 유통하는 기업 또는 조직으로 옳은 것은?

① 콘텐츠 사업체 ② 솔루션 사업체

③ 서비스 사업체 ④ 하드웨어 사업체

02 다음 이러닝 용어에 대한 설명으로 옳지 않은 것은?

① MOOC는 누구나, 언제 어디서나 원하는 강좌를 무료로 들을 수 있는 온라인 공개강좌 서비스이다.

② 학습관리시스템(LMS)은 학습자의 학습을 지원하고 관리하는 시스템이다.

③ 학습콘텐츠관리시스템(LCMS)은 학습객체를 관리하는 시스템이다.

④ 엠러닝(m-learning)은 데스크톱 컴퓨터에 유선 네트워크로 접속하여 학습하는 방식이다.

03 다음 중 우편 원격훈련의 인정요건에 대한 설명으로 옳지 않은 것은?

① 우편 원격훈련은 사전심사를 거쳐 적합 판정을 받은 과정이어야 한다.

② 교재에는 학습 목표와 계획이 제시되어야 한다.

③ 훈련 기간은 2개월(32시간) 이상이어야 한다.

④ 월 2회 이상 성과평가, 주 2회 이상 진행단계 평가를 실시해야 한다.

04 다음 설명에 해당하는 용어로서 옳은 것은?

> • 아바타를 통해 사회·경제·교육 활동이 이루어지는 3차원 공간 플랫폼

① 머신러닝(Machine Learning)

② 메타버스(Metaverse)

③ SaaS LMS

④ 이러닝 인프라(E-Learning Infrastructure)

05 다음 중 이러닝 인프라(e-Learning In-frastructure)에 대한 설명 중 옳지 <u>않은</u> 것은?

① 이러닝 인프라는 서버·저장장치 등 하드웨어와 운영체제·미들웨어 등 소프트웨어, 그리고 네트워크를 포함하는 기반 환경이다.

② 이러닝 인프라는 학습자가 온라인으로 콘텐츠에 접속하고 학습활동을 수행할 수 있도록 기술적 환경을 제공한다.

③ 이러닝 인프라는 서비스의 안정적 운영을 위해 보안, 접속 제어, 백업 등 운영·관리 요소를 포함한다.

④ 이러닝 인프라는 출석·성적·시험·과제 관리 등의 기능을 제공하는 LMS와 같은 응용 시스템을 의미한다.

06 다음은 이러닝 콘텐츠 유형 중 수업방식에 따른 콘텐츠 유형별 서비스 환경 및 대상에 대한 설명이다. 아래 보기의 내용과 가장 적합한 유형은?

> • 다양한 디지털 정보로 제공되는 서사적인 시나리오를 기반으로 하여 이야기를 듣고 이해하며 관련 활동을 수행하는 형태로 학습이 진행되는 유형이다.
> • 주요 대상은 문화·역사·인문학 등에 관심이 있는 일반인이나 학생들이다.

① 개인교수형   ② 스토리텔링형

③ 반복연습용   ④ 사례기반형

07 다음 중 기술 용어에 대한 설명이 <u>틀린</u> 것은?

① 플랫폼(platform)은 특정한 목적을 위한 기술이나 환경을 제공하는 기반 구조를 나타낸다.

② 솔루션(solution)은 어떤 문제를 해결하거나 목표를 달성하기 위한 방법, 전략, 제품 또는 서비스를 나타낸다.

③ 소프트웨어(software)는 웹 사이트나 애플리케이션과 같은 콘텐츠를 관리하는 시스템이다.

④ 학습관리시스템(LMS)은 학습자들의 학습 프로세스를 관리하고 추적하는 시스템이다.

08 정보통신매체를 활용하여 훈련이 실시되고 훈련생 관리 등이 웹상으로 이루어지는 원격훈련을 무엇이라 하는가?

① 인터넷 원격훈련   ② 스마트 훈련

③ 우편 원격훈련   ④ 혼합훈련

09 다음 중 원격교육의 학점인정 기준에 관한 설명으로 옳지 <u>않은</u> 것은?

① 관련 법령에서 정한 최소 수업 기간 기준을 충족해야 한다.

② 학습시간 산정을 위한 단위시간 기준이 적용된다.

③ 연간·학기별 최대 이수학점 제한을 적용받는다.

④ 원격교육은 온라인이므로 수업 기간이나 학점 제한을 적용받지 않는다.

10 다음 중 이러닝의 특징에 해당하지 <u>않은</u> 것은?

① 이러닝은 많은 인력을 교육할 수 있지만 많은 예산이 필요하다.

② 여러 가지 교육 도구를 통해서 교수자와 학습자의 상호작용을 쉽게 한다.

③ 학습자가 교육의 중심이 되면서 개인의 특성에 맞게 제작된 교육이 가능하다.

④ 기존의 교육 방식을 벗어나서 언제 어디서든지 학습자가 교육을 받을 수 있다.

11 다음 중 학습시스템의 유형 중에서 동기식 이러닝의 특징에 해당하지 <u>않은</u> 것은?

① 실시간 피드백　　　② 시간과 장소의 제약
③ 상호작용　　　　　④ 자기 주도학습

12 다음 중 이러닝 콘텐츠 개발 절차 5단계 (ADDIE 모형)에 해당하지 <u>않은</u> 것은?

① 분석　　　　　　　② 설계
③ 개발　　　　　　　④ 유지보수

13 다음 보기에서 설명하는 이러닝 콘텐츠 유형으로 옳은 것은?

> 이러닝에서 개별 학습자에게 맞춤형 교육을 제공하는 방식이다. 개인 교사나 튜터가 학습자와 직접 상호 작용하며 지도한다.

① 개인교수형(One-on-One Instructional)
② 반복연습용(Drill and Practice)
③ 토론학습형(Discussion-Based Learning)
④ 시뮬레이션형(Simulation-Based Learning)

14 이러닝 산업 특수분류 체계에서 이러닝 솔루션의 중분류에 해당하지 <u>않은</u> 것은?

① 이러닝 소프트웨어 개발업
② 교과교육 서비스업
③ 이러닝 시스템 구축 및 유지보수업
④ 이러닝 소프트웨어 유통 및 자원 제공 서비스업

15 다음 중 ADDIE의 모델의 다섯 가지 핵심 단계에서 분석(Analysis) 과정에서의 활동 내용에 해당하지 <u>않은</u> 것은?

① 학습자의 현재 지식 및 능력을 파악한다.
② 교육이 필요한 부분과 그 원인을 파악한다.
③ 학습자의 수준 및 대상과 특성을 파악한 후 학습자의 요구를 분석한다.
④ 학습 목표에 맞는 교육 내용, 구조, 전략을 결정한다.

16 ADDIE의 모델의 다섯 가지 핵심 단계 중에서 다음 보기의 내용에 해당하는 단계로 알맞은 것은?

> • 개발한 교육 또는 이러닝 콘텐츠를 학습자에게 제공하고, 학습 환경을 설정하고 관리하는 단계이다.
> • 콘텐츠 배포, 학습자 지원 및 기술 인프라를 구축하여 학습이 진행될 수 있도록 한다.
> • 개발된 e러닝 콘텐츠를 실제 학습자들이 사용할 수 있도록 구현한다.

① 분석(Analysis)

② 설계(Design)

③ 개발(Development)

④ 운영(Implementation, 실행)

17 다음 중 학습시스템의 유형 중 동기식 이러닝 (Synchronous E-Learning)에 대한 특징으로 옳지 <u>않은</u> 것은?

① 실시간 피드백: 학습자는 직접 교사나 동료 학습자들에게 질문을 하고, 바로 피드백을 받을 수 있다.

② 시간과 장소의 제약: 동기식 학습은 사전에 정해진 시간과 일정에 따라 진행되므로, 참여자들은 그 시간에 온라인으로 접속해야 한다.

③ 상호작용: 실시간 토론이나 그룹 활동이 가능하여, 상호작용이 높다.

④ 자기 주도학습: 학습자가 자신의 속도와 방식으로 학습을 진행할 수 있다.

18 다음 보기에서 설명하는 것은 무엇인가?

> • 학습 경험을 전반적으로 관리하며, 사용자들이 이러닝 콘텐츠에 접근하고 이를 추적하는 데 중점을 둔다.
> • 주로 학습자의 경험과 학습 진행 상황을 관리하며, 특정 콘텐츠를 언제 어디서든 접근할 수 있게 해준다.

① 솔루션

② 학습관리시스템

③ 학습콘텐츠관리시스템

④ 플랫폼

19 다음 중 에드거 데일(Edgar Dale)의 경험의 원추에서 감각적(영상적) 경험에 해당하지 <u>않는</u> 것은?

① 극화 경험

② 녹음, 라디오, 사진, 전화

③ 텔레비전

④ 견학

20 LMS(Learning Management System)의 교수자 기능에 해당하지 <u>않은</u> 것은?

① 학습자 관리

② 퀴즈 및 시험 관리

③ 피드백 제공

④ 퍼포먼스 모니터링

21 온라인 교육을 할 때, 학습시스템 리스크 관리를 위해 고려해야 할 사항이 <u>아닌</u> 것은?

① 서버 관리

② 시스템 업데이트

③ 하드웨어 용량 증대

④ 데이터 백업

22 다음 내용은 수업방식에 따른 콘텐츠 유형 중 무엇에 관한 설명인가?

> 특정 목적 달성을 의도하지 않고 다양한 학습활동에 활용할 수 있도록 최신화된 학습정보를 수시로 제공하는 유형

① 개인교수형   ② 동영상 강의용

③ 시뮬레이션형   ④ 정보제공형

23 이러닝에 참여하는 참여자들은 다양한 역할을 하는 데 교수자(Instructor)의 역할이 <u>아닌</u> 것은?

① 콘텐츠 개발 : 교수자는 학습 콘텐츠를 개발하고 학습자에게 제공한다.

② 자율성 : 학습자는 학습 환경과 시간을 관리하며, 필요한 자원과 도구를 활용한다.

③ 지도와 지원 : 교수자는 학습자에게 지도와 지원을 제공하여 학습 과정을 지원한다.

④ 평가와 피드백 : 학습자의 성과를 평가하고 피드백을 제공하여 학습을 개선한다.

24 Robert Glaser는 학습과 교수 과정을 더 잘 이해하고 분석하기 위해 교수-학습 과정의 행동을 분류했다. 교수-학습 과정의 4가지 행동 분류에 해당하지 <u>않은</u> 것은?

① 선행 학습(Preinstructional Behavior)

② 교수 행동(Instructional Behavior)

③ 학습자의 행동(Learner Behavior)

④ 관리 행동(management Behavior)

25 다음 중 LMS 학습시스템 요소에 필요한 기술 중 웹 기술에 대한 설명으로 <u>옳지 않은</u> 것은?

① HTML은 웹 페이지의 구조를 정의하는 마크업 언어이다.

② 웹 서버는 LMS에서 학습 콘텐츠와 학습자 요청을 처리하는 서버이다.

③ JavaScript는 웹 페이지에서 사용자와의 상호작용 등 동적인 기능을 구현하는 프로그래밍 언어이다.

④ CSS는 JavaScript로 작성된 웹 페이지의 동작을 제어하는 언어이다.

26 운영서비스 점검 중 보기의 설명에 해당하는 점검은?

> • 이러닝 과정의 품질을 유지하고 학습자의 만족도와 학습 효과를 최대화하는 데 핵심적인 역할을 한다.
> • 주기적이고 체계적인 점검을 통해 학습자의 경험을 최적화하고, 학습 내용과 방식의 품질을 지속적으로 향상시킬 수 있다.

① LMS(학습관리시스템) 점검
② 학습사이트 점검
③ 학습 도구 점검
④ 콘텐츠 점검

27 다음 중 이러닝 교육과정의 특징과 거리가 먼 것은?

① 교수자 중심성
② 모듈화와 유연성
③ 상호작용 및 피드백
④ 다양한 학습 리소스 활용

28 다음 중 학습자의 수준을 종합적으로 확인할 수 있는 평가로서 최종적인 성적 부여나 평가에 사용되는 평가 유형은?

① 진단 평가(Diagnostic Assessment)
② 형성 평가(Formative Assessment)
③ 총괄 평가(Summative Assessment)
④ 수행 평가(performance assessment)

29 다음 중 개별 학사일정의 '주요 목적'에 해당하지 <u>않은</u> 것은?

① 학습 진도관리
② 학습자 중심의 교육
③ 학습 효율성 증대
④ 학습 동기 유발

30 이러닝 운영절차 준수에서 교육과정 신고에 대한 설명으로 옳지 <u>않은</u> 것은?

① 운영 예정인 교육과정을 관계기관에 신고할 때는 공문서 기안을 통해 신고해야 한다.
② 교육과정의 방식이나 서식은 운영기관과 상관없이 동일하다.
③ 이러닝 과정 운영의 관계기관으로는 감독기관, 산업체, 학교 등이 있다.
④ 교육과정 일정에는 수강 신청 기간, 수업 기간, 평가 기간, 과제 제출 기간, 성적에 대한 이의 신청 기간 등이 포함된다.

31 다음 중 운영자 지원시스템(Administrator Support System)의 대표 기능이 <u>아닌</u> 것은?

① 사용자 관리 ② 콘텐츠 관리

③ 학습자 관리 ④ 리포트 및 분석

32 학습자들이 팀을 이루어 정보를 공유하고 함께 문제를 해결하는 학습을 무엇이라 하는가?

① 자기 주도학습(Self-paced Learning)

② 실시간 학습(Real-time Learning)

③ 협업 기반 학습(Collaborative Learning)

④ 모바일 학습(Mobile Learning)

33 다음 중 운영지원 도구 활용 방법에서 대표적인 교수자 기능에 해당하지 <u>않은</u> 것은?

① 모니터링 기능 ② 강의 관리기능

③ 시험 관리기능 ④ 강의콘텐츠 관리기능

34 운영지원 도구의 활용을 통한 학습자의 소감 분석 결과로 직접적으로 도출되었다고 보기 어려운 것은?

① 즉시적인 반응(빠른 피드백)

② 문제 해결을 위한 협력(상호작용)

③ 학습 의욕에 대한 파급효과

④ 성공 경험(성취감)의 요소

35 이러닝 학습환경의 원격지원에 대한 설명으로 옳지 <u>않은</u> 것은?

① 학습자가 원격 위치에 있을 때, 해당 학습환경의 문제나 이슈를 해결하기 위해 제공되는 지원 서비스이다.

② 학습자의 PC나 모바일 기기에 직접 접근하지 않고도 인터넷을 통해 문제를 진단하고 해결할 수 있다.

③ 원격 데스크톱 소프트웨어를 활용하여 학습자의 화면을 실시간으로 보고, 문제를 해결할 수 있다.

④ 학습자들이 원격지원을 받을 때 학습자들도 실시간으로 화면을 보면서 처리하므로 특별한 문제 상황은 발생하지 않는다.

36 학습절차 확인방법 중 운영계획서에서 살펴보기에 해당하지 <u>않은</u> 것은?

① 학습 목표 및 개요

② 진행 표시기(Progress bar)

③ 세부 학습 일정

④ 평가 및 피드백 절차

37 이러닝 평가방법 중 학습자의 학습활동을 추적하고 측정하는 방식으로 이러닝 콘텐츠에 대한 학습자의 접근 및 완료 정도를 기록하여 학습의 진행률을 측정하는 것은?

① 진도율 ② 과제

③ 총괄평가 ④ 형성평가

38 다음 보기에서 설명하고 있는 상호작용의 종류는?

> 토론, 그룹 작업, 협업 등의 활동을 통해 서로 지식과 경험을 공유하고, 문제 해결 능력을 키울 수 있으며 질문답변 게시판, 쪽지 등을 통해 상호작용할 수 있다.

① 학습자 - 시스템/콘텐츠
② 학습자 - 교·강사
③ 학습자 - 학습자
④ 학습자 - 운영자

39 다음 중 비디오 자료에 대한 설명으로 옳지 <u>않은</u> 것은?

① 웹 기반 이러닝 비디오는 일반적으로 MP4 형식을 사용한다.
② MP4는 웹에서 널리 활용되는 비디오 형식 중 하나이다.
③ 동일한 MP4라도 코덱/인코딩 설정에 따라 일부 환경에서 재생이 제한될 수 있다.
④ iPhone은 MP4로만 저장되고, Android는 MOV로만 저장된다.

40 자료의 종류와 해당하는 확장자가 잘못 연결된 것은?

① 이미지 - jpg, gif, png
② 비디오 - mov, mp4
③ 오디오 - avi, mp3
④ 문서 - docx, hwp, pdf

41 다음 중 이러닝에서 학습 참여 독려에 대한 설명으로 옳지 <u>않은</u> 것은?

① 학습 진도가 떨어지는 학습자를 독려하기 위해 학습관리시스템에서는 자동 독려 기능을 활용할 수 있다.
② 설정된 진도율보다 낮은 학습자에게는 자동으로 문자나 이메일이 전송되도록 설정할 수 있다.
③ 이러닝에서는 학습자를 독려하기 위해 문자 알림을 자주 활용한다.
④ 이메일은 문자와 같은 용도로 독려수단으로 활용되며, 첨부파일은 포함되지만, 링크는 포함되지 않는다.

42 다음 보기에서 설명하는 소통 채널은?

> • 네이티브 앱 제공 혹은 다른 메시징 앱과의 연계로 소통한다.
> • 다른 앱의 알림과 혼합될 위험이 있으니 주의가 필요하다.

① 웹 사이트
② 이메일
③ 푸시 알림
④ 전화

43 다음 중 학습 동기 부여의 중요성에 해당하지 <u>않은</u> 것은?

① 자기 주도적 학습
② 학습 효과 증대
③ 학습 지속성 유지
④ 다양한 학습 자료

44 학습 과정 중의 학습자 질문에 대응하는 방법으로 적합하지 <u>않은</u> 것은?

① 학습자의 질문이나 문제를 중심으로 그 내용을 이해하고, 적절한 해결책을 제공해야 한다.

② 이메일, 채팅, 전화, 게시판 등 다양한 통신 채널을 통해 학습자의 질문에 응답할 수 있어야 한다.

③ 이러닝 환경에서는 학습자의 개별 질문에 대한 대응 없이, 반복되는 질문을 일괄 공지로만 처리한다.

④ 자주 반복되는 질문들은 FAQ 형태로 정리하고 제공함으로써 학습자들이 쉽게 찾아볼 수 있게 만들어야 한다.

45 단계별 평가 준거 중 학습 후 평가(Summative Assessment)에 해당하지 <u>않은</u> 것은?

① 학습성과 평가

② 만족도 평가

③ 전반적인 피드백 및 개선사항

④ 학습자의 필요성 평가

46 이러닝 단계별 운영 계획서에서 운영 실시단계의 주요 작업이 <u>아닌</u> 것은?

① 학사관리 : 학습자 등록, 진도관리, 성적 관리 등

② 교육자 지원 : 교육자에게 필요한 도구나 자료 제공, 교육자 교육 등

③ 학습자 지원 : 학습 관련 문의 처리, 기술적 지원, 피드백 수집 등

④ 데이터 백업 : 학습데이터, 성과 데이터, 피드백 등의 백업

47 다음 보기에서 설명하는 학습자의 효과적인 운영 활동은?

> 학습 절차, 과제 수행방법, 평가 기준 및 상호작용 방법 등을 학습자에게 지도하는 활동

① 학습환경 지원 활동

② 학습안내 활동

③ 학습활동 촉진

④ 수강오류 관리 활동

48 보기에서 설명하는 운영자의 효과적인 운영 활동으로 옳은 것은?

> • 교육과정의 특성을 분석하고 학습관리시스템에 세부 차시, 사전 자료, 평가 문항을 등록하는 활동이다.
> • 이러닝의 교육과정은 교수설계자가 만들고, 운영자가 이해해야 하며, 학습자는 학습 목표와 교육 품질 향상에 중점을 둬야 한다.

① 교육과정 개설 활동　② 학사일정 수립 활동

③ 수강 신청관리 활동　④ 성적처리 활동

49 다음 중 교·강사 선정관리 활동 확인 문항에 해당하지 <u>않은</u> 것은?

① 자격요건에 부합되는 교·강사를 선정하였는가?

② 교·강사 활동평가를 토대로 교·강사를 변경하였는가?

③ 교·강사 사전교육을 위한 교육 목표를 설정하고 평가 준거를 수립하였는가?

④ 과정별 교·강사의 활동 이력을 추적하여 활동 결과를 정리하였는가?

50 다음 중 수료 관리 활동에 대한 설명으로 옳지 <u>않은</u> 것은?

① 수료기준 확인을 통해 수료자, 미수료자를 구분한다.

② 대표적인 미수료 사유로는 출석 부족, 성적 미달 등이 있다.

③ 미수료를 안내할 때는 반드시 전화로 직접 통화를 해야 한다.

④ 학습 과정의 완료 기준을 참조하여 완료한 학습자에게는 수료증을 발행하고, 완료 현황을 감독기관에 알린다.

51 다음 중 학업성취도 관리 활동에 대한 설명으로 옳지 <u>않은</u> 것은?

① 교육 훈련에 참여한 학습자들의 지식·기능·태도 영역의 성취수준을 평가하여 과정 운영의 효과성과 개선사항을 파악하는 것이다.

② 학습자들이 경험한 이러닝 과정에 대한 만족도를 평가하는 활동이다.

③ 학습 내용을 지식 영역, 기능 영역, 태도 영역으로 구분하여 다양한 평가방법을 활용할 수 있다.

④ 학습자의 학습경험을 향상시키고, 학습 목표 달성도를 높이기 위한 지원을 제공하는 것이 목적이다.

52 다음 중 학습활동 모니터링의 목적으로 옳지 <u>않은</u> 것은?

① 학습자의 참여도와 학습진도율을 확인하여 학습 중도 포기나 이탈을 방지한다.

② 학습자의 학습 태도와 성취수준을 파악하여 맞춤형 피드백 제공한다.

③ 전체 과정의 운영 품질 관리 및 성과분석 자료 확보한다.

④ 학습환경에서 발생하는 문제점은 학습활동이 종료된 후 대응한다.

53 교육과정 개설 활동은 교육과정의 특성을 분석하고 학습관리시스템에 세부 차시, 사전 자료, 평가 문항을 등록하는 활동이다. 이러닝 교육과정이 이루어지는 순서가 바르게 나열된 것은?

① 교육과정 분류하기 – 과정 만들기 – 과정 개설하기 – 강의 만들기

② 강의 만들기 - 교육과정 분류하기 - 과정 만들기 - 과정 개설하기

③ 교육과정 분류하기 - 강의 만들기 - 과정 만들기 - 과정 개설하기

④ 과정 개설하기 - 교육과정 분류하기 - 강의 만들기 - 과정 만들기

54 과정 성취도 측정을 위한 평가 유형 중 보기에서 설명하고 있는 대표적인 평가 유형은?

> • 객관적 평가로, 표준화된 지표 활용되며 이러닝에서 주로 많이 활용된다.
> • 퀴즈, 시험, 과제 평가, 프로젝트 평가 등이 해당된다.

① 정성적 평가   ② 정량적 평가

③ 포트폴리오 평가   ④ 360도 평가

55 이러닝 과정 평가의 활용성에 해당하지 않은 것은?

① 재사용 불가능성   ② 시간과 장소의 유연성

③ 즉각적인 피드백   ④ 표준화 및 일관성

56 문항 난이도 지수에 대한 설명으로 옳지 않은 것은?

① 문항 난이도는 특정 문항을 맞추는 데 학습자들이 겪는 어려움의 정도를 나타내는 지표이다.

② 전체 응답자가 50명이고, 정답자가 40명이면 난이도 지수는 0.8이다.

③ 난이도 지수가 1에 가까울수록 그 문항이 상대적으로 어렵다는 것을 나타낸다.

④ 문항 난이도의 값은 0과 1 사이의 값으로 나타낸다.

57 다음 보기에서 설명하는 단위별 성취도 측정을 위한 평가 유형으로 알맞은 것은?

> • 학습자가 학습 과정에서 수행한 작업물, 반응, 성취 등을 모아서 제출하는 평가 방식이다.
> • 학습자의 전반적인 성장과 학습경험을 평가할 수 있다.

① 프로젝트 평가   ② 포트폴리오 평가

③ 피어 평가   ④ 토론

58 다음 보기에서 설명하는 단위별 평가 유형에 따른 과제 및 시험 방법은?

> • 복잡한 문제나 상황의 분석과 해결 능력 개발에 중점을 둔다.
> • 포트폴리오 평가를 통해 학생의 능력을 종합적으로 평가한다.
> • 정보나 데이터를 분석하여 핵심적인 패턴이나 구조를 파악하는 능력 평가이다.

① 지식 단위(Knowledge Unit)

② 적용 단위(Application Unit)

③ 분석 단위(Analysis Unit)

④ 종합 단위(Integration Unit)

59 다음 중 평가 문항 작성지침에 대한 설명으로 옳지 <u>않은</u> 것은?

① 학업 성취도 평가 문항은 지필 평가의 경우 선다형, 진위형, 단답형 등의 유형으로 출제한다.

② 문항은 학습자가 정확히 이해할 수 있도록 명확하게 작성되어야 한다.

③ 문항의 난이도는 다양해야 하며, 모든 학습자가 도전할 수 있도록 해야한다.

④ 평가 문항 출제는 지필고사의 경우, 실제 출제 문항의 최소 2배수를 만들어 저장한다.

60 다음 중 좋은 문항의 주요 조건에 해당하지 <u>않은</u> 것은?

① 명확성(Clarity)

② 타당성(Validity)

③ 주관성(subjectivity)

④ 신뢰성(Reliability)

61 교육수요 예측에서 STP 전략에 해당하지 <u>않은</u> 것은?

① 수요예측   ② 시장 세분화

③ 표적 시장 선정   ④ 포지셔닝

62 이러닝 운영전략 목표 및 체계 수립의 절차가 순서대로 나열된 것은?

① 목표 설정 - 요구사항 파악 - 전략 수립 - 실행방안 수립 - 평가 및 개선

② 요구사항 파악 - 전략 수립 - 실행방안 수립 - 평가 및 개선 - 목표 설정

③ 목표 설정 - 요구사항 파악 - 실행방안 수립 - 전략 수립 - 평가 및 개선

④ 실행방안 수립 - 전략 수립 – 목표 설정 - 요구사항 파악 - 평가 및 개선

63 이러닝 학습 목표를 기술할 때 중요한 구성요소의 하나로서 학습자가 목표를 달성할 때의 특정한 상황이나 제약사항에 해당하는 것은?

① 동작(Action)   ② 내용(Content)

③ 조건(Condition)   ④ 표준(Criterion)

64 다음의 내용은 Mager가 구체적인 목표 진술을 위해 포함해야 한다고 한 네 가지 요소 중 무엇에 관한 내용인가?

목표 진술 원칙의 최종 조건으로, 수업목표의 달성 여부를 명확하게 확인할 수 있는 분명한 수치를 통해 실제 달성 정도를 기준으로 제시하는 것이다.

① Audience(대상) ② Behavior(행동)
③ Condition(조건) ④ Degree(정도)

65 콘텐츠 품질 관리 평가요소 중 학습자가 내용을 이해하고 활용할 수 있도록 하는 방법론 및 전략을 중점적으로 점검하는 것은?

① 학습 내용 구현 ② 교수설계
③ 디자인 제작 ④ 학습 자료 준비

66 시사점 도출 및 피드백에 포함될 내용과 설명으로 옳지 <u>않은</u> 것은?

① 교육의 내용 : 교육 내용의 명확성과 적절성, 학습자들의 이해도 평가
② 교육 방법 : 교육 방법의 효과성과 학습자의 참여도 평가
③ 교육의 효과 : 교육 효과를 유지하기 위한 운영 규정 개정 및 제도 변경 사항을 확정·시행한다.
④ 교육자의 역할 : 교육과정 운영에서 교육자의 역할 수행 수준과 상호작용에 대한 개선 방향 제시

67 과정만족도 조사 대상 범위 중 운영자의 조사 내용에 해당하지 <u>않는</u> 것은?

① 시스템 운영의 효율성
② 강의 내용의 명확성
③ 학습자와의 소통 및 지원
④ 교수자와의 협력 정도

68 다음 보기의 내용에 맞는 조사 도구는?

학습자의 온라인 활동, 학습 패턴, 플랫폼에서의 시간 보내기 등의 데이터를 수집하여 분석한다.

① 설문지(Questionnaires)
② 인터뷰(Interviews)
③ 디지털 애널리틱스
④ 직접 관찰(Observations)

69 다음 중 과정만족도 조사 결과 통계 분석에 대한 설명으로 옳지 <u>않은</u> 것은?

① 이러닝 만족도 조사의 통계 분석은 교육과정의 효과성과 만족도를 정량적으로 이해하고 해석하는 과정이다.
② 만족도 평가 참여율은 일반적으로 50% 이상 참여하도록 독려하는 것이 바람직하다.
③ 만족도 평가 참여율이 50%일 때는 만족도 결과 해석·활용에 유의해야 한다.
④ 5점 척도 평가는 막대그래프나 원그래프를 활용하여 시각적으로 표현하기도 한다.

70 교육 및 학습이 종료된 후 일정 시간이 지난 후에 학습자의 지식이나 능력을 재평가하는 방법은?

① 사전평가(Pre-assessment)

② 직후평가(Post-assessment)

③ 사후평가(Follow-up assessment)

④ 사전/직후평가

71 이러닝 학업성취도 향상을 위한 핵심 운영전략에 해당하지 <u>않은</u> 것은?

① 획일화된 학습경험 제공

② 다양한 평가 방식 도입

③ 자기 주도학습 환경 조성

④ 커뮤니케이션 및 협업 촉진

72 과정만족도 평가 구성에 대한 내용 중 옳지 <u>않은</u> 것은?

① 이러닝 과정만족도 평가는 학습자들의 교육 경험에 대한 반응을 설문 조사로 파악하는 것이다.

② 이러닝 과정만족도 평가의 목적은 교육의 효과나 학업 성취도를 측정하는 것이다.

③ 주요 평가 요인으로는 학습자, 강사 및 튜터, 교육 내용, 그리고 학습환경 등이 있다.

④ 이러닝 과정만족도 평가의 주요 내용은 학습자들의 교육 경험과 만족도를 중심으로 다양한 요인들을 포함한다.

73 다음 중 평가 결과 보고서의 학습자만족도 평가에 대한 설명으로 옳지 <u>않은</u> 것은?

① 학습자에게 제공되는 교육 훈련의 전반적인 부분을 평가하는 데 사용된다.

② 교육을 수요자 중심으로 구현하는 데 결정적인 역할을 한다.

③ 학습자만족도 평가는 일반적으로 이러닝 과정 진행 중에 실시한다.

④ 이 평가의 결과는 각 과정에 따라 분석되어 과정 개선의 참고자료로 사용된다.

74 다음 중 학습 내용 적합성을 평가하기 위한 준거로서 옳지 <u>않은</u> 것은?

① 학습 목표 : 학습 목표가 명확하고 적절하게 제시되고 있는가?

② 학습 내용 선정 : 학습 내용이 학습자의 지식·기술·경험 수준에 적합하게 구성되어 있는가?

③ 내용의 저작권 : 학습 내용 및 보조자료에 대한 저작권이 적절히 확보되어 있는가?

④ 학습 난이도 : 학습 내용을 체계적이고 조직적으로 구성하여 제시하고 있는가?

75 이러닝 운영과정에서의 교·강사 활동의 역할에 해당하지 <u>않는</u> 것은?

① 내용 전문가　　　② 촉진자

③ 운영자　　　④ 안내자 및 관리자

76 교·강사 등급 관리에 대한 내용으로 옳지 <u>않은</u> 것은?

① 평가는 학습자의 만족도와 LMS의 활동 기록을 기반으로 이루어질 수 있다.

② 뛰어난 활동을 보인 교·강사는 보상을 받아야 하며, 활동이 부족한 교·강사는 참여 제한 또는 배제 조치를 고려할 수 있다.

③ A등급은 최상의 교·강사를, B등급은 평균적인 교·강사를 의미한다.

④ C등급은 활동이 불만족스러운 교·강사를 나타내며, 다음 과정의 운영 시에 배제해야 할 대상이 된다.

77 운영준비 활동의 적절한 수행 여부를 점검하기 위해 참고해야 할 사항이 <u>아닌</u> 것은?

① 교육과정 개설 활동

② 학사일정 수립 활동

③ 수강 신청관리 활동

④ 학습안내 활동

78 학업성취도 관리 활동의 결과 확인 문항에 해당하지 <u>않은</u> 것은?

① 학습관리시스템(LMS)에서 과정별 평가 결과를 기반으로 학습자의 학업 성취도를 확인하셨나요?

② 학습자의 학업 성취도 정보를 과정별로 분석하셨나요?

③ 과정만족도 조사 결과를 분석하여 만족도를 평가했나요?

④ 학습자의 학업 성취도를 향상시키기 위한 운영 전략을 마련하셨나요?

79 다음 보기의 내용은 이러닝 교·강사 활동결과 분석 중 어떤 분석에 해당하는가?

> 교·강사는 이러닝 학습 과정 운영 중 학습자가 제기한 학습 내용 관련 질문에 24시간 이내에 신속하고 정확하게 답변을 하는 것이 이상적이다. 아무리 늦어도 48시간 이내에는 답변이 제공되어야 한다.

① 질의응답의 충실성 분석

② 첨삭지도 및 채점 활동 분석

③ 보조자료 등록 현황분석

④ 학습 상호작용 활동 분석

80 이러닝 운영준비 활동 중 교육과정 개설 활동에 포함되지 <u>않는</u> 것은?

① 예정된 교육과정의 특성을 분석하여 학습자에게 제공할 계획을 수립하였나요?

② 학습관리시스템(LMS)에 교육과정과 각 세부 차시를 정확하게 등록하였나요?

③ 운영 예정 과정에 참여할 운영자 정보를 학습관리시스템에 정확하게 등록하였나요?

④ 이러닝 학습관리시스템(LMS)에 교육과정별 평가 문항을 정확하게 등록하였나요?

모의고사

제1과목 | 이러닝 운영계획 수립

01 다음 중 이러닝(E-Learning)에 대한 정의로서 옳은 것은?

① 컴퓨터를 이용하여 교육 콘텐츠를 제공하는 방식이다.

② 인터넷을 통해 교육 콘텐츠를 제공하는 방식이다.

③ 전자적 수단(주로 인터넷과 컴퓨터)을 이용하여 학습 콘텐츠와 활동을 제공하는 방식이다.

④ 학습자와 교사가 물리적으로 분리된 상태에서 학습활동이 이루어지는 교육 형태이다.

02 다음 설명에 해당하는 지원 절차 표준용어로 알맞은 것은?

> 기술을 활용하여 지식, 기술, 태도의 습득과 개발을 지원하는 의도적이고 체계적인 학습경험을 만드는 프로세스를 의미한다.

① 교수 설계[instructional design(ID)]

② 학습 설계(learning design)

③ 세션(Session)

④ 상호작용(Interaction)

03 다음 중 원격교육에 대한 학점인정 기준에 대한 설명으로 옳지 <u>않은</u> 것은?

① "원격교육"이란 원격(방송·통신·인터넷 등)으로 교육 과정·학습 과정을 운영하는 것을 말한다.

② 수업일수는 출석 수업을 포함하여 15주 이상 지속되어야 하며, 시간 등록제의 경우에는 8주 이상 지속되어야 한다.

③ 평가근거는 시스템에 저장하여 4년까지 보관하여야 한다.

④ 연간 최대 이수학점은 40학점, 학기마다 22학점을 초과하여 이수할 수 없다.

04 다음 중 이러닝 콘텐츠 개발 단계별 산출물이 맞게 연결되지 <u>않은</u> 것은?

① 분석(Analysis) - 교육과정 설계서

② 설계(Design) - 콘텐츠 개발 계획서

③ 개발(Development) - 최종 교안

④ 평가(Evaluation) - 최종 평가보고서

05 다음 중 하드웨어 서버에 탑재되는 소프트웨어 서버에 해당하지 <u>않은</u> 것은?

① 콘텐츠운영 서버　② 웹 서버

③ 애플리케이션 서버　④ 미디어 서버

06 다음 중 이러닝 콘텐츠를 전달하고, 추적하며, 관리하기 위한 소프트웨어 플랫폼은?

① LMS　　　　② LCMS

③ CMS　　　　④ MOOC

07 다음 중 학습시스템 구조에 해당하지 않은 것은?

① 사용자 관리(User Management)

② 콘텐츠 관리(Content Management)

③ 학습관리(Learning Management)

④ 데이터베이스 관리

08 다음 보기에서 학습관리시스템(LMS)에 해당하는 설명을 모두 고른 것은?

> ㉠ 온라인 학습환경에서 교수-학습 프로세스를 준비, 실시, 관리하는 시스템
> ㉡ 조직 내에서 교수-학습 활동을 원활하게 지원하며, 학습 프로세스 관리의 중심적인 역할을 수행
> ㉢ 맞춤형 이러닝 콘텐츠의 제작, 저장, 조합, 그리고 학습자에게 제공을 담당하는 시스템
> ㉣ 학습 콘텐츠를 학습 객체형태로 변환하여 저장 및 조합, 그리고 전달하는 역할을 담당

① ㉠, ㉡, ㉢, ㉣　　② ㉠, ㉡, ㉢

③ ㉠, ㉡　　　　④ ㉠, ㉢, ㉣

09 학습유형별 학습자 분류에서 독자적 자율학습형 관리 방법에 해당하지 <u>않은</u> 것은?

① 학습자에게 개별화된 학습 계획을 작성하고 스스로 학습 목표를 설정하도록 유도한다.

② 학습자의 자율성을 존중하며, 필요한 도움을 요청할 경우 지원을 제공한다.

③ 학습자들에게 자기평가도구나 평가 자료를 제공하여 학습 진행을 추적하도록 한다.

④ 다양한 학습환경을 제공하여 학습자들이 환경에 따라 학습 방식을 선택할 수 있도록 한다.

10 다음 중 교수학습 활동 분석에 관한 내용이 <u>아닌</u> 것은?

① 학습자의 실제 학습 참여, 과제수행, 상호작용 등 학습 행동과 활동 양상을 분석하는 것에 중점을 둔다.

② 학습경험을 최적화하고 학습 과정에서 발생하는 장애 요인을 식별하여 학습자의 참여도와 만족도를 향상시키기 위한 목적을 가진다.

③ 학습자가 이러닝 플랫폼에 얼마나 자주 접속하는지, 각 접속 시 학습 콘텐츠를 얼마나 학습했는지를 분석한다.

④ 학습자가 학습관리시스템(LMS)의 메뉴와 기능을 얼마나 자주 사용했는지 등 시스템 기능 활용 정도를 분석한다.

11 LMS(학습관리시스템) 운영 중 점검 사항으로 적절하지 <u>않은</u> 것은?

① 학습자의 사용 편의성을 고려한 학습자 경험 점검

② 학습 진도 및 평가 결과가 정확하게 처리되는지 여부

③ 신규 기능 추가 및 시스템 구조 확장을 위한 개발 계획 수립

④ 장애 발생 시 신속한 기술적 문제 대응 체계 점검

12 평가 문항 개발 시 각 차시 종료 시점이나 수업 진행 중 학습자들의 이해도를 파악하여 다음 차시 수업에 반영하기 위한 평가 유형은?

① 진단 평가(Diagnostic Assessment)

② 형성 평가(Formative Assessment)

③ 총괄 평가(Summative Assessment)

④ 수행 평가(performance assessment)

13 다음 보기의 괄호 안에 들어갈 단어로 알맞은 것은?

> (   )은 전자적 방식으로 처리된 부호·문자·도형·색채·음성·음향·이미지·영상 등의 이러닝과 관련된 정보나 자료를 말한다.

① 이러닝   ② 이러닝 콘텐츠

③ 이러닝 산업   ④ 유러닝

14 다음 보기에서 설명하는 용어로 옳은 것은?

> • 두 가지 이상의 학습 방법을 결합하여 학습 효과를 극대화하기 위한 학습 방식
> • 면대면 교실 수업과 사이버 학습을 결합한 학습이 가장 대표적인 혼합형 학습 방법임

① 웹 기반 학습   ② 온라인 학습

③ 오프라인 학습   ④ 혼합형 학습

15 이러닝 교육을 기획하고, 자문을 수행하며, 이러닝 프로젝트 운영을 관리하고 총괄하는 역할을 수행하는 전문가는?

① 이러닝 컨설턴트

② 이러닝 교수설계사

③ 이러닝 콘텐츠 개발자

④ 이러닝 영상제작자

16 학습자와 교사 또는 관리자가 온라인상에서 교육과 관련된 다양한 기능을 제공하는 웹 서비스를 무엇이라 하는가?

① 이러닝 콘텐츠   ② 이러닝 시스템

③ 이러닝 서비스   ④ 이러닝 인프라

모의고사

17 손목, 팔, 머리 등에 부착하여 정보통신(IT) 기기를 휴대하고 다닐 수 있게 하는 기술은?

① 가상현실(VR)

② 웨어러블(Wearable)

③ 서비스형 솔루션(SaaS)

④ 머신러닝(Machine Learning)

18 다음 중 이러닝 기술의 특성에 해당하지 않은 것은?

① 공급자 중심의 개인 맞춤형 학습

② 다양한 콘텐츠와 학습 방법

③ 실시간 피드백과 평가

④ 급속한 기술의 변화

19 대규모 온라인 공개강좌로 수천 명에서 수십만 명의 학생들에게 접근 가능한 강좌를 제공하는 온라인 교육은?

① CMS ② LMS

③ SCORM ④ MOOC

20 다음 중 원격교육에 대한 학점인정 기준에서 수업일수 및 수업시간 등에 대한 설명으로 옳지 <u>않은</u> 것은?

① 수업일수는 출석 수업을 포함하여 15주 이상 지속되어야 한다. 단, 「고등교육법 시행령」 제53조 제6항에 따른 시간제등록제의 경우에는 8주 이상 지속되어야 한다.

② 원격 콘텐츠의 순수 진행시간은 30분 또는 25프레임 이상을 단위시간으로 하여 제작되어야 한다.

③ 대리출석 차단 및 출결처리가 자동화된 학사운영 플랫폼 또는 학습관리시스템(LMS)을 보유해야 한다.

④ 학업성취도 평가는 학사운영 플랫폼 또는 학습관리시스템 내에서 엄정하게 처리하여야 하며, 평가 시작 시간·종료 시간·IP주소 등의 평가근거는 시스템에 저장하여 4년까지 보관하여야 한다.

21 훈련과정의 인정요건 중 우편 원격훈련을 실시하려는 경우로서 옳지 <u>않은</u> 내용은?

① 한국기술교육대학교의 사전심사를 거쳐 적합 판정을 받은 훈련과정일 것

② 교재를 중심으로 훈련과정을 운영하면서 훈련생에 대한 학습지도, 학습평가 및 진도관리가 웹(훈련생학습관리시스템)으로 이루어질 것

③ 나목에 따른 교재에는 학습 목표 및 학습 계획 등이 제시되고, 학습 목표 및 내용에 적합한 교수 및 학습활동에 관한 사항이 포함될 것

④ 훈련 기간이 2개월(36시간) 이상일 것

22 다음 보기의 괄호 안에 들어갈 용어로 옳은 것은?

> (   )은 영상제작전에 학습 콘텐츠의 시각적 구조와 흐름을 상세하게 계획하고 설계하는 문서 또는 그림이다.

① 동영상　　　　② 기술 문서

③ 아파치　　　　④ 스토리보드

23 이야기를 활용하여 학습자들이 특정 주제나 개념을 이해하고 습득할 수 있도록 돕는 콘텐츠 형태는?

① 동영상 강의형(VOD)

② 멀티미디어 튜토리얼형

③ 스토리텔링형

④ 문제 중심 학습형

24 다음 중 학습콘텐츠관리시스템(LCMS; Learning Content Management System)의 주요 기능이 <u>아닌</u> 것은?

① 콘텐츠 생성

② 콘텐츠 전달

③ 재사용 가능한 학습객체

④ 협업 기능

25 학습관리시스템(LMS, Learning Management System)의 학습자 기능에 해당하지 <u>않은</u> 것은?

① 강의 자료 및 동영상 강좌 열람

② 진도 및 성적 확인

③ 토론 및 Q&A 참여

④ 퀴즈 및 시험 관리

26 학습환경에 크게 의존하면서도 일부 자기 주도적 학습을 시도하는 학습자 유형은?

① 적극적 행동학습형(Active Behavioral Learners)

② 독자적 자율학습형(Independent Autonomous Learners)

③ 환경 의존적 자기 주도학습형(Environmentally Dependent Self-Directed Learners)

④ 소극적 학습형(Passive Learners)

27 다음 중 이러닝 콘텐츠의 점검 항목이 <u>아닌</u> 것은?

① 교육 내용　　　　② 화면 구성

③ 제작 환경　　　　④ 학습환경

28 이러닝 교육과정 개설·운영 과정에서 다음 보기의 괄호 안에 들어갈 내용으로 옳은 것은?

> (   )은 학습 과정 중 또는 각 차시 종료 시점에 학습자의 이해도와 학습 진행 상황을 점검하여, 그 결과를 다음 차시 수업 운영 및 학습 내용 보완에 반영하기 위한 평가이다.

① 진단평가(Diagnostic Assessment)

② 총괄평가(Summative Assessment)

③ 수행평가(Performance Assessment)

④ 형성평가(Formative Assessment)

29 다음 중 총괄평가(Summative Assessment)에 대한 설명으로 옳지 <u>않은</u> 것은?

① 학습의 최종 목표 달성도나 학습 결과를 평가하기 위한 평가이다.

② 학습자의 전반적인 학습성과를 판단하는 데 사용된다.

③ 교육과정의 효과성, 적절성 등을 평가하는 데 활용된다.

④ 학습자에게 바람직한 학습 방향을 제시하는 평가이다.

30 연간 학사일정을 기준으로 개별 학사일정 수립하기에 대한 설명으로 옳지 <u>않은</u> 것은?

① 연간 학사일정이 수립된 후 개별 학사일정을 수립할 수 있다.

② 과정 개설하기 메뉴를 통해 이러닝 과정의 수강 신청 기간, 수강 기간 등을 설정할 수 있다.

③ 개별·연간 학사일정의 수립 후 과정 홈페이지에 공지사항, 팝업 메시지를 띄워 예비 학습자들에게 안내해야 한다.

④ 개별·연간 학사일정의 수립 후 원활한 진행을 위해 협업부서에는 별도로 알려줄 필요가 없다.

31 학습자에게 콘텐츠를 제공하고 학습 과정을 관리하는 도구로서, 교육과정을 효과적으로 운영하고 학습의 전반적인 활동을 지원하기 위한 시스템은?

① 학습관리시스템(LMS)

② 학습콘텐츠관리시스템(LCMS)

③ 콘텐츠관리시스템(CMS)

④ 데이터 관리 시스템(DMS)

32 다음 중 이러닝 운영지원 도구선정 기준이 <u>아닌</u> 것은?

① 목적 및 필요성 파악

② 기술 및 플랫폼 요구사항 확인

③ 예산 및 비용 고려

④ 테스트 및 검토

33 학습환경 문제 상황 중 콘텐츠 재생 문제에 대한 조치방법으로 옳지 <u>않은</u> 것은?

① 브라우저 캐시 삭제 및 재시작 권장

② 다른 브라우저 사용을 권장

③ 비밀번호 재설정 링크 제공

④ 최신 플러그인 설치나 업데이트 권장

34 다음 중 과제에 대한 설명으로 옳지 <u>않은</u> 것은?

① 수시 제출과 특정 기간 제출이 있다.

② 성적과 관련이 있는 과제는 과제 평가 후 이의 신청 기능이 있어야 한다.

③ 객관적인 과제 채점을 위해 모사 답안 검증을 위한 별도의 시스템을 활용하는 경우도 있다.

④ 성적과 관련되지 않은 과제는 사전에 튜터링 진행자를 구성할 필요가 없다.

35 평가의 종류와 기준에 대한 설명으로 옳지 <u>않은</u> 것은?

① 이러닝에서 사용되는 일반적인 평가 기준은 진도율, 평가, 과제로 구분할 수 있다.

② 일반적으로 성적에 반영되는 요소는 진도율, 과제, 평가가 있다.

③ 평가 성적반영을 위해 성적반영 요소와 요소별 배점 기준을 LMS에 설정해야 한다.

④ 과제에 대한 모사 답안 검증과 채점은 모두 튜터가 진행한다.

36 다음 중 이러닝 학습 자료로 활용할 수 있는 이미지가 <u>아닌</u> 것은?

① jpg   ③ png

② gif   ④ bmp

37 다음 중 학습환경 문제 상황 대처에서 학습자 컴퓨터에 의한 문제 상황이 <u>아닌</u> 것은?

① 동영상 강좌를 수강할 수 없는 경우

② 원격지원 방법을 모르는 경우

③ 학습 창이 자동으로 닫히는 경우

④ 학습 진행이 원활하게 이루어지지 않는 경우

38 학습 참여 독려 시 고려해야 할 사항으로 옳지 <u>않은</u> 것은?

① 독려 후 학습자의 반응을 기록하고 체크해야 한다.

② 비용 효과성을 고려해 최적의 독려 방식을 선택해야 한다.

③ 가능하면 자주 독려 메시지를 보내는 것이 좋다.

④ 데이터를 기반으로 맞춤형 메시지를 제공해 학습자의 참여를 유도해야 한다.

39 이러닝 운영 준비과정의 필요 문서에 해당하지 <u>않은</u> 것은?

① 과정 운영 계획서

② 운영 관계 법령

③ 교·강사 활동 요약서

④ 교육과정별 과정 개요서

40 수강오류 관리 활동에 대한 설명으로 옳지 <u>않은</u> 것은?

① 학습 중 발생한 오류를 식별, 해결하고 학습자에게 처리방법을 안내하는 활동이다.

② 학습자가 원활하게 학습 과정을 진행할 수 있도록 다양한 수강 관련 오류나 문제를 신속하고 효과적으로 관리하고 해결하는 활동이다.

③ 웹사이트에서는 접속 및 로그인 문제, 진도 체크 문제 등이 있고, 학습지원시스템에서는 오류 수정 기능이 포함된다.

④ 운영자가 직접 처리할 수 없는 오류가 발생하면 교·강사에게 요청해야 한다.

41 교·강사의 학습 관련 활동을 촉진하고, 그들의 활동과 관련된 문제점을 조사하여 해결방안을 마련하고 지원하는 것은?

① 교·강사 배치 및 평가 활동

② 교·강사 사전교육 활동

③ 교·강사 업무 최적화 활동

④ 교·강사 지침 및 안내 서비스

42 다음 중 학습자의 과제수행에 따른 시스템 운영 방법으로 적절하지 <u>않은</u> 것은?

① 객관적 과제 채점을 위해 모사 답안 검증을 위한 시스템을 마련한다.

② 과제 제출 자체가 학습자의 시간과 노력을 요구하므로 객관적으로 시스템을 운영한다.

③ 과제 평가 결과에 대한 이의 신청 시스템을 삭제하여 튜터의 부담을 줄인다.

④ 과제 제출 시 첨삭할 튜터에게 알림이 갈 수 있게 구성한다.

43 다음 중 형성평가(Formative Assessment)에 대한 설명으로 옳지 <u>않은</u> 것은?

① 학습과 교육이 진행되는 동안 학생의 학습상황을 점검하고 피드백을 제공하여 교육과정과 수업 방법을 개선하는 평가이다.

② 학습자의 학습을 강화하고, 학습 곤란을 진단하여 교정하며, 교수 방법의 효율성을 높이는 데 중점을 둔다.

③ 학기나 학년이 끝날 때 학습자들의 학업 성취도를 종합적으로 평가하는 방식이다.

④ 학습 과정 중에 학습자의 학습 진행 상황과 이해도를 파악한다.

44 다음 중 학습 참여 독려수단 중 여러 가지 독려로도 진도를 나가지 <u>않는</u> 경우 마지막 수단으로 직접 독려할 때 사용하는 독려수단은?

① 문자(SMS) ② 이메일(e-mail)

③ 푸시 알림 ④ 전화

45 다음 중 학습자 질문대응의 특징에 해당하지 <u>않는</u> 것은?

① 교·강사 중심의 대응

② 다양한 통신 채널 이용

③ 신속한 응답

④ 질문의 원인 파악 및 개선

46 다음 중 성적처리 오류 해결 방법으로 옳지 <u>않은</u> 것은?

① 수강오류 중 학습자가 가장 민감하게 받아들이는 것이 성적처리와 관련된 내용이다.

② 성적은 일반적으로 진도율, 과제점수, 평가점수 등의 조합으로 이루어진다.

③ 성적처리 오류의 해결 방법은 일반 수강오류 해결 방법과 유사하다.

④ 관리자 기능에서 직접 수정할 수 있는 경우에는 수정하고, 그렇지 못한 경우에는 담당 교·강사에게 요청해야 한다.

47 문항의 형태 중 서답형 문항(Short Answer Questions)의 종류에 해당하지 <u>않은</u> 것은?

① 단답형(short-answer form)

② 괄호형(cloze form)

③ 진위형(true-false form)

④ 완성형(completion form)

48 다음 운영 활동계획 중 운영 후 활동계획에 해당한 것은?

① 운영기획
② 학사관리
③ 과정 평가관리
④ 운영 성과관리

49 다음 보기의 괄호 안에 들어갈 가장 적합한 것은?

> (   )은 온라인 학습 콘텐츠의 작성, 저장, 관리 및 재사용을 위한 소프트웨어 시스템이다. 효율적이고 일관된 학습 콘텐츠를 만들기 위한 목적으로 사용된다.

① LMS(Learning Management System)

② LCMS(Learning Content Management System)

③ 운영지원 도구(Operation Support Tools)

④ 학습지원 도구(Learning Support Tools)

50 다음 중 학습환경 구성을 위한 도구에 해당하지 <u>않은</u> 것은?

① 학습관리시스템(LMS)

② 학습콘텐츠관리시스템(LCMS)

③ 콘텐츠관리시스템(CMS)

④ 커뮤니케이션 도구(Communication Tool)

51 다음 중 학습환경 확인에서 고려해야 할 주요 요소에 해당하지 <u>않은</u> 것은?

① 인터넷 접속환경

② 소프트웨어

③ 모바일 호환성

④ 학습관리시스템(LMS)

52 다음 중 학습지원시스템에 의한 문제 상황이 <u>아닌</u> 것은?

① 동영상 강좌를 수강할 수 없는 경우

② 웹사이트 접속이 되지 않는 경우

③ 로그인이 안되는 경우

④ 학습을 진행했는데 관련 정보가 시스템에 업데이트되지 않는 경우

53 과제 출제 시 고려할 사항으로 옳지 <u>못한</u> 것은?

① 강의의 학습 목표와 과제가 밀접하게 연결되어야 한다.

② 변별력을 갖기 위해 학습자의 현재 학습 수준보다 어려운 난이도로 설정해야 한다.

③ 과제의 지시사항은 명확하고 구체적으로 제시되어야 한다.

④ 학습자의 개별적인 학습 환경과 자원을 고려하여 과제를 설정해야 한다.

54 다음 중 일반적인 학습절차에서 로그인 전(회원가입 전)에 확인할 수 <u>없는</u> 것은?

① 과정명   ② 진도율
③ 학습 기간   ④ 강사명

55 다음 중 성적처리 활동 확인 문항에 해당하지 <u>않는</u> 것은?

① 평가 기준에 따른 평가항목을 확인하였는가?

② 수료기준에 따라 수료자, 미수료자를 구분하였는가?

③ 학습자가 제기한 성적에 대한 이의 신청 내용을 처리하였는가?

④ 학습자의 최종 성적 확정 여부를 확인하였는가?

56 자료등록 방법에 대한 설명으로 옳지 <u>않은</u> 것은?

① 웹에서 바로 볼 수 있는 문서 형식이 제한적이므로 대부분의 문서는 특정 오피스 소프트웨어에 따른 포맷을 사용한다.

② 웹에서 사용할 수 있는 이미지로는 jpg, gif, bmp 등이 있다.

③ 웹에서 활용할 이러닝 비디오는 주로 MP4 형식을 사용하며 모바일 환경에도 호환되어야 한다.

④ MP4 동영상 변환 소프트웨어를 통해 MP3 오디오 변환도 가능하다.

57 Keller의 ARCS 동기 부여 이론인 학습 동기를 유발하는 동기 이론 모형의 4가지 요소에 해당하지 <u>않은</u> 것은?

① 주의집중   ② 관련성
③ 자존감   ④ 만족감

58 다음 보기의 내용은 Kirkpatrick의 4단계 평가 모형에서 몇 단계에 해당하는 내용인가?

> 프로그램 참여 결과 얻어진 태도 변화, 지식 증진, 기술 향상의 정도를 측정

① 1단계(반응)   ② 2단계(학습)
③ 3단계(행동)   ④ 4단계(결과)

59 평가 유형 중에 객관적인 평가 방식, 퀴즈, 시험, 과제 평가 등이 해당하는 평가는?

① 정성적 평가
② 정량적 평가
③ 포트폴리오 평가
④ 360도 평가

60 문항 변별도에 대한 설명으로 옳지 않은 것은?

① 문항이 교육생의 능력을 변별할 수 있는 정도를 나타내는 지수이다.

② 문항 변별도는 문항 난이도와 직접적으로 연결되어 있다.

③ 높은 성취도를 가진 학습자와 낮은 성취도를 가진 학습자 사이에서 그 문항의 성취도 차이를 잘 반영하는지를 측정하는 지표이다.

④ 문항 변별도 값이 0에 가까울수록 그 문항이 높은 변별력을 가졌다는 것을 의미한다.

61 이러닝 교육과정 체계를 분석할 때 고려사항이 <u>아닌</u> 것은?

① 교육과정 목표
② 교육과정 구성
③ 교육과정의 개선방안
④ 교육과정 일정

62 교육과정 개발 관리 체크리스트에 해당하지 <u>않은</u> 것은?

① 교육과정의 학습 목표가 명확하게 설정되었는가?

② 교육 일정, 시간, 장소가 확정되고 학습자에게 알려졌는가?

③ 각 과정에 필요한 학습 자료 및 콘텐츠가 완벽하게 준비되었는가?

④ 적절한 교육 방법론이 적용되었는가?

63 다음 중 운영결과 양식에 포함될 내용이 <u>아닌</u> 것은?

① 교육 대상
② 교육 목표
③ 교육 방법
④ 교육자의 역할

64 다음 중 과정만족도 조사에 대한 설명으로 옳지 <u>않은</u> 것은?

① 이러닝 과정의 전반적인 만족도와 개선 필요성을 정확하게 파악할 수 있다.

② 학습자만족도 조사는 교육 프로그램에 대한 느낌이나 만족도를 측정하는 것을 의미한다.

③ 학습자의 반응 정보를 다각적으로 분석 및 평가하는 과정이다.

④ 과정만족도 조사 대상에는 학습자, 교·강사, 시험점수 등이다.

65 다음 중 운영 결과관리 보고서 작성과 관련된 용어에 대한 설명으로 옳지 <u>않은</u> 것은?

① 운영준비 활동은 운영 계획서에 따라 운영환경 준비, 교육과정 개설, 학사일정 수립, 수강 신청 관리가 적절히 수행되었는지를 확인하는 단계이다.

② 학사관리 지원은 학습자 정보를 검토하고 성적 처리를 진행한 뒤 수료기준에 따라 처리하는 영역이다.

③ 과정 평가관리는 학습환경 최적화, 수강오류 처리, 학습촉진이 운영 계획서에 맞게 수행되었는지 점검하고 결과를 운영결과 분석에 반영하는 영역이다.

④ 교·강사 지원은 교·강사 선정, 사전교육, 활동 안내·독려, 활동 개선(불편사항 포함)을 관리하는 영역이다.

66 학습 성취도 평가 내용에 해당하지 <u>않는</u> 것은?

① 지식(Knowledge)　② 기능(기술)(Skill)

③ 태도(Attitude)　④ 관찰(observation)

67 학업성취도 평가 결과에 대한 설명으로 옳지 <u>않은</u> 것은?

① 학습자의 이러닝 과정 수료 판단에 활용된다.

② 교·강사의 과정 개선 참고자료로 제공된다.

③ 경영진의 과정 지속 여부 판단에 사용된다.

④ 이러닝 과정 운영의 중간 단계로 중요한 역할을 하고 있다.

68 학습 콘텐츠운영 적합성 평가의 필요성에 대한 설명으로 옳지 <u>않은</u> 것은?

① 학습 효과성 확보: 적합하게 운영된 콘텐츠는 학습자들에게 더 효과적인 학습경험을 제공할 수 있다.

② 학습자 만족도 향상: 적절한 운영을 통해 학습자의 만족도와 참여도를 높일 수 있다.

③ 자원의 효율적 활용: 콘텐츠의 운영 적합성을 평가함으로써, 불필요한 리소스 낭비를 방지하고 효율적인 교육 운영이 가능해진다.

④ 콘텐츠운영 적합성 평가는 일회성 점검으로, 이후 개선 활동에는 활용되지 않는다.

69 교·강사 활동평가에 대한 설명으로 옳지 <u>않은</u> 것은?

① 이러닝 운영기관의 담당자는 미리 정해진 교·강사 활동평가 기준을 바탕으로 평가를 시행해야 한다.

② 교·강사의 활동은 각 분야별로 가중치를 적용하여 평가할 수 있다.

③ 교·강사 활동평가 기준으로 질의 답변 및 과정평가 의견, 자료실 관리, 메일 발송 관리, 공지 등록 관리 등이 있다.

④ 교·강사 활동평가 기준은 이러닝 과정을 운영하는 운영기관에서 모두 동일하다.

70 다음 중 운영 완료 후 시스템 운영결과 구성요인에 해당하는 것은?

① 이러닝 고객 활동 기능 지원

② 학습자 학습활동 기능 지원

③ 이러닝 과정 평가관리 기능 지원

④ 교·강사 활동 기능 지원

71 교·강사 활동의 개선 활동 수행 여부에 대한 고려사 항이 <u>아닌</u> 것은?

① 학사 일정을 기반으로 하여 과제 작성, 피드백 제공, 평가 문항 작성, 채점 등을 촉진했나요?

② 교·강사 교육 목표를 설정하고, 그를 평가할 수 있는 기준을 마련했나요?

③ 교·강사가 학습자 상호작용을 촉진할 수 있도록 지원하였나요?

④ 운영자가 교·강사를 지원한 후 교·강사의 활동 조치 여부를 확인하고 교·강사 정보에 반영하였나요?

72 이러닝 학습 목표를 기술할 때 중요한 구성요소에 해당하지 <u>않은</u> 것은?

① 동작(Action) ② 내용(Content)

③ 조건(Condition) ④ 판단(judgment)

73 다음 중 교수자의 역할에 해당하지 <u>않은</u> 것은?

① 교육 전문가로서 교수학습 전략을 기획하고 학습 목표와 방법을 설계한다.

② 학습자들과의 긴밀한 관계 형성을 통해 활발한 학습 참여를 촉진한다.

③ 이러닝 환경에서 학습 과정을 효과적으로 관리하며, 필요한 행정 및 운영 업무를 진행한다. 학습 일정, 목표 설정 및 방법론 안내와 같은 관리적 활동을 주도한다.

④ 온라인 학습의 어려움을 해결하고, 평가와 운영을 관리한다. 또한, 수료 처리, 결과분석 및 피드백 제공, 프로젝트 평가와 보고서 작성, 그리고 사용자와 학습자 관리업무를 담당한다.

74 교육과정 운영결과 분석단계가 순서대로 바르게 나열된 것은?

① 데이터 수집 - 시사점 도출 - 데이터 분석 - 보고서 작성

② 시사점 도출 - 데이터 분석 - 데이터 수집 - 보고서 작성

③ 시사점 도출 - 보고서 작성 - 데이터 수집 - 데이터 분석

④ 데이터 수집 - 데이터 분석 - 시사점 도출 - 보고서 작성

75 과정 운영 결과분석을 위한 체크리스트의 필수 사항에 해당하지 <u>않은</u> 것은?

① 데이터 수집 범위 결정

② 다양한 시각화 방법 활용

③ 데이터의 정확성 및 일관성 확인

④ 분석 목표 설정

76 이러닝 과정만족도 조사를 위한 조사 도구선정에 관한 권장 사항으로 옳지 <u>않은</u> 것은?

① 객관적이고 편향되지 않은 질문으로 구성한다.

② 중복되거나 모호한 질문을 하지 않는다.

③ 닫힌 질문은 학습자의 자세한 의견과 피드백을 얻을 수 있습니다.

④ 학습자가 쉽게 이해하고 응답할 수 있는 단순한 문장 구조를 사용한다.

77 과정만족도 조사 내용에서 운영자 지원 활동의 만족도에 해당하지 <u>않은</u> 것은?

① 성적을 평가하는 방법과 기준은 학업 능력을 정확하게 반영하였는가?

② 정해진 학사일정에 따라 학습 지침을 시기적절하게 제공하였는가?

③ 학습 관련 질문에 빠르고 철저하게 답변하였는가?

④ 개인의 학습활동에 맞게 적합한 학습 가이드를 제시하였는가?

78 교육 및 학습이 종료된 후 일정 시간이 지난 후에 학습자의 지식이나 능력을 재평가하는 방법은?

① 사전평가(Pre-assessment)
② 직후평가(Post-assessment)
③ 사후평가(Follow-up assessment)
④ 사전/사후평가

79 교·강사 활동평가 기준 수립 시 고려사항이 아닌 것은?

① 학습자와의 상호작용
② 행정지원 및 관리
③ 콘텐츠 전달 및 관리
④ 기술 활용 능력

80 과정 운영종료 후 학업성취도 관리결과 확인 문항에 해당하지 않은 것은?

① 학습관리시스템(LMS)에서 과정별 평가 결과를 기반으로 학습자의 학업 성취도를 확인하셨나요?
② 학습자의 학업 성취도 정보를 과정별로 분석하셨나요?
③ 유사한 학습자들 중 학업 성취도가 크게 낮을 때 그 원인을 분석하셨나요?
④ 학습자를 대상으로 과정만족도 조사를 실시했나요?

정답표

01	02	03	04	05	06	07	08	09	10
④	②	①	③	①	①	③	②	④	④
11	12	13	14	15	16	17	18	19	20
③	④	②	④	②	③	④	①	④	①
21	22	23	24	25	26	27	28	29	30
②	②	①	④	④	②	③	③	④	①
31	32	33	34	35	36	37	38	39	40
①	③	④	①	①	①	②	③	②	③
41	42	43	44	45	46	47	48	49	50
④	①	③	③	④	②	④	①	③	①
51	52	53	54	55	56	57	58	59	60
④	④	③	②	④	②	④	④	③	①
61	62	63	64	65	66	67	68	69	70
③	③	③	②	②	①	④	②	②	①
71	72	73	74	75	76	77	78	79	80
④	④	②	④	④	②	②	③	④	④

제1과목 | 이러닝 운영계획 수립

01

답 ④

해 | 이러닝 산업파악 | 이러닝 산업 동향 이해 | 산업 분류 체계 |

이러닝 산업 특수분류체계에는 이러닝 콘텐츠, 솔루션, 서비스, 하드웨어가 있다.

02

답 ②

해 | 이러닝 산업파악 | 이러닝 산업 동향 이해 | 산업 용어 |

- **웹 세미나**: 인터넷을 통해 실시간으로 제공되는 온라인 세미나 또는 프레젠테이션을 의미한다.
- **소셜러닝**: 사회적 학습을 뜻하며, 사람들이 다른 사람을 통해 새로운 지식을 배우는 지속적인 과정을 의미하기도 한다.
- **스마트 러닝**: 기계가 사람의 학습 방법에 스마트하게 지원하는 학습 형태를 의미하는 사람 중심의 학습 방법이다.

03

답 ①

해 | 이러닝 산업파악 | 이러닝 산업 동향 이해 | 산업 동향 |

이러닝에 필요한 정보와 자료를 멀티미디어 형태로 개발, 제작, 가공, 유통하는 사업체는 콘텐츠 사업체이다.

04

답 ③

해 | 이러닝 산업파악 | 이러닝 산업 동향 이해 | 산업 용어 |

- **학습자**(Learner): 이러닝 강좌를 수강하는 주체로서, 이러닝 콘텐츠를 학습하고 지식과 기술을 습득하는 학습자다.
- **교수**(Instructor): 해당 강좌를 진행하는 교·강사로, 학습 내용을 선정하고 조직하며 강의를 진행하고 학습을 안내하는 주체이다.
- **교수설계자**(Instructional Designer): 체계적인 교수학습 이론과 방법론을 활용하여 학습 콘텐츠를 설계할 수 있는 전문가다.

05

- **자기 주도 학습**(Self Directed Learning):학습자가 학습 목표와 방법을 스스로 계획하고 학습하는 행위를 지칭한다.
- **맞춤학습**(Adaptive):학습자의 개인적 특성 및 학습 그룹의 특성에 따라 학습 방법과 내용을 제공하는 것이다.
- **학습전략**(Learning Strategy):학습자의 학습활동을 지원하기 위해 일반적으로 사용되는 기술과 방법이다.

06

<에드거 데일(Edgar Dale)의 경험의 원추>

3가지 학습 형태	학습경험 11단계
상징적(추상적) 경험	언어적 상징
	시각적 상징
감각적(영상적) 경험	녹음, 라디오, 사진, 전화
	영화
	텔레비전
	전시
	견학
	연시(시범)
행동적 경험	극화 경험
	고안된(모의적) 경험
	직접 경험

07

<크리에이티브 커먼스 라이센스의 이용허락 조건>

라이선스 이름	구성 조건	한 줄 설명
CC BY	BY	출처만 표시하면 자유롭게 이용·변경·배포 가능
CC BY-NC	BY + NC	출처 표시 + 비영리 목적만 가능
CC BY-ND	BY + ND	출처 표시 + 변경 불가(원본 그대로 사용)
CC BY-SA	BY + SA	출처 표시 + 2차 저작물은 동일 조건으로 공유
CC BY-NC-SA	BY + NC + SA	비영리 + 동일 조건 공유
CC BY-NC-ND	BY + NC + ND	비영리 + 변경 불가(가장 제한적인 유형)

08

- 이러닝 서비스란 학습자와 교사 또는 관리자가 온라인상에서 교육과 관련된 다양한 기능을 제공하는 웹 서비스를 의미한다.
- 이러닝 콘텐츠란 학습에 필요한 교재, 강의 자료, 문제집 등을 지칭한다.
- 이러닝 시스템은 학습자와 교사가 이러닝 콘텐츠를 이용하고 관리할 수 있도록 기술적으로 구성된 요소를 가리킨다.
- 이러닝 인프라(E-Learning Infrastructure)란 온라인 학습 및 교육을 지원하기 위한 기술적인 구성요소와 시스템의 집합을 나타낸다.

09

目 ④

해 | 이러닝 산업파악 | 이러닝 법제도 이해 | 법과 제도

원격교육의 운영 비율은 과정 유형 및 관련 법·제도에 따라 다르게 적용되며, 수업일수의 일정 비율을 일률적으로 70% 이상으로 규정하지 않는다.

10

目 ④

해 | 이러닝 산업파악 | 이러닝 기술 동향 이해 | 최신 기술 동향 및 특성

이러닝 콘텐츠의 제공 형태와 학습 방법을 다양화하는 기술에는 멀티미디어 기술, VR/AR 기술, 모바일 디바이스 기반 학습환경 등이 포함된다.

④ 실시간 평가 기술은 학습성과를 측정하고 피드백을 제공하기 위한 평가관리 기술로, 콘텐츠 제공 방식이나 학습 방법의 다양화와는 직접적인 관련이 없다.

11

目 ③

해 | 이러닝 산업파악 | 이러닝 기술 동향 이해 | 기술 용어

- xAPI(eXperience API):웹 기반 학습 및 교육 환경에서 학습 활동과 경험을 추적하고 기록하는 데 사용되는 표준화된 데이터 교환 규격이다.
- Gamification:학습자들의 참여와 학습 동기 부여를 높이기 위해 학습 콘텐츠에 게임 요소를 도입하여 사용자를 참여시키고 동기부여하는 전략적인 접근 방법이다.
- Microlearning:5분 이내의 짧은 시간 동안 1~2개의 주제를 다루면서 학습할 수 있도록 제작된 콘텐츠를 활용하여 학습하는 방법이다.

12

目 ④

해 | 이러닝 콘텐츠의 파악 | 이러닝 콘텐츠 개발요소 이해 | 개발 인력 및 자원

운영 및 유지보수는 콘텐츠 제공 이후의 운영 안정화 및 관리 단계로, 업데이트, 오류 수정, 보안 패치, 콘텐츠 개선/개정, 서비스 모니터링 등이 포함된다.

13

目 ②

해 | 이러닝 콘텐츠의 파악 | 이러닝 콘텐츠 개발요소 이해 | 개발 산출물

- **학습흐름도**:학습자가 학습 콘텐츠를 효과적으로 이해하고 활용할 수 있도록 콘텐츠의 구조와 흐름을 시각적으로 보여주는 도구이다.
- **동영상**:동영상은 시각적, 청각적 학습 스타일을 가진 학습자에게 특히 유용하며, 복잡한 주제를 이해하는 데 도움이 된다.
- **기술 문서**:이러닝 콘텐츠 개발 및 운영과 관련된 기술적인 정보와 가이드라인을 제공하는 문서를 의미한다.

14

目 ④

해 | 이러닝 콘텐츠의 파악 | 이러닝 콘텐츠 유형별 개발방법 이해 | 콘텐츠 유형

- **문제기반학습형**(Problem-Based Learning):학습자에게 현실적인 문제를 제시하고, 학습자가 탐구·협업·자료조사를 통해 해결안을 도출하도록 하는 학습이다.
- **시뮬레이션형**(Simulation-Based Learning):실제와 유사한 가상 상황(모델/환경)에서 의사결정·수행을 반복하며 적응하도록 설계된 유형이다.

15

目 ②

해 | 이러닝 콘텐츠의 파악 | 이러닝 콘텐츠 유형별 개발방법 이해 | 서비스 환경

- **소프트웨어 서버**:하드웨어 서버에 탑재되는 소프트웨어 서버는 웹 서버, 애플리케이션 서버, 미디어 서버 등의 다양한 유형이 있다.
- **웹 서버**(Web Server):웹 서버(Web Server)는 인터넷 상에서 웹 브라우저 클라이언트로부터 HTTP 요청을 받아들이고 HTML 문서 등 웹 페이지를 제공하는 역할을 하는 운영 소프트웨어이다. 웹 기반 서비스를 제공하는데 핵심적인 역할을 하며, 이를 통해 사용자는 인터넷을 통해 웹 페이지를 열람하고 상호작용할 수 있다.

모의고사

- **애플리케이션 서버**(WAB;Web Application Server):인터넷을 통해 HTTP 프로토콜을 사용하여 사용자의 컴퓨터 및 장치에서 실행되는 웹 애플리케이션을 처리하는 중간 소프트웨어로, 웹 애플리케이션을 실행하고 관리하는 역할을 한다.
- **미디어 서버**(Media Server):웹 서버와는 다르게 동영상 파일과 같은 대용량 미디어 콘텐츠를 효율적으로 제공하는 데 특화된 서버이다.

16

답 ③

학사일정 수립 시 연간 학사일정을 먼저 수립한 후 개별 학사일정을 수립해야 한다.

17

답 ④

- **교수 설계자**(Instructional Designer):학습 내용과 구조를 설계하며, 교육적 접근 방식과 전략을 결정한다.
- **콘텐츠 개발자** (Content Developer):지시된 교육적 전략 및 구조에 따라 콘텐츠를 작성한다.
- **프로젝트 매니저** (Project Manager):전체 콘텐츠 개발 프로젝트의 진행 상황을 관리하고, 일정 및 자원을 조정한다.

18

답 ①

- **기업교육 이러닝 시스템**:기업의 직원 교육 및 훈련을 위해 설계된 시스템이다.
- **학점기관 이러닝 시스템**:대학이나 학교에서 학점을 획득하기 위한 온라인 교육을 제공하는 시스템이다.
- **MOOC 이러닝 시스템**:전 세계 누구나 접근 가능한 대규모 온라인 코스를 제공하는 시스템이다.

19

답 ④

보기 ④는 동기식 이러닝(Synchronous E-Learning)에 대한 특징이다.

비동기식 이러닝(Asynchronous E-Learning)은 학습자가 자신의 편한 시간에 학습 콘텐츠에 접근하고 활동에 참여할 수 있는 방식을 의미한다.

(예 온라인 게시판을 통한 토론 이메일을 통한 질문 및 답변 사전 녹화된 비디오 강의 온라인 퀴즈 및 과제 제출 등)

20

답 ①

<비고츠키의 근접발달 영역과 인지발달 이론 4단계>

1단계	- 타인의 도움을 받거나 모방하는 단계 - 과제에 대한 책임감을 갖고 상호작용을 통해 이해하고 수행
2단계	- 학습자 스스로 과제를 수행하는 단계 - 학습자 수준 내에서 자기 주도성을 시도하는 과도기적 단계
3단계	- 지식을 내면화하고 자동화하는 단계 - 타인의 도움 없이 무의식적이고 자기 주도적 학습활동이 자유로움
4단계	- 탈자동화 단계 - 새로운 능력의 발달을 위해 근접발달영역 순환 과정

21

답 ②

- **웹 서버**(Web Server): HTTP 요청을 처리하여 웹 페이지(HTML 등)와 리소스를 제공하는 서버(소프트웨어/시스템)
- **모바일 접근/모바일 최적화**: 반응형 디자인 또는 모바일 앱 등을 통해 모바일 기기에서 학습경험을 최적화하는 방식

22

답 ②

해 학습시스템 파악　학습시스템 이해　이러닝 표준의 이해

- 모바일 학습환경은 이러닝의 한 분야로 휴대 가능한 디바이스(스마트폰, 태블릿, 기타 휴대용 기기)를 활용하여 학습 콘텐츠에 언제 어디서나 접근할 수 있는 환경을 의미한다.
- 모바일 학습환경에서의 서비스 표준은 학습 콘텐츠 서비스 플랫폼 간의 호환성과 상호 운용성을 보장하기 위한 규칙 및 지침을 제공한다.

23

답 ①

해 학습시스템 파악　학습시스템 개발과정 이해　학습시스템 기능요소

보기 ①번은 교수자 기능에 해당한다.

24

답 ④

해 학습시스템 파악　학습시스템 운영과정 이해　학습시스템 리스크 관리

시스템 업데이트는 소프트웨어 관점에서 보안 패치, 기능 개선, 오류 수정, 성능 최적화, 정기 업데이트(버전 관리) 등을 포함한다.

반면 대역폭 제한/트래픽 제어는 업데이트 자체가 아니라 서버·네트워크(인프라) 운영/용량 관리에 해당한다.

따라서 '시스템 업데이트'에 해당하지 않는 것은 ④이다.

25

답 ④

해 학습시스템 이해관계자 분석　학습시스템 이해관계자 분석　학습자 특성 분석

<학습유형별 학습자 분류>

- **적극적 협동 학습형**: 이러닝에서 공동체를 형성하여 동료 학습자들과 함께 학습하기를 좋아하는 학습자

- **독자적 자율학습형**: 이러닝에서 학습자가 주도적으로 정보를 선택 및 활용하고 자신의 계획하에 학습을 실시하며, 학습에 대한 평가도 스스로 시행하는 학습자 유형
- **환경 의존적 자기 주도학습형**: 이러닝에서 자기 주도적으로 학습을 하면서도 주로 이해가 부족한 학습 내용에 대해 교수자에게 답변을 구하고 지속적인 학습활동을 위한 조안 및 개별적인 피드백을 받는 등의 활동을 하는 학습자 유형
- **소극적 학습형**: 이러닝에서 자신감이 부족하고, 자신의 능력을 지나치게 낮게 평가하고, 학습에 적극적인 참여를 꺼리는 학습자 유형

26

답 ②

해 학습시스템 이해관계자 분석　학습시스템 이해관계자 분석　학습자 특성 분석

보기 ②번은 독자적 자율학습형(Independent Autonomous Learners)에 해당한다.

27

답 ③

해 학습시스템 이해관계자 분석　학습시스템 이해관계자 분석　교수자 특성 분석

교수자의 특성 분석은 이러닝 환경에 적합한 역량을 중심으로 이루어지며, 전문성 및 학력, 이러닝 운영 경험, 기술 활용 능력, 학습자 중심 교수 역량, 커뮤니케이션 및 상호작용 능력, 평가 및 피드백 역량, 학습자 지원 능력 등이 포함된다. 일방적 전달 방식은 이러닝 환경에서 요구되는 교수자 특성에 해당하지 않는다.

28

답 ③

해 이러닝 운영 준비　운영환경 점검　운영서비스 점검

이러닝 과정운영자는 학습자가 강의를 이수하는 데 불편함이 없도록 사전 점검을 진행해야 한다.

답 ④

이러닝 운영 준비	운영환경 점검	콘텐츠 점검

콘텐츠 점검은 콘텐츠 자체의 교육 내용·화면 구성·제작 환경을 확인하는 항목이며, 안정성/성능은 플랫폼(학습 도구·시스템) 점검 항목에 해당한다.

30

답 ①

이러닝 운영 준비	교육과정 등록	평가 문항 등록

강의 진행 전에 이루어지는 평가는 진단 평가(Diagnostic Assessment)이다.

제2과목 | 이러닝 활동 지원

31

답 ①

이러닝 운영지원 도구 관리	운영지원 도구 분석	운영지원 도구의 종류와 특성

- 이러닝 운영 지원 도구는 이러닝 프로그램이 원활하게 운영될 수 있도록 도와주는 다양한 도구와 서비스를 포함한다.
- 이러닝 운영 지원 도구는 이러닝 운영 주체로서 과정 운영자가 이러닝의 전(全) 과정에서 학습관리시스템(LMS)을 통해 학습자가 원만히 학습을 진행하도록 돕고, 학사관리 전반에 대한 관리업무 수행을 돕는 도구나 수단을 말한다.

32

답 ③

이러닝 운영 학습활동 지원	학습활동 안내	상호작용

운영자는 학습자들의 피드백을 수용하고 학습시스템을 개선하는 데 도움을 주는 상호작용을 한다. 주로 시스템에 있는 1:1 질문하기 기능이나 고객센터 등에 마련되어 있는 별도의 채널을 활용한다. 전화나 채팅을 통해서 학습자와 상호작용을 하기도 한다.

33

답 ④

이러닝 운영지원 도구 관리	운영지원 도구 분석	운영지원 도구의 종류와 특성

모니터링 기능은 관리자 기능이다.

34

답 ①

이러닝 운영지원 도구 관리	운영지원 도구 선정	과정 특성별 적용 방법

보기 ①번은 실시간 학습(Real-time Learning)에 관한 내용이다.

35

답 ①

이러닝 운영 학습활동 지원	학습환경 지원	수강 학습환경 (PC, 모바일 등) 확인

보기 ①번은 기기 사양에 해당한다.

학습 콘텐츠 실행 및 상호작용을 위해 특정 소프트웨어의 설치 및 업데이트가 필요할 수 있다.

- **브라우저**: 이러닝 콘텐츠는 특정 브라우저 또는 플러그인에서 최적으로 작동할 수 있다.
- **플러그인**: 특정 콘텐츠 실행을 위해 Adobe Flash나 Java와 같은 추가 플러그인 설치가 필요할 수 있다.
- **애플리케이션**: 특정 이러닝 플랫폼은 전용 학습 애플리케이션을 제공할 수 있다.

36

답 ①

이러닝 운영 학습활동 지원	학습환경 지원	학습환경 문제 상황과 대처

<학습자 컴퓨터에 의한 문제 상황>
- 동영상 강좌를 수강할 수 없는 경우
- 학습 창이 자동으로 닫히는 경우
- 학습 진행이 원활하게 이루어지지 않는 경우
- 학습지원시스템에 의한 문제 상황
- 웹 사이트 접속이 되지 않는 경우

- 로그인이 안되는 경우
- 학습을 진행했는데 관련 정보가 시스템에 업데이트되지 않는 경우

37

답 ②

이러닝 운영 학습활동 지원	학습환경 지원	학습환경 (PC, 모바일 등) 확인

보기 ②번은 학습 내용에 해당한다.

38

답 ③

이러닝 운영 학습활동 지원	학습활동 안내	평가 기준

진도율은 대체로 LMS가 학습 로그(차시 완료, 학습시간, 콘텐츠 진입/종료 등)를 기반으로 자동 계산하여 제공한다. 튜터/강사가 진도율을 수기로 '입력'하는 방식이 일반적이지 않다. 다만 운영 정책에 따라 진도 인정 기준(시간 기준/페이지 기준/차시 기준 등)은 달라질 수 있다.

39

답 ②

이러닝 운영 학습활동 지원	학습활동 안내	상호작용

<학습자 - 교·강사 상호작용>

- 학습자와 교사나 튜터 간의 상호작용을 의미하며, 질문, 피드백, 지도 등의 형태로 이루어질 수 있다.
- 학습자와 교·강사 간의 상호작용은 주로 첨삭, 평가, 질문 및 답변을 통해 이루어진다.

40

답 ③

이러닝 운영 학습활동 지원	학습활동 안내	자료등록

- ㉠, ㉢: jpg
- ㉡, ㉣: gif
- ㉤ : png

41

답 ④

이러닝 운영 학습활동 지원	학습활동 촉진	학습 진도 및 참여 관리

진도는 차시 단위뿐만 아니라 페이지 기준, 학습시간 기준, 콘텐츠 완료 여부 등 다양한 설정에 따라 체크될 수 있다. 따라서 '차시 단위로만 체크 가능하다'는 설명은 옳지 않다.

42

답 ①

이러닝 운영 학습활동 지원	학습활동 촉진	학습 진도 및 참여 관리

이러닝에서는 학습자를 독려하기 위해 문자 알림을 자주 활용한다. 회원가입이나 수강 신청 후 진도율이 낮을 때 문자로 알림을 보낼 수 있다. 알림은 단문으로 간결하게 정보를 전달하거나 장문으로 보다 상세한 정보를 제공할 수 있다.

43

답 ③

이러닝 운영 학습활동 지원	학습활동 촉진	학습 진도 및 참여 관리

학습을 독려할 때 너무 자주 독려하지 않도록 한다.

44

답 ③

이러닝 운영 학습활동 지원	학습활동 촉진	학습 동기 부여

<Keller의 ARCS 동기 부여 이론 모형의 4가지 요소>

- Attention(주의)
- Relevance(관련성)
- Confidence (자신감)
- Satisfaction (만족)

45

답 ④

웹 사이트 사용에 따른 문제 발생 시 운영자가 가장 먼저 대응해야 한다.

46

답 ②

보기 ②번은 운영환경 준비 활동 수행 여부에 대한 고려사항이다.

47

답 ④

보기 ④번은 수료 관리 활동 수행 여부에 대한 고려사항이다.

48

답 ①

제시문은 학습자가 1:1 질문하기 기능이나 고객센터를 통해 문의하는 상황으로, 이는 운영자가 학습을 지원하는 학습자-운영자 상호작용에 해당한다.

49

답 ③

- **문자**(SMS): 직접적이고 빠른 반응을 유도할 수 있다.
- **이메일**(e-mail): 상세한 내용을 전달할 수 있고, 첨부파일이나 링크를 포함하여 보다 구체적인 정보 제공이 가능하다.
- **푸시 알림 메시지**: 모바일 러닝 활성화로 이러닝 서비스의 네이티브 앱에서 푸시 알림을 활용하는 경우가 증가하고 있다.

- **전화**: 문자, 이메일, 푸시 알림 등의 독려로도 진도를 나가지 않는 경우 마지막 수단으로 전화를 사용해서 직접 독려할 수 있다.

50

답 ①

과정만족도 조사 활동은 학습자의 학습성과나 진도를 평가·관리하는 활동이 아니라, 학습자가 경험한 이러닝 과정 전반에 대한 만족 수준(느낌·인식)을 파악하기 위한 조사 활동이다.

학습성과 및 진도 평가는 학업성취도 평가 및 학습 관리 활동에 해당한다.

51

답 ④

④번의 설명은 태도 영역(Affective Domain)에 대한 설명이다.

- **지식 영역**(Cognitive Domain): 이해, 기억, 사고 등 인지적 학습성과 평가
- **기능 영역**(Psychomotor Domain): 신체 활동, 조작, 수행 능력 등 실습·실행 능력 평가
- **태도 영역**(Affective Domain): 학습자의 태도, 가치관, 감정, 관심도 등의 변화 평가

52

답 ④

학습자의 질문이나 문제를 중심으로 그 내용을 이해하고, 적절한 해결책을 제공해야 한다.

<학습자 질문대응 특징>
- 학습자 중심의 대응
- 다양한 통신 채널 활용
- 신속한 응답
- 자주 묻는 질문(FAQ) 활용
- 질문의 원인 파악 및 개선

53

답 ③

학습 진도 독려는 "관리했다"는 증거를 남기기 보다는 학습자의 학습을 도와주는 행위이다. 따라서 학습자가 다시 학습을 진행할 수 있도록 돕고 안내하는 것이 진정한 독려이다.

54

답 ②

보기 ②번은 과정 및 절차 관련 문제에 해당한다.

55

답 ④

- **진단평가**: 교육과정이 시작되기 전 학습자의 수준과 특성을 알아보기 위해 실시하는 평가
- **형성평가**: 학습과 교육이 진행되는 동안 학생의 학습 상황을 점검하고 피드백을 제공하여 교육 과정과 수업 방법을 개선하는 평가
- **총괄평가**: 학기나 학년이 끝날 때 학습자들의 학업 성취도를 종합적으로 평가하는 방식

56

답 ②

관리자 기능에서 직접 수정할 수 있는 경우에는 수정하고 그렇지 못한 경우에는 기술 지원팀에 요청해야 한다.

57

답 ④

보기 ④번은 '수료 관리 활동 수행 여부 점검에 대한 고려사항'에 해당한다.

58

답 ④

문항 난이도 지수는 정답자 비율을 의미하므로, 수치가 높을수록 정답자가 많아 문항은 더 쉬운 문항이다.

난이도 지수(p) = (정답자 수) / (전체 응답자 수)

p↑ → 쉬움

p↓ → 어려움

59

답 ③

- **지식**: 학습자가 특정 정보나 사실을 알고 있는지 확인한다.
- **이해도**: 학습자가 특정 개념이나 정보를 얼마나 잘 이해하고 있는지를 확인한다.
- **분석력**: 학습자가 제공된 정보나 데이터를 어떻게 분석하고 이해하는지 확인한다.
- **응용력**: 학습자가 습득한 지식이나 기술을 실제 상황이나 문제 해결에 적용하는 능력을 평가한다.

60

답 ①

보기 ①번은 선택형 문항의 특징이다.

서답형 문항은 보기를 제시하지 않고 학습자가 직접 답을 작성하도록 요구하는 평가 방식이다.

61

답 ③

해 | 이러닝 운영 교육과정 관리 | 교육과정 관리 계획 | 교육수요 예측 및 과정 선정 |

이러닝 학습자 요구분석 방법 중 관찰은 학습자의 실제 학습 활동을 직접 살펴보며 행동과 태도를 파악하는 방법이다. 학습자가 콘텐츠를 어떻게 이용하는지, 학습 과정에서 보이는 반응·참여도·태도 등을 자연스러운 상황에서 확인할 수 있어, 행동 중심 분석에 가장 적합하다.

보기 ① 설문 조사는 학습자의 인식·의견·만족도 등을 문항 응답을 통해 간접적으로 수집하는 방법이며,

보기 ② 집단 토론은 학습자 간 의견 교환과 토의를 통해 요구사항을 도출하는 방법이고,

보기 ④ 인터뷰는 학습자의 경험·지식·필요성 등을 질문과 답변을 통해 심층적으로 파악하는 방법이다.

62

답 ③

해 | 이러닝 운영 교육과정 관리 | 교육과정 관리 계획 | 과정 목표 및 체계 수립 |

커크패트릭(Kirkpatrick)의 4수준 평가모형은 교육 훈련의 성과를 반응(reaction), 학습(learning), 행동(behavior), 결과(results)의 4가지 수준으로 나눠서 평가하고 있다.

63

답 ③

해 | 이러닝 운영 교육과정 관리 | 교육과정 관리 계획 | 학습 목표 수립 |

보기 ③번은 구체적이고 측정 가능한 성취 결과를 제시하는 학습 목표가 아니라, 교육과정이 추구하는 전반적인 방향과 의도를 포괄적으로 설명하는 학습 목적(Learning Goals or Aims)에 대한 설명이다.

64

답 ②

해 | 이러닝 운영 교육과정 관리 | 교육과정 관리 진행 | 과정 관리 매뉴얼 |

교육과정 운영 매뉴얼에는 교육과정 운영 시 필요한 내용이 포함되며 강사 및 교육자원 준비, 교육 장소 및 시설 준비, 교육과정 운영절차 등을 포함한다.

65

답 ②

해 | 이러닝 운영 평가관리 | 학업성취도 관리 | 학업성취도 통계 |

- 보기 ①, ③번은 학업성취도 평가 중 '지식' 영역에 대한 설명이다.
- 보기 ④번은 학업성취도 평가 중 '기능' 영역에 대한 설명이다.

66

답 ①

해 | 이러닝 운영 교육과정 관리 | 교육과정 관리 진행 | 과정 관리 매뉴얼 |

보기 ①번은 운영 단계별 교·강사의 주요 활동 중 학습 진행 중에 해당하는 운영 활동이다.

67

답 ④

해 | 이러닝 운영 교육과정 관리 | 교육과정 관리 진행 | 과정의 질 관리 |

품질 평가는 목표·내용·방법·강사·운영/환경·성과·만족도 등 교육 자체의 질 요소를 중심으로 하며, 홍보 문구 적절성은 마케팅 영역에 가깝다.

68

답 ②

해 | 이러닝 운영 교육과정 관리 | 교육과정 관리 결과보고 | 운영 결과보고 및 환류 |

"분석 결과를 바탕으로 방안 도출, 내용/방식 수정 제안" → 향상 방안 도출이 가장 적합

69

답 ②

해 | 이러닝 운영 평가관리 | 과정만족도 조사 | 조사 항목 구성

만족도 조사 영역은 일반적으로 학습자 요인, 교·강사(튜터) 요인, 교육 내용/교수설계 요인, 학습환경/시스템 요인으로 구성된다.

학습평가 요인은 보통 만족도 영역의 표준 분류로 두지 않는다.

70

답 ①

해 | 이러닝 운영 평가관리 | 과정만족도 조사 | 조사 수행

교·강사 지원 활동의 만족도 조사는 질의응답, 피드백 제공, 과제·평가 운영, 학습지원의 충실성 등 교·강사의 지원 및 상호작용 활동에 초점을 둔다.

①번은 교육과정의 내용 수준과 난이도에 대한 평가로→ 교육 내용 및 과정 구성에 대한 만족도 조사 항목에 해당하므로 교·강사 지원 활동 만족도 문항으로는 적절하지 않다.

71

답 ④

해 | 이러닝 운영 평가관리 | 과정만족도 조사 | 조사 도구선정

강사나 튜터를 평가하는 요인에는 열의, 강의 스킬, 전문지식 등이 있다.

72

답 ④

해 | 이러닝 운영 평가관리 | 학업성취도 관리 | 학업성취도 점수 부여

학업성취도 평가 문항 개발에서 출제 배수(지필 최소 3배수, 과제 5배수 등)는 문제 은행 구축 및 문항 품질 확보를 위한 출제 운영 기준이고,

과락 기준(예 60점 미만 등)은 성적처리 및 수료 판정 기준으로 기관·과정의 평가계획에 따라 달라질 수 있다.

따라서 ④처럼 출제 배수와 과락 기준을 "반드시/일률적으로" 고정 규정하는 것은 평가 운영의 원칙과 맞지 않아 옳지 않다.

73

답 ②

해 | 이러닝 운영 평가관리 | 학업성취도 관리 | 학업성취도 점수 부여

평가 결과는 일반적으로 LMS에서 관리되며, LCMS는 콘텐츠 제작/관리 중심이므로 "모든 평가 결과를 LCMS에 저장"은 부적절하다.

74

답 ④

해 | 이러닝 운영 평가관리 | 평가 결과보고 | 과정만족도 보고

학습자와 운영자 모두 교·강사를 평가할 수 있지만, 학습자의 교·강사 평가가 주로 학습자만족도 평가에 포함되어 진행된다.

75

답 ④

해 | 이러닝 운영 평가관리 | 평가 결과보고 | 학업성취도 보고

과제 채점은 개별적으로 기준을 따라 진행되며 감점 사유를 명확히 한다.

76

답 ②

해 | 이러닝 운영 평가관리 | 평가 결과보고 | 과정만족도 보고

과정 운영 결과 보고서는 단일 과정의 운영결과를 보고하는 형태로 작성할 수 있고, 기관의 필요에 따라 연간·분기 단위로 여러 과정의 운영결과를 종합하여 분석·보고하는 형태로도 작성될 수 있다.

77

답 ②

해 | 이러닝 운영 결과관리 | 콘텐츠 운영 결과 관리 | 콘텐츠 내용과 운영 목표 비교

운영 목표와 콘텐츠 내용이 불일치하면 상급자 보고 → 불일치 구간 점검 → 원인 분석 → 관련 부서 협의·승인 후 수정순으로 처리한다.

따라서 운영담당자가 내부 회의만으로 즉시 수정하거나 콘텐츠 재개발까지 단독 결정하는 ④는 절차상 부적절하므로 옳지 않다.

답 ③

- **학습 콘텐츠 개발의 적합성 평가 기준**: 학습 목표 달성 적합도, 교수설계 요소의 적합성, 학습 콘텐츠 사용의 용이성, 학습 평가 요소의 적합성, 학습 분량의 적합성
- 보기 ③은 학습콘텐츠 운영 적합성 평가의 기준에 해당하는 내용이다.

답 ④

모사 확인은 교·강사가 1차 판단/채점 과정에서 수행하고, 운영자는 기준·기록·점검·지원 및 로그 관리 중심으로 수행한다. 도구가 없더라도 운영자가 단독으로 전담해야 하는 것은 아니다.

답 ④

보기 ④번은 시스템이 아니라 콘텐츠/과정 적합성 점검에 해당된다.

정답 및 해설

정답표

01	02	03	04	05	06	07	08	09	10
②	④	④	②	④	②	③	①	④	①
11	12	13	14	15	16	17	18	19	20
④	④	①	②	④	④	④	②	①	④
21	22	23	24	25	26	27	28	29	30
③	④	②	④	④	①	①	③	①	②
31	32	33	34	35	36	37	38	39	40
③	③	①	③	④	②	①	③	④	③
41	42	43	44	45	46	47	48	49	50
④	②	④	③	④	④	②	①	③	③
51	52	53	54	55	56	57	58	59	60
②	③	③	②	①	③	②	④	③	③
61	62	63	64	65	66	67	68	69	70
①	①	③	④	②	③	②	③	②	③
71	72	73	74	75	76	77	78	79	80
①	②	③	④	③	④	④	③	①	③

제1과목 | 이러닝 운영계획 수립

01

답 ②

해 | 이러닝 산업파악 | 이러닝 산업 동향 이해 | 산업 동향 |

이러닝에 필요한 교육 관련 정보시스템(LMS, LCMS 등)을 개발·제작·가공·유통하는 주체는 솔루션 사업체이다.

02

답 ④

해 | 이러닝 산업파악 | 이러닝 산업 동향 이해 | 산업 용어 |

보기 ④번은 이러닝(e-learning)에 대한 설명이다.

엠러닝(m-learning)은 스마트폰, 태블릿 등 모바일 기기를 활용한 학습 방식이며, 유선 네트워크 기반 데스크톱 학습은 해당하지 않는다.

03

답 ④

해 | 이러닝 산업파악 | 이러닝 법제도 이해 | 법과 제도 |

우편 원격훈련은 교재 중심의 훈련 방식으로, 훈련 기간은 2개월(32시간) 이상이어야 하며, 원칙적으로 월 1회 이상 성과평가와 주 1회 이상 진행단계 평가를 실시한다. 다만, 우수훈련기관에서 실시하는 전문지식·기술 습득 목적의 일부 과정은 평가를 생략할 수 있다.

04

답 ②

해 | 이러닝 산업파악 | 이러닝 기술 동향 이해 | 기술 구성 요소 |

- **머신러닝**(Machine Learning):인공 지능(AI)의 한 분야로, 컴퓨터가 데이터를 통해 학습하고 예측을 하거나 판단을 내리는 능력을 개발하는 기술이다.
- **메타버스**(Metaverse):아바타(Avatar)를 통해 실제 현실과 같은 사회, 경제, 교육, 문화, 과학 기술 활동을 할 수 있는 3차원 공간플랫폼으로 다양한 활동을 하는 디지털 유니버스를 뜻하기도 하다.
- SaaS LMS:클라우드에서 사용할 수 있는 학습관리시스템(Software as a Service Learning Management System)

- **이러닝 인프라**(E-Learning Infrastructure):온라인 학습 및 교육을 지원하기 위한 기술적인 구성 요소와 시스템의 집합을 나타낸다.

05

답 ④

보기 ④는 이러닝 인프라가 아니라 학습관리시스템(LMS)에 대한 설명이다.

06

답 ②

<스토리텔링형>

- 이야기나 스토리텔링을 통해 학습 내용을 전달하며 학습자의 흥미를 유발하고 콘텐츠를 스토리로 포장하여 전달한다.
- 다양한 디지털 정보로 제공되는 서사적인 시나리오를 기반으로 하여 이야기를 듣고 이해하며 관련 활동을 수행하는 형태로 학습이 진행되는 유형이다.

07

답 ③

소프트웨어는 문제 해결이나 기능 수행을 위해 실행되는 프로그램 전반을 의미한다.

웹 사이트나 애플리케이션의 콘텐츠를 관리하는 시스템은 CMS(Content Management system)에 해당하므로,③번은 소프트웨어에 대한 설명으로 옳지 않다.

08

답 ①

- **스마트 훈련**:위치기반서비스, 가상현실 등 스마트 기기의 기술적 요소를 활용하거나 특성화된 교수방법을 적용하여 원격 등의 방법으로 훈련이 실시

되고 훈련생 관리 등이 웹상으로 이루어지는 훈련을 말한다.
- **우편 원격훈련**:인쇄 매체로 된 훈련교재를 이용하여 훈련이 실시되고 훈련생 관리 등이 웹상으로 이루어지는 원격훈련을 말한다.
- **혼합훈련**:집체훈련, 현장훈련 및 원격훈련 중에서 두 종류 이상의 훈련을 병행하여 실시하는 직업능력개발훈련을 말한다.

09

답 ④

원격교육도 일반 교육과 동일하게 학점인정 기준을 적용받는다.

10

답 ①

이러닝은 초기 구축 비용이 발생할 수 있으나, 대규모 학습자 대상 운영 시 비용 효율성이 높아지는 특징이 있다. 따라서 '많은 예산이 필요하다'는 설명은 이러닝의 일반적 특징과 거리가 있다.

11

답 ④

동기식 이러닝은 정해진 시간에 실시간으로 참여해야 하므로, 학습자가 자신의 속도에 맞춰 학습하는 자기 주도학습 중심의 방식과는 거리가 있다.

12

답 ④

ADDIE 모형의 5단계는 분석-설계-개발-실행-평가이며, '유지보수'는 ADDIE의 핵심 단계에 포함되지 않는다.

13

답 ①

해 | 이러닝 콘텐츠의 파악 | 이러닝 콘텐츠 유형별 개발방법 이해 | 콘텐츠 유형 |

- **반복연습용**: 학습 내용을 반복적으로 연습하고 익히도록 하는 방식이다.
- **토론학습형**: 사이버 공간에서 학습자들 간의 토론과 토의를 통해 지식을 공유하고 확장한다.
- **개인교수형**: 컴퓨터가 개인 교사처럼 학습자와 상호작용하며 맞춤형 학습을 제공하는 유형이다.
- **시뮬레이션형**: 실제 상황을 모방하여 학습자가 실전경험을 쌓도록 하는 방식이다.

14

답 ②

해 | 이러닝 산업 파악 | 이러닝 산업 동향 이해 | 산업 분류 체계 |

보기 ②번은 이러닝 서비스에 해당한다.

15

답 ④

해 | 이러닝 콘텐츠의 파악 | 이러닝 콘텐츠 개발 절차 이해 | 분석 |

보기 ④번은 설계(Design) 과정에서 활동에 해당한다.

16

답 ④

해 | 이러닝 콘텐츠의 파악 | 이러닝 콘텐츠 개발 절차 이해 | 운영(Implementation, 실행) |

위 문제의 내용은 운영(Implementation, 실행)의 내용에 해당한다.

17

답 ④

해 | 학습시스템 파악 | 학습시스템 이해 | 학습시스템 유형 및 특성 |

동기식 이러닝은 정해진 시간에 실시간으로 참여해야 하므로, 학습자가 자신의 속도에 맞춰 학습하는 자기 주도학습 중심의 방식과는 거리가 있다.

18

답 ②

해 | 학습시스템 파악 | 학습시스템 이해 | 학습시스템 유형 및 특성 |

- **솔루션**: 문제를 해결하는 방법으로 특정 업무나 목적을 수행하기 위하여 제공되는 것들의 집합체
- **학습콘텐츠관리시스템**(LCMS): 학습 콘텐츠를 생성, 관리, 배포하는데 사용되는 시스템
- **플랫폼**: 보통 시스템의 OS로 애플리케이션을 구동하기 위한 기술적인 기반

19

답 ①

해 | 이러닝 콘텐츠의 파악 | 이러닝 콘텐츠 개발요소 이해 | 이러닝 콘텐츠 개발 인력 및 자원 |

에드거 데일(Edgar Dale)의 경험의 원추에서 감각적(영상적) 경험은 보고·듣는 중심의 간접 경험에 해당하며, 녹음·라디오·사진·전화, 텔레비전, 견학 등이 포함된다.

반면, 극화 경험은 학습자가 직접 역할을 수행하는 행동적(직접적) 경험이므로 감각적 경험에 해당하지 않는다.

20

답 ④

해 | 학습시스템 파악 | 학습시스템 개발과정 이해 | 학습시스템 기능 요소 |

보기 ④번은 관리자 기능에 해당한다.

21

답 ③

해 | 학습시스템 파악 | 학습시스템 운영과정 이해 | 학습시스템 리스크 관리 |

학습시스템 리스크 관리는 장애 예방과 대응 중심이며, 서버 관리, 백업, 업데이트 등은 리스크 관리에 해당한다. 하드웨어 용량 증대는 확장 또는 성능 개선 영역으로, 직접적인 리스크 관리 항목은 아니다.

22

답 ④

- **개인교수형**: 교수자가 개별적으로 학습자를 가르치는 것처럼 컴퓨터가 학습자와 상호작용하면서 학습자의 반응을 판단하고 그에 적합한 피드백을 제공하는 방법
- **동영상 강의용**: 특정 주제에 관해 교수자의 설명 중심으로 이루어진 세분화된 동영상을 제공하여 학습을 수행하는 유형
- **시뮬레이션형**: 실제 상황을 모방하여 학습자가 실제 경험을 쌓도록 하는 방식이다.
- **정보제공형**: 특정 학습 목표 달성보다 최신 정보 제공에 중점을 둔다.

23

답 ②

보기 ②번은 학습자(Learner)의 역할이다.

24

답 ④

<교수-학습 과정의 행동>

- 선행 학습(Preinstructional Behavior)
- 학습자의 행동(Learner Behavior)
- 교수 행동(Instructional Behavior)
- 평가 행동(Assessment Behavior)

25

답 ④

- CSS: HTML로 작성된 웹 페이지의 디자인과 스타일(색상, 글꼴, 배치 등)을 담당하는 스타일 시트 언어
- JavaScript: 웹 페이지의 동작(행동)과 상호작용을 제어하는 프로그래밍 언어

26

답 ①

LMS 점검은 이러닝 과정의 품질 유지를 위한 핵심 요소이다. 주기적이고 체계적인 점검을 통해 학습자의 경험을 최적화하고 학습 내용과 방식의 품질을 지속적으로 향상시킬 수 있다.

27

답 ①

이러닝 교육과정의 핵심 특징은 학습자 중심, 모듈화·유연성, 상호작용·피드백, 다양한 학습자료 활용이다. 따라서 교수자 중심성(①)은 이러닝의 특징과 거리가 멀다.

28

답 ③

총괄평가는 학습이 종료된 시점에 학습자의 최종 성취수준을 종합적으로 판단하기 위해 실시되며, 성적 부여 및 이수 판단에 활용되는 평가 유형이다.

29

답 ①

개별 학사일정의 주요 목적은 학습자 중심 운영, 학습 효율성 증대, 학습 동기 유발에 있다.

'학습 진도관리'는 운영자의 관리기능에 해당하므로 주요 목적과는 구분된다.

30

답 ②

각 운영기관의 기준과 관계기관 요구에 따라 교육과정 표기 방식과 서식은 달라질 수 있다.

31

답 ③

이러닝 운영지원 도구 관리	운영지원 도구 분석	운영지원 도구의 종류와 특성

보기 ③번은 교·강사 지원시스템(Tutor/Instructor Support System)의 대표 기능이다.

32

답 ③

이러닝 운영지원 도구 관리	운영지원 도구 선정	과정 특성별 적용 방법

협업 기반 학습은 학습자들이 팀을 이루어 정보를 공유하고 공동으로 문제를 해결하는 학습 방식이다.

33

답 ①

이러닝 운영지원 도구관리	운영지원 도구 관리	운영지원 도구별 개선점

보기 ①번은 관리자 기능에 해당한다.

- **대표적인 학습자 기능**: 수강 조회기능, 시험 기능, 커뮤니티 기능, 교과학습 기능
- **대표적인 교수자 기능**: 강의 관리기능, 시험 관리 기능, 강의콘텐츠 관리기능, 커뮤니케이션 기능
- **대표적인 관리자 기능**: 관리자 권한, 메뉴 관리기능, 모니터링 기능

34

답 ③

이러닝 운영지원 도구 관리	운영지원 도구 관리	운영지원 도구 활용보고서

운영지원 도구 활용을 통해 학습자는 즉각적인 반응, 상호작용, 성취감과 같은 직접적 경험을 보고한다. 반면, '학습 의욕에 대한 파급효과'는 장기적·간접적 결과로, 소감 분석 결과로 직접 도출되었다고 보기는 어렵다.

35

답 ④

이러닝 운영 학습활동 지원	학습환경 지원	학습환경 (PC, 모바일 등) 확인

원격지원 과정에서는 기술적 오류, 보안 문제, 의사소통의 한계 등 다양한 문제가 발생할 수 있다.

따라서 '특별한 문제 상황은 발생하지 않는다'는 설명은 옳지 않다.

36

답 ②

이러닝 운영 학습활동 지원	학습활동 안내	학습 절차

보기 ②번은 웹 사이트에서 살펴보기에 해당한다.

- **운영 계획서에서 살펴보기**: 학습 목표 및 개요, 세부 학습 일정, 학습 자료 및 리소스, 평가 및 피드백 절차
- **웹사이트에서 살펴보기**: 시작 페이지/오리엔테이션, 진행 표시기(Progress bar), FAQs(자주 묻는 질문) 섹션, 알림 및 공지사항

37

답 ①

이러닝 운영 학습활동 지원	학습활동 안내	평가 기준

진도율은 학습자가 전체 학습 내용 중 얼마나 완료했는지를 나타내는 지표이다.

38

답 ③

이러닝 운영 학습활동 지원	학습활동 안내	상호작용

토론방, 질문답변 게시판, 쪽지 등을 활용한 상호작용은 학습자와 학습자 간의 상호작용이다.

39

답 ④

이러닝 운영 학습활동 지원	학습활동 안내	자료등록

스마트폰으로 촬영한 동영상은 기기·앱·설정에 따라 저장 형식이 다르며, 일반적으로 iPhone은 MOV, Android는 MP4 형식을 사용하는 경우가 많다. 따라서 '~로만 저장된다'는 단정적 설명은 옳지 않다.

40

답 ③

해	이러닝 운영 학습활동 지원	학습활동 안내	자료등록

avi는 비디오 자료의 확장자이다.

41

답 ④

해	이러닝 운영 학습활동 지원	학습활동 촉진	학습진도 및 참여 관리

이메일은 첨부파일과 링크를 포함할 수 있어 문자보다 다양한 정보를 전달할 수 있다.

42

답 ③

해	이러닝 운영 학습활동 지원	학습활동 촉진	학습 진도 및 참여 관리

- **웹 사이트**: 학습지원센터나 고객센터 등의 메뉴를 통해 학습자와 소통한다.
- **이메일**: 학습자에게 상세한 정보를 제공하기 위한 수단이다.
- **전화**: 학습자와 운영자 간의 중요한 소통 채널이다.
- **채팅**: 문자, 음성, 화상 등 다양한 방식으로 소통이 가능하다.
- **직접 면담**: 학습자와 직접 만나 소통하는 오프라인 방식이다.
- **문자**: 학습자의 이러닝 활동에 따른 피드백으로 주로 전달된다.

43

답 ④

해	이러닝 운영 학습활동 지원	학습활동 촉진	학습 동기 부여

<학습 동기 부여의 중요성>

- **자기 주도적 학습**: 이러닝 환경에서는 학습자가 스스로 학습의 주도권을 갖는다.
- **학습 효과 증대**: 높은 학습 동기를 가진 학습자는 주어진 자료와 활동에 더 많은 관심을 보인다.
- **학습 지속성 유지**: 동기 부여 전략을 통해 학습자는 이러닝 과정을 처음부터 끝까지 꾸준히 참여하고 완료할 가능성이 높아진다.

44

답 ③

해	이러닝 운영 학습활동 지원	학습활동 촉진	학습자 질문 유형 및 대응

이러닝 환경에서 학습자 질문대응은 개별 질문에 대한 신속하고 적절한 응답을 기본으로 하며, 학습자의 학습 흐름이 중단되지 않도록 지원하는 것이 중요하다.

45

답 ④

해	이러닝 운영 활동 관리	운영 활동 계획	단계별 목표와 평가 준거

총괄평가는 학습 종료 후 학습성과 달성 여부를 평가하는 방식이다. 학습자의 필요성 평가는 학습 전 단계에서 이루어지므로 총괄평가에 해당하지 않는다.

46

답 ④

해	이러닝 운영 활동 관리	운영 활동 계획	운영 중 활동계획

보기 ④번은 운영종료 후 단계의 주요 작업이다.

47

답 ②

해	이러닝 운영 활동 관리	운영 활동 진행	학습만족도 향상을 위한 운영 활동

- **학습환경 지원 활동**: 학습자의 환경을 분석하고 그에 따른 문제나 요청을 해결하는 활동
- **학습안내 활동**: 학습 절차 과제 수행 방법 평가 기준 및 상호작용 방법 등을 학습자에게 지도하는 활동
- **학습활동 촉진**: 학습 진도를 관리하고 학습자의 참여와 의욕을 증진시키는 활동
- **수강오류 관리 활동**: 학습자가 원활하게 학습 과정을 진행할 수 있도록 다양한 수강 관련 오류나 문제를 신속하고 효과적으로 관리하고 해결하는 활동

48

답 ①

해 이러닝 운영 활동 관리 | 운영 활동 진행 | 학사 관리

교육과정 개설 활동은 교육과정의 특성을 분석하고 LMS에 차시, 학습 자료, 평가 문항 등을 등록하는 활동이다.

49

답 ③

해 이러닝 운영 활동 관리 | 운영 활동 진행 | 교·강사 관리

보기 ③번은 교·강사 사전교육 활동 확인 문항에 해당한다.

50

답 ③

해 이러닝 운영 활동 관리 | 운영 활동 진행 | 학사관리

미수료를 안내할 때는 이메일 또는 단체 문자메시지 전송 서비스를 활용한다.

51

답 ②

해 이러닝 운영 활동 관리 | 운영 활동 진행 | 학습만족도 향상을 위한 운영 활동

학업성취도 관리는 지식·기능·태도 영역의 성취수준을 평가·분석하는 활동이며, 과정만족도 평가는 학습자가 느낀 만족을 조사하는 활동이다. 따라서 ②는 옳지 않다.

52

답 ④

해 이러닝 운영 활동 관리 | 운영 활동 진행 | 학습활동 모니터링

학습활동 모니터링은 학습 진행 중 문제(접속 오류·콘텐츠 실행 오류 등)를 조기에 발견하여 즉시 대응하기 위한 활동이므로, "종료 후 대응"은 목적에 부합하지 않는다.

53

답 ③

해 이러닝 운영 활동 관리 | 운영 활동 진행 | 학사관리

이러닝 교육과정은 교육과정 분류하기 → 강의 만들기 → 과정 만들기 → 과정 개설하기 순으로 이루어진다.

54

답 ②

해 학습평가설계 | 학업성취도 평가 설계 | 평가모형

퀴즈·시험·과제 등은 점수화 가능한 정량적 평가로, 표준화된 지표를 활용한다. 따라서 ②가 정답이다.

55

답 ①

해 학습평가설계 | 학업성취도 평가 설계 | 평가의 유형

이러닝 평가는 재사용성과 표준화, 데이터 기반 분석이 가능하므로 '재사용 불가능성'은 활용성에 해당하지 않는다.

56

답 ③

해 학습평가설계 | 학업성취도 평가 설계 | 평가의 유형

문항 난이도 지수는 정답률을 의미하며, 값이 1에 가까울수록 쉬운 문항, 0에 가까울수록 어려운 문항이다.

따라서 ③번 설명은 옳지 않다.

57

답 ②

해 학습평가설계 | 학업성취도 평가 설계 | 평가 시행 및 관리

학습 과정 산출물을 모아 제출하고 성장 과정을 평가하는 방식이므로 포트폴리오 평가(②)이다.

58

답 ③

 학습평가설계 | 학업성취도 평가 설계 | 평가 시행 및 관리

제시문은 자료를 분석하여 핵심 패턴·구조를 파악하는 능력을 평가하므로 분석 단위(③)에 해당한다.

- **지식 단위**: 기본적인 정보와 개념을 알고 이해하는 능력 평가
- **적용 단위**: 배운 지식을 특정 상황에 적용하는 능력 평가
- **종합 단위**: 여러 정보나 지식을 통합하여 새로운 아이디어나 접근 방식을 제시하는 능력 평가

59

답 ④

학습평가설계 | 평가 문항 작성 | 평가 문항 작성지침

평가 문항 출제는 지필고사의 경우, 실제 출제 문항의 최소 3배수를 만들어 저장하고, 과제의 경우 5배수를 출제하여 문제 은행 방식으로 보관하며 문항별 오탈자 등을 검토하여 수정한다.

60

답 ③

학습평가설계 | 평가 문항 작성 | 평가 문항 작성 지침

좋은 문항은 명확성, 타당성, 신뢰성이 확보되어야 하며 주관성은 배제되어야 한다. 따라서 ③이 정답이다.

제3과목 | 이러닝 운영관리

61

답 ①

이러닝 운영 교육과정 관리 | 교육과정 관리계획 | 교육수요 예측 및 과정 선정

<STP 전략 >

- **시장 세분화**(Segmentation): 시장을 유사한 특성을 가진 소그룹으로 나누는 과정

- **표적 시장 선정**(Targeting): 세분화된 시장 중에서 회사의 제품이나 서비스에 가장 적합한 세그먼트를 선택하는 과정
- **포지셔닝**(Positioning): 선택된 표적 시장에서 어떻게 제품이나 서비스를 위치시킬 것인지를 결정하는 과정

62

답 ①

이러닝 운영 교육과정 관리 | 교육과정 관리계획 | 과정 목표 및 체계 수립

- 이러닝 운영전략 목표 및 체계 수립은 효과적인 온라인 교육 프로그램을 제공하기 위한 중요한 절차이다.
- **이러닝 운영전략 목표 및 체계 수립의 절차**: 목표 설정, 요구사항 파악, 전략 수립, 실행방안 수립, 평가 및 개선 순이다.

63

답 ③

이러닝 운영 교육과정 관리 | 교육과정 관리계획 | 학습 목표 수립

학습 목표 진술에서 '조건(Condition)'은 학습자가 목표 행동을 수행해야 하는 특정한 상황이나 제약 조건을 의미한다.

- **동작**(Action): 학습자가 학습 후에 수행할 수 있어야 하는 구체적인 행동이나 능력을 나타내는 동사
- **내용**(Content): 학습 목표와 관련된 주제나 내용 영역
- **표준**(Criterion): 학습 목표를 달성했을 때의 성공 기준이나 기대 수준

64

답 ④

이러닝 운영 교육과정 관리 | 교육과정 관리 계획 | 학습 목표 수립

<Mager가 주장한 구체적인 목표 진술을 위해 포함되어야 할 네 가지 요소>

Audience (대상)	교수자가 아닌 학습자가 무엇을 하는가에 초점을 맞추는 것이다.

Behavior (행동)	학습 이후 학습자가 지니게 되는 어떠한 행동 및 능력에 관하여 표시하고 목표를 제시하는 것, 행동 동사를 사용하는 것을 권장한다.
Condition (조건)	어떤 조건 하에서 관찰 가능한 행동이 야기되는지를 제시하는 것이다.
Degree (정도)	목표 진술 원칙의 최종 조건으로, 수업목표의 달성 여부를 명확하게 확인할 수 있는 분명한 수치를 통해 실제 달성 정도를 기준으로 제시하는 것이다.

65

답 ②

해	이러닝 운영 교육과정 관리	교육과정 관리 진행	과정의 질 관리

<콘텐츠 품질 관리 평가요소>
- 학습 내용 구현은 주어진 교육 목표를 달성하기 위한 핵심 내용의 정확성과 깊이를 중점적으로 점검
- 교수설계는 학습자가 내용을 이해하고 활용할 수 있도록 하는 방법론 및 전략을 중점적으로 점검
- 디자인 제작은 학습 콘텐츠의 시각적, 청각적 표현과 사용자 인터페이스의 품질을 중점적으로 점검

66

답 ③

해	이러닝 운영 교육과정 관리	교육과정 관리 결과보고	운영결과 보고 및 환류

시사점 도출 및 피드백은 교육 결과를 분석하여 개선 방향과 제언을 제시하는 단계이다.

운영 규정 개정이나 제도 변경의 확정·시행은 실행 단계의 업무로, 시사점 도출에 직접 포함되지 않는다. 따라서 ③번은 옳지 않다.

67

답 ②

해	이러닝 운영 평가관리	과정만족도 조사	조사 대상(교수자, 학습자, 운영자, 콘텐츠, 시스템 등)

보기 ②번은 교수자의 조사 내용에 해당한다.

68

답 ③

해	이러닝 운영 평가관리	과정만족도 조사	조사 도구선정

보기 ③번의 내용은 디지털 애널리틱스에 관한 내용이다.

69

답 ②

해	이러닝 운영 평가관리	과정만족도 조사	조사 결과 분석 및 환류

만족도 조사 참여율은 일반적으로 70% 이상 확보하는 것이 바람직하며, 50% 수준일 경우 결과 해석과 활용에 각별한 주의가 필요하다.

70

답 ③

해	이러닝 운영 평가관리	학업성취도 관리	학업성취도 분석 및 환류

- **사전평가**(Pre-assessment): 학습이 시작되기 전에 학습자의 현재 지식 수준이나 능력을 측정하는 평가 방법
- **직후평가**(Post-assessment): 교육 및 학습 과정이 종료된 직후에 학습자의 성취도나 능력을 측정하는 평가 방법
- **사전/직후평가**: 학습 시작 전과 바로 후의 두 시점에서 학습자의 성취도나 능력을 평가하는 방법

71

답 ①

해	이러닝 운영 평가관리	학업성취도 관리	학업성취도 분석 및 환류

이러닝 학업성취도 향상 전략은 개인화와 자기 주도 학습을 강조하므로, 획일화된 학습경험 제공은 부적절하다.

72

탭 ②

해 | 이러닝 운영 평가관리 | 평가 결과 보고 | 과정만족도 보고

이러닝 과정만족도 평가의 목적은 교육의 효과나 학업 성취도를 측정하는 것이 아니라 이러닝의 운영, 문제점, 개선 필요사항 등을 파악하여 교육의 질을 향상시키기 위함이다.

73

탭 ③

해 | 이러닝 운영 평가관리 | 평가 결과 보고 | 과정만족도 보고

학습자만족도 평가는 일반적으로 이러닝 과정이 완료된 시점에서 실시되며 평가 결과는 해당 과정별로 분석하여 과정 운영의 개선점을 도출하는 데 활용된다.

74

탭 ④

해 | 이러닝 운영 결과관리 | 콘텐츠 운영결과 관리 | 콘텐츠 내용과 운영 목표 비교

학습 내용 적합성 평가는 학습 목표, 학습자 수준, 내용의 타당성 등을 중심으로 판단한다.

보기 ④는 '학습 난이도'에 대한 설명이 아니라 학습 내용의 구성 및 조직성에 대한 설명으로, 난이도 평가 준거에 해당하지 않는다.

75

탭 ③

해 | 이러닝 운영 결과관리 | 교·강사운영결과 관리 | 교·강사 활동평가 및 환류

이러닝 운영과정에서의 교·강사 활동은 내용 전문가, 촉진자, 안내자·관리자로서의 역할을 중심으로 활동을 수행하는 것이 일반적이다.

- **내용 전문가**: 교·강사의 주요 역할로, 깊은 지식을 바탕으로 학습 내용을 설명하며 학생들의 질문에 응답한다.
- **촉진자**: 학습자의 동기를 높이고 상호작용을 통해 학습을 진행하는 지원 역할을 한다.
- **안내자 및 관리자**: 필요한 학습 정보를 전달하고, 학습 과정을 조율하며 진행하는 역할을 담당한다.

76

탭 ④

해 | 이러닝 운영 결과관리 | 교·강사운영결과 관리 | 교·강사 활동평가 및 환류

- 교·강사 활동평가 결과를 기반으로 의 등급은 A, B, C, D 등으로 산정될 수 있다.
- A등급은 최상의 교·강사를, B등급은 평균적인 교·강사를, C등급은 일부 부족한 교·강사를, D등급은 활동이 불만족스러운 교·강사로서 다음 과정의 운영 시에 배제해야 할 대상이 된다.
- C등급은 추가 교육을 통해서 양질의 교·강사로서의 역할을 수행하도록 지원하는 것이 바람직하다.

77

탭 ④

해 | 이러닝 운영 결과관리 | 운영결과관리보고서 작성 | 운영준비 활동

학습안내 활동은 학습활동 지원에 해당한다.

- **이러닝 운영준비 활동**: 운영환경 준비 활동, 교육과정 개설 활동, 학사일정 수립 활동, 수강 신청관리 활동

78

탭 ③

해 | 이러닝 운영 결과관리 | 운영결과관리보고서 작성 | 과정 평가관리

보기 ③은 과정만족도 조사 활동의 결과 환인 문항에 해당한다.

79

탭 ①

해 | 이러닝 운영 결과관리 | 교·강사운영결과 관리 | 교·강사 활동 관리

질의응답의 충실성 분석은 학습자의 질문에 대한 교·강사의 응답 속도와 정확성을 중심으로 평가하는 활동이다.

80

탭 ③

해 | 이러닝 운영 결과관리 | 운영결과관리 보고서 작성 | 운영준비 활동

보기 ③번은 수강 신청관리 활동에 포함된 내용이다.

정답표

01	02	03	04	05	06	07	08	09	10
③	②	④	①	①	①	④	③	④	④
11	12	13	14	15	16	17	18	19	20
③	②	②	④	①	③	②	①	④	②
21	22	23	24	25	26	27	28	29	30
④	④	③	②	④	③	④	②	④	④
31	32	33	34	35	36	37	38	39	40
①	④	③	④	④	④	②	③	③	④
41	42	43	44	45	46	47	48	49	50
③	③	③	④	①	④	③	④	④	④
51	52	53	54	55	56	57	58	59	60
④	①	②	②	④	②	③	②	②	④
61	62	63	64	65	66	67	68	69	70
④	②	④	②	④	④	④	④	④	③
71	72	73	74	75	76	77	78	79	80
②	④	④	④	②	③	①	③	②	④

제1과목 | 이러닝 운영계획 수립

01

답 ③

해 | 이러닝 산업파악 | 이러닝 산업 동향 이해 | 산업 동향 |

- **컴퓨터 기반 교육**(Computer Based Education):컴퓨터를 이용하여 교육 콘텐츠를 제공하는 방식이다.
- **온라인 교육**(On-line Education):인터넷을 통해 교육 콘텐츠를 제공하는 방식이다.
- **이러닝**(E-Learning):전자적 수단(주로 인터넷과 컴퓨터)을 이용하여 학습 콘텐츠와 활동을 제공하는 방식이다.
- **원격교육**(Distance Learning):학습자와 교사가 물리적으로 분리된 상태에서 학습 활동이 이루어지는 교육 형태이다.

02

답 ②

해 | 이러닝 산업파악 | 이러닝 산업 동향 이해 | 산업 용어 |

- **교수 설계**[instructional design(ID)]:교사와 교수개발자가 수행하는 전문적인 활동이다.
- **세션**(Session):컴퓨터 사용자가 시스템과 상호작용하여 통신하는 기간을 나타낸다.
- **상호작용**(Interaction):학습자와 시스템, 학습자와 교수자, 학습자와 학습자 사이에서 발생하는 상호적인 정보 교환 활동이다.

03

답 ④

해 | 이러닝 산업파악 | 이러닝 법 제도 이해 | 법과 제도 |

원격교육 학점인정 기준에 따르면 연간 최대 이수학점은 42학점, 학기당 최대 24학점을 초과하여 이수할 수 없다.

04

답 ①

해 | 이러닝 콘텐츠의 파악 | 이러닝 콘텐츠 개발요소 이해 | 개발 인력 및 자원 |

분석(Analysis) 과정에서의 산출물은 요구분석서이다.

05

답 ①

이러닝 콘텐츠의 파악	이러닝 콘텐츠 유형별 개발방법 이해	서비스 환경

하드웨어 서버에 탑재되는 소프트웨어 서버는 웹 서버, 애플리케이션 서버, 미디어 서버 등의 다양한 유형이 있다.

06

답 ①

학습시스템 파악	학습시스템 이해	학습시스템 유형 및 특성

<학습관리 시스템(LMS, Learning Management System)>

- 이러닝 콘텐츠를 전달하고, 추적하며, 관리하기 위한 소프트웨어 플랫폼이다.
- 학습 콘텐츠를 사용자들에게 제공하고 그들의 학습 경험을 관리하는 것에 주안점을 둔다.
- 주로 학습 경험의 전반적인 관리와 학습자의 활동 추적에 중점을 둔다.

07

답 ④

학습시스템 파악	학습시스템 이해	학습시스템 구조

- **학습시스템 구조**: 사용자 관리, 콘텐츠 관리, 학습 관리, 보고서 생성 관리

08

답 ③

학습시스템 파악	학습시스템 운영과정 이해	학습시스템 기본 기능

- **보기** ㉠, ㉡: 학습관리시스템(LMS)
- **보기** ㉢, ㉣: 학습콘텐츠관리시스템(LCMS)

09

답 ④

학습시스템 이해관계자 분석	학습시스템 이해관계자 분석	학습자 특성 분석

보기 ④번은 환경 의존적 자기 주도학습형 관리 방법이다.

10

답 ④

학습시스템 이해관계자 분석	학습자 기능분석	교수학습 활동 분석

교수·학습 활동 분석은 학습자의 학습 참여, 학습 진행, 상호작용, 학습 행동 등 실제 학습활동을 중심으로 분석하여 교수·학습의 효과성을 개선하기 위한 분석이다.

보기 ④는 학습자가 LMS의 기능이나 메뉴를 어떻게 사용하는지를 분석하는 '학습자 기능 활용(시스템 사용성) 분석'에 해당된다.

11

답 ③

이러닝 운영 준비	운영환경 점검	운영서비스 점검

LMS 운영 중 점검 사항은 학습자의 사용 경험, 학습 진행 및 평가의 정확성, 장애 대응 등 운영서비스의 안정성에 초점을 둔다.

③번은 시스템 구축·개선 단계에서 검토하는 개발 및 확장 계획에 해당하므로 운영 중 점검 사항이 아니다.

12

답 ②

이러닝 운영 준비	교육과정 등록	평가 문항 등록

<형성평가>

- 교육 과정 내에서 반복적으로 실시되는 평가로, 각 차시나 단원의 종료 시점, 혹은 그 중간 시점에도 실시될 수 있다.
- 학습자에게 바람직한 학습 방향을 제시하는 평가로서, 각 차시가 종료된 후에 이루어진다.
- 학습자의 이해도 진행 상황 학습 방향성 등을 평가하고 피드백을 제공하기 위한 평가이다.

13

답 ②

이러닝 산업파악	이러닝 산업 동향 이해	산업 용어

- **이러닝**: 전자적 수단, 정보통신 및 전파·방송 기술을 활용하여 이루어지는 학습을 의미한다. (이러닝산업법 제2조)

- **이러닝 산업**: 전자적 학습 콘텐츠와 관련된 서비스, 기술, 솔루션을 제공하는 산업
- **유러닝(u-learning)**: "어디에나 있는, 아주 흔한"의 의미를 가지며, 특별한 기기를 소지하지 않아도 주변 물건에 정보통신 기술이 내재되어 있어 필요할 때마다 학습에 접근할 수 있는 것

14

답 ④

해 | 이러닝 산업파악 | 이러닝 산업 동향 이해 | 산업 용어 |

웹 기반 학습 (web-based learning)	· 기술을 활용한 온라인 학습을 나타낸다. · 이러닝(e-Learning)을 포함하여 원격 학습, 온라인 학습, 사이버 학습 등 다양한 용어와 혼용하여 사용된다.
온라인 학습 (on-line learning)	· 컴퓨터 네트워크를 활용한 학습을 의미한다. · 전자적 수단, 정보통신, 전파, 방송, 인공지능, 가상현실 및 증강현실과 관련된 기술을 이용한 학습을 나타낸다.
오프라인 학습 (off-line learning)	· 컴퓨터 네트워크와 독립적으로 이루어지는 학습을 표현한다. · 교실에서 교·강사와 학습자가 만나 이루어지는 모든 교육 방식을 아우르는 개념이다.

15

답 ①

해 | 이러닝 산업파악 | 이러닝 산업 동향 이해 | 이해관계자 특성 |

- **이러닝 교수설계사**: 콘텐츠에 대한 기획 능력을 가지고 학습 목적을 고려하여 학습 내용과 자원을 분석하고, 학습 목표와 교수 방법을 설정하여 학습 내용이 학습 목표를 달성하는데 도움이 되도록 콘텐츠 개발 전반을 진행하고 관리하는 역할을 수행하는 전문가
- **이러닝 콘텐츠 개발자**: 이러닝 콘텐츠를 기획하고 교수 설계 내용을 이해하여 멀티미디어 요소를 활용하여 콘텐츠를 개발하는 역할을 수행하는 전문가
- **이러닝 영상제작자**: 이러닝 콘텐츠를 구현하기 위해 필요한 교육용 영상을 기획하고 촬영 및 편집 등 전반적인 영상 제작 업무를 수행하는 전문가

16

답 ③

해 | 이러닝 산업파악 | 이러닝 기술 동향 이해 | 기술 구성요소 |

- **이러닝 콘텐츠**: 학습에 필요한 교재, 강의 자료, 문제집 등을 지칭함
- **이러닝 시스템**: 학습자와 교사가 이러닝 콘텐츠를 이용하고 관리할 수 있도록 기술적으로 구성된 요소
- **이러닝 인프라**: 온라인 학습 및 교육을 지원하기 위한 기술적인 구성 요소와 시스템의 집합

17

답 ②

해 | 이러닝 산업파악 | 이러닝 기술 동향 이해 | 기술 구성요소 |

- **가상현실(VR)**: 가상 세계에서 실제와 유사한 경험을 제공하는 고급 기술
- **서비스형 솔루션(SaaS)**: 개인과 기업이 필요한 만큼 컴퓨팅 소프트웨어를 인터넷을 통해 제공하는 비즈니스 모델
- **머신러닝(Machine Learning)**: 인공지능 연구 분야 중 하나로 인간의 학습 능력과 같은 기능을 컴퓨터에서 실현하고자 하는 기술·기법

18

답 ①

해 | 이러닝 산업파악 | 이러닝 기술 동향 이해 | 최신 기술 동향 및 특성 |

이러닝 기술은 학습자 중심의 개인 맞춤형 학습, 다양한 콘텐츠·학습 방법, 즉각적(실시간) 피드백과 평가, 유연한 접근성, 빠른 기술 발전이 특징이다.
따라서 공급자 중심의 일방향(또는 획일적) 학습 제공은 이러닝 기술의 특성에 해당하지 않는다.

19

답 ④

해 | 이러닝 산업파악 | 이러닝 기술 동향 이해 | 기술 용어 |

- **CMS(Content Management System)**: 웹 사이트나 애플리케이션과 같은 콘텐츠를 관리하는 시스템
- **LMS(Learning Management System)**: 학습자들의 학습 프로세스를 관리하고 추적하는 시스템

- SCORM(Sharable Content Object Reference Model): 학습 콘텐츠를 다양한 LMS나 LCMS에서 활용하기 위한 국제표준

20

답 ②

원격교육 학점인정 기준에 따르면, 원격 콘텐츠의 순수 진행시간은 1차시당 25분 또는 20프레임 이상을 단위시간으로 하여 제작되어야 한다.

21

답 ④

훈련 기간이 2개월(32시간) 이상일 것

우편 원격훈련 과정의 인정요건에서 훈련 기간 기준은 "2개월(32시간) 이상"으로 규정되어 있으므로 보기의 36시간은 잘못된 수치이다.

22

답 ④

동영상은 시각적, 청각적 학습 스타일을 가진 학습자에게 특히 유용하며, 복잡한 주제를 이해하는 데 도움이 된다.

- **기술 문서**: 이러닝 콘텐츠 개발 및 운영과 관련된 기술적인 정보와 가이드라인을 제공하는 문서
- **아파치**(Apache): 가장 대중적인 웹 서버로, 무료로 제공되어 많은 사람이 사용함

23

답 ③

- **동영상 강의형**(VOD): 개발 주체에 의하여 주로 팽 형태로 불리는 유형으로, 교수자가 주도적으로 학습자에게 정보를 전달하는 형태

- **멀티미디어 튜토리얼형**: 교수자가 정보를 주도적으로 제공하면서 학습자가 콘텐츠와 상호작용하며 자기 주도학습을 동시에 추구하는 방식
- **문제 중심 학습형**: 학습자 스스로가 주어진 문제 상황에서 의사결정자가 되어 다각적인 검토와 분석을 통해 문제를 해결하는 교수학습 방법

24

답 ②

- **학습관리시스템**(LMS, Learning Management System): 콘텐츠 전달 학습자 추적 및 보고 등록 및 권한 관리, 토론 및 커뮤니케이션, 통합 및 확장
- **학습콘텐츠관리시스템**(LCMS, Learning Content Management System): 콘텐츠 생성, 재사용 가능한 학습 객체, 콘텐츠 버전 관리, 협업 기능, 템플릿

25

답 ④

보기 ④번은 교수자 기능이다.

26

답 ③

- **적극적 행동학습형**(Active Behavioral Learners): 학습 과정에서 적극적으로 참여하며 행동
- **독자적 자율학습형**(Independent Autonomous Learners): 학습을 스스로 주도하며 독립적으로 진행
- **소극적 학습형**(Passive Learners): 학습 과정에서 적극적이거나 주도적이지 않으며, 정보 수용에 중점을 둠

27

답 ④

이러닝 콘텐츠의 점검 항목에는 교육 내용, 화면 구성, 제작 환경이 있다.

답 ②

| 해 | 이러닝 운영 준비 | 교육과정 등록 | 과정 등록 |

< 이러닝 교육과정 개설 핵심 내용 >

- **학습 목표 설정**: 교육을 통해 학습자가 달성해야 할 지식이나 능력을 명확히 정의한다.
- **대상자 분석**: 학습자의 기본 지식, 학습 스타일 및 기술적 능력을 고려하여 교육 내용을 맞춤화한다.
- **콘텐츠 품질 보장**: 제공되는 교육 자료의 정확성, 최신성 및 관련성을 확인한다.
- **상호작용 및 피드백 제공**: 학습자와의 소통을 위한 기능(퀴즈, 토론 등)을 포함하여 학습 효과를 높인다.
- **진행 및 평가 체계 구축**: 학습자의 진도 및 성과를 효과적으로 추적하고 평가할 수 있는 방법을 마련한다.

29

답 ④

| 해 | 이러닝 운영 준비 | 교육과정 등록 | 평가 문항 등록 |

형성평가는 교육과정이 진행되는 동안 학습자의 이해도와 학습 진행 상황을 지속적으로 점검하고, 그 결과를 토대로 교수·학습 활동을 조정하거나 다음 차시 수업에 반영하기 위해 실시하는 평가이다.

30

답 ④

| 해 | 이러닝 운영 준비 | 학사일정 수립 | 학사일정 수립 및 공지 |

개별·연간 학사일정의 수립 후 원활한 진행을 위해 협업부서에도 알려주어야 한다.

제2과목 | 이러닝 활동 지원

31

답 ①

| 해 | 이러닝 운영지원 도구 관리 | 운영지원 도구 분석 | 운영지원 도구 활용 방법 |

- **학습관리시스템(LMS)**: 학습의 전반적인 과정을 통합적으로 운영/관리할 수 있는 시스템
- **학습자 기능**: 학습자가 원활하게 수강할 수 있도록 지원
- **교수자 기능**: 학습자와 학습 콘텐츠를 관리
- **관리자 기능**: 학습관리시스템을 관리

32

답 ④

| 해 | 이러닝 운영지원 도구 관리 | 운영지원 도구 선정 | 과정 특성별 적용 방법 |

이러닝 운영지원 도구선정 기준: 목적 및 필요성 파악, 기술 및 플랫폼 요구사항 확인, 예산 및 비용 고려, 도구 시험 및 평가, 지원 및 유지보수 확인

33

답 ③

| 해 | 이러닝 운영 학습활동 지원 | 학습환경 지원 | 학습환경 문제 상황과 대처 |

보기 ③번은 로그인 및 접속 문제가 발생 시 조치 사항이다.

34

답 ④

| 해 | 이러닝 운영 학습활동 지원 | 학습활동 안내 | 과제 수행 |

성적과 관련되지 않는 과제라도 과제 첨삭 여부에 따라서는 사전에 튜터링 진행자를 구성할 필요가 있다.

35

답 ④

| 해 | 이러닝 운영 학습활동 지원 | 학습활동 안내 | 평가 기준 |

객관적인 과제 채점을 위해 모사 답안 검증을 위한 시스템을 활용하기도 한다.

36

답 ④

이러닝 학습 자료로 활용할 수 있는 이미지는 웹에서 활용할 수 있는 이미지여야 한다. 웹에서 사용할 수 있는 이미지로는 jpg, gif, png 등이 있다.

37

답 ②

보기 ②번은 원격지원 진행에 대한 문제 상황이다.

38

답 ③

너무 자주 과도하게 독려 메시지를 보내면 학습자들이 귀찮아하거나 무시할 수 있다. 적절한 타이밍과 빈도를 고려하여 독려해야 한다.

39

답 ③

보기 ③번은 운영 실시과정 필요 문서이다.

- **운영 준비과정 필요 문서**: 과정 운영 계획서, 운영 관계 법령, 학습과목별 강의계획서, 교육과정별 과정 개요서
- **운영 실시과정 필요 문서**: 학습자 프로파일 문서, 교·강사 프로파일 문서, 교·강사 활동 요약서, 교·강사 불만 처리 로그, 학습 지원 현황 보고서, 이러닝 사용자 정보 목록, 학습자 만족도 보고서, LMS 내 학습자 성과 기록, 이러닝 종합 평가 보고서
- **이러닝 운영종료 후 필요 문서**: 교육과정 운영 계획서, 학습 자료 기획 문서, 교육자 관리 정보, 플랫폼 관리 현황 정보, 성과 평가 문서, 수익 보고서

40

답 ④

운영자가 직접 처리할 수 없는 오류가 발생하면 기술지원팀에 요청해야 한다.

41

답 ③

<교·강사 관련 활동>

- **교·강사 배치 및 평가 활동**: 적합한 교·강사를 선정하며, 그들의 활동을 평가하여 필요에 따라 교·강사를 배치한다.
- **교·강사 사전교육 활동**: 운영 계획서에 따라 교·강사에게 다양한 학사 정보와 일정 지침 등을 안내한다.
- **교·강사 지침 및 안내 서비스**: 운영 계획서에 따라 교·강사에게 다양한 학사 정보와 일정 지침 등을 안내한다.
- **교·강사 업무 최적화 활동**: 교·강사의 학습 관련 활동을 촉진하고 그들의 활동과 관련된 문제점을 조사하여 해결방안을 마련하고 지원한다.

42

답 ③

과제의 점수에 따라 성적 결과가 달라지고, 성적에 따라 수료 여부가 결정되기 때문에, 과제 평가 후 이의 신청 기능이 있어야 한다.

43

답 ③

보기 ③번은 총괄평가(Summative Assessment)에 해당한다.

44

답 ④

<학습 참여 독려수단>

- **문자**(SMS): 이러닝에서는 학습자를 독려하기 위해 문자 알림을 자주 활용한다.
- **이메일**(e-mail): 문자와 같은 용도로 독려 수단으로 활용되며, 문자보다 더 다양한 정보와 개인화된 내용을 제공할 수 있다.
- **푸시 알림 메시지**: 문자와 같은 효과를 가지면서 비용이 거의 없어 효율적이다.
- **전화**: 문자, 이메일, 푸시 알림 등의 독려로도 진도를 나가지 않는 경우 마지막 수단으로 전화를 사용해서 직접 독려할 수 있다.

45

답 ①

학습자 질문대응 특징에는 학습자 중심의 대응, 다양한 통신 채널 이용, 신속한 응답, 자주 묻는 질문(FAQ)활용, 질문의 원인 파악 및 개선이 있다.

46

답 ④

관리자 기능에서 직접 수정할 수 없는 경우에는 기술 지원팀에 요청해야 한다.

47

답 ③

진위형 문항은 선택형 문항에 해당하며, 서답형 문항에는 단답형, 괄호형, 완성형 등이 포함된다.

48

답 ④

- **운영 전 활동계획**: 운영기획, 운영준비
- **운영 중 활동계획**: 학사관리, 교·강사 활동 지원, 학습활동 지원, 고객 지원, 과정 평가관리
- **운영 후 활동계획**: 운영 성과관리, 유관부서 업무 지원

49

답 ②

LMS(Learning Management System):학습 관리 시스템으로, 온라인 학습 환경을 구축하고 관리하기 위한 소프트웨어 시스템이다.

- **운영지원 도구**(Operation Support Tools): 이러닝 시스템의 전반적인 운영을 지원하는 도구
- **학습지원 도구**(Learning Support Tools): 학습자가 학습 과정에서 필요한 다양한 자원 및 기능을 제공하는 도구

50

답 ④

보기 ④번은 학습자 지원을 위한 도구에 해당하며, 커뮤니케이션 도구(Communication Tool)는 학습자 - 교수자, 학습자-운영자, 학습자-학습자 간의 소통과 협력을 지원하는 도구이다.

51

답 ④

학습환경 확인에서 고려해야 할 주요 요소: 기기 사양, 인터넷 접속환경, 소프트웨어, 모바일 호환성, 학습기기

52

답 ①

동영상 강좌를 수강할 수 없는 경우는 주로 학습자 개인 PC 환경 문제에 해당하며, 학습지원시스템에 의한 문제 상황은 웹사이트 접속 오류, 로그인 오류, 학습 기록 미반영 등의 경우이다.

53

답 ②

과제의 난이도: 학습자의 현재 학습 수준에 적합한 난이도를 설정해야 한다.

54

답 ②

- 로그인 전(회원가입 전)에 확인 가능한 것: 과정명, 학습 기간, 강사명, 요금 및 결재방식 확인

55

답 ②

보기 ②번은 수료 관리 활동 확인 문항에 해당한다.

56

답 ②

이러닝 학습 자료로 활용할 수 있는 이미지는 웹에서 활용할 수 있는 이미지여야 한다. 웹에서 사용할 수 있는 이미지로는 jpg, gif, png 등이 있다.

57

답 ③

Keller에 의해 개발된 학습자의 동기를 높이기 위한 네 가지 주요 요소(ARCS)는 주의집중(Attention), 관련성(Relevance), 자신감(Confidence), 만족감(Satisfaction)이다.

58

답 ②

<Kirkpatrick의 4단계 평가 모형>

1단계(반응): 학습자들이 프로그램에 어떻게 반응했는가를 측정하는 것으로 고객만족도를 측정

2단계(학습): 프로그램 참여 결과 얻어진 태도 변화, 지식 증진, 기술 향상의 정도를 측정

3단계(행동): 프로그램 참여 결과 얻어진 직무 행동 변화를 측정

4단계(결과): 훈련 결과가 조직의 개선에 이바지한 정도를 투자회수율에 근거하여 평가

59

답 ②

<평가 유형>

- **정성적 평가**: 주관적인 평가 방식. 논문, 발표, 논리적 평가 등이 해당
- **포트폴리오 평가**: 학습자의 학습 내용 정리를 평가
- **360도 평가**: 다양한 평가자(교수자, 동료 학습자, 팀 멤버 등)들로부터 평가 받는 방식
- **자가 평가**: 학습자가 스스로 평가하는 방식

60

답 ④

문항 변별도 지수 = (상위집단의 정답자 수 - 하위집단의 정답자 수)/각 집단의 교육생 수

<문항 변별도의 해석>

- **값이 1에 가까울수록**: 해당 문항은 성취도가 높은 학습자들에게는 쉽게, 낮은 학습자들에게는 어렵게 나타나며, 이는 그 문항이 높은 변별력을 가진다는 것을 나타낸다.
- **값이 0에 가까울수록**: 성취도 상위 그룹과 하위 그룹 모두 해당 문항을 비슷한 비율로 맞추거나 틀리는 경우로, 문항의 변별력이 낮다는 것을 나타낸다.

61

답 ④

해 | 이러닝 운영 교육과정 관리 | 교육과정 관리 계획 | 과정 목표 및 체계 수립

교육과정 체계를 분석할 때 고려사항: 교육과정 목표, 교육과정 구성, 교육과정의 유효성, 교육과정의 효율성, 교육과정의 품질, 교육과정의 개선 방안

62

답 ②

해 | 이러닝 운영 교육과정 관리 | 교육과정 관리 진행 | 과정 관리 항목

보기 ②번은 교육과정 운영관리 체크리스트에 해당한다.

63

답 ④

해 | 이러닝 운영 교육과정 관리 | 교육과정 관리 결과보고 | 운영 결과보고 및 환류

운영결과 양식에 포함될 내용: 교육 대상, 교육 일정, 교육 목표, 교육 방법, 교육 평가, 참고 자료

64

답 ④

해 | 이러닝 운영 평가관리 | 과정만족도 조사 | 조사대상

과정만족도 조사 대상에는 교수자, 학습자, 운영자, 콘텐츠, 시스템 등이 포함된다.

65

답 ③

해 | 이러닝 운영 결과관리 | 운영 결과관리 보고서 작성 | 과정 평가관리

보기 ③은 학습활동 지원에 관한 설명이다.

• 과정 평가관리는 운영종료 후 과정만족도와 학업성취도를 확인·분석하고, 과정 평가 결과를 보고할 수 있는 역량에 해당한다.

66

답 ④

해 | 이러닝 운영 평가관리 | 학업성취도 관리 | 학업성취도 분석 및 환류

학업성취도 평가의 내용은 주로 지식(K), 기능(기술)(S), 태도(A) 영역으로 나눌 수 있다.

67

답 ④

해 | 이러닝 운영 평가관리 | 평가 결과 보고 | 학업성취도 보고

학업성취도 평가 결과는 이러닝 과정 운영의 마무리 단계로 중요한 역할을 하고 있다.

68

답 ④

해 | 이러닝 운영 결과관리 | 콘텐츠 운영결과 관리 | 콘텐츠 운영 결과

학습 콘텐츠운영 적합성 평가는 운영과정에서 나타난 문제점과 개선사항을 도출하여 콘텐츠와 운영 방식을 지속적으로 개선하기 위한 목적으로 실시된다.

따라서, 이를 일회성 점검으로 보고 이후 개선 활동에 활용되지 않는다는 설명은 옳지 않다.

69

답 ④

해 | 이러닝 운영 결과관리 | 교·강사운영결과 관리 | 교·강사 활동 평가 및 환류

교·강사 활동평가 기준은 이러닝 과정을 운영하는 운영기관의 특성에 따라 다를 수 있다.

70

답 ③

해 | 이러닝 운영 결과관리 | 시스템 운영결과 관리 | 운영결과 취합

보기 ① ② ④번은 운영 실시과정 지원을 위한 시스템 운영결과 구성요인에 해당한다.

71

답 ②

해 | 이러닝 운영 결과관리 | 운영결과관리보고서 작성 | 교·강사 지원 |

보기 ②는 교·강사 사전교육 활동에 대한 사항으로, 운영 이후의 개선 활동 수행 여부에 대한 고려사항은 아니다.

72

답 ④

해 | 이러닝 운영 교육과정 관리 | 교육과정 관리 계획 | 학습 목표 수립 |

학습목표 기술의 핵심 구성요소는 동작(Action), 내용(Content), 조건(Condition), 기준(Criterion)이며, 판단(judgment)은 포함되지 않는다.

73

답 ④

해 | 이러닝 운영 교육과정 관리 | 교육과정 관리 진행 | 유관부서 협업 |

수료 처리, 결과분석, 사용자 관리 등은 운영자의 역할에 해당하며, 교수자의 역할은 아니다.

74

답 ④

해 | 이러닝 운영 교육과정 관리 | 교육과정 관리 결과보고 | 운영결과 분석 |

교육과정 운영결과 분석은 데이터 수집 → 데이터 분석 → 시사점 도출 → 보고서 작성 순으로 진행된다.

75

답 ②

해 | 이러닝 운영 교육과정 관리 | 교육과정 관리 결과보고 | 운영결과 분석 |

다양한 시각화 방법 활용은 권고 사항이며, 필수 체크리스트 항목은 아니다.

76

답 ③

해 | 이러닝 운영 평가관리 | 과정만족도 조사 | 조사 도구 선정 |

- 닫힌 질문(예 다중 선택, 척도 기반 평가)은 빠른 통계 분석에 유리하다.
- 열린 질문(예 자유 응답)은 학습자의 자세한 의견과 피드백을 얻을 수 있다.

77

답 ①

해 | 이러닝 운영 평가관리 | 과정만족도 조사 | 조사 수행 |

성적 평가방법과 기준은 교·강사 영역에 해당하며, 운영자 지원 활동 만족도 항목이 아니다.

78

답 ③

해 | 이러닝 운영 평가관리 | 학업성취도 관리 | 학업성취도 분석 및 환류 |

사후평가는 교육 종료 후 일정 시간이 지난 뒤 학습자의 지식이나 능력을 재평가하는 방법이다.

79

답 ②

해 | 이러닝 운영 결과관리 | 교·강사 운영결과 관리 | 교·강사 활동 관리 |

행정지원 및 관리는 운영자 역할에 해당하며, 교·강사 활동평가 기준에는 포함되지 않는다.

80

답 ④

해 | 이러닝 운영 결과관리 | 운영 결과관리 보고서 작성 | 과정 평가관리 |

보기 ④번은 과정 평가관리의 과정만족도 조사결과 확인 문항이다.

문 혜 영

약력 및 경력

- 공학박사, 교육학석사
- 現 국민대학교 겸임교수
- 現 숭실대학교 강사
- (주)아이티고 IT교육콘텐츠 개발
- 유튜브 채널 '라이센스 레시피' 운영

2026 이러닝 운영관리사 필기 이론서 : 기출예상문제집

발행일 초판 2024년 1월 15일

개정판(1쇄) 2026년 2월 13일

편저자 문혜영

발행인 조순자   **편집** 서시영

판매처 인성재단(지식오름)

ISBN 979 - 11 - 7491 - 090 - 5

정가 24,000원